다문화교육개론

이 도서의 국립중앙도서관 출판시도서목록(CIP)은 e-CIP홈페이지(http://www.nl.go.kr/ecip)와 국가자료공동목록시스템(http://www.nl.go.kr/kolisnet)에서 이용하실 수 있습니다.(CIP제어번호 : CIP2012000610)

다문화 교육개론

도나 골닉·필립 친 지음 | 염철현 옮김

한울
아카데미

Authorized translation from the English language edition, entitled MULTICULTURAL EDUCATION IN A PLURALISTIC SOCIETY, 8th Edition, ISBN: 0136138993 by GOLLNICK, DONNA M.; CHINN, PHILIP, published by Pearson Education, Inc, publishing as Allyn & Bacon, Copyright © 2009.

All rights reserved. No part of this book may be reproduced or transmitted in any form or by any means, electronic or mechanical, including photocopying, recording or by any information storage retrieval system, without permission from Pearson Education, Inc.

KOREAN language edition published by HANUL PUBLISHING GROUP, Copyright © 2012

이 책의 한국어판 저작권은 Pearson Education, Inc와의 독점계약으로 도서출판 한울에 있습니다. 신 저작권법에 의해 한국 내에서 보호를 받는 저작물이므로 무단 전재와 복제를 금합니다.

옮긴이의 말

　이 책은 도나 골닉과 필립 친의 공동저서 *Multicultural Education in a Pluralistic Society*(제8판)를 우리말로 옮긴 것이다. 이 책을 통해 다문화교육에 대한 확실한 개념 정의는 물론, 교육현장에서 학생들을 어떻게 지도하고, 학생들과 어떻게 상호작용할 것인지에 대한 구체적인 가이드라인도 알 수 있었다. 저자들은 다문화교육이란 "학교에서 문화적 차이를 통합하고 평등과 사회정의를 제공하는 교육전략으로, 전체적인 학습과정에서 다양성을 긍정적으로 이용하는 방식이다"라고 설명한다. 그리고 "공식 교육기관인 학교에서 교사가 다문화교육을 실질적으로 구현하기 위해서는 학교의 전반적인 환경이 다문화교육의 분위기를 형성해야 할 뿐 아니라, 학교와 교사는 학생과 가족의 다양한 문화적 배경과 집단 구성원의 특성에 대해서도 알아야 한다"라고 주장한다.

　이 책에서는 민족성과 인종, 계급과 사회경제적 지위, 젠더와 성적 취향, 특수교육, 언어, 종교, 지리, 연령 등 여덟 가지의 요인에 대해 역사적·사회경제적·문화적 관점으로 접근하여 그에 대한 배경과 집단 구성원의 특성을 분석한다. 그리고 학교 현장에서 교사와 학생이 어떻게 상호작용할 것인가에 대해 구체적인 자료와 방법을 제시한다. 마치 전쟁에서 "적을 알고 나를 알면 백 번 싸워 백 번 이긴다"는 격언처럼, 각 집단에 대해 심층적으로 분석하고 분석 내용의 결과를 독자와 공유한다. 최종적으로는 이런 결과들을 학교현장에 어떻게 접목하고 또 적용할 것인가에 대한 고민을 풀어나간다.

　한국에는 지난 몇 년 사이에 외국인이 지속적으로 유입되었는데, 특히 한국인과의 결혼을 통해 정착한 결혼이민자가 폭발적으로 증가하면서 다문화 사회로 급격하게 변모하고 있다. 저출산과 고령화, 농어촌 인구의 급감 및 농어촌 청년들의 결혼문제, 그리고 외국인 노동력에 대한 수요 등이 한국 사회에서 외국인의 유입을 촉진하는 계기를 마련했다고 볼 수 있다.

법무부에 따르면, 2010년 12월 기준으로 한국에 체류하는 외국인이 120만 명을 넘었다. 이는 전체 인구의 2.5%에 해당하며, 국적별로는 베트남·일본·필리핀·타이·인도네시아·타이완·방글라데시·캄보디아·스리랑카·파키스탄·네팔·인도·미얀마·홍콩을 비롯한 동남아시아는 물론, 몽골과 중국의 대륙지역, 그리고 오스트레일리아·미국·영국·캐나다 등의 영어권 출신으로 나뉜다. 과거에 비해 유입인구가 양적으로만 증가한 것이 아니라, 출신 국가도 점점 다양해지고 있다.

결혼이민자는 2010년 12월 기준으로 14만 여명으로 파악되며, 국적별 이민자 비율은 베트남, 중국, 한국계 중국인, 일본, 필리핀, 캄보디아, 타이, 몽골, 미국 순으로 나타난다. 결혼이민자는 실제로 한국인과 결혼하여 가족을 형성한다는 점에서 매우 중요한 의미가 있다. 본인과 배우자, 자녀를 합산하면 다문화가족은 보수적으로 추정해보아도 60만~70만 명에 이르며 이는 대도시의 인구에 버금간다.

결혼이민자와 외국인의 유입 증가는 그동안 동질사회(homogeneous society)라고 여겨졌던 한국 사회의 모습을 바꾸고 있으며, 세계가 점점 더 글로벌화·다각화·다원화됨에 따라 이러한 변화는 앞으로도 계속될 것으로 전망된다. 또한 정치·경제·사회·문화·교육 등의 전반적인 영역에서 한국 사회의 패러다임의 변화를 요구한다.

교육 현장에서도 다문화 사회의 요소들이 학교의 모습을 바꾸고 있다. 대도시 등의 도심지역에서는 아직 눈에 많이 띄지 않지만, 농어촌 학교에서는 전체 학생 네 명 중 한 명이 다문화가족의 자녀이다. 그들은 주로 한국인 아버지와 외국인 어머니를 두었고, 경제적으로도 넉넉하지 않으며, 자아 정체감이나 자아 존중감이 상대적으로 낮다고 한다. 그리고 학교에서도 친구 간에 따돌림을 당하는 경우가 많고, 한국의 언어와 문화에 익숙하지 않아 학교생활에 어려움을 겪는다고 한다.

단일 문화·인종에 대한 자긍심이 강한 한국 사회에서 다문화와 다인종에 대한 제도와 정책은 낯설게 느껴질 수밖에 없다. 그러나 이제 다문화 사회는 세계화의 관점에서 볼 때 피할 수 없는 변화이고, 이 변화에 어떻게 대응하느냐에 따라 한국 사회의 모습이 달라질 것이다.

한국은 고유문화와 전통을 살리면서 변화에 능동적으로 대응할 수 있는 다문화정책을 수립하고 적용해야 할 시점에 놓여 있다. 다문화 사회에 관한 역사가 오래된 외국의 사례를 보면, 국가마다 다양한 기본 철학과 원칙이 있음을 알 수 있다. 예를 들면, 유럽에는 영국의 모자이크(Mosaic), 독일의 초청근로자(Guest Worker), 프랑스의 동화(Assimilation) 모델 등이 있고, 미국에는 멜팅포트(Melting Pot), 앵글로색슨 일치(Anglo-Saxon Conformity), 샐러드볼(Salad Bowl), 문화적 다원주의(Cultural Pluralism) 등 다양한 이론이 있다. 그러나 아직까지 한국에는 다문화 사회에 대한 국가 차원의 기본철학과 원칙이 확고하게 정립되어 있지 않음을 느낀다. 특히 학교에서 청소년을 대상으로 하는 다문화교육에 대한 교재와 자료는 찾아보기가 쉽지 않다.

최근 한국청소년정책연구원의 연구결과에 따르면(2011년 3월 27일), 한국 청소년은 주변 사람과 조화롭게 살아가는 능력이 세계에서 가장 낮은 수준을 나타냈다. 글로벌·다문화 시대의 주역인 청소년이 사회경제적·문화적으로 다른 사람과 조화롭게 살아가는 능력이 부족하다는 연구결과는 우려를 자아낸다. 이 연구결과는 감수성이 풍부하고 자아정체성을 형성하는 시기의 청소년에게 다문화교육을 제공해야 하는 것의 중요성을 뒷받침한다. 그런 의미에서 학교의 다양한 집단이 조화롭게 상호작용하면서 더불어 살아가는 정보와 자료를 담고 있는 이 책이 널리 활용되기를 바란다.

이 책의 특징은 장마다 내용이 시작되기 전에 그 장과 관련되는 시나리오를 소개하여 독자가 이해하기 쉽도록 노력했다는 점이다. 여덟 가지의 주제에 대한 개괄적인 자료와 정보를 소개한 다음에는 교실에 초점을 맞춰 교사가 학생과 어떻게 효과적으로 상호작용을 할 것인지에 대한 방향을 제시한다. 또한 '생각해보기'와 'Tip' 등을 통해 책의 내용과 관련된 토론 주제를 제시하여, 교사와 학생이 비판적으로 사고하도록 유도한다. 각 장의 마지막에는 교사가 교실에서 학생들과 토론을 하는 데 필요한 질문들을 제시하고, 다문화 전공교사로서 현장을 관찰하고 문제해결을 위한 기획을 하는 데 도움을 주는 포트폴리오도 제공한다. 무엇보다 유익한 것은 예비교사에게 필요한 교사자격 시험 예상문제를 제공한다는 점이다.

역자가 다문화에 본격적으로 관심을 갖게 된 것은 근무하고 있는 고려사이버대학에서 2007년부터 전개하고 있는 '다문화교육 e-배움 캠페인'을 통해서였다. 이 캠페인은 한국인과 결혼한 많은 결혼이민자와 그 자녀들에게 한국어와 한국 문화에 관한 교육을 온라인 방식으로 제공하는 사회봉사프로그램이다. 이 프로그램은 온라인 대학의 특성과 다문화가족의 요구를 절묘하게 조화해 국내외적으로 크게 각광을 받았다. 세계화와 다문화 사회를 준비하는 과정에서 대학에 부여된 사회적 책임과 시대적 소명을 솔선수범하여 실천에 옮긴 것이다. 역자도 이 캠페인의 일원이 되어 한국의 건강한 다문화 사회의 토대를 다지는 데 미약하나마 도움이 된 것에 보람을 느꼈다. 그리고 홍보 겸 교육을 위해 전국을 누비는 동안 효과적인 다문화교육과 교재에 대한 필요성을 느낀 적이 한두 번이 아니다. 그때 당시 한국의 학교에 다문화교육에 대한 개론서가 아직 없다는 것에 아쉬움을 가졌는데, 마침 이 책을 소개하게 되어 다행이라고 생각한다.

그동안 다문화교육과 관련된 몇 권의 원서를 번역하면서 미국의 교육·사회·문화·정치·제도·정책 등에 관해 기초적인 지식과 배경이 생겼다고 생각했지만, 이 책을 번역하면서는 그보다 더 깊이 있고 해박한 지식과 경험이 필요했다. '정확하게 동일한 의미를 전달하는 번역이란 없다(There may be no exact translation to convey the exact same meaning)'고 한다. 역자에게 위로가 되는 구절이다. 그만큼 이 책은 다양한 주제를 다루었고, 실생활이나 현장에서 접해야 하는 용어나 정책 또는 제도가 많이 나와 역자의 머리를 아프게 했다. 한 문장, 한 단락, 한 쪽의 글이 그야말로 극복해야 할 도전이었다. 사실 그 맛에 번역을 하기도

한다. 마치 엉킨 실타래의 실마리를 찾듯이 한 쪽 한 쪽을 넘기는 것이다. 간혹 어설프게 번역을 해놓고 한참 지난 후에 다시 읽다보면 무릎을 치면서 실마리를 찾게 되는 경우가 많았다.

끝으로 이 책을 출간하는 데 배려를 해주시고 격려를 보내주신 많은 분께 감사드리고 싶다. 무엇보다 역자에게 소중한 연구년을 허락해주신 고려사이버대학교 김중순 총장님께 감사드린다. 또한 세 아이 어진, 국진, 찬진을 뒷바라지하면서 남편의 건승과 학문적 발전을 위해 기도하는 아내 난숙에게도 고마움을 전한다. 더불어 아주 먼 타향에서 생활하는 막내아들의 안녕을 위해 기도하고 마음 졸이고 계실 고향 화순의 부모님과 형제들에 대한 사랑과 존경의 마음을 이 책에 담는다. 또한 셋째가 다녔던 미국 그레고리 가든스(Gregory Gardens) 초등학교 교장 선생님과 행정실장, 교육구 관계자, 그리고 우리 가족이 살았던 아파트 관리소장은 역자에게 친절한 교사와 동기부여자로서 역할을 톡톡히 했다. 이들 현지인의 경험과 지혜가 있었기에 원문의 뜻을 좀 더 충실히 전달하는 번역이 될 수 있었다고 생각하며 이 책에 고마운 마음을 담는다. 마지막으로 흔쾌히 출판을 허락해주신 도서출판 한울의 김종수 사장님과 책이 나오기까지 수고해준 직원들에게도 감사드린다.

2012년 2월
염철현

머리말

들어가면서

다문화교육개론 8판은 독자에게 다양성을 소개하여 다원화된 국가가 직면한 사회적·교육적 쟁점을 이해하는 데 도움을 주며, 교실에서 교사들이 내린 결정과 관련하여 비판적·성찰적으로 생각하도록 돕고자 한다.

21세기와 다양성

21세기의 미국은 아메리칸인디언, 알류트족, 에스키모인, 하와이인과 같은 토착민, 다른 여러 나라에서 온 이주자와 그들의 조상으로 구성된 다문화 국가이다. 이들 집단에는 각각 다른 민족성·인종·계급·종교·토착어가 있다. 이 밖에 젠더, 성적 취향, 연령과 신체적·정신적 능력도 다르다. 그들은 전 세계의 다른 지역에서 이주해 왔으며, 지금은 미국이라는 지역 문화의 일부에서 살고 있다. 미국 인구는 시간이 지나면 지날수록 점점 더 다원화될 것이고, 유색인 아동은 2020년에 학령 아동의 거의 절반 정도를 차지할 것으로 전망된다. 미국의 민족 구성이 바뀜에 따라 종교 분포 역시 변하는데, 아프리카·중동·아시아의 신규 이주자가 그들의 종교를 들여오기 때문이다. 그들은 또한 미국 사회를 재편하는 다양한 언어·가치·이념을 함께 들여온다.

미국의 문화와 사회는 역동적이다. 그것들은 지속적으로 변화한다. 교사들이 학생들의 일상생활에 밴 인종·계급·젠더의 역할을 이해할 수 없다면, 학생들을 효과적으로 가르치기 어려울 것이다.

다문화교육은 교사의 수업에 어떤 영향을 주는가?

다문화교육은 다양성에 가치를 두고, 그것을 적극적으로 묘사하는 환경을 제공한다. 학생의 젠더·연령·인종·민족성·토착어·종교·계급, 또는 장애는 그들의 교육적·직업적 선택에 제약이 되지 않아야 한다. 교육자들은 학생들이 민주사회에 기여하고 민주사회에서 혜택을 받도록 도울 책임이 있다. 효과적인 수업 전략은 교사 혼자만의 문화에 의지해서는 결코 수립되지 않는다. 그것은 학생과 커뮤니티의 문화에서 만들어진다. 전체 교과과정에 다문화교육을 통합하는 것은 학생과 교사가 구조적인 인종차별·계급차별·성차별·장애인차별·연령차별·동성애혐오에 대해 비판적으로 생각하도록 도움을 준다. 바라건대, 교육자는 학생들이 이러한 사회적 편견과 고정관념의 부작용을 극복하는 데 중요한 개별적·집단적 전략을 개발하기를 바란다.

8판에 관해

학부생, 대학원생, 현직 교사들은 교육에 영향을 주는 사회적·문화적 환경을 검토할 때 이 책의 도움을 받을 수 있을 것이다. 이 책은 다양성을 이해하고, 교실과 학교에서 효과적으로 지식을 사용하는 데 유용한 토대를 제공한다. 그리고 사회복지사업 종사자들이 일하면서 접하는 가족과 아동의 문화적 배경과 경험의 복잡성을 이해하는 데도 도움을 줄 것이다.

―문화적 정체성

7판에서와 마찬가지로 다문화교육의 개념에 대한 폭넓은 시각으로 다문화교육에 접근한다. 또한 학생과 교사의 정체성에 영향을 주는 민족성과 인종, 계급과 사회경제적 지위, 젠더와 성적 취향, 특수아, 언어, 종교, 지리(우리가 살고 있는 장소), 연령 등의 8개 집단에 대해 기술한다. 이 집단들은 다원화와 다문화교육을 이해하는 데 매우 중요하다. 따라서 이 책에서는 이 집단들에 대한 검토와 더불어, 교사가 모든 학생에게 유용한 교육 프로그램을 개발할 수 있는 방법을 탐색할 것이다.

―교실에서의 공평

필자들은 모든 학생을 위한 공평한 교육의 중요성을 강조한다. 교사가 성차별과 싸우기 위해서는 인종차별·계급차별·동성애혐오와 능력·연령·종교, 지리적 배경에 기초한 차별과도 싸워야 한다. 교육자들에게 인종차별과 성차별, 그 밖의 다른 편견에 맞서 그것을 없애려는 의지가 있다면, 학교는 그 정책과 관행에서 차별을 뿌리 뽑을 수 있다. 학교가 이런 차별적 관행들을 뿌리 뽑기 위해서는 헌신적이고 의지가 강한 교사들이 필요하다. 8판은 모든 학생에게 공평을 제공하는 교실에서 독자들이 더 효과적인 교사가 되도록 자아성찰의 습관을 개발하는 데 도움을 줄 것이다.

―이 책의 구성

이 책에서는 학생들이 속한 다른 문화집단에 대해 개략적인 정보를 제공한다. 제1장에서는 문화의 광범위한 영향, 교사 자신과 학생들의 문화적 배경과 경험을 이해하는 것의 중요성, 그리고 다문화교육의 진화에 대해 검토한다. 제2~9장에서는 민족성과 인종, 계급과 사회경제적 지위, 젠더와 성적 취향, 특수교육, 언어, 종교, 지리, 연령에 대해 검토한다. 제10장에서는 다문화교육을 실행하면서 문화적으로 반응하고, 사회정의를 위한 교수법을 사용하는 데 필요한 몇 가지 권장 사항을 포함한다. 8판의 모든 장은 이 분야에서 현재 논의되고 있는 관점과 연구 결과를 반영하기 위해 재편성·재구성되었다. 특히 제1장에서는 다문화교육에 관한 필자들의 생각을 지원하는 기초적인 틀을 제공한다. 제10장에서는 효과적인 수업에 관한 연구를 비판적 교수법과 통합한다. 각 장은 교육적 환경에서 주제를 선정하는 데 도움이 되는 시나리오로 시작된다.

―다중적 시각

가능한 한 가장 편견이 없는 방식으로 여러 쟁점에 대해 다른 시각을 제시하려 노력했다. 이들 쟁점 중 몇 가지에 대해서는 확고한 의견이나 열정이 없지는 않지만, 각 쟁점에 대해 공평하게 접근하고자 했다. 결국 쟁점들에 대한 최종 판단은 독자의 몫이라고 생각하기 때문이다. 그리고 인종차별·성차별·장애인차별 등과 관련된 몇 가지 쟁점은 미국 사회의 안녕에 매우 중요하기 때문에 필자들의 편견이 들어 있을지 모르지만 의견을 개진했다.

―용어에서의 주의사항

독자들은 이 책에서 사용된 용어와 관련하여 몇 가지 유의 사항을 잘 알아야 한다. '흑인(black)'과 '백인(white)'을 자주 사용하지 않았으며, 집단에 관한 자료에서는 아프리카계 미국인이나 유럽계 미국인과 같이 국적별보다는 인종별로 구분했다. 그러나 민족 정체성을 구분할 수 없는 경우에는 '흑인(black)', '백인(white)', '유색인(persons of color)'를 사용했다. 또한 '소수민족(minority)'이라는 용어의 사용을 제한하고, 집단 사이에 존재하는 권력관계에 더 많은 초점을 두었다. 7판에서는 '히스패닉(Hispanic)'을 사용했지만, 8판에서는 '라틴계(Latino)'를 사용했다. 이 용어는 스페인어를 사용하는 개인이 선호하는 용어로, 주로 멕시코·쿠바·아르헨티나·푸에르토리코·벨리즈·콜롬비아와 같은 다양한 국가에서 온 이주자들이다.

8판에서 달라진 내용

―지리적 배경 추가

8판에서 추가된 중요 항목은 지리적 배경이 미국인의 문화적 정체성에 미친 영향에 대해 검토한 것이다. 여기에서는 미국 인구에서 차지하는 이주자의 역할, 이주자의 출신 국가에 대한 정치적 통제, 그리고 교육에 미치는 영향에 대한 논의에서 시작한다. 남부, 뉴잉글랜드, 대서양 연안의 주, 중서부, 그레이트플레인스, 서남부, 서부에서의 지역 문화, 인구의 다양성, 교육에 대해 논의할 것이다. 결론 부분에서는 지역의 집단에 대한 세계화의 영향과 그것의 교육적 함의를 논의하면서 마무리할 것이다.

―새로 추가된 주제

앞으로 성적 취향, 비서구 종교, 복음교회에 대한 관심이 점차 커지면서, 그것들이 지속적으로 변화하는 사회에서 크게 주목되는 쟁점이 될 것이다.

차례

옮긴이의 말 5
머리말 10

제1장 다문화교육의 기초 ─────────────── 17
1. 교실에서의 다양성 19 / 2. 다문화교육 21 / 3. 문화 34 / 4. 문화적 정체성 41 / 5. 다원주의 사회 47 / 6. 민주주의에서 평등과 사회정의 58 / 7. 요약 67

제2장 민족성과 인종 ─────────────── 75
1. 민족과 인종의 다양성 77 / 2. 민권 87 / 3. 민족성 97 / 4. 인종 102 / 5. 인종차별 110 / 6. 교실에서의 초점 115 / 7. 요약 132

제3장 계급과 사회경제적 지위 ─────────────── 141
1. 계급 구조 143 / 2. 사회계층 145 / 3. 사회경제적 지위 146 / 4. 계급 격차 156 / 5. 인종·민족성·젠더·연령과 계급의 상호작용 167 / 6. 교실에서의 초점 176 / 7. 요약 189

제4장 젠더와 성적 취향 ─────────────── 195
1. 남성과 여성의 차이 197 / 2. 젠더 정체성 202 / 3. 성적 취향 208 / 4. 여성운동 218 / 5. 성차별과 젠더차별 223 / 6. 교실에서의 초점 231 / 7. 요약 246

제5장 특수아 ─────────────── 251
1. 장애아와 영재아 253 / 2. 소송 257 / 3. 입법 262 / 4. 특수아와 사회 272 / 5. 특수교육에서 불균형한 배치 279 / 6. 캘리포니아 주민제안 227호와 특수교육 287 / 7. 교실에서의 초점 288 / 8. 요약 298

제6장 언어 ─────────────────────────── 305

　1. 언어와 문화　307 / 2. 언어의 본질　311 / 3. 언어 차이　314 / 4. 비언어적 커뮤니케이션　327 / 5. 제2 언어 습득　330 / 6. 교실에서의 초점　335 / 7. 요약　351

제7장 종교 ─────────────────────────── 359

　1. 종교와 문화　361 / 2. 생활양식으로서의 종교　367 / 3. 미국에서 종교의 다원주의　371 / 4. 종교와 젠더·동성애·인종의 상호작용　410 / 5. 개인의 종교적 정체성　419 / 6. 교실에서의 초점　420 / 7. 요약　433

제8장 지리 ─────────────────────────── 441

　1. 지리와 문화　443 / 2. 미국에서의 지역적 다양성　446 / 3. 농촌·도시·교외 지역　471 / 4. 이주　487 / 5. 세계화　491 / 6. 교실에서의 초점　497 / 7. 요약　504

제9장 연령 ─────────────────────────── 511

　1. 연령과 문화　513 / 2. 아동기　514 / 3. 청소년기　530 / 4. 성인 전반기　550 / 5. 교실에서의 초점　557 / 6. 요약　561

제10장 다문화교육 ─────────────────────── 569

　1. 다문화교육 시작하기　571 / 2. 문화적으로 반응하는 수업　576 / 3. 사회정의를 위한 수업　588 / 4. 학교 분위기　594 / 5. 다문화 능력 개발　603 / 6. 요약　606

찾아보기　　610

제1장

다문화교육의 기초

 평등은 민주주의, 자유, 정의의 핵심이며 본질이다.
Asa Philip Randolph, Civil Rights Leader, 1942

시나리오 scenario

당신은 도시와 바로 인접한 학교에서 이제 막 초년 교사생활을 시작하려고 한다. 도시 지역의 많은 신임 교사와 마찬가지로, 당신도 학교가 개학하기 불과 몇 주 전에 교직 제안을 받았다. 당신은 그 도시에 대해 잘 모르지만, 이곳의 학생들에게 당신의 역할이 중요하다는 점을 확신했다. 당신은 얼마 지나지 않아 많은 학생이 한 부모(single parent)와 살고 있으며, 많은 부모는 어려운 생활을 해나가기 위해 두 가지 일을 한다는 것을 알았다. 거의 모든 학생이 무상급식을 받는다. 일부 학생의 가족은 집에서 영어를 사용하지 않지만, 교장은 학생들이 영어를 사용해야 한다고 말한다. 당신은 학교의 형편, 특히 당신의 교실환경에 대해 실망했지만, 방학을 이용하여 페인트를 다시 칠해야겠다고 생각했다.

학기 첫날 학생들이 교실에 도착했을 때, 당신은 학생 대다수가 과거 20년에 걸쳐 중앙아메리카에서 이주해 온 가족에서 태어난 자녀라는 것을 알았다. 학생 중에는 아프리카계 미국인과 유럽계 미국인도 몇 명 있었다. 게다가 불가리아에서 이제 막 이주해 와 영어를 전혀 알지 못하는 한 학생과 모국어가 페르시아어인 두 학생이 있음을 알았다. 당신은 대학에서 스페인 관련 과목 몇 개를 이수했지만, 불가리아와 이란의 언어와 문화에 대해서는 거의 또는 전혀 모른다. 당신은 검은 눈의 남학생에 대해 잘 모르지만, 그가 최근에 싸웠다는 것을 짐작할 수 있다.

생각해보기

- 이 시나리오를 읽고 학생과 학생의 학업 잠재력에 관해 어떤 가정을 했는가?
- 당신의 문화적 배경은 학생들의 다양한 집단을 가르치는 데 어떤 도움이 되는가?*
- 당신은 학생들의 학습을 지원하기 위해 학생의 문화와 관련해 무엇을 배우기를 원하는가?
- 당신이 올해 직면할 난관은 어떤 것인가?
- 대학에서 배웠던 것은 당신이 더 나은 교사가 되는 데 도움을 주는가? 그렇다면 구체적으로 어떤 것들이 있는가?
- 당신은 영어가 모국어가 아닌 학생들을 돕기 위해 무엇을 해야 하는가?
- 교직을 수락하는 일은 당신에게 기쁜 일인가? 왜 그런가? 왜 그렇지 않은가?
- 당신은 가족의 계급을 어떻게 정의 내릴 것인가?

1. 교실에서의 다양성

　오늘날 교사들은 다원화된 인구와 배경에서 자란 학생들이 급격히 변화하는 사회와 어떤 집단이 인종·민족성·젠더·계급·언어·종교·능력·지리·연령 때문에 다른 집단보다 더 많은 사회적 혜택을 누리는 세계에서 살아갈 수 있도록 교육해야 하는 난관에 직면해 있다. 그리고 미래의 학교는 계속해서 다양해질 것이다. 출생률과 이주에 관한 인구통계에 따르면, 아시아계·라틴계·아프리카계 미국인 아동이 증가하고 있다. 최근 미국의 유치원과 초·중등학교 학생 10명 중 4명 이상은 유색인이다(U.S. Department of Education, 2006). 2020년경에는 유색인 학생이 초·중등학생 수의 거의 절반을 차지할 것으로 전망된다. 그러나 교사의 인종과 젠더는 학생이나 일반시민의 비율과 맞지 않다. 다시 말해, 교사의 84%는 유럽계 미국인이고, 75%는 여성이다(U.S. Census Bureau, 2006).

　라틴계나 아시아계 미국인, 아메리칸인디언은 애리조나, 캘리포니아, 워싱턴 D.C., 하와이, 루이지애나, 미시시피, 뉴멕시코, 텍사스의 학생 비율에서 절반 이상을 차지한다(Snyder, Tan and Hoffman, 2006). 유럽계 미국인은 전국 최대 규모 교육구의 학생 비율에서 25%도 채 되지 않는다(Dalton, Sable and Hoffman, 2006). 인구조사국의 발표에 따르면, 미국 아동 17%가 공식적인 빈곤층보다 더 어려운 환경에서 살고, 4학년의 41%는 무상급식이나 할인급식 수혜자이다(U.S. Department of Education, 2006). 아프리카계와 라틴계 미국인 학생들은 다른 학생들보다 재정 상태가 열악한 학교에 다닌다(U.S. Department of Education, 2006). 특수교육의 대상이 되는 장애학생의 수는 1987년 430만 명에서 2005년에는 전체 학생의 약 14%에 해당하는 670만 명으로 증가했다(U.S. Department of Education, 2006).

　학교가 직면한 난관은 민족적·인종적 다양성만이 아니다. 과거 35년 동안 미국에 들어온 이주민들은 대부분 미국인들에게는 낯선 지역 출신이다. 특히 미국인은 이주민들이 들여온 종교를 낯설게 느낀다. 이슬람교·힌두교·불교·시크교 등을 신봉하는 소수 집단이 수십 년에 걸쳐 미국에 들어왔지만, 이 종교들이 눈에 띈 것은 최근의 일이기 때문이다. 게다가 러시아·홍콩·타이완·한국·필리핀 출신 기독교 신자들은 미국에 튼튼한 뿌리를 둔 교파가 있는데도, 그들의 고유한 교파를 들여왔다. 그리하여 미국은 다문화·다종교 사회가 되었다. 초기에는 소수 종교집단들과 그 활동이 눈에 잘 띄지 않았다. 하지만 이들이 성장하자 종교시설이나 기관이 많아지면서 그들의 존재도 두드러졌다(Eck, 2000).

교사들은 종교의 차이로 발생하는 많은 난관과 마주한다. 축제 기념일은 교과과정과 관련되는 종교의식 — 남학생과 여학생의 적절한 상호작용, 체육시간의 복장, 훈육 — 에 따라 고려되어야 한다. 이주민 부모는 자녀의 교육을 중요하게 생각하지만, 학교의 교수·학습 방식과 공립학교의 세속적인 가치가 그들에게 적합하지 않다고 생각한다. 이주민 부모들이 자녀교육에 바람직하고 중요하다고 생각하는 가치체계는 도덕성·근면·배려와 같은 종교적인 의미를 함축한 덕목들이다. 따라서 교사가 부모·커뮤니티와 협력하는 것은 모든 학생에게 공평한 교육을 제공하기 위해 더욱 중요해졌다.

또한 교사는 학교가 효과적인 수업 전략을 개발하는 데 필요한 문화적 환경을 이해해야 한다. 교사는 학생들이 국가와 세계의 문화적 차이와 불평등에 대해 지각할 수 있도록 지도해야 할 것이다. 이러한 교육의 목표는 학생들이 다른 문화에 속한 개인과의 유사점과 차이점을 확인할 수 있도록 돕는 것이다.

교사는 학생들이 같은 문화집단에 속한다 하더라도 개인차가 있음을 알아야 한다. 개인차는 지적·신체적 능력의 차이에 국한되지 않는다. 학생들은 학교에서 그들의 행동 방식에 영향을 주는 역사적 배경, 종교적 신념, 일상의 경험을 교실에 가져온다. 교사가 학생의 문화를 교과과정에 통합하지 않고, 학생에게 필요한 지원환경을 마련하지 않는다면, 집과 학교 문화의 괴리는 부조화의 원인이 될 것이다. 교사가 학생의 학습과 행동에 영향을 미치는 지적·신체적 요인 외에 문화적 요인을 이해하지 못한다면, 그들을 교육하는 데 어려움을 겪을 것이다.

다문화교육은 효과적인 교실수업과 학교 환경을 개발하기 위해 학생의 문화를 이용하는 교육 전략으로, 학교 환경에 문화·다양성·평등·사회정의·민주주의의 개념을 접목하는 것이다. 다문화교육에 대한 이론적 법칙과 실천적 적용을 검토해보면 다문화교육의 발달과정과 실제를 이해할 수 있을 것이다.

> **1-1 생각해보기**
>
> 교사가 학교에서 이질적인 학생들과 효과적으로 상호작용하기 위해서는 학생들의 문화적 뿌리를 이해하고 편하게 느껴야 한다. 당신은 당신의 문화적 배경을 어떻게 설명하겠는가?
> - 당신과 당신의 조상은 어디 출신인가?
> - 당신의 가족은 미국에 얼마나 살았는가?
> - 당신은 당신 가족이 미국에서 겪었던 경험을 어떻게 설명하겠는가?

2. 다문화교육

교사는 가지각색의 학생들을 같은 방식으로만 가르칠 수 없다. 학생의 문화와 경험은 그들이 배우는 방식과 교사 및 또래와 상호작용하는 방식에도 영향을 미친다. 학교는 교육 프로그램을 개발할 때 학생들의 다양한 요구·기술·경험을 인식해야 한다. 학생들은 신체적·정신적 능력, 젠더·민족성·인종·언어·종교·계급과 성적 취향, 지리·연령에 따라 다르다. 학생은 학교에서 문화적 요인과 주류사회의 관계 때문에 권위에 대해 다양하게 반응한다. 교사도 마찬가지로 국가권력 구조 내에서 겪은 문화적 경험 때문에 자신만의 방식으로 학생을 대한다. 그렇기 때문에 다문화교육은 학생의 다양성과 교육에서의 평등을 통합한 개념이다. 평등은 학생이 속한 집단의 특성과 상관없이 학생이 사회의 혜택에 동등하게 접근할 수 있도록 돕기 때문이다.

교사가 학급을 맡을 때는 다양한 사회에서 효과적으로 적용할 수 있는 지식과 기술이 필요하다. 다음에서는 다문화교육의 목적을 달성하는 전략을 수립하기 위해 필요한 기본적인 신념과 가정을 나열했다.

- 문화마다 장점과 가치가 있다.
- 학교는 인권 표현의 모델이 되어야 하고, 문화와 집단 간 차이를 존중한다.
- 모든 사람을 위한 사회정의와 평등은 교과과정의 설계와 전달에서 매우 중요하다.
- 학교 수업은 다양한 집단으로 구성된 학생의 학습을 지원하기 위해 지식과 기술을 제공하고, 학생의 기질(가치·태도·헌신)을 존중한다.
- 학생의 가족·커뮤니티와 일하는 교사는 다문화를 지지하는 환경을 조성할 수 있다.

다문화교육을 지지하는 개념은 많다. 개인과 집단의 관계와 상호작용은 교사와 다른 집단 학생을 이해하고, 그들과 효과적으로 일하는 데 매우 중요하다. 그들과 상호작용하기 위해서 교사는 인종차별·성차별·편견·차별·억압·무기력·권력·불평등·평등·고정관념 등을 이해해야 한다. 다문화교육은 교과목, 교과목 단위, 학위 프로그램에서 민족학·글로벌학·이중언어교육·여성학·인간관계·특수교육·도시교육 등과 같은 구성요소를 포함하는 개념이다. 지금부터 다문화교육이 어떻게 진화해왔는가에 대해 살펴보기로 하자.

1) 다문화교육의 진화

다문화교육은 새로운 개념이 아니다. 다문화교육의 근원은 흑인생활역사연구회(Association for the Study of Negro Life and History)의 결성과 관계된다. 카터 우드슨(Carter G. Woodson), 윌리엄 뒤부아(William E. B. Dubois), 찰스 웨슬리(Charles C. Wesley) 등 여러 학자는 아프리카계 미국인의 역사와 문화에 관한 연구와 저술 활동을 통해 민족연구의 선구자가 되었다. 우드슨은 연구와 교과과정 자료를 보급하기 위해 *The Journal of Negro History*(니그로 역사)와 *The Negro History Bulletin*(니그로 역사 회보)을 제작했다. 이들 자료는 인종분리학교와 흑인대학의 교과과정에 통합되어, 흑인 학생들이 그들의 역사를 공부하게 했다(J. A. Banks, 2004).

1920년대 몇몇 교사는 문화 간 교육에 대해 저술하고 교사를 훈련했다. 처음 20년 동안 문화 간 운동은 평화운동(pacifist movement)이 남긴 선례와 함께 국제적인 관심을 끌었다. 일부 교재는 국제적 시각에서 다시 집필되었다. 지지자들은 교사들을 독려하여 그들이 가르치는 학생들이 현대 세계가 직면한 쟁점들과 더 많은 관련을 맺게 했다. 지지자들의 목표 중 하나는 국가통합과 사회통제를 유지하기 위해 주류 계급이 관용(배려)으로 1~2세대 이주민들을 수용하는 것이었다(C. A. M. Banks, 2004). 그러나 사회에서 권력과 불평등의 쟁점은 무시되었다. 각 문화 운동가들은 다양한 집단의 이해와 평가를 지지했지만, 민족연구의 핵심에 해당하는 집단적인 민족 정체성에는 적극적인 관심을 두지 않았다.

홀로코스트와 제2차 세계대전 이후 집단 간 긴장이 팽팽해졌다. 반인종주의연맹(Anti-Defamation League: ADL)[1]과 미국유대인위원회(American Jewish Committee)와 같은 유대계 조직은 집단 간 관계를 완화하고 당시 존재하던 반유대인 정서를 불식하기 위해 리더십을 발휘했다. 전국적인 교육단체 및 힐다 타바(Hilda Taba)와 로이드 쿡(LlOYD A. Cook)과 같은 교육계의 진보 성향 지도자는 미국인이 새로운 이주민, 아프리카계 미국인, 여타 유색인 집단에 대해 관대한 태도를 갖도록 하기 위해 학교에서 집단 간 관계에 큰 관심을 두었다. 초기 문화 간 운동과 마찬가지로 많은 교사는 이주민과 유색인이 주류사회에 동화되는 것을 목표로 삼았다(J. A. Banks, 2004). 일부 프로그램은 이들 집단의 민속문화의 이해에 주안점을 둔 반면, 다른 프로그램은 유럽계 미국인과 다른 집단에 대한 편견과 차별에 주안점을 두었다. 그러나 민족집단의 문화와 역사의 이해에 어느 정도의 관심을 두어야 하는가에

---

1 인종차별에 반대하는 유대인 단체. _ 옮긴이

대해서는 지지자들의 의견이 분분했다(C. A. M. Banks, 2004). 역사학자 데이비드 타이엑(David Tyack)은 "억압이 고정관념으로 완화되고, 분리된 민족 정체성이 쉽게 융해되었다"(Tyack, 2003: 81)라는 점에서 이 운동의 역사적 의미를 찾았다.

1960년대에 인종통합이 미국 전체 학교에서 강제로 시행되면서 문화적 차이는 결함으로 간주되었다. 저소득층의 유색인 또는 백인 학생은 문화적으로 불우한 것으로 저평가되었다. 이들 가족은 자녀에게 성공적인 학교생활에 필요한 부(富), 교육과 같은 문화자본이나 혜택을 제공하지 못한다는 이유로 비난을 받아야 했다. 이에 따라 이들의 결함을 보상하기 위해 헤드 스타트(Head Start), 보상교육, 특수교육과 같은 프로그램들이 개발되었다. 이러한 프로그램이 실시되는 교실에는 가난하거나 장애가 있는 유색인으로 가득 찼는데, 그들은 사회에서 특권도 누리지 못하고, 교과서와 교과과정에서 그들의 문화를 찾아볼 수도 없었다.

1970년대에는 비주류집단의 문화와 주류집단의 문화는 서로 다른 것이라는 접근방식이 쓰였다. 이 접근 방식의 목표는 문화적으로 다른 학생에게 주류사회의 문화 유형을 가르쳐 그들이 주류사회에 적응하도록 돕는 것이었다(Sleeter and Grant, 2006). 그러나 여전히 장애학생은 비장애학생과 분리된 상태였다.

1960~1970년대 민권운동은 민족학, 차별, 집단 관계와 같은 쟁점이 새롭게 관심을 불러일으켰다. 각 인종과 민족에 대한 자부심이 생성되어 비주류집단은 전국의 대학에서 아프리카계 미국인학과 여타 민족학 프로그램이 창설될 것을 요구했다. 간혹 유사 프로그램이 중학교에서도 생겨났다. 그러나 민족학 프로그램 참가자와 학생들은 주로 연구 목표가 되는 집단과 통일했다. 프로그램은 그들의 민족사와 문화에 초점을 두어 학생들에게 그들의 민족적 배경에 대한 통찰을 제공하고, 자긍심을 심어주고자 했다. 대부분 프로그램은 민족과 관련되어 있고, 오직 하나의 민족만이 연구 목표가 되었다. 간혹 연구 목표에는 민족집단과 주류집단의 관계와 갈등에 대한 이해가 포함되었지만, 다민족적이지는 않았다.

민권운동과 민족학 연구가 성장하자 집단 간 관계 또는 인간관계가 강조되었다. 이들 프로그램에는 교사들을 위한 민족학 콘텐트도 포함되었다. 연구 목표는 고정관념을 완화하거나 제거할 목적으로 집단 간, 특히 인종 간 이해를 개선하는 것이었다. 이 접근법은 정의적 측면, 즉 그들과 다른 사람에 대한 교사의 태도와 감정을 강조했다(Sleeter and Grant, 2006).

민족학이 성장·발전하면서 이러한 프로그램만으로는 미국 사회의 다양성과 차이를 연구하는 데 한계가 있다는 반론이 제기되었다. 또한 주류 문화 학생들은 다른 집단의 역사·문화·기여에 대해 이해해야 했다. 그래서 민족학 연구는 다민족학으로 확장되었다. 교사들은 주류집단의 기여와 함께 비주류집단의 기여를 포함하는 교과과정을 개발했다. 교재는 미국과 세계의 다민족적 본질을 더 정확하게 반영하기 위해 다시 집필되었다. 그리하여 학생들은 문학·역사·음악, 그리고 일반 학교 프로그램에 통합된 다른 영역을 통해 다양한 집단에 대한 시각을 접할 수 있는 기회를 갖게 되었다. 그뿐만 아니라 교과과정과 수업 자료에는 주류집단의 시각과 다차원적인 시각이 반영되었다.

이 시기에 구조적 차별로 고통을 받아온 다른 집단들이 대중의 관심을 받기 시작했다. 이러한 집단에는 여성·저소득층·장애인·영어학습자·노인 등이 포함되었다. 교육자들은 다민족교육을 다문화교육이라는 더 포괄적인 개념으로 확장했다. 다문화교육의 개념은 개인이 속한 다른 집단에 초점을 두면서 인종·민족성·계급·젠더의 상호작용을 강조했다. 또한 집단 구성원에 기초한 차별의 배제를 요구했다. 이제 성차별에 대한 싸움과 함께 인종차별·계급차별, 호모포비아(homophobia, 동성애혐오증), 그리고 모든 아동·노인·장애인에 대한 차별을 공격하는 것이 유행처럼 되었다.

 **민족 휴일 기념하기**

대체학습교실에서 근무하는 에스터 그린버그는 아시아계 미국인과 아프리카계 미국인 학생을 가르치는 교사이다. 대학시절 그린버그의 룸메이트는 중국계 미국인이었으며, 중국의 설날인 춘절(Lunar New Year)에 친구 집에 방문했던 일을 즐겁게 기억하고 있다. 친구의 부모와

다른 중국인들이 그녀와 모든 아이에게 돈을 넣은 빨간 봉투를 주었는데, 중국에서 설날에 이 봉투를 받은 사람은 복을 받는다고 한다. 그녀는 다가오는 중국 설날을 축하하기 위해 학생들에게 빨간 종이봉투를 나눠주고자 마음먹었다. 그녀는 학생들에게 돈을 줄 수 없기 때문에 금박을 입힌 동전(유대계 어린아이에게 주는 전통)을 빨간 종이봉투에 대신 넣었다.

공교롭게도 설날에 모든 아프리카계 미국인 학생은 온종일 치는 시험 때문에 교실에서 빠져나갔다. 교실에 남은 학생들은 아시아계 학생뿐이었다. 그녀가 빨간 봉투를 건네주자 학생들은 깜짝 놀랐고, 중국 최고의 풍습에 대한 그녀의 관심에 감동을 받았다.

교장은 그린버그의 행동을 듣고, 크게 화를 냈다. 교장은 그녀가 아시아계 학생들을 편애하고, 아프리카계 미국인 학생들이 교실을 떠나게 했다는 이유로 비난했다. 그녀가 교장을 다른 방식으로 설득하려고 했지만, 교장은 그녀가 아시아의 풍습을 아프리카계 미국인 학생에게 강요할 권리가 없다는 반응을 보였다. 그녀는 설날은 아시아의 중요한 풍습이고, 아시아계 학생들은 마틴 루서 킹 목사의 탄생 기념식에도 참석한다고 주장했다. 그러나 교장은 설날이 종교적인 의식과 가까운 아시아의 미신이라고 하면서 그녀를 공격했다. 그녀는 징계될 처지에 놓였다.

토론을 위한 질문

- 그린버그의 행동은 공립학교 교실에서 부적절했는가? 그렇다면 그 이유는 무엇인가? 그렇지 않다면, 그 이유는 무엇인가? 이것은 정교분리 원칙에 위반되는가?
- 그린버그는 아프리카계 미국인 학생들이 교실에 없을 때 빨간 봉투를 건네줌으로써 스스로 문제를 만들었는가? 그녀의 이런 행동은 특정 인종에 대한 편애라고 할 수 있는가?
- 그린버그는 이 상황을 어떻게 풀어야 하는가?
- 교장은 주제넘은 사람인가? 그린버그는 단순히 피해자인가?

2) 오늘날의 다문화교육

1990년대의 특징은 근본주의자와 다문화주의자 간에 논쟁이 된 표준(standards)의 개발이라고 할 수 있다. 근본주의자들은 역사 표준은 민주주의의 기초가 되는 애국심과 역사의 영웅이 무엇인지 강조해야 한다고 주장했다. 다문화주의자들은 역사 표준에 다양한 집단과 다중적인 시각을 포함해야 한다고 주장했다. 1995년 연방 상원에서는 역사 표준에 관한 논쟁을 끌어내어, 널리 존경받는 역사학자 집단이 다양한 집단의 포함을 강조하면서 개발한 역사 표준을 99대 1로 중단시켰다(Symcox, 2002). 영문학자 집단도 학생들이 접해야 하는 문학에 대한 의견을 일치시키지 못했다. 어떤 사람들은 다중적인 시각을 주장하는 반면, 다른 사람들은 그런 문학은 지지받을 수 없는 가치를 떠드는 것이라고 주장했다.

간혹 다문화교육이 집단 안의 유사점보다 차이점에 주안점을 둔다는 비난을 받는다. 이와 대조적으로 다문화교육은 많은 집단이 사회에 공평하게 참여하지 못하게 하는 권력과 억압의 문제를 적절하게 끌어내지 못한다는 비난을 받는다. 다문화주의자들은 적어도 세 가지 시각, 즉 비판적 교육학, 인종차별 반대 교육, 비판적 인종이론을 기반으로 이들 쟁점에 대해 비판적 사고를 한다(Sleeter and Bernal, 2004). 비판적 교육학은 일상생활의 문화와 현대의 권력투쟁에서 계급·인종·젠더의 상호작용에 초점을 둔다. 인종차별 반대 교육은 능력별 반편성(tracking), 불평등한 재정 지원, 학교의 인종분리와 같은 인종차별 관행을 제거하는 것으로, 캐나다와 유럽의 여러 나라에서 지지받는 전략이다. 마지막으로 비판적 인종이론은 인종억압, 인종불평등, 백인 특혜 등에 대해 문제를 제기하면서 인종차별에 초점을 둔다(Ladson-Billings, 2004). 이 책에서 제시하는 다문화교육은 이 세 가지 유형의 통합을 시도한다. 다문화교육은 교육이 모든 집단의 요구에 공평하게 대응한다는 점을 증명하기 위해 이러저러한 쟁점에 관한 비판적 사고를 포함한다.

교육 영역에서 민권과 인권에 관한 쟁점이 부상된 지 80여 년이 지났지만, 인종차별은 여전히 존재한다. 교사는 다양성을 학교의 교과과정과 평등 규정에 통합하기 위해 싸운다. 어떤 교실은 인종적으로 통합되었고, 특수아도 일반학급에서 수업을 받으며, 남녀학생이 체육활동에 참여할 수 있다. 그러나 여전히 특수아는 위험하고, 발달이 지체되며, 사회경제적으로 불우하고, 가난하며, 게으르고, 느리다고 낙인찍혀 있다(Tyack, 2003). 그들은 실제 지각된 능력에 기초하여 배치된 학급 안에서 특수학급 또는 특수집단으로 능력별 반편성이 된다. 아프리카계 미국인, 멕시코계 미국인, 푸에르토리코계 미국인, 아메리칸인디언, 몇몇 아시아/태평양계 미국인 집단의 유난히 많은 학생이 유럽계 학생들보다 국가 표준학력검사(standardized achievement test)의 점수가 낮다. 고급 단계의 과학과 수학 수업에 참여하는 유색인, 저소득층, 여학생의 수는 그들이 학교에서 차지하는 수와 비례하지 않는다. 그들은 대학생활을 성공적으로 하는 데 필요한 고급 과정에 등록하도록 거의 장려되지 못하거나 아예 관심 대상이 되지 않는다.

어떤 개혁가는 좋은 교육이란 기본적인 민권을 다루는 것이라고 한다(Spring, 2001; Tyack, 2003). 개인의 조건을 개선하기 위해 개인의 평등권과 기회를 장려하는 국가에서, 교사들은 모든 학생의 학업 성취를 높여야 하는 난관에 직면해 있다. 21세기 초반 표준운동은 모든 학생이 알아야 하는 것과 할 수 있어야 하는 것을 식별하는 데 초점을 두었다. 초·중등학교를 대상으로 하는 연방법인「학생낙오방지법(No Child Left Behind: NCLB)」은 학교가 학생을 도울 때 얼마나 효과적인지를 결정하기 위해 학생들에게 표준학력검사를 요구한다. 「학생낙오방지법」에 따르면 인종, 젠더, 영어 능력, 장애인, 그리고 사회경제적 지위별로 시험 점수를 일반 대중에게 공개하도록 규정한다(U.S. Department of Education, 2001: 10). 「학생낙오방지법」의 목표는 모든 학생의 학업 성취를 향상하는 것이다. 어떤 학교의 학업 성취도가 3년 연속 기준 미달로 낮을 경우 그 학교의 학생들은 시험기준을 통과할 기회를 높이기 위해 학업 성취도가 높은 학교로 전학할 수 있다.

유럽계 미국인 학생이 아니거나 대다수의 저소득층 학생은 현행 고부담 평가(high-stakes testing)[2]의 통과 기준을 충족하지 못한다. 4학년 기준으로 아프리카계 미국인 42%, 라틴계 미국인 46%, 아메리칸인디언 48%만이 2005년 국립교육평가원(National Assessment of Educational Progress: NAEP)이 실시한 읽기시험에서 기초 수준 또는 그 이상에 해당하는 점수를 받았다. 이런 결과는 같은 또래 백인 학생 76%와 비교된다(National Assessment of Educational Progress, 2007). 성적이 기초 수준 또는 그 이상에 해당하는 저소득층 학생은 46%를 나타냈는데,

---

2 이 시험은 고등학교 졸업 자격시험이나 각종 자격증 시험에서 시행되는 형태로, 떨어지면 개인에게 중대한 불이익이 돌아간다. _ 옮긴이

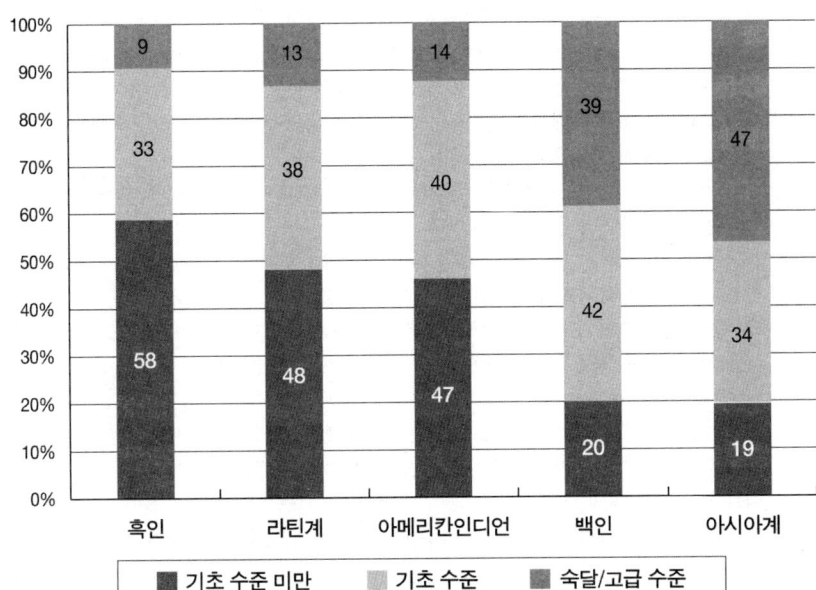

〈그림 1.1〉 인종과 민족성에 따른 8학년 수학 성적(2005년, NAEP)

자료: National Assessment of Educational Progress. (2007). Washington, DC: National Center for Education Statistics, U.S. Department of Education. www.nces.ed.gov/nationalreportcard/nde/viewresults.asp(2007년 5월 20일 검색).

이것은 고소득층 학생의 77%와 비교된다. 이러한 유형의 결과는 〈그림 1.1〉에서 보는 것처럼 8학년 수학에서도 유사하게 나타난다.

3) 교사의 다문화 능력

주와 교육구는 교사들이 교사교육 프로그램을 수료할 때 다문화교육에 숙달된 능력(proficiencies)이나 그것과 관련된 특정의 지식·기술·기질을 갖추길 기대한다. 「학생낙오방지법」을 시행하면서 주와 교육구에서는 저소득층, 유색인, 영어학습자, 장애학생 등이 주 학력기준(state standards)을 통과하도록 도울 수 있는 교사의 채용을 의무화하고 있다.

〈표 1.1〉 신임 교사를 위한 INTASC 기준

1. 교사는 가르치는 과목의 핵심 개념, 질문 도구, 구조를 이해해야 하며, 학생에게 의미 있는 내용의 교재를 만들기 위해 학습 경험을 해야 한다.
2. 교사는 학생이 어떻게 배우고 발달하는지를 이해해야 하고, 그들의 지적·사회적·개인적 발달을 지원하는 학습 기회를 제공할 수 있어야 한다.
3. 교사는 학생의 학습 접근 방식이 어떻게 다른지를 이해해야 하고, 다양한 학습자에게 적용할 수 있는 교수법을 개발해야 한다.
4. 교사는 학생의 비판적 사고, 문제 해결, 학업 성취 기술이 발달되도록 촉진하는 다양한 수업 전략을 이해하고 사용해야 한다.
5. 교사는 개인과 집단의 동기 및 행동의 이해에 대한 지식을 활용하여 학생의 긍정적인 사회적 상호작용, 능동적인 학습 관여, 자기 동기부여를 촉진하는 학습환경을 조성해야 한다.
6. 교사는 교실에서 학생이 능동적으로 질문하고, 협동하며, 격려하는 상호작용을 촉진하기 위해 효과적인 언어적·비언어적 기술과 대중매체 커뮤니케이션 기술에 대한 지식을 활용해야 한다.
7. 교사는 교재·학생·커뮤니티, 교과과정 목표에 대한 이해를 바탕으로 수업 계획을 세워야 한다.
8. 교사는 학습자의 지속적인 지적·사회적·신체적 발달을 평가·인증하기 위해 공식적·비공식적 평가 전략을 이해하고 활용해야 한다.
9. 교사는 지속적으로 자신의 선택과 행동이 다른 사람들(학생, 학부모, 학습 커뮤니티의 다른 전문가)에게 미친 결과를 평가하고, 직업적으로 성장할 기회를 능동적으로 추구하는 반성적 실천가이다.
10. 교사는 학생의 학습과 안녕을 지원하기 위해 학교 동료, 학부모, 더 큰 커뮤니티 기관과 관계를 촉진해야 한다.

자료: Council of Chief State Officers. (1992)의 승인 하에 재인용. Model standards for beginning licensing assessment, and development: A resource for state dialogue. Washington, DC. http://www.ccsso.org/content/kpdfs/corestrd.pdf

교사 자격증에 관한 각 주의 기준은 주 간 신임교사 평가지원연합회(Interstate New Teacher Assessment and Support Consortium: INTASC)에서 개발한 〈표 1.1〉의 국가 기준을 반영한다. 10개 항목으로 구성된 이 기준은 각각 신임 교사가 주의 교사로서 시연해야 하는 지식·기질·성과에 대한 진술을 명확히 설명한다. 다문화교육 능력과 관련된 많은 항목은 이 책에서 소개될 것이고, 다른 항목들은 다른 교사교육수업에서 소개될 것이다. 예컨대, 다문화교육에 필요한 능력을 소개하는 INTASC 기준(1992)은 신임 교사에게 다음의 항목을 요구한다.

- 특수학습 영역(학습장애·시각장애·감각장애·신체장애·지적장애)에 대해 알아야 한다(기준 3).
- 제2 언어 습득 과정과 영어를 제1 언어로 사용하지 않는 학생의 학습을 지원하기 위한 전략을 알아야 한다(기준 3).
- 학생의 학습이 언어·문화·가족·커뮤니티의 가치뿐만 아니라 개인적인 경험, 재능, 선행학습의 영향을 어떻게 받는지 이해해야 한다(기준 3).
- 문화적 다양성 및 커뮤니티의 다양성을 이해하는 데 필요한, 체계가 잘 잡힌 틀을 구축하고, 학생의 경험·문화·커뮤니티의 자원에 관해 배우며, 그것들을 어떻게 학습과 통합할 것인지를 알아야 한다(기준 3).
- 문화와 젠더의 차이가 교실에서의 소통에 어떻게 영향을 미치는지 이해해야 한다(기준 6).
- 학교 밖에서 학생이 처한 환경요인(가족상황, 커뮤니티의 환경, 건강 및 경제 사정)이 학생의 생활과 학습에 어떻게 영향을 미치는지 이해해야 한다(기준 10).

교사가 자신과 민족성·인종·언어·종교집단이 다른 학생과 생활하면서 다양성과 차이를 받아들이는 기질을 개발하는 것은 중요하다. 학생들은 교실에서 그들의 문화와 가치의 차이를 존중하는 교사를 재빨리 알아본다. 다음은 INTASC 기준(1992)에서 제시한 교사가 갖추어야 할 기질이다.

- 다중적 시각을 인정하고, 지식이 아는 사람(knower)의 입장에서 어떻게 개발되는지에 대해 학습자에게 전달할 수 있어야 한다(기준 1).
- 모든 아동이 높은 수준에서 배울 수 있음을 믿고, 성공할 수 있도록 지속적으로 도아야 한다(기준 3).
- 커뮤니티와 문화적 규범에 민감해야 한다(기준 3).

- 학생들이 그들의 잠재력을 가치 있게 느끼게 하고, 서로를 가치 있게 생각할 수 있게 해야 한다(기준 3).
- 참여가 어떻게 기여에 이르게 하는지를 이해하고, 민주주의의 가치에 대한 표현과 이용을 적극적으로 도와야 한다(기준 5).
- 커뮤니케이션의 문화적 차원을 이해하고, 적절하게 반응하며, 학생 간에 이루어지는 문화적으로 민감한 커뮤니케이션을 촉진해야 한다(기준 6).
- 학생이 학습 기회에 접근하는 것을 거부하기보다는 학생의 장점을 파악하고 학생의 성장을 촉진하는 평가체제를 마련해야 한다(기준 8).

신임 교사는 수업을 통해 이와 같은 지식과 기질적인 능력을 증명할 수 있어야 한다. 각 장 마지막 부분의 포트폴리오 활동에서는 다양한 학생과 함께 일하고 다문화교육을 실행하는 교사의 숙달된 능력과 관련된 자료들을 수집할 기회를 제공할 것이다. 이는 INTASC 기준에 맞추어 제시했다. 이들 자료는 당신이 교사교육 프로그램에서 개발하는 포트폴리오의 일부가 될 수 있다. 이 자료들은 포트폴리오의 중요한 부분이 되어, 미래의 고용주에게 당신이 다양한 학생과 함께 효과적으로 일하는 데 적합한 지식·기술·기질을 지니고 있음을 보여준다.

주 교사 자격시험은 대부분 다문화교육과 관련된 문제가 짧은 답변 및 다중선택형으로 출제되지만, 교육평가원(Educational Testing Service: ETS)이 주관한 연습문제 II 시리즈에서는 교사가 가르칠 과목과 교수학습에 대한 지식을 묻는다. 이차 시험에는 학습자로서 학생, 수업 및 평가, 커뮤니케이션 기술, 교사의 전문성 등 네 가지 유형이 출제된다. 이들 유형 각각에는 다문화교육과 관련된 내용이 출제된다. 일부 주는 국가평가원(National Evaluation System: NES) 또는 다른 평가기관과 함께 자체적으로 자격시험을 개발했지만, 마찬가지로 전문적이고 교육학적 지식과 관련된 유사한 문제를 출제한다. 각 장의 마지막 부분은 교사임용 전에 치르는 자격시험과 유사한 시험문제를 연습할 기회가 될 것이다.

1-2 생각해보기

당신은 교사교육 프로그램에 참여할 때 현장 경험, 학생 수업, 교실 등에서 다양한 학생과 함께 일하게 될 것이다. 당신은 다문화교육과 관련하여 다음의 INTASC 기준에 얼마나 부합하는가?

(숙달) 능력	매우 그렇다	부분적으로 그렇다	전혀 아니다
1. 특수교육 분야(학습장애·시각장애·지각장애·신체장애·지적장애)에 대해 알고 있다.	□	□	□
2. 제2 언어 습득 과정과 학습지원 전략에 대해 알고 있다.	□	□	□
3. 학생의 학습이 언어·문화·가족·커뮤니티의 가치에 따라 어떻게 영향을 받는지 이해하고 있다.	□	□	□
4. 교실에서 문화와 젠더 차이가 커뮤니케이션에 어떻게 영향을 주는지 이해하고 있다.	□	□	□
5. 다중적 시각을 이해하고 있다.	□	□	□
6. 모든 아동은 높은 단계에서 배울 수 있다고 믿는다.	□	□	□
7. 커뮤니티와 문화적 규범에 민감하다.	□	□	□

4) 다문화수업에 대해 성찰하기

제1장~10장은 다양성과 다문화교육과 관련된 쟁점에 대해 성찰할 기회를 제공할 것이다. 연구보고에 따르면, 자신의 관행을 성찰하고 분석하는 교사들은 시간이 갈수록 수업이 개선된다(National Board for Professional Teaching Standards, 2001). 당신은 이제 당신의 관행에 대해 성찰하는 습관을 기르고, 그 성찰 과정에 다문화교육 능력을 포함하는 것이 좋다.

수업 첫날부터 교사로서의 효과성에 대해 성찰해야 한다. 당신이 실제로 가르치는 주제와 기술을 학생들이 배우도록 도울 수 있는가? 수업에서 중요한 것 중 하나는 무엇이 효과가 있고, 무엇이 효과가 없는지를 묻는 것이다. 좋은 교사는 학생들이 배우지 못할 때 수업 전략을 바꿀 수 있어야 한다. 좋은 교사는 한 명의 학생이라도 뒤처지지 않게 하며, 학생과 관련된 교재를 만들기 위해 학생의 경험과 문화를 활용한다. 자아성찰은 수업의 질을 개선하는 중요한 기술이다.

수업을 준비하는 동안 자아성찰 기술을 개발할 수 있다. 많은 교사교육 프로그램은 예비교사가 실습일지를 쓰고, 자아성찰 기록이 포함된 포트폴리오를 준비하도록 요구한다. 가르치는 내용을 촬영하는 방식을 통해서도 교재지식, 학생과의 상호작용, 교실관리에 대해 비평을 할 수 있다. 이런 비평은 다문화교육에 필요한 능력을 기대하는 데도 활용될 수 있다. 당신이 가르치는 동안 동료가 정기적으로 관찰하여 당신의 다문화교육 능력에 대해 피드백을 제공하는 것도 중요한 방식이다. 우리는 솔직한 피드백을 통해 우리의 행동과 태도를 긍정적으로 고쳐나갈 수 있다.

다문화교육은 다섯 가지 기본 개념에 대한 이해가 필요하다. 다섯 가지 기본 개념은 문화, 문화적 정체성, 다원주의, 평등, 사회정의이다. 이제 이에 대해 논의하고자 한다.

3. 문화

20세기 초반까지 '문화(culture)'라는 용어는 엘리트와 권력자의 세련된 행동 방식을 일컬었다. 사람들은 역사·문학·예술에 대해 알고 있는 사람들이 문화를 소유했다고 생각했다. 이제는 문화를 그렇게 제한된 의미로 여기지 않는다. 문화는 우리가 누구인지를 설명하는 데 도움을 주고, 지식·신념·가치에 영향을 주며, 생각하고 느끼고 행동하는 방식에 영향을 주는 청사진을 제공한다. 다른 사람에 대해 배우고 그들과 상호작용하는 자연스러운 방식은 우리의 문화에 의해 결정된다. 일반적으로 수용적이고 유형화된 행동 방식은 인간집단이 함께 사는 데 필요한데, 문화는 우리의 경험에 질서와 의미를 부여하며, 타자가 특정 환경에서 어떻게 행동할 것인지를 예측하게 한다.

문화적으로 결정된 규범은 우리의 언어·행동·감정·사고에 영향을 준다. 그 규범은 우리의 문화 안에서 적절한 행동의 준수사항과 금지사항이다. 우리는 같은 문화를 공유하는 사람들과는 그들의 말과 행동의 의미를 알기 때문에 편안함을 느끼지만, 다른 문화권에서 온 사람들의 문화적 상징에 대해서는 간혹 오해를 한다. 문화는 우리의 일부이기 때문에 우리는 모든 사람이 우리의 사고 및 행동 방식을 공유하지 않는다는 것을 알지 못한다. 이것은 어느 정도는 우리가 우리 자신과 다른 문화적 배경에 놓여 있지 않았기 때문이다. 이런 지식의 결핍 때문에, 가끔 우리는 단순한 문화 차이를 개인에 대한 모욕으로 받아들인다. 이런 오해는 관찰자에게 별로 중요하지 않지만, 당사자에게는 중요할 수 있다. 예컨대, 대화하면서 자신은 큰 소리로 말하지 않았다고 생각하는데 상대방은 큰 소리라고 받아들인다든지, 자신은 행사장에 제시간에 도착했다고 생각했는데 다른 사람들은 늦었다고 생각한다든지, 자신은 친하다고 생각하여 상대방 옆에 섰는데 상대방은 무례하고 불손하다고 생각한다든지 하는 것이다.

1-3 생각해보기

사람들이 다른 나라나 도시 또는 이웃을 방문할 때 민족적으로 다른 그곳의 거주민들과 문화적 불연속성을 경험하는 것은 일상적인 일이다.

- 문화적 규범을 알지 못해 어떻게 해야 할지 몰라 당황할 때는 어떤 경우인가?
- 얼마나 자주 그런 환경에 놓이는가?
- 불편함을 왜 느끼는가?
- 그런 어색함은 어떻게 극복되는가?
- 자신과 다른 문화적 환경에서 편안함을 느끼려면 어떻게 해야 하는가?

1) 문화의 특성

우리 모두에게는 문화가 있다. 그러나 그것을 어떻게 습득했을까? 문화의 특성 중 하나는 학습된다는 점이다. 우리는 태어나서 부모나 돌보는 사람의 문화에 영향을 받는다. 아이가 잡고 먹고 목욕하고 입고 말하는 방식은 문화적으로 결정되는데, 바로 여기에서 가족문화의 학습 과정이 시작된다. 이 과정은 우리가 우리 자신과 다른 문화의 구성원과 상호작용하면서 생애에 걸쳐 지속적으로 일어난다.

두 가지 유사한 과정, 즉 문화화(enculturation)와 사회화(socialization)는 사람들이 사회에서 어떻게 행동할 것인지를 학습할 때 상호작용한다. 문화화는 토착문화의 특성을 획득하는 과정이며, 그 토착문화의 언어·행동·앎의 방식에 능숙해지는 과정이다. 사회화는 문화의 사회적 규범을 학습하는 일반적인 과정이다. 이 과정을 통해 사회적·문화적 규칙을 내재화한다. 우리는 어머니·남편·학생·아동이 사회적으로 어떤 역할을 하고, 교사·은행가·배관공·관리인·정치인이 직업적으로 어떤 역할을 하는지를 학습한다.

부모·형제자매·간호사·의사·교사·이웃은 우리가 태어날 때부터 문화화와 사회화를 가르치는 교사이다. 이들 다양한 교사는 그들이 가르치는 과정을 문화화 또는 사회화라고 생각하지는 않지만, 아동에게 바람직한 행동이 무엇인지를 보여주고 바람직한 행동에 대해 보상한다. 우리는 사회와 문화에서 관찰하고 거기에 참여함으로써, 즉 우리가 만든 문화 유형을 학습함으로써 어떻게 행동할지를 배운다.

문화는 그런 방식으로 내재화되기 때문에 문화를 생물학적·문화적 유산과 혼동할 수 있다. 우리는 문화적 유산의 동일성을 파악하는 데 선천적인 문화에 토대를 두지 않는다. 예컨대, 로마가톨릭 신자이자 중류층인 이탈리아계 미국인 부모에게 입양된 베트남계 아동은 베트남인의 문화적 유산보다는 로마가톨릭 신자이자 중류층인 이탈리아계 미국인의 문화적 유산을 공유할 것이다. 그러나 관찰자들은 입양아의 신체적 특성과 문화적 경험에 관한 지식이 부족하기 때문에 입양아를 베트남계 미국인으로 생각할 것이다.

문화의 두 번째 특성은 공유된다는 것이다. 공유된 문화 유형과 관습은 사람들을 하나의 집단으로 묶고, 함께 살고 쉽게 기능하게 한다. 공유된 문화에서 생활하는 개인은 그 문화를 공유하는 집단을 식별할 수 있다. 문화의 어떤 영역에 대해 일부 일치하지 않는 측면이 있지만, 대부분의 영역에서는 보편적인 수용과 일치가 있다. 실제로 일치하는 부분은 대개 지각 범주 밖에 있다. 예컨대, 우리는 서로 커뮤니케이션하는 방식과 아이를 양육하는 방식이 문화의 일부라는 것을 항상 인식하지는 않는다.

세 번째 특성으로, 문화는 적응이다. 문화는 환경적 조건과 활용할 수 있는 자연적·기술적 자원을 수용한다. 따라서 혹한·눈·얼음·가죽·바다와 함께 사는 에스키모인들은 제한된 땅, 무제한의 바다, 희박한 자원을 가진 태평양의 섬사람들과는 다른 문화를 만든다. 도시인의 문화는 농촌 사람의 문화와 다른데, 그 이유 중 하나는 다른 환경에서 이용할 수 있는 자원 때문이다. 비주류집단의 문화는 사회에서의 권력관계 때문에 주류집단의 문화와 다르다.

마지막으로 문화는 끊임없이 변화하는 역동적 구조이다. 어떤 문화는 지속적이고 급격한 변화를 겪는 반면, 어떤 문화는 변화에 매우 둔감하다. 신조어나 새로운 헤어스타일과 같은 변화는 상대적으로 미미하고, 문화에 미치는 영향이 대체로 작지만, 어떤 변화는 극적인 충격을 준다. 예컨대, 기술을 문화에 도입하는 것은 기술 그 자체보다 훨씬 더 광범위한 변화를 만들어낸다. 한 가지 예를 들면, 컴퓨터의 사용은 비즈니스와 개인적인 목적을 위해 서로 커뮤니케이션하는 방식에서 변화를 가져왔다. 컴퓨터는 많은 사람이 서로 만나는 방식조차도 바꿔놓았다. 컴퓨터 데이트 서비스는 미팅이나 소개팅 대신 만남을 원하는 남녀를 짝지어준다.

2) 문화의 발현

집단의 문화 유형은 사람들이 어떻게 문화의 다양한 구성요소를 조직하고 바라보느냐에 따라 결정된다. 문화는 사회기관, 체험, 개인의 심리적·개인적 욕구의 실현을 통해 셀 수 없이 많은 방식으로 나타난다. 우리의 생활이 얼마나 광범위하게 문화의 영향을 받는지를 이해하기 위해 몇 가지 발현 방식을 검토해 보자.

우리의 가치는 처음부터 우리의 문화에 의해 결정된다. 우리의 가치는 위신, 지위, 자부심, 가족에 대한 충실함, 조국애, 종교적 신념, 명예 등에 중요한 영향을 미친다. 지위상징은 문화에 따라 다르게 나타난다. 미국의 많은 가족에게 물질의 축적은 존경받는 지위상징(status symbol)이다. 다른 가족에게는 대가족의 복지가 가장 중요하다. 이러한 요인들은 도덕성이나 부도덕성의 의미, 상벌의 이용, 고등교육의 필요성과 마찬가지로 문화의 가치체계로 결정된다.

또한 문화는 비언어적 커뮤니케이션의 유형을 통해 자체적으로 나타난다. 행위나 표현의 의미는 문화적인 맥락에서 생각되어야 한다. 악수를 하거나 사람들을 축하하기 위해 인사나 키스를 하는 것은 문화에 따라 다양하게 나타난다. 또한 걷는 것, 앉는 것, 서 있는 것, 몸짓, 기대는 것, 춤추는 모양 등을 결정한다. 우리는 다른 문화집단에서 온 사람들의 행위와 표현을 해석할 때, 그들이 우리와 다르다고 해서 그들의 행위와 표현이 틀렸다거나 부적절하다고 해석하지 않아야 한다. 이런 행동들은 문화적으로 결정된다.

언어 자체는 문화의 반영이며, 세상을 바라보고, 하나의 언어를 다른 언어로 번역하게 하는 특별한 방식을 제공한다. 많은 다른 소리와 소리의 조합은 다른 문화의 언어에서 사용된다. 대부분은 제2 언어를 배우면서 모국어가 아닌 소리를 발음하는 데 애를 먹은 경험이 있을 것이다. 또한 같은 언어집단에서 찾을 수 있는 다양한 언어 유형은 오해를 불러일으킬 수 있다. 예컨대, 어떤 사람의 농담이 다른 사람에게는 심각한 비판이나 권한 남용으로 들릴 수 있다. 이것은 화자(話者)가 주류집단의 구성원이고, 청자(聽者)가 비주류집단의 구성원일 때 생길 수 있는 문제이다. 화자가 비주류집단의 구성원이고, 청자가 주류집단의 구성원일 때도 마찬가지이다.

문화에 의해 결정되는 몇 가지의 일상적인 유형만을 논의했지만, 그 유형은 무궁무진하다. 이 문화 유형 중에는 남녀관계, 육아, 배우자 선택하기, 성적 관계, 가정과 사회에서의 노동 분담 등도 해당된다. 이 문화 유형은 문화의 구성원에 의해 공유되며, 구성원이 아닌 사람에게는 종종 낯설고 부적절하게 보인다.

3) 자민족중심주의

문화는 우리가 생각하고, 느끼고, 행동하는 방식을 결정하는 것을 돕기 때문에 우리가 이 세상을 판단하는 렌즈가 된다. 따라서 문화는 생각하고, 느끼고, 행동하는 다른 방식에 무의식적인 장애물이 될 수 있다. 문화는 무의식적으로 선천적인 것으로 여겨진다. 문화는 이 세상에서 기능하는 유일한 자연적인 방식이다. 심지어 자신이 상식적으로 알고 있는 문화가 어디에서든 통할 것이라고 믿는다. 다른 문화가 자신의 문화와 비교되면 자신의 문화를 기준으로 평가한다. 다른 문화를 우리 문화와 별개로 바라보는 것 － 문화인류학자가 문화를 연구할 때 시도하는 과업 － 은 어렵다.

다른 문화를 현실을 구성하는 실행 가능한 대안으로 똑같이 생각하지 않는 것을 자민족중심주의라고 한다. 자신의 문화를 소중하게 바라보는 것은 바람직하지만, 간혹 구성원들은 차이의 가능성에 배타적이 된다. 다른 문화에 대한 우월감은 다른 문화 구성원과 효과적으로 상호작용하거나 동등하게 일하는 데 문제가 될 수 있다. 다른 문화를 자신의 문화렌즈가 아닌 다른 문화의 렌즈를 통해 바라보지 못하는 것은 제2 문화의 이해를 방해한다. 이것은 제2 문화에서 효과적으로 기능하지 못하게 할 수도 있다. 이 세상에 대한 민족 중심의 시각을 극복함으로써 사람들은 다른 문화를 존경할 수 있고, 더 나아가 하나 이상의 문화집단에서 편안하게 기능하는 것을 배울 수 있다.

4) 문화적 상대주의

'뒤축 없는 신을 신고 1마일을 걸어가 본 다음에 다른 사람을 판단하라'는 인디언 속담이 있다. 이 속담은 다른 사람의 문화적 배경과 경험을 이해하는 것이 얼마나 중요한지를 암시한다. 문화적 상대주의의 원리는 마치 우리가 다른 문화의 구성원인 것처럼 그 문화를 바라보는 것이다. 본질적으로 다른 사람의 문화렌즈를 끼고 세계를 바라보려는 시도이다. 다른 사람이 일하는 방식이 우리 모두에게는 적절하지 않을 수 있지만, 그들에게는 타당한 이유가 있을 것이라고 인정하는 것이다. 문화적 상대주의는 오늘날 국가와 문화가 점점 더 상호 의존적으로 변화함에 따라 더욱 중요해졌다. 세계의 많은 문화집단과 긍정적인 관계를 유지하려는 노력의 일환으로 다른 문화를 무시하거나 하찮은 지위로 내몰아서는 안 된다.

미국 경계 안에는 대부분의 미국 제도의 토대가 된 서유럽의 주류 문화보다 열등하다고 간주하고 대우했던 역사적으로 많은 문화집단이 있다. 문화 간의 오해는 언어 장벽이 존재하지 않을 때조차도, 그리고 관련된 사람들이 주요 문화의 핵심요소를 공유할 때도 생기게 마련이다. 이런 오해는 종종 하나의 집단이 다른 집단의 문화에 대해 아주 무지하고, 제2 문화에 신뢰를 주지 않기 때문에 생긴다. 한 가지 문제는 한 집단의 대부분의 구성원이 다른 문화집단은 말할 것도 없고, 자신의 문화를 설명할 수 없다는 것이다. 이러한 오해는 미국에서 다양한 집단 간에 흔하게 일어나는데, 인종·젠더·계급·언어·종교·능력에 바탕을 둔 차별화된 지위에 의해 두드러지게 나타난다.

문화적 상대주의는 보통 우리에게 요구되는 것보다 우리 자신의 문화에 대해 더 많이 배워야 함을 암시한다. 그것은 다른 문화집단에 대한 상호작용과 연구를 수반할 수밖에 없다. 문화 간 과정은 제2 문화의 구성원이 누구인지 알게 해

주며, 이 세계를 그런 시각에서 바라보도록 돕는다. 제2 문화 안에서 효과적이고 편안하게 기능하기 위해 문화는 학습되어야 한다.

4. 문화적 정체성

미국에서는 주류 문화의 몇몇 특성과 가치에 따라 정치적·사회적 제도가 공유되는 더 큰 사회의 맥락 안에 집단들이 존재하기 때문에, 사회학자들과 문화인류학자들은 그 집단들을 소집단 또는 소문화로 부른다. 이들 집단은 구성원에게 사회적 정체성을 제공하고, 다른 사람들이 주류 문화의 구성원과 공유하면서 두드러진 문화 유형을 형성하게 한다. 동시에 여성 또는 남성, 미국인 또는 최근 이주민, 불교신자 또는 유대인과 같은 근본적이거나 절대적인 정체성은 없다. 단일 집단에서 우리의 정체성은 역사적으로 생생한 우리의 경험과 다른 집단 구성원에 의해 영향을 받는다.

대부분의 국가에도 많은 집단이 존재하지만, 미국에는 예외적으로 더 많은 집단이 있다. 집단 정체성은 〈그림 1.2〉에서 보는 것처럼 민족성, 종교, 젠더, 성적 취향, 연령, 계급이나 사회경제적 지위, 토착어, 지리, 거주지(농촌 또는 도시), 그리고 능력이나 특수한 조건의 부분으로서 학습된 기질과 가치에 토대를 둔다. 이들 각 집단은 특정 집단 구성원과 구별되지만 다른 집단과 공유하는 문화유형을 갖고 있다. 각 집단의 구성원은 미국 인구의 대부분과 주류 문화의 특성들을 공유하면서도 그들이 속한 집단의 문화적 기질, 담론 유형, 학습방식, 가치, 행동 특성 등을 학습한다.

한 집단의 구성원으로서 개인은 다른 집단의 구성원이 되기 어렵다. 예컨대, 모든 남성은 남성문화의 구성원이지만, 모든 남성이 같은 민족·종교·계급집단에 속하지는 않는다. 다른 한편으로 민족집단은 종교와 사회경제적 배경이 다른 남성과 여성으로 구성된다.

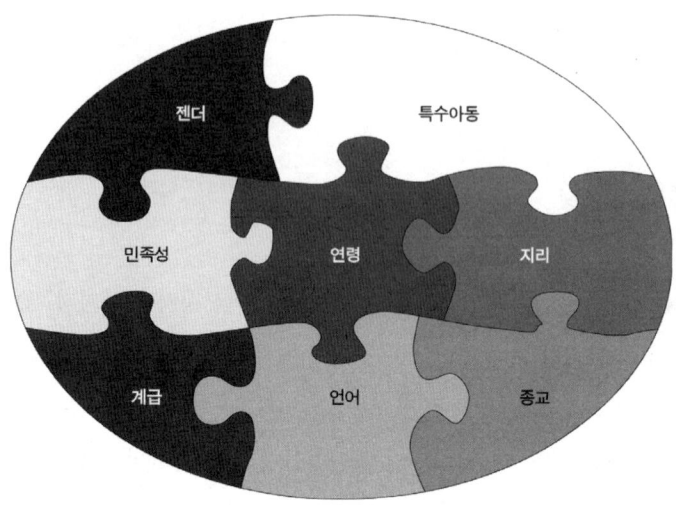

〈그림 1.2〉 문화적 정체성

주: 문화적 정체성은 서로 지속적으로 상호작용하고 영향을 주는 다중집단의 구성원에 기초한다. 이들 집단 내의 정체성은 사회에서 주류집단과 집단의 권력관계의 상호작용에 영향을 받는다.
자료: Johnson, James, A., Diann L. Musial, et al. *Introduction to the foundation of American Education*(13ed.), MA: Allyn & Bacon, Pearson Education Copyright ⓒ 2005.

이렇게 사회 안의 다양한 집단 구성원의 상호작용이 개인의 문화적 정체성을 결정한다. 한 집단에 소속된 구성원은 다른 집단 구성원의 특성과 가치에 큰 영향을 미친다. 예컨대, 일부 근본주의 종교는 여성과 남성의 기대 수준을 엄격하게 규정했다. 이에 따라 종교집단의 구성원은 민족집단과 무관하게 여성이 어린 소녀, 10대, 신부, 아내로서 행동하는 방식에 큰 영향을 미친다. 경제적 수준은 가족의 생활수준, 특히 집단의 아동과 노인에게 큰 영향을 미친다.

인종·민족성·계급·젠더의 관계에서 상호작용은 매우 역동적이다. 예컨대, 초기 여권신장운동은 백인 중류층 여성의 영향을 많이 받았다. 초기 노동운동은 유색인과 여성을 배척했으며, 그들의 대의명분을 무시했다. 아직도 어떤 분야에서는 이런 대립현상이 나타나고 있다. 어떤 집단 구성원은 종종 다른 집단의 이해관계와 충돌하는데, 이런 경우는 사람들이 젠더, 계급, 성적 취향보다 인종에 따라 자신의 일차적인 정체성을 규명하려 할 때 나타난다.

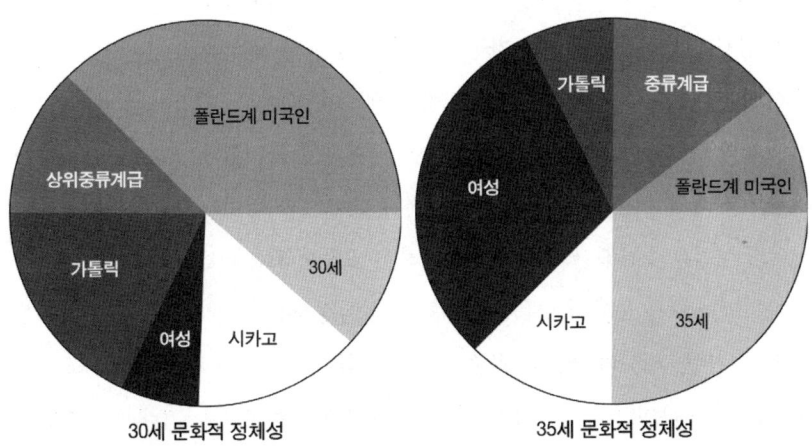

〈그림 1.3〉 연령에 따른 문화적 정체성

주: 문화적 정체성은 사회에서 구성원의 신분이나 지위를 변경하거나 강화하는 정치적·경제적·교육적·사회적 경험에 반응하는 것으로, 전 생애에 걸쳐 적응·변화된다. 일부 문화집단의 구성원은 생애의 시점에 따라 다른 구성원보다 더 중요하게 받아들여진다. 그림에서 보는 것처럼, 30세의 기혼 여성일 때와 35세의 이혼한 싱글맘일 때 문화적 정체성은 다르게 나타난다.

어떤 문화집단은 다른 문화집단보다 정체성에 더 큰 영향을 미친다. 이 영향은 시간이 갈수록 변하고, 생활 경험에 의존하게 된다. 우리는 더 이상 의미가 없다고 생각되는 우리 문화의 모습을 버리고, 선천적으로 우리 문화와 무관한 다른 문화의 모습을 채택하거나 거기에 적응할 수 있다. 정체성은 고정된 것이 아니다. 자아와 문화의 대안적 시각은 문화경계(cultural borders)를 가로질러 갈 때, 즉 개인이 다른 문화적 배경에서 오는 문화적 차이를 이해할 때 학습될 수 있다(Kuper, 2000).

개인이 구성원인 집단을 구분하는 정도와 관련된 문화의 특성은 개인문화의 정체성을 결정하는 데 상당한 영향을 미친다. 예컨대, 시카고에 사는 30세 중류층의 로마가톨릭 신자인 폴란드계 미국인 여성이 결혼하여 폴란드계 미국인 지역에 살 때는 로마가톨릭 신자인 폴란드계 미국인에게 강한 동질감을 갖는다. 그러나 그녀가 이혼하고 민족적으로 다양한 이웃 지역으로 이사하여 가정 경제를 완전히 책임지게 된 후에는 다른 집단 구성원들이 그녀의 정체성에 더 큰 영향을 미친다. 〈그림 1.3〉에서 보는 것처럼 그녀의 여성다움과 계급 지위는 그녀의 정체성에 영향을 미치는 가장 중요한 요인이 될 것이다.

사회에서 문화집단의 상호작용 또한 중요하다. 대부분 정치·사업·교육·사회 기관(법원·학교제도·시정부)은 주류집단이 개발하고 관리했다. 또한 주류집단이 내재화한 가치와 관행은 이들 제도에 본래 존재하는 것이다. 대체로 비주류집단의 구성원은 주류집단의 권력을 공유하면서 많은 도움을 받는다.

아동에게 주류 문화의 수용을 강요하는 동화정책(assimilation policies)은 학생에게 기대되는 태도와 행동의 기준이 되는 교칙과 비공식 교과과정(informal curriculum)에 주류집단의 가치가 반영될 때 학교에서 추진된다. 그래서 이주민과 유색인의 아이들이 주류 문화를 배우길 기대한다. 그들이 성공적인 학교생활을 하기 위해 주류 문화의 규범에 따라 소통하고 행동하길 기대하기 때문이다. 과거 이주민을 대상으로 한 미국인화 정책은 영어를 가르쳤을 뿐만 아니라 미국인이 되는 의미를 강화했다. 미국인이 되고 애국자가 되어야 하는 덕목은 많은 학교에서 강화되었는데, 특히 9·11사건 및 다른 국가와의 갈등과 같은 위기를 맞은 시기에 더욱 그랬다.

당신이 집단 구성원으로서의 중요성을 당신의 정체성과 관련지어 이해하는 것은 '나는 누구인가?'라는 질문에 답하는 데 도움을 준다. 다른 집단을 이해하는 것은 '나의 학생들은 누구인가?'라는 질문에 답하는 데 도움을 준다. 교사가 교실에서 직면할 다양한 집단은 제2~9장에서 상세하게 검토될 것이다.

> **1-4 생각해보기**
>
> 당신이 속한 문화집단에 대해 생각해보라. 당신은 문화정체성과 관련하여 앞에서 언급한 집단 구성원의 일원으로서 얼마나 중요한가? 〈그림 1.3〉과 같은 원을 그리고, 각 집단의 중요성을 표시하면서 구별해보라. 당신이 원을 다 그린 후 다음 질문에 대답하라.
>
> - 당신의 정체성에서 어떤 문화집단이 가장 중요한가? 왜 그렇게 생각하는가?

- 당신의 정체성에서 일부 집단은 왜 중요성이 떨어지는가?
- 차별이나 무차별은 당신에게 가장 중요한 집단 구성원에게 어떤 영향을 미쳤는가? 왜 그렇게 생각하는가?

1) 문화적 경계

우리는 우리 자신을 설명하는 데 도움을 주는 다중문화(민족집단, 종교집단, 사회경제적 집단)에 속해 있다. 이 집단들의 차이가 지위함축(status implications), 즉 한 집단이 다른 집단에 비해 다르게 대우되는 것이 아니라면, 집단 간 갈등은 크지 않다. 불행히도 문화경계는 종종 집단 간에 세워지고, 그것을 건너는 것은 쉬울 수도 어려울 수도 있다. 경계의 한쪽에서 가치가 있는 것이 다른 쪽에서는 모욕이 될 수 있다. 예컨대, 스페인어와 영어로 말하는 것은 커뮤니티에서 크게 환영을 받지만, 일부 학교에서 스페인어를 말하는 것은 허용되지 않는다.

교사가 모든 활동을 그의 문화에 따라 행동하면 교실에 문화경계가 만들어진다. 다른 문화에서 편안하게 기능하는 것을 배울 때, 문화지배와 연계된 단일한 시각에서 벗어날 수 있다. 또한 학생의 문화를 교실로 가져올 때 문화경계를 뛰어넘을 수 있다.

2) 이중문화주의와 다문화주의

두 개 이상의 다른 문화에서 경쟁력이 있고 성공적으로 생활하는 개인은 문화경계를 건넌 사람이다. 다중문화에서 뛰어나다는 의미는 주어진 시간과 특정한 환경 안에서 광범위한 능력을 갖춘다는 뜻이다.

우리는 하나 이상의 문화집단에 속하기 때문에, 이미 그들이 참여하는 다양한 집단의 유형에 따라 지각하고 평가하고 믿고 행동하는 다중 시스템에 능숙하다. 사람들은 사회생활을 하는 직장과 자기가 자란 공동체에서의 말과 행동이 서로 다르다. 또한 가족과 함께 있을 때와 또래와 놀 때의 행동도 서로 다르다. 몇 가지 문화에 익숙한 사람들은 모든 사람에게 유용한 문화적 능력의 범주를 더 완전하게 이해한다.

비주류집단의 많은 구성원은 일하거나 학교에 입학하고, 자신의 민족 커뮤니티에 효과적으로 참여하는 것에서 이중문화적(bicultural)이 될 수밖에 없다. 두 상황에서 각각 다른 행동을 하도록 기대된다. 보통 직장에서 성공하기 위해서는 주류집단의 시각에서 보았을 때의 유능함을 갖추어야 한다. 대부분 학교는 주류사회를 반영하기 때문에, 학생들이 학업에 성공하려면 적응하거나 백인처럼 행동할 수밖에 없다. 이와 대조적으로 대부분 중류층 백인 학생은 가족의 문화와 학교생활, 일 사이에서 거의 완전하게 일치된다. 대부분의 사람은 평생 단일 문화에 남는다. 그들은 다른 문화에 능숙해지는 것의 가치와 그럴 가능성을 고려하지 않는다.

세계는 외부로 확장되고 다원화되고 있다. 이런 세계에서 교사 스스로 최소한 이중문화적이 되는 것은 중요하다. 교사가 몇 개의 민족집단, 특히 비주류집단의 문화적 암시를 이해하는 것은 교직능력의 향상에 도움을 준다. 또한 교사가 이중문화적이 되는 것은 문화 차이의 중요성을 이해하게 되기 때문에 학생을 효과적으로 가르치는 데 도움이 된다.

 **학교에서 애국심 교육은 필수적인가?**

미국인이 된다는 것은 무엇을 의미하는가? 많은 초등학교에서 애국심에 대해 가르친다. 몇몇 학교 1학년생들은 읽기, 쓰기와 함께 애국심 고취에 대해 배운다. 워싱턴 D.C. 외곽 페어팩스의 그린브라이어이스트 초등학교에서는 다양한 학생 집단이 「God Bless America」, 「This Land is Your Land」, 「We're Glad We live in the U.S.A.」를 부르면서 애국심을 고취하는 연례행사를 개최한다. 애국심 교육 프로그램에는 미국인이 되는 것에 대한 에세이 경연대회와 참전용사를 명예롭게 하는 집회가 포함되었지만, 다른 학교에서는 애국심을 교과과정에 포함하지 않고 개인적인 책임으로 간주한다.

9·11사건 및 다른 국가와의 군사적인 갈등과 같은 위기에 처했을 때, 주 의회와 교육위원회는 학생들에게 충성서약을 암송하게 하고, 국가를 부르게 하고, 매일 또는 정기적으로 애국적인 행사에 참여하게 하는 경향이 있다. 그러나 이러한 관행은 집단의 권리를 침해할 수 있고, 모든 커뮤니티에서 만장일치의 지지를 받는 것도 아니다. 예컨대, 연방대법원은 지난 세기 초에 여호와의증인 학생들에게 충성맹세를 강제로 암송하게 할 수 없다는 판결을 내렸다. 당신은 학교에서 애국심 교육을 필수적으로 해야 한다고 생각하는가?

〈찬성〉
- 학생들은 애국심 교육이 미국인에게 무엇을 의미하는지를 이해해야 한다.
- 학교는 학생들이 미국식 민주주의를 이해하게 해야 한다.
- 학생들은 미국에 감사할 줄 알아야 한다.

〈반대〉
- 시민교육은 애국심의 주입이 아니라 개인적 책임에 관한 것이어야 한다.
- 민주주의는 정보를 제대로 제공하고 신중한 선택을 하게 해야 한다.
- 나라를 사랑하는 것은 교화로 이루어지지 않는다.

〈질문〉
- 왜 몇몇 교육구는 학교에서 애국심 교육을 강제로 시행하게 하는가?
- 학교는 애국심 교육이 적절하지 않다고 생각하는 부모와 대립하지 않으면서 좋은 시민정신에 대한 쟁점을 어떻게 도입할 것인가?
- 학생이 좋은 시민이 되도록 돕는 것과 공공연한 애국심 사이에 적절한 균형은 무엇이라고 생각하는가?

자료: Kalita, S. M. (2004, June 8). A blending of patriotism, native pride: In diverse Fairfax school, civics starts in 1st grade. *The Washington Post*, p. B. 01.

5. 다원주의 사회

모든 문화 사이에는 유사점이 많지만, 사람들이 학습하는 방식, 소중하게 여기는 가치, 세계관, 행동, 다른 사람과의 상호작용 등에서 차이점이 존재한다. 사람들은 삶을 이끌어가고, 일을 하며, 언어와 방언을 사용하는 데 합리적인 방식을 사용한다. 문화적 규범과 행동을 하나의 접근 방식으로서가 아니라, 다른 것보다 우월한 것으로 보기 시작할 때 차이점들은 정치화된다.

불평등하고 차별적인 권력관계는 개인과 집단이 자신의 목표를 정의하고, 그것을 달성하는 능력에 큰 영향을 미친다. 집단 안팎의 차이는 오해와 오인을 불러일으키고, 갈등을 유발한다. 집단은 지배할 것인지 복종할 것인지에 대한 결정에 따라 정치적 동맹을 결성하는데, 이 또한 문화적 차이에서 생긴다. 그 정치적 동맹의 결과는 애국심이나 집단연대의 강력한 감정으로 나타나 국가·부족·종교단체나 민족집단 간의 전쟁으로 확산된다. 한 집단이 다른 집단에 대해 느끼는 우월감은 반유대주의 상징과 행위, 십자가 불태우기, 동성애자 때리기, 성희롱 등으로 나타난다.

보통 집단 간 갈등은 사회에서 집단의 다른 지위와 가치에 의해 발생한다. 권력이 없는 많은 집단은 주류집단에서 소외되고 평가절하를 당하는데, 이것은 그 집단이 주류집단과 분리되기 위해 그들의 차이점을 강조하는 계기가 될 수 있다. 간혹 집단들은 그들의 정체성을 다른 사람의 입장에서 구축한다. 예컨대, 유럽계 미국인은 종종 그들을 백인으로 생각하지 않는다. 남성들은 그들을 여성과 반대로 정의한다. 많은 유럽계 미국인 남성은 다른 사람들, 즉 여성과 아프리카계 미국인과의 관계에서 그들이 특권을 행사하는 세상의 중심에 있다고 생각하게끔 사회화되었다.

우리는 차이와 다름의 이해를 통해 우리/그들, 지배/복종, 선/악, 옳음/그름이라는 이분법적인 단순한 접근 방식을 바꿀 수 있다. 우리는 진실의 다원성이 우리 자신만큼이나 합리적이라는 것을 깨달을 수 있다. 우리는 다른 사람들에 관해 이야기하고 다른 사람들을 위해 말하기보다, 그들과 대화하고 그들을 이해하도록 노력해야 한다. 이렇게 함으로써 우리는 다른 사람에 대해 권력을 행사하는 것이 아니라 그들과 권력을 공유할 수 있다.

1) 주류 문화

 미국의 정치사회제도는 앵글로색슨 또는 서유럽의 전통에 뿌리를 둔다. 영어는 역사적으로 영국의 다양한 정복자와 통치자가 사용한 몇 개의 언어복합체이다. 법률제도는 영국의 성문법에 토대를 둔다. 민주적인 선거의 정치제도는 프랑스와 잉글랜드에서 도입되었다. 중류층의 가치체계는 유럽체계를 수정한 것이다. 심지어 미국인의 사고방식, 적어도 학교에서 보상하는 방식은 소크라테스의 선형논리제도에 기초한다.

 예컨대, 정부·학교·사회복지·은행·사업과 같은 공식적인 기관은 미국인의 생활에 많은 영향을 미친다. 이러한 기관에 대한 앵글로색슨의 강력한 영향 때문에 앵글로색슨이나 서유럽이 미국의 주류 문화에 영향을 미친 것으로 생각된다. 좀 더 구체적으로 언급하자면, 백인·앵글로색슨·프로테스탄트(White, Anglo-saxon, Protestant: WASP)는 특히 미국의 제도적인 측면에서 큰 문화적 영향을 미쳤다. 그러나 주류집단은 더 이상 백인·앵글로색슨·프로테스탄트만으로 구성되지 않는다. 그 대신에 민족적으로 다양한 중류층 대부분의 시민이 주류 문화의 기본 틀을 제공한 백인·앵글로색슨·프로테스탄트의 특성과 가치를 수용했다.

 대부분의 제도는 여전히 백인·앵글로색슨·프로테스탄트의 강력한 영향 아래에서 기능하지만, 미국 생활의 다른 많은 측면은 미국으로 건너와 미국인이 된 수많은 문화집단의 영향을 받는다. 우리가 먹고, 적어도 먹으려고 하는 음식들, 즉 중국식, 인도식, 멕시코식, 소울 푸드[3], 이탈리아식, 카리브해식, 일본식 등의 음식들을 생각해보라. 여러 문화의 젊은이들이 힙합과 흑인문화의 영향을 받는다. 그러나 더 중요한 것은 과학·예술·문학·체육·공학·건축·정치 분야에서 다른 집단의 개인들이 미국 사회에 기여하는 것이다.

 미국은 전통적으로 농경사회였지만, 이제 대부분의 미국인은 대도시와 소도

---

3 미국 남부 특유의 음식으로 돼지 곱창, 돼지 족발, 고구마, 옥수수, 빵 따위를 말한다. _ 옮긴이

시에 거주한다. 미국은 광물과 비옥한 토지, 정교한 기술, 풍부한 제품을 보유하고 있다. 대중 교육과 대중매체는 생활양식이 되었다. 미국인들은 바다와 태양보다는 시계와 달력에 따라 생활한다. 시간은 생활을 하는 데 대부분 사용된다. 대부분의 미국인은 규모가 크고, 복잡하며, 비인간적인 기관이 지불하는 봉급이나 임금을 받는 피고용인이다. 일은 정규적·합목적적이지만 때에 따라 냉혹하게 이루어진다. 이와 대조적으로 놀이는 일의 배출구로서, 재미가 있다. 돈은 교환의 기준이다. 사람들은 생활필수품을 만들기보다 구매한다. 성취와 성공은 구매하는 제품의 양으로 측정된다. 종교적 믿음은 일반적 도덕성과 관계된다.

주류집단의 압도적인 가치는 개인주의(individualism), 즉 모든 개인이 자신의 지배자이며, 자신의 운명을 통제하고 자신의 노력에 따라 사회에서 앞으로 나아가기도 하고 뒤로 물러나기도 한다는 신념으로 특징지을 수 있다(Bellah et al., 1996). 이 개인주의는 개인이 자연과 자신의 운명을 통제할 수 있다는 서구 세계관에 뿌리를 둔다. 개인주의에서 강조되는 핵심 가치는 근면·야망·경쟁·자립·독립, 좋은 삶에 대한 이해, 그리고 자연에서 분리되고 자연보다 더 우월하다는 인간의 지각을 내포한다. 개인주의에서의 성공과 성취는 최첨단 기술로 이루어진 도구·자동차·보트·집과 같은 소유물을 획득하는 것으로 평가한다.

또 다른 핵심 가치는 주류집단이 정의한 자유인데, 다른 집단은 주류집단의 가치나 생각, 또는 행동을 결정하지 못한다(Bellah et al., 1996). 주류집단 안팎에서 다른 사람들과의 관계는 종종 비인간적으로 나타난다. 커뮤니케이션은 매우 직접적이거나 대립하는 양상을 나타낸다. 주류집단의 많은 구성원은 강력한 친족관계보다는 일반적인 이해단체에 더 많이 의지한다. 핵가족은 기본적인 친족단위이다. 가치는 옳고 그름의 정도에 따르지 않고, 옳고 그름이나 도덕과 비도덕을 구분하는 절대적인 기준이다. 개인 생활과 커뮤니티의 일은 수치·불명예·모욕보다는 옳고 그른 것에 대한 원칙에 따라 이루어진다. 젊음이 광고와 사업에서 강조된다. 남성과 여성은 보톡스 주사를 맞고, 젊음을 유지하기 위해 성형

수술을 한다. 많은 미국 시민, 특히 중류층의 미국 시민은 어느 정도 이런 특성과 가치를 공유한다. 이런 특성과 가치는 학교와 같은 기관에서 특권으로 주어지는 유형이다. 주류사회는 모든 시민이 이런 특성과 가치를 보존하기를 기대한다.

> **1-5 생각해보기**
>
> 당신은 당신의 인종 때문에 생긴 권력에 대해 얼마나 알고 있는가? 다음 질문에 해당하는 곳에 ○ 표시하시오.
>
> - 텔레비전이나 신문에서 당신과 같은 인종이 대서특필된 경우를 볼 수 있나? 그렇다 아니다
> - 당신이 속한 인종(또는 젠더)을 차별하지 않으면서 다른 집단에 공개적으로 말할 수 있는가? 그렇다 아니다
> - 당신이 속한 인종에게 특혜를 주지 않고 과제를 잘 수행할 수 있는가? 그렇다 아니다
> - 당신이 속한 인종을 위해 말하도록 요구받은 적이 있는가? 그렇다 아니다
> - 당신이 '책임자'에게 요구할 일이 있다면, 당신과 같은 인종을 찾을 것인가? 그렇다 아니다
> - 교통위반으로 차를 세웠을 때, 인종적 신상 분류에 대해 걱정하는가? 그렇다 아니다
> - 쇼핑할 때, 점원이나 안전 담당이 당신을 따라다니는가? 그렇다 아니다

(1) 특권

주류집단에 속하는 대부분의 남성은 보통 자신을 백인·중류층·기독교인·영어사용자·이성애자로 생각하지 않는다. 그들은 자신이 사회특권층도 아니고 다른 사람들의 압제자도 아니라고 생각한다. 대부분의 학교와 교사는 유색인 학생, 여학생, 영어학습자, 비기독교인, 저소득층 학생, 장애학생의 성공에 방해가 되는 불평등, 인종차별, 무력함 등을 인식하지 않는다. 주류집단 대부분의 구성원에게는 그들이 유럽계 민족이고, 사회특권층이라는 것을 확인할 기회가 없다. 그들은 종종 그들 외의 집단에 대해 연구하지도 상호작용하지도 않는다. 이런

이유로 그들은 권력과 사회불평등의 연속선에서 그들을 생각해볼 여지가 없다.

그러나 백인과 대조적으로 비주류집단의 구성원들은 계속해서 그들의 인종·언어·계급·종교·젠더·장애·이성애의 차이와 갈등을 빚는다. 주류 문화의 특성을 확인하는 수준은 부분적으로 얼마나 많은 개인이 경제적 지원과 생존을 위해 사회의 공식적 기관과 상호작용하는가에 달려 있다. 이들 기관에 의존하면 할수록 주류집단의 공통 특성과 가치를 공유하거나 수용하도록 강요당하는 정도가 높다.

이와 반대되는 시각은 사회에서 차지하는 특권의 실재나 지각된 위치, 또는 특권의 결핍으로 형성된다. 이런 시각은 최근 대학 교과과정의 공통 핵심 과목의 다양성을 보장하게 하고, 대학에서 차별철폐정책에 대한 공개 논쟁을 이끌어냈다. 비주류집단 구성원들은 공통 핵심 과목에서 그들의 문화는 빠지고, 주로 서유럽인의 사고체계를 담은 고전 위주로 편성된다고 주장한다. 주류집단을 눈에 띄게 대표하는 전통주의자들은 서구적 규범의 순수성을 유지하고, 사회에서 동질성을 촉진하기 위한 방편으로 민족의식과 애국심을 자극한다. 그러나 여성, 유색인, 기독교 외 다른 종교의 목소리를 반영해야 한다고 주장하는 공통 핵심 교과과정의 지지자 중에는 차이와 다중적 시각에 가치를 두는 주류집단의 많은 구성원도 포함되어 있다.

문제는 누구의 문화가 대학뿐만 아니라 초·중등학교 교과과정에 반영될 것인지이다. 자신들의 역사와 경험만을 반영하는 교과과정과 교과서를 요구하는 사람들은 그들의 문화가 다른 문화보다 우월하다고 생각한다. 따라서 그들과 그들의 문화는 학교에서 다른 사람과 다른 문화보다 특권을 누린다. 그들은 그들이 다르다고 생각하지 않는다. 그들에게 다양성은 단지 사회에서 다른 집단의 구성원을 언급하는 것뿐이다. 주류집단의 구성원들은 비주류집단의 구성원들이 하는 것처럼 제2 문화에서 효과적으로 기능하는 것을 배우도록 요구되지 않는다. 특권화된 교과과정은 이런 유형을 강화한다. 비주류집단의 구성원들은 그들의 문화집단을 학습하거나 역사와 생생한 경험을 확인할 기회조차 얻지 못한 채 주류집단의 문화와 역사를 배워야 한다. 그들은 어디에도 소속되지 못한 듯이 보인다. 이런 감정 때문에 학생들은 주류집단에 수용되지 못하고, 학교 문화의 일부라는 생각을 하지 않기 때문에 그들은 학교에서 주변인화(marginalization)되거나 소외(alienation)된다.

(2) 문화변용

20세기에 이주한 많은 집단은 주류집단의 문화 유형을 변용하거나 수용했다. 일부 집단은 고유문화를 유지하려 노력했지만, 자녀들이 학교에 가고 더 큰 사회에 참여하면서 그러한 노력도 헛되게 되었다. 보통 주류 문화와 지속적이고 직접적인 접촉을 하면서 한 집단이나 두 집단의 고유한 문화 유형에 후속적인 변화가 생긴다. 문화변용 과정의 신속함과 성공은 지리적 위치와 차별을 포함한 몇 가지 요인에 따라 달라진다. 어떤 집단이 농촌 지역에 공간적으로 격리·분리(자발적이든 아니든)되었다면 — 보호구역의 많은 아메리칸인디언의 경우처럼 — 변용 과정은 매우 느리다. 비주류집단, 특히 아프리카계 미국인, 아메리칸인디언, 멕시코계 미국인 등이 경험한 것과 같은 눈에 띄는 차별은 집단 구성원에게서 교육적·직업적 기회와 주류집단 구성원과의 일차적인 관계를 박탈한다(Alba and Nee, 2003; Rumbaut and Porters, 2001). 문화변용은 선택의 문제이지만, 차별은 그것을 더 어렵게 만든다.

비주류집단이 주류집단의 구성원처럼 입고, 말하고, 행동하기를 얼마나 원하는지를 결정하는 것과 같은 문화변용이 부분적으로 개인이나 가족에 의해 결정된다는 사실에 주목하는 것이 중요하다. 남캘리포니아와 남플로리다 이주민을 대상으로 종단연구를 수행한 럼보트와 포테스(Rumbaut and Portes, 2001)에 따르면, 이주민의 문화변용에는 일치 유형(consonant), 불협화 유형(dissonant), 선택 유형(selective)의 세 가지가 있다. 일치 유형은 부모와 자녀가 그들이 사는 커뮤니티의 언어와 문화를 거의 동시에 배운다. 불협화 유형은 부모가 자신의 모국어와 문화를 유지하는 반면, 자녀는 영어와 새로운 문화를 배운다. 이 유형은 종종 가족 안에서 충돌을 일으키고 부모의 권위를 떨어뜨린다. 이주민 2세대가 유창하게 이중언어를 구사하는 것은 주류 문화와 언어를 배우면서도 토착문화의 중요한 요소를 유지한다는 점에서 선택적 문화변용의 결과로 볼 수 있다.

그러나 많은 집단의 구성원이 아메리칸드림의 성공을 원한다면, 그들에게는 선택의 여지가 거의 없다. 많은 사람은 모국어와 고유한 행동을 포기하거나 그것들을 집에 숨겨야 한다. 그러나 문화변용을 하더라도 주류집단의 수용을 보장받지 못한다. 비주류집단 대부분의 구성원, 특히 유색인은 그들이 주류집단의 가치와 행동을 수용했지만, 사회에 완전히 동화되도록 허용되지 못했다.

2) 동화

동화는 한 집단의 뚜렷한 문화 유형이 주류 문화의 일부분이 되거나 한 집단이 주류 문화를 수용하여 소멸할 때 일어난다. 구조적 동화(structural assimilation)는 주류집단이 같은 파벌 및 사교모임의 회원과 같은 이차 집단과 집단 간의 관계를 공유할 때, 두 집단의 구성원이 결혼을 할 때, 그리고 두 집단이 사회에서 동등하게 대우받을 때 일어난다. 동화는 백인과 같이 자발적 이주민들에게 일어나지만, 특히 백인일 경우에는 적절해 보이지만, 노예나 그들이 살았던 지역이 정복되어 미국에 강제로 이주된 비자발적 이주자에게는 적용되지 않는다. 이러한 비자발적 이주자들은 여러 세대에 걸쳐 미국에 살았지만, 특히 구조적 차원에서 완전히 동화되지 않는다.

보통 유럽계 이주민들은 미국에 정착하고 몇 세대가 지나면 구조적으로 동화된다. 집단 간 결혼은 백인 민족집단과 유대교-기독교계 민족집단 간에서 흔하게 볼 수 있다. 아시아계 미국인 3명 중 1명 정도와 라틴계 미국인 30%는 그들 집단 외의 사람과 결혼한다. 그러나 20세기 말에 백인 약 2%와 아프리카계 미국인 4%만이 그들 집단 외의 사람과 결혼했다(Alba, 2000). 문화변용은 편견과 차별을 제거하지도 못하고, 주류집단과 다른 집단의 결혼도 대규모로 이루어내지 못했다. 동화 과정이 효과적이라면, 그 과정에서 주류집단과 구별되는 문화집단은 소멸되고 주류집단은 변화될 것이다.

포테스와 럼보트는 최근 이주민 2세대에 대한 연구를 수행했는데, 그들은 동화의 정도가 다르다는 점을 밝혀냈다(Portes and Rumbaut, 2001). 이민 1세대의 역사와 경험은 집단 간, 집단 안에서 다양하게 나타났다. 부모와 자녀 사이의 문화변용 정도는 문화변용이 가장 급격하게 일어나는 동화에 영향을 미쳤다. 중요한 요인은 2세대의 젊은이가 직면한 문화적·경제적 장애물이다. 미래에 상승이동을 기대하는 젊은이들은 더 쉽게 동화한다. 일부 집단은 사회가 이주민에게 쳐놓은 장애물을 제거하기 위해 대가족을 형성하고, 커뮤니티 자원을 확보한다. "고도의 기술사회에서 인적·문화적 자본을 대량으로 들여오는 이주민 가족은 공식 교육기관에서 교육을 받지 않은 저임금 노동자들보다 우위에 놓인다"(Alba and Nee, 2003: 15).

또한 새로운 이주민에 대한 정부의 지원도 동화에 따른 집단의 기대와 능력에 영향을 준다(Portes and Rumbaut, 2001). 일부 집단은 적극적으로 이주가 독려되고, 사회의 환영을 받는다. 환영받는 난민 집단에는 베트남인과 쿠바인이 포함된다. 중국인·중동인·유럽인과 같이 연고가 없는 다른 이주 집단은 사회에서 소극적으로 수용되고, 제한적인 차별을 경험한다. 인종에 기초한 차별은 많은 아이티인, 멕시코계 미국인, 중앙아메리카인이 주류 문화에 쉽게 동화하는 것을 어렵게 했다. 중앙아메리카인 집단의 이주민과 자녀들은 격리되거나 하향동화에 직면하고, 그들의 경제적 지위를 향상하는 것이 어렵다(Alba and Nee, 2003; Portes and Rumbaut, 2001). 지속적인 인종차별, 증가하는 노동자에 대한 계속되는 불평등 대우, 도심에서 비주류집단의 유대강화 등은 이들 배제집단 이주민 자녀들의 낮은 교육적 성취에도 영향을 미친다(Portes and Rumbaut, 2001).

일부 이주 집단은 그들의 고유문화를 보존하려 하고, 다른 이주 집단은 동화를 그들의 목표로 삼는다. 그럼에도 동화는 동시대 미국의 모습을 특징짓는 요소가 아니다. 미국은 민족성·젠더·계급·언어·연령·종교 등으로 구분되는 수많은 문화집단으로 구성된 국가이다. 동시에 다른 집단을 동화하려는 미국의 기대는 국가의 정치적·사회적·교육적 정책과 관행에 영향을 준다.

3) 문화적 다원주의

문화적 다원주의 이론에 따라 조직된 사회는 주류집단이 다른 집단을 동화하도록 허용하지 않으면서, 둘 또는 그 이상의 다른 집단이 별개이지만 평등하게 기능하게 한다. 주류 미국 문화에 동화하는 것을 허용할 수도 있고 거부할 수도 있지만, 많은 이주민과 민족집단은 그들의 독특한 민족 커뮤니티와 소수 집단 거주 지역을 유지한다. 대부분 억압받는 민족집단과 종교집단에게 일차적 집단 접촉은 구조적 동화에서 요구되는 다른 문화집단 간의 접촉보다는 집단 안에서 유지된다. 문화 간 접촉은 대체로 직장과 정치적·사회적 기관의 이차적 단계에서 일어난다. 비주류집단의 구성원들은 그들의 민족 커뮤니티에 각종 기관, 기구, 권력 구조를 만든다. 예를 들어, 리틀이탈리아, 차이나타운, 할렘, 코리아타운, 이스트로스앤젤레스, 아미시파(Amish) 및 후터파(Hutterite) 커뮤니티와 같은 소수민족 거주 지역이 이에 해당한다.

문화적 다원주의의 가치에 헌신하는 것은 사회에서 개인과 집단의 폭넓은 지지를 받지 못한다. 미국에서 아메리칸인디언 거주 지역은 그들만의 정치·경제·교육 시스템이 있다는 점에서 문화적 다원주의를 반영한다. 그러나 대부분의 아메리칸인디언의 경제·정치·교육의 기회는 주류집단과 비교할 때 평등하지 않다. 문화적 다원주의 사회에서 다양한 민족 및 종교집단은 학교와 사회에서 잘 유지될 수 있다. 문화적으로 다원화된 사회에서 권력과 자원은 집단 간에 어느 정도 평등하게 공유할 수 있다.

문제는 주류집단이 그들의 권력과 부를 다른 집단과 항상 공유하지 않는다는 점이다. 시스템에 대한 몇몇 비판가는 주류집단이 활용할 수 있는 희귀자원을 놓고 민족집단끼리 분리되어 싸우도록 분리와 정복의 전략을 사용한다고 믿는다. 다른 비판가들은 추구하는 사회적 목표가 다양한 집단의 통합과 연합전선을 통한 집단 간 평등의 증진이어야 한다고 믿는다. 일부는 아직도 개인이 공통문화에 참여하면서 자신의 민족적 정체성을 유지할 수 있어야 한다고 믿는다. 이들의 신념은 결코 서로 별개가 아니다. 예컨대, 사회는 통합될 수 있지만, 그 구성원에게 그들의 민족적 정체성을 포기하도록 요구할 수 없다. 동시에 통합된 사회는 문화적 집단 간에 일차적 접촉이 일어날 가능성이 높다는 점에서 더 활발하게 동화될 수 있다.

 **학교버스 통합**

수십 년 동안 인종분리에 대한 처방은 버스 통합이었다. 학교 통합의 목표는 인종 균형과 더 나은 학교, 새로운 장비, 새로운 기회로의 접근이었다. 하지만 일부 아프리카계 미국인 가족은 버스 통합 실험을 실패라고 비난하고, 그들 자녀를 위한 '분리평등(separate but equal)' 교육을 요구한다.

이 운동의 지지자들은 오클라호마 시와 전국의 다른 도시에서 자녀가 통합학교에서 분리된 환경에 놓여 있다고 주장한다. 아프리카계 미국인 자녀들은 종종 보충수업이나 하급 과정에 배치되어 다른 학생들이 받는 서비스와 자원에 접근하지 못한다. 이 밖에도 이들 학교는 집과 멀기 때문에 부모들이 학교에서 문제가 생기거나 급한 일이 있더라도 개입하거나 참여하기도 어렵다.

- 이 사례를 읽고 버스 통합에 대한 당신의 시각이 변화했는가?
- 이 운동을 지지하는 사람들은 학교에서 인종통합을 위해 열심히 노력한 수많은 개인을 무시하는 것인가?
- 역사는 '분리평등의 원칙'이 효과가 없음을 보여주었다. 이것은 정의대로 분리하는 것이 평등하지 않기 때문인가?
- '분리평등의 원칙'의 쟁점에 대한 당신의 시각은 무엇인가?
- 당신은 현재 '분리평등의 원칙'을 현실로 만들기 위한 자원·지원·기술이 있다고 생각하는가?

6. 민주주의에서 평등과 사회정의

미국은 국민이 선출직 대표를 통해 직간접적으로 그들의 권력을 행사함으로써 정부에 참여하는 민주주의사회이다. 학교와 대중매체는 민주주의를 전 세계가 앞다투어 도입해야 하는 것으로 가르친다. 민주주의는 모든 시민의 이익을 증진해야 한다. 따라서 헌법은 권력의 구조적 남용을 제한하기 위해 견제와 균형의 원리에 맞추어 제정된다. 인류평등주의, 곧 모든 국민을 위한 사회적·정치적·경제적 권리와 특권에 대한 신념은 민주주의가 기초하는 주요한 원리로 채택되었다. 모든 시민은 제각각의 목소리를 낼 수 있다. 권력은 집단 간에 공유되어야 하고, 단 하나의 집단만이 지속적으로 국가의 경제적·정치적·사회적·문화적 생활을 지배해서는 안 된다. 완벽하지는 않지만 사회와 정부는 더 풍요롭고 평등한 사회를 건설하기 위해 대중의 참여와 지속적 발전을 허용할 때 발전할 수 있다.

민주주의의 한 가지 장점은 시민이 그들의 역사와 경험에 기초하여 정책 문제와 실제 영향을 주는 다양한 시각을 표현한다는 점이다. 따라서 우리가 공개적으로, 그리고 보복의 공포 없이 서로 소통할 수 있는 한 반대를 수용할 수 있다. 더욱이 단 하나의 옳은 길을 강요할 수는 없다. 대부분은 다원화된 시각과 행동으로 싸울 것이며, 민주주의 사회의 개인으로서 가장 최선의 것을 결정할 것이다.

동시에 민주주의는 시민이 개인의 자유 이상의 것에 관심을 두기를 기대한다. 철학자이면서 교육학자인 존 듀이(John Dewey)는 그의 저서 『민주주의와 교육(Democracy and Education)』에서 민주주의에서는 국가나 집단동맹 및 구성원과 별개로 우리를 협동추구와 결과로 묶는 것에 강조점을 두어야 한다고 제안했다. 그는 우리의 계층화에 대한 관심을 불러일으켰으며, "모든 사람이 동등하고 쉬운 용어를 사용하면서 접근할 수 있는 지적 기회를" 요구했다(Dewey, 1966: 88).

주류 문화에서 개인주의를 강조하는 것은 민주적 실천을 강조하는 교육자들에게 딜레마가 된다. 많은 교실에서 개인주의는 경쟁을 통한 개인의 성취를 보상하는 반면, 민주적 교실에서는 집단 간에 함께 일하도록 강조한다. 학생들이 민주적 환경에서 능동적으로 참여함으로써, 학생과 교사는 책임과 리더십을 공유한다. 개인주의와 평등은 민주사회에서 정치적 담론으로 오랫동안 중심적 주제가 되었다. 사회에서 평등의 의미는 인류와 인간 존재에 대한 자신의 가정에 따라 다양하게 나타난다. 적어도 두 가지 신념이 평등과 불평등의 이데올로기를 지배한다. 첫째, 불평등을 불가피한 것으로 수용하고, 개인의 성취는 개인적 능력으로 달성하는 것이며, 매우 높은 수준을 달성한 사람은 최상의 사회적·경제적 보상을 받을 자격이 있다는 신념에 기초한 능력주의(meritocracy)를 장려한다. 능력주의는 사회의 재원에 접근할 권리를 생명·자유·행복의 평등권을 위한 필요조건으로 강조한다. 초점은 개인주의와 행복을 추구하고 개인적 재원을 획득하는 개인의 권리에 관한 것이다. 두 번째 신념은 사회 집단 간의 훨씬 더 많은 평등을 지지한다. 평등을 믿는 사람들은 자원이 부족한 사람에게 관심을 두고, 국가의 부를 더 많은 사람이 공유하게 하는 정책을 개발한다.

이러한 딜레마는 어떤 실제적 공정이 실현되는 것을 방해하는 동시에, 일부에게는 부분적 평등을 고취하도록 강요한다. 예컨대, 비판자는 차별철폐정책을 개인적 성취보다 우선권을 얻는 집단복지의 증거로 받아들인다. 차별철폐정책에 맞서는 항의는 인종차별이 더 이상 존재하지 않으며, 고용·승진 등에 관한 결정이 더 이상 인종차별과 성차별에 영향을 받지 않음을 시사한다. 역차별 모순을 제기하는 백인은 명문학교·승진·구직은 전적으로 개인의 권리와 성취에 달려 있다고 믿는다. 백인들은 그 과정에서 소득(또는 소득의 결핍)·민족성·인종·젠더와 같은 다른 요인들에 가치를 두지 않아야 한다고 믿는다. 그들은 그들의 인종과 가족 소득 때문에 그들의 생애에 특권을 누렸다는 사실을 간과한다. 미국의 평등주의는 미국 사회에서 민주주의가 신봉하는 목표 중 하나이지만, 사회에 실제로 존재하는 불평등은 지속적으로 간과되었다.

1) 개인주의와 능력주의

능력주의 지지자들은 불평등을 개인차의 자연스러운 결과로 간주한다는 점에서 사회학 이론이나 기능주의, 또는 양쪽을 모두 수용한다. 그들은 열심히 일하기만 하면 모든 사람에게 성공할 기회가 충분히 있다고 믿는다. 그들은 부유층에서 태어나는 것과 같은 가족 조건을 성공을 위한 하나의 이점으로 생각하지 않는다. 비주류집단의 구성원은 보통 열등하다고 생각되며, 그들의 고난을 사회적 제재나 차별보다는 오히려 개인적 특성 때문에 생긴다고 여긴다.

능력주의를 정당화하는 신념 체계에는 지배적 가치와 일치하는 적어도 세 가지 측면이 있다. 첫째, 개인에게는 그 집단을 능가하는 가치가 있으며, 사회에서 최고 단계에 도달하고자 하는 수준·야망·재능이 있다. 무일푼으로 미국에 도착한 가난한 이주민이 생계를 꾸리기 위해 채소가게를 차렸는데, 결국에는 식품가게 체인점 주인으로 백만장자가 되었다는 일반적인 이야기는 이 이데올로기를 강화하는 데 이용된다.

둘째, 경쟁을 통한 차이를 강조한다. IQ 검사와 학력검사(achievement test)는 차이를 측정하기 위해 학교생활 내내 사용된다. 학생과 성인은 뛰어난 성적, 운동능력, 예술적 성취로 보상을 받는다.

셋째, 개인에게 내면화된 동기·직관·개성과 같은 내적 특성을 강조한다. 인종차별 및 가난과 같은 외적 조건은 개인이 극복해야 한다. 즉, 그것들은 개인의 성공을 방해하는 요인으로 받아들여지지 않는다.

교육을 동등하게 받을 기회나 동등하게 받을 학교 수업은 능력주의를 교육에 적용하는 것이다. 모든 학생에게 성공이나 실패에 대한 유사한 가능성을 제공할 동등한 교육 기회가 부여되어야 한다. 능력주의 지지자들은 이런 접근 방식에 대해 생애 자원과 혜택을 획득하면서 자신에게 유리하게 기회를 이용하는 것은 개인의 책임이라고 믿는다. 능력주의 비판자들은 저소득층 자녀는 부유층 자녀와 달리 인생에서 성공할 기회가 없이 시작한다는 점을 지적한다. 심지어 저소득층 자녀 중에 가장 뛰어난 학생조차도 중류층과 부유층 커뮤니티에서 찾아볼 수 있는 위치에 오르지 못한다. 따라서 경쟁은 태어날 때부터 불공평하다. 부유층 자녀가 교육적·재정적으로 성공할 가능성은 저소득층 자녀가 성공할 가능성보다 훨씬 높다. 태어날 때부터 유리한 위치를 차지한 사람은 평생에 걸쳐 그 이점을 유지하고 확장해나갈 수 있다.

2) 평등

교육 및 건강과 같은 주요한 사회체계에서 인종차별·가난·실업·불평등이 지속됨에 따라, 공적 수사(public rhetoric)로 특징지어지는 공론화된 인류평등주의를 일상의 현실과 조화하는 것이 어렵다는 것을 많은 사람이 알게 되었다. 이런 사람들은 미국 사회를 다중적 다수보다는 특권층의 소수이익을 대변하는 제도와 경제체계로 바라본다. 심지어 제도·법률·절차가 동등한 접근·혜택·보호의 모습을 보이는 곳에서조차도 그것들은 거의 항상 고도로 차별된 방식으로 강요된다. 이러한 불평등의 유형은 부패한 개인이 만든 것이 아니라 경제, 정치권력, 문화적·사회적 지배의 자원이 모든 정치적·경제적 시스템에서 어떻게 만들어지는가에 대한 반응을 나타낸다.

어느 정도의 평등이 달성될 수 있다는 낙관적인 시각을 가진다 하더라도 불평등이 존재한다. 모든 자원이 모든 개인에게 같은 양으로 재분배될 수 없으며, 모든 개인이 그들이 하는 일만큼 보상을 기대할 수 없다. 그러나 중요한 신념은 현재 존재하는 소득·부·권력의 거대한 불일치가 필요하지 않다는 것이다. 평등은 모든 아동과 가족의 복지에 영향을 주는 조건과 재화의 분배에서 공정성을 전제로 한다. 그것은 완전고용정책, 가족이 빈곤하게 사는 것을 막아주는 임금, 모든 아동을 위한 육아 등을 통해 달성된다.

비판자들은 지각된 사회주의가 국가를 지탱하는 민주적 토대에 반한다고 비난한다. 그들은 자원과 사회적 혜택의 평등이 소수의 개인이 대다수의 자원을 획득하게 하는 자본주의체제를 잠식할 것이라고 믿는다. 그들은 결과의 평등이 개인의 자유를 제한할 것이라고 경고한다.

평등은 비주류집단 구성원들에게 동등한 기회를 제공하는 것 이상이다. 한 가지 목적은 동등한 결과가 목표여야 한다는 것이다. 이러한 결과는 비주류집단과 주류집단의 학생들이 달성하는 동등한 성취와 다른 민족성·인종·젠더·계급에서 나타나는 비슷한 비율의 중퇴, 대학 진학, 대학 졸업일 것이다.

전통적으로 교육이 사회에 존재하는 불평등을 극복할 수 있다는 믿음이 있다. 직업과 소득 불평등을 완화하는 데 교육의 역할은 제한적일 수 있다. 학교 개혁은 학교 밖의 중요한 사회적 변화로 연결되지 않는다. 교육 기회를 동등하게 제공하는 것은 성인들을 더 동등하게 만드는 효과가 매우 작다. 모든 학생에게 같은 교육 기회를 제공한다 해도 고등학교나 대학을 졸업할 때 같은 결과를 보장하지 않는다. 이것은 집단 간 직업과 소득에 대해 같은 접근을 제공하는 것도 아니다. 같은 교육 기회를 제공하는 프로그램이 가족 중에 존재하는 학술적·경제적 불일치를 극복하지는 못한다. 학교에서의 평등을 보장하기 위해서는 빈곤한 학교의 학생들도 부유한 교육구의 교사처럼 우수한 교사에게 교육을 받아야 한다. 평등은 모든 학생이 학습 기회를 받는 환경에서 수준 높은 수업을 받을 수 있는 재정 지원을 요구한다. 주류집단과 다른 집단의 아동들이 같은 교육 결과를 얻기 위해서는 더 많은 재원이 필요하다.

1-6 생각해보기

당신은 사회와 학교 수업에서의 평등을 어떻게 생각합니까? 다음 항목에서 당신의 생각을 가장 잘 나타내는 진술에 표시하시오.

- 능력이 가장 뛰어나고, 공적이 많고, 야망이 크며, 근면하고, 재능이 많은 개인은 가장 많이 가져야 하고, 가장 많이 이루어내야 하고, 사회의 리더가 되어야 한다.
- 개인은 집단보다 더 중요하다.
- 미국 경제 시스템은 다원화된 다수의 이익보다는 일부 특권층의 이익을 대표한다.

> - 미국에서는 소득·부·권력의 엄청난 격차가 존재하지 않아야 한다.
> - 졸업을 하는 것은 학생의 책임이다.
> - 국가표준학력검사에서 측정된 집단 간의 차이점은 유사점보다 더 중요하다.
> - 개인은 인종차별·빈곤과 같은 외부 조건을 극복해야 한다.
> - 모든 문화집단 학생은 높은 학업성적을 올릴 수 있다.
> - 학생의 능력별 반편성은 불평등을 촉진한다.
> - 교사는 학생의 학업성적에 결정적인 역할을 한다.
>
> 이 중에서 능력주의 신념과 가장 관련이 깊은 것은 무엇인가? 평등주의 신념과 가장 관련되는 것은 무엇인가?

3) 사회정의

사회정의는 다른 사람들만큼 혜택을 받지 못한 사람들에게 제공되기를 기대하는 민주주의의 또 다른 요소이다. 듀이는 사회정의가 필요한 때를 "나무랄 데 없이 현명한 부모와 커뮤니티가 자녀에게 사회정의가 필요하다고 말할 때이다"라고 했다(Dewey, 1966). 더 나아가 그는 "우리의 학교를 위한 어떤 이상(理想)도 협소하고 관심을 끌지 못한다. 그것을 좇는다면, 우리의 민주주의는 파괴되고 말 것이다"라고 비판했다(Dewey, 1966: 3). 사회정의는 학교에서 모든 집단의 평등을 방해하는 관행에 대한 비판을 요구한다. 우리는 학교에서 학생들이 배우지 못하게 하고 효과적으로 참여하는 것을 방해하는 사회경제적 불평등에 맞서야 한다(Apple, 2004).

최상위계층과 최하위계층 간에는 엄청난 부의 격차가 존재한다. 최상위계층은 엄청난 부를 축적한 반면, 최하위계층은 기본적인 욕구조차 충족하지 못한다. 그들은 집도 없고 제때 음식을 먹을 수도 없으며, 심지어 치료도 받지 못한다. 일부는 겨울과 여름에 난방과 냉방을 제대로 하지 못한다. 연례보고에 따르면, 저소득층의 노인들이 혹서(酷暑)나 혹한(酷寒)으로 사망한다. 안락한 생활을 위해 온도조절장치를 정확한 온도에 맞추어놓기만 하면 되는 많은 미국인에게는 믿기 어려운 고통스러운 현실이다. 저소득층 자녀들은 매일 집에서 신체적인 불편함 때문에 잠을 충분히 자지 못하고, 어울리지 않는 옷을 입으며, 아침밥도 거르고 학교에 온다. 수만 명이 영양결핍으로 고통을 받고, 치과 치료를 받지 못한다. 그들은 아플 때도 치료를 받지 못한다. 이런 조건에서 학교생활을 잘하기는 어렵다.

시민 소요는 거의 항상 절망적인 생활에서 벗어날 현실적 희망이 없는 권리박탈자에게서 촉발된다. 부유층의 자녀들은 일반적으로 스트리트 갱을 만들지 않는다. 부유층 자녀는 대체로 풍족함에서 오는 안락한 생활을 즐기는 데 너무나 바쁘다. 뉴욕, 시카고, LA의 스트리트 갱은 가난하고, 원한을 품고, 권리를 박탈당한 젊은이들이 절대 다수를 차지한다.

사회에서 의미 있는 변화를 초래하는 데 필요한 권력이 있는 자는 대체로 상위 부유층이다. 그들은 일을 하는 데 필요한 자원과 연줄이 있다. 진정으로 의미 있는 변화를 이루기 위해서는 패러다임의 이동이 필요하다. 중류층도 현 상황에서의 변화가 그들의 위치를 약화되게 한다면, 변화를 주저할 것이다. 변화는 대체로 주류집단의 이익에 기여하거나 그들에게 부정적인 영향을 미치지 않을 경우에 한해 지지를 받는다.

사회의 의미 있는 변화는 보편적인 사회의식을 필요로 한다. 그것은 어느 정도 뜻이 있는 시민이 민주사회의 혜택 중 일부를 재분배할 방법을 모색할 것을 요구한다. 효과적인 재분배는 상당한 부를 축적한 일부가 빈곤과 이에 따른 결과를 제거하기 위해 노력하는 과정에서 더 큰 몫을 부담할 것을 요구한다. 궁극적으로 최종 결과는 모든 사람이 잠잘 수 있는 품위 있는 거처가 있고, 어떤 아동도 식사를 거르지 않고 학교에 가며, 모두에게 적절한 건강관리가 제공되는 그런 사회일 것이다.

4) 평등과 사회정의를 가로막는 장벽

편견과 차별은 몇 개의 요인이 결합하여 생긴다. 편견이 있는 사람은 그들의 구성원보다 특정 집단의 구성원에 대해 혐오감을 느낀다. 차별은 비주류집단의 구성원에 대한 특권과 보상을 거부하는 결과를 초래한다. 편견은 사람들이 그들보다 다른 집단의 역사·경험·가치·지각 등에 대한 이해가 결여될 때 나타난다. 집단 구성원이 집단 안에서의 개인차를 고려하지 않고, 집단에 대해 일반화를 시도하려고 할 때 고정관념이 생긴다.

(1) 편견

편견은 특정 집단의 구성원에 대해 분노·공포·증오·불신의 감정을 표출한다. 이런 태도는 종종 특정 집단의 주변을 걷는 공포, 다른 사람에게서 강도나 상해를 입을까 하는 공포, 그 집단과 상거래할 때의 불신, 다른 사람이 받아야 되는 혜택에 대한 분노, 그리고 그 집단의 누군가가 이웃으로 이사를 올 경우에 집값이 떨어질 것이라는 공포 등으로 해석된다.

모든 집단의 일부 구성원은 다른 사람에 대해 부정적 고정관념을 가진다. 예컨대, 많은 아프리카계 미국인과 라틴계 미국인은 백인이 편협하고, 으스대며, 권력을 나누려 하지 않는다고 생각한다. 슬리터(Sleeter, 1992)는 직원 개발 프로젝트의 일환으로 2년에 걸쳐 수행된 교사에 대한 연구에서, 많은 백인 교사가 유색인, 특히 아프리카계 미국인과 라틴계 미국인을, 가족과 커뮤니티에 역기능을 초래하고 능력이 부족하며 동기가 결여된 집단으로 연상한다는 점을 밝혀냈다. 이러한 부정적 고정관념은 특정 집단의 일부 구성원에게 적용될 수 있지만, 그 집단 모든 구성원의 특징으로 부당하게 확대되었다.

편견이 특정 집단의 구성원에게 항상 직접적인 해를 주지는 않을지라도, 그 집단에 해를 끼치는 행위로 쉽게 해석될 수 있다. 특정 집단에 대한 혐오와 지각된 우월성에 토대를 둔 이데올로기는 신나치주의, KKK(Ku Klux Klan), 스킨헤드와 같은 집단행동을 정당화한다. 편견이 있는 교사는 어떤 집단에 속한 학생에 대해서는 높은 기대감을 보이고, 다른 집단에 속한 학생에 대해서는 낮은 기대감을 보인다. 그런 편견은 영재나 특수교육 프로그램에 학생을 배치할 경우에 문제를 일으킬 수 있다.

(2) 차별

편견이 태도에 기초한다면, 차별은 행동에 기초한다. 차별은 두 가지 단계, 즉 개인적인 측면과 제도적인 측면에서 일어난다. 개인적인 차별은 편견이 원인이 되어 발생하거나 편견에서 영향을 받는다. 사람들은 어떤 집단에 대해 편견적이거나 편협한 감정이 있거나, 사회가 차별할 것을 요구한다고 믿기 때문에 그 집단 구성원을 차별한다. 예컨대, 부동산 중개업자, 인력 담당 책임자, 접수계원, 회원권 책임자는 개인과 직접적으로 일한다. 특정 집단 구성원에 대한 이들 개인의 태도는 주택매매, 구직, 대부, 약속, 식사제공, 회원권 등에 영향을 줄 수 있다. 다른 사람은 이들의 행동에 따라 경험과 경제적 이익을 얻는 데 방해를 받을 수 있다.

개인은 차별의 다른 형식에서 통제를 덜 받을 수 있다. 제도적 차별은 편견적 태도와 무관할 수 있다. 제도적 차별은 일부 집단에게는 혜택을 주고, 다른 집단에게는 그렇지 않은, 입법과 관행을 통해 사회제도 전반에 걸쳐 이루어지는 불평등을 말한다. 특정 국가의 국민에게 이주를 제한하는 법률이 이에 해당하는 사례이다. 또 다른 사례는 엄청난 수의 아프리카계 미국인이 감옥에 가는 것, 저소득층의 싱글맘이 적절한 태아 관리를 거부당하는 것, 저소득층 자녀가 집 근처의 열악한 환경에서 초래된 천식으로 고통을 받는 것 등이다.

미국인은 유럽계 미국인이 처음 미국 땅을 밟은 이후로 유색인과 여성을 본질적으로 차별하는 사회에서 자랐다. 우리는 전 생애에 걸쳐 학교, 사회 안전망, 교통, 복지, 주택유형 등을 포함하는 사회제도에 참여한다. 종종 다른 집단 구성원이 이런 제도의 이익과 특혜를 받는 정도를 깨닫지 못한다. 차별을 당해보지 않은 사람들은 차별을 당하는 사람들을 이해하지 못한다.

많은 개인은 오늘날의 법률이 사회적 혜택에 동등한 접근을 요구하기 때문에 제도적 차별은 더 이상 존재하지 않는다고 주장할지 모른다. 결과적으로 그들은 모든 집단에 속하는 개인은 성공을 위한 동등한 기회가 있다고 믿는다. 그들은 그들보다 어느 한 집단의 구성원에게 특혜를 제공한다고 여겨지는 집단 권리에 대항하여 싸운다. 국가는 보통 차별철폐정책, 특정 집단에 대한 계약 할당, 특수교육, 여성평등을 위한 법률을 지원하여 역사적으로 억압받는 집단에 대한 차별을 제거하는 데 지나치게 앞서간다는 비난을 받는다.

그러나 '선량한 생활'을 하는 데 필요한 기회는 때때로 임의적이거나 불공평하게 적용된다. 유색인 중 지나치게 많은 사람이 숙련직에 취업하거나 대학입학 자격을 얻거나 교외에서 집을 구입하는 데 필요한 돈을 빌릴 기회를 제한받았다. 기업과 산업이 도시에서 교외로 이동할 때 도심에 사는 사람들이 고용될 기회는 제한된다. 중요한 쟁점은 동등한 자격의 사람들에 대한 동등한 처우가 아니라, 자격과 직업 그 자체에 대한 접근성이다.

결론은 개인적 차별과 제도적 차별이 똑같다는 것이다. 일부 집단의 구성원은 사회에서 주류집단과 같은 혜택을 받는다. 개인은 특정 집단의 구성원이라는 것 때문에 자신이 통제하지 못하는 환경에 의해 피해를 입는다. 교사와 다른 전문직 교육자는 학생이 특정 집단의 구성원이라는 이유로 차별하지 않아야 한다. 이 점은 특수교육과 영재 학급에 학생을 배정하고, 표준학력검사와 그 결과를 해석할 때도 매우 중요하게 고려되어야 한다. 교실에서의 상호작용, 교실의 재원, 과외활동, 상담 관행 등에서도 다양한 집단에 속한 학생에 대한 차별이 발생하지 않게 해야 한다.

7. 요약

다문화교육은 학교에서 문화적 차이를 통합하고, 평등과 사회정의를 제공하는 교육 전략이다. 공식적 유형의 학교가 다문화교육을 실질적으로 구현하기 위해서는 학교의 전체 환경에 다문화교육적인 분위기가 형성되어야 한다. 학생과 가족의 다양한 문화적 배경과 집단 구성원의 특성은 그들의 신체적·정신적 역량과 마찬가지로 수업 전략을 개발하는 데 중요하다. 게다가 교육자들은 학생들의 삶에 영향을 미치는 인종차별·성차별·계급차별을 이해해야 하고, 이런 차별 요소들이 교실에 침투하지 못하게 해야 한다.

문화는 개인이 사회에서 사고하고, 느끼고, 행동하는 방식을 결정하는 청사진을 제공한다. 태어나면서부터 우리에게 문화가 내재되는 것은 아니지만, 문화변용과 사회화를 통해 문화를 배운다. 문화는 사회제도, 생생한 경험, 개인의 심리적·기본적 욕구의 달성을 통해 나타난다.

역사적으로 미국의 정치적·사회적 제도는 서유럽의 전통을 바탕으로 발전했으며, 아직도 그 유산의 영향 아래에서 기능하고 있다. 동시에 미국인의 생활 중 많은 측면은 미국 인구를 구성하는 다양한 문화집단에서 큰 영향을 받았다. 주류 문화는 많은 중류층의 특성인 백인, 앵글로색슨, 프로테스탄트의 뿌리와 개인주의 및 자유를 핵심 가치로 한다. 동화는 집단이 주류 문화를 채택하고 변화하는 과정이다. 학교는 전통적으로 학생의 문화적 배경을 고려하지 않고 모든 학생에게 주류 문화를 전달하는 역할을 수행했다.

또한 개인은 주류 문화의 유형과 다른 문화적 유형의 다양한 집단에 속한다. 문화적 정체성은 민족성·인종·종교·젠더, 성적 취향, 연령·계급·언어·지리·능력 등에 따른 집단의 상호작용과 구성원의 영향에 기초한다. 이들 집단 중 하나의 집단에 소속되는 것은 다른 집단의 정체성에 큰 영향을 미친다. 예컨대, 일부 종교는 다른 집단 구성원에 대한 처우만이 아니라 남성과 여성, 아동과 성인의 행동 규범을 제시한다. 문화적 다원주의는 문화집단 사이의 독특한 차이를 관리하는 데 초점을 둔다.

민주주의는 모든 사람에게 사회정의를 제공한다. 평등주의와 평등은 사회를 위한 목표로서 수용되었지만, 두 가지 시각에서 생각할 수 있다. 개인주의에 대한 강조는 모든 사람이 동등하게 시작해야 함을 전제로 한다는 점에서 능력주의제도에서 지지되었지만, 능력이 뛰어난 사람이 큰 보상을 받을 것이다. 이와 대조적으로 평등은 사회의 혜택과 보상이 개인과 집단 사이에 더욱더 동등하게 분배되는 것을 전제로 한다. 편견과 차별은 계속 평등의 장애가 되고 있다.

교육자를 위한 실무

1. 토론을 위한 질문

1. 다문화교육은 다민족학과 어떻게 다른가? 문화 간 또는 집단 간 교육과는 어떻게 다른가?
2. 문화집단의 구성원에 기초하여 학생에 대해 고정관념을 가질 때 그 위험은 무엇인가?
3. 다문화교육은 왜 주류 문화의 학생에게도 중요한가?
4. 문화가 인간의 생활양식에 미치는 영향은 무엇인가?
5. 민족성·젠더·종교가 인간의 문화정체성을 결정하는 데 어떻게 상호작용하는가? 왜 인간의 문화적 정체성은 시간이 가면서 바뀌는가?
6. 주류집단과 비주류집단의 명시적·암묵적 차이는 무엇인가?
7. 문화적 경계에 대한 이해는 교사에게 교실환경의 차이를 이해하는 데 어떻게 도움을 주는가?
8. 능력주의와 개인주의는 평등의 이상과 어떻게 충돌하는가?

2. 포트폴리오 활동

1. 당신의 문화적 정체성과 그것에 영향을 준 사회적·경제적 요인들을 기술하는 성찰적 보고서를 작성하시오. 이 작업을 시작하기 위해 문화적 정체성의 원(1-4 생각해보기)을 참조하시오.
2. 당신이 가르치려고 계획하는 과목과 수준에서 다중적 시각을 반영하는 수업 계획을 작성하시오. 제시된 시각들은 무엇이고, 왜 그것들이 선택되었으며, 다른 시각이 어떻게 수업을 효과적으로 만들었는지에 대해 요약하시오(INTASC 기준 1).
3. 이번 학기에 커뮤니티에서 우세한 문화적 규범에 대한 사례연구를 시행하기 위해 당신이 관찰할 학교 중 한 곳을 선택하시오. 당신의 사례연구에 커뮤니티의 다양성과 학교에서 반영되는 문화규범을 기술하시오. 사례연구를 하면서 교사·부모·학생들을 인터뷰해야 한다. 이 밖에도 사례연구에는 학생에 대한 관찰도 포함해야 한다(INTASC 기준 3).

3. 교사 자격시험 준비

다음은 다문화교육의 장단점에 대한 논쟁에서 발췌했다. 두 유형의 논쟁을 읽고 질문에 답하시오.

다문화교육의 개념과 필요성

다문화교육은 학생과 가족의 문화적 배경에 기초하여 학습에 참여하게 하는 하나의 전략이다. 이것은 미국의 주류 문화뿐만 아니라 그들의 경험과 역사를 포함한다. 이것은 학생들이 배우는 주제에 그들의 지식과 배경을 연계할 뿐만 아니라, 그들의 자아존중감(self-esteem)을 개발하는 데 도움이 된다. 다문화교육은 많은 사람이 생각하는 것처럼 새로운 이주자와 유색인 학생만을 위한 것이 아니다. 또한 중류층 유럽계 미국인 학생들이 다른 집단들의 역사·투쟁·기여에 대해 아는 것은 중요하다. 다문화교육에서 모든 학생의 문화는 수업을 계획하는 교사들에게서 존중되고, 가치 있게 생각되며, 고무되어야 한다. 또 교사는 수업계획을 세울 때 학생의 다른 학습방식을 고려해야 하고, 교사에 대한 평가도 학생의 수준을 향상되게 했는지로 따져야 한다.

다문화교육에 대한 오해

교육자들이 다문화교육에서 하는 것처럼 집단에서의 유사점보다 차이점을 강조하면, 이 접근 방식은 잘못되었다. 교육의 초점은 학생들이 영어를 배우고, 미국을 단합하기 위해 미국의 역사와 문화를 이해하도록 확실히 해야 한다. 정부와 아메리칸인디언, 아프리카계 미국인, 라틴계 미국인, 아시아계 미국인, 여성, 게이와 레즈비언, 유대인, 이슬람 신자, 저소득층, 영어학습자 간의 차이와 갈등에 초점을 맞추는 것은 미국의 집단 간에 경쟁을 부추겨서 분열되게 할 뿐이다. 좋은 교사는 모든 학생이 그들의 문화적 차이에 상관없이 배울 수 있도록 도울 수 있다. 수업을 학생들의 다른 집단에 맞추는 것은 교실에서 평균 학생이 받는 수업의 양과 질을 제한할 뿐이다.

1. 첫 번째 글에서는 어떤 점이 다문화교육의 중요한 요소라고 제시하는가?
    ① 학생의 자아존중감 개발
    ② 전체 교과과정과 수업에 학생의 문화 포함
    ③ 학생의 모국어 유지
    ④ 유럽계 미국인 문화의 수용

2. 두 번째 글에서 다음 목표 중 좋은 교육을 위한 근본은 무엇인가?
    ① 수업에 학생의 학습 방식과 욕구 수용
    ② 미국 인구를 구성하는 다양한 집단에 관한 정확한 정보 제공
    ③ 다양한 집단 간의 유사점에 초점 맞추기
    ④ 학생들이 미국의 공통 문화를 확실히 배우도록 하기

권장도서

Apple, M. W. 2004. *Ideology and curriculum*(3rd ed.). New York: Routledge Falmer.
　학교 교과과정에서 정치학은 교육에 미치는 문화적·정치적·경제적 영향을 통찰력 있게 해석하는

것이 핵심이다. 제3판에서 하나의 장(chapter)을 할애하여 9·11사건 이후에 학교가 직면한 난관에 대해 설명한다.

Au, W., B. Bigelow and S. Karp. 2007. *Rethinking our classrooms: Teaching for equity and justice*. Milwaukee, WI: Rethinking Schools.

교육자를 위한 이 핸드북에는 교사가 학업 기술을 개발해나가면서 커뮤니티·정의·평등의 가치를 촉진할 수 있는 창의적 수업 아이디어, 교실에서 학생의 흥미를 돋우는 화술, 그리고 직접 체험한 사례를 포함한다. 또한 이 핸드북은 수필, 시, 학생 유인물, 주석이 달린 자료 등을 담고 있다.

Banks, J. A. and C. A. M. Banks(eds). 2004. *Handbook of Research on multicultural education*(2nd ed.). San Francisco: Jossey-Bass.

이 종합 핸드북에서는 다문화교육의 현재 추세, 연구 쟁점, 지식 구조뿐만 아니라 역사에 대한 광범위한 내용을 제공한다. 우리에게 널리 알려진 학자들이 민족집단, 이주민, 언어의 쟁점, 학업 성취, 집단 간 교육, 고등교육, 국제적 시각 등에 대해 소개한다.

Hooks, b. 1994. *Teaching to transgress: Education as the practice of freedom*. New York: Routledge.

교사인 저자는 열정과 정치학을 이용하여 인종적·성적·계급적 경계를 뛰어넘어 학생들을 돕는 교육을 장려한다.

Tyack, D. 2003. *Seeking common ground: Public schools in a diverse society*. Cambridge, MA: Harvard University Press.

역사가인 저자는 18세기 각 타운십(사방 6마일의 땅, 15.54km^2)에서 공립학교가 출범한 것을 염두에 두면서, 21세기에 학교에서 다양한 인구의 통합을 전개했던 논쟁들을 좇는다.

참고문헌

Alba, R. D. 2000. Assimilations' quiet tide. In S. Steinberg(ed.), *Race and ethnicity in the United States: Issues and debates*(pp. 211~222). Malden, MA: Blackwell.

Alba, R. and V. Nee. 2003. *Remaking the American mainstream: Assimilation and contemporary immigration*. Cambridge, MA: Harvard University Press.

Apple, M. W. 2004. *Ideology and Curriculum*(3rd ed.). New York: RoutledgeFalmer.

Banks, C. A. M. 2004. Intercultural and intergroup education, 1929-1959: Linking schools and communities. In J. A. Banks and C. A. M. Banks(eds.), *Handbook of research on multicultural education*(2nd ed., pp. 753~781). San Francisco: Jossey-Bass.

Banks, J. A. 2004. Multicultural education: Historical development, dimensions and practice. In J. A. Banks and C. A. M. Banks(eds.), *Handbook of research on multicultural education*(2nd ed., pp. 3~29). San Francisco: Jossey-Bass.

Bellah, R. N., R. Madsen, W. M. Sullivan, A. Swidler and S. M. Tipton. 1996. *Habits of the heart: Individualism and commitment in American life*. Berkeley, CA: University of California Press.

Dalton, B, J. Sable and L. Hoffman. 2006. *Characteristics of the 100 largest public elementary and* secondary school districts in the United States: 2003-2004(NCES 2006-329). Washington D.C.: U.S. Department of Education, National Center for Education Statistics.

Dewey, J. 1966. *Democracy and education: An introduction to the philosophy of education*. New York: Free Press. (Original work published 1916).

Eck. D. L. 2000. Religious Pluralism in America in the year 2000. In E. W. Linder, *Yearbook of American and canadian churches 2000*. Nashville, TN: Abingdon Press.

Interstate New Teacher Assessment and Support Consortium. 1992. *Model Standards for Beginning Teacher Licensing, Assessment and Development: A resource for State Dialogue*. Washington, D.C.: Council of Chief State School Officers.

Kuper, A. 2000. *Culture: The anthropologists' account*. Cambridge, MA: Harvard University Press.

Ladson-Billings, G. 2004. New directions in multicultural education: Complexities, boundaries and critical race theory. In J. A. Banks and C. A. M. Banks(eds.), *Handbook of research on multicultural education*(2nd ed., pp.50~65). San Francisco: Jossey-Bass.

National Assessment of Educational Progress. 2007. Washington, D.C.: National Center for Education Statistics, U.S. Department of Education. http://nces.ed.gov/nationsreportcard/nde/viewresults.asp(2007년 5월 20일 검색).

National Board for Professional Teaching Standards. 2001. *The impact of national board certification on teachers: A survey of national board certified teachers and assessors*. Arlington, VA: Author.

Portes, A. and R. G. Rumbaut. 2001. *legacies: The story of the immigrant second generation*. Berkeley, CA: University of California Press.

Rumbaut, R. G. and A. Portes. 2001. E*thnicities: Children of immigrants in America*. Berkeley, CA: University of California Press.

Sleeter, C. E. 1992. *Keepers of the American dream: A study of staff development and multicultural education*. London: Taylor & Francis.

Sleeter, C. E. and D. D. Bernal. 2004. Critical pedagogy, critical race theory and antiracist education. In J. A. Banks and C. A. M. Banks(eds.), *Handbook of research on multicultural education*(2nd ed., pp.240~258). San Francisco: Jossey-Bass.

Sleeter, C. E. and C. A. Grant. 2006. *Making choices for multicutural education: Five approaches to race, class and gender*(5th ed.). New York: John Wiley & Sons.

Snyder, T. D., A. G. Tan and C. M. Hoffman. 2006. *Digest of education statistics 2005*(NCES 2006-030). U.S. Department of Education, National Center for Education Statistics. Washington, D.C.: U.S. Government Printing Office.

Spring, J. 2001. *Protecting cultural and language rights: An educational rights amendment to the U.S. constitution*. Keynote Presentation at Annual Meeting of the National Association for Multicultural Education in Arlington, VA.

Symcox, L. 2002. *Whose history? The struggle for national standards in American classrooms*. New

York: Teachers College Press.

Tyack, D. 2003. Seeking common ground: Public schools in a diverse society. Cambridge, MA: Harvard University Press.

U.S. Census Bureau. 2006. *Statistical Abstract of the United States: 2006*(126th ed.). Washington, D.C.: U.S. Government Printing Office.

U.S. Department of Education. 2001. *No Child Left Behind Act of 2011*. Washington, D.C.: U.S. Government Printing Office. www.ed.gov/nclb/overview/intro/presidentplan/propo sal.pdf

U.S. Department of Education, National Center for Education Statistics. 2006. *The Condition of education 2006*(NCES 2006-071). Washington, D.C.: U.S. Government Printing Office.

제 2 장

민족성과 인종

그들은 나를 중국인으로 생각하기 때문에,
누구도 내가 베트남인이라는 것을 인식하지 못한다.
그들은 내가 누구인지 알 수 없다.

 My Lien Nguyen, Student, 1996

시나리오 scenario

데니즈 윌리엄스는 그녀가 가르치는 고등학교에서 인종 간의 긴장된 분위기를 점차 지각했지만, 지난 금요일에 몇몇 흑인과 백인 학생 간에 불거졌던 적대적 관계에 대해서까지는 미처 생각하지 못했다. 그다음 주에 열린 교직원회의에서는 학생들이 긍정적으로 민족 간, 인종 간 관계를 정립하기 위해 더 많은 노력을 기울여야 한다고 결의했다. 교직원들은 그런 노력의 일환으로 컨설턴트와 다른 관계자를 위원으로 하는 위원회를 구성했다.

그러나 윌리엄스와 그녀의 학생들은 위원회가 몇 달 후에 발간할 보고서와 제안서를 기다릴 수 없었다. 그녀는 사회 수업 시간에 민권운동을 소개할 준비를 했다. 그렇게 하는 것이 문화 간 커뮤니케이션을 증진하는 데 더 낫고 적절한 시간이라고 생각했다. 그녀는 학생들에게 그들의 느낌을 말하게 했다.

그녀는 곧 이 주제가 다루기 쉽지 않음을 깨달았다. 아프리카계 미국인 학생들은 학교와 커뮤니티에서 발생하는 차별적 관행에 대한 분노를 표현했다. 대부분 백인 학생은 차별이 있다는 것을 믿지 않았다. 백인 학생들은 아프리카계 미국인 학생들과 라틴계 미국인 학생들의 분노에 타당한 이유가 없다고 믿었으며, 그들이 교칙을 잘 준수하고 열심히 공부한다면 차별을 느끼지 않을 것이라고 생각했다. 그녀는 그 수업이 잘못되고 있다고 생각했다. 사실은 가끔 백인과 유색인 간의 분노감이 너무 커서 물리적 충돌로 번지지 않을까 걱정했다. 그녀는 수업시간의 토론을 통해서는 학생들의 고정관념과 편견을 해소할 수 없다는 것 때문에 좌절감을 느꼈다. 어떨 때는 학생들의 신념이 더 극단적으로 되어간다고 생각했다. 그녀는 집단 간에 이해·공감·커뮤니케이션 등을 증진하기 위해 어떤 것을 할 수 있는지 확신이 서지 않았다.

생각해보기

- 학교에서 인종과 민족 갈등을 유발하는 요인은 무엇인가?
- 학교 교과과정에 가장 많이 등장하는 인종집단은?
- 자신들이 가치가 있고 존중받는다고 느낄 수 있도록 교실에서 학생의 다양성을 어떻게 반영할 것인가?
- 윌리엄스가 취한 조치의 긍정적인 결과와 부정적인 결과는 무엇인가?
- 교실에서 문화 간 관계를 증진하기 위해 해야 하는 것은 무엇인가?

1. 민족과 인종의 다양성

미국은 조상들의 국적이 약 300개의 민족집단으로 구분되는 민족적·인종적으로 다양하게 구성된 국가이다. 원래 미국에 살던 미국인들은 오늘날 전체 미국 인구의 1.5% 미만을 차지하는데, 이들은 연방정부가 인정하는 561개의 토착 원주민을 합산한 수치이다(Bureau of Indian Affairs, 2007). 아프리카·아시아·오스트레일리아·캐나다·중앙아메리카·유럽·멕시코·남아메리카에서 태어난 인구는 12%를 차지한다(U.S. Census Bureau, 2006). 그리고 86.5%를 구성하는 인구의 가족과 조상들도 과거 500년에 걸쳐 전 세계에서 미국으로 이주해 온 사람들이다.

많은 사람은 미국이 다른 나라의 탐험가들과 함께 미국으로 이주해 온 사람들로 구성되었다는 사실을 잊고 있다. 더욱이 많은 유럽인이 미국에 도착하자 아메리칸인디언들은 새로운 국가를 형성하는 과정에서 평등한 시민으로 대우받지 못했다. 실질적으로 대부분 아메리칸인디언은 주류집단에서 강제로 격리되었으며, 많은 경우에는 강제적으로 그들의 거주지를 떠나 다른 지역의 보호지로 추방되었다. 이런 형태의 강제 격리는 현존하는 인종 격리와 불평등의 형태로 이어졌다. 원주민에 대한 무자비한 살육은 미국 역사에서 대부분 무시되었다. 2000년이 되어서야 비로소 연방정부의 인디언사무국(Bureau of Indian Affairs)[1]이 "아메리칸인디언 대학살, 부족의 강제 퇴거, 그리고 아메리칸인디언 언어와 문화의 말살 시도를 포함하여 그동안 저지른 인종차별의 유산과 비인간적 행위"에 대해 사과했다(Kelley, 2000: 1).

오늘날 290만 명의 시민만이 자신들을 아메리칸인디언이나 알래스카 원주민이라고 생각한다. 또 다른 160만 명은 자신들을 다민족 혈통이라고 생각한다(U.S.

---

[1] 연방 내무부 산하 기관으로 인디언과 알래스카 원주민의 교육·행정·경제에 관한 업무를 담당한다. _ 옮긴이

Census Bureau, 2006). 아메리칸인디언의 40%는 체로키족(Cherokee), 나바호족(Navajo), 라틴 아메리카 원주민, 촉토족(Choctaw), 수족(Sioux), 치페와족(Chippewa) 중 하나에 속한다(U.S. Census Bureau, 2006).

하와이 원주민들도 전 세계의 다른 토착민과 유사한 경험을 했다. 1894년 백인 사탕수수 농장주들은 섬의 지배권을 확보하고, 이익을 극대화하기 위해 리디아 릴리우오칼라니(Lydia Liliuokalani) 여왕이 다스리는 하와이왕국을 정복했다. 스티븐 클리블랜드(Stephen Cleveland) 대통령이 하와이에 파견한 백인 선교사들은 하와이의 정복이 불법이라고 보고했고, 대통령은 여왕의 복위를 명령했다. 그러나 하와이 합병론자는 그들의 이해관계 때문에 대통령의 명령을 무시했다. 결국 미국 정부는 하와이 공화국의 백인 대통령을 즉각 인정했다. 하와이는 미국의 국익에 중요했으며, 실질적으로 50번째로 미국의 영토가 되었다. 오늘날 하와이 원주민들은 하와이의 사회경제적 지위에서 하위권에 놓여 있다. 일부 원주민이 임대 토지를 제공받은 반면, 상대적으로 자신의 토지를 소유한 원주민들은 거의 없다. 미국 본토의 아프리카계 미국인 학생과 마찬가지로 유독 많은 하와이계 학생이 특수반에 배치되었다.

미국 초창기에 유럽에서 건너온 대부분의 이주민은 영국계였지만, 프랑스계·네덜란드계·스페인계 이주민들이 초창기 정착지를 건설했다. 독립국가로서 미국이 탄생한 후에 서유럽계 이주민들이 지속적으로 초기 이주민 대열에 합류했다. 아일랜드계, 스웨덴계, 독일계 이주민들은 그들이 태어난 국가의 경제적 어려움이나 정치적 탄압을 피해 이주했다. 초기 유럽 이주민들은 미국 정부가 기본 틀로 삼은 정치적 모델을 함께 가져왔다. 북유럽과 서유럽 문화의 조합은 시간이 지나면서 미국의 주류 문화로 자리를 잡았는데, 다른 이주민들도 이 문화에 적응하려 노력하거나, 동화하지 않으면 안 되었다.

아프리카인들도 초기의 아메리카 탐험가들이고, 영국 식민지 초기에는 후기 외국 이주민에 속한다. 18세기에 아프리카인들은 노예 무역상에게 납치되어 매매되었다. 비자발적 이주민인 아프리카계 집단은 자발적으로 이주해 온 유럽계와 아주 다른 과정을 겪었다. 가족과 고향에서 격리되고, 자유와 문화를 약탈당한 아프리카인들은 그들과 다른 아프리카계, 유럽계, 아메리카 원주민의 유산 및 이 나라에서의 독특한 경험과는 또 다른 새로운 문화를 형성했다. 초기에 대다수 아프리카계 미국인은 남부에 살았는데, 오늘날에도 남부의 많은 주는 아프리카계 미국인이 주민의 다수를 차지하고 있다. 1910~1920년에 북부·동부·서부의 도시에서 그들이 직업을 구하면서 많은 사람이 북부 도시로 이주했다. 이러한 이주 현상은 1940년대와 1950년대에 반복되었다. 21세기가 시작되면서 아프리카계 미국인의 상당수가 북부에서 남부로 이주함에 따라 이런 현상은 역전되었다.

아프리카계 미국인이 북부로 이주한 또 다른 요인은 당시 대부분의 남부에서 자행된 인종차별과 정치적 테러 때문이었다. 오늘날에도 인종차별적 이데올로기가 정책과 관행에서 은연중에 나타난다. 이런 차별은 많은 아프리카계 미국인이 주류사회에 동화되는 것을 지속적으로 방해한다. 1960년대 민권운동은 많은 아프리카계 미국인이 중류층의 혜택을 받는 데 방해가 되는 장애물을 제거했지만, 여전히 가난하게 사는 아프리카계 미국인의 수, 특히 아동의 수는 인구에 비해 매우 높은 편이다.

멕시코계 미국인도 미국을 형성하는 데 독특한 역할을 담당했다. 스페인은 유럽 국가 중 처음으로 멕시코와 미국 서부와 서남부를 식민지화했다. 1848년 미국 정부는 텍사스, 애리조나, 뉴멕시코, 캘리포니아 남부를 포함하는 멕시코 영토의 북부 지역을 병합했다. 그곳에 거주하던 멕시코인과 아메리카 원주민들은 한때 지배적인 주민이었던 지역에서 억압받는 소수민족이 되었다. 멕시코인들은 지난 세기에 농업과 비즈니스에 지속적으로 필요한 노동력이었다. 그러나 미국 정부에 병합되면서 적대적인 대우를 받았고, 저임금을 받는 일을 하며, 결국 하류층의 신세로 전락했다. 피부색과 언어에 기반을 둔 지배이데올로기가 그들에게 적용되었고, 오늘날에도 많은 멕시코계 미국인이 주류 문화에 완전히 동화되는 것을 막고 있다.

1800년대 중반 서부 개척 시기에는 많은 노동력이 요구되었는데, 아시아계 이주민들을 통해 그 문제가 해결되었다. 중국인들은 하와이의 대규모 농장에서 일했다. 중국인·일본인·필리핀인은 서부 해안의 금광채굴과 철도건설을 위해 노동력을 제공했다.

19세기 말경 미국 도시의 산업은 가용 노동력보다 더 많은 노동력을 요구했다. 가난한 동유럽과 서유럽 국가에서 온 이주민들은 중서부와 동부 도시에서 직업을 구하려고 했다. 20세기 초에는 폴란드, 헝가리, 이탈리아, 러시아, 그리스 등과 같은 국가에서 많이 이주해 왔다. 그들이 미국에 이주해 온 이유는 초기 이주민들과 유사한데, 조국에서의 가난과 정치적 억압에서 벗어나고자 하는 욕망과 미국의 노동자 수요가 맞아떨어졌기 때문이다. 많은 이주민이 더 많은 임금을 받고 더 나은 생활을 하기 위해 미국에 왔다. 그러나 많은 사람은 그들이 기대했던 것보다도 상황이 나빴다. 대부분 그들이 일하는 사업체나 공단 근처의 기준 이하 주택에서 살 수밖에 없었다. 이러한 도시형 게토는 소수민족 거주지가 되었고, 그들은 그곳에서 고유언어를 계속 사용하며 조국의 문화를 유지했다. 그들의 사회복지적 요구를 지원하기 위해 민족 단위에 기초한 기관들이 설립되었다. 이러한 초기 동유럽과 서유럽 이주민들에게도 아프리카계 미국인, 멕시코계 미국인, 아메리칸인디언을 탄압하기 위해 사용된 많은 인종차별 정책이 적용되었다. 차이점은 동유럽과 서유럽 이주민 후손들은 2~3세대를 지나면서 지배적 문화에 동화될 수 있었다는 것이다.

1) 이주

역사적으로 연방의회는 미국을 식민지화했던 기존 이주 집단의 인종적 우월성에 기초하여, 다른 국적이나 민족집단의 이주를 금지했다. 이는 1729년에 금지되었는데, 이해에 펜실베이니아는 식민지에 거주하는 외국인의 인두세를 인상하는 법령을 통과시켰다. 벤저민 프랭클린(Benjamin Franklin)을 포함한 몇몇 지도자는 펜실베이니아가 독일의 한 주가 될 위험에 놓였다고 걱정했다. 1790

년에 제정된 「귀화법(Naturalization Act)」은 백인에게만 미국 시민권을 부여했는데, 이 법에 따르면 이주민은 7년을 체류한 뒤에 시민이 될 수 있었다.

19세기에 이주민 집단들이 미국으로 이주해 옴에 따라, 미국 태생의 시민은 다수 집단으로서의 우월적 지위를 유지할 수 없을 것에 대해 우려했다. 토착주의(nativism)로 알려진 이 운동은 외국에서 미국으로의 이주를 제한했으며, 미국 태생 시민의 이익을 보호하고자 했다. 이 운동은 세계의 모든 국가에 대해 미국에 충성과 헌신을 요구하는 자민족중심주의와 국가주의의 극단적인 형태를 띠었다.

1882년에 「중국인이민금지법(Chinese Exclusion Act)」이 제정되어 중국인의 이주를 금지했다. 연방의회는 중국인을 다른 유색인 집단과 똑같이 간주했지만, 경제호황이 끝나 더 이상 중국인들이 필요하지 않았다. 이 당시 미국에서 중국인들의 시민권 발급이 거부되었다.

1917년에 딜링햄위원회(Dillingham Commission)는 모든 이주민은 읽고 쓰는 능력 검사(literacy test)를 통과해야 한다고 발표했다. 1924년에 연방의회가 「존슨-리드법(Johnson-Reed Act)」을 제정하여 서유럽 국가 출신에게 절대적으로 유리한 연간 할당제를 실시하자, 이민배척주의자들의 견해는 더욱더 많은 지지를 받았다. 또한 일본에서의 모든 이주를 중단했다. 「존슨-리드법」은 1965년에 새로운 할당제가 실시되면서 폐지되었는데, 〈그림 2.1〉에서 보는 것처럼 새로 제정된 할당제 때문에 서반구(Western Hemisphere) 출신의 이주자는 감소한 대신에 동반구(Eastern Hemisphere)[2] 출신의 이주자는 극적으로 증가했다.

1980년대에 연방의회 지도자들과 대통령 후보자들은 미국 국경선을 강력하게 통제할 것을 요구하면서 더 엄격한 이민법을 제안했다. 그러나 1986년의 「이민개혁 및 관리법(Immigration Reform and Control Act)」은 실질적으로 이민을 확대해 1965년 이민법으로 피해를 입은 국가, 예컨대 유럽에서 태어난 사람들에게 비자를 허용했다. 이민정책은 특히 자격이 없는 이주는 통제되어야 한다고 생각하

---

2 유럽, 아시아, 아프리카, 오스트레일리아를 포함한다. _ 옮긴이

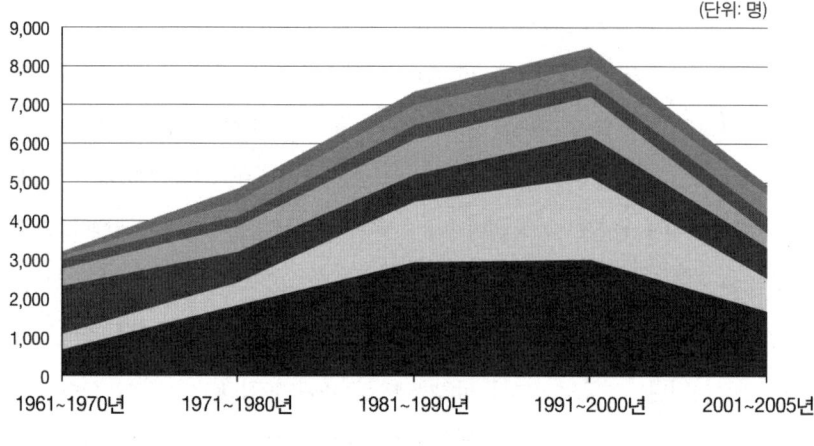

〈그림 2.1〉 1961년 이후 지역별·대륙별 이주

자료: U.S. Census Bureau. (2006). *Statistical Abstract of the United States: 2007*(126th ed.). Washington, DC: U.S. Government Printing Office.

는 많은 시민에게 공격을 받고 있다. 연방의회는 2007년 새로운 이민법을 제정하여 외국 출신에게 미국에서 임시로 일할 수 있는 자격을 부여하는 초청근로자 프로그램(guest worker program)을 도입하려 했다. 오늘날의 이주자들은 마틴과 미드글리가 세 개의 문, 즉 "합법 이주자를 위한 앞문, 합법적인 임시 이주자를 위한 옆문, 불법 이주자를 위한 뒷문"으로 규정한 국가에 입국하는 것이다(Martin and Midgley, 2006: 4). 합법 이주자들은 네 가지 중요한 길을 통해 입국한다. 첫째, 가족의 후원이 이주에 이르는 일차적 관문으로, 합법 이주자의 약 65%가 해당된다. 미국 시민은 연방정부에 친척의 입국 승인을 청원할 수 있다. 직계가족에게 적용되는 비자에는 제한이 없다. 둘째, 두 번째로 큰 합법 이주자 집단은 22%에 이르는데, 이들은 고용주의 요구로 미국으로 이주한다. 이들은 예술이나 과학 분야에서 능력이 특별한 근로자이거나 다국적 최고경영자, 숙련·미숙련 근로자, 운동선수, 성직자, 투자자 등과 같은 특별 범주에 속하는 사람들이다(Martin and Midgley, 2006: 4). 셋째, 난민과 망명객이다. 넷째, 다양성 이민 프로그램으로, 이 제도는 5

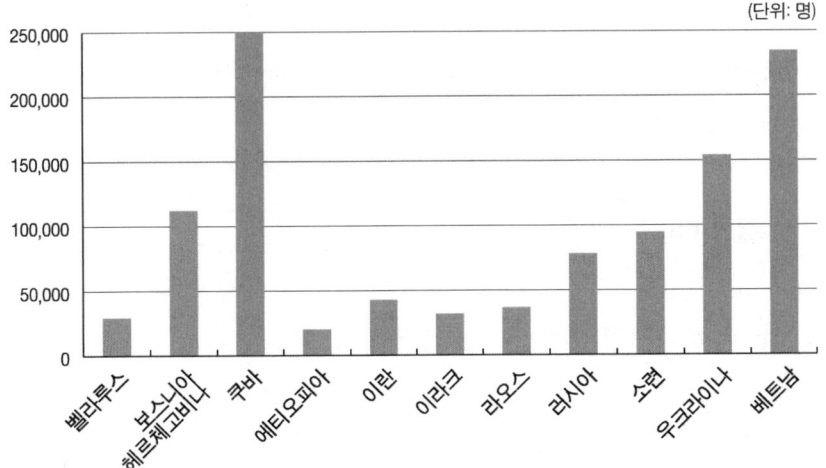

〈그림 2.2〉 1991년 이후 미국에 입국한 난민의 국가

자료: U.S. Census Bureau. (2006), *Statistical Abstract of the United States: 2007*(126th ed.). Washington, DC: U.S. Government Printing Office.

만 분의 1의 가능성으로 극히 몇몇 국가 출신만이 해당된다.

전 세계 사람은 고국의 고유한 문화적 경험을 미국에 들여온다. 그러나 개인의 국적이 같다고 해서 그들의 역사나 경험 등이 같다는 의미는 아니다. 이주 시기, 집단이 정착한 장소, 이주 동기, 사회경제적 지위, 그들이 받는 인종차별의 정도는 이전에 온 이주민과 앞으로 올 이주민과 다른 새로운 민족집단을 형성하는 데 상호작용한다. 이러한 차이들은 여러 세대에 걸쳐 미국에 정착하여 살고 있는 가족의 학생이 같은 나라에서 새로 온 이주 학생을 항상 환영하지 않는다는 것을 통해 확인할 수 있다.

2) 난민

난민이란 연방정부가 인종·종교·국적, 특정 사회나 정치단체의 구성원이라는 것 때문에 그들의 국가에서 탄압받았음을 인정하는 사람이다. 1991~2005년에는 〈그림 2.2〉에서 보는 것처럼 여러 국가의 난민으로 150만 명 이상의 이민자가 입국 허가를 받았다. 미국 정부의 이주 정책과 난민 정책의 결과로 다양한 국가와 민족집단에서 온 미국 인구는 통제되고 있지만, 부분적으로는 다양한 난민이 입국하기 때문에 점차 더 다양해지고 있다.

3) 불법 이주

모든 이주민이 미국에 합법적으로 입국하지는 않았다. 다른 국가 출신은 여행비자나 학생비자 또는 특별비자 신분으로 미국에 입국한다. 이 중 일부는 체류를 연장하고, 일부는 고국으로 다시 돌아가지 않는다. 그러나 대부분의 불법 이주자는 불법적으로 국경을 넘어온다. 외국 태생 체류자 3명 중 1명은 불법 이주자이다(Martin, 2006).

이들 중 많은 사람은 나중에 합법이민으로 재분류되는데, 그들이 고용비자, 난민, 또는 법이 허용하는 가족초청비자 등의 요구 조건을 충족하기 때문이다. 또한 그들은 연방의회가 정기적으로 제정하는 사면이나 유사한 프로그램을 통해 합법 이주자가 된다. 불법 이주자의 약 56%는 멕시코 출신이고, 22%는 라틴 아메리카의 여러 나라 출신이다(Martin, 2006). 불법 이주자의 수는 계속 증가하고 있다. 3명 중 2명은 체류기간이 10년 미만이며, 40%는 5년 미만이다(Passel, 2006).

플라일러 대 도(Plyler v. Doe, 1982) 사건에서 연방대법원은 불법 이주자의 자녀도 공립학교에 진학할 권리가 있다고 판결했다. 교육자는 학생이나 부모에게 그들의 이주 지위를 요구하거나 질문할 수 없다. 예컨대, 부모는 교육구에 사회보장번호를 제시하지 않아도 된다.

4) 이주의 변모

과거 10년 동안의 이주자는 연간 약 100만 명에 이른다(U.S. Census Bureau,

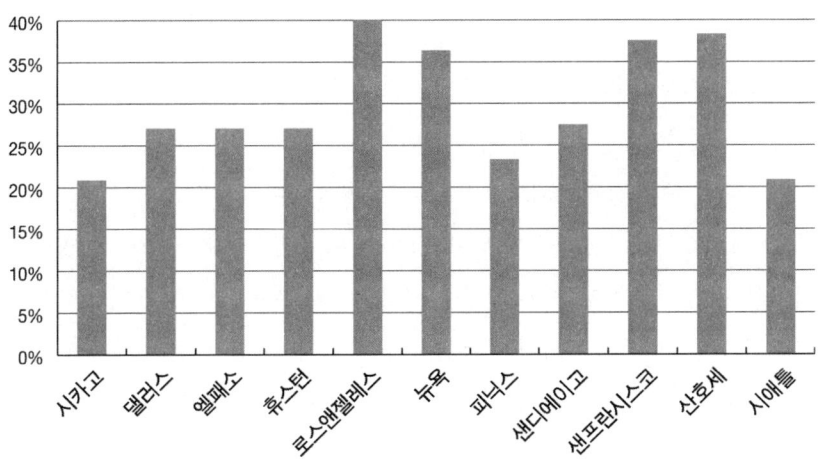

〈그림 2.3〉 주요 도시 이주민(2004년)

자료: U.S. Census Bureau. (2006), *Statistical Abstract of the United States: 2007*(126th ed.). Washington, DC: U.S. Government Printing Office.

2006). 과거 5년처럼 이주자를 수용한다면, 그 수는 1990년대를 넘어설 것이다. 외국 태생의 약 60%는 캘리포니아, 뉴욕, 플로리다, 텍사스에 산다(U.S. Census Bureau, 2006). 대부분의 이주자는 도시 지역에 정착하는데, 도시민은 〈그림 2.3〉에서 보는 것처럼 4명 중 1명 이상의 이주자로 구성된다.

대도시가 아닌 지역으로의 이주는 직업과 삶의 질에 따라 달라지는데, 그 결과 전국의 농촌 지역 학교에서 다른 문화와 영어 외에 다른 언어를 사용하는 학생들을 볼 수 있다. 농촌 지역 이주자의 절반 정도는 고등학교 졸업장이 없으며, 학생이 학교에 가져오는 문화자본도 적다(Jensen, 2006). 과거와 마찬가지로 이주정책에 대한 관점은 이주 제한론자와 지지자로 구분된다. 많은 시민은 그들의 선조들도 한때는 문화와 언어가 주류집단과 달랐고, 미국으로 이주해 온 이주자였다는 사실을 떠올리면서 다문화와 이중언어 사용에 가치를 둔다. 다른 시민들은 점차 커지는 문화적·언어적 다양성을 그들과 선조들이 싸워 일궈낸 미국 문화를 지속하는 데 위험한 요소로 여긴다. 일부 주와 교육구에서는 영어를 공식어로 선포하고, 이중언어로 쓰인 신호와 문서를 반대하는 운동을 주도했다. 어떤 커뮤니티에서는 불법 일용직 근로자가 잠재적 고용주와 만나는 장소에서 시위를 한다. 몇몇 도회지에서는 합법 이주자라는 사실을 증명하는 사람에게만 주택과 직업을 제공한다.

이주 제한론자들은 이주자, 특히 불법 이주자들에게 자녀 교육과 가족 의료보험 혜택을 주는 것이 사회보장체제를 고갈되게 한다고 주장한다. 캘리포니아는 주 예산이 고갈되는 것을 막기 위해 1994년에 주민발의(Proposition 187)를 통과시켜 불법 이주자와 가족에 대해 서비스를 거부하기로 했다. 주민발의는 1982년 연방대법원의 플라일러 대 도 판결에 위반되지만, 다른 주에서도 불법 이주자에게 교육을 포함한 공적 서비스를 제한하려는 노력이 계속되고 있다. 예컨대, 버지니아 주 의회는 불법 이주자에 대한 공적 서비스를 거부하여 그들을 주 밖으로 추방하려고 한다. 2006년과 2007년에 버지니아 주 의회는 불법 이주자 자녀에게 공립대학 학비 지원을 거부하는 법안을 제출했다(Craig, 2007).

2-1 생각해보기

교실에는 최근 다른 나라에서 이주해 온 한 명 이상의 학생이 있다. 그들은 영어학습자이다. 당신은 새 이주자와 어떤 경험이 있는가?

- 초·중등학생이었을 때, 당신의 커뮤니티에는 어떤 이주자 가족들이 있었는가?
- 이주자 가족과 그들의 자녀와 어떤 상호작용을 했는가?
- 대학에서 미국 외의 다른 국가에서 온 학생들과 어떤 상호작용을 했는가?
- 당신이 상호작용했던 이주자 학생의 교육 참여와 교육적 잠재성을 어떻게 특징지을 수 있는가?

5) 이주자의 교육 배경

이주자의 교육수준은 매우 다양하다. 학사학위가 있는 외국계는 15%로, 미국 태생 인구의 18%와 거의 같다. 외국계의 약 10%는 고등학위를 취득했는데, 마찬가지로 미국 태생 인구의 10%가 고등학위를 취득했다. 다른 측면에서 보면, 외국계 성인의 33%는 고등학교 졸업장이 없는데, 이 수치는 미국 태생 인구의 세 배에 달한다(U.S. Census Bureau, 2006). 이주자에 관한 연구에 따르면, 고등교육의 사회적·문화적 자본과 경제적 지위가 높은 사람들은 주류사회에 수용될 가능성이 훨씬 높고 중류층에 동화될 가능성도 높다(Portes and Rumbaut, 2001).

2. 민권

비주류집단의 구성원은 때로 그들에게 가해지는 가혹한 경제적·정치적 현실과 불의에 맞서 서로 힘을 합쳐 싸운다. 그들의 민주주의 권리와 경제적 정의를 위한 운동은 불가피하게 인종이나 국적에 기초한 커뮤니티의 연대의식을 키운다. 민권 투쟁은 많은 시민이 기본권과 사회의 혜택에 접근할 수 없게 한 과도한 차별과 배제를 완화하는 계기가 되었다. 학교와 더 넓은 의미의 사회에서 이런 변화를 주도한 사건들은 다음에서 소개된다.

1) 민권운동

미국에서 민족집단과 인종집단이 벌인 민권 투쟁의 역사는 오래되었다. 인디언 원주민들은 외국인들이 그들의 영토를 강제로 빼앗을 때 그들의 권리·문화·언어·토지를 지키기 위해 싸웠다. 아프리카계 노예들은 주인에 맞서 혁명을 일으켰다. 자유 흑인들은 북부에서 직면한 차별과 폭력에 저항했다. 마틴 딜레니(Martin Delaney)는 1800년대 중반 흑인의 자유를 위한 흑인민족주의운동(Black Nationalist movement)을 이끌었다. 20세기 초반 애리조나에서 멕시코계 미국인 광부들은 더 나은 노동조건과 유럽계 미국인 광부들과 같은 처우를 요구하며 시위했다. 미국 서남부에서 멕시코계 미국인은 착취에 저항하고, 경제적으로 곤경에 처한 사람들을 돕기 위해 민족단체를 결성했다. 중국계와 다른 이주자들은 그들에게 시민권 부여를 박탈한 1790년의 「귀화법」을 번복하도록 법원에 소송을 제기했다(Takaki, 1993).

20세기 내내 개인과 집단은 민권을 위해 정부에 지속적으로 압박을 가했지만, 그것이 조직적인 운동으로 폭발한 것은 남부의 대규모 아프리카계 미국인이 억압받는 지위에서 벗어나고자 했던 1950년대와 1960년대였다. 로자 파크스(Rosa Parks)는 1955년에 앨라배마의 몽고메리에서 버스 앞쪽의 백인 전용 구역에 앉음으로써 권위에 도전했다. 이를 계기로 일 년 넘게 대중교통 체계에 대한 저항운동이 촉발되었으며, 결국 교통 체계에서 인종차별철폐를 이끌어냈다. 1960년에 노스캐롤라이나 A&T 대학생과 다른 흑인 대학생이 식당의 백인 전용 자리에 앉은 사건이 일어났는데, 이는 백인과 흑인이 서로 다른 식당·호텔·화장실·수도시설 등과 같은 공공 편의시설을 이용하게 한 「짐크로법(Jim Crow Laws, 흑인차별법)」에 도전한 것이었다. 인종평등의회(The Congress of Racial Equality: CORE), 학생비폭력조정위원회(The Student Non-violent Coordinating Committee: SNCC), 블랙팬서(Black Panthers Party, 흑표당)는 젊은이들을 조직하여 아프리카계 미국인이 일상생활에서 직면하는 불의에 맞서 싸우게 했다.

미시시피의 아프리카계 미국인 민주당원들은 패니 루 해머(Fannie Lou Hamer)의 지도로 1964년에 민주당 전당대회에서 백인으로만 채워진 대표단 자리를 얻기 위해 싸웠다. 아프리카계 미국인이 대표단 자리를 차지하지는 못했지만, 그들의 용기는 이후에 민족·인종적으로 다양한 대표단을 구성하는 계기가 되었다. 인종적으로 혼합된 자유의 기수(Freedom Riders)[3]는 체포와 구타에 직면했지만, 인종 격리 철폐를 위해 주 간(interstate) 여행 버스에 탑승했다. 때로는 유럽계 미국인이 동참하기도 했고, 아프리카계 미국인은 자유를 위해 행진해나갔으며, 남부에 자유학교를 설립했다. 1963년 워싱턴으로 행진을 한 마틴 루서 킹

---

3 인종차별 반대를 위한 남부 지방으로의 버스 여행에 참가한 사람들을 의미한다. _ 옮긴이

(Martin Luther King, Jr.) 목사는 '나는 꿈이 있습니다(I Have a Dream)'라는 유명한 연설을 하면서 아프리카계 미국인이 민권을 위한 투쟁을 계속해나가도록 독려했다. 그러나 그들에 대한 폭력은 계속되었다. 워싱턴 행진이 있고 한 달이 채 되지 않아 4명의 여자아이가 몽고메리 흑인교회 지하에서 폭탄이 폭발하여 사망했다. 마침내 연방의회는 1964년 「민권법(Civil Rights Act)」과 1965년 「투표권법(Voting Rights Act)」을 제정했는데, 「민권법」은 학교, 고용, 공공시설에서 차별을 금지했으며, 「투표권법」은 아프리카계 미국인의 투표권을 보장했다.

미국인들은 '블랙파워(Black Power)'의 역사와 아프리카계 미국인이 사회에 기여한 것에 대해 관심을 보였다. 흑인학과 다른 민족에 대한 연구 프로그램이 대학에 신설되었다. 교육자와 교재 출판인들에게 미국의 다민족 역사를 정확하게 반영하는 책을 재집필하도록 요구했다. 그러나 사회적 변화가 반드시 이런 변화를 따르지는 않았다. 입법부는 모든 인종집단에 대한 평등을 보장했지만, 많은 유럽계 미국인은 학교와 다른 공공시설에서의 인종통합을 반대했다. 이렇게 주류집단에 진보의식이 부족하다는 불만은 아프리카계와 다른 비주류집단의 구성원들이 다른 민족집단과 더욱더 강한 유대감을 느끼게 하고, 하나의 목소리를 내면서 차별과 불평등에 대항하게 했다. 오늘날 이러한 투쟁은 미국에서만이 아니고 전 세계에서 계속되고 있다.

> **2-2 생각해보기**
>
> 1950년대와 1960년대 민권 투쟁에 관해 얼마나 알고 있는가? 다음 12개 질문에 대한 당신의 지식을 확인하라.
>
> 1. 다음의 로자 파크스에 대한 설명 중 사실인 것은?
>   ① 그녀는 피곤하여 백인 남성에게 자리 양보를 거부했다.
>   ② 1955년 12월 1일, 그녀가 자리 양보를 하지 않은 것은 버스 격리에 저항한 첫 번째 행동이었다.
>   ③ 전미유색인종지위향상협회(National Association for the Advancement of Colored

People: NAACP) 지부장과 지부 청소년 담당자로서 그녀는 버스 탑승 거부 운동을 촉발했던 행동을 하기 전에도 중요한 행동을 한 역사를 가졌다.
④ 사건 당시에 그녀는 정치적 행동을 해본 적이 없는 나이 많은 재봉사였다.

2. 1960년대 캘리포니아 오클랜드에서 시행된 어린이 무상아침급식프로그램은 어떤 단체로부터 후원을 받았는가?
① 전미유색인종지위향상협회
② 블랙팬서
③ 빅브라더/빅시스터
④ 전국도시연맹

3. 로자 파크스가 체포된 후에 몽고메리 버스 탑승 거부 운동을 위한 첫 번째 활동은?
① 조 안 로빈슨(Jo Ann Robinson)의 지도 아래 있던 여성정치협회(Women's Political Council)는 3만 5,000장의 유인물을 배포하여 몽고메리의 4만 2,000명 흑인 거주민에게 공공교통의 탑승 거부를 촉구했다.
② 마틴 루서 킹 목사는 몽고메리 최대 흑인집회에서의 연설을 통해 버스 회사가 통합 조치를 취할 때까지 탑승 거부 운동을 전개해야 한다고 촉구했다.
③ 법무부 출신의 민권변호사가 몽고메리에 와서 명망 있는 아프리카계 미국인 목회자들에게 버스 탑승 거부 운동을 시작할 것을 확신시켰다.
④ 몽고메리 흑인 상업지구의 지도자들은 종업원들에게 버스에 탑승하지 말 것을 촉구했다.

4. 다음 중 1920년대에 KKK 단원이 가장 많았던 주는?
① 미시시피
② 조지아
③ 오리건
④ 사우스캐롤라이나

5. 다음 중 재건시대(1865~1877년) 기간 중 남부에서 일어나지 않았던 사건은?
① 흑인들은 전체 남부 주 의회 의원선거에 투표했다.
② 14명의 흑인 하원의원과 2명의 상원의원이 연방의회에서 활동했다.
③ 통합된 남부 주 의회는 남부에서 최초로 의무공교육의 실시에 관한 법률을 제정했다.
④ 연방정부는 해방된 남성에게 40에이커의 토지와 노새 한 마리를 제공했다.
⑤ 위 모두

6. 다음 중 맬컴 엑스(Malcolm X)가 말년에 신봉하지 않은 것은?
① 아프리카계 미국인에 대한 억압은 민권보다는 인권 쟁점으로 다뤄져야 하며, 이것을 해결하기 위해 이 쟁점을 UN으로 가져가야 한다.
② 아프리카계 미국인이 백인으로부터 공격을 당한다면 자위권을 행사할 권리가 있다.
③ 흑인들은 백인사회로 통합되는 것보다 자신의 문화를 기념하고 자신의 커뮤니티를 관리함으로써 자유를 얻을 수 있다.
④ 모든 백인은 완벽한 인종차별주의자이므로 그들과 대화하는 것은 시간낭비이다.

7. 다음 중 민권운동의 최종 목표는 무엇이었는가?
   ① 통합
   ② 모든 버스좌석에 완전 접근
   ③ 평등, 권한강화, 민주주의
   ④ 40에이커의 토지와 한 마리의 노새

8. 다음 중 민권운동이 승리하게 된 가장 중요한 원동력은 무엇이었는가?
   ① 풀뿌리 활동과 조직
   ② 연방정부
   ③ 워싱턴 D.C. 행진
   ④ 마틴 루서 킹 목사 혹은 전미유색인종지위향상협회의 로이 윌킨스(Roy Wilkins) 같은 민권지도자

9. 아프리카계 미국인들은 1960년대와 1970년대에 평등권 쟁취를 위해 싸운 유일한 집단이 아니었다. 다음 중 동등권과 자결권 쟁취를 위해 싸웠던 집단은?
   ① 멕시코계 미국인
   ② 아메리칸 미국인
   ③ 아시아계 미국인
   ④ 게이/레즈비언
   ⑤ 위 모두

10. 2002년 5만여 명의 사람들이 뉴욕시가 10억 달러의 공립학교 예산삭감안에 반대하여 '공교육 회복을 위한 집회'에 모였다. 이 시위는 다음 중 어느 단체가 계획·조직했는가?
    ① 남부기독교지도자회의
    ② 남부비폭력조정위원회
    ③ 녹색당
    ④ 힙합 서밋 액션 네트워크(Hip-Hop Summit Action Network)와 교사연합회
    ⑤ 위 모두

11. 2000년 연방인구조사에 따르면, 다음의 도시 중에서 미국에서 분리가 가장 심한 곳은?
    ① 미시간 디트로이트
    ② 앨라배마 버밍햄
    ③ 텍사스 휴스턴
    ④ 조지아 메이컨

12. 20세기의 대부분 기간 흑인들은 투표권을 행사하지 못했다. 그 이유는 무엇이라 생각하는가?
    ① 위협, 경제적 보복, 폭력
    ② 많은 가난한 사람들이 감당할 수 없었던 인두세
    ③ '조부(祖父) 조항'과 같은 법률적 장치
    ④ 읽고 쓰는 능력 검사
    ⑤ 위 모두

정답: 1. ③, 2. ②, 3. ①, 4. ③, 5. ④, 6. ④, 7. ③, 8. ①, 9. ⑤, 10. ④, 11. ①, 12. ⑤

2) 브라운 대 교육위원회 사건

학교는 오랫동안 민권운동의 중심이었다. 한때 유색인 아동들은 취학이 금지되었다. 유색인 아동들이 백인과 함께 학교를 다닐 수 없게 되자 인종통합학교 운동이 일어났다. 인종통합학교에서 유색인 아동들은 대부분 백인 아동이 갖고 있는 교재와 교구를 갖출 수 없었다. 1954년 연방대법원이 브라운 사건에서 '분리평등학교'가 위헌이라고 만장일치로 판결한 이후에도 인종통합학교를 위한 노력은 많은 주에서 10년 넘게 지속되었다.

1954년의 판결은 연방대법원이 4개의 사건, 즉 사우스캐롤라이나의 브리그스 대 엘리오트(Briggs v. Elliott), 버지니아의 데이비스 대 프린스 에드워드 카운티 교육위원회(Davis v. County School Board of Prince Edward County), 델라웨어의 게바르트 대 벨튼(Gebhart v. Belton), 캔자스의 브라운 대 토피카 교육위원회(Brown v. Board of Education of Topeka of Education) 사건을 심리한 결과였다. 이 네 사건에 대한 법원의 판결은 1954년 브라운 판결에서 함께 소개되었다. 다섯 번째인 볼링 대 샤프(Bolling v. Sharpe) 사건은 1년 후에 결정되었는데, 연방정부가 컬럼비아 지구 학교를 분리할 수 없다는 판결이었다. 연방대법원은 1955년 브라운 판결을 구체화하여 모든 학교 통합 사건을 하급법원으로 되돌려 보내면서 '최대한 신중한 속도(with all deliberate speed)'로 학교 통합을 진행하도록 요구했다. 그럼에도 인종분리는 여러 주에서 연방대법원의 판결 이후 10년 이상 지속되었다. 나중에 법원은 인종통합을 확실하게 하는 방안으로 대도시의 인종통합을 추진했는데, 버스로 학생을 통학하게 하는 것도 하나의 방법이었다.

많은 인종분리 교육구와 대학에서 통합학교를 만드는 데 오랜 시간이 걸렸다. 여러 커뮤니티의 백인들이 격렬하게 저항하여, 군대를 동원해 백인학교에 다니는 아프리카계 미국인 학생들을 보호해야 했다. 백인들은 자녀들을 아프리카계 미국인이 다니는 학교에 보내지 않으려는 목적으로 사립학교를 많이 만들었다. 버지니아 팜빌과 같은 일부 커뮤니티에서는 학교를 인종통합학교로 전환하지 않고 아예 학교 문을 닫았다. 인종분리학교가 인종통합학교로 전환됨에 따라 아프리카계 미국인 교사와 교장은 실업자로 전락했다. 브라운 판결 이후 30년간 학교의 인구 구성은 변화했다. 1960년대 중반 미국에서 아프리카계 미국인의 단 2%가 인종통합학교에 다녔고, 1980년대 말에는 45%가 인종통합학교에 다녔다.

다른 민족집단 또한 자녀들의 동등한 교육을 법원에 요구했다. 1927년 공럼 대 라이스(Gong Lum v. Rice) 사건에서 중국계 미국인 여학생이 자신은 흑인이 아니라며, 백인학교에 다닐 권리가 있다고 주장했다. 법원은 그녀가 백인이 아니라고 판결하면서 학생의 인종구성에 관한 권한은 학교에 있다고 판결했다(Willoughby, 2004). 1940년대 멘데즈 대 웨스트민스터 교육구(Mendez v. Westminster School District) 사건의 결과에 따라 멕시코계 미국인 학생이 캘리포니아 인종통합학교에 다닐 수 있게 되었다(Willoughlby, 2004). 1974년 라우 대 니콜스(Lau v. Nichols) 사건에서 샌프란시스코의 중국계 미국인이 중국어로 수업을 받을 수 있는 권리를 쟁취했다. 또한 브라운 판결은 1972년에 통과된 타이틀 IX에서의 여자아이와 여성, 1973년 「재활법(Rehabilitation Act)」 조항 504에서 규정된 장애인에게 동등교육을 지원하게 하는 연방법을 만드는 데 기초가 되었다.

1980년대 중반에 법원은 연방정부가 명시한 요구사항이 법률상 인종분리(de jure segregation)를 극복하는 데 임시방편일 뿐이라는 이유로, 통합학교를 강제하는 연방법원의 제재를 해제하기 시작했다. 학교는 더 이상 인종에 따라 분리되지 않았고, 제재가 완화되면서 인접 학교로 돌아가는 교육구(school districts)가 허용되었다. 커뮤니티의 사실상 인종분리(de facto segregation) 때문에 인접 학교의 많은 학생은 같은 인종의 학생으로 구성되었고, 1970년 이전의 인종통합 수준으로 되돌아갔다. 21세기 초반 게리 오필드(Gary Orfield)와 에리카 프랑켄버그(Erica Frankenberg)는 다음과 같은 연구 결과를 발표했다.

흑인 학생은 연구자가 '인종분리학교(apartheid schools)'라고 부르는 학교, 즉 실질적으로 백인 학생이 전무하고, 학교 재정이 궁핍하며, 자원이 제한되고, 사회적 분규와 건강 문제가 상존하는 학교에 다닐 가능성이 가장 높은 인종집단이다. 미국 흑인 학생의 6분의 1은 이러한 학교에 다닌다. 백인들은 공립학교에서 인종이 가장 분리된 집단이다. 백인 학생의 단 14%만이 다인종학교, 즉 세 개 이상의 인종집단으로 구성된 학교에 다닌다. 라틴계 미국인 학생들은 미국 학교에서 인종적으로 가장 분리된 소수 집단이다. 그들은 인종과 가난으로 분리되었다. 라틴계 이주민들은 언어적으로도 인종분리될 위험에 놓여 있다. 아시아계 미국인 학생들은 공립학교에서 인종적으로 가장 통합된 집단인데, 그중 4분의 3이 다인종 학교에 다닌다(Orfield and Frankenberg, 2004: 58).

교육자들과 논평자들은 학생이 다닐 학교를 결정하는 데 인종적용을 반대한 2건의 연방대법원 판결(2007년)이 미국 학교에서 인종통합을 이루는 데 결정적인 장애가 되었다고 주장한다. 〈표 2.1〉은 학교의 인종통합과 재분리에 대해 연대순으로 정리한 것이다.

〈표 2.1〉 인종통합 및 재분리 과정

- 1896년: 연방대법원은 플레시 대 퍼거슨(Plessy v. Ferguson) 사건에서 루이지애나의 「분리평등법(separate but equal law)」을 합헌으로 판결하여 흑백분리를 정당화했다.
- 1940년: 연방법원은 앨스턴 대 노퍽 시교육위원회(Alston v. School Board of City of Norfolk) 사건에서 아프리카계 미국인 교사가 백인 교사와 같은 봉급을 받도록 판시했다.
- 1947년: 연방 항소법원은 멘데즈 대 웨스트민스터 교육구 사건에서 멕시코계 미국인과 백인 학생을 분리하는 학교에 대해 위헌 판결했다. 배심원단은 캘리포니아 주지사 얼 워런(Earl Warren)에게 인디언 원주민과 아시아계 미국인 학생을 분리하는 주법을 폐지하도록 요청했다. 이 판결은 브라운 판결의 전주곡에 해당한다.
- 1950년: 버지니아 팜빌 소재 로버트 R. 모튼 고등학교 2학년생인 16세의 바버라 존스(Barbara Johns)가 450명의 학생을 이끌고 학교분리철폐를 위한 동맹휴업을 주도했다.
- 1954년: 연방대법원은 브라운 대 교육위원회(Brown v. Board of Education) 사건에서 만장일치로 플레시 판결을 번복하고, 분리학교는 '본디 불평등하다(inherently unequal)'고 판결했다. 또한 볼링 대 샤프 사건에서 연방정부도 주와 같은 의무가 있으며, 워싱턴 D.C. 학교를 통합해야 한다고 판결했다.
- 1955년: 연방대법원은 브라운 II 판결에서 연방 하급법원에게 '최대한 신중한 속도'로 학교 통합을 진행하도록 명령했다.
- 1956년: 테네시 주지사 프랭크 클레멘트(Frank Clement)는 백인 폭도들이 고등학교 통

합을 방해하자 주 방위군을 소집했다. 버지니아 주 의회는 학교 통합에 엄청난 저항이 따를 것임을 선포하고, 통합 명령을 받은 학교들을 폐쇄하기로 결의했다.
- 1957년: 제101공수부대 출신 1,000명 이상의 낙하산 대원과 연방군으로 편입된 아칸소 주 방위군이 아칸소 리틀 록 소재 센트럴 고등학교에 등하교하는 9명의 아프리카계 미국인 학생을 보호했다.
- 1958년: 연방대법원은 쿠퍼 대 에런(Cooper v. Aaron) 사건에서 통합 반대자들이 주장하는 통합에 따른 사회 불안정 또는 저항에 대한 공포 때문에 주정부가 브라운 판결을 따르지 않는다 해도 면책될 수 없다고 판결했다. 워싱턴 D.C.에서 만 명의 젊은이들이 통합을 지지하는 행진을 했다.
- 1959년: 버지니아 프린스 에드워드 카운티에서 공무원들이 학교 통합을 반대하며 공립학교를 폐쇄했다. 워싱턴 D.C.에서 2만 5,000명의 젊은이들이 통합을 지지하는 행진을 했다.
- 1960년: 뉴올리언스에서 연방 보안관이 화난 군중에게서 루비 브리지스(Ruby Bridges, 6살)를 보호하면서 학교등록을 하게 했다.
- 1964년: 1964년 「민권법」이 통과되었다. 「민권법」 IV에서는 학교 통합과 관련 사건의 처리를 연방정부에 위임했다. 「민권법」 VI에서는 연방 재정 지원을 받는 프로그램·활동·학교는 인종차별을 금지하도록 했다. 연방대법원은 버지니아 프린스 에드워드 카운티에 통합 원칙에 따라 학교를 열도록 명령했다.
- 1965년: 연방대법원은 그린 대 뉴 켄트 카운티 교육위원회(Green v. County School Board of New Kent County) 사건에서 모든 주는 분리학교를 '근본적으로(root and branch)' 폐지하도록 명령했다. 연방대법원은 브라운 판결의 준수를 판단하는 기준으로 다섯 가지 요인, 즉 시설, 행정직원, 교원, 과외활동, 교통을 설정했다.
- 1969년: 연방대법원은 알렉산더 대 홈스 카운티 교육위원회(Alexander v. Holmes County Board of Education) 사건에서 1955년에 명령한 '최대한 신중한 속도'라는 학교 통합의 원칙이 더 이상 법률적으로 허용될 수 없음을 천명하고, 미시시피 학교의 '즉각적인 통합(immediate desegregation)'을 명령했다.
- 1971년: 연방대법원은 스완 대 샬럿-맥클랜버그 교육위원회(Swann v. Charlotte-Mecklenburg Board of Education) 사건에서 거주지에 따른 분리를 해결하는 방안으로 버스 통합, 마그넷 학교, 보상교육과 다른 수단 등을 승인했다.
- 1972년: 연방대법원은 라이트 대 엠포리아 시의회(Wright v. Council of the City of Emporia) 사건과 연방정부 대 스코틀랜드 넥 시교육위원회(United States v. Scotland Neck City Board of Education) 사건에서 학생 구성의 대부분을 백인으로 하거나 아예 백인만으로 하는 '소수 교육구(Splinter District)'를 만들어 통합을 피하려는 공립학교를 허가하지 않았다.
- 1973년: 연방대법원은 노우드 대 해리슨(Norwood v. Harrison) 사건에서 주가 통합 명령을 이행하지 않은 인종분리 사립학교에 대해 교과서를 지급할 수 없다고 판결했다. 연방대법원은 키스 대 덴버 교육구 No.1(Keyes v. Denver School District No.1) 사건에서 덴버 교육위원회가 의도적으로 멕시코계 미국인과 아프리카계 미국인 학생을 백인 학생과 분리했다고 판결했다. 연방대법원은 샌안토니오 독립교육구 대 로드리게스(San Antonio Independent School District v. Rodriguez) 사건에서 교육은 '본질적인 권리(fundamental

right)'가 아니며, 헌법은 주 안에서 같은 교육비를 요구하지 않는다고 판결했다.[4]
- 1974년: 연방대법원은 밀리켄 대 브래들리(Milliken v. Bradley) 사건에서 소수인종이 많은 도시 학교를 통합하는 수단으로 고안한 대도시 통합계획의 중단을 판결했다. 연방대법원은 라우 대 니콜스 사건에서 제한적 영어숙달자(Limited English Proficiency: LEP)에게 수업을 하지 않은 것은 타이틀 VI에서 명시한 연방 보조금을 받는 교육구는 국적·인종·피부색에 따라 차별할 수 없다는 조항을 위반한 것으로 판결했다.
- 1978년: 연방대법원은 캘리포니아 주립대학교 데이비스 의과대학원에서 시행한 입학 차별철폐정책이 아프리카계 미국인과 라틴계 미국인 학생들을 위한 입학 할당제이기 때문에 위헌이라고 판결했다. 연방대법원은 캘리포니아 주립대학교 이사회 대 배키(Regents of the University of California v. Bakke) 사건에서 인종은 대학입학에서 하나의 요인이 될 수 있지만, 결정적이지 않다고 판결했다.
- 1982년: 연방대법원은 밥존스 대학교 대 연방정부(Bob Jones University v. U.S.) 사건과 골드보로 기독학교 대 연방정부(Goldboro Christian Schools v. U.S.) 사건에서 차별하는 사립종교학교에 대해 면세 혜택을 거부했다.
- 1986년: 연방법원은 리딕 대 노퍽 시교육위원회(Riddick v. School Board of the City of Norfolk, Virginia) 사건에서 최초로 1965년 그린(Green) 판결의 다섯 가지 요소를 갖춘 지역 교육구에 대해 통합계획에서 자유로울 수 있다고 판결했다.
- 1991년: 연방대법원은 오클라호마 시교육위원회 대 도윌(Board of Education of Oklahoma v. Dowell) 사건에서 법원의 명령이 영구적으로 유효하지 않음을 강조하면서, 분리학교가 통합 명령에 따른 의무 이행을 좀 더 쉽게 하도록 했다.
- 1992년: 연방대법원은 프리만 대 피츠(Freeman v. Pitts) 사건에서 분리학교가 통합의무를 빠르게 이행하도록 촉구하면서 학교 통합에 속도를 내도록 했다.
- 1995년: 연방대법원은 미주리 대 젠킨스(Missouri v. Jenkins) 사건에서 학교 통합 계획에 대한 새로운 목표를 설정했는데, 지역 교육구가 학교를 통제하게 했다.
- 1996년: 연방 항소법원은 홉우드 대 텍사스(Hopwood v. Texas) 사건에서 대학 입학 정책에서 인종 요인의 고려를 금지하여 루이지애나, 텍사스, 미시시피에서 차별철폐정책이 종식되었다.
- 2001년: 노스캐롤라이나 샬럿에 거주하는 백인 부모들은 학교가 통합과정을 성공적으로 끝내도록 하고, 학생 배정을 할 때는 인종 고려를 금지하기로 했다.
- 2003년: 연방대법원은 그라츠 대 볼린저(Gratz v. Bollinger) 사건과 그러터 대 볼린저(Grutter v. Bollinger) 사건에서 고등교육기관에 입학할 때 다양성 요인은 차별철폐정책 프로그램의 근거가 되지만, 가산점 부여 방식은 부적절하다고 판결했다. 린 대 컴포트(Lynn v. Comfort) 사건에서 연방 지방법원은 K-12 교육 단계에서 인종의 다양성과 인종을 고려한 학생 배정 방식은 인정할 수 있다고 판결했다.
- 2007년: 더욱 보수화된 연방대법원은 커뮤니티 학교 소속 학부모 대 시애틀 교육구(Parents in Involved in Community School Inc. v. Seattle School District) 사건과 메러디스 대 제퍼슨 카운티 교육위원회(Meredith v. Jefferson County Board of Education, Kentucky) 사건에서 학교에 학생을 배정하면서 인종 요인을 고려하는 것을 위헌으로 판결했다.

인종통합학교의 목적은 초기의 '학교 안에서 학생의 물리적 통합'에서 '모든 학생을 위한 동등한 학습 기회와 성과의 달성'으로 바뀌었다. 오늘날 법원 판결의 쟁점은 유색인 학생들이 유자격 교사, 고급 단계의 수학 및 과학 수업, 영재반, 적절한 재정 지원을 받는 학교 등에 접근하는 것이 과연 불평등한지이다. 민권단체들은 특수교실에 배정된 유색인 학생들이 불균형적으로 많은 이유와 정학률과 중퇴율이 민족집단별로 다른 이유에 대해 질문한다. 학교의 인종분리가 더 심해짐에 따라, 교육자들은 모든 학생이 학교의 민족 및 인종 구성에 상관없이 배울 기회를 부여해야 하는 더 큰 책임감을 갖게 되었다. 또한 교사에게는 학생들이 앞으로 일할 세계가 그들이 다니는 학교와 달리 다민족·다인종임을 이해하게 할 책임이 있다.

3. 민족성

민족집단에 대한 정의는 다양하다. 일부 학자는 민족의 정체성을 국적·종교·인종으로 규정한다. 어떤 경우에는 민족집단에 대한 정의가 확대되어 젠더·계급·생활양식까지 포함한다. 가장 기본적인 정의는 개인의 국적에 초점을 둔다.

국가는 역사적으로 공통 언어, 영토, 문화, 경제적 생활에 기초하여 형성된 사람들의 안정적인 공동 사회로 구성된다. 국가는 전쟁과 정치적 재편을 통해 변화하고, 경계선은 정치적 타협의 결과로서 이동되거나 제거된다. 그러나 새로운 경계선이 항상 새로운 국가적 정체성으로 해석되지는 않는다. 그런 전환은 여러 세대에 걸쳐 이루어진다.

---

4 미국의 교육은 주정부의 고유 권한으로 지방 단위의 교육자치구에 위임된다. 따라서 대부분의 교육비는 지역의 재산세와 주정부의 보조금에 의존하기 때문에 지역에 따라 학생 1인당 교육비 지출에서 차이가 발생하는데, 경우에 따라 수십 배의 차이가 생기기도 한다. 이 판결은 교육 지역에 따른 학생교육비 지출의 불공평이 연방헌법 수정 제14조의 차별에 해당하지 않는다는 입장이다. _ 옮긴이

민족 정체성은 선조들이 건설한 국가로 결정된다. 모든 미국인은 하나 이상의 민족집단에 속한다. 미국에서 태어난 모든 사람의 민족집단은 미국인이다. 선조의 국적은 독일계 미국인, 중국계 미국인과 같이 민족 정체성에서 나타난다. 민족집단과 공통의 유대관계는 같은 사람의 특성을 공유하는 가족·친구·이웃을 통해 발전한다. 이들은 세례·결혼·장례, 가족 결합에 초청되는 사람들이다. 그들은 우리가 가장 편안하게 느끼는 사람들이고, 우리의 행동의 의미를 알며, 같은 언어와 비언어적 형태, 전통과 관습을 공유한다. 동족결혼(endogamy), 분리된 거주 지역, 주류집단과 함께하는 활동의 제한을 통해 여러 세대에 걸쳐 민족 간 단합을 유지한다. 민족집단도 집단의 단합이 유지되도록 노력하면서 구성원의 민족 정체성을 지속하고 고양한다. 이것은 사회에서 집단의 지위를 극대화하는 데 중요한 사회적 네트워크와 소통양식을 형성한다.

민족집단의 특성은 시간이 지남에 따라 변화하여 본디 국가의 문화와 여러 가지로 달라진다. 민족집단의 구성원은 미국에서의 경험에 기초하여 다른 태도와 행위를 형성한다. 최근 이주민들은 선조들이 한 세기 또는 20년 전에 이주하여 형성한 민족집단 구성원과의 공감대가 적다. 민족 커뮤니티는 인구 특성, 소재지, 직업, 교육수준, 정치적·경제적 투쟁 등에서 지속적인 변화를 겪는다. 이러한 모든 측면은 집단의 구성원이 다른 나라의 민족적 뿌리가 있는 미국인이 될 때 집단의 특성과 구성원에 영향을 미친다.

 **가족의 가치관과 또래의 가치관 사이에 일어나는 학생의 갈등**

윙 텍 라우는 백인과 아프리카계 미국인이 압도적으로 많은 남부 지역 학교의 6학년생이다. 그와 부모는 4년 전 홍콩에서 이주해 왔다. 라우가 사는 지역의 첨단 기술 회사에서 기술자로 일하는 삼촌이 윙 텍의 아버지가 미국으로 이주해서 중국식당을 개업하도록 도와주었다. 식당은 커뮤니티에서 유일한 중국식당으로, 열자마자 성공을 거두었다. 라우 씨와 그의 가족은 사업에서 성공하고, 이웃에게서 상당한 환영을 받아 기뻐했다. 윙 텍과 여동생도 학교에서 학업성적이 좋았고, 다른 학생들도 남매를 좋아했다.

어느 날 담임교사 바카가 그의 이름을 불렀을 때, 그는 반 아이들 앞에서 "나의 미국식 이름은 케빈입니다. 앞으로 저를 케빈으로 불러주세요"라고 공표했다. 교사와 반 아이들은 그의 요구를 받겼고, 이제부터 윙 텍은 '케빈'이 되었다.

3주 후 윙 텍의 부모는 아들의 담임교사를 만났다. 교사가 케빈을 부르자 윙 텍의 어머니는 "누구를 말하느냐? 케빈이 누구냐? 우리는 아들 윙 텍에 대해 이야기하러 왔다"라고 말했다. 바카는 "윙 텍의 미국식 이름이 케빈이라고 생각했다. 윙 텍이 우리에게 그렇게 불러달라고 요구했다"라고 답변했다. 윙 텍의 어머니는 "그 아이가 우리 가족을 모욕했다"라고 혐오스럽게 말했다. 윙 텍의 아버지는 "윙 텍의 여동생이 윙 텍을 그렇게 부르기에 농담인 줄 알았다. 우리는 집에서의 문제에 대해 이야기하러 왔다. 윙 텍은 중국어를 사용하기를 거부한다. 그는 토요일에 커뮤니티의 다른 중국 학생들과 공부하는 중국어 수업에 가는 것 때문에 우리와 다툰다. 그는 더 이상 중국 음식을 먹으려 하지 않는다. 그는 이제 미국인이니 피자, 햄버거, 타코를 먹으려고 한다. 학교에서 이런 아이들에게 무엇을 가르치는가? 가족과 문화에 대한 존중심도 없는가?"라고 덧붙였다. LA 동부에서 자라면서 문화변용을 경험한 멕시코계 미국인인 바카는 윙 텍 부모의 말을 종합했다. 윙 텍은 반 아이들에게 환영을 받고자 하는 노력의 일환으로 가족의 유산을 거부할 정도의 극단적인 방식으로 문화변용을 선택했다. 그는 반의 다른 아이들처럼, 어쩌면 그 이상으로 '미국인'이 되기를 원했다. 바카도 윙 텍처럼 언어적으로, 다른 방식으로 문화변용을 경험했지만, 그녀의 모국어인 히스패닉어의 가치를 포기한 적은 없었다. 그녀는 윙 텍이 경험하고 있는 내면의 혼란을 알았다.

> **토론을 위한 질문**

- 윙 텍의 문화변용 방식은 잘못되었는가?
- 윙 텍의 부모는 윙 텍이 전통적인 가족의 가치를 유지하기를 원하는가?
- 바카는 타협안으로 무엇을 할 수 있는가?
- 바카는 문제를 해결하거나 적어도 문제를 최소화하기 위해 무엇을 할 수 있는가?

1) 민족 정체성

누구도 집단의 정체성을 지속적으로 유지하기 위해 집단의 다른 구성원과 같은 커뮤니티에서 살 필요는 없다. 2~3세대는 민족 커뮤니티에서 교외나 다른 도시 지역, 즉 그들이 백인처럼 보이고 표준 영어를 사용하면 성취하기 더 쉬운 곳으로 통합된다. 많은 미국인이 이주민 지위에서 벗어난 세대이지만, 일부는 의식적으로 그들의 민족이 정체성을 형성하는 의미 있는 토대라고 강조한다. 그들은 민족 정체성을 부활하기 위해 민족집단 간의 사교모임이나 단체를 조직하거나 회원으로 가입한다. 그들이 원할 때는 민족이 될 수 있다. 이것은 선조들의 고국 문화를 동경하여 따를 때 형성된다. 주류사회가 한 민족집단의 구성원에게 동화를 허용할 때, 특정 민족집단들은 눈에 덜 띈다. 그래서 민족성은 자발적인 성격을 띤다. 이것은 집단 구성원이 더 이상 사회에 의해 특정 '민족'으로 이름이 붙여지지 않을 때 일어날 가능성이 높다.

대부분 사람이 구분하는 유럽계 혈통은 독일계(17%), 아일랜드계(12%), 영국계(10%), 이탈리아계(6%), 폴란드계(3%), 프랑스계(3%)이다(U.S. Census Bureau, 2006). 미국 인구 22%는 둘 이상의 국적인 것으로 밝혀졌다(U.S. Census Bureau, 2006). 그들은 조상이 하나 이상이라고 말할 수도 있고, 또는 그냥 미국인이라고 밝힐 수도 있다. 그러나 학생들과 상호작용하는 교사들과 관계자들은 학생들의 조상에 대한 정체성의 토대에 관해 답변할 수 있어야 한다.

민족 정체성 정도는 생애 초기에 가족이 민족성을 그들 정체성의 중요한 부분으로 인정하거나 고취하느냐에 따라 영향을 받는다. 때로 민족 정체성에 대한 선택은 특히 비주류집단의 구성원에게 강제된다. 민족집단이 집단의 결속을 유지하기 위해 강하고 충성스러운 민족 정체성이 필요하다고 믿으면, 그 집단의 다른 구성원에게서의 압력은 그 집단에서 벗어나기 어렵게 한다. 집단의 많은 구성원에게 민족 정체성은 소속의 안전과 그들이 누구인지를 알게 한다. 민족 정체성은 자기식별(신분증명)의 일차적 근원이 되고, 그들은 그들을 전혀 다르게 식별하지 않아도 된다고 느낀다. 사실 일차적 자기식별을 집단으로 구분하는 것은 정서적으로 매우 어렵다.

어떤 가족은 학교에서 자녀들에게 복장·언어·음악, 그리고 주류 문화 또래의 가치에 적응하게 하는 동화적인 학교 수업에 불만을 토로한다. 이주 가족, 유럽계가 아닌 가족, 비기독교 또는 보수적 기독교 가족은 그들의 문화에서 중요한 가치·신념·행동규범을 유지할 노력을 하면서 문화변용과 동화에 맞서 싸운다.

2) 집단동화

역사적으로 주류집단과 분리된 비주류집단은 도시 중심부와 교외에서 소수집단 거주지를 만들어 구성원들에게 강력한 민족 정체성을 형성하도록 했다. 차이나운, 리틀이탈리아, 할렘, 리틀사이공 등은 미국 도시에서 대표적인 소수민족 거주지이다. 또한 도시 외곽에는 같은 민족집단 가족들이 거주한다. 같은 민족 사람들, 예컨대 아프리카계 미국인, 독일계 미국인, 덴마크계 미국인, 앙골라계 미국인, 멕시코계 미국인이 모여 사는 소도시와 인근 농장은 미국에서 흔히 볼 수 있다. 이와 같은 공동사회의 구성원들은 문화적으로 보호될 수 있기 때문에, 대부분의 일차적 관계와 이차적 관계는 민족집단의 구성원과 함께 이루어진다. 그들에게는 다른 민족집단의 구성원과 상호작용하거나 다른 환경에 존재하는 이차 문화의 풍요로움을 인식하거나 공유할 기회가 없다. 그들은 다른 언어나 방언을 사용하는 사람들과 어떻게 살지, 다른 음식을 어떻게 먹을지, 가치가 없다고 생각하는 민족집단에 어떻게 가치를 부여할 것인지를 전혀 배우지 못한다. 그들은 때로 다른 민족집단의 생활양식이 친숙하지 않다는 이유로 다른 민족집단을 두려워하거나 경멸하는 것을 배운다. 특히 백인 민족집단은 그들의 집단과 문화만을 알려고 한다. 백인들과 달리 대부분의 유색인은 사회경제적 상승을 이루기 위해 그들의 민족집단 외에 다른 집단과 관계를 맺을 수밖에 없다. 유색인들은 주류집단의 구성원과 함께 일하거나 그들을 위해 일하기 때문에 다른 민족집단 구성원과 많은 이차적 인간관계를 맺는다.

학생이 주류 문화에 어느 정도 동화하는지를 알아보는 것은 적절한 수업 전략을 세우는 데 도움이 된다. 그런 정보는 교사가 학생의 가치, 특히 학생과 그들 가족이 학교에 기대하는 바를 이해하는 데 도움을 줄 수 있다. 그리고 학생의 학습방식을 결정하는 데도 도움을 주기 때문에, 교사의 수업 방식을 학생의 개인차에도 적용할 수 있다. 학생의 생활에서 민족성의 중요성을 아는 유일한 방식은 그들이 말하는 것을 경청하는 것이다. 또한 교사가 학생이 소속된 공동체와 친밀한 관계를 유지하고 공동체에 참여함으로써 학생과 가족에게 민족의 중요성을 알게 하는 데 도움을 준다.

2-3 생각해보기

어떤 미국 시민은 조상이 아메리카 원주민이다. 또 다른 미국 시민은 미국 밖에서 태어난 이민 1세이다. 그러나 대부분은 조상이 다른 나라에서 이주해 왔지만, 여러 세대에 걸쳐 미국에서 살았다.

- 당신의 민족을 어떻게 설명할 것인가?
- 민족모임이나 활동에 참여하는가?
- 당신의 가족은 주류 문화에 어떻게 동화되었는가?
- 당신이 속한 민족집단은 일상생활에서 어떤 종류의 차별을 겪는가?
- 당신의 민족적 배경은 당신의 행동·태도·가치관에 어떤 영향을 미치는가?

---

4. 인종

인종집단을 민족집단으로 볼 수 있는가? 미국에서는 많은 사람이 인종집단과 민족집단이라는 두 단어를 호환해서 사용한다. 인종집단은 많은 민족집단을 포함하며, 민족집단은 하나 이상의 인종집단 구성원을 포함한다. 인종은 자연인류학자들이 한 세기도 훨씬 전에 이 세상 사람들의 신체적 특징을 설명하기 위해 사용한 개념이지만, 오늘날에는 별로 사용하지 않는다. 인종은 사람들을 조직하고 구별하는 일반적인 범주가 아니다. 대신에 인종 간에 차이가 존재하고 그 차이가 중요하다고 생각하는 사회적 인식에 종속적인 사회적·역사적 개념이다. 몇몇 학자는 미국에서 사용하는 인종이란 개념은 다른 국가에서 사용하는 카스트(caste, 계급)와 같다고 주장한다. 미국 역사에서 인종 구별은 정책 입안자와 많은 사람이 다른 인종집단보다 열등하거나 우월한 집단으로 구분하기 위해 사용했는데, 결국 유색인에 대한 차별과 불평등을 조장하는 데 사용되었다.

북유럽과 서유럽 출신의 조상을 둔 많은 사람은 전통적으로 그들을 미국과 세계에서 천부적 권리가 있는 리더로 생각했다. 1952년까지 이주민들이 귀화하기 위해서는 백인이어야 했다. 미국 정부는 한때 노예와 아메리칸인디언들을 주류집단보다 열등한 존재로 간주하여 인간으로 여기지 않았다. 19세기 말 중국계 이주민들은 세금을 추가로 납부했다. 19세기 말과 20세기 초에 남부와 동부 유럽인들이 이주하자, 미국의 토착 백인들은 그들을 열등한 인종으로 간주했다. 그러나 이들은 백인이었기 때문에 시민권 자격을 부여했다. 다른 대륙 출신 대부분은 자격을 얻지 못했다. 예컨대, 아랍계 미국인 이주민들이 시민권을 얻기 위해서는 백인임을 증명하는 법원 판결이 있어야 했다.

1916년에 매디슨 그랜트(Madison Grant)는 그의 작품 *The passing of the great race*(위대한 인종의 소멸)에서 미국의 인종차별 이데올로기에 대해 상세히 묘사했다. 북유럽 게르만족에 속하는 북유럽인들과 서유럽인들은 세계의 정치적·군사적 천재로 간주했다. 북유럽 게르만족의 순수성을 보호하는 것은 감정적·대중적인 쟁점이 되었으며, 북유럽 국가를 제외한 지역에서의 이주를 엄격하게 제한하는 법률들이 통과되었다. 1967년 연방대법원이 「이종족 금혼법(anti-miscegenation law)」을 위헌으로 판결하기 이전까지 여러 주에서 다른 인종과 백인의 결혼을 금지했다. 그러나 1990년대에도 백인문화우월주의가 여러 주의 결의문·주민발의·입법을 통해 다시 등장하여 불법 이주민들에게 교육의 기회를 주지 않았으며, 영어로 의사소통을 하게 하고, 대부분이 유색인인 저소득층이 이용하는 태아 관리와 취학 전 학생을 위한 서비스를 제한했다.

1) 인종 식별

미국에서 인종 식별이 성문화되자 사람들은 그것을 받아들였는데, 때로는 필

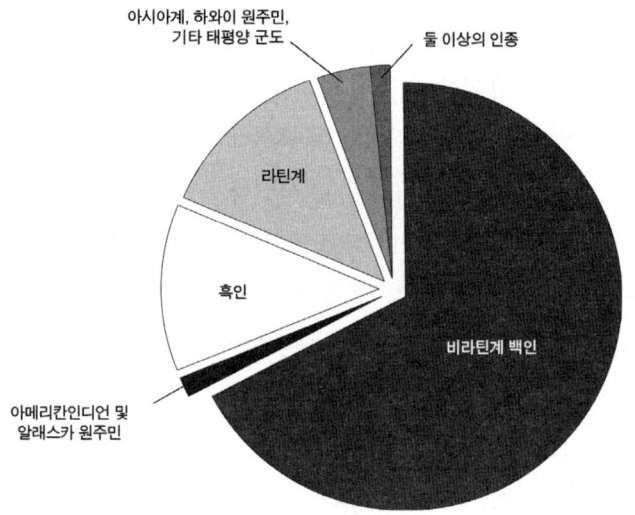

〈그림 2.4〉 미국의 전체 민족 및 인종 구성(2005년)

자료: U.S. Census Bureau. (2006). *Statistical Abstract of the United States: 2007*(126th ed.). Washington, DC: U.S. Government Printing Office.

요에 따라 자신을 식별하기도 했다. 인종 식별 작업은 학교·대학·직장에서 차별적 성과를 결정하는 데 집단의 참여를 추적할 수 있게 했다. 〈그림 2.4〉는 연방정부의 양식과 보고서에 따라 인종과 민족을 혼합하여 구분한 것이다.

〈그림 2.4〉처럼 광범위한 범주로 미국 인구를 구분할 때의 문제는, 집단에 속한 사람들에 관해 어떤 것도 말해주지 않는다는 점이다. 미국에서 태어났는지 이주민인지 등은 자신을 어떻게 구분하느냐에 따라 그 의의가 달라진다. 이런 광범위한 민족 구분은 집단 구성원이 그들을 어떻게 보는지를 항상 반영하지 않는다는 단점이 있다. 몇몇 학생은 이러한 방식으로 식별되는 것과 범민족적 정체성을 선택하는 것에 저항(거부)한다.

미국에서 비라틴계 미국인은 다수이지만, 그들은 다른 여러 민족집단에 속한다. 아프리카계 미국인(아프리카인, 유럽인, 아메리칸인디언의 혼혈)의 민족 식별이나 실제 인종적 유산은 인정받지 못한다. 라틴계 미국인은 다른 인종집단과 혼합 인종집단으로 나타나는 데다가, 그들은 멕시코계, 푸에르토리코계, 스페인계, 쿠바계 등으로 식별되는 민족집단으로 구분된다. 이 범주는 중앙아메리카 및 남아메리카 국가에 뿌리를 둔 많은 사람을 포함한다. 2000년 인구조사에서 라틴계 미국인에게 그들의 인종을 흑인 또는 백인으로 구분할 것이 요구되었는데, 대부분 이를 거부하고 히스패닉계로 신고했다.

아시아계와 태평양 군도 출신에 대한 민족 분류에는 여러 세대에 걸쳐 미국에 살았던 사람과 1세대 이주민이 포함된다. 대부분 같은 대륙 국가 출신이 아니다. 아시아계 미국인은 "방글라데시인, 부탄인, 보르네오인, 미얀마인, 캄보디아인, 술라웨시인, 차모로인, 중국인, 동인도인, 필리핀인, 하와이인, 몽족, 인도네시아인, 일본인, 한국인, 라오스인, 오키나와인, 사모아인, 시킴인, 싱가포르인, 스리랑카인, 베트남인" 등으로 구분된다(Young and Pang, 1995: 5). 오늘날 미국으로 이주해 온 대다수의 아시아계는 교육받은 중상류층 출신이다.

아프리카계 미국인은 피부색의 범위가 다양하다. 아프리카계 미국인을 구분하는 것은 피부색이 아니라 아프리카 유산이 있느냐에 달려 있다. 그들은 미국에 살면서 수세기 동안 이어진 공통의 역사·언어·경제생활·문화 등을 공유하기 때문에 단일 민족집단이다. 그들은 응집력이 강한데, 이는 어느 정도 경찰의 인종 프로파일링, 인종 격리학교와 주택, 상점과 직장 등에서의 차별대우와 같은 지속적인 차별 때문에 생겼다(National Conference for Community and Justice, 2006). 그러나 그들은 아프리카계 미국인처럼 보인다고 하여 자신을 항상 아프리카계 미국인으로 생각하지는 않는다. 몇몇은 흑인으로 생각하고, 다른 몇몇은 특정 민족집단, 예컨대 푸에르토리코인이나 소말리아인, 또는 서인도인으로 생각한다. 일반적으로 최근 이주해 온 아프리카인들은 그들을 국가나 부족의 시각에서 생각한다.

다문화를 배경으로 하는 사람들이 늘어나고 있다. 2005년 미국 전체 인구의 1%만이 자신의 인종이 '둘 이상'이라고 답변했지만, 1980년 이후로 인종 간 결혼은 세 배 이상 증가했다(U.S. Census, 2006). 백인들의 인종적 우월감은 혼합된 인종유산 속에서 나타난다. 흑인과 백인 부모 사이에서 태어난 사람은 대체로 백인이 아니라 흑인으로 분류된다. 일본인과 백인 사이에서 태어난 사람은 보통 아시아계 미국인으로 분류된다.

많은 백인은 그들이 인종과 관계없다고 생각하며, 모든 사람이 '다른 사람'이라는 것에 반기를 든다. 그들의 가족들이 몇 세대 동안 미국에서 거주했고 민족이 그들의 삶에서 특별히 결정적인 요인이 아니기 때문에, 언젠가 민족성이 사라지리라고 생각한다. 그리고 그들의 사회적·경제적 조건은 인종적 배경이 아니라, 전적으로 자신의 개인적 성취에 달려 있다고 생각한다. 그들은 다른 집단 구성원이 왜 같은 성공을 경험하지 못하는지 이해하지 못하며, 보통 인종불평등이 그들이 성취할 능력에 어떠한 영향도 주지 못한다고 생각한다. 그리고 전세계적으로 유색인에 대한 백인의 억압 때문에 유색인의 지위가 종속적이 되었다는 것과 사회적·정치적·경제적 시스템에서 특권을 누린다는 점을 좀처럼 인정하지 않는다. 연구 결과에 따르면, 백인들은 불평등한 체제를 유지하면서 특권과 권력을 누리는 것으로 나타났다.

2) 인종의 다양성

지난 수십 년간 전체 미국 인구에서 백인들이 차지하는 비율은 점점 감소했다. 현재는 전체 인구의 3분의 1 이상이 아프리카계 미국인, 라틴계 미국인, 아시아계 미국인, 아메리칸인디언이다. 이들은 2020년에 전체 인구의 40%, 2050년에 전체 인구의 50%를 차지할 전망이다(U.S. Census Bureau, 2004).

유색인 인구의 증가에는 두 가지 원인이 있다. 2005년 미국 인구는 280만 명이 증가했는데, 그중 약 40%는 이주 때문이었다. 이주민의 18%는 유럽과 캐나다 출신이다. 나머지 이주민은 아시아(36%), 아프리카(8%), 오세아니아(1%), 남아메리카(9%), 멕시코(14%), 중앙아메리카(4%), 카리브해 지역(9%) 출신이다(U.S. Census Bureau, 2006). 두 번째 원인은 출산율이다. 1946~1964년의 베이비붐 시기에 미국 전체 출산율은 여성 한 명당 2.9명으로 전체 인구의 증가를 이끌었다. 오늘날에는 출산율이 2.0명으로 유럽 1.4명, 세계 2.7명과 비교된다(Population Reference Bureau, 2006). 인종집단과 민족집단별로 다른 출산율은 성장 유형을 다르게 했다. 미국에서 백인 여성은 평균 2명, 아시아계 및 태평양 군도 출신은 1.9명, 아메리칸인디언과 알래스카 원주민은 1.7명, 아프리카계 미국인은 2.0명, 라틴계 미국인은 2.8명을 출산했다(U.S. Census Bureau, 2006).

2-4 생각해보기

인종은 사람을 설명하는 데 과학적인 신빙성이 없지만, 미국에서 집단을 분류하는 데 지속적으로 사용되는 사회의 틀이다. 피부색으로 인종차별을 하지 않기란 거의 불가능하다.

- 다른 사람들은 당신의 인종을 어떻게 설명하는가?
- 당신은 어떤 인종집단을 다른 인종집단보다 더 긍정적으로 생각하는가?
- 당신의 인종집단과 다른 인종집단에 대한 시각에 영향을 미친 것은 무엇인가?
- 당신은 교실에서 인종 문제를 다룰 때 얼마나 편안함을 느끼는가?

3) 인종 정체성

인종 정체성은 자신의 가족 그리고 신문·텔레비전·영화 등에서 우리처럼 보이는 사람들에게서 영향을 받는다. 인종집단이 어떻게 고착화되느냐에 따라 인종집단의 구성원들의 상호작용에 영향을 준다. 만약 어떤 집단이 적대적이고 폭력적이라면, 다른 집단의 반응은 공포와 보호일 것이다. 많은 유색인 학생이 생각하는 '순백(whiteness)'에 대한 이미지는 그들이나 커뮤니티가 겪은 생생한 경험에서 비롯된 백인에 대한 불신에 기초한다. 특권을 누리는 '백인'들과 달리 유색인들은 사회에서 그들에게 특권과 권력이 없어 고통을 받았다. 유색인에 대한 주류집단의 억압은 유색인을 단결하게 한다(Tatum, 2003).

집단의 인종 정체성은 교육과 생활 경험에 따라 다르게 나타나지만, 정체성이 완전히 형성되기 전에 어떤 단계에서 억압을 경험한다(Cross, 1992; Helms, 1990; Tatum, 2003). 심리학자 윌리엄 크로스(William E. Cross)는 아프리카계 미국인이 인종 정체성을 형성하는 다섯 단계[5]가 있다고 주장한다(Cross, 1992). 흑인 아동들은 지식과 주류 문화의 상호작용을 통해 백인이 더 우월하다는 신념을 가진다. 청년기에도 인종차별을 예민하게 인식하고, 사회에서 인종의 중요성을 더욱 의식하게 하는 사건들을 경험한다. 이 시기에 그들은 고정관념과 인종차별에 대해 분노하거나 다른 사람들이 경험하는 것을 목격한다. 그들은 아프리카계 미국인 또래집단에 의한 수용은 매우 중요하게 여기고, 백인 행세(acting white)를 하거나 백인 주변을 어슬렁거리는 것은 못마땅해한다. 주로 대학생인 성인 초기의 아프리카계 미국인은 "같은 인종 또래집단의 지원으로 인종 정체성의 상징과 함께하고자 하는 강한 욕구가 생기며, 자신의 역사와 문화를 적극적으로 배우고자 한다"(Tatum, 2003: 76). 다음 단계는 그들의 인종에 대해 안전함을 느끼고, 그들의 인종 정체성을 존중하는 백인과 의미 있는 관계를 맺는 내면화 단계이다. 마지막 단계에서는 매우 긍정적인 인종 정체성을 확립하며, 하나의 집단으로서 아프리카계 미국인의 쟁점을 다루는 데 헌신하고자 한다.

백인들도 그들의 인종 정체성을 형성하고, 인종차별을 그만두는 것과 같은 발달 단계를 경험한다. 백인들은 보통 초기에는 인종의 중요성을 인식하지 못한다. 유색인에 대한 일반적인 고정관념을 수용하고, 사회에 만연한 인종차별을 느끼지 못한다. 백인의 인종차별과 특권을 인식하면서 인종차별에 대해 불편해하고, 죄의식을 느끼며, 부끄러워하고, 분노한다. 그리고 편협하다는 것도 인식한다. 다음 단계에서 그들은 인종차별에 대해 침묵하고, 차별을 하는 집단 때문에 본의 아니게 욕을 먹는 것에 좌절한다. 구조적 인종차별을 더욱 인식하면서 그들의 인

---

5 크로스는 흑인 심리학 전공으로 유명하며, 그의 다섯 단계 이론은 'Nigrescence'로 불리는데 이것은 프랑스어로 '흑인이 되어가는 과정(the process of becoming Black)'을 뜻한다. 흑인이 정체성을 형성해가는 5단계 과정은 'Pre-encounter', 'Encounter', 'Immersion-Emmersion', 'Internalization', 'Internalization-Commitment'이다. _ 옮긴이

종차별을 잊어버리려 한다. 이 단계에서 그들은 종종 백인임을 자각하고, 죄의식을 느낀다. 긍정적인 백인 정체성의 형성은 그들이 가해자 역할을 넘어서게 하고, 죄의식과 부끄러움이 진정되게 한다. 마지막 단계에서 그들은 유색인의 편이 되고, 구조적 인종차별에 맞서며, 인종차별철폐를 위해 일한다(Helms, 1990).

초·중등학생은 그들의 인종 정체성을 형성할 때 각자 다른 단계를 겪는다. 그들은 제2장의 시나리오에서 교사 윌리엄스의 수업에서 분출된 것과 같이 화내고, 죄의식을 느끼며, 민족 중심적이 되거나 방어적인 행동과 감정을 보인다. 교육자들은 유색인 학생들이 백인 학생들에게 좀처럼 영향을 주지 않는 사회적 구속과 제약에 직면함을 기억해야 한다. 이런 인식은 아직 교육이 제공하는 혜택을 동등하게 공유하지 못하는 다양한 학생들을 효과적으로 돕는 교육 프로그램의 개발과 학교의 운영에 중요하다.

 **백인 행세**

어떤 학교에서든 거의 모든 아프리카계 미국인 학생은 '백인 행세'로 정의될 수 있다. 종종 학업이 뒤떨어진 흑인 학생들은 그것을 백인 행세를 하는 학생의 탓으로 여기고, 학교에서 성적이 뛰어나고, 표준 영어로 말하며, '나쁜' 음악을 듣고, 백인 친구와 사귀는 흑인 학생을 공격한다. 이런 행동 때문에 몇몇 아프리카계 미국인 학생은 성적이 뛰어난 학생들을 인종에 대한 반역자 또는 배신자로 인식한다. 그들은 주류 문화의 공통적인 가치를 받아들여 백인처럼 행동하는 것처럼 보이지만, 결과적으로 그들의 인종적 역사와 경험을 무시하는 것으로 보일 수 있다. 많은 흑인 학생은 백인 학생만큼 열심히 공부하지 않으며, 더 어려운 대학 과목 이수 프로그램(advanced placement)을 선택하지도 않는다. 이러한 현상은 라틴계 미국인 학생들에게서도 나타난다. 이것은 학업적 성취나 대학 진학을 하려는 유색인 학생들의 주된 문제이다.

토론을 위한 질문

- 이 학생들은 학교에서 성공하기 위해 문화적·언어적으로 두 가지가 가능하도록 배워야 하는가?
- 교육자는 이 문제를 다루기 위해 무엇을 해야 하는가?

5. 인종차별

인종차별을 이해하는 데 중요한 사실은 많은 백인이 그들을 유색인과 유색인 집단보다 우월하다고 생각하고, 유색인이 사회적 위신·권력·특권을 갖는 것을 막기 위해 권력을 행사한다는 것이다. 주류집단의 많은 구성원은 (과거 그들의 유럽계 선조들이 종속적인 지위에서 벗어났던 것보다) 유색인들이 종속적 지위에서 벗어나는 것을 더 어렵게 만드는 차별의 존재를 인정하지 않는다. 그리고 몇몇 유색인이 많은 백인 민족집단보다 상당한 정도로 주류집단의 문화적 가치와 기준을 수용했다는 사실을 무시한다. 여전히 차별적 정책과 관습은 유색인들이 백인과 동등하게 사회적 혜택을 누리지 못하게 한다. 게다가 거의 대부분의 미국 역사에서 유색인이 백인과 동등하게 경쟁할 수 있는 기회는 심각하게 제한되었다.

많은 백인은 인종차별주의자가 아니라고 한다. 그들은 랩뮤직을 듣고, 도심에 사는 흑인 젊은이와 같은 옷을 입고, 아프리카계 미국인 운동선수를 존경한다. 그들은 유색인을 차별한 적이 없으며, 40년 또는 200년 전에 일어난 사건 때문에 그들이 비난받을 수 없다고 주장한다. 그들은 사회의 인종차별에 대해 어떤 책임도 지지 않는다.

백인들은 차별에 대한 경험이 거의 없거나 전무하고, 종종 다른 인종집단의 구성원이 차별받지 않는다고 믿는다. 커뮤니티 및 정의를 위한 전국협회(National Conference for Community and Justice)가 미국의 집단별 상태에 관해 전국적으로 실시한 조사에 따르면, 아프리카계 미국인의 32%가 차별을 경험한 반면, 백인은 9.5%, 라틴계 미국인은 21%, 아시아계 미국인은 22.5%가 차별을 경험한 것으로 나타났다(National Conference for Community and Justice, 2006). 발생한 차별에 대한 집단 간 차이는 〈표 2.2〉와 같다.

유색인이 사회에서 어떻게 대우받는가에 대한 시각은 흑인과 백인이 서로 다르다. 아프리카계 미국인 5명 중 3명 정도는 그들이 대우받는 방식에 만족하지

〈표 2.2〉 일상생활에서 집단별 차별 정도

	쇼핑	직장	식당, 술집, 극장	예배	기타
백인	4%	3%	4%	1%	3%
흑인	20%	14%	12%	1%	9%
라틴계 미국인	8%	6%	3%	1%	3%
아시아계 미국인	14%	11%	8%	0%	10%

자료: National Conference for Community and Justice. (2006). Taking America's Pulse III: A survey of Intergroup relations. New York: Author.

못한다(Saad, 2004). 그들의 자녀가 학교에서 동등한 교육을 받지 못한다고 생각하는 비율은 백인의 두 배에 달한다(Ludwig, 2004). 흑인들이 경험을 통해 알고 있는 차별을 백인들이 알지 못한다는 사실은 학교와 사회에서 인종차별 정책과 관행이 지속되게 한다.

1) 집단 간 관계

미국에서 민족 및 인종 간 갈등이 다른 국가에 비해 심각하지는 않지만, 그렇다고 전혀 새롭지도 않다. 그러나 미국에서 억압받은 사람들에게는 노예의 반란, 경찰 또는 다른 사람들의 일탈행위로 빚어진 폭동, 노동자의 시위 등과 같은 저항의 역사가 있다. 아메리칸인디언과 백인 간의 갈등은 유럽계 미국인이 원주민을 정복하는 과정에서 비일비재했다.

민족 간에 지속적인 갈등이 생기는 이유는 무엇인가? 차별적 관행은 수세기 동안 주류집단의 우월적 지위를 유지하는 데 기여했다. 다른 민족집단이 사회의 보상과 특권을 동등하게 나누려고 노력하면 주류집단은 기득권 일부를 양보해야 한다. 어떤 민족집단 또는 인종집단이 다른 민족이나 인종에 비해 제도적으로 우월한 지위를 차지하면, 몇몇 집단 간 갈등은 존재한다.

경제적 자원을 놓고 벌이는 경쟁도 집단 간 갈등을 유발한다. 경제적 조건이 어려워지면 직업을 구하기가 더 어렵다. 과거 차별적 관행은 유색인을 낮은 지위에 묶어놓았다. 직장에서 유색인이 해고당하는 경우가 더 많았다. 민족집단 간의 긴장은 어느 특정 민족집단이 경제불황으로 고통을 받는다고 생각하는 경우에 증가한다. 억압받는 집단 사이에 주택 구입과 질 좋은 교육 프로그램과 같은 한정적인 사회적 자원을 공유하도록 강제될 때 긴장이 발생한다.

갤럽의 인종 관계에 대한 만족도 조사에 따르면, 유색인의 44%만이 만족하는 것으로 나타나 백인의 56%와 비교되었다(Carlson, 2004). 대부분 백인은 유색인에게 그들과 동등한 구직 기회가 있다고 생각하지만, 대다수 라틴계 미국인과 아프리카계 미국인은 동의하지 않는다(Carroll, 2006). 흑인들과 백인들의 갈등과 긴장은 상대적으로 높고, 차별은 흑인들의 삶에 지속적인 영향을 주며, 사회적 조건을 향상할 기회와 정치적·사회적 영향력이 거의 없다는 점에서 부정적인 시각이 형성되었다(National Conference for Community and Justice, 2006). 대부분의 백인은 유색인들에게 그들과 동등한 기회가 없다고 생각하지만, 그 차이를 인정하는 비율은 다른 집단보다 낮다. 백인뿐만 아니라 흑인도 인종관계가 극적으로 개선될 것이라고 낙관하지 않았는데, 백인의 44%와 흑인의 55%가 인종관계에 문제가 있다고 생각한다(Ludwig, 2004).

과거 50년 동안의 교육 전략은 인종 간 갈등을 줄이고 극복하기 위한 방식으로 개발되었다. 이들 전략은 집단 간 또는 인간관계에서 교사를 효과적인 교사가 되도록 훈련하고, 교사의 편견을 갖게 하는 태도를 바꾸도록 애쓰며, 차별철폐정책과 「민권법」을 통해 구조적 차별에 대항하고, 사회의 다민족적 특성을 더 정확하게 반영하기 위해 교재와 교구를 바꾸도록 촉구하며, 교실에서 상호작용과 실제 수업에서 차별적 행동을 없애도록 장려하는 것에 초점을 맞췄다. 이 모든 전략은 교육환경에서 편견과 차별을 방지하는 데 중요하다. 그러나 단일 전략이든 복합 전략이든 전략은 충분하지 않기 때문에, 전략개발을 위한 전문 교육자는 꾸준히 필요하다. 이는 실패가 아니라, 편견·차별·인종차별이 전체 사회를 감염되게 하는 질병이라는 것을 인식하는 것이다.

2) 증오집단

백인 특권은 구성원들이 다른 집단에 대한 증오를 퍼뜨리면서 그들의 권력을 보호하려는 것과 같이 극단적으로 나타난다. 제2차 세계대전 이후 편견은 겉으로 보기에 극적으로 감소했다. 1940년대 초 대다수의 백인은 흑인의 격리와 차별을 지지했다. 오늘날 대부분의 백인은 인종차별과 편견에 반대하는 정책을 지지한다.

그럼에도 여전히 다른 집단에 대해 아량이 없으며, 그들에 대한 폭력이 계속되고 있다. 많은 커뮤니티는 십자가를 불태우고, 나치스의 상징인 하켄크로이츠를 함부로 그리는 것을 포함하여 유색인, 비기독교인, 동성애자 등에 대한 증오범죄를 경험했다. 남부빈민법센터(Southern Poverty Law Center)는 다음 세 가지 사항을 보고했다(Southern Poverty Law Center, 2005: 1).

- 매시간 누군가 증오범죄를 당한다.
- 매일 적어도 8명의 흑인, 3명의 백인, 3명의 동성애자, 3명의 유대인, 1명의 라틴계 미국인이 증오범죄의 희생자가 된다.
- 매주 1개의 십자가가 불에 탄다.

2004년에 9,000건 이상의 증오범죄가 보고되었지만, 범죄로 희생된 많은 사람은 보고되지 않았다. 이것은 보고했을 때의 보복에 대한 두려움과 보고되어도 어떤 조치도 취할 수 없다는 사실 때문이다. 대부분 증오범죄는 역사적으로 남부에서 아프리카계 미국인과 유대인을 대상으로 발생했지만, 오늘날 대부분의 증오범죄는 북부와 서부에서 발생하고 있다(Southern Poverty Law Center, 2005).

남부빈민법센터에 따르면, 미국에서 발생한 844건의 증오범죄 대부분은 미시시피 강 동쪽에서 발생했다(Potok, 2004). 연방헌법 수정 제1조가 보호하는 표현의 자유는 미국에서 가장 소중한 가치 중 하나인 반면, 증오집단을 확산하게 하는 요인 중 하나이기도 하다. 개인의 표현의 자유가 보장되지만, 보장 범위에는 연설, 글쓰기, 그리고 지금은 인터넷에서 증오의 메시지를 표현하는 사람들을 포함한다. 증오집단의 메시지는 불운을 다른 사람 탓으로 돌리기를 원하는 몇몇 시민에게는 매력적이다. 그러나 이들이 저지르는 증오범죄는 단 5%일 뿐이다. 대부분은 증오 메시지를 받아들인 젊은 남성이 저지르지만, 대체로 그들의 행위는 심취된 이데올로기에서 비롯되지는 않는다(Southern Poverty Law Center, 2005).

증오집단은 종종 구성원을 끌어들이기 위해 공장에서의 일시 해고(layoff)나 인종통합의 결과로 학교 안에 증가된 인종의 다양성과 같은 경제적·인종적 변화를 경험한 국가의 지역을 목표로 삼는다. 때로는 그들의 커뮤니티에서 실업자를 만드는 경제적 조건에 대한 분노를 다른 모집전략으로 이용하기도 한다. 그들은 저임금을 주면서 노동자를 착취하는 기업들을 비난하는 대신, 오히려 아프리카계 미국인, 여성, 아랍인, 또는 정부를 비난한다. 증오집단 조직자들은 집단 구성원에게 그들의 직장을 빼앗아가는 것은 다른 집단의 구성원이고, 이를 방조하는 것이 정부임을 확신하게 한다. 증오집단의 구성원들은 목표로 삼은 학교의 학생과 접촉하여 학생이 분노할 만한 정보를 제공한다(Youth and Hate, 1999).

많은 증오집단은 정교한 웹사이트를 개발하여 백인의 기득권을 옹호하는 음악산업을 지원하는데, 이 내용은 과격한 폭력성을 띠고 있다(Southern Poverty Law Center, 2004). 어떤 증오집단은 주로 학령기 아이들이 이용하는 웹사이트에 링크하고, 또 다른 증오집단은 만화나 십자낱말 맞히기 등을 이용하여 아이들의 관심을 끈다. 모든 것에는 증오의 내용이 포함된다. 많은 아이들이 컴퓨터 이용과 웹서핑에 능숙하기 때문에, 부모와 교육자들이 온라인 증오를 인식하여 자녀와 학생의 위험을 최소화하도록 해야 한다. 증오집단 웹사이트를 차단하거나 걸러내는 소프트웨어는 인터넷 공급자와 소프트웨어 판매자를 통해 구할 수 있다.

2-5 생각해보기

많은 커뮤니티와 학교, 대학에 존재하는 증오집단은 신규 단원을 모집하기 위해 노력한다. 증오집단의 신규모집 노력에 도움이 되는 커뮤니티의 조건을 설명하는 다음 질문에 답하시오.

	매우 그렇다	부분적으로 그렇다	전혀 아니다
1. 당신이 다니는 대학에는 인종차별이 얼마나 만연되어 있는가?	☐	☐	☐
2. 인종차별은 당신의 커뮤니티에 얼마나 만연되어 있는가?	☐	☐	☐
3. 당신의 커뮤니티에 증오집단이 형성되었을 가능성이 얼마나 되는가?	☐	☐	☐
4. 다른 인종집단은 당신이 다니는 대학에서 잘 지내는가?	☐	☐	☐
5. 다른 인종집단은 당신의 커뮤니티에서 잘 지내는가?	☐	☐	☐

6. 교실에서의 초점

미국에서 라틴계 미국인은 21세기의 시작과 함께 아프리카계 미국인을 제치고 가장 큰 규모의 비유럽계 집단이 되었다. 학교에서도 라틴계 미국인 학생 수는 아프리카계 미국인을 넘어섰다. 〈그림 2.5〉는 학령 아동과 청소년의 다양한 인구분포가 지난 18년 동안 어떻게 변화되었는지 보여준다. 많은 도시 학교에서 대다수는 유색인 학생으로 구성된다. 분명히 이들 인구분포는 미국의 모든 학교에 커다란 영향을 미친다.

몇몇 주와 지역의 인구는 훨씬 더 다양하다. 예컨대, 유색인 학생이 가장 많이 밀집한 곳은 서부(57%)이고, 가장 적은 곳은 중서부(26%)이다. 〈그림 2.6〉에서 보는 것처럼 유색인 학생은 8개 주에서 전체의 절반 이상을 차지한다. 아프

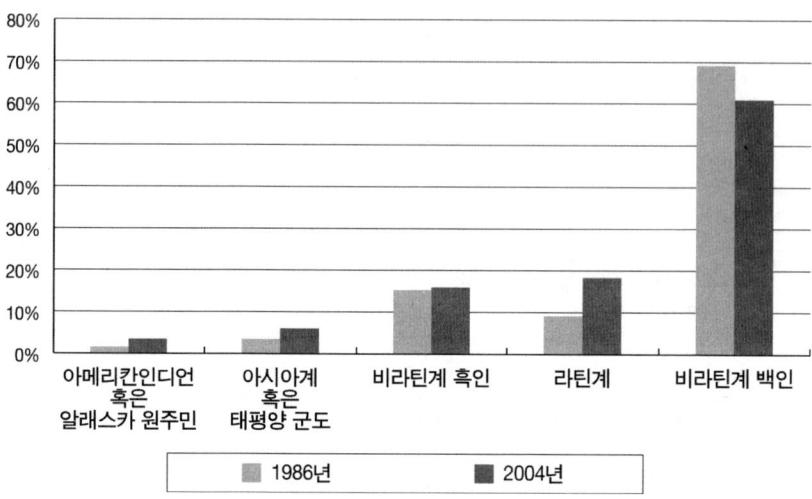

〈그림 2.5〉 K-12(유치원~12학년) 학생 인구의 변화하는 다양성

자료: Strizedk, G. A., Pittsonberger, J. L., Riordan, K. E., Lyter, D. M., & Orlofsky, G. F. (2006). *Characteristic of School, districts, teachers, principals and school libraries in the United States: 2003-2004 school and staffing survey*(NCES 2006-313 Revised). U.S. Department of Education, National Center for Educational Statistics. Washington, D.C.: U.S. Government Printing Office.

리카계 미국인 학생이 가장 많은 곳은 남부(25%)이다. 서부에서 라틴계 미국인은 39%를 차지한다(U.S. Department of Education, 2006).

민족성과 인종은 많은 학생의 생활과 커뮤니티에서 중요한 역할을 한다. 비주류집단의 구성원은 학교에서 그들에 대한 지각과 행동 및 학업성적에 상당한 영향을 받는다. 교육자의 문화적 배경과 경험이 학생의 문화적 경험과 일치하지 않기 때문에, 민족성과 인종은 교육자에게 중요하다. 교사는 인종적·민족적으로 배경이 다른 학생을 고정관념으로 대할 수 있다. 유색인 학생들을 가르치는 교사는 대부분 백인 여성이다. 〈그림 2.7〉은 전국적으로 유색인 교사가 부족함을 보여준다. 따라서 백인 교사는 그들이 맡은 학생의 문화를 지각하는 것이 중요하다.

학생들은 그들의 문화를 느끼지 못하는 인종적·민족적 경험의 불일치가 원

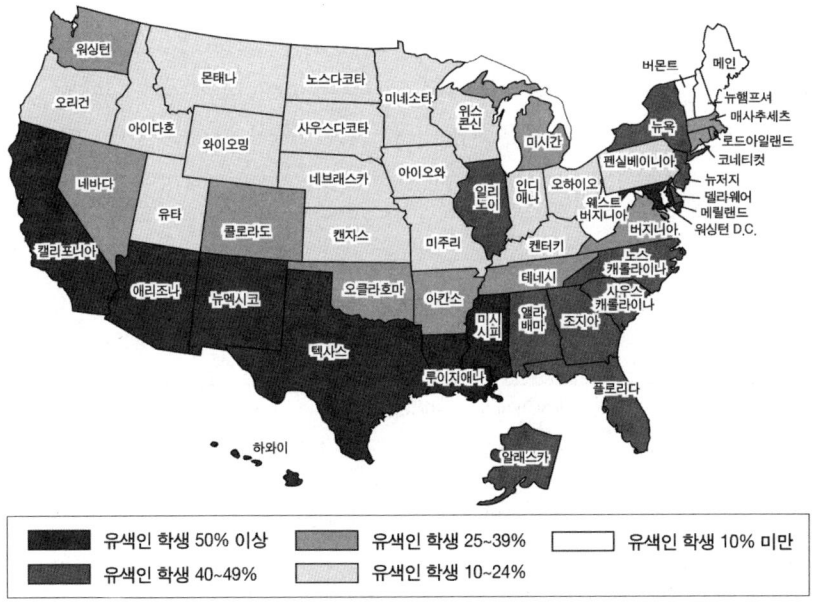

〈그림 2.6〉 주별 학생의 다양성

자료: Snyder, T. D., Tan, A. G., & Hoffman, C. M. (2006). *Digest of Education Statistics 2005*(NCES 2006-030). U.S. Department of Education, National Center for Educational Statistics. Washington, D.C.: U.S. Government Printing Office.

인이 되어 가끔 중퇴하거나 의미 있는 학교 행사에 불참한다. 백인 학생보다 더 많은 유색인 학생이 부분적으로 교육의 혜택을 경험하지 못하기 때문에, 학교 행사에 적극적으로 참여하지 않고 흔히 중퇴로 이어지기도 한다. 18~21세 학생의 79%만이 고등학교를 졸업하는데, 그중 아시아아계 미국인의 경우에는 고등학교와 대학 졸업률이 가장 높다(U.S. Census Bureau, 2006). 실제로 고등학교를 제때 졸업(고등학교 입학 후 4년)하는 학생의 비율은 아메리칸인디언, 아프리카계 미국인, 라틴계 미국인이 47~56%이며, 유럽계 미국인은 76%, 아시아계 미국인은 77%이다(Education Trust, 2006).

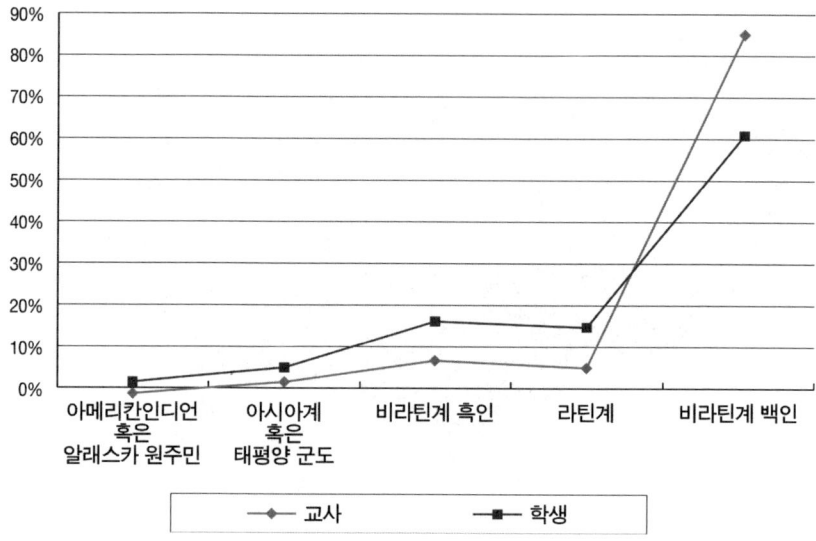

자료: Strizedk, G. A., Pittsonberger, J. L., Riordan, K. E., Lyter, D. M., & Orlofsky, G. F. (2006). *Characteristic of School, districts, teachers, principals and school libraries in the United States: 2003-2004 school and staffing survey*(NCES 2006-313 Revised). U.S. Department of Education, National Center for Educational Statistics. Washington, D.C.: U.S. Government Printing Office.

1) 학교에서 인종과 민족성을 인정하기

교사는 그들이 피부색으로 인종을 구분하지 않는다고 말한다. 다시 말해, 교사는 학생의 피부색을 보지 않고, 인종을 구분하지 않으며, 모든 학생을 동등하게 대우한다. 그러나 교사들의 이런 태도는 학교에서 인종불평등의 존재를 인식하지 못하는 원인이 되고, 결국 백인의 특권을 유지하게 한다(Gallagher, 2003). 교사가 인종을 어느 정도는 중요하지 않게 생각하기 때문에, 대체로 학교와 교실에서 인종쟁점과 맞서지 않는다. 그래서 교사들은 인종불평등을 유지하는 역할을 한다는 오해를 산다.

인종과 민족성은 많은 학생과 그 가족에게 중요하고, 교사가 의사소통과 상호작용할 때도 중요하다. 유색인 학생들은 거의 매일 차별적 관행과 태도에 직면하며, 이때 다른 이들에 의해 그들의 인종을 상기한다. 교사는 인종과 민족성이 존재하지 않는 것처럼 행동하기보다는, 차라리 그 차이를 인정하고 문화가 학습에 영향을 줄 수 있음을 인식해야 한다. 평등이란 '같음(sameness)'을 의미하지 않는다. 즉, 교사가 학생들을 공평하고 적절하게 대우하기만 한다면, 그들의 학습목표를 달성하는 데 필요한 방법은 다르게 적용될 수 있다.

학생들이 속한 민족 커뮤니티는 교사가 가르치는 데 필요한 실생활의 사례들을 제공한다. 교사가 학생의 민족적·문화적 경험을 아는 것과 가르칠 내용과 학생의 현실을 어떻게 상호작용할지를 아는 것은 학생들을 학습에 참여하게 하는 효과적인 전략을 짜는 데 중요한 방법이다. 성공적인 교사는 학생들이 주류 직장에서 효과적으로 경쟁하는 데 필요한 학업 기술을 배우도록 해야 한다. 그 과정에서 교사들은 학생들이 그들의 가정·커뮤니티·문화와 멀어지지 않도록 학생들과 커뮤니티의 민족성을 인정하고 존중해야 한다. 불균형적으로 많은 수의 유색인 학생이 국가표준학력검사를 통과할 수준이 안 된다. 사실 많은 유색인 학생의 학업 성취는 학교에 오래 다닐수록 떨어진다. 교육자들은 이 사실이 그들 교실에서는 현실이 아님을 보여주기 위해 할 수 있는 모든 것을 해야 한다.

 **음악회에서는 인종분리를 해야 하는가?**

다양한 사람들로 구성된 커뮤니티의 많은 학교는 인종적·민족적으로 통합되어 있다. 긍정적인 문화 간 커뮤니케이션과 상호작용의 개발은 진지하게 인종통합을 위해 노력하는 학교들의 오랜 목표가 되었다. 그러나 학교의 관행은 학생들이 이중언어 수업, AP 과정, 특수교육 수업, 그리고 하나의 인종집단 또는 민족집단 학생이 유난히 과다대표나 과소대표가 되는 영재 프로그램에서 인종 격리가 될 때, 이런 목표를 지원하지 않는다. 그리고 학생들은 종종 학교 점심시간, 방과 후 활동, 과외활동의 선택, 교실의 과제에서 인종집단이나 민족집단으로 분리된다. 전통이 다른 학교를 통합하는 것은 많은 커뮤니티에 위협이 된다. 고등학교 음악회에서 환영받지 못한다고 생각하는 학생들은 같은 인종, 민족, 종교, 성적 취향, 장애집단의

학생을 위한 음악회를 개최한다(Richard, 2004). 수년간 흑인과 백인의 별도 음악회를 후원한 남부의 학교들은 이 사교행사를 통합하지 않은 것 때문에 공격을 받았다. 분리 행사를 지원하는 것은 인종통합의 목표에 역행하는 것인가? 아니면 각 인종집단, 민족집단 또는 다른 집단을 편애하는 것인가?

〈찬성〉
- 같은 인종집단 또는 민족집단의 학생들은 같은 음악과 음식을 좋아하기 때문에 자신의 집단 구성원과 음악회에 참석하고자 한다.
- 인종통합된 음악회는 특정 집단의 음악과 다과를 선호하고, 집단들을 동등하게 대우하지 않는다.

〈반대〉
- 음악회와 같은 학교가 후원하는 행사는 모든 활동에서 인종통합을 위한 학교의 목표를 지원해야 한다.
- 음악회와 같이 사교적인 행사에서 집단의 분리는 열악한 집단 간 관계를 악화한다.

토론을 위한 질문

- 몇몇 학생은 왜 고등학교 음악회에서 환영받지 못한다고 느끼는가?
- 학교 관계자는 인종통합된 학교 음악회와 기타 학교 행사를 개최하기 위해 무엇을 할 수 있는가?
- 당신은 언제 인종적으로 분리된 음악회를 선호하는가? 그 이유는 무엇인가?

자료: Richard, A. (2004, May 10). Alternative proms gain in popularity. Education Week, 23(37), 1, 19.

2) 교실에서 인종차별에 맞서기

학교에서 인종차별과 맞서기 위한 첫 번째 단계는 인종차별이 존재함을 깨닫는 것이다. 교사가 백인이라면 백인이 인종차별의 수혜자임을 깨닫는 것이다. 이것은 인종 정체성에 관해 앞서 논의한 것처럼 쉬운 과정이 아니다. 이는 실질적으로 자신의 감정과 신념에 맞서야 하기 때문에 가끔 인종과 인종차별에 대한 토론을 거부한다. 일단 교사들이 사회와 학교에 차별이 존재한다고 생각한다면, 인종차별이나 차별 사건을 보고할 때 유색인 학생들을 믿을 가능성이 더 높다. 그들은 가해자를 위해 변명하거나 가해자의 행동이 정말로 인종차별이 아니라고 설명하지 않는다.

학생들은 종종 인종과 인종차별에 관한 토론에 참여하기를 거부한다. 비벌리 테이텀(Beverly D. Tatum)은 백인 학생들이 압도적으로 많은 대학 강의실에서 세 가지 거부 원천(sources of resistance)을 찾아냈다.

> 첫째, 인종이 혼합된 환경에서 인종은 금지된 토론 주제로 여겨졌다.
> 둘째, 인종집단 구성원에 관심 없는 많은 학생은 미국을 완전히 정의로운 사회로 생각하도록 사회화되었다.
> 셋째, 많은 학생, 그중에서 백인 학생은 초기에 어떤 개인적 편견도 거부하고, 다른 사람의 삶에 대한 인종차별의 영향을 인식하지만, 그들에 대한 영향은 인정하지 않는다(Tatum, 2003).

많은 교사는 학생들이 인종과 인종 차별에 관한 토론 거부를 다루는 데 불편함을 느끼는데, 이는 부분적으로 인종에 대한 교사의 태도에 항상 자신이 있지 않기 때문이다. 학생들은 인종 정체성에서 저마다 다른 수준에 놓여 있기 때문에, 그중 많은 학생은 이들 쟁점을 교사들이 바라는 것만큼 합리적으로 이끌어 낼 수 없다. 몇몇은 토론을 개인화한다. 다른 몇몇은 감정적이거나 적대적이 된다. 다른 학생들은 불편해하거나 침묵한다. 주제를 끌어내기 어렵다고 해서 무시해도 된다는 의미는 아니다. 교사는 인종에 대한 침묵을 깨고, 교실과 학교에서 인종차별을 제거하기 위한 용기를 가져야 한다. 하나의 단계는 학생들이 모든 학생의 인종과 사회정의에 대해 비판적으로 사고하도록 돕는 것이다.

교사는 학교 정책과 관행에서 존재하는 인종차별을 무시해서는 안 되고, 학생들이 서로서로 인종차별을 하는 투로 이름을 부를 때 간섭해야 한다. 학생들이 인종차별 언어와 행동이 수용될 수 없고, 학교에서 용납되지 않음을 이해하게 해야 한다. 학생들이 민족집단 구성원에게 경멸적인 말을 하거나 민족과 관련된 농담을 할 때, 교사는 이들 집단에 관한 태도에 대해 토론할 자리를 마련해야 한다. 학생들은 다른 집단 구성원에게 적대감을 표현하지 않도록 해야 한다. 교사가 학생들이 다른 사람들을 경멸하도록 허용할 때, 학생들은 인종차별을 영속화하는 주체가 된다. 이런 공공연한 행동에는 맞설 수 있지만, 학교에서 인종차별적 관행을 알아보고 제거하는 것은 훨씬 어려운 일이다.

교사에게 난관은 교실에 들어가기 전에 개인적 차원에서 이러한 쟁점들에 진지하게 맞서는 것이다. 교사가 유색인을 지적으로 열등하다고 여긴다면, 유색인들의 학업 성취에 큰 기대를 하기 어렵다. 인종차별과 억압에 대한 생생한 경험 때문에 비주류집단과 주류집단 구성원의 발달 단계가 다르지만, 모든 교육자가 삶에서 이들 쟁점과 맞설 기회를 추구하는 것은 중요하다(Cross, 1992). 교사는 교실에서 학생들이 이러한 주제와 감정에 대해 고심하도록 해야 한다. 교사는 교실에서 인종차별과 억압을 강화하기보다 그것을 비난해야 한다.

3) 교과과정에서 인종과 민족성

학생들이 원한다면, 학교 환경은 그들의 고유한 민족성과 관계를 유지하면서 주류사회에 참여하는 것을 배우도록 해야 한다. 이러한 노력에서 민족의 차이를 존중하고 지원하는 것은 매우 중요하다. 교육자는 학생들의 민족 배경이 교육자와 다르다고 해서 학생들을 거부하거나 등한시해서는 안 된다. 교육자는 학생들이 사회에서 효과적으로 활동할 수 있도록 모든 학생이 생각하고, 읽고, 쓰고, 계산하는 능력을 확실히 갖추게 할 책임이 있다. 또한 교과과정에 민족성과 인종을 정확하게 반영하고, 학생들을 가르치고, 학생들과 상호작용하는 데 교과과정을 적극적으로 사용함으로써 이 목표를 이룰 수 있다.

대부분 학교의 교과과정은 전통적으로 주류 문화에 초점을 맞춘다. 이것은 북유럽과 서유럽의 지식과 시각에 기초한다. 교과과정의 본질적 편견 때문에 사회에서 일어나는 인종차별과 억압을 진솔하게 반영하지 못한다. 사실 교과과정은 다른 모든 것에 비해 서구 사상이 우월함을 뒷받침하고, 아시아, 아프리카, 남아메리카와 중앙아메리카의 비서구 문화를 최소한으로 소개하거나 아예 소개하지도 않는다. 다른 집단에 대한 정보와 시각은 가끔 한 학년도에 하나의 단원으로 추가된다. 어떤 학교는 이 전통적 교과과정을 학생과 커뮤니티의 문화에 기초한 교과과정으로 대체한다. 반면에 다문화교육은 다양성이 교실에서 교과목, 활동, 상호작용을 통해 통합되는 '문화적으로 반응하는 교과과정(culturally responsive curriculum)'을 권장한다.

2-6 생각해보기

학교에서 어떤 집단의 학생들은 다른 집단의 학생보다 더 많은 특권을 누린다. 다음 문장이 참인지 거짓인지 표시하면서 당신의 지식을 확인하라.

- 유럽계 미국인 학생은 유색인 학생보다 사회적 자본이 더 많을 가능성이 있다.   참 거짓
- 유색인 가족은 교육을 중요하게 여긴다.   참 거짓
- 유럽계 미국인 학생의 부모들은 아프리카계 미국인과 라틴계 미국인 부모들보다 자녀교육에 책임감이 더 크다.   참 거짓
- 대학 입학은 유럽계 미국인 학생에게 유리하다.   참 거짓
- 고등학교에서 유럽계 미국인, 아프리카계 미국인, 라틴계 미국인 학생의 과목 이수가 공평하다.   참 거짓
- 백인 학생들은 더 엄격하고 수준 높은 교실에서 공부할 가능성이 있다.   참 거짓

(1) 민족학

민족학은 학생들에게 하나 또는 그 이상의 민족집단의 역사와 동시대적 상황을 소개한다. 여러 대학과 몇몇 고등학교에서는 학생들의 전공선택과목으로 아프리카계 미국인학, 아시아계 미국인학, 아메리칸인디언학, 라틴계 미국인학과 같은 민족학 프로그램을 개설하고 있다. 이들 교과목과 프로그램은 특정 집단의 사회적·경제적·정치적 역사를 심층적으로 다룬다. 이들 교과목과 프로그램은 특정 민족집단에 관해 사회에 널리 퍼진 왜곡과 누락을 바로잡도록 구성된다. 교재에서 등한시된 사건들이 소개되고, 근거 없는 믿음들이 삭제되며, 역

사를 주류집단뿐만 아니라 민족집단의 관점에서 바라본다. 자신과 다른 민족집단에 대한 학습을 하지 않은 예비교사와 다른 전문대학원 교직원들은 관련 과목을 수강하거나 개별 연구를 해야 한다.

민족학은 전통적으로 학생들이 교과과정에 편성된 많은 과목 중에서 선택하는 별도의 교과목으로 개설되었다. 민족학은 모든 학생이 수강해야 하는 필수과목이 아니다. 이들 교과목에서 제시되는 정보와 경험은 그 민족집단의 구성원에게 중요하지만, 다른 민족집단의 학생들도 다른 사람과 그들이 사는 다민족국가와 세계에 관해 배워야 한다.

(2) 자민족중심주의 교과과정

몇몇 이주민 집단에는 그들의 학교가 있는데, 이들 학교에서는 그들의 문화적 가치, 전통, 고유언어를 강화하기 위한 수업을 주로 저녁이나 토요일에 한다. 오늘날 다른 민족집단들도 차터 스쿨이나 사립학교를 설립하여, 민족집단의 역사와 가치를 중심으로 하는 교과과정을 운영하고 있다. 일부 아메리칸인디언 부족은 부족이 운영하는 공립학교를 설립하여, 사회적·지적 출발점으로서 전통문화를 가르치려고 한다. 이들 대부분의 학교는 지방의 아메리칸인디언 커뮤니티에 위치하지만, 몇몇 도시 지역에는 유사한 목표의 아메리칸인디언 마그넷 스쿨(magnet school)이 설립되었다.

몇몇 아프리카계 미국인 커뮤니티는 유럽중심주의에서 벗어난 아프리카 중심의 교과과정을 지원하여, 흑인 역사에 관한 진실을 말하려고 한다. 이들 커뮤니티는 학생의 자존감, 학업 기술, 가치, 그리고 민족집단에 대한 긍정적 정체성을 증진하는 데 기여한다. 이런 접근 방식의 핵심은 세계와 역사적 사건에 대한 아프리카인적인 시각이다. 이들 학교는 보통 대규모의 아프리카계 미국인 학생이 있는 도시 지역에 위치한다.

공립학교가 그들 자녀에게 효과적으로 교육하지 못한다고 생각하는 몇몇 부모, 교육자, 커뮤니티 활동가는 도시에 민족 중심의 풀뿌리 차터 스쿨(grassroots charter schools)을 설립했다. 이들 학교는 교과과정의 핵심에 등록 학생의 민족문화가 포함되게 한다. 이러한 학교로는 아프리카 중심 학교, 맥시코계 중심 학교, 아메리칸인디언 중심 학교 등이 있는데, 이들 학교에서는 그들의 문화적 뿌리에서 무엇이 알려지고, 가치가 있고, 존경받는지를 강조한다.

(3) 다민족 교과과정

다민족 교과과정은 유치원에서 성인교육에 이르기까지 교육 단계의 모든 교과목에 퍼져 있다. 모든 교과목은 민족적 다양성에 관한 정확하고 긍정적인 언급을 반영한다. 집단에 관한 구체적 내용은 가르치는 교과목에 따라 다양하게 나타나지만, 다민족 인구에 대한 지각과 인식은 모든 교실 경험에 반영된다.

민족적·인종적 다양성을 보여주는 게시판·참고문헌·영화 등은 이러한 현실들을 끊임없이 강화(보강)하지만, 교사들은 집단에 대한 교육용 자료를 이러한 자료들에만 의존해서는 안 된다. 유색인이 아프리카계의 역사나 아메리칸인디언들에 관한 겨우 1학점짜리 과목에서만 다루어지는 것은 흔한 일이다. 도서목록이나 전기문학, 노동조합학 또는 환경학 등에 유색인에 관한 것이 포함되지 않는 것도 너무 흔한 일이다. 학생들은 유색인 여성이나 남성이 썼거나 제작한 작품을 읽거나 보지 못하고 학교를 졸업할 수도 있다. 만약 민족집단에 관한 교과과정이 특정 집단에 초점을 두면서 일주일에 한 번 또는 1학점으로만 개설된다면, 학생들은 민족집단들이 사회의 중요한 부분이라는 견해를 배우지 못할 것이다. 민족집단은 분리되고, 구분되며, 주류집단보다 열등하다고 여겨진다. 다민족 교과과정은 역사와 동시대 상황에 대한 왜곡을 막는다. 다민족 교과과정이 없다면, 주류집단의 시각은 학생이 접하는 유일하게 유효한 교과과정이 된다.

교육자에게는 민족집단이 전체 교과과정에서 필수적인 부분이 되게 해야 할 책임이 있다. 교사가 모든 민족집단에 대해 논의하기를 요구하는 것은 아니다. 수업을 하고 교구를 이용하는 데 주류집단에만 초점을 맞추지 않을 것을 요구한다. 민족집단과 주류집단의 시각은 역사적·현재적 사건을 논의하는 데 함께 검토되어야 한다. 예컨대, 18~19세기에 유럽계 미국인이 서쪽으로 이동한 것에 대한 발표와 토론에서 멕시코인과 아메리칸인디언의 관점도 고려해야 한다. 또한 학생들은 민족적·인종적 배경이 다른 작가의 문학 작품을 읽어야 한다. 수학과 과학도 서구의 관점만큼 아메리칸인디언의 관점에서 탐구되어야 할 것이다. 다른 민족집단의 기여가 학생들이 읽는 책에, 보는 영화에, 참여하는 활동에 반영되어야 한다.

다민족교육은 민족집단과 인종집단에 대한 학생들의 고정관념과 편견을 반성할 수 있게 하는 학습 경험을 포함한다. 이것들은 다루기 쉽지 않은 주제이지만, 유치원부터 교과과정의 한 부분이 되어야 한다. 모든 단계, 특히 중·고등학교에서 학생들은 이들 쟁점에 대한 토론을 거부한다. 교사들은 이런 토론에 대한 명백한 지침을 확립함으로써 안전한 교실 분위기를 만들 수 있다.

교육자는 다민족 교과과정을 개발하기 위해 민족적·인종적 내용이 담겨 있는지, 민족적·인종적 편견은 없는지 교재와 교구를 평가해야 한다. 교재에서 민족적 편견이 없어지고, 민족집단과 인종집단에 대한 정보가 추가되는 등의 진전이 있지만, 교실에서는 여전히 오래된 교재가 많이 사용된다. 편향된 책이라고 해서 교사가 다민족교육을 할 수 없는 것은 아니다. 보완자료를 통해 그 틈을 메울 수 있다. 교재에서 나타난 편견과 누락은 집단의 경험에 대한 토론 주제로 활용할 수 있다. 그러나 교사가 교과과정에서 민족의 차이와 그 중요성에 대해 지각하지 않고 중요하게 생각하지 않는다면, 이러한 수업 활동은 이루어질 수 없을 것이다.

4) 학업 성취도 격차 좁히기

오랫동안 여러 학교에서 아프리카계 미국인을 가르친 제니스 헤일(Janice Hale) 교수는 "아프리카계 미국인 아동의 낮은 학업성과는 도시 학교, 교외 학교, 사립학교 등에서 언제든지 용납되어야 한다"라고 결론을 내렸다(Hale, 2001: xx). 이러한 헤일의 주장은 학생 성취도 자료를 뒷받침하는데, 아프리카계 학생뿐만 아니라 라틴계 미국인 학생들과 아메리칸인디언 학생들은 대부분의 주에서 요구하는 표준학력검사 기준에 도달하지 못한다. 결과적으로 불균형적으로 많은 유색인 학생은 진급하지 못하고, 고등학교를 졸업하지 못하며, 중퇴하고 만다.

(1) 평가의 역할

학교는 주가 요구하는 기준을 학생들이 충족하는지 판단하기 위해 광범위한 시험을 시행한다. 시험은 진급할 수 있는지, 고등학교를 졸업할 수 있는지, 상급 대학에 진학할 수 있는지, 대학 입학 자격을 취득할 수 있는지, 교사 자격증을 취득할 수 있는지 등을 판단하는 척도이다. 평가 옹호자들은 적절한 시험을 통과하지 못한 학생들은 진학할 자격이 없다고 강력하게 주장한다. 따라서 학생이 연방의 「학생낙오방지법」에서 요구되는 연간 학력 향상 기준(Adequate Yearly Progress: AYP) 또는 학생 수행성과의 최소 수준에 미치지 못하면 주가 제재를 받기 때문에, 주가 시행하는 시험에서의 학생 수행성과는 미국의 학교 수준을 측정하는 일차적인 잣대가 되었다. 학생들이 기대 수준에 도달하지 못하면 교사와 교장은 때로 직장을 잃는다. 유감스럽게도 많은 교사는 시험을 보지 않는 과목의 수업시간을 줄이고, 비판적 사고력을 키우는 과목을 제한하는 대신, 대부분의 수업시간을 시험과목에 할애한다.

표준학력검사는 모든 교육 단계에서 많은 학생이 좀 더 어려운 과목을 수강할 기회를 제한했으며, 궁극적으로 학생들이 바라는 직업을 찾는 것을 방해할 것이다. 시험 결과에 따라, 불균형적으로 많은 유색인 학생이 지적장애·학습장애·정서장애 학생을 위한 특별 프로그램에 배정되었다.

1970~1990년에 시행된 전국 규모의 시험에서는 유색인 학생의 수행성과가 가장 크게 개선되었다(Education Trust, 2003). 그러나 이는 1990년대에 끝이 나고, 백인 학생과 대부분 유색인 학생 사이의 성취도에 큰 차이가 생겼다. 국가 표준학력검사에서 비주류집단의 학생은 왜 주류집단의 학생보다 점수가 낮은가? 다음 네 가지 연구 결과를 살펴보자.

- 저소득층과 유색인 학생은 성취 기준이 낮게 편성된 하급 단계의 교과과정을 배울 가능성이 높다(Barth, 2003).
- 백인 학생 10명 중 6명 이상이 대수학 II를 이수하는 반면, 아프리카계 미국인 학생은 52%, 라틴계 미국인 학생은 45%만이 대수학 II를 이수한다(Barth, 2003).
- 아프리카계 미국인과 라틴계 미국인 고등학교 졸업생이 대학에 진학하는 비율은 백인 학생과 아시아계 미국인 학생보다 훨씬 낮다(Education Trust, 2006).
- 극빈자와 소수민족이 대다수를 차지하는 학교에 다니는 학생은 가르치는 과목을 전공 또는 부전공하지 않은 교사에게서 수업을 받는다(Education Trust, 2006).

많은 유색인 학생이 고급 수학과 과학을 이수하지 않거나, 이들 과목을 전공하지 않은 교사들에게서 수업을 받는데, 백인 학생만큼 학업 수행 능력이 없다는 사실이 놀랄 일인가? 유색인 학생들이 지나치게 많은 도시 학교의 교사들은 중류층 백인 학생이 있는 학교의 교사보다 자격증 소유 정도가 낮다. 유색인 학생 대다수가 다니는 학교에서 수학과 과학의 고급 과정이 항상 유용한 것은 아니다. 학생들은 시험에 출제될 내용을 공부하기 위해 관련 과목과 자격을 갖춘 교사가 필요하다.

교육자는 유색인 학생들이 국가표준학력검사의 점수가 낮다고 해서 그들을 지적으로 열등하다고 낙인찍지 않도록 신중해야 한다. 시험 성적은 교실에서 학생의 학업 성과에 대한 교사의 기대에 빈번하게 영향을 준다. 표준학력검사는 주류 문화에 어떻게 동화되고, 가족이 얼마나 부유한지를 판단하는 데 도움을 줄 수 있지만, 학생이 얼마나 지적인지를 판단하는 증거로는 부족하다. 많은 다른 요인, 예컨대 사고능력과 다른 상황에 적절하게 반응하는 능력 등 다른 많은 요인이 지능에 대한 정보를 제공하는 데 사용될 수 있다.

평가의 목적은 무엇인가? 학생을 소득, 민족성, 가족 특성에 따라 분류하기 위해 시험을 이용하는 것보다는, 학생들이 무엇을 알고 있는지 이해를 돕기 위해 학습에 평가를 이용할 수 있다. 따라서 교과과정과 활동은 학생의 지식과 기술을 향상할 수 있도록 계획되어야 한다. 시험은 학생의 학습이 개선되도록 도움을 주는 정보를 제공할 수 있다. 관찰·포트폴리오·과제·수필 등을 통한 평가는 학생들이 다방면에서 무엇을 알고 있는지를 제공한다. 이처럼 평가는 학생이 수행하는 학습이 향상되게 할 목적으로 이루어져야 한다.

교육자들은 학생에 관한 객관적이고 주관적인 여러 요인에 기초하여 학생의 능력에 대해 타당한 결정을 내려야 한다. 유색인 학생의 능력에 대한 결정이 표준학력검사의 점수와 정확히 일치한다면, 교육자들은 학생에 대한 반응과 상호작용을 재평가해야 한다. 오늘날 시험결과는 많은 학생, 특히 유색인 학생과 저소득층 학생에게 삶의 기회에서 차이를 만든다. 그러므로 교육자들은 불공평하고 불공정한 방식으로 평가를 이용해서는 안 된다.

(2) 격차를 좁힐 책임은 누구에게 있는가

학생들이 기대 수준에 도달하지 못해도 대부분의 교사는 책임을 지지 않는다. 학습하지 않는 이유와 학생들이 배우기 위해 바꾸어야 할 것이 무엇인지에 대해 진지하게 심사숙고하기보다는 학생·학부모·커뮤니티의 경제적 상황을 탓한다. 수많은 연구 결과에 따르면, 교사의 효과성은 학생의 성취도에서 학생의 인종, 빈곤, 또는 부모의 교육 정도보다 더 중요하다(Carey, 2004; Sanders and Rivers, 1996). 다시 말하면, 효과적인 교사가 중요하다. 가장 효과적인 교사에게서 배운 학생들은 가장 비효과적인 교사에게 배운 학생들보다 3년 연속 학업성과가 훨씬 더 높았다. 학업 성취도가 낮은 학생도 효과적인 교사에게 배우면, 학업 성취도가 높아진다(Education Trust, 2003).

많은 교사는 학생들이 실패하도록 놔두지 않는다. 시험 성적이 나쁜 학생들이 높은 수준의 성과를 내게 하는 훌륭한 교사들의 본보기는 많다. 아프리카계 미국인과 라틴계 미국인 학생들은 교사가 기대 수준을 높이고 수업 전략을 바꾸면서 수학과 다른 과목에서 다른 학생과 같은 수준의 학업을 수행했다. 프로젝트 시드(Project SEED), 대수학 프로젝트(Algebra Project), LA의 마커스 가비 학교(Marcus Garvey School)는 아프리카계 미국인 학생이 높은 수준의 학업성과를 나타낸 성공적인 프로그램 모델이다(Hilliard, 2003). 에듀케이션 트러스트(Education Trust)는 유색인 학생들이 높은 수준의 학업을 성취하도록 하는 여러 학교를 찾아냈다(Education Trust, 2005). 이들 학교에 근무하는 교사와 행정가들에게는 다음과 같은 다섯 가지 특징이 있다.

- 수업에 명확히 초점을 둔다.
- 외적 표준과 기준을 받아들인다.
- 대학 진학을 준비하는 엄격한 교과과정을 모든 학생에게 제공한다.
- 모든 학생에게 지속적으로 높은 기대를 보인다.
- 학생들이 원하면 과외 수업을 제공한다.

학생들은 학업성취와 관련하여 항상 소극적으로 참가하는 것은 아니다. 그들은 학교 행사에 항상 참여하는 것도 아니다. 또한 숙제를 항상 하는 것도 아니다. 몇몇 연구자의 연구 결과에 따르면, 노동자층의 많은 남학생과 유색인 학생은 학교에서 그들의 종속적 지위를 쟁점화하기 위해 학교에 대한 저항유형 또는 반대유형을 개발한다(Ogbu, 2003; Solomon, 1988; Willis, 1977). 이런 유형은 종종 교칙과 규범을 어기고, 학업 성취를 하찮게 여기고, 정신노동보다는 육체노동을 더 중요하게 여기는 형태로 나타난다. 이들의 성적은 백인 행세를 하는 학생 또는 중류층과 필적할 만하다. 중류층 아프리카계 미국인 학생들은 학업성적이 노동자층의 또래 학생보다 높지만, 백인 학생만큼은 아니다.

모든 유색인 학생이 반대유형을 채택한다 해도 모든 집단에 똑같은 영향을 주지도 않는다. 하나의 집단으로서 아시아계 미국인 학생들은 수학과 과학에서 높은 수준의 학업성과를 나타내고, 다른 집단보다 불균형적으로 높은 비율로 대학에 진학한다. 한 가지 설명할 수 있는 것은 아시아계 미국인 성인들이 높은 소득을 올리는 전문직에서 많은 다른 유색인 집단보다 지나치게 많다는 점이다. 가정의 경제적 여유 때문에 이들 대부분의 자녀가 수학과 과학에서 높은 수준의 학업 성취와 참여를 보인다. 일반적으로 이들 민족집단은 수학과 과학 기술에 가치를 두며, 가족들도 그들이 그 분야에서 재능을 살릴 수 있는 경험을 제공한다.

5) 인종통합과 집단 간 관계

오늘날 인종적으로 완전히 통합된 학교는 지방과 소도시 지역에, 인종적으로 완전히 분리된 학교는 대도시 지역의 중심가와 도시와 가까운 교외 지역에 위치한다. 유색인 학생을 분리하는 학교는 보통 가난한 커뮤니티에 위치하며, 1954년 브라운 판결 이전과 마찬가지로 학생들의 교육 기회에서 불평등하다. 심지어 차터 스쿨과 사립학교들도 공립학교보다 인종적으로 더 분리되었다. 이러한 인종분리는 대부분의 백인 학생이 남부와 서남부를 제외하고는 유색인 학생들과 거의 접촉하지 않음을 나타낸다(Orfield and Lee, 2004).

법원은 주가 모든 학생의 교육 성과를 동등하게 만들 것으로 기대한다(Carroll et al., 2004). 법원은 유색인 학생들에게 불평등한 교육자원을 제공한 혐의가 있는 사건들에 대한 심리를 계속한다. 많은 중류층 가족은 학교가 우수한 교사를 확보하고 수준 높은 교과과정을 확실히 제공하도록 하면서 자녀가 다니는 학교에 적극 관여한다. 문제는 그들이 다른 사람들의 자녀, 특히 그들이 상호작용하지 않는 부모의 자녀가 받는 교육의 질에 대해서는 관심을 두지 않는다는 점이다.

학교가 분리될수록 법원은 교육 환경에서 다양한 학생 구성의 중요성을 인식해야 한다. 최근 미시간 대학의 입학관행과 관련된 차별철폐정책 사건(그러터 대 볼린저 사건)에서, 샌드라 오코너(Sandra Day O'Connor) 대법관은 "여러 연구 결과에 따르면, 다양한 학생 구성은 학생들의 학습 성과를 촉진하고, 지속적으로 다양화되는 노동력과 사회를 위해 학생들이 더 잘 준비하게 하며, 그들이 전문인으로 더 잘 준비하게 할 것이다"라고 주장했다(Grutter v. Bollinger, 2003: 8). 그러나 2007년 연방대법원은 시애틀과 루이빌에서 발생한 두 사건에서 인종에 따라 학생들을 학교에 배치하는 자발적 다양성 계획에 반대하는 판결을 내렸다.

브라운 판결의 또 다른 함의는 학생과 교사가 서로 존경하고 함께 효과적으로 일하도록 하는 집단 간 관계의 필요성이다. 이 필요성은 오늘날에도 이어진다. 인종통합학교인데도 학급, 식당, 활동 등에서 학생들은 종종 분리된다. 데이나 윌리엄스(Dana Williams)는 학생들에게 실시한 설문조사결과에서 학교가 학생들을 범주화하게 했음을 발견했다(William, 2003). 학생 3분의 1은 다른 집단의 학생들과 사귀는 것이 어렵다고 답변했다. 학생 10명 중 4명은 그들 집단이 다른 집단의 학생들을 거부했다고 답변했다. 교육자들은 학생들이 다른 민족집단과 인종집단의 학생들과 확실히 상호작용하도록 의식적으로 노력해야 한다. 전국의 많은 집단은 문화 간 커뮤니케이션을 촉진하기 위한 프로그램을 개발했다. 예컨대, 남부빈민법센터의 프로젝트와 점심시간 함께하기 프로그램(Mix It Up at Lunch)은 점심시간에 다른 집단의 학생들을 섞기 위한 노력이다. 현재 3,000개 이상의 학교가 이 프로젝트에 참여하고 있다.

소집단 팀과 협동학습은 학습과 인종 간 친교를 촉진한다. 학교 활동과 의사결정에 부모를 참여하게 하는 것은 학교와 가정의 불협화음을 줄인다. 학생은 교과과정, 고급 과정, 우수한 교사, 높은 수준의 사고력 향상을 위한 활동에 동등하게 접근할 수 있어야 한다. 그들은 교과과정과 교재에서 그들을 보아야 한다. 능력별 반편성제도와 유급제도는 동등한 접근의 제공과 집단 간 관계 향상에 장애물이 된다. 다문화교육은 학교를 통합하고, 집단 간 관계를 증진하기 위해 지속적으로 노력해야 하는 매우 중요한 요소이다.

7. 요약

유럽계 민족이 미국에 정착하면서 미국 인구는 다민족적이 되었는데, 아메리칸인디언과 유럽계 이주민에서 시작하여 나중에는 아프리카계 미국인, 라틴계 미국인, 아시아계 미국인이 합류했다. 이주의 일차적인 이유는 본국의 내부적인 경제적 빈곤과 정치적 억압, 그리고 더 많은 노동력을 요구하는 활기찬 미국 경제의 요구 때문이다. 각 민족집단이 처한 조건, 그들이 이주해 온 이유, 미국에서의 삶에 대한 기대는 많이 달랐으며, 각 민족집단은 독특한 정체성을 보존하기 위해 노력했다.

유색인들은 전체 미국 역사에서 민권 신장을 위해 투쟁했다. 1950~1960년대 아프리카계 미국인은 공립학교와 공공시설에서 인종분리를 합법화한 「짐크로법」을 폐지하는 데 성공했다. 그들의 노력 때문에 1964년에 「민권법」이, 1965년에 「투표권법」이 통과되었으며, 여성, 라틴계 미국인, 아시아계 미국인, 아메리칸인디언, 장애인을 위한 민권법들이 마련되었다.

민족성은 국적에 기반을 둔 민족의식이다. 인종은 사람들의 집단을 설명하는 데 더 이상 유용하지 않지만, 미국에서 인종은 사람들의 집단이 열등한지 우등한지를 구분하기 위해 계속 사용되고 있다. 인종의 의미를 대중적으로 사용하는 것은 인종 차이가 중요하다는 사회의 지각에 기초한다. 그러나 이것은 과학적 연구로 지지받지 못한다. 억압받는 집단의 구성원들은 차별적 대우를 경험하고, 사회에서 상대적으로 낮은 지위로 강등된다.

전통적으로 학교의 교과과정은 주류문화를 소개했다. 1970년대 이후 민족학은 하나 또는 그 이상의 민족집단의 역사와 동시대의 상황에 대한 심층 연구를 제공하는 특별 공개강좌나 특별 전공으로 교과과정에 반영되었다. 몇몇 민족집단은 전통적인 학교에다 그들의 민족성에 관한 교과과정을 중심으로 하는 학교나 프로그램을 개설했다. 다민족적 접근 방식은 그것이 전체적인 교과과정에 스며들기 위해 민족적 내용을 요구한다는 점에서 범위가 넓다. 민족성을 이해한다는 것은 개별 학생을 위한 효과적인 수업 전략을 개발할 때 유리하다.

교육자들은 표준학력검사를 어떻게 관리하고 어떻게 이용할 것인지를 검토해야 한다. 시험제도가 너무나 빈번하게 기본 정보를 확인하고, 사람들을 교육과 직업으로 분류하기 위한 목적으로 사용되었다. 불균형적으로 많은 유색인 학생이 시험에서 낮은 점수를 받고 결과적으로 특수학급으로 배치된다면, 그 제도는 재고되어야 한다.

인종통합은 학교에서 인종적·민족적 차이를 줄이기 위한 하나의 과정이다. 초기의 인종통합 노력은 흑인과 백인 학생들이 같은 학교에 다니도록 하는 데 초점을 맞추었지만, 증가하는 유색인 학생들은 주로 소수 집단의 학교에 다니고 있다. 이제부터는 모든 학생의 학업 성취를 확실히 하고 교육 기회의 불평등을 제거하는 방향으로 초점이 모아져야 한다. 학교에서 집단 간 활동은 학생들이 문화 간 의사소통 기술을 개발하고, 다른 민족집단과 인종집단의 학생들을 서로 알 수 있게 해준다.

교육자를 위한 실무

1. 토론을 위한 질문

1. 몇몇 개인은 민족집단 구성원을 왜 다른 집단보다 더 중요하게 여기는가?
2. 어떤 요인들 때문에 비주류집단 구성원과 주류집단 구성원이 민족성을 생각하는 데 차이가 있는가?
3. 지난 4세기 동안 아프리카인, 아시아인, 중앙아메리카인, 유럽인, 남아메리카인의 이주 유형의 차이점과 유사점은 무엇인가?
4. 1950~1960년대의 민권운동 기간 중에 이루어진 변화가 집단 간의 소득과 교육의 격차를 해소하지 못한 이유는 무엇인가?
5. 미국에서 사회적·정치적·경제적 유형에서 인종이 왜 그렇게 중요한가?
6. 교육자는 학생의 민족 배경과 그것이 학교 생활에서 차지하는 중요성을 어떤 특성을 기초로 결정해야 하는가?
7. 당신이 계획하는 수업에서 학생의 민족성과 인종을 어떻게 이용할 것인가?
8. 민족학, 민족 중심 교육, 민족 콘텐트 통합 방식의 장점과 단점은 무엇인가?
9. 표준학력검사는 왜 그렇게 논란이 되는가? 시험 결과에 지나치게 의존할 경우 위험한 점은 무엇인가?
10. 학교 관계자는 왜 모든 학생이 배울 수 있다고 믿는 교사를 채용하는가?

2. 포트폴리오 활동

1. 다민족 콘텐트를 포함하기 위한 통합적 접근 방식을 반영하는 수업을 기획하시오. 이 수업은 당신이 가르치려고 계획하는 과목과 수준(초등학교와 중학교)과 관련되어야 한다(INTASC 기준 3).
2. 학교들을 관찰하면서 유색인들이 인종차별을 당한다고 생각되는 교실, 강당, 식당, 과외활동, 행정본부에서의 관행들을 기록하시오. 이런 관행들이 인종차별로 생각되는 이유와 학교가 그 관행들을 바꿀 수 있는 방법에 대해 보고서를 작성하시오(INTASC 기준 3).
3. 당신이 관찰하는 하나 이상의 학교에서 표준학력검사 점수에 기초하여 학생의 학업성과를 분석하시오. 학교에서 학생의 인종 또는 민족에 기초하여 그 결과를 토의하고, 결론을 제시하시오(주의: 연방법인 「학생낙오방지법」에 따라, 인종별·민족별로 자료를 분리해야 한다. INTASC 기준 8).

3. 교사 자격시험 준비

교사 스튜어트는 주로 아프리카계 미국인과 라틴계 미국인 학생들이 다니는 고등학교의 2학년생에게 영어를 가르친다. 모든 학생이 졸업하기 위해서는 주 학력고사를 통과해야 한다. 교장은 학교의 저조한 학업 성취도에 대해 우려를 표했다. 영어과 교사들은 학생들의 읽고 쓰는 능력을 향상하기 위해 자발적으로 수업 방식을 바꿔보기로 했다. 영어과 수업 목표 중 하나는 교과과정을 학생들의 경험과 문화를 통합해 그들과 더 관련되도록 만드는 것이다. 스튜어트는 이해·분석·작문 기술을 평가하는 1학점 과목을 개설할 계획이다. 그녀는 그 과목의 핵심으로서 하나 또는 몇 편의 단편을 선정할 수 있다. 그녀의 주요 관심은 학생들을 이 과목에 어떻게 참여하게 하고, 그들의 읽고 쓰기 기술을 어떻게 향상되게 할 것인지 등이다.

단답형 질문
1) 커뮤니티의 민족적 경험을 교과과정에 통합하기 위한 두 가지 전략을 기술하시오.
2) 이들 각각의 전략이 학생들의 읽고 쓰는 기술을 어떻게 향상되게 할 것인지를 설명하시오.

권장도서

Arboleda, T. 1998. *In the shadow of race: Growing up as a multiethnic, multicultural and "multiracial" American*. Mahwah, NJ: Lawrence Erlbaum.
이 책은 저자의 연대기로, 그의 민족성과 인종이 사회의 범주에 적합하지 않을 때 그가 그것들을 식별하기 위해 노력한 과정을 기술했다. 인종·문화·민족성·계급에 대한 구조적 관념에 통찰력을 제공한다.

Bigelow, B. and B. Peterson(eds.). 1998. *Rethinking Columbus: The next 500 years*. Milwaukee, WI: Rethinking Schools.
이 책에서는 콜럼버스의 비밀스러운 전설을, 우리는 누구이고 왜 여기에 있는지에 대해 더욱더 정직한 관점으로 대체하고자 한다. 또한 원주민의 용기 있는 투쟁과 지속적인 지혜에 대해서도 논의한다.

Fox, H. 2006. "When race breaks out": *Conservations about race and racism in college classroom*. New York: Peter Lang.
이 책의 초점은 대학 강의실에 대한 것이지만, 다른 교사들은 분노하거나, 죄의식을 느끼거나, 침묵하거나, 방어적인 학생들을 어떻게 다루는지에 대한 사례들을 포함하여 교실에서 인종에 관한 쟁점을 어떻게 토론할 것인지에 대해 생각하게 하는 유익한 가이드이다.

Jackson, C. 2007. *The ABCs of hip hop*. Montgomery, AL: Teaching Tolerance. www.tolerance.org/teach/activities.jsp?ar=815
힙합은 관용과 편견 반대를 탐구하기 위해 학생들을 참여하게 하는 새로운 방식이 될 수 있다. 이 자료에는 힙합의 정치적·사회적 맥락에 대한 탐구와 교실에서 그것을 사용하기 위한 수업 계획이 포함되어 있다.

Lee, E., D. Menkart and M. Okazawa-Rey. (eds.). 1998. *Beyond heroes and holidays: A practical* guide to K-12 anti-racist, multicultural education and staff development. Washington, D.C.: Network of Educators on the Americas.

교육자·학생·부모를 위한 이 학제 간 가이드는 인종차별에 대한 수업과 독서, 교과과정의 변경, 능력별 반편성제, 부모와 학교의 관계, 언어 정책을 포함한다.

Moses, R. P. and C. E. Cobb. 2002. Radical equations: *Civil Rights from Mississippi to the algebra project*. Boston: Beacon Press.

민권 지도자 로버트 모지즈(Robert Moses)는 부모·교사·학생의 풀뿌리 조직을 탈바꿈해서 중학생들에게 성공적으로 대수학을 가르치는 프로그램으로 만들었다. 남부에서 민권운동을 조직한 저자들은 유색인 학생들의 읽고 쓰기 능력을 향상하는 데 기여한 대수학 프로젝트에 대해 설명한다.

Southern Poverty Law Center. 2005. *Ten ways to fight hate*(3rd ed.). Montgomery, AL: Author. www.tolerance.org/pdf/ten_ways.pdf

이 가이드는 증오와 싸우는 열 가지 원리를 제시하고, 사람들이 어떻게 그들의 커뮤니티에서 증오를 몰아냈는지에 대한 감동적인 이야기를 포함한다.

Teaching Tolerance(Southern Poverty Law Center, 400 Washington Ave., Montgomery, AL 36104). www.tolerance.org/teach/magazine

연 2회 발행하는 이 잡지는 교사들이 교실을 조화롭게 하는 자료와 아이디어를 제공한다. 논문은 다중적 민족집단의 시각에서 작성된다. 이것은 교사에게 무료로 제공된다.

참고문헌

Barth, P. 2003(Winter). A common core curriculum for the new century. *Thinking K-16*, 7(1), 3-19. www2.edtrust.org/NR/rdonlyres/26923A64-4266-444B-99ED-2A61D5F14061F/0/K16_winter2003.pdf(2007년 5월 28일 검색).

Brown v. Board of Education, 349 U.S. 294, at 300(1955).

Bureau of Indian Affairs. 2007(March 22). Indian entitles recognized and eligible to receive services from the United States Bureau of Indian Affairs. *Federal Register*, 72(55), 13648.

Carey, K. 2004(Winter). The real value of teachers: Using new information about teacher effectiveness to close the achievement gap. Washington, D.C.: The Education Trust.

Carlson, D. 2004(February 17). *As blacks mark history, satisfaction gap persists*. Princeton, NJ: Gallup Organization.

Caroll, J. 2006. Whites, minorities differ in views of economic opportunities in U.S. Princeton, NJ: Gallup Organization. www.galluppoll.com/content/?ci=23617&pg=1(2007년 5월 27일 검색).

Carroll, T. G., K. Fulton, K. Abercrombie and I. Yoon. 2004. *Fifty years after Brown v. Board of Education: A two-tiered education system*. Washington, D.C.: National Commission on Teaching and America's Future.

Craig, T. 2007(February 2). House proposes tough laws; Senate objects to some. *The Washington Post*, p. B05.

Cross, W. E., Jr. 1992. *Shades of Black: Diversity in African American identity*. Philadelphia: Temple University Press.

The Education Trust. 2003. *African American achievement in America*. Washington, D.C.: Author. www2.edtrust.org/NR/rdonlyres/9AB4AC88-7301-43FF-81A3-EB94807B917F/O/AfAmer_Achievement.pdf(2007년 5월 28일 검색).

The Education Trust. 2005(November). *Gaining traction, gaining ground: How some high schools accelerate learning for struggling students*. Washington, D.C.: Author.

The Education Trust. 2006(Fall). *Education Watch: The Nation: Key education facts and figures*. Washington, D.C.: Author. www2.edtrust.ogr/edtrust/summaries2006/USA.pdf (2007년 5월 27일 검색).

Gallagher, C. A. 2003. Color-blind privilege: The social and political functions of erasing the color line in post race America. *Race, Gender & Class*, 10(4), 22-37.

Grutter v. Bollinger, 1235 Ct. 2325(2003).

Hale, J. E. 2001. *Learning while black: Creating educational excellence for African American children*. Baltimore, MD: The Johns Hopkins University Press.

Helms, J. A. (ed.). 1990. *Black and white racial identity development: Theory, research and practice*. Westport, CT: Praeger.

Hilliard, Ill, A. G. 2003. No mystery: closing the achievement gap between Africans and excellence. In T. Perry, C. Steele and A. G. Hilliard, Ill(eds.), *Young, gifted and black: Promoting high achievement among African-American students*(pp.131~165). Boston: Beacon Press.

Jensen, L. 2006. New immigrant settlements in rural America: Problems, prospects and policies. Durham, NH: Carsey Institute, University of New Hampshire.

Kelley, M. 2000(September 8). Indian affairs head makes apology. Associated Press.

Ludwig, J. 2004(April 27). *Race and education: The 50th anniversary of Brown v. Board of Education*. Princeton, NJ: Gallup Organization. www.galluppoll.com/content/?ci=11521&pg=1(2007년 5월 27일 검색).

Martin, P. 2006(April 11). *The battle over unauthorized immigration to the United States*. Washington, D.C.: Population Reference Bureau. www.prb.org/Articles/2006/TheBattleOverUnauthorized ImmigrationtotheUnitedStates.aspx(2007년 2월 4일 검색).

Martin, P. and E. Midgley. 2006. *Immigration: Shaping and reshaping America*(Revised and Updated 2nd ed.) Population Bulletin, 61(4), 1-28.

National Conference for Community and Justice. 2006. *Taking America's Pulse III: A survey of intergroup relations*. New York: Author.

Ogbu, J. U. 2003. *Black American students in an affluent suburb: A study of academic disengagement*. Mahwah, NJ: Lawrence Erlbaum.

Orfield, G. and E. Frankenberg. 2004(Spring). Where are we now? *Teaching Tolerance*, 25. 57-59.

Orfield, G. and C. Lee. 2004(January). *Brown at 50: King's dream or Plessy's nightmare?* Cambridge, MA: The Civil Rights Project, Harvard University.

Passel, J. 2006. The size and characteristics of the unauthorized migrant population in the United States. *PEW Hispanic Ceter Research Report 61.* http://pewhispanic.ogr/reports/report.php?ReportID=61(2007년 2월 11일 검색).

Plyler v. Doe, 457 U.S. 202(1982).

Portes, A. and R. G. Rumbaut. 2001. *Legacies: The Story of the immigrant second generation.* Berkeley, CA: University of California Press.

Potok, M. 2004(Summer). The year in hate. *Intelligence Report*, 113, 29-32.

Saad, L. 2004(January 19). B*lacks lag behind whites in life satisfaction.* Princeton, NJ: Gallup Organization. www.galluppoll.com/content/?ci=10258&pg=1(2007년 5월 27일 검색).

Sanders, W. I. and J. C. Rivers. 1996. *Cumulative and residual effects of teachers on future student academic achievement.* Knoxville, TN: University of Tennessee Value-Added Research and Assessment Center.

Solomon, R. P. 1998. Black cultural forms in schools: A cross-national comparison. In L. Weis(ed.), *Class, race and gender in American education*(pp. 249~265). Albany: State University of New York Press.

Southern Poverty Law Center. 2004. *White Power music: Music Manufacturer Boots Resistance Records.* www.splcenter.org/intel/intelreport/article.jsp?aid=96(2004년 7월 15일 검색).

Southern Poverty Law Center. 2005. *Ten ways to fight hate*(3rd ed.). Montgomery, AL: Author.

Takaki, R. 1993. *A different mirror: A history of multicultural America.* Boston: Littel, Brown.

Tatum, B. D. 2003. *"Why are all the black kids sitting together in the cafeteria?" And other conversations about race.* New York: Basic Books.

U.S. Census Bureau. 2004. U.S. *interim projections by age, sex, race and Hispanic origin.* www.census.gov/ipc/www/usinterimproj/natprojtab01a.pdf(2007년 5월 26일 검색).

U.S. Census Bureau. 2006. *Statistical Abstract of the United States: 2006*(126th ed.). Washington, D.C.: U.S. Government Printing Office.

U.S. Department of Education, National Center for Education Statistics. 2006. *The Condition of education 2006*(NCES 2006-071). Washington, D.C.: U.S. Government Printing Office.

Williams, D. 2003(Fall). Mixitup: students bridge social boundaries on mix it up at lunch day. T*eaching Tolerance*, 24, 44-47.

Willis, P. E. 1997. *Learning to labor: How working class kids get working-class jobs.* Farnborough, UK: Saxon House.

Willoughby, B. 2004(Spring). Beyond black and with. *Teaching Tolerance*, 25. 45.

Young, R. L. and V. O. Pang. 1995(Winter). Asian pacific American students: A rainbow of dreams. *Multicultural Education*, 3(2), 4-7.

Youth and Hate. 1999(Fall). *Intelligence Report*(Southern Poverty Law Center), 96, 24-27.

제 3 장

계급과 사회경제적 지위

 우리는 모든 아동의 인생이 공평하게 시작되게 할 의무가 있다.
부와 능력이 있는 우리는 방관하고 있을 수만은 없다.
Colin Powell, Former Secretary of State, 2000

시나리오 scenario

토마스 후아레스는 대학 재학 시절 저소득층 아동을 위해 일하겠다고 마음을 먹었다. 그러나 그는 문화적으로 다양한 교외 지역의 학교에서 교직을 시작했다. 그 학교는 불과 몇 년 전에 설립되었고, 최첨단의 과학실험실을 갖추고 있었다. 학생들은 컴퓨터에 익숙했다. 그들은 후아레스에게 컴퓨터 사용법을 가르쳐주었다. 대부분 학생은 과외활동에 참여했고, 그들의 부모는 학교 행사에 적극 참여했다. 졸업생 90% 이상이 중등 이후 프로그램에 등록했다. 구조주의적 접근 방식에 기초한 흥미로운 수업을 계획하고, 학생들이 콘텐트에 참여하도록 하고, 고도의 사고력을 갖춘 동료 교사들과 함께 일하는 것은 그에게 즐거운 일이었다.

몇 년 후 후아레스는 대부분 학생이 사회경제적으로 약자인 도시 학교로 옮기기로 결심했다. 그는 새 학교로 옮기자마자 큰 어려움에 빠졌다는 것을 알았다. 학기 초였지만 교실에서는 불쾌한 냄새가 났고, 복도는 더러웠다. 교실의 의자는 모든 학생에게 충분하지 않았다. 교실은 지난 20년 동안 페인트칠을 하지 않은 것처럼 보였다. 유리창 몇 곳은 마분지 같은 것으로 막았고, 천장의 타일도 많이 떨어져 나갔다. 그가 처음으로 생각한 것은 그와 학생들이 석면과 납 중독에 노출될 수 있다는 것이었다. 교실 밖의 운동장도 마음에 들지 않았다. 잔디도 없고, 지역 공장에서 내뿜는 악취가 대단했으며, 풋볼경기장에는 골대조차 없었다.

후아레스는 처음 몇 주를 생활하면서 학생들의 열정이 대단하다는 것을 알았다. 그들은 학교 공부에 대단한 열정이 있었다. 교재는 절반의 학생에게만 돌아갈 정도로 부족했고, 구입할 예산도 없었다. 보급은 제한되었고, 대부분의 시청각 장비는 이전 학기에 도둑을 맞았는데도 학교는 새로 구입하지 않았다.

생각해보기

- 후아레스가 새로 부임한 학교의 환경은 교외 학교의 환경과 왜 그렇게 큰 차이가 나는가?
- 교사는 효과적인 학습을 지원하지 않는 환경적 조건을 어떻게 극복할 수 있는가?
- 새로 부임한 학교의 학생들이 교외 학교의 학생과 같은 단계에서 학업성적이 뛰어날 경우 얻을 수 있는 기회는 무엇인가?
- 도시 학교 학생들이 중퇴하고, 임신하며, 대학에 진학하지 못할 가능성이 높은 이유는 무엇인가?
- 사회는 왜 저소득층 학생이 이렇게 놀라울 정도로 조건이 열악한 학교에 가도록 내버려두는가?

1. 계급 구조

"계급은 경제적·정치적·문화적·사회적 자원으로의 접근이 집단마다 다르게 구조화되는 시스템이다"(Andersen and Collins, 2007: 72). 계급은 우리가 다닐 학교, 쇼핑할 상점, 먹을 식당, 거주할 커뮤니티, 일할 직장을 결정한다. 계급은 사회와 사회기관에 의해 사회적으로 구성되고, 경제적 자원이 거의 없거나 제한된 사람과 부자의 관계를 결정한다.

제1장에서 개략적으로 설명한 미국 사회에서의 평등에 관한 두 가지 시각은 미국 전역의 다른 계급 구조를 시사한다. 하나는 사회에서의 다른 사회경제적 수준이나 계급의 존재를 수용하는 것이다. 다른 하나는 사람이 교육을 받고 열심히 일하여 사회적으로 이동하고, 상위 계급으로 이동할 수 있다는 관념을 강력하게 지지한다. 아직 중류계급(중류층·중산층)과 상류계급에 진입하지 못한 집단은 능력이 떨어진 것으로 간주된다. 저소득층이 직면한 고통은 중류계급의 가치와 행동이 결핍되었다고 비난받는 것이다. 개인은 계급사다리 위쪽으로 올라가지 못해 안타까워한다.

미국 사회에서의 평등에 대한 두 번째 시각은 명백하게 계급분화를 인정한다. 기업, 은행, 다른 생산수단을 소유하고 관리하는 개인과 가족은 특권층의 상위 계급을 구성한다. 전문직과 관리직 엘리트는 단순히 부만을 축적하지 않는다. 그들은 필요한 것들을 그들이 선출한 입법부의 대표들이 지지하게 한다(American Political Science Association, 2004). 주로 노동을 팔아 생계를 유지하는 사람들은 중류계급과 노동자계급을 구성한다. 또 다른 계급은 일할 수 없는 사람이거나 임시직으로 일을 할 수 있는 사람이다. 일부는 계급이동을 할 수 있지만, 사회적 이동의 기회는 제한되어 있다. 대부분의 자원을 통제하는 사람과 희소한 자원을 소유한 사람은 계급투쟁에서 양분된다.

대부분의 사람은 그들이 태어난 사회경제적 계급구조에 갇히고, 정치적·경제적 제도는 그들이 그곳에 머물게 한다. 일부는 확실히 사회적·경제적 이동을 한다. 운동선수·코치·영화배우·가수에 관한 성공 이야기는 운동경기 행사 동안, 그리고 신문이나 텔레비전에서 회자된다. 그러나 엔터테인먼트 세계에서 고액을 받는 엘리트는 결코 많지 않은 법이다. 대학교육은 저소득층에서 중류계급과 상류계급으로 이동하는 가장 믿을 만한 수단이다.

가족 배경은 교육적·직업적 성취를 설명하는 데 수없이 다양한 변인으로 작용한다. 동등하게 성공할 기회는 어떤 사람이 태어나기 전부터 좌절된다. 부유층에서 태어난 개인은 부를 달성할 가능성이 높다. 저소득층에서 태어난 개인은 그들이 아무리 노력을 하더라도 부를 달성하는 데 더 많은 어려움을 겪을 것이다. 자녀가 가족의 경제적 지위를 유지하는 데 필요한 부를 지키기 위해 가족은 대개 할 수 있는 모든 것을 한다. 통상 사회에 존재하는 불공평은 한 세대에서 다음 세대까지 이어져 불공평이 영속화된다.

1) 계급 정체성

예를 들어, 대부분의 사람은 계급에 따라 자신을 구별할 수 있다고 말한다. 그들은 자신들이 특정한 계급으로 여겨지는 것에 대해 강한 목소리를 내지 못하지만, 하나의 계급구조 내에서 사회적·직업적으로 참여한다. 그들의 행동과 가치체계는 강한 민족적·종교적 정체성에 기초하지만, 그 특정의 정체성은 경제적 환경에 따라 큰 영향을 받는다. 중류층으로 이동한 1세대 집단은 일차적으로 노동자계급에 남아 있는 친구·친척과 계속 상호작용한다. 그러나 친구·커뮤니티·직장에서의 격차는 흔히 시간이 지나면서 계급 간 연대의 감소로 이어진다.

대부분의 미국 시민은 유럽 국가의 시민보다 계급의식에 대해 관심을 덜 나타내고, 분명하게 구분하지 않는다. 그럼에도 교사를 포함하여 많은 사람은 그들이 속한 계급의 이익을 추구할 목적으로 시위나 사보타주와 같은 집단행동에 참여한다. 계급의식이나 같은 사회경제적 단계에서 다른 사람과의 연대는 이 책에서 자세히 다루지 않는다. 특히 1940~1970년 초기에, 그리고 다시 1990년에 모든 단계에서 전반적인 생활수준 향상이 이루어졌기 때문이다. 게다가 주류문화의 가치와 신념체계는 그들의 계급 지위에 대한 책임을 개인에게 둔다.

> **3-1 생각해보기**
>
> 당신이 자란 커뮤니티, 가족의 계급, 커뮤니티의 다른 구성원의 계급에 대해 생각해보라.
>
> - 당신은 가족의 계급을 어떻게 정의 내릴 것인가?
> - 대다수의 이웃은 어떤 계급인가?
> - 당신이 근무하는 고등학교의 대다수 학생의 계급은 어디에 속하는가?
> - 계급은 당신과 고등학교 동창들의 열정에 어떤 영향을 미쳤는가?

2. 사회계층

사회계층은 소득·교육·직업·부와 사회적 권력에 따라 개인과 가족에게 등급을 정하는 것이다. 많은 사람은 직업·인종·젠더·계급에 따라 사회적으로 정의된 행동을 수용하고 따른다. 그러나 여성단체를 포함한 민권조직은 집단 간의 불공평한 지위의 구조적 수용과 기대에 반대한다.

불공평은 부분적으로 노동력 분배에서 차등을 두는 서열이 원인이 되어 생긴다. 다른 직업은 불공평하게 평가되고 보상받는다. 어떤 직업은 다른 직업보다 더 가치가 있고 더 중요하며, 더 대중적이고 더 선호된다. 고위직의 사람들은 그들의 지위와 권력을 유지하기 위한 공통의 이익을 개발한다. 그들은 다른 사람들이 같은 지위를 획득할 기회를 제한하기 위한 정책과 관행, 다시 말하면 계층 시스템을 형성하고 유지하는 열쇠를 만든다.

미국에서 많은 사람은 그들이 통제하지 못하는 특성에 따른 사회적 계층구조에서 높거나 낮은 계급을 차지한다. 여성·장애인·노인·아동·유색인은 종종 낮은 계급을 부여받는다. 태어날 때부터 형성된 귀속적 지위(ascribed status)는 높은 단계의 사회경제적 지위로 진입하려는 사람들에게 영향을 준다. 그러나 백인이면서 기술이 숙련된 사람이 모두 높은 단계의 지위를 성취하지는 않는다. 그들은 노숙자에서 억만장자까지 모든 단계에서 찾아볼 수 있지만, 높은 단계에는 그들과 그들의 가족이 과다대표가 된다. 반대로 생각하면, 대부분 억압받는 집단의 구성원은 사회경제적으로 지위가 높은 사람이 많지 않다.

3. 사회경제적 지위

경제적 성공이나 성취는 어떻게 측정되는가? 사람과 집단의 경제적 조건은 사회경제적 지위(Social Economic Status: SES)라 부르는 기준에 따라 측정된다. 사회경제적 지위는 직업, 교육수준, 소득에 기초한 가족 또는 개인의 경제적 지위를 복합적으로 나타낸다. 이 세 가지 요인과 관련된 두 가지는 부와 권력인데, 이것은 개인의 사회경제적 지위를 결정하는 데 필요하지만 측정하기가 더 어렵다.

사회경제적 지위의 이 다섯 가지 요인은 상호 관련이 있다. 불공평은 여러 유형으로 나타나지만, 다섯 가지 요인은 사람이 어떻게 사느냐에 영향을 주기 때문에 개인에게서 가장 눈에 띄게 나타난다. 한 가족의 사회경제적 지위는 대개 그들이 사는 주택의 크기와 사는 지역의 위치, 자녀가 다니는 학교, 부모가 속한 모임에서 관찰할 수 있다. 많은 교육자는 학생 가족에 대한 유사한 관찰, 학생들이 입는 옷, 사용하는 언어, 무상급식 또는 할인급식 등에 기초하여 학생의 사회경제적 지위의 수준을 평가한다.

1) 소득

소득은 임금이나 봉급 등으로 1년 동안 벌어들인 금액이다. 소득분포를 보는

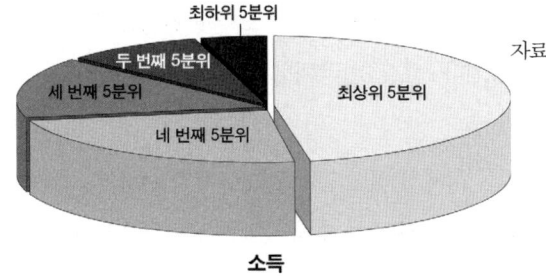

〈그림 3.1〉 미국에서 가족 소득의 분포(5분위)

자료: (소득) U.S. Census Bureau. (2006), *Statistical Abstract of the United States: 2007*(126th ed.). Washington, D.C.: U.S. Government Printing Office. (부) Ross, S. J. (2000). *Social stratification in the United States*. New York: New Press.

한 가지 방법은 인구를 5등분하는 것이다. 최하위 5분위는 최저소득이고, 최상위 5분위는 최고소득이다. 〈그림 3.1〉은 전체 인구를 소득에 따라 5등분한 것과 각각 차지하는 부의 점유율을 나타낸다. 최상위 5분위는 전체 소득의 48%를, 최하위 5분위는 전체 소득의 4%를 차지한다. 고소득층은 극소수이다. 미국 최고소득층 5%가 전체 소득의 21%를 번다(U.S. Census Bureau, 2006b).

많은 사람은 소득 불공평을 미국식의 자연스러운 결과로 생각한다. 직업 또는 직장에서 고위직에 근무하는 사람들은 그들의 노력에 비례하는 보상을 받아야 한다고 믿는다. 최하위 소득자들은 실업자이거나 미숙련 직종에서 일하기 때문에 고소득자와 같은 경제적 보상을 받기를 기대하지 않는다. 그러나 최고위 소득자와 최하위 소득자의 소득격차는 크다. 2004년 미국의 350개 대기업 CEO는 연봉, 주식, 기타 인센티브를 포함하여 평균 1,160만 달러의 소득을 올렸다(Anderson et al., 2006). 소득 분포에서 맨 아래에 놓인 최저임금을 받는 사람들은 연간 1만 1,000달러 미만을 벌었다. 미국 밖의 사정을 살펴보아도 대부분 CEO 연봉은 높다. 1990년 이후 생산직 근로자의 평균 연봉이 CEO 연봉만큼 빠르게 올라간다고 가정하면, 근로자의 연봉은 실제 평균 연봉 2만 8,314달러와 대비되는 10만 8,138달러가 될 것이다. 이와 유사하게, 연방 최저임금이 CEO 연봉과 같은 비율로 증가한다고 가정하면, 2005년의 경우 시간당 5.15달러가 아닌 22.61달러가 될 것이다(Anderson et al., 2006: 32). 국제적으로 소득을 비교한 연구 결과에 따르면, 고소득과 저소득의 차이는 대부분의 다른 산업국가보다 미국에서 더 큰 것으로 나타났다. 이와 같은 결과는 소득 불일치를 조정하는 세금정책이 없기 때문에 더 악화된다. 사실, 미국에서 부자들은 세금을 과거보다 훨씬 덜 납부한다(Anyon, 2005).

제2차 세계대전~1973년에 미국 경제의 성장으로 모든 단계의 근로자 소득은 지출보다 훨씬 빠른 속도로 높아져, 전체 소득자 중 중간계층은 주택·자동차·배, 집에 필요한 사치품을 구입할 수 있게 되었고, 돈을 저축하기 위해 남겨둘 수 있었다. 소득의 범위를 검토하는 한 가지 방법은 중간소득(median income)을 사용하는 것이다. 중간소득이란 집단의 반은 더 많은 소득을 올리고 나머지 반은 더 적은 소득을 올리는 것으로 본 수치이다. 이 기간에 14세 이상 모든 국민의 연간 중간소득은 1,787~5,004달러로 거의 세 배가 됐다. 대부분 미국인의 생활수준은 1940년보다 1973년에 눈에 띄게 향상되었다. 그러나 1973년 생활비(주택, 전기·가스·수도, 식품, 기타 생활필수품 비용)는 소득보다 빠르게 오르기 시작했다. 부자를 제외하고 모든 가족은 경제적 압박을 느꼈다. 그들은 더 이상 사치품을 구입할 여윳돈이 없었다. 한 가족에서 한 명이 직장생활을 하는 것으로는 더 이상 생활비를 충당하지 못하게 되었다. 경제성장은 1990년대에 이루어졌다. 2004년에 가족당 연간 중간소득은 5만 4,061달러였다. 맞벌이를 하는 부부의 중간소득은 7만 6,814달러에 달했다(U.S. Census Bureau, 2006b).

소득은 가족의 일반적인 복지만이 아니라 일반적인 생활양식에도 영향을 미친다. 소득은 가족의 소비형태, 즉 소유물의 수와 품질, 주택, 소비재, 사치품, 저축, 다이어트 등을 통제한다. 가족 소득이 많으면 대학교육과 신차 구입을 위한 비용을 저축할 수 있다. 그러나 대부분 저소득층과 중간소득층은 매달 받는 봉급만으로 지출을 감당할 수 없다. 그들이 실업자가 된다면, 그들은 몇 달 내에 노숙자가 될 수 있다. 가족 소득이 높을수록 가족 구성원은 생활필수품의 구입을 걱정할 필요가 없고, 가족의 안전을 위해 건강보험과 퇴직연금도 준비할 수 있다.

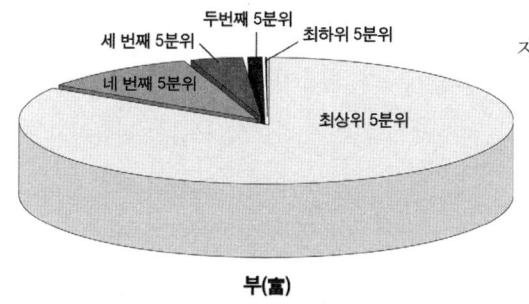

〈그림 3.2〉 미국에서 가족 부의 분포(5분위)

자료: (소득) U.S. Census Bureau. (2006), *Statistical Abstract of the United States: 2007*(126th ed.). Washington, D.C.: U.S. Government Printing Office. (부) Ross, S. J. (2000). *Social stratification in the United States*. New York: New Press.

2) 부(富)

가족 간의 소득차이는 크지만, 소득 요인만을 검토하면 가족이 살아가는 방식에서 큰 차이가 없는 것으로 보인다. 소득은 한 가족이 1년 동안 노동의 대가로 번 금액이지만, 여기에 투자, 토지, 다른 소유물에서 번 돈은 포함되지 않는다. 그러므로 이 소득은 한 가족의 순자산을 나타내지 않는다. 한 가족의 부는 저축, 보험, 기업 주식, 재산을 포함한다. 부는 미래에 생길 소득을 일부분 보장하는 것이고, 추가 소득과 추가적인 부를 만드는 잠재성이 있다. 그러나 대부분의 가족에게 부는 주택가격과 가구의 잔여가치이다. 미국 가구의 약 20%는 제로 또는 네거티브 부[1]에 놓여 있다(Collins and Veskel, 2004).

소득은 국세청이 제공하는 연방 소득세 양식에 근거하여 수집된 자료에 따라 결정되는 반면, 부는 다양한 표준양식으로도 결정하기 어렵다. 그러나 부는 전체 인구 중에서 소수에게 집중되어 있다. 2001년 전체 인구의 최상위 10%의 중간 순자산은 130만 달러에 달했다. 전체 인구 중 최하위층 5분위 중간 순자산은 1,100달러였다(Keenan, 2003). 전체 인구의 상위 1%가 1983~2001년에 창출된 신규 경

---

[1] 주식이나 주택가격의 하락으로 가계 규모가 예전과 비교하여 가난해졌다고 느끼거나, 지출할 곳이 많은데 가계소득은 늘어나지 않는 경우를 가리킨다. _옮긴이

제적 부의 반 이상을 축적한 반면, 하위 80%는 5%만을 축적했다(Teller-Elsberg et al., 2006). 〈그림 3.2〉는 부가 전체 인구에서 어떻게 5등분되는지를 보여준다.

세계에서 가장 부유한 국가는 미국, 캐나다, 서유럽이지만, 집단 간 불균형은 이들 국가에서 지속적으로 나타난다. 세계의 부는 소수 몇 사람이 점유하고 있다. 예컨대, 세계에서 가장 부유한 225명의 부는 세계 인구 절반이 버는 연간소득을 합친 것과 같다. 세계에서 가장 부유한 국가와 가장 가난한 국가에서 사람의 경제적 생활 차이를 보면 정말 놀랍다. 가장 부유한 국가의 평균적인 사람은 가장 가난한 국가의 평균적인 사람보다 100배 이상 부유하다(Smith, 2003).

안전의 정도는 축적된 부에 달려 있지만, 부는 그 당사자에게 상당한 정도로 경제적 안전을 제공한다. 또한 부는 그것을 소유한 사람의 권력과 위신을 크게 한다. 부가 클수록 권력은 저절로 따라오고, 사치품을 구입할 소득을 올릴 수 있으며, 다른 사람들과 매우 다른 가치관과 생활양식을 만들어갈 수 있다. 또한 부는 그들의 자녀에게 최고의 학교에 진학하게 하고, 세계를 두루 여행하게 하며, 의료와 건강 문제에 대해 걱정하지 않아도 되는 엄청난 경제적 혜택을 준다.

사회경제적 지위의 격차

9,000명의 주민이 사는 농촌 지역의 중학교에는 학교가 매년 후원하는 네 번의 댄스파티가 있다. 발렌타인 댄스파티에서는 8학년 남학생 6명이 빌린 턱시도를 입고 나타났다. 그들은 댄스파티를 함께 계획했고, 커뮤니티에서 좀 더 부유한 부모들은 아이들의 계획이 귀엽다고 생각했고 비용도 부담했다. 그 해의 마지막 댄스파티는 5월로 예정되었고, 양복을 입고 타이를 매야 한다. 파티가 있기 며칠 전에 남학생은 턱시도를 입어야 하고 여학생은 새로 구입한 정장을 입어야 한다는 말이 학교 주변에 떠돌았다. 세 명의 아들을 두고 있으면서 포도농장을 하는 어떤 부모는 아이들의 파티와 데이트를 위해 리무진을 빌려주었다. 이러한 행동과 복장 기준은 그 중학교에서 이전에 치러진 파티에 비해 훨씬 과도하다.

일부 학생, 특히 사회경제적 지위가 낮은 학생은 댄스파티에 참석하지 않을 것이라고 말한다. 그들은 값비싼 복장을 마련할 돈이 없다. 그들은 턱시도나 정장이 아닌 복장을 입고 파티에 나타나는 아이들이 바보나 괴짜가 될 것이라고 말한다.

> **토론을 위한 질문**
>
> - 댄스파티에 학교가 개입해야 하는가? 왜 그런가? 왜 그렇지 않은가?
> - 리무진을 빌리려는 부모를 만나보아야 하는가? 왜 그런가? 왜 그렇지 않은가?
> - 이 문제를 학급회의에서 토의해야 하는가? 아니면 학교회의에서 토의해야 하는가? 왜 그런가? 왜 그렇지 않은가?
> - 5월 댄스파티는 취소되어야 하는가? 왜 그런가? 왜 그렇지 않은가?
> - 학교 댄스파티에서 입는 복장에 제한을 두어야 하는가? 학교는 합법적으로 제한을 강제할 수 있는가?
> - 쟁점을 중학생의 리무진 대여에 둘 수 있는가, 아니면 두어야 하는가?

3) 직업

대부분 사람에게 소득은 그들의 직업에 따라 결정된다. 일반적으로 말해 소득은 직업적 성공, 즉 사회에서 그 직업의 중요성과 직장에서 개인적인 기술의 중요성의 공정한 척도이다. 개인에게 직업은 소득을 제공하는 것 외에도 중요하게 여겨지는 활동이다. 실업자가 된 개인은 자신을 돌볼 수 없으며, 사회에 기여하지 않은 구성원으로 낙인찍힌다. 막대한 부를 가진 개인조차 추가적인 소득이 불필요할지라도 직업을 가진다. 오늘날 노동력의 절반 이상은 사무실에서 일하는 화이트칼라 노동자로 구성된다. 서비스 노동자의 비율이 증가하는 반면, 개인 사업을 하는 노동자의 비율은 계속 줄어들고 있다. 현재~2014년까지 가장 **빠르게** 성장할 직업의 대부분은 다음과 같이 건강 및 컴퓨터 분야에서 찾을 수 있다.

① 가정 건강보조사
② 네트워크 시스템 및 데이터 통신 분석가
③ 간호조무사
④ 의료보조사
⑤ 컴퓨터 소프트웨어(응용 프로그램) 기술자

⑥ 물리치료보조사

⑦ 치과위생사

⑧ 컴퓨터 소프트웨어(시스템 소프트웨어) 기술자

⑨ 치과보조사

⑩ 개인 및 가정 간호보조사(U.S. Census Bureau, 2006b)

게다가 교직도 가장 빠르게 성장하는 직업 중 하나이다. 유치원 교사는 대학교수에 이어 목록에서 21번째를 차지한다. 목록에서 소매 판매원, 가정건강보조사, 웨이터, 간호조무사는 대학졸업장을 요구하지 않는다.

직업 유형은 소득의 일차적인 결정 요인으로서, 개인의 사회경제적 지위를 나타내는 상대적이고 객관적인 지표이다. 대개 직장은 그 사람의 교육수준을 나타내고, 그 사람이 상호작용하는 지인들의 유형을 암시하며, 다른 사람에 대해 갖는 권위와 책임의 정도를 결정한다. 직장은 소득과 사회적 위신의 다른 정도를 나타낸다.

보통 직업적 명망은 직장의 요구 조건과 직장의 특성에 따라 결정된다. 통상적으로 명망이 있는 직장은 더 많은 교육과 훈련을 요구한다. 직업의 명망에 추가되는 직장의 특성은 정신적 노동과 육체적 노동의 분화에 뿌리를 둔다. 명망이 높은 직업에 종사하는 사람은 극소수이다. 명망이 낮은 직업에 종사하는 피고용인은 안전과 소득에서 훨씬 떨어지고, 그 직업에 대한 접근성은 훨씬 높다. 명망이 가장 높은 직업은 일반적으로 고액의 연봉을 받는다.

4) 교육

직업적 명망을 가장 잘 예측하는 요인은 교육수준이다. 일반적으로 금전적 보상은 더 많은 교육을 요구하는 직업일수록 크다. 예컨대, 의학 박사와 변호사는 학사학위 과정보다 몇 년을 더 공부한다. 많은 전문직과 화이트칼라 노동자들은 최소한 학부를 졸업했다. 기능직 노동자들은 때때로 많은 화이트칼라 노

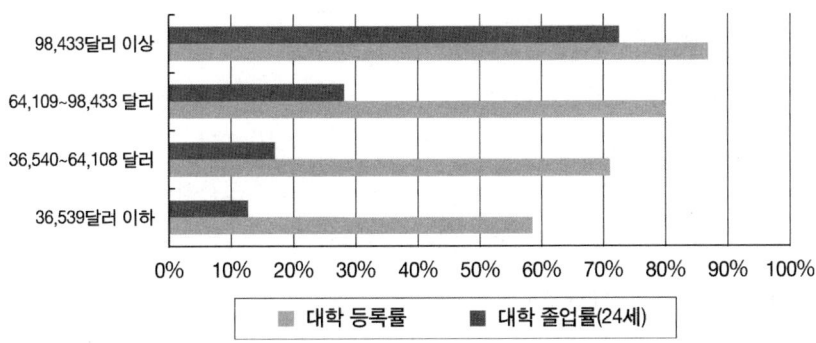

〈그림 3.3〉 고등학교 졸업자 중 대학 등록률과 졸업률(가족 소득별)

자료: *Family Income and Higher Education: 1970 to 2005.* (2006, December). Postsecondary Education Opportunity, No.174.

동자보다 더 많은 돈을 벌지만, 그들의 지위는 대학학위를 취득하는 데 소요되는 기간만큼의 특별훈련을 요구한다.

　고등학교 졸업 미만의 노동자와 대학 이후 전문적 훈련을 이수한 노동자의 소득격차는 크다. 2003년 고등학교를 졸업하지 못한 남성의 중간소득은 1만 8,990달러였다. 그가 4년제 대학 이상을 졸업했다면, 5만 5,751달러를 받았을 것이다. 이와 반면에 고등학교를 졸업하지 못한 여성의 중간소득은 1만 786달러였고, 그녀가 4년제 대학 이상을 졸업했다면 3만 5,125달러를 받았을 것이다(U.S. Census Bureau, 2006b).

　교육은 자신의 경제적 지위를 정당하게 높일 수 있는 하나의 방법으로 생각된다. 그러나 화려한 교육적 배경도 다른 요인보다 가족의 배경이 뒷받침되어야 성취될 가능성이 더 높다. 최소한 학사학위를 가진 부모를 둔 고등학교 졸업자는 중등 이후 교과과정에 등록할 가능성이 더 높다(U.S. Department of Education, 2006). 학생 가족의 사회경제적 지위가 높을수록 학생이 고등학교와 대학을 졸업할 가능성이 높다. 또한 고등학교 졸업 후 곧바로 대학에 진학하는 학생의 비율도 가족 소득에 따라 다르다. 예컨대, 2005년을 기준으로 가족의 연간소득이 3만 6,539달러 미만의 학생 59%, 9만 8,433달러 이상의 학생 87%가 고교졸업 후에 바로 대학에 진학했다. 대학 졸업률은 소득 하위층 학생 12%, 상위층 학생 73%로 나타났다(Family Income and Higher Education Opportunity, 2006).

간혹 저소득층 학생은 그들의 생활 조건 때문에 진학하는 대신 취직을 할 수밖에 없다. 그들은 전문대학 진학을 통해 고등교육을 받는다. 고소득층 자녀는 집에서 책·잡지·신문을 쉽게 읽고, 연극이나 음악회에 참석하며, 사는 지역을 벗어나 여행할 가능성이 더 높다. 심지어 학생이 다니는 대학조차 학생의 학업 능력보다는 가족의 사회경제적 지위에 더 큰 영향을 받는다. 많은 학생은 사립 대학에 다닐 수 없어, 주립 대학이나 커뮤니티 대학을 선택한다. 따라서 한 학생의 사회경제적 지위는 그가 받는 수업의 양과 유형, 직장의 유형에도 실질적인 영향을 준다.

3-2 생각해보기

교사로서 당신의 미래 직업을 생각해보라. 다음 질문은 당신이 교직을 왜 선택하려고 하는지를 생각하게 한다.

- 가르치는 것이 재미있고 의미 있으며 도전할 만한 일이라고 생각하거나 따분한 일이라고 생각하는가? 가르치는 일이 어떨 것이라고 생각하는가?
- 당신의 환경을 얼마나 통제할 수 있는가?
- 기대하는 연봉은 얼마인가? 교사 연봉은 당신의 생활양식에 어떤 영향을 미칠 것인가?
- 왜 교사가 되기를 원하는가? 그 이유는 동료들이 교직을 선택한 이유와 유사한가?

5) 권력

사회경제적 지위가 상위인 개인·가족은 그렇지 않은 개인·가족보다 더 많은 권력을 행사한다. 사회경제적 지위가 상위인 개인은 주와 지방 정책을 결정하는 위원회, 대학위원회, 기업위원회 등의 위원일 가능성이 더 높다. 그들은 정부·직업·커뮤니티의 일에서 누가 혜택과 보상을 받을 것인지를 결정한다. 권력이 있는 개인과 집단은 그들의 삶과 다른 사람의 삶에 영향을 미치는 자원을 통제한다. 권력이 거의 없는 집단이나 개인은 그들이 필요한 것을 얻거나 그들의 이익에 영향을 미칠 수 있는 사람들에게 접근할 수 있는 수단을 갖지 못한다. 그들은 지속적인 사회적 혜택을 거의 받지 못하는데, 이것은 부분적으로 그들이 권력 자원에 접근할 수 없기 때문이다.

고소득자들은 국가와 지방 정치에 참여할 가능성이 더 높다. 그들은 또한 대통령 선거에 투표할 가능성도 더 높다. 미국 정치학회(American Political Science Association: APSA)의 연구 결과에 따르면(APSA, 2004), 7만 5,000달러 이상의 소득을 올리는 가족 구성원은 90%가 투표를 하는 반면, 1만 5,000달러 미만의 소득을 올리는 가족 구성원은 절반만이 투표에 참여한 것으로 나타났다. 정치 후보자에게 투표하고 금전적으로 기여하는 것은 투표에 영향을 미치기 위해 권력을 제공하는 것이다. APSA 보고서를 작성한 정치학자들은 "저소득자나 중간 소득자는 속삭이기 때문에 관심을 기울이지 않는 정부 관리의 귀에 그들의 말이 들리지 않는 반면, 고소득자들은 정책 입안자들이 준비된 자세로 듣고 반복적으로 따르게 할 정도로 명확하고 지속적으로 포효하듯이 말한다"라고 한다(APSA, 2004: 1). 이 권력은 개인·가족·기업에 돈으로 혜택을 주는 입법 행위에 반영된다. APSA는 "최근 깜짝 놀랄 연구 결과에 따르면, 미국 상원의원의 투표는 각 상원의원의 특권이 별로 없는 선거구보다는 부유한 선거구의 정책 선호와 거의 정확히 일치한다"라는 보고서를 발표했다(APSA, 2004: 14).

교육은 권력의 행사와 무관하지 않다. 1978년 부동산세를 제한하기 위해 제정된 캘리포니아 주민제안(Proposition) 13호는 주의 교육수준에 극적인 영향을 미쳤다. 한때 학생 성취도에서 상위권이던 캘리포니아 주는 현재 하위권으로 뒤처졌다. 제한된 재정 때문에 많은 학교는 도서관 사서와 적당한 수의 학교 상담사와 같은 지원 서비스 인력 없이 운영되어야 한다. 많은 학교의 시설이 좁고 낡았다. 동시에 다른 학교들에는 최고의 시설, 적절한 지원인력, 교사와 학생을 위한 최신 기술이 있다. 이러한 불균형은 부분적으로 부유한 커뮤니티에 소재한 학교의 경우 부모와 시민이 학교 프로그램의 운영에 필요한 수백만 달러의 재원을 마련할 수 있기 때문이다. 캘리포니아와 미국의 다른 지역에서 부와 부유함은 많은 학생에게 불공평한 경기장을 만든다.

교사와 학생 사이에도 권력관계가 존재한다. 교사와 행정가는 분배된 지식, 즉 거의 대부분 서유럽의 세계관에 기초한 지식과 학교에서의 성공을 위해 수용되는 행동·사고·가치를 통제함으로써 학생에게 권력을 휘두른다. 오늘날 교사 중 권위주의자는 거의 없다. 즉, 점점 더 많은 교사가 일방적 수업과 경쟁 전략보다는 협동학습 전략을 사용한다. 그럼에도 교과과정은 교사, 교육위원회, 국가 표준에 의해 통제된다. 고소득층은 자녀가 다니는 학교에서 더 큰 영향력을 행사한다. 고소득층 부모들은 많은 교육구에서 감당할 수 없는, 음악과 예능과 같은 프로그램을 담당할 교사의 채용에 기여할 수 있다. 그들은 자격이 없거나 형편없는 교사의 채용을 묵과하지 않을 것이다. 소득 스펙트럼의 다른 끝에 있는 가족들은 누가 자녀를 가르칠 것인지에 대해 압력을 거의 행사할 수 없으며, 완전하고 바람직한 교과과정을 유지하기 위한 재정적인 기여를 할 수 없다.

4. 계급 격차

많은 미국인은 그들을 중류층으로 생각한다. 중류층에 정규적으로 일하는 모든 사람과 상류계급이 아닌 사람을 포함하는 것은 마구잡이식의 분류이다. 스스로 중류층이라고 생각하는 집단에는 고액을 받는 전문직부터 서비스 노동자까지 포함된다. 대부분 화이트칼라 노동자는 연봉과 상관없이 자신을 중류층으로 분류한다. 이와 대조적으로 육체노동자들은 그들의 소득과 문화적 가치가 많은 화이트칼라 노동자와 유사하지만, 중류층으로 분류하기보다는 노동자계급으로 생각한다.

부유한 나라 미국이라는 대중적인 신화가 있지만, 미국에 사는 대부분 사람은 부유하지 않다. 한 가족이 안락한 생활을 하는 데 필요한 중간소득은 약 4만 달러이다(Anyon, 2005; National Center for Children in Poverty, 2006). 그러한 가족은 집을 살 수 있지만, 저축을 많이 할 수는 없다. 이 정도의 소득은 연방정부가 정한 빈곤선인 1인당 9,645달러와 4인 기준 가족당 1만 9,307달러와 비교된다. 연방정부 기준에서 보면 전체 미국 인구 약 3,700만 명 또는 12.7%가 빈곤하지만, 2004년에 세 가족 중 하나는 3만 5,000달러 미만의 소득을 올렸다(U.S. Census Bureau, 2006b). 이들 개인 중 많은 사람은 그들을 중류계급으로 분류하지만, 안락하게 살 수 있는 재화와 생활필수품을 구입할 수는 없다. 이 절에서 우리는 미국 인구에서 차지하는 다른 계급과 사회경제적 지위에 대해 탐색할 것이다.

1) 실업자와 노숙인

안정적 소득이나 기타 경제적 자원이 없어 가장 고통 받는 사람들은 실업자와 노숙인이다. 장기간 빈곤자는 이러한 집단으로 전락한다. 그 밖에 많은 사람이 실업이나 가족 중의 환자 때문에 한시적으로 빈곤상태에 놓인다. 빈곤층으로 분류되는 개인 중에서는 2.2%만이 지난 10년 중 최소 8년 동안 가난하게 산 것으로 조사되었다(Rose, 2000).

장기적 실업자는 설령 일자리가 있다고 해도 좀처럼 일하지 않으며, 일자리를 구하고 지키는 기술도 부족하다. 2005년 실업자는 500만 명을 넘어 민간 노동력의 4%에 달하지만, 여기에는 일자리 찾는 것을 포기하여 정부의 실업자 통계에 더 이상 포함되지 않는 노동자는 들어가지도 않았다. 불균형적으로, 빈곤가족을 이끄는 것은 2년 이상 빈곤한 생활을 하는 기혼의 싱글맘이다.

이 집단에 속하는 사람들은 주류사회에서 사회적으로 격리된다. 그들은 대개 다른 계급의 커뮤니티에 통합되지 못하거나 통합되기를 원하지도 않는다. 중류계급 커뮤니티에 저소득층 주택, 노숙인 쉼터, 사회 복귀 훈련 시설 등을 마련하자는 제안들은 거주민들의 거센 반발을 불러일으킨다. 몇몇 분석가는 통합이 되지 않음에 따라 사회 최하층과 다른 계급의 구성원 간에 행동격차가 더 악화된다

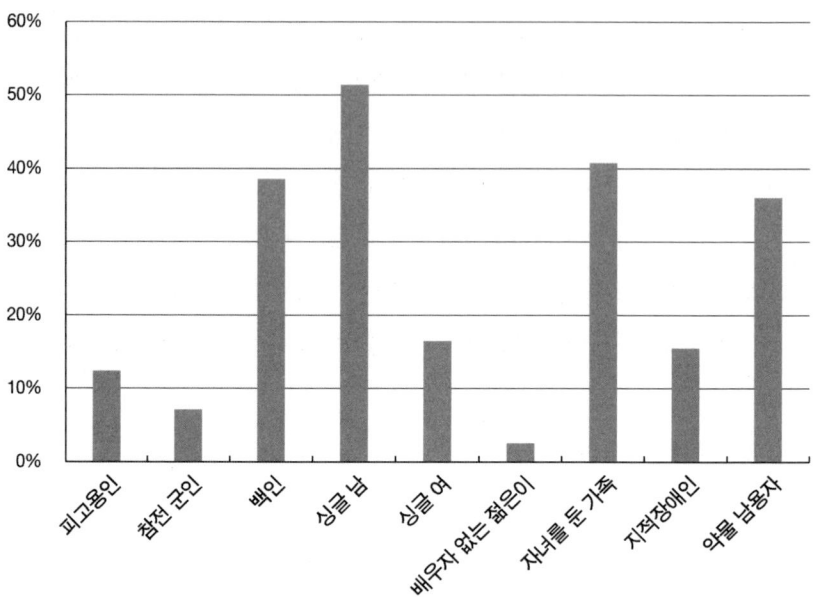

〈그림 3.4〉 노숙인 분석

자료: The United States Conference of Mayors. (2006). *Hunger and Homeless survey: A Status report on hunger and homeless in American cities*. Washington, D.C.: Author.

고 생각한다.

과거 20년 동안 노숙인과 노숙가족의 숫자는 극적으로 증가했다. 〈그림 3.4〉에서 보는 것처럼 오늘날 노숙인의 많은 부분을 차지하는 노숙아동과 노숙가족이 도시의 거리에서 산다. 거의 모든 도시에서 쉼터에 거주하는 노숙인보다 더 많은 숫자를 보고하기 때문에, 밤에 쉼터에 거주하는 노숙인 숫자는 실제 숫자보다 더 적다. 약 350만 명이 노숙인이고, 그중 135만 명이 아동이다(National Law Center on Homelessness and Poverty, 2004). 노숙인 중 많은 사람이 일을 하지만, 그들이 받는 저임금으로는 집을 살 수가 없다.

사람들은 왜 노숙인이 되는가? 가난과 집을 살 여유가 없는 것이 노숙인의 일차적 이유이다. 연방 기준으로 집을 살 여유가 있다는 것은 소득의 30%에 해당하는 비용을 빌릴 수 있다는 말이다. 어떤 가구가 미국 대부분의 지역에서 침실이 둘 딸린 집을 구입하려면 적어도 2인 이상이 최저임금을 벌어야 한다. 자녀가 있는 많은 저소득층은 지출의 절반 이상이 주택에 들어가며, 건강보험·자녀보험, 기타 기본필수품과 같은 다른 경비를 부담할 여유가 되지 않는다. 하버드대학교의 주택 연구를 위한 공동연구소(2007)는 미국의 일곱 가구 중 하나는 주택 구입 비용 때문에 심각할 정도로 고통을 받고 있다고 발표했다.

여러 가지 이유로 노숙인이 된다. 가정폭력은 노숙인의 또 다른 원인인데, 폭력을 피할 곳이 여성에게 항상 있는 것이 아니기 때문이다. 지적장애인 노숙인의 경우 그들을 돌볼 시설이 없다. 마약이나 알코올에 의존하는 사람 일부는 집값을 지불할 정도로 충분히 돈을 벌게 하는 직장을 유지할 수 없거나 가족에게서 격리되기도 한다. 23개 도시에서 노숙인의 30%는 자녀가 있는 가족이다(U.S. Conference of Mayors, 2006). 일부 10대 아이는 가족 문제, 경제 문제, 거주지 불안정 때문에 집을 나가 결국에는 도시 거리의 노숙인이 된다.

한 해 동안 50만~130만 명 정도의 아동과 청소년이 노숙인이 된다(Levin-Epstein and Greenberg, 2003). 일부 노숙학생은 학교에 다니지 않으며, 다른 아동처럼 건강하지도 않다. 많은 노숙인은 유년기에 맞아야 하는 면역접종도 하지 않는다. 노숙인은 일반 사람들보다 천식·중이염·위염, 언어 문제의 비율이 높다(Books and Polakow, 2001). 그들에게는 불안감·좌절감 등과 낮은 자아존중감 같은 정신건강의 문제가 있다. 그들은 저체온으로 고통을 받고, 굶주리며, 영양결핍을 겪는다. 이 밖에도 그들은 부모와 다른 성인들에게 학대받거나 방치될 가능성이 높다(National Center on Family Homelessness, 2007).

「매키니-벤토 노숙인지원법(McKinney-Vento Homeless Assistance Act)」은 공립학교가 노숙아동과 노숙청소년(집을 나와 친척이나 친구들과 함께 사는 학생들을 포함)에게 교육권과 교육적 보호를 제공할 것을 요구한다. 이 법은 부모나 보호자의 요청이 있다면, 교육구가 노숙학생이 본래 다니던 학교에 다닐 수 있도록 그들에게 교통편을 제공할 것을 요구한다. 학교는 학적, 예방접종 기록, 거주지 증명서, 또는 다른 서류를 갖추지 못했다고 해서 노숙학생의 등록을 거부할 수 없다. 「매키니-벤토 노숙인지원법」에 따르면, 노숙학생들은 수업을 받을 수 있으며, 불가피한 환경 때문에 서비스를 거부당해서는 안 된다. 노숙학생을 위한 교육구의 연락관은 그들을 위한 보호자로서 서비스를 해야 하고, 학교 시스템과 커뮤니티에서 유용한 서비스에 접근할 때 그들을 지원해야 한다.

실업자와 노숙인은 경제적 불안정과 사회적·정치적·경제적 박탈로 고통을 받는다. 그들이 정규직 직장을 가질 때는 가장 하찮은 직업을 갖게 되고, 소득도 형편없다. 그들은 직장이 어려운 경제적 조건에 놓이거나 교외로 옮겨 갈 때 직장을 잃는다. 그들은 고용된 직장에서 더러운 일, 즉 물리적으로 더러울 뿐만 아니라 위험하고 하찮으며 품위가 없고 모멸적인 일을 한다.

교사는 저소득층 학생들을 효과적으로 돕기 위해 가난한 사람에 관한 고정관념을 극복해야 한다. 저소득층 학생들이 경제적 어려움 속에 사는 방법을 배우면서 가난을 수락, 감수, 심지어 수용하더라도 비난하지 않아야 한다.

문화적 가치와 빈곤 상태의 관계를 연구해온 인류학자와 사회학자는 빈곤문화이론을 제시했다. 그들은 가난한 사람에게는 그들의 빈곤환경에 대한 반응으로서 발전된 독특한 생활양식이 있다고 주장한다. 이 이론에 따르면, 가난한 사람들에게는 여러 세대에 걸쳐 재생산되는 가치체계와 생활양식이 있다.

빈곤문화이론의 비판자들은 이 집단의 문화적 가치는 다른 사람들의 가치와 거의 비슷하지만, 상황적 스트레스 때문에 실제로 바뀌었다고 믿는다. 이 설명은 가치와 생활양식의 차이는 한 세대에서 다른 세대로 전승되지 않지만, 가난한 생활 경험을 채택하는 것은 전승된다는 점을 암시한다.

2) 노동계급

노동계급이 추구하는 직업은 특정 직무에서 요구되는 기술에 따라 큰 소득격차를 나타내며, 육체노동을 요구한다. 노동계급을 정의하는 데 가장 중요한 요인은 생산의 자본통제에 대한 구성원들의 복종이다. 노동자들은 그들의 일을

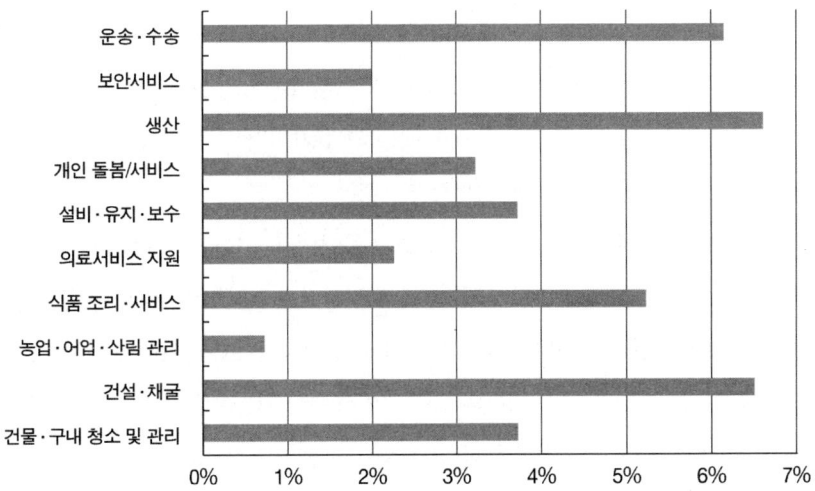

〈그림 3.5〉 노동계급의 직업별 인구분포

자료: U.S. Census Bureau. (2006). *Statistical Abstract of the United States*: 2007(126th ed.). Washington, D.C.: U.S. Government Printing Office.

통제하지 못한다. 즉, 노동자들은 일을 할 때 명령하지 못하고, 다른 사람들에게서 명령을 받는다. 노동자들은 기술적 진보와 다른 국가로의 직무 이전으로 발생하는 일자리 손실 때문에 가장 큰 상처를 입는다. 노동계급은 〈그림 3.5〉에 나오는 직종 등에서 40%를 차지한다(U.S. Census Bureau, 2006b).

일자리는 과거 수십 년에 걸쳐 제조업 부문에서 보안(경찰과 소방관)·식품·건강·세탁·개인 서비스(미용사·보모) 부문으로 이동했다. 여러 가지 한시적 직업, 파트타임, 계약직업이 확대되고 있다. 이러한 직장은 저임금에다 건강보험이나 퇴직연금 혜택도 없다(Collins and Veskel, 2004).

2005년 노동자 소득은 식품 서비스 부문에서 시간당 평균임금이 7.42달러이고, 자동차 제조업의 시간당 평균임금은 29.03달러로 편차가 매우 크거나(U.S. Census Bureau, 2006b), 연봉도 1만 6,000달러~6만 달러로 매우 다른 생활수준을 나타낸다. 노동계급의 소득은 화이트칼라 노동자의 소득과 같거나 높을 경우도 있지만, 그들의 직업 안정성은 떨어진다. 일은 더 산발적이고, 실업은 경제적 상황에 따라 영향을 받기 때문에 예측이 어렵다. 노동계급의 직장은 기술이 발전하면 더 높은 교육을 요구하기 때문에 도중에 그만둘 수밖에 없는 관계로 불확실하다. 이들 노동계급에게 제공되는 부가 혜택은 다른 계급의 노동자에게 제공되는 혜택만 못하다. 다른 노동자에 비해 휴가기간도 짧고, 의료보험도 완벽하지 못하며, 노동조건은 더 위험하다.

임금체계의 하위에 놓인 사람은 가난한 노동자이다. 그들은 더 많은 교육을 받은 사람이 거부하는 일을 한다. 그들은 가끔 시간당 6.55달러의 최저임금을 받으며 하나 이상의 일을 하지만, 가난에서 스스로 벗어날 수 없다. 현행 경제적·사회적 정책에 대한 비판자들은 정부의 빈곤선 아래에 놓이는 이들이 받는 최저임금이 그렇게 낮은가에 대해 질문을 한다(Rank, 2004; Shipler, 2004; Shulman, 2003). 많은 주에서는 연방 수준보다 높은 최저임금을 책정했다. 일반적으로 조합원은 더 높은 소득을 올리고, 의료보험과 퇴직연금에 대해 협상하지만, 많은 저임금노동자는 노동조합에 가입할 수 없거나 노동조합 가입을 적극적으로 방해하는 주 또는 회사에서 일한다.

블루칼라 노동자는 반복적이고 기계적인 육체노동과 주로 관련된다. 이들 대부분 직업에서 요구되는 교육은 기계적이지 않고 반복성이 덜한 화이트칼라 직업보다 높지 않다. 블루칼라 노동자는 높은 단계의 지위로 이동하기가 어렵다. 블루칼라 노동자들은 일반적으로 그들이 근면하고, 정직하며, 사회를 위해 중요한 일을 수행한다고 여긴다. 그들은 성공을 원하며, 자녀가 부모와 같은 종류의 직업을 가져 삶을 낭비할 필요가 없기를 바란다.

3) 중류계급

일반적으로 중류계급으로 여겨지는 미국인의 소득은 천차만별이다. 가족의 연간소득이 4만 달러~8만 5,000달러에 해당하는 경우 중류계급으로 분류되는데, 2004년 기준으로 전체 가족의 37%가 해당된다(U.S. Census Bureau, 2006b).

중류계급 중 일부는 소득이 넉넉하지만, 많은 사람은 실제로 부자가 아니다. 많은 사람은 봉급을 받아 살아가며, 그들은 재난, 경기 침체, 해고, 임금삭감, 또는 노년에 따른 수익의 손실을 완화할 수 있는 대책이 거의 없다. 어떤 사람들은 중류계급으로 살아가다가 일순간에 빈곤층이 된다. 많은 가족은 겨우 먹고살 만큼 벌기 위해 맞벌이를 한다.

중류계급의 직장은 소득에 따라 크게 다르다. 전반적으로 중류계급 노동자들은 대부분 블루칼라 노동자(숙련 노동자와 직공은 예외)보다 중간소득이 높다. 2005년 기준으로 판매원의 중간소득은 3만 2,344달러였다. 사무실에서 행정지원을 담당하는 노동자의 중간소득은 2만 8,600달러 미만으로 나타났다. 교사와 다른 교육자들의 중간소득은 4만 1,496달러였다(U.S. Census Bureau, 2006b). 하나의 집단으로서 이들 노동자들은 블루칼라 노동자들보다 직장의 안정성과 더 나은 부가 혜택을 누리지만, 간혹 고등교육을 받아야 한다.

일부 화이트칼라 일자리는 많은 블루칼라 일자리만큼 반복적이고 지루하다. 물론 다른 화이트칼라의 일자리는 매우 흥미롭고 도전할 가치가 있다. 다른 일자리는 여전히 피고용인이 그들의 환경을 통제할 수 없다는 점에서 극단적으로 격리되어 있다. 일부 피고용인은 그들의 직무가 무의미하다고 생각하고, 사회적으로 동료와 분리되어 있으며, 자아존중감이 낮다. 화이트칼라 노동자의 직무와 환경의 유형은 크게 다르다. 화이트칼라 노동자들은 프로테스탄트 직업윤리를 강력하게 믿는다. 일반적으로 그들은 유복한 삶을 살아가는 데 필요한 신념과 가치체계를 신봉한다. 그들은 경제적으로 블루칼라 노동자들보다 약간 나을 뿐이지만, 더 풍요로운 생활을 하거나 그렇게 하려고 노력한다.

4) 상위중류계급

전문직·관리직·행정직은 중류계급의 엘리트들이다. 그들은 많은 가족이 올라가려고 하는 사회경제적 지위를 대표한다. 그들의 소득수준은 여러 측면에서 화이트칼라와 블루칼라 노동자의 삶과 아주 다른 삶을 살게 한다. 그들은 국가의 경제성장으로 많은 혜택을 받는 것으로 보이는 집단이다. 상류계급보다는 훨씬 낮은 단계이지만, 상위중류계급은 풍요로운 계급이다.

이 범주에 가장 잘 어울리는 전문직에 종사하는 사람들은 전문 학위나 고급 학위, 자격증을 취득해야 한다. 다섯 명의 노동자 중 한 명은 전문직이거나 관련 직종에서 일한다. 판사·변호사·건축가·의사·대학교수·교사·컴퓨터프로그래머·과학자 등은 전문직 종사자이다. 교사와 사회 서비스 직업군을 제외한 대부분 전문직 종사자는 중간소득 4만 6,904달러보다 훨씬 높은 소득을 올린다(U.S. Census Bureau, 2006b). 그들은 상위중류계급으로 분류되지만, 연간 8만 5,000달러 이상을 버는 사람도 많다. 그들은 대개 집과 신차를 소유하고 국내의 다른 지역과 외국으로 휴가도 갈 수 있다(Rose, 2000).

이 집단에는 피고용인구의 14%를 차지하는 관리자와 행정가도 포함된다. 그들은 성공적인 행정가나 사업가로서, 이 집단 구성원은 매우 다양하며, 회사 CEO, 대학 총(학)장, 지역 요양소 소유자와 행정가 등을 포함한다. 가장 풍요로운 이들은 재무·마케팅·생산 부문의 중간관리자와 고위관리자이다. 남성과 여성의 소득격차는 전문직보다는 관리직과 행정직에서 더 크다. 그러나 앞에서 언급한 것처럼 대기업의 관리직은 이 수준보다 훨씬 높은 봉급을 받으며, 그들의 연봉과 부가 혜택은 상위 계급에 속한다.

이 집단이 부를 축적하는 소득과 기회는 다른 집단보다 더 높다. 이 집단의 구성원들은 시민조직과 자원봉사단체에서 능동적인 역할을 수행한다. 그들의 직업과 소득은 이들 단체 안에서 정책결정의 역할을 하게 만든다. 그들은 정치과정에서 능동적인 참여자이기 때문에 공공 혜택의 주된 수혜자이기도 하다. 지금까지 연구된 모든 집단 중 이 집단이 최고의 권력을 쥐고 있다.

이 집단에 속하는 사람들의 경우 직업이 그들의 생활에서 중심적인 역할을 하는데, 그들은 이 직업을 기준으로 그들의 사업파트너와 직업 동료뿐만이 아니라 친구까지도 결정한다. 그들의 직업은 자율과 높은 정도의 자발성이 허용된다.

이 집단의 구성원들은 그들의 풍요·혜택·안락을 독특하다기보다는 보편적인 것으로 여긴다. 그들은 그들의 계급에는 거의 모든 사람이 포함된다고 믿는 경향이 있다(Rose, 2000). 그들은 이미 성공했기 때문에 아메리칸 드림을 믿는다.

3-3 생각해보기

다른 사람에 대한 지각은 삶의 초기 단계에 이루어지고, 전 생애를 통해 자신의 경험에 기초하여 교정되거나 강화된다.

- 노숙인, 노동계급, 중류계급을 생각할 때 떠오르는 이미지는 무엇인가?
- 노숙인, 노동계급, 중류계급의 긍정적인 특성은 무엇이고, 부정적인 특성은 무엇인가?
- 노숙인, 노동계급, 중류계급에 대한 인식이 가치판단적인 이유는 무엇인가?
- 당신은 노숙인, 노동계급, 중류계급 학생들을 차별하지 않기 위해 당신의 인식에서 무엇을 경계해야 하는가?

---

5) 상류계급

고소득과 부는 이미 상류계급에 진입한 사람들에게서 인정을 받기 위해서뿐만 아니라 상류계급에 진입하기 위해 필요한 요인이다. 그러나 개별 가족의 부에서 큰 변인은 상류계급의 특성에 달려 있다.

상류계급은 두 집단으로 구성된다. 한 집단은 유산으로 물려받은 부를 관리하는 개인과 가족이다. 또 다른 집단에는 최고관리자와 전문가가 있다. 이 단계에서 일부 가족은 사회경제적 지위 덕분에 상류계급으로 진입하거나 그 계급을 유지할 수 있다. 상류계급은 대형 은행, 엔터테인먼트 기업, 생산 기업체의 최고관리자와 고소득자를 포함한다. 또한 상류계급은 이 계급에 걸맞은 지위의 집단과 정부 고위관리자에게 중요한 상담을 제공하는 사람들을 포함한다. 예컨대, 법인 변호사가 여기에 해당한다.

상류계급과 다른 계급의 소득과 부의 격차는 놀랄 정도이다. 예컨대, 1980년에 회사 CEO는 노동자 평균소득의 42배를 벌었다. 1990년에 그 차이는 107배로 벌어졌다. 2006년에는 무려 411배 차이가 났다(Anderson et al., 2006). 100만 달러 이상의 소득을 신고하는 사람들의 숫자는 1980년대 이후 극적으로 증가했다. 상류계급의 구성원이 증가한 것은 부분적으로 재산·주식과 같은 자산의 소유주가 벌어들이는 임대료·배당금·이자액이 늘어났기 때문이다.

부와 소득은 권력을 가져온다. 자원이 배분될 때는 엄청나게 불균형적인 부를 소유한 사람 중에서도 아주 극소수만이 불균형적으로 혜택을 받는다. 이들의 권력이 그들의 부를 보호한다. 미국에서 유일한 누진세(累進稅)는 연방 소득세인데, 이 세법에 따라 소득이 오를수록 더 많은 소득세를 납부해야 한다. 이 세법의 취약점은 불로소득을 자산으로 하는 사람들에게 혜택을 제공하는 것이다. 그렇다면 이 세법이 부자들에게 혜택을 주는가? 1980년대 세법은 누감적(累減的)인 성격으로 결국 고소득층의 세금을 인하하는 결과를 가져왔다. 1990년대 누진세에서는 고소득층의 세금이 저소득층의 세금에 비례하여 올라갔다. 2001년 세금삭감법은 모든 사람의 세금을 인하해줬지만, 고소득층은 더 많은 세금감면의 혜택을 받았다. 소득 하위 5분위에 놓인 가족은 연평균 81달러의 세금감면 혜택을 받았다. 그러나 상위 1% 부자들은 평균 4만 2,618달러의 면세 혜택을 받았다(Teller-Elsberg et al., 2006). 따라서 세금감면은 최하위소득자보다는 부자에게 더 많은 혜택을 준다.

부를 상속받은 가족이 완전히 폐쇄된 지위집단을 대표하지는 않지만, 그들은 미국에서 태어난 프로테스탄트인 영국계 미국인을 과다대표하고 있다. 그들은 상류계급의 다른 구성원과 결혼하는 경향이 있다. 그들에게 대학 학위는 중요하지 않지만, 충분한 교육을 받는다. 교육적으로 그들의 위신을 나타내는 것은 엘리트 사립고등학교와 명문 사립대학에 진학하는 것이다. 이 집단은 다른 어느 집단보다도 집단 내에서 생활양식과 가치관의 동화가 크게 일어난다. 이 집단 내에서도 다양성이 존재하지만, 상류계급의 구성원은 가장 동질적인 집단일 수 있다. 그들은 문화 간 교류와 계급 간 상호작용이 제한되는 한 그렇게 남을 것이다.

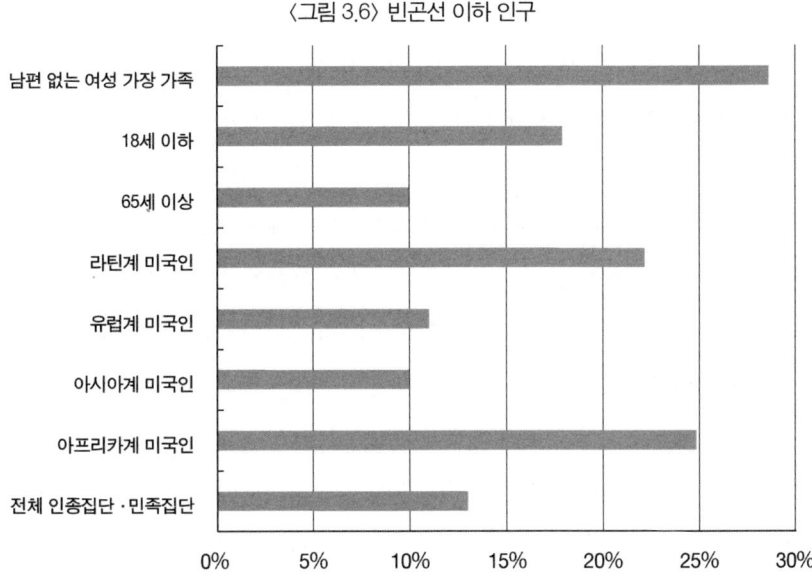

〈그림 3.6〉 빈곤선 이하 인구

자료: U.S. Census Bureau. (2006). *Statistical Abstract of the United States*: 2007(126th ed.). Washington, D.C.: U.S. Government Printing Office.

5. 인종·민족성·젠더·연령과 계급의 상호작용

　젊은이, 유색인, 여성, 하찮은 일에 종사하는 정규직 노동자, 문맹자는 대부분 가난하다. 미국에서 빈곤층에 속하는 사람은 790만 명으로 전체 가족의 10%에 해당한다(U.S. Census Bureau, 2006b). 〈그림 3.6〉은 미국에서 가난으로 가장 고통을 받는 집단을 나타낸다.

　많은 저소득층의 사람이 연중 일하는 정규직에 종사하지만, 가난에서 벗어날 정도로 높은 임금을 받지 못한다. 소득이 2만 5,000달러 미만인 약 900만 가구에는 정규직으로 연중 일하는 구성원이 최소 한 명은 있다. 또 다른 400만 가족에는 파트타임이나 일정한 기간 풀타임으로 일하는 구성원들이 있다(U.S. Census Bureau, 2006b). 노동자 빈곤층은 서비스업과 소매업에 불균형적으로 많다. 그들은 최저임금이 낮고 파트타임으로 일할 수밖에 없기 때문에 빈곤을 극복하기가 어렵다.

임금 불평등은 다른 선진국보다 미국에서 더 높다. 국제 비교연구에 따르면, 미국의 빈곤율이 가장 높고, 미국이 빈곤에서 벗어날 기회를 제한하는 사회 정책이 가장 많다. 미국에서 노동자들은 연간 몇 시간 더 일을 하지만, 저소득층은 다른 국가의 노동자들보다 생활수준이 더 낮다. 다른 선진국들은 더 강력한 노동조합, 더 높은 최저임금, 더 많은 휴가일수를 포함하여 관대한 혜택을 부여한다. 다른 국가의 사회정책은 출산휴가, 가족휴가, 보편적 건강보험, 육아를 통해 사회적 안전망을 제공한다(Mishel, Bernstein and Schmitt, 2003).

가난한 사람들은 매우 이질적인 집단이다. 그들이 모두 다 같은 가치나 생활양식을 공유하지는 않는다. 그들이 빈곤의 조건과 적합한 행동을 할 것으로 기대하기는 어렵다. 많은 사람에게 민족성이나 종교는 빈곤의 경제적 억압에서 그들이 사는 방식을 결정하는 가장 중요한 요인이다. 빈곤의 경제적 억압은 다른 사람들에게 가치와 생활양식을 결정하는 데 가장 큰 영향을 주고, 그들의 가치와 생활양식은 빈곤 생태가 지속되게 하는 경제적 억압 때문에 심각하게 제한된다.

1) 인종과 민족 불평등

많은 아시아계 미국인 집단을 제외한 유색인들은 경제적 박탈을 경험할 가능성이 높다. 아프리카계 미국인 가족은 백인 가족의 중간소득 5만 4,061달러의 65%에 해당하는 3만 5,158달러를 벌고, 아시아계 미국인과 태평양 군도 가족은 121%에 해당하는 6만 5,482달러를 번다(U.S. Census Bureau, 2006b). 태평양계 미국인은 아시아/태평양계 미국인 집단의 10%만을 차지하지만, 그들은 불균형적으로 빈곤층이 많다. 이 같은 사실은 태평양계 미국인을 아시아계 미국인과 같은 범주로 묶었을 경우에는 명확하게 나타나지 않는다. 집단 간 차이는 결혼한 부부가 있는 가족과 비교할 때 더 작지만 동일하지 않다.

다른 집단보다 가난한 백인들도 있지만, 빈곤층에서 백인이 차지하는 비율은

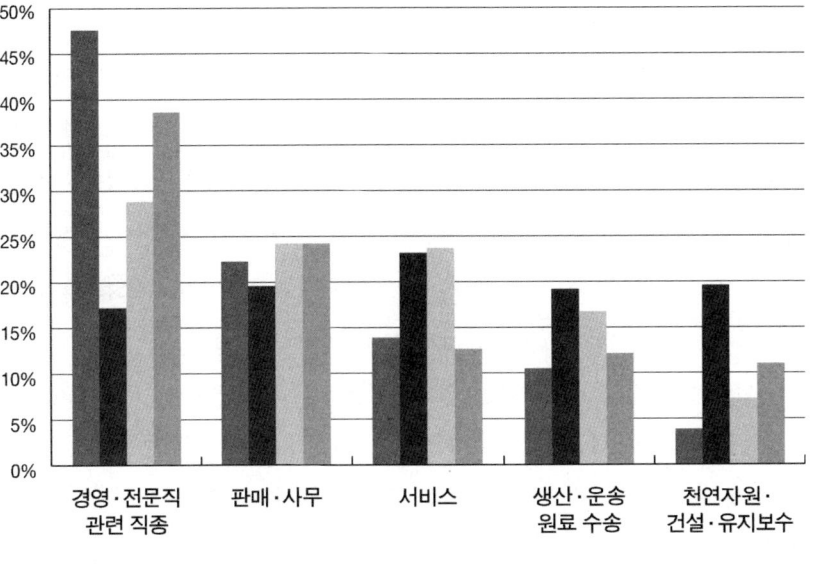

〈그림 3.7〉 민족집단의 직업

주: 이 그래프는 직업별로 고용된 각 집단의 비율을 보여준다(고용된 아프리카계 미국인의 28%는 관리직이나 전문직에서 일한다).
자료: U.S. Census Bureau. (2006), *Statistical Abstract of the United States*: 2007(126th ed.). Washington, D.C.: U.S. Government Printing Office.

아시아계 미국인을 제외하고 다른 인종집단보다 적다. 백인 8%는 빈곤선 아래에 놓여 있는데, 이 숫자는 아프리카계 미국인 23%, 라틴계 미국인 21%, 아시아계 미국인 7%와 비교된다(U.S. Census Bureau, 2006a). 다른 집단과 마찬가지로 아시아계 미국인 중에도 상당한 다양성이 존재하지만, 일부 아시아계 미국인 ─ 주로 1978~1982년에 베트남·라오스·캄보디아 등의 동남아시아에서 미국으로 이주한 가족 ─ 은 최악의 빈곤상태에 놓여 있다. 이들이 최악의 빈곤상태에 놓인 이유 중 하나는 유색인들이 〈그림 3.7〉에서 보는 것처럼 낮은 임금을 받는 직업에 집중되어 있기 때문이다. 고임금과 고위직을 차지하는 직장에서 일하는 아프리카계 미국인의 비율은 백인보다 훨씬 낮다. 아프리카계 미국인의 직업 지위는 지난 40년에 걸쳐 절대적·상대적으로 증가했지만, 그들과 라틴계 미국인은 여전히 준숙련직과 비숙련직에서 과다대표를 나타낸다.

불공평한 조건은 몇 가지 요인으로 영속화된다. 가난한 사람들은 고등학교를 졸업할 가능성이 낮다. 유색인 학생들의 학교 중퇴율은 백인 학생들보다 훨씬 더 높은데, 이는 유색인들의 잠재적 소득을 제한한다. 고등학교 졸업률은 소득에 따라 다르게 나타나는데, 연간 3만 6,539달러 미만을 버는 가족의 학생들은 69%, 연간소득이 9만 8,434달러 이상인 가족의 학생들은 93%의 졸업률을 나타냈다(Family Income and Higher Education Opportunity, 2006).

유색인의 실업률은 유럽계 미국인보다 더 높다. 2005년에 백인의 4% 미만이 실업자였던 반면에 아프리카계 미국인은 7.5%, 라틴계 미국인은 4.8%였다. 20~24세 연령 기준으로 실업자 비율을 보면 그 차이는 더 크게 벌어지는데, 백인 7.2%, 흑인 18.3%, 라틴계 미국인 8.6%였다(U.S. Census Bureau, 2006b). 아프리카계 미국인과 라틴계 미국인에 대한 차별은 여전히 광범위하고, 이것이 실업과 노동시장에서 참여 부족으로 이어진다.

민족집단의 역사적 경험은 사회경제적 지위에서 그들의 증가에 큰 영향을 미쳤다. 예컨대, 아프리카계 미국인의 절대적 계급 지위(소득·직업·실업률)는 그들이 미국의 대도시에 이주한 뒤로 향상되었다. 20세기 전반기에 그들은 대도시에서 고임금을 받는 직장을 잡을 수 있었다. 그들의 교육수준은 고등학교 과정 이수, 이수 학년도의 중간치, 낮은 수준에서의 표준시험점수, 대학 진학률과 관련하여 흑인과 백인 간에 나타났던 엄청난 격차를 좁혔다.

불균형적으로 낮은 사회경제적 지위에 놓인 또 다른 억압받는 집단은 아프리카계 미국인과 다른 역사적 경험이 있지만, 유사한 차별을 겪는다. 멕시코계 미국인은 최하위 직업 중 하나인 농장노동자로서 과다대표가 되어 있다. 많은 아메리칸인디언은 보호구역에 격리되어 있는데, 대부분은 하위직을 제외한 일자리와 무관하며, 심지어 그들이 차지하는 하위직의 일자리도 제한되어 있다. 높은 교육을 받고 상대적으로 높은 사회경제적 지위에 놓인 아시아계 미국인은 중간관리직에 오를 수 있지만, 그들 앞에는 유리천장(glass ceiling)이 가로막고 있어 상위관리직으로 도약하지 못한다.

2) 젠더 불평등

하나의 집단으로서 여성(최악의 억압으로 고통을 받는 유색인 여성 포함)은 다른 집단보다 소득이 적고, 가난으로 고통을 받을 가능성이 높다. 그러나 이러한 불평등의 원인에는 인종과 민족에 기초한 불평등에서 파생한 아주 다른 근원들이 있다. 젠더에 따른 제도적 차별은 어머니와 아내로서의 전통적 역할과 직장에서 복종해야 하는 가부장 사회에 기초한다. 이 지위가 그들의 일자리 기회를 제한하고, 저임금을 받게 한다. 여성에 대한 외형적 차별은 다른 억압받는 집단의 구성원에게 평등을 조장하는 것과 유사한 메커니즘을 사용함으로써 개인의 임금·고용·승진을 결정하는 데 젠더를 이용하는 결과를 초래했다.

2005년에 20~64세 여성의 71%가 민간노동자로 일한 반면, 남성은 85%였다(U.S. Census Bureau, 2006b). 여성은 인종·민족과 무관하게 거의 같은 비율로 노동에 참여하는 것으로 나타났다. 유럽계 미국인이 69%, 아프리카계 미국인이 68%, 라틴계 미국인이 59%를 차지했다.

오늘날 많은 가족이 적절한 생활수준을 유지하기 위해 맞벌이를 한다. 맞벌이 부부의 소득이 가족의 생활양식에 기여하는 차이는 명확하다. 20세기 후반 직장에서 기혼 여성과 백인 여성의 비율은 극적으로 증가했다. 1940년에 전체 기혼 여성 중 16.7%만이 집 밖에서 일했고, 2005년에는 18세 미만의 자녀를 둔 기혼 여성의 75%가 집 밖에서 일하는 것으로 나타났다(U.S. Census Bureau, 2006b).

역사적으로 볼 때 젠더에 따른 분업은 꽤 엄격했다. 여성의 역할은 출산·육아·가사로 제한되었다. 여성이 집 밖에서 하는 일이란, 아이와 환자를 돌보는 것으로 집에서 하는 역할과 유사했다. 일은 젠더에 따라 고착화되었다. 〈표 3.1〉에서 보는 것처럼 2005년까지만 해도 여성은 전통적 여성직업의 90% 이상

〈표 3.1〉 여성이 가장 많이 참여하는 직업과 가장 적게 참여하는 직업

(단위: %)

전통적인 여성직업	참여비율	전통적인 남성직업	참여비율
비서, 행정 보조	97	공구 제조	1.1
유아원 및 유치원 교사	97.7	벌목노동자	1.7
치과위생사	97.1	자동차정비사	1.8
치과보조사	96.1	목수	1.9
식품영양사	95.3	측량기사	2.7
타자원	95.0	타워크레인 기사	2.8
보육	94.8	건축 및 채굴	3.0
면허 실무 간호사	93.4	소방관	3.3
접수계원 및 안내원	92.4	항공정비사 및 서비스 기술자	4.5
직업치료사	92.9	트럭 운전사	4.5
공인 간호사	92.3	비행기 조종사 및 비행기 엔지니어	5.2
언어치료사	92.0	기계 엔지니어	5.8
미용사	92.0	건축감독	6.3
임금대장관리 및 시간기록원	91.4	전기 엔지니어	7.1
부기, 회계 및 감사원	91.3	지상작업반	7.5
보조교사	90.9	엔지니어링 기술 감독	9.5

자료: U.S. Census Bureau. (2006); Statistical abstract of the United States: 2007(126th ed.). Washington, D.C.: U.S. Government Printing Office.

과 전통적 남성직업의 10% 미만을 차지했다. 여성이 압도적으로 많은 직업은 높은 지위가 있는 것도 아니고, 높은 임금을 받는 것도 아니다. 교사와 간호사와 같은 전문직에 종사하는 사람들은 건축가와 엔지니어의 소득 또는 명망과 경쟁이 되지 않는다. 여성은 사무직과 서비스직에서 과다대표가 되고, 관리직과 숙련직에서는 과소대표가 된다.

심지어 같은 직업집단 내에서도 여성과 남성의 봉급이 다르다. 〈표 3.2〉는 선택된 직업에서 남녀 간 봉급을 비교한 것이다. 2005년 여성의 소득은 남성의 81%였다(U.S. Bureau of Labor Statistics, 2006). 저소득 집단과 고소득 집단의 격차도 여성의 불평등을 키우는 요인이 되었다. 소득규모에서 하위에 놓인 남성

〈표 3.2〉 2005년에 선택된 직업에서 여성과 남성의 중간연봉 비교(단위: 달러)

직업	여성연봉	남성연봉	남성연봉 대비 여성연봉 비율
건축 및 채굴	24,960	31,512	79%
관리, 비즈니스, 재무운영	44,055	60,684	77%
농업·산림·어업	17,004	20,176	84%
설비·유지·보수	35,932	36,712	98%
교육, 훈련, 도서관	39,156	49,920	79%
보안 서비스	26,728	37,908	70%
판매	25,116	39,624	63%
건축 및 엔지니어링	49,140	58,916	84%

자료: U.S. Bureau of Labor Statistics. (2006). Highlights of women's earnings in 2005 (Report 1995). Washington, D.C.: U.S. Department of Labor.

과 여성은 기반을 잃고 있다. 전통적으로 저임금의 남성직업에서 일하는 여성은 중류계급으로 이동할 기회가 증가되지 않는다. 교육수준이 높은 여성들에게는 이 기간에 절대적인 임금상승이 있었다.

전문직과 박사학위를 제외하면 더 많은 여성(56%)이 남성(44%)보다 고등교육을 받는다. 이 밖에도 졸업률에서도 여성이 남성보다 훨씬 높으며, 전문대학원에서도 그 격차를 좁히고 있다. 2004년에 여성은 전체 법학학위의 49%, 의학학위의 46%, 신학학위의 34%를 차지했다(U.S. Census Bureau, 2006b). 그러나 2005년을 기준으로 같은 교육을 받은 남성의 소득과 비교했을 때, 학사학위를 취득한 여성은 3만 1,309달러를 번 반면, 남성은 5만 916달러를 벌었다. 전문학위를 가진 남성은 8만 8,530달러를 번 반면, 여성은 4만 8,536달러를 벌었다.

여성, 특히 가장의 역할을 하는 여성은 남성보다 빈곤선 아래에 놓일 가능성이 더 높다. 배우자가 없는 여성이 가장인 28%가 현재 공식적인 빈곤선 아래의 소득을 번다(U.S. Census Bureau, 2006b). 이 집단에 속하는 많은 가족은 저임금 일자리, 이혼·별거, 혼외 출산 등의 악순환을 겪고 있다. 배우자가 없는 남성 가장과 비교할 때 배우자가 없는 여성은 남성 중간소득의 67%만을 번다(U.S. Census Bureau, 2006b).

3-4 생각해보기

당신의 커뮤니티에서 남성과 여성이 근무하는 직업의 유형을 체계적으로 기록하시오. 기본 목록은 다음과 같다.

직업 유형	여성 수	남성 수

- 유사점은 무엇인가?
- 결과를 보고 놀랐는가?
- 그렇다면, 특히 놀란 점은?

남성과 여성이 같거나 유사한 직업에 근무하는지를 판단하기 위해 자료를 분석하시오. 이 연구에서 여성과 남성에게 주는 경제적 시사점은 무엇인가?

3) 연령 불평등

〈그림 3.8〉에서 보는 것처럼 가장 높은 빈곤율은 젊은층이 차지한다. 18세 미만 아동과 청소년의 18%가 빈곤하다(U.S. Census Bureau, 2006b). 그러나 아동 5명 중 약 2명이 저소득층이다(National Center for Children in Poverty, 2006).

여성과 남성 모두 45~54세에 최고의 소득을 올린다. 14~19세 청소년의 중간 소득은 다른 어떤 집단의 중간소득보다 낮은데, 일차적인 이유는 대부분이 19세쯤에 직장에 들어가고, 일부는 대학에 진학하면서 몇 년 동안 직장생활을 하지 않기 때문이다. 대부분 55세에 도달할 때까지 소득이 점진적으로 증가한다. 여성의 소득은 근무기간에 꾸준히 조금씩 증가하는 반면, 대부분 남성의 소득은 직장생활 내내 극적으로 증가한다.

아동의 계급 지위는 가족에 달려 있고, 아동은 어린 시기에 그들의 운명을 거의 통제할 수 없거나 아예 할 수 없다. 미국에서 높은 비율의 아동이 빈곤상태에 놓이는데, 이 비율은 유럽보다 높다(Luxemberg Income Study, 2007). 국제 비

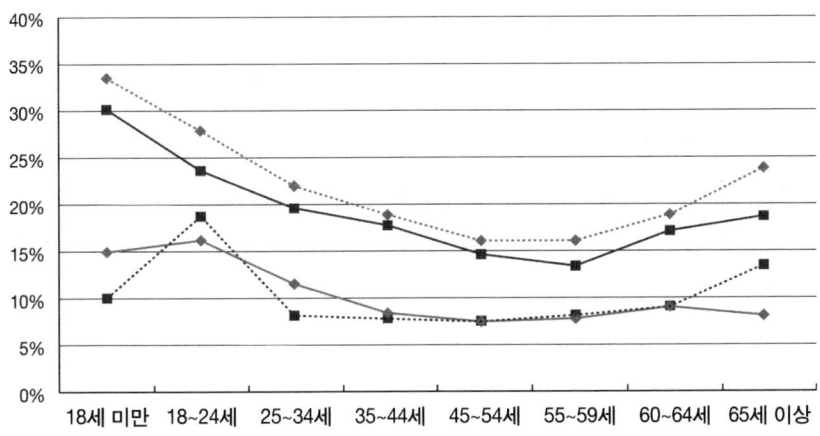

〈그림 3.8〉 연령별·인종별·민족성별 빈곤지수

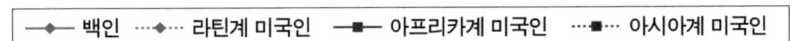

자료: U.S. Census Bureau. (2006), *Statistical Abstract of the United States*: 2007(126th ed.). Washington, D.C.: U.S. Government Printing Office.

교연구에 따르면, 고소득과 중간소득에 속하는 미국의 아동은 다른 선진국의 아동보다 생활수준이 높다. 그러나 저소득층 아동은 다른 국가의 아동보다 최소 3분의 1 정도 가난하다(Rank, 2004). 학교에서 빈곤층 학생의 기준은 무상급식이나 할인급식을 이용하는 학생의 숫자이다. 2005년 미국의 4학년생 41%가 이 프로그램에 참여했지만, 라틴계 미국인은 73%, 아프리카계 미국인은 70%, 아메리칸인디언은 65%에 달했다. 이는 백인 24%와 비교된다. 아프리카계 미국인 학생과 라틴계 미국인 학생이 빈곤율이 높은 학교(학생의 75% 이상이 무상급식 또는 할인급식을 이용)에 갈 가능성은 백인의 거의 열 배에 달한다(U.S. Department of Education, 2006).

저소득층 학생들은 보통 중간소득층과 고소득층 또래보다 낮은 인지능력을 가지고 유치원을 시작한다. 문제를 더 확대해보면, 사회경제적 지위가 낮은 유치원생들은 능력별 반편성과 같은 질이 낮은 수업과 인종차별적 관행을 유지하는 최악의 공립학교에서 시작한다(Lee and Burkam 2002). 미래에 이들 아동은 학교에서 열악한 수업, 고통스러운 경제 환경, 좋지 못한 건강 등으로 그들이 성인이 되었을 때의 수익력을 키우는 데 불리한 처지에 놓일 것이다.

65세 이후의 가난을 예방하기 위해 개인들은 직장에서 일하는 동안 계획을 세워야 하는데, 그 계획 중 하나는 정년, 즉 정규 소득의 창출이 끝나자마자 사용할 수 있도록 미리 소득을 맡기거나 저축하는 것이다. 사회보장혜택은 노년층에게 약간의 지원책이 되는데, 종종 이 혜택이 이용할 수 있는 유일한 지원책이 되기도 한다. 일부 노동자는 정년 후에 소득을 제공하는 연금을 들지만, 많은 피고용인, 특히 블루칼라와 저소득층의 화이트칼라 노동자는 연금제도를 이용할 기회조차 갖지 못한다. 일부는 고용주가 고용 상태를 보고하지 않고 세금을 납부하지 않는, 가령 집 청소와 같은 일을 하면서 현금을 받는다. 결과적으로 그들에게는 사회보장이 없다. 일부는 퇴직 연령을 넘겨 신체적으로 허락하는 한 일을 계속해야 한다.

부를 통제하거나 노동시장에서 높은 성과를 올리는 개인에게 상위 계급을 부여하는 사회에서, 생산적이지 못한 사람들은 낮은 지위에 놓인다. 많은 노년층의 사람은 정부에서 재정 지원과 의료지원을 받는다. 이들은 사회에서 존경을 받기는커녕 경제활동을 하는 사람들에게서 도움을 받아야 할 처지에 놓일 뿐만 아니라 무시를 당하기도 한다.

6. 교실에서의 초점

많은 사회 개혁가, 교육자, 부모는 교육을 사회 변화와 빈곤의 감소를 달성하기 위한 강력한 도구로 생각한다. 19세기 초반 공립학교운동 초기부터 저소득과 부도덕한 행위는 부적절한 교육의 결과라고 믿었다. 따라서 사람들은 저소득층 아동들에게 노동에 필요한 규율을 배우기 위해 기독교적 가치를 전파하는 자선학교와 보통공립학교에 진학할 것을 권장했다. 1960년대 많은 저소득층 학생은 경제적으로 유리한 또래보다 학업성적에서 뒤떨어졌고 중퇴율도 높았다. 1960년대에 린든 존슨(Lyndon Johnson) 대통령이 주도한 '빈곤과의 전쟁(War on Poverty)' 일환으로 연방정부는 헤드 스타트, Title Ⅰ(보상교육), Upward Bound, Job Corps, Neighborhood Youth Corps, 기타 교육 프로그램의 시행을 통해 빈곤을 감소하려 시도했다. 그러나 저소득층 학생의 시험성적은 기대만큼 향상되지 않았고, 가족의 경제적 불균형도 크게 개선되지 않았다.

빈곤이 학생에게 미치는 영향을 극복하려는 노력에 진전이 이루어지지 않는다고 해서 교육 개혁의 중요성을 간과해서는 안 된다. 약간의 변화가 학생들이 수업을 더욱더 매력적으로 느끼도록 만들고, 많은 학생의 성취도를 높이고 있다. 법원 판결의 결과로 많은 주에서 교육자원은 더욱더 공평하게 배분되고 있다. 그럼에도 소득균형 증대와 빈곤감소라는 의도적인 목표는 실현되지 않는다. 학교 개혁 이상의 무엇인가가 사회경제적 지위가 낮은 학생의 학업 성취를 올리기 위해 요구된다. 그들 삶의 사회경제적 조건은 좀 더 높은 임금과 저소득층을 지원하는 사회정책을 통해 향상되어야 한다(Rothstein, 2004).

교육에 대한 다른 사회적·역사적 해석을 통해 사회에서 학교의 역할을 설명할 수 있다. 두 가지 시각이 우세한데, 첫째, 학교의 역할은 졸업생의 경제적 성공 기회를 향상하게 하는 사회 개혁의 매개체이다. 둘째, 학교는 현행 사회적·경제적·정치적 시스템을 유지하기 위해 필요한 가치를 가르친다는 목표와 함께 더 큰 사회적·경제적·정치적 맥락의 매개체로서 존재한다.

첫 번째 시각의 지지자들은 상당히 관대한 입장으로, 학교가 학생들의 사회이동을 도와준다는 측면에서 학교의 역할을 정의 내린다. 이들 지지자들은 사회 개혁이 저소득층 학생들에게 더 효과적인 학교를 제공하면 달성될 수 있다고 낙관적으로 믿는다. 두 번째 시각의 지지자들은 학교를 기업에서 일을 능률적으로 할 수 있도록 준비시키는 과정으로 본다. 기업과 산업계가 학교에 기대하는 것은, 저소득층 학생들을 중간소득층과 고소득층 대학 졸업생이 관리하는 저임금 직업에 종사할 수 있도록 준비시키는 것이다.

많은 학교는 동등한 교육 기회를 제공하기보다 현존하는 사회경제적 불균형을 영속화한다. 여기에서는 학교에 존재하는 불균형에 영향을 미치는 네 가지 요인, 즉 교사의 기대, 능력별 반편성, 교과과정, 학교 재정에 대해 검토한다.

 **똑똑한 아이, 열악한 학교**

최근 전국 여러 학교의 열악한 환경에 대해 점점 더 많은 관심이 쏠리고 있다. 확실히 이런 환경에서 교육받는 학생들은 좀 더 나은 경제적 조건과 커뮤니티 자원을 갖춘 학교에 다니는 학생이 받는 교육 혜택을 받지 못한다. 세드릭 제닝스(Cedric Jennings, 워싱턴 D.C.의 가장 가난한 지역에 위치한 고등학교에 다니는 똑똑한 학생)는 똑똑한 유색인 학생을 위한 하계 프로그램에 등록했을 때 이것을 확신했다. 그는 고소득층 이웃 학생들의 학업준비가 잘 되어 있다는 것을 알았다. 그에게 비싼 사립학교에 진학하도록 장학금 제의가 들어왔을 때, 그는 장학금을 거부하고 자신이 다니던 발로우(Ballou) 고등학교 3학년생으로 돌아왔다. 세드릭은 왜 열악한 학교로 되돌아왔다고 생각하는가?

당신이 열악한 환경에 놓인 도시 학교의 교사라고 생각해보라.
- 똑똑한 것이 동료 학생들에게 중요한 것으로 여겨지지 않는 세계에서 교육의 가치관을 어떻게 심어주려고 할 것인가?
- 당신의 학급 배경은 당신의 능력에 어떤 영향을 줄 것인가?
- 당신은 학급에서 매일 계급 차이에서 비롯되는 나쁜 영향을 불식하기 위해 무엇을 할 것인가?

1) 교사의 기대

학생의 성별과 가족의 사회경제적 지위의 관점에서 보면 대부분 교실 구성원은 이질적이다. 불행하게도 일부 교사는 학생이 속한 집단에 기초하여 학생에 대한 학업을 기대한다. 중류계급으로 분류되지 않은 학생들은 간혹 높은 학업성적을 달성할 수 없을 것으로 생각된다. 이들 학생의 대부분은 교사의 그런 기대로 큰 상처를 입는다. 이와 대조적으로 상위중류계급 학생들은 대개 교사의 판단으로 혜택을 누린다. 교사는 그들이 학교에서 높은 학업 성취를 올릴 것으로 기대하고 그들을 더 우호적으로 대우하며, 실제로 대부분 학생은 높은 성적을 나타낸다.

　중학교에서 저소득층 학생들은 전형적으로 수학과 과학을 거의 듣지 않는다. 이런 경향은 나중에 대학 진학과 직업 선택에 영향을 미친다. 저소득층 학생이 많은 학교에도 수학이나 과학과 관련된 고급 과정이 개설되지만, 경제적으로 윤택한 학교만큼 학업적 엄격성이 없다. 따라서 주류집단 학생과 동등한 수준을 달성하려는 저소득층 학생들이 학교에 개설된 고급 과정으로 이동하는 것은 매우 어렵다. 저소득층 학생이 표준학력검사 점수가 낮은 것은 이상한 일이 아니다. 저소득층 학생들은 중류계급 또래와 같은 고급 단계 과목을 수강할 기회가 없다.

　학교의 민족지학적인 연구에서는 학생들이 개학 첫날 어떻게 분류되고, 어떻게 격리되고, 어떻게 다른 교육을 받는지에 대해 기록했다. 대부분의 교사는 학업성적이 뛰어날 것으로 기대되는 학생의 개인적 특성을 구분할 수 있다. 그런 다음에 교사들은 자기충족예언(self-fulfilling prophecy)이라 불리는 현상, 즉 학생이 교사의 기대대로 행동할 것이라는 신념으로 가르치고 상호작용한다. 개학 셋째 주에 학급을 세 부류의 읽기와 수학 집단으로 구분한 유치원 교사에게는 학생의 학업적 능력에 관해 제한된 지식이 있다. 이들 집단은 흔히 학업과 상관없는 요인으로 구분된다. 상위 집단에 속한 학생들은 상대적으로 새것이고 다림질이 잘 된 깨끗한 옷을 입는다. 그들은 교사와 다른 학생들과 잘 어울리고, 말도 잘하며, 표준 영어를 사용한다. 하위 두 집단의 학생들은 옷도 보잘것없고 냄새가 난다. 그들은 사투리를 사용한다. 그들의 가족은 상위 집단의 학생들보다 안정감이 떨어진다. 교사가 초등학교 1학년생에게 학교생활을 잘하는 데 필요한 언어와 읽기 기술이 향상되게 하여 상위 집단의 학생 수준과 엇비슷하게 만들 목적으로 시간을 보내는 것이라면, 이 집단별 전략은 성공할 수 있을 것이다. 문제는 많은 교사가 학기 초에 낮은 학업 능력을 보인 학생들은 학기 말에도 높은 수준의 성적을 올릴 수 없다고 예상한다는 것이다. 결과는 상위 집단의 학생들은 더 나은 성적을 올리고, 다른 두 집단의 학생들보다 더 바람직한 태도로 행동한다는 것이다. 교사가 예상한 대로, 이들 상위 집단의 학생들은 사회경제적 지위가 낮은 학생들보다 성공적이다.

교사가 학생에 대해 그런 판단을 하는 것은 학생이 학업 성취를 위한 동등한 기회를 갖는 것을 방해하는 것이다. 교사의 그런 분류와 집단에 따른 불공평한 대우는 학생들이 평등한 시스템에 접근할 수 있도록 도와주기보다 사회의 불공평한 시스템이 유지되도록 한다. 이러한 교사의 판단과 행동은 모든 학생이 배울 수 있고, 동등한 교육적 기회를 가져야 한다는 민주주의 신념에도 맞지 않는다.

교육자들이 가난한 학생에 대한 낙인을 극복하기 위해서는 의식적으로 학생들에 대한 기대를 검토해야 한다. 가난한 학생의 자아존중감을 교사가 더 악화되지 않게 해야 한다. 학생을 특정 사회경제적 집단의 구성원이 아닌 개인으로 바라보는 것은 교육자들이 학교와 커뮤니티에 존재하는 계급차별을 극복하는 데 도움이 된다. 학생의 가족 배경에 관한 정보는 학생이 소속된 가족의 사회경제적 지위를 이해하는 데 이용될 수 있다. 그러나 그런 정보가 학생에 대한 고정관념과 낙인으로 합리화되어서는 안 된다. 교육자들은 사회경제적 지위가 낮은 집단의 구성원에 대한 편견을 지각하고, 그것을 극복하도록 해야 한다. 그렇지 않다면, 차별적 관행은 교실에서 자기충족예언의 형태로 나타나, 학생들에게 해를 입히고 사회적 불평등을 영속화할 것이다.

도시 학교에는 저소득층 학생과 노동계급의 학생들이 많다. 그리고 이들 학교 밖의 환경은 대부분 교외 학교가 놓인 환경과 매우 다르다. 많은 학생에게 학교는 안전한 장소로 여겨지며, 이 점은 가난한 학생들에게 학교 밖이 일상생활 일부가 된 학대와 범죄가 일어나는 곳이라는 것과 비교된다. 이러한 학생들에게는 많은 교육자가 인식하지 않거나 지원하지도 않는 장점이 있다. 그러나 그들의 장점 중 많은 것은 그들의 안녕과 학업성적에 방해가 된다. 모든 학생이 교재의 내용을 배우도록 하는 것은 중요하지만, 그것을 가르치는 방식은 학생의 생활환경, 즉 가족의 사회경제적 지위 요인에 따라 다양해져야 한다. 저소득층 학생들이 많은 학교에서 학생들이 학업을 잘하도록 돕기 위해서는 "헌신·열정·동정심·유대감·사랑"을 가진 능력이 있는 교육자가 필요하다(Noguera, 2003: 21).

어떻게 하면 가난한 학생에 대해 부정적인 기대를 하지 않을 수 있을 것인가?

교사·상담사·행정가는 가난이 개인의 잘못이라고 배웠기 때문에, 무의식적으로 그런 생각이나 행동을 할 수 있다. 결과적으로 학생들은 그들의 통제 밖에 있는 환경 때문에 비난을 받는다. 대신에 교육자들은 가난한 학생들에게 가난을 극복할 지식과 기술을 제공할 기회를 하나의 도전으로 생각해야 한다. 교육자들은 가장 재능이 있는 학생들에게 사용하는 교육적 접근 방식을 선택해야 한다. 교육자는 이전에 열등반으로 편성된 경험이 있을 수 있는 학생들을 위해 그들의 교육적 경험을 증진하는 데 목표를 두어야 한다. 너무나 많은 교사가 학생의 학습을 향상하기 위해 그들의 교수방법을 검토하고 바꾸기보다는, 학생들이 배우지 않은 것에 대해 학생·가족·커뮤니티를 비난한다. 효과적인 교사가 변화를 만든다.

모든 학생의 학업 성취가 향상되기 위해서는 모든 수준에서 수업 내용과 상호작용의 수준을 높여야 한다. 학업 성취는 교사가 학생과 토론을 하고 진실한 마음을 다해 학업내용과 상호작용하도록 도와줄 때, 즉 학생의 이전 경험과 실세계의 적용이 연관되게 해줄 때 향상된다. 이들 전략은 AP 과정과 우등생 과정의 학생들만이 아니라 모든 학생에게 효과가 있어야 한다.

2) 능력별 반편성

지적 능력에 따라 다른 집단 또는 학급으로 배치하는 능력별 반편성은 일반적인 교육적 관행이다. 교사들은 가끔 수업 목적을 위해 학급을 소집단으로 구분한다. 각 소집단은 다른 민족집단 여학생과 남학생, 학업 성취도가 높고 낮은 학생으로 구성된다. 이들 집단의 특성은 학생끼리 서로 돕는 것이다. 다른 경우에 교사들은 학생의 최근 표준학력검사 시험점수에 기초한 학생의 학업 능력을 기준으로 집단을 나눈다. 교사들은 이들 집단에 대해 다른 수업 전략을 사용하고, 학습 결과에 다른 기대를 가진다. 또 다른 능력별 반편성의 방식은 학생들의 지적 능력이나, 영어 외의 언어를 사용하거나, 장애와 같은 다른 특성에 따라 반을 배치하는 것이다. 중·고등학생들은 교사나 상담사가 그들의 잠재적 능력을 어떻게 판단하는가에 따라 대학

준비반, 직업반, 일반반, 고급 과정반을 선택하거나 한군데에 배치된다. 어떤 학생은 우등반이나 고급 과정에 배치되고, 다른 학생들은 열등반으로 배치된다.

능력별 반편성 지지자들은 학생의 능력에 따라 그들을 분리하는 것은 교사가 학생의 욕구를 더 잘 충족되게 할 수 있다고 주장한다. 이와 대조적으로 반대자들은 학생의 능력에 따른 능력별 반편성과 동질적인 집단으로 묶는 것은 차별적이고, 많은 학생의 지적·사회적 잠재력 개발을 막는다고 주장한다.

능력별 반편성에는 학생 가족의 사회경제적 지위가 중요한 역할을 한다. 높은 수준의 능력은 지적 잠재력보다 가족의 배경 및 사회경제적 지위와 더 밀접하게 연관된다(Ball, 2003; Brantlinger, 2003; Welner, 2001). 가족이 이미 특권을 누리는 학생이라면 능력별 반편성의 혜택을 본다. 우등반과 고급 과정반에 배치된 학생들은 그들의 지적·비판적 사고기술을 개발하도록 동기부여하는 심화학습 활동(enrichment activity)을 통해 학업적으로 도전을 한다. 학습 스펙트럼의 또 다른 끝에서 보면 학습 환경은 종종 흥미가 없고, 지루하며, 도전할 만한 것도 아니다. 이들의 교과과정은 학생들을 고급 단계로 이동하도록 준비시키기보다는 최하위의 학업 성취를 유지하게 한다.

교육연구자들은 학생을 열등반에 배치하는 것이 그들의 학업 성취도를 감소하게 한다고 주장한다(Lucas, 1999; Welner, 2001). 열등반에 배치된 학생들의 학습 기회는 그렇지 않은 학생들보다 덜 효과적이다. 비판적 사고를 키우는 학업은 우등반을 위해 예약되었다. 열등반에서는 암송과 구조화된 글쓰기 작업이 공통적인 학습 과정이다. 열등반 학생들은 우등반 학생들보다 더딘 속도로 하급 지식을 학습하고, 이런 교육방식 때문에 열등반의 학생들이 수학·외국어·과학과 같은 과목에서 뒤떨어진다.

열등반의 교사들은 관리와 훈육에 더 많은 시간을 사용하고, 실제 가르치는 시간은 적다. 사람들이 생각하듯이 학업성적이 하위권인 학생의 행동은 상위권인 학생보다 분열적이다. 그러나 이것은 학생의 개별능력 때문이 아니라, 부분적으로 학생과 교사가 무관심에 관대한 행동 기준을 개발했기 때문이다. 이 문제를 더 확대해서 살펴보면, 경험이 더 많고 더 성공적인 교사들은 불균형적으로 우등반으로 배치된다. 불행하게도 많은 교사는 일반적으로 우등반을 긍정적으로 바라보고, 열등반을 부정적인 시각에서 생각한다.

불균형적으로 사회경제적 지위가 낮은 대다수의 학생은 열등반으로 배치되어 학교생활을 시작한다. 더욱 비극적인 것은 지적장애아로 분류된 저소득층 학생의 숫자가 불균형적으로 높다는 사실이다. 이러한 불균형한 분류는 유색인을 이중위험(double jeopardy)에 놓이게 하는데, 그들이 가난으로 고통을 받고 있기 때문이다.

능력별 반편성은 2세대 인종분리(a second-generation segregation) 문제가 되어 법정에 소송이 제기되었다(Welner, 2001). 다양한 학생으로 구성된 많은 학교에서 별도로 구분된 학생들은 인종·계급·언어에 기초하여 재분리된다. 백인 중류계급의 학생이 고급 과정에 불균형적으로 많이 배치되는 반면, 아프리카계 미국인, 라틴계 미국인, 저소득층 학생, 영어학습자들은 열등반에서 다수를 차지한다. 대부분의 경우에 법원은 학생을 열등반 과정과 프로그램에 능력별 반편성하는 것을 차별적 관행으로 인정하고, 이것이 학생들의 교육적 기회와 미래의 직업적·경제적 성공에 대한 잠재력을 제한한다고 판결한다. 심지어 학생과 부모가 고급 과정을 선택하도록 권유받았지만, 부모에게 고급 과정에 필요한 필수과목에 대한 적절한 정보를 제공하지 않는다면 교육구가 차별적 행동에 대해 책임을 져야 할 것이다. 오늘날 법원은 저소득층 학생과 유색인이 국가표준학력시험에 통과하는 데 부적절하게 준비시키는 것과 이들 학생들이 집중된 학교에 부자격 교사를 배치하는 것도 차별적인 관행으로 판결한다.

몇몇 법원에서는 교육구가 학교에 능력별 반평성을 하지 못하도록 명령했다(Welner, 2001). 다른 학교들은 전통적으로 열등반에 배치된 학생들의 교육을 향상되게 하기 위해 자발적으로 이 결정을 내렸다. 그러나 학교에서 능력별 반편성 시스템을 해체하는 것은 쉬운 일이 아니다. 일부 교사는 능력별 반편성 철폐(detracking)를 반대하는데, 이질적 집단을 합치는 것이 모든 학생의 학습에 도움을 준다고 믿지 않기 때문이다. 그들은 뛰어난 학생들이 학업수준이 다른 학생들과 같은 반에서 공부한다면 고통을 받을 것이라고 믿는다.

중류계급의 부모, 특히 상위중류계급의 부모들은 종종 학교의 능력별 반편성 철폐를 반대하기 위해 싸운다. 케빈 웰너(Kevin G. Welner)에 따르면, 이 저항은 "능력별 반편성 철폐는 기본적으로 재분배적 성격을 띠는데, 이것은 학교가 교자재, 시간, 교사, 성적 우수자 등을 배치하는 방식을 바꾸기 때문에" 일어난다(Welner, 2001: viii). 자녀들이 우등반에 배치될 가능성이 높은 일부 부모는 그들의 자녀가 다른 자녀와 통합되는 것에 반대한다. 이들 부모 중 많은 사람에게는 자녀들이 최고의 교육을 받게 하여 부모의 성취가 자녀에게 전승되어야 한다는 믿음이 있다. 능력별 반편성 철폐를 막기 위해 이들 부모들은 자녀들이 교육에서 얻을 수 있는 특권에 집착하는 전략을 채택한다. 그들은 권력을 이용하여 행정가들이 그들의 요구를 듣도록 강요한다. 그들은 그들의 자녀를 공립학교에 다니지 못하게 하겠다고 위협하면서, 그들 자녀를 위한 특권을 요구한다. 간혹 그들은 요구를 관철하기 위해 중류계급의 부모들과 협력한다. 그럼에도 몇몇 학교에서는 부모의 사회경제적 수준이나 인종과 무관하게 모든 학생의 교육을 향상되게 한다는 목표로 학교에서 능력별 반편성을 철폐했다.

 **능력별 반편성 철폐**

많은 학교의 자료에 따르면, 상위중류계급 자녀들은 우등반 프로그램에서 과다대표가 되어 있고, 특수교육과 일반 교과과정에서는 과소대표가 되어 있다. 법원은 학교가 사회경제적 지위나 인종에 따라 학생을 인종분리하는 관행을 철폐하도록 했다. 이러한 차별 관행을 없애기 위한 조치 중 하나가 표준학력시험 또는 교사의 인식에 따라 결정되는 능력별 반편성을 철폐하거나 해체하는 것이다. 몇몇 교사와 중류계급의 부모는 자녀가 능력이 다른 집단의 학생들과 섞이는 것을 우려하여 혼성반 편성에 저항한다.

이들 전략에 대한 의견은 다르다. 능력별 반편성 철폐를 찬성하는 일부 지지자는 학급이 다른 경제적 지위와 다양한 인종집단으로 구성되더라도 공평한 기회를 더 제공할 것이라고 믿는다. 이와 반면에 반대자들은 능력별 반편성 철폐는 전반적으로 교육의 질을 떨어뜨릴 것이라고 믿는다. 다음은 능력별 반편성 철폐에 대한 찬반의견을 정리한 것이다.

⟨찬성⟩
- 저소득층과 유색인 학생에 대한 차별을 제거한다.
- 다른 능력 단계의 학생들을 통합한다.
- 상위중류계급 학생만이 아니라 저소득층 학생에게도 도전할 만하고 흥미로운 수업을 장려한다.
- 우수한 학생이 수준이 다른 학생들을 도와주면서 자신도 배우는 환경을 지원한다.
- 사회경제적 지위가 낮은 학생이 우수한 교사에게 접근할 기회가 제공되어 높은 단계의 학습을 할 기회가 생긴다.

⟨반대⟩
- 고급 단계로의 도전이 필요한 뛰어난 학생에게는 공정하지 못하다.
- 교사가 능력 차이가 많이 나는 모든 학생에게 적절한 수업을 제공하는 것이 더 어렵다.
- 상위중류계급의 부모에게서 자녀를 공립학교에서 자퇴하게 할 것이라는 압력을 받는다.
- 상위권 학생의 교과과정이 약화된다.
- 상위권 학생이 엘리트 대학에 입학할 때 유리하게 작용하는 영재 프로그램과 고급 과정에 참여하는 것을 막는다.

⟨질문⟩
- 학교에서 능력별 반편성 철폐와 교육 형평의 제공에 관한 논의를 할 때, 저소득층과 중간소득층의 의견을 듣기 위해서는 어떻게 해야 하는가?
- 능력별 반편성 철폐 학교는 공평한 교육 기회의 제공에 어떻게 기여하는가?
- 학교 관계자는 저소득층 학생이 고급 과정에 더 쉽게 접근하도록 하기 위해 어떤 조치들을 취해야 하는가?
- 당신이 학교에서 능력별 반편성 철폐를 지지하거나 지지하지 않은 이유는 무엇인가?

3) 평등을 위한 교과과정

교과과정은 미국에 존재하는 계급구조와 불공평을 정확하게 반영해야 한다. 전체 인구 중 약 절반의 존재에 대해서는 대부분의 학교 교과과정에서 다루어지지 않는다. 교과과정과 교재는 대부분 중류계급 사회의 가치와 경험에 초점을 둔다. 그것들은 자본주의 체제의 영웅들을 부각한다. 그것들은 통상적으로 미국에서 노동자들이 근무조건을 개선하기 위해 열악한 환경에서 저항하고 인내한 노동투쟁의 역사와 영웅들을 무시하며, 국가의 발전 과정에서 노동계급의 역할에 대해 논의하지 않는다. 가족 소득과 부에 기초한 불공평은 기술되지 않고 논의되지도 않는다. 교실에서 학생들은 이러한 차이에 대해 배워야 한다. 그들은 대다수가 중류계급의 신화를 가지고 살지 않는다는 것을 이해해야 한다.

학생들이 교실에 가져오는 경험들은 종종 간과된다. 학교는 학생들이 생활에 대해서만 배우는 장소가 아니다. 유사하지 않은 사회경제적 지위에 속한 학생에게서 나타나는 학교에서의 행동과 지식의 차이는 그들의 커뮤니티 환경에서 적절하게 생존하는 데 필요한 지식과 기술에 따라 크게 다르다. 대부분 저소득층 학생, 특히 도시 지역의 저소득층 학생은 대부분 중류계급 학생과 교사가 상상할 수 없는 세계에서 사는 방법을 배웠다. 그러나 그들이 학교에 가져오는 지식과 기술이 항상 가치가 있는 것은 아니다. 교육자들은 커뮤니티의 고유문화가 지속되는 데 필요한 비공식 교육의 가치를 인정해야 하고, 공식 교육이 종종 그 문화를 잠식한다는 것을 깨달아야 한다.

학생들은 교과과정에 반영되는 그들의 문화적 경험 일부를 알아야 하고, 평범한 노동자들을 사회의 가치가 있는 구성원으로 생각해야 한다. 학생과 가족은 학교에서 성공하기 위해 경제적으로 더 유리한 사람들의 방식을 배워야 하는 이류 시민이 아니라, 학교 커뮤니티의 바람직하고 중요한 구성원이라고 생각해야 한다.

교육자들은 학교에서 사용되는 재료·필름·책을 인식하고 있어야 한다. 학생들이 수업자료에서 그들의 커뮤니티를 볼 수 없다면, 그들의 동기부여와 수용은 제한될 수 있다. 모든 학생은 다른 사회경제적 지위에 속한 사람들에 관한 소설과 단편을 읽도록 고무되어야 한다. 그들이 역사적 사건이나 현재 사건을 공부할 때, 국가 지도자의 시각에서뿐만 아니라 노동계급과 가난한 사람의 시각에서도 사건을 검토해야 한다. 가르치는 일을 효과적으로 하기 위해서는 학생들이 친근한 경험 — 특히 그 경험이 교사의 경험과 다를 때 — 에서 사례를 끄집어내야 낸다.

사회경제적 지위와 상관없이 모든 학생은 강력하고 긍정적인 자아상(自我像)을 개발하도록 도움을 받아야 한다. 많은 학생이 미국에 존재하는 다양성을 이해하지 못한다. 말할 것도 없이 그들은 다양성에 대한 이유와 그 결과로 초래되는 일부 집단에 대한 차별을 이해하지 못한다. 대부분 중류계급 아동은 대부분의 사람이 그들의 가족처럼 산다고 믿는다. 교육자들은 계급 차이 때문에 존재하는 현실을 학생들에게 감출 것이 아니라, 세계에 대한 학생들의 지식을 확장할 필요가 있다.

민주주의와 공평이 중요한 교실에서 교과과정은 사회정의를 담아야 한다. 저소득층 학생들은 교사에게 우선적 관심을 받아야 하고, 학업에서 중류계급 학생과 같은 경쟁력을 갖추기 위해 필요한 자원에 접근할 수 있어야 한다.

마지막으로 모든 학생은 교재에서 읽는 것, 대중매체를 통해 본 것, 부모와 친구에게 들은 것에 대해 비판적이 되도록 고무되어야 한다. 교과과정은 비판적 사고와 문제 해결 기술의 개발을 독려해야 한다. 불행하게도 학교는 전통적으로 민주주의의 비전에 대해 이야기했지만, 그것을 모델로 삼으려고 하지 않았다. 사회에서 불공평이 왜 존재하는지에 대해 질문하는 것은 학생과 교사가 민주주의를 알아가는 것이다.

3-5 생각해보기

신임교사들은 종종 저소득층 학생이 대부분을 차지하는 학교에 배치된다. 당신은 저소득층 학생들이 교과과정에서 그들을 볼 수 있도록 어떻게 학생들을 도울 수 있는지 생각해보라.
- 교과과정에서 저소득층 학생들이 어떻게 주변인화되지 않게 할 것인가?
- 학생들이 사회경제적 차이에 기초한 평등과 불평등에 관해 더 많은 것을 배우도록 어떤 과제를 준비할 것인가?
- 사회에서 불공평을 이해하는 데 도움을 준 것은 어떤 교과목이었는가? 그 과목은 어떤 내용을 담고 있는가?

4) 학교 재정

이 장의 시나리오에서 교사 후아레스는 도심과 교외에 위치한 학교의 환경에 큰 차이가 있음을 알았다. 현행 학교 재정 시스템은 이런 불공평을 고스란히 반영하고, 결과적으로 불공평은 더 악화된다. 교육은 지방재산세로 지원되는데, 모든 학교 예산의 44%를 차지한다. 평균적으로 주정부는 49%, 연방정부는 약 7%를 지원한다(Karp, 2003). 연방정부는 다른 선진국에 비해 교육 부문에 예산을 적게 쓰는데, OECD 연구에 따르면 세계 12위를 차지했다(Karp, 2003). 또 선진국의 고소득층과 저소득층 학생의 수준 격차에 관한 국제비교연구에서도 최하위를 차지했다(National Commission on Teaching and America's Future, 2004). 잘사는 주의 고소득 커뮤니티에서 사는 극소수 학생은 학생 1인당 연간 1만 5,000달러의 재정 지원을 받는 공립학교에 다닌다. 이와 반면에 저소득 커뮤니티의 학생들은 1인당 연간 3,000달러 미만의 재정이 지원되는 학교에 다닌다. 예컨대, 뉴욕 주 학교에 대한 연구에서 연구자들은 "뉴욕 주는 이중 공립학교 시스템이다. 하나는 상대적으로 우수한 교육 환경의 특권을 누리는 부자의 학교이며, 다른 하나는 최소한의 특권을 누리는 사람들의 학교이다"라고 밝혔다(National Commission on Teaching and America's Future, 2004: 37).

연구자들과 정책 입안자들은 학교에서 학업 성취를 향상하기 위해 얼마나 많은 돈이 필요한지에 대해 의견 일치를 보지 못한다. 이 관계에 대한 연구에서 수집된 자료를 재분석한 시카고 대학의 연구자들에 따르면, 학생 1인당 지출이 높을수록, 교사 연봉이 높을수록, 교육받고 경험이 많은 교사가 많을수록, 교실과 학교의 크기가 작을수록 학생의 학업 성취도는 높다(Greenwald, Hedges and Laine, 1996). 돈이 많을수록 학교집단 간의 불공평을 줄일 수 있고, 저소득 교육구에 더 많은 자원이 필요하다는 것에 동의한다면, 학생 성취도를 높이기 위해 가장 많은 돈을 투자할 곳은 어디인가? 슬라빈(Slavin, 1995)은 작은 규모의 교실, 4년의 보육시설, 학습부진아를 위한 개인지도교사제, 협동학습, 가족지원체제, 효과적 교육 프로그램의 운영을 위한 전체 교직원 개발을 권장한다.

7. 요약

사회경제적 지위는 소득, 부, 직업, 교육수준, 권력에 기초하여 가족 또는 개인의 경제적 지위를 나타내는 복합체이다. 사회경제적 지위는 경제적 차이와 가족이 경제적 안녕의 결과로서 살아가는 방식에 기초한 불공평을 측정하는 수단이다. 가족의 범위는 최빈민부터 최고부자까지 다양하다. 가족이 어디에 놓이느냐 하는 것은 가족 구성원이 사는 방식, 그들이 생각하고 행동하는 방식, 다른 사람들이 그들에게 반응하는 방식에 영향을 준다. 가족은 민족·종교·젠더, 특별한 재능, 언어·연령을 중심으로 다른 문화집단에 능동적으로 참여하지만, 가족이 속한 계급은 사람이 어떻게 살아야 하는지를 결정하는 가장 강력한 요인이 될 것이다.

사회계층은 지속적이고 반복적인 관계가 사회구조의 다른 단계에 속하는 사람 가운데 존재하기 때문에 이루어진다. 유색인·여성·젊은이·노년·장애인들은 사회계층 시스템의 하위계층에서 불균형적으로 과다대표가 된다. 미국은 소득과 직업에 기초한 계급으로 구분할 수 있다. 가족을 여러 계급 중 하나에서 살게 하는 소득과 부는 크게 다르다. 개인적 선택은 가난하고 기본적 욕구를 충족하지 못하는 사람들에게는 대부분 제한된다. 민족과 종교적 다양성이 모든 단계에 존재하지만, 상위 계급은 가장 동질적이다. 가족을 부양하는 유색인과 여성은 사회경제적 지위의 하위 단계에서 과다대표가 되었다. 계급의식은 상위 계급에서 가장 강력하게 나타나는데, 구성원들이 그들의 권력과 특권을 보호하고 유지하는 데 필요한 연대(連帶, solidarity)의 가치를 알고 있기 때문이다.

사회경제적 지위가 낮은 학생 중 불균형적으로 많은 학생이 학년도 초반에 열등반에 배치된다. 교육자들은 그들이 차별하지 않는다는 것을 확실히 하기 위해, 다른 사회경제적 지위의 단계에 속한 학생에 대한 그들의 기대와 행동을 의식적으로 검토해야 한다. 수업 방식과 수업 전략은 학생들이 사는 환경에 따라 크게 다를 수 있다. 모든 학생이 질 높은 교육을 받는 것이 중요하다.

교육자들은 또한 교과과정에도 관심을 가질 필요가 있다. 저소득 학생들이 차별적인 시험과 배치 때문에 교정 프로그램에 배치되는 경우는 흔한 일이다. 게다가 교과과정이 중류계급 미국의 시각만을 반영한다면, 그 교과과정은 학생들을 잘 가르칠 수 없다. 저소득 학생들은 주류집단에 관한 학습 외에도 교과과정에 반영된 자신의 문화적 경험 일부를 볼 필요가 있다.

학교가 어느 곳에 위치하든지 어떤 학생들이 다니든지, 학교에 공평한 재정지원이 이루어지면 학생집단 간 학업 성취도 차이를 줄일 가능성이 있다. 학교를 지원하는 현행 재산세제는 고소득층에게 유리하다.

교육자를 위한 실무

1. 토론을 위한 질문
1. 사회에서 사회계층은 집단들에게 어떤 차별적 영향을 주는가?
2. 사회적 이동이 사회의 많은 구성원에게 왜 비현실적인가?
3. 교육은 사람의 사회경제적 지위를 유지하거나 바꿀 때 어떤 역할을 담당하는가?
4. 어떤 사회경제적 요인들이 최하층 구성원들의 환경을 개선하는 것을 어렵게 만드는가?
5. 상위중류계급을 구성하는 전문직과 관리직 노동자들은 왜 사회에서 더 많은 권력을 갖는가?
6. 경제적 불평등을 유지하는 데 필요한 계급과 인종의 관계는 무엇인가?
7. 미국에서 학교가 왜 빈곤을 제거할 수 없는가?
8. 자기충족예언은 일부 학생이 높은 수준을 달성하는 것을 어떻게 막는가?
9. 학생의 능력별 반편성은 학교와 사회에서 불평등을 어떻게 영속화하는가?
10. 교사들은 저소득층과 노동계급 학생들이 학업적으로 다른 학생과 같은 수준을 달성하도록 어떻게 할 수 있는가?

2. 포트폴리오 활동
1. 당신이 사는 커뮤니티나 인근 도시에서 경제적으로 낙후된 지역에 소재한 학교를 방문하시오. 그리고 상위중류계급 학생이 다니는 학교를 방문하시오. 물리적 환경, 심미적 환경, 학교 분위기, 학생을 위한 자원, 교사와 학생의 태도에서의 차이를 기록하시오. 두 학교를 비교하고 당신이 관찰한 차이에 대한 이유를 분석하는 문서를 작성하시오(INTASC 기준 2).
2. 사회에서 사회경제적 차이를 긍정적으로 인식하는 수업계획서를 작성하면서, 안락하게 살기 위해 필요한 수입이 없는 저소득층과 다른 사람들의 경험을 반영하시오. 수업은 당신이 가르치려고 계획하는 주제와 단계로 짜야 한다(INTASC 기준 3).
3. 노숙인 거주자나 저소득층 학생을 위한 방과 후 프로그램에 개인 지도 교사로 지원하고, 일지에 아이들에 관한 느낌과 환경을 기록하시오. 일지에는 처음으로 그곳에 갔을 때의 느낌이나 프로그램에 참가했을 때의 느낌, 당신이 함께 일하는 아동의 장점, 학생들이 학교 밖에서 직면한 장애물에 대한 당신의 학습 등을 포함할 수 있다(INTASC 기준 2, 3, 10).

3. 교사 자격시험 준비
다음 예시에서 사회경제적으로 불리한 집단을 무시하는 전통적인 서구의 교과과정에 포함될 가능성이 높은 것은?
① 소유자에 대항하는 노동자들을 갱도에 파묻은 애팔래치아 탄광의 노동운동
② 캘리포니아와 서남부에서 멕시코계 미국인 농부의 투쟁
③ 1929년 주식시장의 폭락과 대공황의 원인
④ 과거 30여 년 동안 여성의 봉급과 임금을 높인 차별철폐정책

권장도서

Anyon, J. 2005. *Radical possibilities: Public policy, urban education and a new social movement*. New York: Routledge.
저자는 소득, 생활, 그리고 도시 지역 학교 간의 격차를 만드는 요인이 된 경제 정책 및 공공 정책을 검토한 뒤 교육의 불공평에 맞선다. 그녀는 사회운동을 통한 교육 개혁의 압력은 미국의 도시 지역에서 더 교육적·경제적인 정의를 이끌어낼 것이라고 주장한다.

hooks, b. 2000. *Where we stand: Class matters*. New York: Routledge.
켄터키에서 소녀시절을 보내고, 뉴욕 시에서 그 이후 생활을 보낸 저자는 교실과 인종이 우리의 생활에서 서로 뒤얽히는 사례들을 소개한다. 빈곤과 부의 의미를 탐색할 수 있다.

Kozol, J. 1991. *Savage inequalities: Children in America's school*. New York: Crown.
이 책의 부자 학교와 가난한 학교에 대한 묘사는 미국의 학교에 존재하는 계급과 인종의 불공평을 설명하는 강력한 진술이 된다. 현행 학교 재정의 부적당함을 분석해보면, 그것들은 학생과 교육자의 이야기 속에 뒤섞여 있다.

The New York Times Correspondents. 2005. *Class matters*. New York: Times Books, Henry Holt and Co.
다른 계급 단계에 속하는 미국인들과 인터뷰를 한 《뉴욕타임스》의 기자들은 계급의 의미를 현실에서 느끼게 만든다. 전국의 개인과 가족의 생활에 대한 이야기는 사회경제적 지위가 그들의 생활과 건강에 미치는 영향을 보여준다.

Noguera, P. 2003. *City schools and the American dream: Reclaiming the promise of public education*. New York: Teachers College Press.
저자는 샌프란시스코와 리치먼드에 소재하는 학교에 대한 연구를 수행한 뒤에 도시 학교의 학생들이 기대 수준을 달성하기 위해 필요한 요소들은 무엇인지 탐색한다. 그는 어려움을 무릅쓰면서 성공하기 위해 노력한 학교들에 대해 기술한다.

Shulman, B. 2003. *The betrayal of work: How low-wage jobs fail 30 million American*. New York: New Press.
정규직에 고용되었지만 최저임금을 받는 노동자에 대한 묘사는 열심히 일하지만 사회이동의 사다리 위로 올라가지 못하는 사람들의 투쟁에 대한 통찰력을 제공한다.

참고문헌

American Political Science Association. 2004. *American Democracy in an age of rising inequality*. Washington, D.C.: Author.

Anderson, M. L. and P. H. Collins. 2007. *Race, class and gender: An anthology*(6th ed.). Belmont, CA: Thomson Wadsworth.

Anyon, J. 2005. *Radical Possibilities: Public policy, urban education and a new social movement*. New York: Routledge.

Ball, S. J. 2003. *Class strategies and the education market: The middle classes and social advantage*. New York: RoutledgeFalmer.

Books, S. and V. Polakow. 2001(Fall). Introduction to special issue: Poverty and schooling. *Educational Studies*, 32(3), 259~263.

Brantlinger, E. 2003. *Dividing classes: How the middle class negotiations and rationalizes school advantage*. New York: RoutledgeFalmer.

Collins, C. and F. Veskel. 2004. Economic apartheid in America. In M. L. Anderson and P. H. Collins(eds.), *Race, class and gender: An anthology*(5th ed., pp.127~139). Belmont, CA: Wadsworth/Thomson.

Family Income and Higher Education Opportunity: 1970 to 2005. 2006(December). *Postsecondary Education Opportunity*, No.174.

Greenwald, R., L. V. Hedges and R. D. Laine. 1996(Fall). The effect of school resources on student achievement. *Review of Educational Research*, 66(3), 361~396.

Joint Center for Housing Studies of Harvard University. 2007. *The State of the nation' housing: 2007*. Cambridge, MA: Author. www.jchs.harvard.edu/publications/markets/son2007/son2007.pdf (2007년 6월 14일 검색).

Karp. S. 2003(Fall). Money, schools and justice: State-by-state battle for funding equity gets mixed results. *Rethinking Schools*, 18(1), 26~30.

Keenan, F. 2003(February 3). It's still rich man, poor man. *Business Week Online*. www.businessweek.com/magazine/content/03_05/c3818066.htm(2004년 11월 9일 검색).

Lee, V. E. and D. T. Burkam. 2002. *Inequality at the starting gate: Social background differences in achievement as children begin school*. Washington, D.C.: Economic Policy Institute.

Levin-Epstein, J. and M. H. Greenberg(eds.). 2003. *Leave no youth behind: Opportunities for Congress to reach disconnected youth*. Washington, D.C.: Center for Law and Social Policy.

Lucas, S. R. 1999. *Tracking inequality: Stratification and mobility in American high schools*. New York: Teachers College Press.

Luxembourg Income Study. 2007. *Poverty rates for children by family type*. (www.lisproject.org/keyfigures/childpovrates.htm 2006년 9월 15일 검색).

Mishel, L., J. Bernstein and J. Schmitt. 2003. *The state of working American: 2002/2003*. Armonk, NY: Economic Policy Institute.

National Center for Children in Poverty. 2006. *Basic facts about low-income children: Birth to age 18*. New York: Author. www.nccp.org/publications/pub_678.html(2007년 6월 3일 검색).

The National Center on Family Homelessness. 2007. *America's homeless children*. Newton Centre, MA: Author. www.familyhomelessness.org/pdf/fact_children.pdf(2007년 6월 5일 검색).

National Commission on Teaching and America's Future. 2004. *Fifty years after Brown v. Board of Education: A two-tiered education system*. Washington, D.C.: Author.

Noguera, P. 2003. *City schools and the American dream: Reclaiming the promise of public education*. New York: Teachers College Press.

Rank, R. 2004. *One nation, underprivileged: Why American Poverty affects us all*. London: Oxford University Press.

Rose, S. J. 2000. *Social stratification in the United States*. New York: New Press.

Rothstein, R. 2004. *Class and schools: Using social, economic and educational reform to close the black-white achievement gap*. Washington, D.C.: Economic Policy Institute.

Shipler, D. K. 2004. *The working poor: Invisible in America*. New York: Alfred A. Knopf.

Shulman, B. 2003. *The betrayal of work: How low-wage jobs fail 30 million Americans*. New York: New Press.

Slavin, R. 1995(Summer). *Making money make a difference*. Rethinking Schools, 9(4), 10, 23.

Smith, D. 2000. *The state of the world atlas*. New York: Penguin.

Smith, D. 2003. *The Penguin state of the world atlas*(7th ed.). New York: Penguin.

Teller-Elsberg, J., N. Folbre, J. Heintz and The Center for Popular Economics. 2006. *U.S. economy: Field guide to the U.S. economy*. New York: New Press.

U.S. Bureau of Labor Statistics. 2006. *Highlights of women's earnings in 2005*(Report 995). Washington, D.C.: U.S. Department of Labor.

U.S. Census Bureau. 2006a. *2005 American community survey*. Washington, D.C.: Author. (www.factfinder.census.gov/servlet/STTable?_bm=y&-geo_id=01000US&-qr_name=ACS-200 5_EST_G00_S2301&-ds_name=ACS_2005-EST_GOO 2007년 6월 3일 검색).

U.S. Census Bureau. 2006b. *Statistical abstract of the United States: 2007*(126th ed.). Washington, D.C.: U.S. Government Printing Office.

U.S. Conferences of Mayors. 2006. *Hunger and homelessness 2006*. Washington, D.C.: Author.

U.S. Department of Education, National Center for Education Statistics. 2006. *The condition of education 2006*. Washington, D.C.: Author.

Welner, K. G. 2001. *Legal rights, local wrongs: When community control collides with educational equity*. Albany, NY: State University of New York Press.

제4장

젠더와 성적 취향

> 어느 누구도 성별에 기초하여 연방 재정 지원을 받는
> 교육 프로그램이나 활동에서 배제되지 않아야 하고,
> 혜택에서 제외되지 않아야 하며, 차별받지 않아야 한다.
> Title IX(Education Amendments, 1972)

시나리오 scenario

압둘 라시드는 과학시간에 생태학을 소개하기로 계획했다. 수업이 시작되고 7개월이 지났지만, 그의 과학시간에 대부분의 여학생은 흥미를 갖지 않았다. 대부분의 여학생은 과학을 이해하고 이용할 수 있지만, 흥미를 거의 보이지 않는다. 그는 간혹 여학생들이 교실에서 남학생들의 입장을 난처하게 만들지 않으려 한다고 생각한다. 그중 일부는 필기시험에서 최고 성적을 거뒀기 때문에 고급 과학반에서 수업을 들어야 한다는 것을 안다. 그러나 그들은 교실 토론과 실험에서 흥미를 거의 보이지 않는다.

라시드는 생태학을 소개하기 위해 다른 접근법을 사용하기로 했다. 그는 주제를 학생들의 생활, 심지어 그들의 가족이나 사회적 활동에 의미 있는 것과 관련지으려 했다. 그는 그들이 관심을 가질 만한 사례를 찾아내길 원했다. 그는 많은 학생의 집 뒤에 있는 개천에서 찾아낸 화학적 독성물질에 초점을 맞추기로 했다. 이 지역에서 조산(早産)의 원인은 20여 년 동안 개천에 화학물질을 쓰레기로 버린 것 때문이었다.

생각해보기

- 라시드의 반 대부분의 여학생은 왜 과학에 흥미를 보이지 않는가?
- 고급 수학과 과학 수업에 여학생의 참여율은 어느 정도인가?
- 여학생과 젊은 여성들의 과학 참여가 저조한 이유는 무엇인가?
- 라시드는 어떻게 생태학에 여학생들이 참여하게 할 것인가?
- 당신은 과학과 수학에서 여학생의 흥미와 참여를 어떻게 높일 것인가?

1. 남성과 여성의 차이

남성과 여성 사이에는 약간의 차이가 존재하지만, 이들 차이에 대한 대중적이고 간혹 '과학적인' 믿음이 성평등에 방해가 되었다. 20세기 초기 일부 과학자와 일반인은 남성이 여성보다 지적으로 뛰어나기 때문에, 남성이 일반적으로 전문직과 행정직의 업무를 더 잘할 수 있다고 믿었다. 그들은 직장에서 남성이 지시하고 여성이 그 지시를 받는다고 믿었다. 여성의 신체적 힘이 남성의 힘과 비교되지 않기 때문에, 그들은 여성이 대부분 하찮고 저임금을 받는 일을 제외하고는 육체노동이나 노동자층의 직업에 맞지 않다고 생각했다. 순응을 잘하는 여성은 보상도 없이 가족을 위해 서비스를 제공하는 가정주부가 되었다.

현재 여성과 남성이 지적인 측면에서 차이가 없다는 명백한 증거가 있지만, 고임금을 받는 직업과 전문직에서 남성이 차지하는 비율은 여성이 차지하는 비율보다 불균형적으로 높다. 기술의 진보 덕분에 엄청난 근육의 힘은 대부분의 수작업에서 더 이상 요구 조건이 아니지만, 이들 직업에서 여성의 비율은 여전히 남성보다 훨씬 낮다. 그럼에도 성평등은 여전히 많은 직장과 가정에서 존재하지 않는다.

 **남자아이들의 비밀 생활**

남자아이들이 그렇지 뭐. 이것은 학교, 가정, 대중매체, 일반 사회에서 생각하는 믿음이다. 그렇지만 이것은 사실인가? 남자아이들과 여자아이들은 유전적 특질 때문에 다르게 행동하는가? 또는 그들의 행동은 사회에서 배우는 것인가?

당신은 남자아이들이 감정과 느낌을 표현하는 데 더 어렵다는 것을 알게 될 것이다. 5세의 어린아이들이 어떤 것이 지루한지 말하기란 어렵다. 그는 이미 감정을 숨기는 것을 배웠기 때문이다. 이 밖에도 남자아이들은 느낌과 감정을 내면에 숨기도록 조건화되어 있는 반면, 여자아이들이 느낌을 다른 사람과 공유하고 이야기하는 것은 지지받고 또 그렇게 기대된다. 이 차이가 외향적 결과를 만드는가? 일부 연구자는 '그렇다고' 말한다. 이 감정적 억압은 남자아

> 이들이 학교 밖에서 행동하게 하고, 여자아이들보다 더 자주 학습장애와 행동 문제로 낙인찍히게 한다. 때에 따라서는 문화가 남자아이들과 여자아이들이 참여하는 적절한 활동을 결정한다. 당신은 어떤 입장에 서 있는가?
>
> • 남자아이들이 여자아이들과 다르게 다루어진다는 것을 알고 있는가? 사례를 들어보라.
> • 당신은 남자아이들 및 여자아이들과 어떻게 다르게 상호작용하는가?
> • 어린아이들과 상호작용할 때 당신을 어떻게 더 철저히 모니터할 것인가?

1) 생물학적 결정주의

연구자들은 생물학적으로 여성과 남성의 차이가 얼마나 나고, 사회화와 문화의 영향을 얼마나 받는지에 대해 논쟁을 계속한다. 대부분 외모만으로도 남성과 여성의 신체적 차이를 구분할 수 있다. 여성은 남성보다 가벼운 두개골, 남성과 다른 어깨, 골반 비율을 갖고 있다. 신체의 호르몬 비율이 젠더를 다르게 하지만, 여성과 남성은 8세까지 비슷한 호르몬 수준과 신체발달 단계를 거친다. 사춘기가 시작되면서 남성과 여성의 신체발달을 통제하는 에스트로겐과 테스토스테론의 호르몬 수준에 차이가 난다. 이 시기에 전체 체중에서 지방비율이 여성은 증가하고, 남성은 감소한다. 남녀 간 신체구조에서 차이가 나면서 여성은 힘이 떨어지고, 중노동에 인내심이 낮고, 달리거나 어깨너머로 손을 들어 던지는 것에 어려움이 있고, 물에 뜨는 능력이 더 뛰어나다. 그러나 환경과 문화도 남성과 여성에게서 나타나는 신체 차이의 정도에 영향을 미친다. 따라서 앞에 나열한 특성들은 좋은 영양, 신체활동, 연습, 그리고 다른 행동 기대를 통해 변화될 수 있다.

남성과 여성의 다른 행동에 대한 사회적 기대 때문에, 실제로 얼마나 많은 차이가 생물학적인지 결정하기 어렵다. 일부는 다른 생물학적 요인이라기보다 다른 문화적 기대와 체험으로 일어날 수 있다. 예컨대, 심장병 유발 빈도에서 젠더 간의 차이는 더 많은 여성이 스트레스와 관련된 직장에서 일하기 때문에 많이 줄어들고 있다.

20세기 이전에, 지능은 두뇌의 크기와 동일시되었다. 남성의 두뇌는 여성의 두뇌보다 크기 때문에, 그 시기의 과학자들은 여성이 남성만큼 지적이지 않다는 결론을 내렸다. 알프레드 비네(Alfred Binet)가 20세기 초에 처음으로 지능검사를 개발했을 때, 일반적 지능에서 성별 차이가 없었다. 그러나 많은 연구 결과에 따르면, 수학, 언어, 공간기술에서 약간의 젠더 차이가 있는 것으로 밝혀졌다(Cassidy, 2007).

일부 연구자는 이들 차이, 특히 두뇌에서 뇌반구 분화에 영향을 미치는 호르몬의 차이를 생물학적 결정주의 탓으로 돌린다. 대뇌피질의 오른쪽 뇌반구는 공간관계를 통제하고, 왼쪽은 언어와 다른 순차적 기술을 통제한다. 여성들은 언어, 읽기, 쓰기와 관련되는 좌뇌가 발달한다. 이와 반면에 남성들은 우뇌 분화가 더 잘 된 것으로 보고되었다. 따라서 남성들은 공간적 시각화, 수학, 과학의 검사에서 더 좋은 결과를 나타냈다. 그러나 일부 남자아이와 여자아이의 경우에는 뇌반구의 발달이 반대로 나타났다. 즉, 남자아이는 좌뇌, 여자아이는 우뇌가 발달했다(Gurian, 2001).

두뇌 차이를 지지하는 사람들은 이들 차이를 이해하는 것이 교사가 교실에서 남학생의 행동 방식을 이해하는 데 도움이 된다고 주장한다. 구리안(Gurian, 2001)은 남자아이들은 개념화 과정에서 연역적일 가능성이 더 높다고 주장한다. 그들은 일반적인 단계에서 구체적인 단계로 이동한다. 이와 반면에 여자아이들은 귀납적으로 구체적 단계에서 일반적인 단계로 이동한다. 남자아이들은 쉽게 지루함을 느낀다. 그들은 학습을 위해 신체적 공간이 필요하다. 운동은 남자아이들의 두뇌를 자극하고, 자극적 행동을 관리하고 자제하도록 도와준다. 반면에 여자아이들은 학습 과제에서 함께 일하는 협동학습에 쉽게 익숙해진다. 〈표 4.1〉은 남성과 여성에게서 발달한 뇌반구의 특성을 요약한 것이다.

다른 연구자들은 남녀 간의 차이를 생물학적 요인으로 생각하기보다 양육과 학업에서 나타나는 사회화 유형 탓으로 돌린다. 그들은 남성과 여성이 다른 뇌반구를 사용하도록 학습할 수 있으며, 그 학습을 통해 해당 뇌반구와 관련되는

〈표 4.1〉 학교생활에서 남학생과 여학생의 유리한 점

남학생	여학생
여학생보다 더 적극적인 체육활동 지원과 자금 지원	과외활동에서 남학생보다 더 적극적인 참여
관심을 끌려는 교실 행동	높은 학업 성취도
수학과 과학 시험점수	읽기 및 쓰기 시험점수
대학 진학용 SAT 점수	높은 교육적 열정
식탐이 없고, 기타 심리 장애를 겪지 않음	학습장애 및 행동장애가 남학생보다 적음
십대 임신으로 발생할 문제가 거의 없음	규율 문제가 남학생보다 적음
성적 학대 희생자가 여학생보다 적음	학교폭력 피해자가 남학생보다 적음
교실에서 남학생 우대	여학생의 학습을 지원하는 교실

자료: Gurian, M. (2001). *Boys and girls learn differently: A guide for teachers and parents*. San Francisco: Jossey-Boss.

특성을 습득할 수 있다고 주장한다. 이러한 논쟁은 남녀 간 차이의 원인이 되는 본성 대 양육(nature v. nurture)에 초점을 맞추고 있다. 본성과 양육의 상호작용은 성별 차이의 원인에 대한 한층 더 균형 잡힌 시각을 제공한다.

2) 젠더에 대한 문화적 영향

일반적으로 성(sex)은 개인을 생물학적 차이에 기초하여 남성이나 여성으로 구분하는 데 사용된다. 다른 한편으로 젠더(gender)는 문화적으로 결정되는 남성성과 여성성을 나타낸다. 여성은 종종 본성과 동일시되고, 남성은 본성을 통제하고 능가하는 문화와 동일시된다(Shaw and Lee, 2007). 본성은 과거에 여성들을 집에 붙잡아두었던 출산·양육·영양과 연관된다. 남성들은 가족부양을 위해 사냥하고, 자원을 모으기 위해 집 밖으로 이동할 자유를 가졌다. 이들 유형은 현재의 문화유형으로 진화했는데, 이것은 교사와 건강관리 직종에 종사하는 여성노동자가 압도적으로 많은 이유가 된다. 반면에 남성들은 회사간부, 엔지니어, 건축노동자에서 과다대표가 되었다. 어떤 연구 결과도 여성들이 남성들의

일을 할 수 없고, 남성들이 성공적인 영양사가 될 수 없다고 하지 않는다.

어떤 차이도 남성과 여성을 분리하지 못하지만, 둘은 종종 분리된다. 간혹 학생들은 학교활동에서 성별로 분리된다. 여성과 남성은 사교모임에서 따로 모인다. 그들은 다르게 옷을 입는다. 그들은 젠더로 구분되는 여가활동에 참여한다. 남녀의 구성원들은 그들과 다른 성에 대한 고착화된 지각을 가진다.

남성은 사회에서 여성보다 더 높은 지위에 배치된다. 이것은 남성과 여성이 근무하는 직장의 위신·소득, 그리고 가사 및 양육과 관련된 제한적인 경제적 보상에 반영된다. 그러나 하나의 젠더 내에서 사회적·경제적 차이의 범위는 젠더 간 차이만큼이나 크다. 일부 여성은 경제적·사회적으로 많은 남성보다 형편이 좋다.

또한 남성다움의 특성에 가치를 부여하는 젠더의 문화적 시각은 남성에게 영향을 준다. 남성성은 종종 남성의 독립심, 확고함, 리더십, 자아존중감, 감정적 안정감으로 측정된다. '진짜' 남성은 도전적이고 대담할 뿐만 아니라 강하고, 자신만만하며, 자아존중감이 크다(Flood, 2001; Mansfield, 2006). 그러나 이러한 남성다움을 강조하면 그들 삶의 내면의 중요성과 남성의 감정이 감소된다(Flood, 2001; Kindlon and Thompson, 2000). 호모포비아는 남자아이들이 기대된 고정관념을 충족하도록 강요할 때 강력해진다. 왜냐하면 그들은 게이(gay)나 계집애 같은 사내아이(sissy)로 낙인찍히고 학대당하는 것을 걱정하기 때문이다.

많은 남성은 남성의 고정관념에 들어맞지 않는다. 그들은 강하고 확고한 것보다 오히려 감정이입을 잘하고, 다른 사람을 걱정한다. 심지어 백인 남성들도 간혹 이혼 법정과 자녀 양육권 다툼에서 차별로 고통을 받는다. 일부 보수주의자는 남성들이 남성성을 잃고 있고, 여성화되어감에 따라 손해를 본다고 주장한다. "자살률의 증가, 폭음, 스테로이드 남용, 우울증, 저조한 학업 성취, 그리고 자동차 충돌 희생자 중 남성이 많은 것"과 같은 통계에서 보는 것처럼, 젊은 남성이 생활하는 것은 결코 쉽지 않다(Kindlon and Thompson, 2000: viii). 그러나 심리학자 킨들온과 톰슨(Kindleon and Thompson, 2000)은 이들 문제를 성별 간 차이의 감소 탓으로 돌리지 않는다. 그들은 대신에 남성들이 정서적 소양을 갖추도록 고무되지 않아, 문화적으로 결정된 젠더 정체성이 개발되지 않고 그대로 남아 있을 수 있다고 주장한다.

> **4-1 생각해보기**
>
> 여성과 남성의 차이가 생물학적 원인인지, 문화적 원인인지에 대한 의견 일치가 없다. 다음에 기술한 항목에 답변하면서 당신의 인식을 확인하시오.
>
> - 여자아이들은 남성기질을 배우고, 남자아이들은 여성기질을 배운다. 　참　거짓
> - 남자아이들은 고착화된 방식으로 행동하도록 압력을 받는다. 　참　거짓
> - 초등학교 여교사는 남자아이들의 여성화에 기여한다. 　참　거짓
> - 초등학교 교실은 더 많은 공간과 행동을 원하는 남자아이들의 요구에 기초한 활동을 제공함으로써, 그들을 지원하기 위해 바뀌어야 한다. 　참　거짓
> - 수업 목적 달성을 위해 남자아이와 여자아이를 분리해야 한다. 　참　거짓

2. 젠더 정체성

대부분 사람은 젠더가 생물적 정체성과 일치하기 때문에, 그들의 젠더 정체성을 당연하게 여기고 그것에 의문을 갖지 않는다. 적절한 젠더 정체성에 대한 인식은 생애 초기에 무의식적으로 일어난다. 그것은 성격의 기초가 되고, 자기정체성의 핵심적인 일부를 형성한다. 두 살 무렵 아이들은 그들이 남성인지 여성인지를 깨닫고, 그들에게 기대되는 행동을 배우기 시작한다. 아이들은 학교에 들어갈 즈음 젠더에 관한 분명한 관념을 가진다. 대부분 아이는 여자아이와 남자아이가 집에서 강화된 행동과 언어에 기초하여 다르게 행동한다는 것을 안다. 많은 아이는 젠더에 따라 고착화된 역할에 순응하기 위해 노력한다. 그들은 자신을 이성(異性), 양성, 무성, 또는 그 사이의 어디에 있는 것으로 구분한다. 트랜스젠더는 옷을 바꿔서 입거나 그들이 지각하는 성(sex)이 되기 위해 외과수술을 한다.

1) 사회화

적절한 젠더 행위는 잡지, 텔레비전, 또래와의 놀이, 그리고 젠더 특성을 지닌 장난감으로 강화된다. 이 사회화 과정에서 아이들은 사회적으로 정의된 역할과 기대에 순응하는 사회적 기술과 자아감을 개발한다. 적절한 젠더 행위는 찬성과 반대, 보상과 처벌의 사회적 과정에 의한 생애주기를 통해 강화된다.

아이들을 사회화하는 사람은 부모와 친척만이 아니다. 아이가 학교에 들어갈 때, 사회화 과정은 지속된다. 일반적으로 학교는 주류문화와 동일한 수준에서 젠더 역할을 가르친다. 적절한 젠더 역할에 대한 태도와 가치는 학교의 교과과정을 통해 배양된다. 초등학교는 여교사가 압도적으로 많고, 복종과 순응을 강조하면서 어머니 역할을 모방하는 경향이 있다. 교실에서 남자아이들과 여자아이들은 그들의 일에 대해 다른 피드백과 격려를 받지만, 그 유형은 집에서 사용하던 것과 유사하다. 여자아이와 젊은 여성은 행동을 잘하고 좋은 점수를 받도록 고무된다. 남성들은 행동이 곧지 않고, 학업성적도 좋지 않다. 노동자층의 많은 남성은 학교와 권위자에게 저항하는 유형을 개발하는데, 그들은 학교가 여성적이고 수작업보다 정신노동을 강조한다고 생각하기 때문이다(Dolby, Dimitriadis and Wills, 2004).

또한 아이들은 사회화 과정에서 능동적인 참여자이다. 놀이집단은 종종 아이들의 성별에 의해 결정된다. 여자아이와 남자아이가 같은 게임을 할 때조차도 다르게 놀이를 하는데, 남자아이들은 공격적이다. 그러나 모든 남자아이와 여자아이가 사회적으로 수용할 만한 방식을 따르는 것은 아니다. 모든 남자아이가 대규모 집단활동에 참여하거나 공격적인 것은 아니다. 목소리가 조용하고, 무시되어 망각된 남자아이들은 일반적으로 여자아이들과 관련된 행동유형을 따른다. 여자아이들에게도 똑같은 현상이 일어난다. 모든 아이가 그들의 젠더에 적합한 행동을 따르는 것은 아니다. 그럼에도 대부분의 여자아이와 남자아이는 청소년으로서 별개의 활동에 참여한다. 남자아이들과 여자아이들이 학업과 체육에서 서로 경쟁할 때, 이분법 및 반대로서 젠더의식을 개발한다. 교실에서 여자아이와 남자아이가 함께 일하는 협동 과제는 그들이 서로 협력한다면, 이분법을 약화할 수 있다.

학교 운동장은 여성의 활동과 비교할 때 남성에게 중요하게 여겨진다. 야구·축구·농구·킥볼을 하는 데 요구되는 공간은 여자아이의 줄넘기·포스퀘어(foursquare)·바트릭(bar tricks)의 공간보다 훨씬 넓다. 일부 여자아이가 남자아이의 운동을 하지만, 남자아이들은 여자아이들 놀이에 참여하지 않는다. 남자아이들이 줄넘기와 같은 여자아이들의 놀이에 참여할 때 남녀 동수가 되지 않으며, 대개 중단되고 만다.

미국 사회는 여성에게 여성다움을 기대하고, 남성에게는 남성다움을 기대한다. 물론 남성다움과 여성다움이 약간 섞이는 것에 대해서는 관대하다. 일반적으로 여성들은 남성들보다 젠더 동일시에서 유연성이 더 많다. 젊은 여성들도 운동경기에 적극 참여하고, 여성의 고착화된 행동을 거부함으로써 남자아이와 같이 행동하는 데 긍정적이다. 반면에 남자아이는 여자아이의 놀이에 참여할 때 따돌림을 당하고, 사내답지 못한 행동을 하며, 똑같은 운동경기에 참여하지 못한다. 젠더 경계를 넘는 여자아이들과 다르게 남자아이들은 위신이 깎이는 것을 두려워한다.

남성다움과 여성다움의 기질이 개인에게 공존하지 못하는 것처럼, 이제 젠더는 더 이상 전통적인 양극으로 생각되지 않는다. 우리는 특정 상황이나 환경에 적합한 하나 또는 다른 기질을 드러낸다. 딜레마는 우리의 행동이 젠더 정체성에 대한 사회규범에 맞지 않을 때, 우리 모두 우리 자신을 격려하지 않는다는 것이다. 신체장애를 가진 일부는 그들의 여성다움이나 남성다움의 지각과 관련된 중요한 정서적 도전을 맞이할 수 있다. 일부 신체 장애인은 소프트볼·축구 등과 같은 활동에서 남성 참여의 사회적 기대가 있을 때 체육활동에 참여할 수 없을 것이다. 장애인들이 신체활동을 요구하는 직장에서 배제된다면 장애는 문제가 될 수 있다. 특정 장애가 있는 여성들은 사회에서 '아름다운 몸매'를 강조하기 때문에 도전에 직면할 수 있는데, 이러한 사회적 분위기는 그들의 여성다움에 대한 인식에 영향을 준다.

2) 젠더 역할의 고정관념

젠더 역할은 서서히 변하고 있지만, 사회화 과정에서 고정관념적으로 투사된다. 젠더 역할에 대한 고정관념은 남성과 여성의 역할을 협의적으로 인식하여 두 젠더가 아주 다른 것처럼 정의를 내린다. 남성과 여성은 자동적으로 그들이 대중매체를 통해 전달되는 특성과 역할을 연상한다. 직업에서만 고정관념이 일어나는 것은 아니다. 여성과 남성의 지적 능력, 성격 특성, 신체적 외모, 사회적 지위, 그리고 가정에서의 역할 또한 고정관념화된다. 그들 집단의 고정관념과 다른 사람들, 특히 게이와 레즈비언은 주류집단에게 따돌림을 당한다. 그런 역할 고정관념은 개인의 잠재력의 광범위한 범주를 생각하지 않는다.

오늘날 많은 가족은 맞벌이를 한다. 많은 남성이 양육과 가사를 돕지만, 일하는 여성은 직장생활 외에도 가사에 일차적 책임을 진다. 남성의 소득에 의존할 수 없는 여성, 특히 이혼했거나 홀로된 많은 여성은 아이가 있다면 부모의 역할까지 감당해야 한다. 남성과 여성 모두 다양한 직장에서 일을 하고, 이전에 한쪽 젠더가 해오던 많은 역할과 활동을 공유하지만, 여전히 많은 사람은 전통적인 젠더 역할을 고수한다.

텔레비전은 젠더 고정관념을 영속화하는 것 중 하나이다. 평범한 아이들이 고등학교를 졸업할 때면 교실보다 텔레비전 앞에서 더 많은 시간을 보낸다. 미국의 지배적 이상과 관념은 미국 사회를 상징적으로 표현한 것으로, 이것은 텔레비전 프로그램 개발로 구체화된다. 텔레비전에서 미(美)는 지능 이상의 것을 설명할 수 있다. 텔레비전에 일하는 여성이 나오지만, 그 여성은 일반적으로 강하고 지적이며 노동자층이 아니다. 여성에게 영웅은 사회사업가·교사·비서가 아니다. 많은 남성과 여성 잡지는 남성과 여성을 고정관념적으로 묘사한다. 대부분의 신문은 패션, 음식, 사교적 행사에 대한 기사를 포함하는 스타일 면, 즉 여성의 관심사라고 믿으면서 구체적으로 작성된 면을 할애한다. 여성 잡지는 여성이 직장에서도 성공적이어야 하고, 아름다움·돌봄·가사에서도 여성다움을 발휘해야 한다는 모순적인 메시지를 보낸다. 일하는 어머니는 일뿐만 아니라 가정주부처럼 자녀의 요구도 척척 들어주는 헌신적인 어머니로서의 역할을 다하는 슈퍼맘(supermom)이다. 신문의 남성 페이지는 운동경기와 비즈니스 섹션인데, 이곳에서는 경쟁과 승리가 강조된다. 남성 운동선수들은 헤드라인으로 다루어지며, 이들에 대해 많은 기사가 작성된다. 여성이 이룬 운동 성과에 대해서는 좀처럼 1면에서 다루어지지 않는다.

성인들은 신문·잡지·책을 읽는 반면, 아이들은 교과서를 읽는 데 많은 시간을 보낸다. 전국적으로 교실에서 사용되는 수업자료에서 젠더를 어떻게 다루는가? 연구 결과에 따르면, 큰 발전이 이루어졌다. 교과서의 내용은 과거처럼 인종차별과 성차별을 하지 않으며, 시각도 훨씬 균형이 잡혀 있다. 그러나 교사들은 여전히 학생들이 읽는 저자의 젠더와 민족을 인지할 필요가 있다.

현대 사회에서 남성과 여성의 전통적인 역할은 많은 가족에서 상호 교환적으로 수행된다. 남성과 여성은 비전통적인 직업에서 일하고, 이전에 한쪽 젠더가 하던 역할의 많은 것을 공유한다. 많은 커뮤니티에서 사람들은 더 이상 고집불통의 여성다움이나 남성다움이 배어 있는 특성·행동·직장을 선택할 필요가 없다. 둘 다 소유하는 것이 더 쉬워지고 있다. 더 많은 부부가 봉급자의 역할을 공유한다. 많은 남성이 양육과 가사의 책임을 똑같이 공유한다. 때로는 남성이 가정주부이다. 미래에는 더 많은 남성과 여성이 사회적으로 결정된 젠더 역할을 수용하기보다 그들이 편안하다고 생각하는 역할을 선택할 것이다.

우리는 많은 사람이 낡고 불평등한 역할을 거부한다는 점에서 규범이 변화하는 시대에 살고 있다. 이러한 변화는 적절한 젠더 역할의 규범이 더 이상 명확하지 않다는 점에서 새롭지만, 많은 불확실성이 있다. 새로운 규범이 전개됨에 따라 더 유연한 역할·성격·행동이 여성과 남성을 위해 진화하고 있다.

4-2 생각해보기

젠더 정체성은 '매우 여성다움'에서 '매우 남성다움'에 이르기까지 기질과 행동의 연속선이다. 당신과 다른 사람의 젠더 정체성에 대한 생각은 무엇인가?

- 당신은 젠더 정체성의 연속선에서 어디에 위치하는가?
- 어떤 사람들이 젠더 정체성의 발달에 영향을 주었는가?
- 당신과 친구는 다른 성(sex)처럼 행동하는 사람들을 어떻게 구분하는가?
- 다른 성처럼 행동할 때 어떤 성(sex)이 가장 고통스럽게 하는가? 왜 그런가?

3) 민족성·인종·종교와 젠더의 상호작용

학생이 전통적인 젠더 정체성을 고수하는 정도는 가족의 민족성·계급·종교에 따라 다르게 나타난다. 많은 유색인 여성의 경우에 인종차별이 그들의 일상생활과 안녕에 큰 영향을 미치기 때문에, 젠더로서 그들의 정체성은 부차적인 것이 된다. 일부 종교에서 젠더 정체성과 인간관계는 종교 교리에 따라 엄격하게 통제된다. 따라서 젠더 불평등은 민족집단·계급집단·종교집단마다 다른 형태를 띤다.

미국에서 전통적 젠더 역할이 수용되는 정도는 가족이 그들 민족집단의 전통적 유형과 경험을 유지하는 정도에 따라 대부분 다르게 나타난다. 전통적 종교와 문화적 유형을 중시하는 푸에르토리코계, 멕시코계 미국인, 애팔래치아인, 아메리칸인디언 가족이 이중문화적 유형을 채택하는 가족보다 엄격한 젠더 역할을 고수할 가능성이 높다.

아프리카계 미국인 가족의 여성들은 다른 유형을 개발했다. 역사적으로 그들은 집 밖에서 일을 해왔기 때문에, 그들의 역할에 관한 전통적 시각을 엄격하게 유지할 가능성이 낮다. 그들은 가정주부와 직장생활을 병행하는 것을 배웠다. 중류층에 속하는 많은 유럽계 미국인 여성과 달리, 중류층에 속하는 아프리카계 미국인 여성은 결혼을 사회적 지위를 위한 상승 이동의 길 또는 빈곤탈출의 방법으로 결코 생각하지 않는다.

모든 계급의 아프리카계 미국인, 라틴계 미국인, 아메리칸인디언 여성은 인종과 민족성에 따라 역사적으로 차별 당했을 뿐만 아니라, 현재에도 차별을 경험하고 있다. 페미니스트, 즉 여성의 권리를 적극적으로 지지하는 그들은 인종과 젠더 정체성 사이를 선택하도록 강요받는다는 것을 느낄 것이다. 어떤 집단과의 동일시는 특정 상황에서는 잘될 수 있지만, 다른 상황에서는 그렇지 않을 수 있다. 자신의 젠더·민족성·인종, 성적 취향, 계급·종교를 자신이 편안하게 느끼고 확신하는 전체와 통합하는 정체성을 가진다는 것은 하나의 투쟁이다. 학생들이 자신의 민족성이나 계급 수준 때문에 어떤 시각을 가진다거나 전형적 젠더 유형대로 행동할 것이라고 생각하는 것은 위험하다. 두 개의 문화집단 안에서 개별 가족이 젠더 정체성에 따른 전형적 젠더 역할과 후속 행동을 지원하는 양상은 크게 다르다.

일반적으로 종교는 교리의 일환으로 여성다움과 남성다움에 대한 기대를 인정하고 내포한다. 특정 종교와 무관하게, 간혹 종교의식은 남성 우월 시스템을 반영하고 강화한다. 훨씬 더 근본적인 종교집단은 젠더 분화의 역할을 엄격하게 고수하도록 지원한다. 이들 종교집단의 영향은 성관계·결혼·생식권의 쟁점으로 확대된다. 그들은 간혹 정치적으로 조직되어, 가족과 여성 문제에 대한 주와 연방 정책을 통제한다. 다른 한편으로 진보 성향의 종교집단은 게이와 레즈비언의 결혼, 낙태를 선택할 여성의 권리를 지지하며, 남성과 여성이 종교모임을 이끌어가도록 격려한다.

종교적 도그마가 동성애는 잘못되었다고 공표할 때, 구성원들이 동성애를 정상적이고 이성애와 동등한 지위로 인정하기는 매우 어렵다. 교사들이 학교가 소재하는 커뮤니티와 문화에 대해 인지하는 것은 학생들을 차별하지 않고 적절하게 지원하고, 학생들이 학업적·사회적 잠재력을 개발하도록 도움을 줄 때 중요하다.

3. 성적 취향

세계와 미국 사회에서 이성애는 특권화된 성적 취향이거나 성적 경향이다. 법과 사회적 관행은 동성애, 즉 성(sex)이 같은 사람에 대한 성적 관심을 금지한다. 연방대법원은 로렌스 대 텍사스(Lawrence v. Texas) 사건에서 동성 간 성행위를 금지한 모든 「소도미법(sodomy law)」을 위헌이라고 판결하면서 13개 주에서 제정한 법률을 무효로 만들었다. 그렇지만 대부분의 주에서는 2003년까지 동성애를 금지했다. 동성애에 대한 공공연한 차별이 존재하는 많은 지역에서 게이와 레즈비언은 주택이나 직장을 구할 수 없다. 그들이 '스트레이트(straight, 이성애)' 모임에 항상 가입할 수 있는 것은 아니며, 도시 거리에서 공격당할 가능성도 크다. 남부빈민법센터의 보고서에 따르면, 미국에서 게이반대폭력은 가장 일반적인 증오범죄이다(Buchanan, 2005).

많은 사람은 동성애에 대한 지식이 거의 없다. 동성애라는 용어는 1869년 독일 라이프치히에서 생겼으며, 1880년에 전문 문헌에서 사용했다. 지난 100여 년 동안 동성애와 이성애는 성적 관계를 갖는 두 사람의 성(sex)과 동일시되었다. 남성들이 여성들보다 더 병적이 되었으며, 많은 사람에 의해 변태라고 여겨졌다(Lipkin, 1999). 많은 사람은 동성애를 하나의 죄악, 도덕적 실패, 병, 범죄로 생각한다. 미국 심리학회조차도 1973년까지 동성애를 정신질환으로 정의했다.

동성애에 관한 가장 보편적인 질문 중 하나는 왜 일부는 레즈비언·게이·양성애·트랜스젠더(lesbian, gay, bisexual, and transgender: LGBT)인지이다. 연구자들은 유전적 원인을 실험하고 있지만, 아직까지 성적 취향을 통제하는 유전자를 규명하지 못했다. 호르몬 차이에 대해서도 조사했지만, LGBT의 대다수는 이성애자와 일치하는 호르몬 수준을 보였다. 육아와 같은 환경적 영향도 기여 요인으로 제기되었다(Lipkin, 1999).

대부분 연구자는 성적 취향이 생애 초기에 형성된다는 것에 동의한다. 6세경에 일부 남자아이와 여자아이는 또래와 성적으로 다르다는 의식을 가진다. 사춘기 초기에는 동성의 또래에게 끌릴 가능성이 있다(Johnson, 2006). 젊은이들은 청소년기에 자신이 게이 또는 레즈비언이라는 것을 확인한다. 1960년대에는 자기 정체성을 확인하는 평균 연령이 게이가 20세, 레즈비언이 22세였다. 오늘날 자기 정체성을 확인하는 평균연령은 16세이다(National Gay and Lesbian Task Force, 2004).

학급 교사들은 젠더 정체성에 따른 다른 시각, 즉 여성과 남성 역할에 대한 신념과 실제 행동에 따라 동성애 학생들을 식별할 가능성이 있다. 레즈비언과 게이 청소년들은 그들의 성적 취향과 동성애를 혐오하는 환경에서 그것의 의미와 투쟁한다. 학생들이 상호작용하는 문화적 구성원의 영향을 이해하는 것은 교사가 그들의 젠더와 성적 취향과 무관하게 그들 모두를 위한 가능성을 열어놓을 때 중요하다.

 게이 부모

모린 플린은 교외에 위치한 공립학교 3학년 교사이다. 매년 플린은 학생의 부모를 만날 수 있는 기회인 '부모의 밤' 행사를 기대한다. 그녀가 마지막 시간에 교실을 점검할 때 문이 열리면서 잘 차려입은 두 명의 여성이 나타났다. "안녕하세요. 선생님!" "안녕하세요. 3학년에 오신 것을 환영합니다. 저는 모린 플린이라고 합니다." "우리는 에이미 젠트리와 커스틴 바우어스입니다. 앨리슨 젠트리-바우어스의 어머니들입니다." "아, 그러세요."라고 대답하면서 놀라는 기색을 보이지 않으려 했다. "제가 앨리슨의 작품 일부와 책상을 보여드리겠습니다."
그날 저녁의 나머지 시간은 일상적이었다. 플린은 자신을 소개하고 부모들을 환영하면서 그들을 소개해달라고 했다. 부모들이 이름과 인사를 교환할 때, 앨리슨의 두 어머니가 앨리슨의 어머니들이라고 소개하자 이상한 분위기가 감지되었다. 플린은 학급에서 무엇을 하고 있고, 올해 해야 할 목표와 활동에 대해 설명한다. 부모들과 플린은 즐거운 시간을 보내고 집으로 돌아간다. 수업이 시작된 다음 날 아침 콜린 버크가 "선생님, 제 어머니가 앨리슨은 두 어머니를 두었다고 말하네요. 그것이 어떻게 가능하죠? 어떻게 하면 두 명의 어머니를 가질 수 있나요? 모든 사람은 한 명의 아버지와 한 명의 어머니를 두어야 하는 것이 아닌가요?"라고 물었다. 학생들은 플린의 대답을 기다리고 있다.

토론을 위한 질문

- 플린은 콜린의 질문에 어떻게 대답해야 하는가?
- 플린은 그 질문을 피해야 하는가? 왜 그런가? 왜 그렇지 않은가?
- 플린은 다양한 가족 구조를 토론할 기회를 마련해야 하는가?

1) 미국의 동성애사 요약

복장과 행동에서 이성의 젠더 기질을 채택한 사람은 다른 사람들에게 동성애자로 불린다. 이 범주에는 여성적인 남성이 대표되는데, 20세기 초에는 그들이 실제로 게이인지 아닌지에 상관없이 'fairies'[1]라는 이름이 붙여졌다. 게이이지만 남성다운 젠더 기질에 익숙한 남성은 게이로 구분되지 않는다. 교육자 아서 리프킨(Arthur Lipkin)은 "제2차 세계대전까지 대다수의 동성애자는 억압받았고, 정체성을 완전히 숨겼으며, 그들이 성장한 커뮤니티에서 기대된 삶을 살려고 노력했다"라고 보고한다(Lipkin, 1999: 74). 이 생활양식에는 종종 이성의 누군가와 결혼하는 것이 포함되는데, 이성애 커플로서 가족을 부양하는 것이다.

1970년대까지 많은 정신과 의사와 심리학자들은 동성애를 하나의 병으로 간주했다. 다른 사람들은 어린아이와 청소년이 동성애자와 접촉하는 것이 그들에게 부정적 영향을 줄 것이라고 걱정했다. 1927~1967년에 뉴욕은 '성적 도착'을 연극 주제로 삼는 것을 금지했다. 이와 유사한 금지 조치가 영화에서도 적용되었다. 그럼에도 저명한 작가들은 책과 시나리오에 게이와 레즈비언을 포함했다. 1950년대 에벌린 후커(Evelyn Hooker)는 게이 남성에 대한 병리학적인 설명에 의문을 제기했다. 그녀는 게이 남성이 이성애 남성만큼 잘 적응하고, 때에 따라서는 그 이상이라고 밝혔다. 그녀의 연구 결과는 전기충격요법과 같은 정신병 치료와 싸우는 무대를 마련했다(Miller, 2006).

1948년과 1953년에 생물학자이자 동물학자인 앨프리드 킨제이(Alfred C. Kinsey)는 성적 행동에 대해 만 명의 백인 여성과 남성을 인터뷰한 것에 기초한 책들을 출판했다. 그는 미국 남성 10%와 여성 8%가 16~55세에 최소 3년 동안은 다소 배타적인 동성애자라는 결과를 발표했다(Miller, 2006). 이 보고서는 게이와 레즈비언이 사회적 기대와 일치하지 않은 성적 취향을 가진 유일한 사람이 아니라는 것을 확인해주었다. 킨제이의 결론은 엄청난 공격을 받았다. 대부분의 사람은 동성애자가 거의 없다고 믿었으며, 문화가 동성애자에 의해 파괴될지 모른다는 걱정을 했다. 정치인과 종교 지도자들은 이성애의 모델에서 벗어난 사람들을 공공연하게 비난했다.

1950년 초 연방 상원은 정부에서 동성애자의 숙청을 요구했다. 1년 안에 에드거

---

[1] 여성 역의 동성애 남성 또는 여성적인 남성을 의미한다. _옮긴이

후버(J. Edgar Hoover) 국장의 지휘를 받은 FBI는 406명을 찾아냈다. 1953년 아이젠하워(Eisenhower) 대통령은 동성애자를 해고하는 행정명령에 서명했다(Miller, 2006). 1960년대 초 레즈비언과 게이 중에서 매년 3,000명 정도가 군대에서 해고되었다. 그들은 직장을 잃는 것 외에도 파티장·술집·공원·극장 등에서 수백 명씩 체포되었다. 일부 커뮤니티에서는 시민이 동성애자 이웃과 직장 동료를 추방하는 데 협조했다(Lipkin, 1999). 많은 시민은 동성애자를 소아성애자 및 아동 성추행자와 혼동했으며, 다른 사람들을 그들 편으로 끌어들일 것이라고 믿었다. 동성애자들의 정의를 위한 요구는 대부분의 사람에 의해 무시되었다. 민권단체들도 직장을 잃거나 다른 환경에서 학대를 당하는 게이와 레즈비언을 지지하지 않았다(Lipkin, 1999). 게이와 레즈비언은 사회에서 수용과 공평을 추구하기 위한 투쟁을 하기 위해 샌프란시스코와 뉴욕과 같은 도시에서 단체를 조직하기 시작했다. 그들의 목적 중 하나는 주류문화에 팽배한 병리적 진단을 제거하는 것이었다.

1969년 6월 27일 경찰이 뉴욕 시 그리니치빌리지의 '스톤월 인'이라는 술집을 급습하면서 게이권리운동이 시작되었다. 스톤월 인은 다른 술집에서 환영받지 못한 게이들의 피난처였다. 그곳의 고객들은 "복장도착자, 히피, 마약 복용자, 도망친 미성년자, 집에서 쫓겨난 아이들"이었다(Lipkin, 1999: 88). 경찰은 초여름 밤 무면허로 운영하는 그 술집을 닫기 위해 출동했지만, 게이 술집의 급습은 이상한 것이 아니었다. 그 술집은 폐쇄되었고, 종업원들은 체포되었으며, 고객들은 밖으로 끌려나왔다.

체포된 사람들이 경찰차에 태워졌고, 밖으로 끌려나온 고객들과 군중은 경찰에게 동전을 던지기 시작했다. 곧이어 폭동으로 번져 술집의 모든 기물이 파괴되었다. 첫 번째 폭동은 45분 동안밖에 이어지지 않았지만, 참가자들은 경찰의 행동에 대항하여 싸웠다. 다음 날 밤 군중은 스톤월 인에 다시 모여 거리로 행진해 나갔다. 그들은 '게이파워'를 외치고 게이해방을 위해 건배했다. 경찰이 시위대를 해산하는 데는 몇 시간이 걸렸으며, 다음 날 밤에도 소규모의 시위대가 나타났다(Lipkin, 1999).

〈표 4.2〉 게이 권리운동의 이정표

- 1969년 6월 28일: 경찰이 스톤월 인 술집을 급습하고, 고객들이 폭동을 일으켰다.
- 1970년: 국가정신건강연구소가 게이의 민권보호를 권장했지만, 게이를 동성애에서 구조하기 위한 예방 또한 지지했다. 수천 명이 스톤월 인 폭동을 기념하기 위해 뉴욕 게이 퍼레이드를 개최했다.
- 1970년대: 시민 서비스위원회가 동성애자 고용 금지를 해제했다. 경찰이 술집 급습을 멈추었지만, 다른 지역에서 게이 체포는 계속되었다. 백인 게이들과 레즈비언들이 전문협회를 결성했다.
- 1977년: 전 미스아메리카 출신 애니타 브라이언트(Anita Bryant)가 주도한 Save Our Children 캠페인이 게이보호를 무효화하기 시작했다.
- 1978년: 캘리포니아 제안, 즉 주민발의(Briggs Initiative)를 통해 공립학교의 게이 교사와 그 지지자를 그만두게 하려고 했지만 통과되지 않았다.
- 1979년: 워싱턴에서 10만 명의 게이와 레즈비언이 게이권리를 요구하며 행진에 참여했다.
- 1980년: 모럴머조리티(Moral Majority)가 동성애를 반대하기 위해 조직되었다.
- 1981년: 알 수 없는 병에 걸린 게이들이 응급실에 나타났다. 질병은 나중에 에이즈로 판명되고, 이는 1980년대에 줄곧 게이들을 단합하게 하는 동력이 되었다.
- 1982년: 위스콘신 주가 동성애자 의원이 제안한 「게이 민권법」을 통과시켰다.
- 1987년: 워싱턴에서 에이즈 퀼트를 전시하면서 2차 게이와 레즈비언 행진을 했다. 액트업(AIDS Coalition to Unleash Power: ACT UP)이 뉴욕 시에서 결성되었다.
- 1989년: 매사추세츠 주가 공개 레즈비언과 비공개 게이에 의해 후원되는 「게이 민권법」을 통과시켰다.
- 1993년: 워싱턴 삼차 행진에서 게이와 레즈비언에 대한 군입대 금지에 대해 시위했다.
- 1996년: 연방대법원이 로메르 대 에번스(Rohmer v. Evans) 사건에서 게이권리 보호를 노골적으로 금지할 수 없다고 판결했다.
- 2000년: 버몬트 주에서 게이 커플과 레즈비언 커플의 합법적 결혼을 승인했다.
- 2003년: 연방대법원은 로런스 대 텍사스 사건에서 동성결혼을 반대하는 법률을 무효화했다.
- 2004년: 매사추세츠 주는 게이와 레즈비언 커플의 결혼을 허용했다.
- 2005년: 코네티컷 주가 동성결혼을 승인했다.

게이들은 경찰 기습에 항의하여 LA와 샌프란시스코에서 폭동을 일으켰지만, 이들 폭동은 게이지도자들에 의해 신중하게 조직되었다. 스톤월 인은 달랐다. 참가자들은 사회에서만이 아니라 보수적 게이, 즉 마치 이성애자들처럼 살고 있는 게이들에게서 거부당한 게이들이었다. 스톤월에서의 폭동은 동시적이었고, 감정에 북받쳤으며, 유혈 폭동이었다(Lipkin, 1999). 그것은 LGBT가 직면한 불공평에 맞서 싸우는 상징이 되었다. 곧 이어 LGBT의 숫자는 50명에서 800명으로 늘어났다(Lipkin, 1999).

물론 많은 장애물이 중요한 변화를 가로막았지만, 〈표 4.2〉에서 보는 것처럼 게이권리의 진척과 게이에 대한 차별철폐가 1969년 이후로 이루어졌다. 스톤월인 폭동 이후에 특히 도시에 사는 게이와 레즈비언은 공개적으로 그들의 동성애를 인정하는 것이 좀 더 쉬워졌다. 그러나 많은 사람은 여전히 커뮤니티의 적대감과 차별 때문에 동성애자임을 공개할 수 없었다. 그들은 같은 대학 캠퍼스에서 모임을 조직할 수 없거나 군대·학교·종교단체에서 그들의 동성애를 공개적으로 선언할 수 없다. 많은 직장에서 이성애자가 아닌 사람들에 대한 편견과 차별을 극복할 것을 요구한다.

많은 게이와 레즈비언은 성적 취향을 공개하지만, 여전히 많은 사람은 보복을 두려워한다. 미국의 많은 지역과 교실에서 그들이 성적 취향을 공개적으로 인정한다면, 그들은 괴롭힘과 학대를 당할 것이다. 게이와 레즈비언 학생들을 거부하는 것은 바로 다른 학생들뿐만이 아니다. 많은 가족, 종교 지도자, 교사가 그들을 거부할 뿐만 아니라, 비도덕적이며 일탈자라고 낙인찍는다. 인종이 다른 사람에게 쉽게 식별될 수 있는 사람들과 다르게, 게이와 레즈비언은 그들의 정체성을 전체 사회에서 숨길 수 있다. 그중 많은 사람은 그들의 동성애를 인정할 수 없는 것 때문에 고독과 소외로 고통을 받는다.

많은 게이와 레즈비언 교육자는 직장을 잃을 것을 두려워하여 개인의 삶과 사회에서의 삶을 분리한다. 그들은 성추행자로, 또 학생들을 부적절하게 만지는 것으로 고발당하고, 학생들을 동성애자로 만들거나 동성애 연락책이 되게 한 것으로 책임을 추궁당할까 걱정한다(Lipkin, 1999). 이 밖에도 그들은 위협, 괴롭힘, 자동차와 집에 낙서를 당하고, 학생·부모·동료와 커뮤니티의 다른 구성원의 폭력에 대해 걱정한다. 법원은 대개 그들의 직장을 보호하지만, 그들의 동성애를 공개적으로 인정하는 게이나 레즈비언 교사들에게 필요한 안전과 편안함을 제공할 수는 없다(Lipkin, 1999). 군대의 '묻지도 말하지도 말라(don't ask, don't tell)'는 정책은 대부분의 학교에서 적용된다.

레즈비언과 게이 교사들은 그들의 동성애에 침묵하기 때문에 게이와 레즈비언 학생을 위한 역할모델을 담당하지 못하며, 학교 관계자가 인정하지 않는 학생에게 필요한 지원을 제공하지도 못한다. 게이와 레즈비언 학생들을 지원하고자 하는 이성애 교사들은 다른 사람들의 차별적 보복에 직면할 수 있다.

1990년대 동성결혼이 검증을 받았다. 하와이 대법원은 "동성 세 쌍의 결혼 허가서를 거부한 것은 성차별이다"라는 판결을 내렸다(Miller, 2006: 530). 그리고 하와이 대법원은 주에 이들 커플이 결혼을 하지 못하게 한 이유를 제출하라고 요구했다. 주 입법부는 결혼이란 남성과 여성 사이에서만 이루어진다고 정의 내리면서 신속하게 답변서를 제출했다. 1998년 하와이 유권자들은 주법을 비준하여 입법부가 내린 결혼에 대한 정의에 찬성했다. 동시에 알래스카 유권자들은 헌법 수정을 승인하여 결혼을 남성과 여성으로 제한했다. 2001년 버몬트 입법부는 합법적 동성결혼(civil union)을 인정하면서 결혼의 혜택과 책임을 지도록 했다. 2005년에 코네티컷 주도 버몬트 주의 사례를 따랐다.

게이 결혼을 위한 운동은 2003년 11월 매사추세츠 대법원이 게이와 레즈비언 커플이 결혼할 권리가 있다는 판결을 내리면서 추진력을 얻었다. 2004년 게이와 레즈비언 커플은 샌프란시스코, 포틀랜드(오리건), 그리고 몇 곳의 다른 도시에서 결혼했다. 그러나 주 입법부가 개입하여 실제로 이들 결혼이 무효임을 선언했다. 2004년 5월 17일 게이들과 레즈비언들은 매사추세츠에서 결혼을 했다. 다른 국가, 특히 유럽에서는 동성결혼을 공개적으로 지지한다. 네덜란드·벨기에·캐나다·스페인·프랑스·독일·핀란드에서는 동성결혼이 합법적으로 인정되며, 아이슬란드는 파트너십 법률을 제정하여 동성 커플의 법률적 권리를 확대했다.

모든 사람이 매사추세츠의 결혼 정책을 지지하지는 않는다. 연방의회는 동성결혼을 금지하는 연방헌법의 수정을 고려했지만, 2004년 7월 상원에서 통과되지 않았다. 주들은 신속하게 반응하여 2004년 전국 선거에서 이 쟁점을 투표에 부쳤다. 11개 주에서 유권자들은 결혼을 남성과 여성으로 제한하는 헌법 수정안을 압도적으로 승인했다(Miller, 2006). 2006년 40개 주가 유사한 수정안을 통과시켰다(Johnson, 2006). 합법적 동성결혼과 결혼에 관한 논쟁은 종교적·세속적 영역에서 계속된다. 그러나 대중은 게이와 레즈비언을 점점 더 수용하고 있다. 미국에서 대부분의 사람은 직장과 직업에서 게이의 동등한 권리를 지지한다. 그러나 대중의 절반 정도는 게이 결혼에 반대하는 헌법 수정을 지지한다. 진보주의자, 젊은 미국인, 교육을 많이 받은 사람, 덜 종교적인 사람, 민주당원이 게이의 결혼을 수용할 가능성이 더 높다(Gallup Organization, 2007).

2) 동성애 혐오증

게이반대운동은 일부 백인 복음주의 기독교 지도자에 의해 시작되었다. 이들은 전통적 가치 연맹(Traditional Values Coalition)과 같은 집단들을 결성했다. 또한 현재 "오늘날 미국에서 흑인들이 직면한 첫 번째 위협은 가난도 인종차별도 갱 폭력도 부적절한 학교도 실업 문제도 아닌 '동성애 어젠다'"라고 주장하는 일부 아프리카계 미국인 목회자가 주도하는 게이 공격에 동참하고 있다(Mock, 2007: 19). 그들은 일반적으로 사람들이 LGBT로 태어나지 않고, 동성애를 다른 사람에게서 배운다고 믿는다. 그들은 종교가 그들의 어린아이를 재앙에서 구원할 수 있다고 믿는다.

아프리카계 미국인은 공평에 대한 집념 때문에 다른 집단보다 차별반대법, 게이차별반대법을 지지할 가능성이 높다. 그들과 다른 유색인들은 동성애를 백인의 문제, 그들이 관심을 두지 않는 서구의 현상으로 생각했다(Lipkin, 1999). 동시에 아프리카계 미국인은 총선에서 다른 집단보다 동성애를 반대할 가능성이 높다(Mock, 2007). 일부 아프리카계 미국인은 게이들의 합법적 권리를 강화하기 위해 민권운동을 이용하는 게이들을 싫어한다. 복음주의 기독교만 동성애를 인정하지 않은 유일한 종교집단은 아니다. 세계의 많은 근본주의 종교는 게이를 죄로 여기고, 언젠가는 심각한 처벌과 따돌림을 당할 것이라고 생각한다.

실제로 동성애 혐오증은 학교에서 대부분 교육자가 인정하는 것보다 훨씬 보편적으로 동성애자에 대한 학대를 가져올 수 있다. 게이, 레즈비언, 스트레이트 교육 네트워크(Gay, Lesbian and Straight Education Network: GLSEN)가 실시한 2005년 전국 학교 환경조사에 따르면, LGBT 학생은 학교에서 폭력·편견·학대에 직면한다. 조사대상 학생의 약 40%는 학교에서 신체적으로 학대당한 경험이 있다고 보고했다. 대다수의 학생은 학교에서 불안감을 느끼고, 간혹 학교에 가지 못한다고 보고했다. 가장 보편적인 학대는 언어적 학대이다. LGBT 학생 10명 중 9명은 '네가 게이구나', 또는 '너 정말 게이구나'와 같은 말을 자주 듣는다고 보고한다. 4명 중 3명은 'faggot(동성애 남성)' 또는 'dyke(동성애 여성)'라는 말을 듣는다. 고등학교에서 LGBT 학생들은 그들의 실제 성적 취향에 따른 이름을 듣게 된다고 한다. 유색인 LGBT 학생들은 그들의 인종과 성적 취향 두 가지 이유로 학대를 당한다.

LGBT 학생들에 대한 적대적인 환경은 학업 성취와 대학 진학에 영향을 준다. 학교 관계자와 교사들이 LGBT 학생들을 지원하면 학생들은 학교에서 안전을 느끼고, 결석을 거의 하지 않으며, 대학에 진학할 가능성이 더 높다. 학생 3분의 1이상은 교사와 LGBT 쟁점에 관해 이야기할 때 불편함을 느낀다. GLSEN(2005) 연구에 따르면, LGBT 학생들은 그들에 대한 편견·폭력·학대를 반대하는 정책을 채택한 학교에서 더 안전했다. 많은 학교가 게이-스트레이트 연맹(Gay-Straight Alliances: GSAs)과 같은 학생 모임을 조직하여 LGBT 동료들을 지원하며 친구가 되고 있다.

전문 교육자들은 학교에서 동성애 혐오증을 제거하여 안전하고 통합적인 환경을 제공할 책임이 있다. 고등학교 기간은 많은 청소년에게 어려운 시간이지만, 특히 게이와 레즈비언 학생은 사회에서 가장 무시를 받는 집단의 구성원이라는 사실과 싸우기 때문에 스트레스가 많다. 학교나 커뮤니티에는 그들에 대한 지원 시스템 - 설령 있다고 해도 - 이 거의 없다. 게이와 레즈비언 학생은 성적 취향을 인정할 것인지에 대한 결정을 내리거나 다른 사람들에게 공격을 받을 때도 혼자이다. 교육자들은 학생의 성취 취향이나 젠더 정체성 때문에 학생의 잠재력을 제한하지 않아야 한다. 대부분의 교사는 결코 개입하지 않으며, 동성애 혐오적인 발언이 나올 때 잠깐 개입한다(GLSEN, 2005). 교사와 행정가는 게이와 레즈비언 학생의 이름을 부르고 학대하는 동료 교사 및 학생들과 직접 맞서야 한다. 학교는 상호작용, 학교자원, 과외활동, 상담활동을 통해 학생들이 성적 취향 때문에 차별받지 않도록 확실히 해야 한다.

4-3 생각해보기

당신이 고등학교 수업을 한다고 생각해보라. 당신은 현재의 사건들에 관해 토론을 이끌고 있고, 오늘의 주제는 에이즈이다. 교실에서 학생들이 의견을 주고받고, 몇 분이 지난 후 다음과 같은 대화가 이루어진다.

메리: 모든 사람이 아프고 죽으면 정말 좋지 않다고 생각해. 나는 단지 그렇게 생각 …….
폴: (말을 끊으면서) 동성애자들은 그래도 싸. 나를 화나게 하는 것은 우리가 치료방법을 찾기 위해 돈을 많이 쓴다는 것이야. 우리가 신과 자연에 맡기기만 한다면, 나를 괴롭히는 어떤 동성애자에 대해서도 걱정할 필요가 없을 거야.
메리: 나는 전에 그런 것에 대해 전혀 생각해보지 않았어.

그때 메리가 당신을 보면서 "선생님은 폴의 생각을 어떻게 생각하세요?"라고 질문을 한다. 당신은 어떻게 대답할 것인가?

자료: Sears, J. T(1992). Educators, homosexuality and homosexual students: Are personal feelings related to professional beliefs? In K. M. Harbeck (Ed.), *Coming out of the classroom closet: Gay and lesbian students, teachers and curricula*(pp.62~64). Binghamton, NY: Harrington Park Press.

---

4. 여성운동

19세 중반 이후 여성들은 젠더 평등을 위해 많은 운동에 참여했다. 남북전쟁 이전의 노예반대운동에 참여했던 초기 페미니스트 중 일부는 여성의 쟁점, 즉 이혼할 권리, 재산권, 대중 앞에서 말할 권리, 남편의 학대, 최저임금 또는 무임금, 대리모 등의 문제에 대해 많은 관심을 가졌다. 1848년 세네카 폴즈 회의에서 여성들은 억압에 대항하여 싸울 조직체계를 정비했다. 이런 여성들의 노력에는 일부 남성 지지자도 동참했는데, 예컨대 프레더릭 더글러스(Frederick Douglas)와 노예제도에 반대하고 만민의 인권과 민권을 위해 투쟁해온 백인 노예제폐지론자들이 포함되었다. 그러나 당시 대부분의 여성은 여성운동을 지지하지 않았다. 여성들은 그들의 환경을 억압적이라고 생각하지 않았고, 그들의 역할을 천부적인 아내와 어머니로 수용했다.

19세 후반 여성과 아동을 위한 보호법이 제정되었다. 이 법은 일부 위험한 육체노동에 여성의 접근을 금지했으며, 여성들이 일할 수 있는 시간을 제한했다. 그러나 이런 법은 여성의 동등한 권리를 거의 확장하지 못했다. 이 시기에 대부분 페미니스트는 동등권 쟁취를 위한 투쟁을 억압받는 다른 집단의 투쟁과 분리했으며, 「짐크로법」과 민족집단 및 인종집단의 민권위반에 대항하는 투쟁을 거부했다. 또한 대다수가 유럽계 미국인으로 구성된 여성집단들은 아프리카계 미국인의 투표권 쟁취 투쟁에 반대했다.

여성 지위의 가장 중요한 진전은 1960년대에 이루어졌는데, 이 시기에 페미니스트들은 이전의 그 어떤 시기보다 더 많은 여성과 남성에게 지지를 받았다. 이전 세기처럼 이 운동은 아프리카계 미국인의 민권 투쟁과 별개로 전개되었다. 1963년의 「동등임금법(Equal Pay Act)」은 남성과 여성이 같은 직무에서 동등임금을 받도록 했지만, 여성의 고용차별에 대해서는 언급하지 않았다. 의회에서 「민권법」을 저지하기 위해 남부 출신의 어떤 의원은 타이틀 VII에 '혹은 성별(sex)'이란 단어를 추가하면서, '인종·피부색·국적이나 성별'에 따른 차별이 금지되었다고 선언했다. 1964년 통과된 「민권법」은 최초로 동등권이 여성에게 확장된 것이었다. 곧이어 린든 존슨 대통령이 행정명령에 서명하여 연방과 계약을 체결한 기업은 여성과 유색인들을 고용할 것을 요구했는데, 이것은 최초의 차별철폐정책 프로그램(affirmative action programs)이 되었다.

1983년 정치 지도자들은 여성의 완전한 동등권을 더 이상 확장하지 않았다.

여성단체들은 '이 법에 따른 동등한 권리가 성별 때문에 미국 또는 주에 의해 거부되거나 박탈되지 않는다'라고 규정한 「동등권수정안(Equal Rights Amendment: ERA)」을 제안했다. 연방의회가 한 문장으로 된 「동등권수정안」을 통과시켰지만, 가족의 가치에 대해 우려한 보수 성향의 단체는 주 의원들에게 수정안을 거부하도록 로비했다. 미국인의 3분의 2는 「동등권수정안」을 지지했지만, 많은 주는 이를 채택하지 않았다.

전통적으로 중류층 백인 여성들이 여성운동을 주도했다. 초기의 여성운동은 여성 문제에 국한되었으며, 모든 비주류집단을 대상으로 한 더 넓은 의미의 민권에 관심을 두지 않았다. 이런 특성 때문에 여성운동에 남성과 유색인이 광범위하게 참여할 수 없었다. 또한 노동자층의 지원도 제한되었는데, 여성노동자와 복지에 대한 여성의 요구는 어젠다가 되지 못했다. 레즈비언과 양성애자는 여성운동이 그들의 문제를 소개하거나 부각하지 못한다고 생각했고, 결국 그들의 요구를 부각하기 위해 별도의 단체를 설립했다.

1990년대에는 민권운동에서 모든 집단의 민권을 위한 더 광범위한 지원과 다양한 민족집단의 남성과 여성의 더 많은 참여를 이끌어내기 위한 변화가 시작되었다. 예컨대, 전국에서 가장 큰 페미니스트 조직인 전미여성기구(National Organization for Women: NOW)는 인종차별과 싸우고, 복지 개혁, 이주자의 권리, 차별철폐정책의 지지 등의 어젠다를 추가했다. 페미니스트, 사회학자, 비판적 이론가 등이 공평에 관해 작성한 기사와 저술은 모든 집단의 공평을 위한 투쟁에서 인종·젠더·계급의 상호작용을 소개했다.

또한 점점 많은 남성도 여성 문제를 포함한 공평에 관한 쟁점을 지지한다. 일부 남성은 전통적인 남성 역할 외의 문제를 다루기 위해 남성해방단체를 설립했다. 그러나 사회적 행동을 위한 어젠다가 된 여성운동과 다르게 남성해방은 대개 정치적인 문제보다 개인적인 문제를 다룬다.

여성·게이·레즈비언의 동등권 쟁점은 왜 계속 논쟁이 되는가? 사람들은 성평등에 대해 다른 시각을 가진다. 페미니스트들은 직장, 봉급, 학교, 가정의 책임,

국가의 법률 등의 분야에서 평등을 위해 싸운다. 그들은 여성과 남성이 집 안팎에서 일과 임신에 대한 선택을 해야 하고, 성적 취향에 대해서도 알아야 한다고 생각한다. 또한 여성이 가정·직장·사회에서 남성에게 복종하지 않아도 된다고 믿는다. 그들은 학대받는 여성과 아동을 위한 지지집단과 쉼터를 제공하여, 복종의 결과로 파생되는 신체적·정신적 폭력을 제거하기 위해 싸운다. 이뿐만 아니라 그런 폭력을 불법으로 규정하고, 엄벌을 내릴 것을 사법부에 촉구한다. 이 밖에도 그들은 가사에서의 남성과 여성의 책임 공유와 모든 가족에 대한 양육의 유용성을 촉구한다.

일부 페미니스트는 남성과 여성 사이에 거의 차이가 없으며, 차이가 있다 해도 심리적 기질이나 사회적 역할과 연계되지 않는다고 믿는다. 그들의 연구에 따르면, 남녀 차이는 사회적으로 구성된다. 다른 사람들은 여성과 남성의 정신과 가치가 서로 달라 독특한 여성 문화와 남성 문화가 있다고 생각한다. 그들은 남성 가치보다 전통적 여성 가치가 사회를 이끈다면 이 세계가 더 나을 것이라고 믿는다. 그들은 여성이 되는 특별한 특성에 초점을 두고, 성공을 위해 남성 특성과 가치의 채택을 수용하지 않는다.

남성과 여성을 포함하는 반페미니스트 집단들은 「동등권수정안」과 여성의 평등에 대항하여 싸웠다. 이 집단을 주도한 것은 여성의 일차적 책임이 좋은 아내와 어머니가 되는 것이라고 믿는 정치적 보수주의자들이었다. 그들은 집 밖에서 일하는 것은 이런 역할을 방해한다고 생각한다. 그들은 가사와 어머니의 역할을 여성이 해야 할 직업이라고 주장한다. 남성은 가장으로 생계비를 벌고, 여성은 남편 또는 아버지에게 의존하기를 기대한다. 그들은 페미니즘과 동등권은 핵가족의 해체를 가져올 것이라고 믿으며, 동성애와 낙태를 거부한다. 이런 보수주의적 입장을 지지하는 사람들은 정치적으로 영향력이 있는 단체를 조직하여, 남성과 여성에게 더 광범위한 평등을 제공하기 위해 제정된 입법을 폐지하고자 했다. 그들은 금욕 프로그램을 권장하며, 학교와 병원에 성적 취향에 대한 정보가 확산되는 것을 반대한다.

많은 젊은 여성은 지난 세기에 여성이 성취한 권리를 당연하게 여긴다. 1세대 페미니스트들은 여성을 남성과 똑같이 인정하는 것을 목표로 삼았고, 결국 1919년에 투표권을 쟁취했다. 20세기 후반 민권운동에 참여한 여성운동은 변화를 맞이했다. 이 시기에 페미니스트들은 같은 임금, 교육과 직장에서의 같은 기회, 건강검진의 혜택, 여성에게 영향을 주는 유방암과 기타 질병에 대한 관심, 여성학, 성차별 반대 교육, 선택할 권리, 레즈비언의 인정 등을 위해 투쟁했다. 20세기 말에 대부분 여성은 직장과 가족부양을 병행했다. 대중매체는 고위직에서 일하면서 사친회(Parent-Teacher Association: PTA)에 참석하고, 아이들을 축구장과 야구장으로 데리고 다니며, 아침과 저녁을 요리하고, 아이들이 일어나기 전에 운동으로 자신을 돌보며, 아이들이 잠자리에 든 후에 이메일을 확인하는 슈퍼맘을 부각했다. 물론 대부분 여성은 고위직에서 일하지 않으며, 가사와 양육에서 더 큰 책임을 지고 있다.

지난 35여 년에 걸쳐 많은 것을 성취했지만, 아직도 투쟁해야 할 것들이 남아 있다. 현행 여성운동은 더 포괄적으로 유색인 여성의 민권, 가난한 여성, 노인 여성 등과 관련하여 투쟁해야 할 과제를 안고 있다. 정치 지도자들은 많은 사회적 쟁점에 적극적인 관심이 없다. 따라서 페미니스트들은 보편적인 아동 돌봄, 아동을 위한 사회안전망, 여성노동자와 남성노동자를 위한 최저임금, 여성과 아동을 위한 의료보험, 그리고 여성을 지원하는 기타 법률과 관행 등을 위한 로비를 지속적으로 전개하고 있다. 또한 그들은 이미 쟁취한 권리를 유지하기 위해서도 지속적으로 싸운다. 역사가이면서 언론인인 루스 로젠(Ruth Rosen)은 여성운동의 성공을 강조하면서, "20세기 말 페미니스트의 아이디어는 우리의 저항문화나 정치문화 속에 너무 깊게 뿌리를 내려 이제 그것을 뽑아내기가 어렵다"라고 논평했다(Rosen, 2000).

4-4 생각해보기

모든 남성과 여성이 여성의 권리를 지지할 수 있고, 평등을 위한 싸움을 함께할 수 있다.

> 여성의 쟁점에 대한 당신의 지식에 대해 생각해보시오.
>
> - 당신은 어느 정도 페미니스트인가? 당신이 지지하는 페미니스트의 쟁점은 무엇인가?
> - 페미니스트 쟁점과 여성 쟁점을 경험한 적이 있는가?
> - 당신이 최근 읽은 책 중 여성이 저술한 교과서가 아닌 책은? 그 책은 여성에 관한 책인가? 여성의 관심을 반영했는가?
> - 당신이 최근 읽은 잡지는? 잡지의 내용은 여성이나 남성의 쟁점에 초점을 맞추고 있는가?

5. 성차별과 젠더차별

불과 1세기 전만 해도 대부분 여성은 대학에 진학할 수 없었고, 재산권이나 양육권에 대한 법적 권리가 없었으며, 이혼을 제기할 수도 없었고, 흡연이나 음주도 금지되었다. 이제 이러한 불공평은 존재하지 않으며, 법률이 여성의 권리를 보호하기 때문에, 많은 사람은 여성과 남성이 사회에서 동등하게 대우받는다고 믿는다. 그러나 남성과 여성이 어떻게 생각하고, 보고, 행동하는지에 대한 사회의 뿌리 깊은 가정은 젠더에 기초한 차별행동을 하게 한다.

신체적 힘에 따라 노동 유형을 결정했던 시기에 남성은 사냥을 한 반면, 여성은 집과 가까운 곳에서 농사를 지었다. 이 표현을 산업화에 맞게 사용하면, 집에서 멀어진 남성의 노동 유형은 노동시장 활동으로, 집과 가까워진 여성의 노동 유형은 비노동시장 활동으로 표현할 수 있다. 남성은 정해진 시간에 일을 하고, 그 대가로 보수를 받는다. 반면에 여성은 집에서 비정규적이고, 정해지지 않은 시간에 집안일을 하며, 보수를 전혀 받지 않는다. 여성의 가사는 노동시장에서 생산에 기여하는 남성의 일만큼 가치가 없다.

성차별은 남성이 여성보다 우월하다는 신념에서 비롯된다. 종종 성차별은 관리자, 부동산업자, 비서, 의회 의원과 같은 직업적 역할에서뿐만 아니라 결혼과 가족생활과 같은 개인적인 상황에서도 개별적으로 나타난다. 가족의 사회화 유형, 즉 어떤 아이는 도전적이고, 독립적이며, 탐구적이고, 창의적으로 양육되는 반면, 다른 아이는 복종적이고, 수동적이며, 의존적으로 양육되는 유형에 따라 아이의 잠재력을 제한할 수 있다.

우리 중 많은 사람은 젠더에 기초하여 차별하는데, 그것을 깨닫지 못한다. 우리는 성차별이 만연한 사회에서 자랐기 때문에, 우리의 행동이 차별에 해당한다고 하더라도 그것은 자연스러운 행동이고 사회적으로 수용될 수 있다고 생각한다. 여성들은 사회에서 평등하게 참여하는 정도를 인식하지 못하며, 남성들은 '남성다움'이 주는 특권, 즉 사회화 과정에서 내면화된 독특한 역할에 대해 인식하지 못한다. 대부분의 부모는 딸에게 여성다운 역할을 가르쳐 손해를 입히려는 계획을 직접적으로 하지 않는다. 부모는 딸의 특성이 남성들과 같은 수준의 사회적·경제적 성공을 성취하지 못하도록 방해할 수 있다는 것을 깨닫지 못한다. 간혹 젊은 여성들은 스스로 성취하고 독립하는 것보다 결혼을 통해 성취하도록 고무된다.

또한 가족 밖의 많은 개인도 젠더차별을 일삼는다. 여자아이들이 노는 곳에서 노는 남자아이들을 꾸짖는 유치원 교사의 행동도 차별에 해당한다. 비서직에 여성만을 고용하고, 관리직에 남성만을 고용하는 인사책임자는 젠더차별을 하는 것이다. 교육자들은 학생의 집단 고정관념을 깰 기회가 있으며, 학생들이 개인의 잠재력을 성취할 때 매우 다양한 선택을 탐구하고 추구할 수 있도록 한다.

젠더차별은 개인 차원에서뿐만 아니라 정치·법률·규칙, 사회의 관례에서도 구조적으로 행해진다. 다음에서 언급하겠지만, 이러한 구조적 차별은 특정 젠더에게만 혜택을 부여하는 것이다.

1) 직장과 임금

남성들은 교육수준과 무관하게 일을 할 것으로 기대되지만, 여성들은 일을 할 것인지를 선택해야 한다. 여성이 받은 교육수준은 남성과 여성의 소득격차

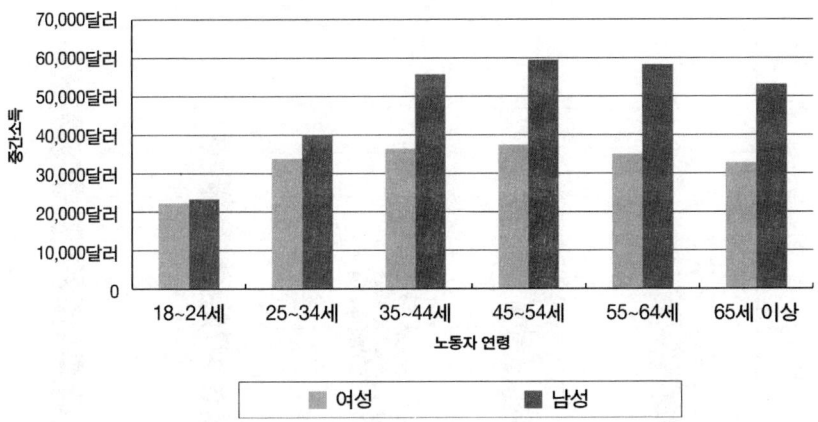

〈그림 4.1〉 연령별 및 젠더별 정규직 노동자의 연간 소득

자료: U.S. Census Bureau. (2006). *Statistical Abstract of the United States*: 2007(126th ed.). Washington, D.C.: U.S. Government Printing Office.

를 거의 줄이지 못한다. 예컨대, 학사학위를 가진 여성은 대학을 나왔어도 학위가 없는 남성보다 소득이 적다. 학사학위나 그 이상의 학위가 있는 여성은 같은 수준의 교육을 받은 남성 소득의 63%에 불과한 중간소득을 받는다(U.S. Census Bureau, 2006).

일반적으로 남녀의 소득격차는 〈그림 4.1〉에서 보는 것처럼 연령에 따라 증가한다. 부분적으로 소득격차는 남녀의 직업 유형에 따라 다르게 나타난다. 여성노동자는 사회적으로 높은 위신도 없으며, 고소득도 올리지 못하는 몇 개의 직업에 집중되어 있다. 〈그림 4.2〉는 직업적 범주에서 남녀의 분포를 보여준다. 여성들은 관리직·비즈니스·숙련직에서 과소대표가 되지만, 교사직·간호사직·판매직·행정보조직·서비스직과 같은 전문직종에서 특히 과다대표가 된다.

여성이 행정직과 숙련직에서 많은 비율을 차지하며 일하기란 어렵다. 이들 직업은 사회적으로 위신이 없는 직업보다 신입직원을 훨씬 덜 뽑는다. 여성에게 열려 있는 직장은 승진이 거의 없거나 아예 없으며, 훈련 기회가 없고, 저임금, 불안정, 그리고 열악한 노동조건을 갖춘 직업이다. 서기직과 판매직은 이런 유형의 사

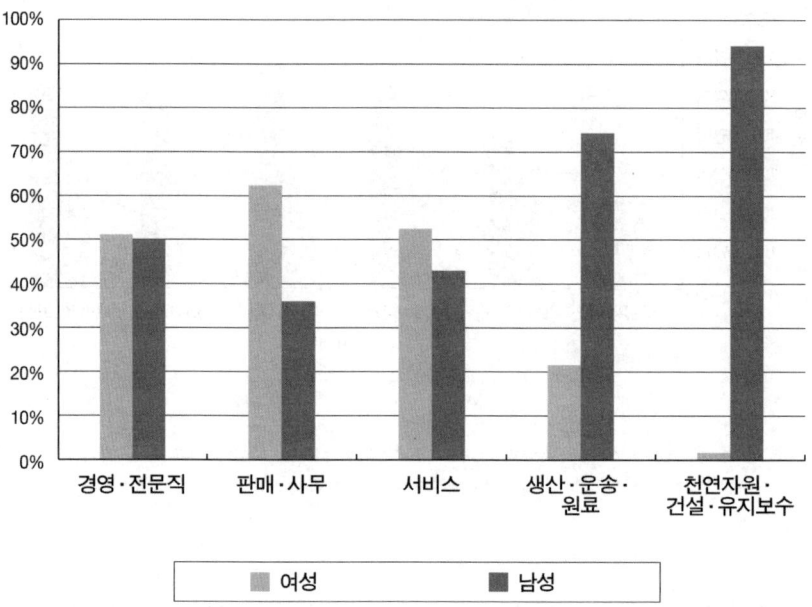

〈그림 4.2〉 직업별 여성노동자 및 남성노동자

자료: U.S. Census Bureau. (2006). *Statistical Abstract of the United States*: 2007(126th ed.). Washington, D.C.: U.S. Government Printing Office.

레이지만, 교직과 간호직과 같은 직업조차 경력 승진의 기회가 거의 없다. 여성들이 아메리칸 드림에 걸맞게 살 정도로 생활비를 벌기 위해서는 전통적으로 남성이 맡았던 직업을 구하거나 좋은 직장에 다니는 배우자를 만나야 한다.

남성은 전통적으로 여성이 맡았던 직업에서 일하더라도 여성과 같은 지위를 유지하지 않는다. 2005년 남성은 보육원과 유치원 교사의 3% 미만, 초등학교 교사의 18% 미만을 차지했지만(U.S. Census Bureau, 2006), 초등학교 교장의 45%를 차지했다(U.S. Department of Education, 2004). 남성은 고등학교 교사의 절반 이상(U.S. Census Bureau, 2006)과 중학교 교장의 77%를 차지했다(U.S. Department of Education, 2004). 대부분의 남성 사회사업가는 집단별 복지사나 사례별 복지사업가라기보다는 커뮤니티 조직가이다. 전통적으로 여성이 맡았던 직업에서 일하는 남성의 비율이 증가했는데, 그들은 높은 지위를 차지하여 과다대표되었다. 예컨대, 공립학교 유치원 12학년 교사는 75%가 여성이고, 대학교수는 43%가 여성이다(U.S. Census Bureau, 2006).

사회적으로 위신이 높은 직업에 종사하는 남녀 간 차이는 여러 세대를 거치는 동안 줄어들었지만, 없어지지는 않았다. 여성은 수학·과학·기술 분야에서 과소대표되었다. 1950년 모든 의사 중 여성은 6.5%에 불과했지만, 2005년에는 32%를 차지했다. 여성 변호사는 4%에서 30%로 증가했지만, 여성 엔지니어는 10%, 여성 건축가는 24%에 불과하다(U.S. Census Bureau, 2006). 일부 전문직에서 차지하는 여성의 비율이 계속 증가하는데, 이들 분야에서 학위를 받는 여성의 비율이 증가하고 있기 때문이다. 현재 의학과 법률 분야에서 전문 학위를 취득한 여성 비율은 45%가 넘는다. 교육 분야에서 여성 교장이 차지하는 비율은 1982년 20%에서 2000년 46%로 증가했다(U.S. Department of Education, 2004). 대부분의 분야에서 남녀의 격차가 줄어들고 있지만, 여성은 여전히 공학 학사학위 19%, 컴퓨터학 학사학위 25%를 취득했을 뿐이다. 반면에 남성은 보건(14%)·교육(22%)·심리(22%) 분야에서 과소대표된다(U.S. Census Bureau, 2006).

많은 여성이 전통적으로 남성이 우세한 분야에서 일하지만, 소득에서는 계속 차별에 직면한다. 1970년에 여성 정규노동자는 남성 소득 1달러에 대해 59센트를 벌었다. 상황이 호전되었다고 하지만, 그 격차는 아직 해소되지 않았다. 2005년에 남성 소득 1달러에 대해 여성은 81센트를 벌었다(U.S. Bureau of Labor Statistics, 2006). 이는 부분적으로 많은 여성이 저임금 직장에서 일한 결과이다. 노동자층에서 남녀의 임금 격차가 줄어들었지만, 많은 직장에서 빈곤선을 훨씬 넘는 생활을 할 만큼 충분한 임금을 주지 않는다. 이들 직장의 임금은 여성만이 아니라 남성에게도 적은 액수인데, 이것은 노동시장의 고소득 직장에서처럼 같은 비율로 임금을 올리지 않기 때문이다(Blau and Kahn, 2006). 이런 차별은 남성과 여성, 특히 아이가 딸린 싱글맘의 생활수준에 큰 영향을 미친다.

또한 많은 남성도 동료 간 경쟁이 아닌 전 세계 노동자와 경쟁해야 하는 변화하는 경제 시스템에서 고통을 받는다. 정책보고서인 *Postsecondary Education*

Opportunity(중등 후 교육기회)에는 "수십 년 동안 남성들은 노동시장에서 버림받고, 자녀를 부양하는 아버지임에도 가족에게 따돌림 당하며, 법률적으로 심각한 어려움에 처하고, 시민의 역할과 책임을 다하지 못하며, 심지어 기록적인 자살률을 나타냈다"라고 되어 있다(The State of American Manhood, 2006: 1). 전통적으로 남성 직업이었던 제조업은 여성이 압도적으로 많은 서비스업으로 대체되었다. 또한 남성은 병원, 여가, 재무활동과 같이 빠르게 성장하는 직업에서 과소대표되었다(The State of American Manhood, 2006). 서비스 산업에서 가능한 직업은 전통적인 남성 직업보다 더 많은 교육수준을 요구한다. 이들 서비스 직업은 젊은 남성을 원하는데, 젊은 남성은 학습에 더 적극적으로 참여하고, 더 높은 비율로 대학에 진학한다.

자료를 살펴보면, 직장을 가진 남성은 결혼하여 책임 있는 아버지가 될 가능성이 더 높다고 한다(The State of American Manhood, 2006). 과거처럼 경제적으로 성공한 남성이 되기 위해서는 과거보다 더 많은 교육을 받을 것이 요구된다. 교육자는 남자아이들과 젊은 남성들이 과거보다 더 높은 수준의 교육에 참여할 방법을 찾을 필요가 있다. 학교를 중퇴하고, 고등학교를 마치지 못하며, 여성과 같은 비율로 대학에 진학하지 못하는 현행 추세를 바꾸기 위해서는 더 많은 변화가 필요하다. 경제적 안정을 제공할 직장을 찾을 수 있는 남성은 가족의 가장 역할도 잘하고, 커뮤니티 활동에도 적극적으로 참여할 가능성이 높다.

 **여성**(the fairer sex)

과거 몇십 년간 여권 투쟁은 큰 진전을 이루었지만, 여성은 여전히 남성의 1달러에 대해 81센트를 벌고, 소비재와 의료보험과 같은 것에서 더 많은 지출을 한다. 남성과 여성이 똑같은 상황에서 차를 사고, 세탁소에서 드라이클리닝을 하며, 골프장에서 타구 시간을 정하고, 구직 인터뷰를 하는 등의 경우에 다르게 대우받는지를 살펴보자. 보통 여성은 그들이 느끼지 못하는 은밀한 차별, 즉 계량화하기 어렵고 증명하기 어려운 차별로 고통 받는다는 것을 알 수 있다.

- 당신은 젠더 편견으로 고통 받은 적이 있는가?
- 당신의 젠더가 생활에서의 기회와 결정에 어떤 영향을 주었는지 동료 남성·여성과 공유하라. 남성과 여성의 반응이 어떻게 다른지 기록하고 당신 집단에서 남성과 여성의 반응이 어떻게 다른지도 기록하라.
- 당신이 공유한 이야기와 반응을 통해 젠더에 관한 문화적 고정관념이 얼마나 견고한지를 알 수 있는가?
- 고정관념을 통해 발달한 행동은 무엇이며, 남성과 여성에게 고유한 것은 무엇인가?

2) 성희롱

여성에 대한 성희롱은 오랫동안 직장에서 존재했는데, 여성은 원하지도 않고 반갑지도 않은 성적 행위의 대상이 되었다. 간혹 가해자는 여성보다 높은 권력을 행사하는 지위이면서 호의를 베풀거나 성적 구애를 하기 위해 그 권력을 사용한다. 다른 경우에 성희롱을 하는 사람은 바로 동료이다. 젠더 사회화와 관련된 다른 영역에서처럼, 학교에서 일어나는 성희롱 양상은 미국 사회의 축소판을 보는 것과 같다. 고등학생들은 다른 환경의 성인보다 더 열악한 환경에 놓여 있을지도 모른다. 학교에서 남자아이 79%와 여자아이 83%가 원하지 않은 성적 관심을 받은 것으로 보고되었다. 이들 학생의 절반 이상은 다른 학생을 성희롱한 경험이 있다[American Association of University Women(AAUW), 2001].

학교에서의 따돌림, 집적거림, 성희롱에 관한 연구(Hostile Hallways: Bullying, Teasing and Sexual Harrassment in School)에 따르면(AAUW, 2001), 성희롱은 공공장소, 주로 학교의 복도와 교실에서 일어난다. 학생 76%는 비신체적 성희롱을 경험했고, 68%는 신체적 성희롱을 당했다. 학생들은 어떤 사람이 다음 행동을 하면 화가 난다고 한다.

- 그들에 대해 성적 소문을 퍼뜨린다(75%).
- 옷을 잡아당기거나 내린다(74%).

- 그들이 게이 또는 레즈비언이라고 말한다(71%).
- 그들에게 키스와 다른 어떤 것을 하도록 강제한다(72%).
- 옷을 입거나 샤워할 때 몰래 훔쳐본다(69%).
- 목욕탕 벽, 탈의실 등에 그들에 관한 성적 메시지나 낙서를 쓴다(63%)(AAUW, 2001: 5).

성희롱에 대한 가장 보편적인 변명은 "이것은 학교생활의 일부이다. 많은 사람도 그렇게 한다. 또는 별일 아니다"이다(AAUW, 2001: 41). 가해자 10명 중 3명은 피해자가 그렇게 하는 것을 좋아한다고 생각한다. 가해자 4명 중 1명은 친구들이 그렇게 하도록 고무했다고 말한다. 젊은 남성들은 성희롱의 기소에 대해 잘 이해하지 못하는데, 이것은 그런 행동이 남자 청소년들에게 하나의 전형으로 생각되기 때문이다. 교육자들과 부모들은 성희롱을 '남자아이들이 다 그렇지 뭐'라고 궁색하게 변명하면서, 지속적인 학교 따돌림도 그런 식으로 설명한다. 다른 사람을 희롱하는 사람은 남자아이만이 아니다. 여자아이 또한 가해자이지만 남자아이보다 덜할 뿐이다. 38%의 학생에 따르면, 교사와 학교 관계자도 성희롱 가해자이다. 이 중 몇 사람은 잘 알려진 성희롱 가해자이지만, 대부분 비신체적 공격과 관련된다.

많은 교장과 교사는 성희롱이 학교에서 일어나는지 잘 모르거나 성희롱을 무시한다. 대부분 학생은 교사와 학교 관계자에게 성희롱 사건을 보고할 때 불편함을 느낀다고 말한다. 보통 그들은 친구에게 말하지만, 많은 사람, 특히 남자아이들은 아무에게도 말하지 않는다. 그러나 성희롱과 성차별은 사회정의에 관한 문제이고, 「민권법」과 관련된다. 성희롱으로 고통을 받은 학생들은 법정에서 싸울 준비를 한다. 그들은 성희롱 사건이 교사·상담사·행정가에게 보고되었지만, 그들이 그것을 멈추기 위한 어떤 행동도 취하지 않는다고 주장한다.

학교 관계자는 학생에 대한 성희롱과 학대를 더 이상 무시해서는 안 된다. 그렇게 되면, 그들은 손해배상의 책임을 져야 한다. 교사·행정가·교직원은 학생

사이에서 일어나는 성희롱에 대해 이전보다 더욱 긴장해야 한다. 이 밖에도 그들은 학교의 권위자로서 권력을 사용하여 학생들을 성희롱한 것이 아님을 증명하기 위해 행동을 모니터해야 한다. 학교의 정책과 관행이 개정될 필요가 있지만, 학생과 부모를 포함하는 논의가 있어야 한다.

학교는 아동과 청소년에게 안전한 환경을 제공해야 한다. 많은 학생에게 학교는 안전하지 못하며, 간혹 위험한 곳이다. 교육자들은 괴롭힘·따돌림, 다른 청소년 폭력을 없애는 데 도움을 줄 수 있다. 교사들은 선정적 내용, 빈정거림, 농담을 피하면서 학생들에게 적절한 역할모델이 될 수 있다. 교사들은 수동적인 방관자가 될 수 없다. 교사들은 학생들이 서로 성희롱을 하면 개입해야 한다. 또한 교사들은 성희롱에 관해 학생들을 교육하고, 성희롱을 예방하기 위해 봉사하는 단체를 결성하거나 단체에 참여하도록 학생들을 고무할 수도 있다.

4-5 생각해보기

많은 학생은 학교에서 성희롱을 당했다고 보고한다. 그러나 모든 교사와 학교 관계자들이 그것을 믿지는 않는다. 당신의 경험을 생각해보시오.

- 성희롱 희생자가 된 적이 있는가? 그때 어떻게 느꼈는가? 그것을 누구에게 이야기했는가?
- 다른 사람의 성희롱을 본 적이 있는가? 왜 개입했는가? 왜 개입하지 않았는가?
- 교사들은 학생 간의 성희롱을 어떻게 멈출 수 있는가?

---

6. 교실에서의 초점

교육은 성인기의 사회적 상승 이동과 경제적 안전에 매우 중요하다. 그러므로 개인이 추구하는 직업적 역할은 그들이 미래에 살 수 있는 방식에 영향을 줄 것이다. 사람이 중등 이후 교육을 추구하는 기회는 그 사람의 초·중등학교 교육에 큰 영향을 받는다. 학생들이 중학교 수준에 도달하면, 대학준비, 일반교육, 특정 직업 훈련 프로그램을 선택하거나 선택하도록 도움을 받는다. 대학생들이 전공을 선택할 때, 불균형적으로 많은 남성이 졸업 후에 높은 연봉을 주는 공학과 컴퓨터학을 선택한다. 초기 선택은 나중에 직무 만족과 보상에서 큰 차이를 만들 수 있다.

여성은 또래 남성보다 교육의 혜택을 더 많이 본다. 일반적으로 남성은 좋은 직장과 높은 봉급을 받는 것으로 마무리하지만, 모든 남성이 학교에서 좋은 대우를 받지는 않는다. 예를 들어, 장애가 있는 것으로 분류된 많은 남성, 특히 유색인이나 저소득층의 남자아이나 젊은 남성의 경우에 그렇다(Wehmeyer and Schwartz, 2001). 다른 한편으로 여성들은 고등학교를 졸업하고, 대학에 진학할 가능성이 더 높다. 2004년에는 최근 고등학교를 졸업한 여성 72%가 대학에 진학했는데, 이 비율은 남성의 61%와 비교된다. 학사학위 취득자 58%, 석사학위 취득자 58%는 여성이다. 그러나 남성은 법률과 의학과 같은 전문학위(51%)와 박사학위(52%)에서 약간의 우위를 차지했다(U.S. Census Bureau, 2006).

학교에서는 시험과 그 외의 평가를 통해 성과가 어느 정도이고 학습은 얼마나 잘하는지를 확인한다. 평가는 교사들에게 학생의 학습 수준을 알게 하고, 학생의 이전 경험에 기초한 수업 전략을 수립하게 한다. 또한 학생의 미래에 극적인 영향을 미치는 고위험의 결정을 내리는 데 이용된다. 여학생과 남학생의 성적 차이는 몇십 년에 걸쳐 좁혀졌다. 여학생은 읽기와 쓰기에서 약간의 우위를 보이고, 남학생은 수학에서 우위를 나타낸다. 남학생은 대학입학시험에서 여학생보다 나은데, 이것은 부분적으로 다지선다형의 시험 특성상 정답을 모를 때 추측하는 시간이 덜 걸리는 남학생에게 유리하기 때문이다. 시험에 에세이 문제가 많이 출제된다면, 성별 간 격차는 훨씬 더 좁혀질 것이다. 가장 최근의 시험결과에는 다음과 같은 특성이 있다.

- 4학년과 8학년 여학생은 전국 읽기평가에서 남학생보다 평균적으로 성적이 더 높다(U.S. Department of Education, 2006).

- 4학년, 8학년, 12학년 남학생은 전국 과학평가에서 여학생보다 평균적으로 성적이 더 높다(U.S. Department of Education, 2006).
- 4학년과 8학년 남학생은 전국 수학평가에서 여학생보다 평균적으로 성적이 약간 높다(U.S. Department of Education, 2006).
- 남성은 대학입학자격시험(Scholastic Aptitude Test: SAT)의 언어와 수학 영역에서 여성보다 성적이 더 높다(U.S. Census Bureau, 2006).
- 여성은 대학입학학력고사(American College Test: ACT)의 영어와 읽기 영역에서 남성보다 성적이 약간 더 높다(U.S. Census Bureau, 2006).

많은 사람은 남학생과 여학생의 학교 경험이 바뀐다면, 학업 성취 격차가 사라지고 성인으로서 더 공평한 삶을 살 기회를 가질 것이라고 믿는다. 그러나 이 목적을 어떻게 달성할 것인지에 대한 보편적인 합의는 없다. 젠더 공평에 대한 전문직 개발 프로그램은 학생과 교과과정의 내용에 대해 교사의 행동을 바꾸는 데 초점을 둔다. 교사·상담사·보조교사·코치·교장은 성차별에서 오는 불평등을 제거하는 역할을 한다.

학교와 대학의 여성학 프로그램은 남성과 여성이 여성의 역사·문화·심리를 연구하는 과정이다. 이들 프로그램은 젠더 형평의 어젠다를 지지하는 여학생과 여성에 대한 연구를 촉진했다. 유치원에서 12학년까지의 교육에서 성차별을 하지 않는 교실은 남성뿐만 아니라 여성도 포함하는 교과과정으로 통합하고, 양성(both sexes)의 학습을 지원한다. 대학을 포함하여 많은 사립학교는 여학생만 입학하게 한다. 이들 학교의 목적 일부는 여성이 높은 목표를 달성할 수 있도록 자신감을 개발하게 한다는 점에서 민족 중심의 학교와 유사하다. 많은 공립학교는 같은 목적으로 단성(單性) 학교를 설립했다. 몇몇 학교는 게이 학생만을 받는다. 「연방법」 타이틀 IX에 따르면, 학교가 체육을 포함한 모든 교육 프로그램에서 여학생을 차별하는 것은 불법이다. 교육에서 젠더 공평을 제공하는 접근 방식에 대해서는 다음에서 더 상세하게 논의할 것이다.

1) 여성학

여성학은 전통적으로 교과과정에서 무시된 집단의 역사적·동시대적 경험을 기록하고 분석하는 것으로, 민족학과 유사하다. 여성학은 학교와 기관에서 불이익을 받는 별개 집단으로서 여성의 의식화와 여성관을 포함한다. 여성학은 하나의 집단으로서의 여성의 문화·지위·발전·성취를 검토한다.

여성학은 고등학교와 대학에서 학생들이 전공이나 부전공으로 선택할 수 있도록 역사학·사회학·문학의 이수 단위 내지는 별도 교과목, 프로그램으로 진화되었다. 민족학과 유사하게 여성의 경험과 기여, 관련 개념을 집중적으로 공부한다.

여성학은 대부분의 학생에게 낯선 시각을 제공한다. 역사적으로 남성에게 종속적인 지위였던 한 집단의 시각에서 역사학적·경제학적·사회학적 사건들을 다룬다. 학생들은 이런 과목을 수강한 뒤에, 인구의 51%가 대부분의 교재와 교과목에서 거의 다루어지지 않았다는 것을 깨닫는다. 여성학은 여성의 역사와 기여에 관한 학생들의 인식과 지식이 향상되게 한다. 간혹 여성들은 남성의 세계에서 성공적으로 경쟁하거나 경력과 가족을 관리하는 기술을 배운다. 이 밖에도 여성학은 역사적으로 여성을 남성보다 열등한 존재로 생각한 사회에서 여성에 대한 긍정적인 자기이미지를 개발하는 데 도움을 준다. 여성에 대한 심리 및 경력 지원도 일부 여성학에서 다루어진다.

여성학의 교과내용은 현행 교육 프로그램의 격차를 메우는 데 필요하지만, 그것은 대개 일반적인 교과목에서 다루고 있는 프로그램이다. 여성학은 보통 필수과목이 아니고 선택과목이다. 따라서 대다수의 학생은 여성학의 정보와 개념을 학문적 작업으로 통합하지 않는다. 개별 독립체로서의 여성을 다루는 것은 또한 여성학이 남성들이 지배하는 세계의 중요한 학문에서 부차적이라는 것을 은연중에 시사한다. 모든 학생은 남성과 여성의 기여를 똑같이 중요하게 생각하는 세계에 대해 배워야 한다.

2) 성차별 없는 교육

여성학이 성차별 없는 교육의 일부분이 될 때, 그것은 별도의 사치스러운 과목이라기보다 전체 교육 프로그램의 통합적 부분이 된다. 지식이 있는 교사들은 젠더 간에 존재하는 차이를 지적하고, 그런 불평등이 어떻게 왜 묘사되는지를 논의하며, 남성과 여성의 역할과 기여에 대해 더 균형 잡힌 시각을 제공하는 정보에 기초하여 수업자료를 보완한다. 필수적으로 읽어야 할 것에는 남성이 집필한 것뿐만 아니라 여성이 집필한 것도 포함된다. 최소한 고정관념에 사로잡히지 않는 남성과 여성의 사례들이 게시판과 교사가 준비한 자료에 등장한다.

모든 학생은 역사에 나타난 남성과 여성의 기여를 접한다. 주로 전쟁과 정치권력에 초점을 두는 역사 과목은 거의 완전하게 남성에게 초점을 둘 것이다. 가족과 예술에 초점을 두는 역사 과목은 남성과 여성을 더욱 균형 있게 다룰 것이다. 모든 위대한 과학자에 대해 논의하는 과학수업에서는 종종 여성이 과학자가 되지 못했던 사회적 제한에 대해 논의하는 것을 잊어버린다. (과거에는 여성 과학자와 작가가 남성 이름을 사용하거나 출판을 위해 그들의 작품을 남성에게 주는 일이 종종 있었다.) 여성들이 통합된 교과과정으로 포함되지 않았을 때, 대다수 세계 인구에 관한 풍부한 정보는 학생들을 속이고 있다. 교사들은 학생에게 가르칠 정보와 개념을 통제하기 때문에, 여성과 남성을 포함하는 세계관과 그들의 다양한 시각을 제공하는 것은 교사들의 책임이다.

또한 학생들에게 잠재력에 도달할 기회를 제공하는 것도 교사들의 책임이다. 남학생이 고정관념적으로 여학생보다 더 능동적이고, 더 똑똑하며, 더 진취적이고, 그들의 삶을 더 잘 통제한다고 묘사된다면, 여학생은 미래에 남학생보다 열등한 사람이 된다. 또한 항상 고정관념적으로 남성다운 방식으로 행동하도록 기대되는 남학생도 고통을 받는다.

학생들은 남학생이 여학생보다 더 중요하다는 관념을 강화하는 학교에서 미묘한 영향을 받는다. 이러한 계획하지도 않은 비공식적 학습, 즉 잠재적 교과과정(hidden curriculum)은 학생들이 그들과 다른 사람에 대해 어떻게 느끼는지에 영향을 준다. 성차별은 아동들이 삽화, 언어, 교재 내용, 영화, 기타 수업자료를 통해 받는 메시지에 투사된다. 성차별은 남학생과 여학생이 다니는 학교 관계자의 상호작용과 운동경기와 과외활동에서 여학생과 남학생의 참여를 통해 제거되어야 한다. 성차별이 없는 학교의 교직원은 교실에서 젠더의 중요성에 민감한 영향력 있는 여성 및 남성의 역할 모델을 하는 사람, 그리고 성차별하지 않고 동성애를 혐오하지 않는 사람들로 구성되어야 한다.

성차별 없는 교육의 목적 중 하나는, 여자아이나 젊은 여성이 여성으로서의 자신의 경험을 경청하고 이해하게 하는 것이다. 여학생들은 청소년기에 접어들어 좀 더 여성다운 역할을 하려고 할 때, 적극성이 떨어지고 교실에서는 남학생들이 토론권을 쥐도록 내버려두는 등 종종 아무 소리도 못 한다. 남학생들은 남성이 되기 위해 요구되는 규칙을 지키고, 기대되는 남성다운 역할을 하도록 고무된다. 그들이 그 규칙에 순종하려고 하면, 의기소침해지고, 낮은 자아존중감을 가질 수 있다(Flood, 2001). 남학생들은 불공평한 사회에서 그들의 특권적인 역할을 탐구할 기회를 가져야 한다. 그들은 여학생의 공평에 대해 말하는 것을 배워야 한다. 교사들은 이것을 쉬운 과업으로 생각하지 않을 것이다. 많은 여성과 남성은 권력관계뿐만 아니라, 그 관계에서 얼마나 혜택을 받을지 손해를 볼지에 대한 논의를 거부한다. 그런 논의를 통해 학생과 교사는 불편함을 느낄 수 있겠지만, 그것은 학생과 사회에 가치가 있는 일이다. 교실은 학생들이 이런 문제에 직면하고 논의할 수 있는 유일한 장소가 될 수 있다.

(1) 여성의 기술 참여

앞에서 언급한 것처럼, 여학생은 수학과 과학 분야에서 남학생만큼 잘하지 못한다. 여학생은 고급 단계의 수학과 과학에서는 남학생보다 더 잘할 가능성이 있다(U.S. Department of Education, 2004). 그러나 AP 과정은 저소득층 학생이 많이 다니는 학교에는 개설되지 않기 때문에, 다른 학교 학생들과 경쟁할 능력을 제한한다. 교육자는 여학생에게 수학과 과학에 대한 적극적인 태도를 개발하도록 고무하고, 고급 수학과 과학뿐만 아니라 컴퓨터 과학 수업에 대한 상담을 통해 이 분야에 적극 참여하도록 할 수 있다.

여학생과 남학생은 집과 학교에서 같은 비율로 컴퓨터를 사용하지만, "여학생이 데이터베이스, 페이지 레이아웃 프로그램, 그래픽, 온라인 출판물, 그리고 기타 '생산성 소프트웨어'와 같은 컴퓨터 '툴'"을 사용할 가능성이 더 높다(AAUW, 2000: 6). 반면에 남학생은 프로그래밍과 디자인에 관련된 컴퓨터 툴을 사용할 가능성이 더 높다. 중·고등학교에 개설되는 과목에 대한 선택은 표준학력검사의 성적뿐만 아니라 미래의 직업 선택에도 영향을 미친다. 예컨대, 기술직은 고액 연봉을 주며, 가장 빠르게 성장하는 직업이다. 여성과 아프리카계 미국인, 라틴계 미국인, 아메리칸인디언은 유럽계 미국인, 아시아계 미국인과 같은 비율로 이 분야의 직업을 준비하지 않는다. 그러므로 기술과 컴퓨터학에서 여성의 참여는 특별한 관심을 받을 필요가 있다.

학교생활과 수업에 대한 다른 접근 방식은 여성의 참여율을 높일 수 있다. 연구보고에 따르면, 여학생은 컴퓨터 작업에 매우 수동적이다. 여학생은 많은 컴퓨터 게임의 폭력과 중복성을 좋아하지 않는다. 여학생은 프로그래밍을 그들의 사회적 상호작용이 주로 컴퓨터와 이루어진다는 점에서 재미없는 직업으로 생각한다. 여학생은 추상적 논리, 문제 해결, 자료의 해석과 분석에서 기술을 요구하는 정보기술에 능숙해지도록 고무되어야 한다. 여학생이 현실 세계의 문제를 기술로 푼다면, 이 분야에 관심을 가질 가능성이 더 높다(AAUW, 2000).

(2) 교실에서의 상호작용

모든 교육자가 통제할 수 있는 영역은 그들과 학생들의 상호작용이다. 연구자들이 지속적으로 발표하는 연구 결과에 따르면, 교육자들은 교실·운동시설·복도·상담실 등에서 남학생과 여학생을 다르게 대우한다. 그러나 대부분의 교사는 그들이 남학생과 여학생에게 반응하는 방식에 차별을 두지 않는다고 주장한다. 그들이 비판적으로 상호작용을 검토한다면, 대부분 다르게 반응한다는 것을 알게 될 것이다. 교실에서 젠더 편견을 극복하는 가장 중요한 요인은 보이지도 않고 의도하지도 않은 편견이 존재하는 것을 인식하는 것이다. 교사가 인식하기만 하면, 교사는 교실과 학생들의 삶에 변화를 줄 수 있다.

성차별 없는 교육의 목적 중 하나는 교실에서 젠더에 기초한 권력관계를 제거하는 것이다. 교사는 교실에서 학생들이 참여하는 과업과 활동을 모니터해야 한다. 여학생과 남학생은 교실 활동과 토론에서 리더십을 공유해야 한다. 여학생과 젊은 여성은 현장 활동에 적극적으로 참여하도록 고무되어야 하고, 남학생도 읽기와 쓰기 활동에 참여하도록 고무되어야 한다. 연구 결과에 따르면, 남학생과 여학생은 중학교 과학 활동에서 똑같이 리더십을 발휘하지만, 여학생은 점점 과학에서 자신감을 잃기 시작한다. 많은 과학수업에서 관찰된 문제는 남학생에게는 장비를 조작하게 하고, 여학생에게는 대개 실험 결과를 기록하게 한다는 점이다(Jovanovic and King, 1998). 교사는 이런 경우 여학생이 현장 활동의 모든 단계에 확실히 참여하도록 개입해야 한다.

남학생과 여학생을 가만히 놔두면, 많은 여학생과 남학생은 동성(同性)과 함께 앉고, 동성과 함께 집단활동에 참여하는 것을 선택한다. 교사는 그들이 교실에서 확실히 함께 활동하도록 자리와 집단을 배치해야 한다. 작고 이질적인 협력활동집단은 경쟁활동으로 특징되는 권력관계의 강조를 축소한다. 이러한 활동은 모든 학생에게, 교실에서 종종 무시되는 학생에게도 한층 더 평등한 단계에서 참여할 기회로서 제공되어야 한다.

성차별 없는 교육은 교실에서 젠더를 무시하지 않는다. 그것은 남학생과 여학생이 모든 사례에서 똑같이 대우되기를 요구하지 않는다. 젠더는 때로 공평을 확실히 하기 위해 강조되어야 한다. 수업 전략은 여학생과 남학생이 관심을 갖도록 주제에 따라 달라져야 한다. 여학생은 집단협동학습, 읽기, 듣기, 앉아서 학습하는 것에서 남학생보다 더 편안함을 느낄 수 있다. 남학생이 주제에 더 많은 관심을 보이도록 수학 수업에서 기구를 조작하는 것과 같이 공간 및 그래픽

보조도구를 사용해야 할지도 모른다. 또한 팀 경쟁, 체육활동, 예술, 음악은 남학생을 주제로 끌어들이기 위한 교육적 목적으로 사용된다(Gurian and Stevens, 2005). 교육 전략의 다양한 목록은 어떤 곳에서는 여학생의 관심을 더 끌고, 다른 곳에서는 남학생의 관심을 더 끌며, 또 다른 곳에서는 여학생과 남학생 모두의 관심을 끄는 것을 포함해야 한다. 교사가 열등한 집단에게 좀 더 유리한 수업전략만을 사용하면 다른 집단은 참여할 수 없더라도, 남학생과 여학생 모두 서로의 문화적 영역에서 활동하는 것을 배울 것이다.

성차별 없는 교육은 학교 프로그램의 모든 영역에서 학생들을 분류하지 않고, 집단 구분도 하지 않으며, 젠더별·능력별 반편성도 하지 않는 학교 환경에서 이루어진다. 교사는 여학생보다 남학생에게, 남학생보다 여학생에게 특혜를 주지 않고, 두 젠더에게 진취적이고 성숙하며 독립적이고 재미있고 정서적인 역할을 보여줄 수 있으며, 모든 학생이 전통적이거나 비전통적인 역할을 탐색하도록 고무하여 그들이 성적 취향에 대해 긍정적 자기 이미지를 개발하도록 도울 수 있는 교과과정을 개발할 수 있다. 학생에 대한 교사의 행동과 반응이 차이를 만들 수 있다.

3) 성적 취향을 교과과정에 통합하기

교육자는 교과과정에 성적 취향에 대한 사실적 정보를 통합해야 한다. 이것이 모든 학교에서 논의되려면, 보건·성교육·가족생활에 대한 과목에서 다루어질 것이다. 일반적으로 이것은 간혹 감염 때문에 비난을 받는 인체면역결핍 바이러스(human immunodeficiency virus: HIV)에 관한 학급토론의 일환으로 진행될 수 있다. 성교육 프로그램, 특히 교과과정에 성적 취향에 대한 토론이 포함되면, 가족과 학교 관계자 사이에 격론이 오고간다. 많은 교육구에서 부모들은 자녀가 동성애와 산아제한과 같은 주제를 논의하는 성교육 수업에서 제외되도록 요구할 수 있다.

성적 취향은 다른 많은 교과목에 포함될 수 있다. 사회 수업에서는 사회에서 이성애의 특권을 탐색할 수 있고, LGBT의 역사와 차별철폐를 위한 투쟁을 포함할 수 있다. 언어와 문학 수업에서는 게이와 레즈비언 작가가 쓴 책과 단편소설을 포함할 수 있다. 독서 수업에서 LGBT 주인공은 다름의 의미에 대한 이해, 그들에 대한 차별, 그리고 다른 주제를 제공한다. 게이와 레즈비언의 사회적 기여는 예술·음악·과학·체육뿐만 아니라, 다른 수업에서도 부각될 수 있다.

교사는 다른 성적 취향이나 젠더 정체성을 모욕하는 주류문화의 규범을 비판적으로 검토할 환경을 제공해야 한다. 실제로 교사는 모든 사람의 의견이 존중되는 민주적 논쟁을 통해 동성애에 대한 이해를 고무되게 할 수 있다. 교사는 학생들의 동성애 혐오 욕설이나 비난을 이용하여 게이, 레즈비언, 생물학적 성(sex)과 젠더 정체성이 다른 개인에 관한 사실을 제공하고, 그들에 관한 신화를 교정하는 기회로 만들 수 있다. 교육자가 학생이나 다른 성인의 동성애 혐오적인 발언을 무시한다면, 아동과 청소년은 재빠르게 게이에게 뭔가 잘못이 있다는 결론을 내리고, 그들을 경멸적으로 대우할 것이다.

교사는 당황하거나 비난하지 않으면서 LGBT에 관한 정보를 제시하는 수업을 해야 한다. LGBT와 다른 학생에게 존경받기 위해 교사는 모든 학생을 정중하게 대해야 한다. 일부 교사에게는 이렇게 행동하는 것이 어렵다. 그러나 "공립학교에서 종교적 신념(반동성애 신념이나 증오집단의 의식)은 민주적 가치에 승복해야 한다"(Lipkin, 1999: 249). 교육자가 성적 취향을 수용하고 편안하게 느끼려면 무엇을 해야 하는가? 첫째, 교육자는 독서를 하고 강의를 들어야 하며, 영화를 보면서 LGBT의 역사·문화, 현재의 관심사에 익숙해져야 한다. 둘째, 교육자는 앞에서 논의한 것처럼 모든 학생을 위해 안전하고 동등한 교실을 만들어야 한다.

교육자는 모든 학생이 게이와 레즈비언에 대해 갖고 있는 신화(神話)를 교정하는 것 말고도, 학교 환경에서 성적 취향을 밝힌 동성애 청소년이 건강하게 성장할 수 있도록 고무해야 한다. 이 접근 방식에서 가장 중요한 것은 동성애에 대한 토론에서 생길 수 있는 침묵을 깨는 것이다. 교실과 학교에서는 성적 취향을 밝힌 학생들에게 안전하고 지원적인 환경이 제공되어야 한다. 학생들은 성적 취향과 성적 관심에 대해 설명할 때 혼자가 아니라는 것을 알아야 한다.

4) 단성 교육

단성(單性) 학교는 그들의 독특한 학습 방식과 문화적 경험을 이용하여 여학생이나 남학생의 자신감, 학업 성취, 리더십 기술을 개발하는 데 초점을 둔다. 대부분 단성 학교는 여성을 대상으로 하지만, 일부 사립학교는 남성만을 대상으로 한다. 일부 도시 지역 학교는 아프리카계 미국인 학생을 대상으로 설립되었다. 이 학교에서는 종종 적대적 환경에 직면하는 학생들의 자아존중감 개발, 학업 성취, 리더십 함양을 교육의 목표로 하면서, 아프리카계 미국인의 문화를 교과과정의 중심으로 삼는다.

미국 역사 초기에는 여학생과 남학생의 교육이 분리되었지만, 1850년에는 공립학교가 소리 소문도 없이 남녀공학이 되었다(Tyack, 2003). 그 이후로 단성 학교와 단성 대학은 사립학교가 되었다. 시간이 지나면서 법원은 공립남자대학이 여성에게 문호를 개방하도록 판결했다. 가장 최근 사례 중 하나는 버지니아 군사학교인데, 1997년에 처음으로 여성의 입학을 허용했다. 또한 공립학교는 성별로 학교나 교실을 분리하지 못하도록 했다. 그러나 2002년 새로운 연방 규정에 따르면, 공립학교에서 남학생과 여학생의 학업 성취를 향상하기 위해 단성 교육을 실험할 수 있는 대담한 융통성을 부여했다. 지금은 많은 공립학교가 설립되었다. 단성 교육 환경을 제공하는 더 보편적이고 편리한 방법은 남녀공학에서 분리된 교과목을 편성하는 것이다. 많은 교육구에서는 이러한 접근 방식을 통해 단성 학교를 설립했거나 실험하고 있다.

일부 연구 결과에 따르면, 여학생은 단성 교실에서 공부할 때 고급 단계의 수학과 과학수업에 참여할 가능성이 높다. 여학생은 혼성반에서 남학생과 경쟁하지 않을 때 위협을 덜 느낄 것이다. 교사는 협동수업과 같은 전략을 사용할 가능성이 더 높다. 그러나 단성 교과목과 단성 학교에서의 수업이 혼성 환경에서의 수업과 다른지에 대해서는 거의 알려지지 않았다. 연구 결과를 검토해보면, 단성 환경의 학생은 혼성 환경의 동료보다 일반적으로 높은 자아존중감을 가진다. 그러나 교과목에 대한 학업 성취와 태도에서의 차이는 거의 없거나 아예 없는 것으로 밝혀졌다 (Campbell and Sanders, 2002; Haag, 2002). 여학생만 수학과 과학수업을 수강하게 하고 실시한 연구 결과에서 수학과 과학을 지속적으로 수강하는 인내와 성과에서 긍정적 차이가 있다는 것이 밝혀졌다(Shapka and Keating, 2003). 이와 유사한 긍정적 결과가 남성만 수강하는 일부 교과목에서도 밝혀졌다(Gurian and Stevens, 2005). 단성수업 반대자들은 교사가 여학생과 남학생을 모두 효과적으로 가르치는 법을 배워야 하고, 여학생들이 고급 과정에 등록하도록 고무해야 한다고 주장한다.

 **여학생은 남학생이 없는 교실에서 기술을 배워야 하는가?**

단 몇 명의 여학생만이 정보기술과목을 신청했다. 이 과목의 목적은 대학에서 컴퓨터를 공부하는 데 필요한 기본 기술을 준비하게 한다. 여학생들은 대개 숙제를 하기 위해 컴퓨터를 사용한다. 그들은 친구와 대화하고 학교 프로젝트를 수행하기 위해 이메일을 사용한다. 그들은 기술직에 관심이 없다. 교육구 프로젝트팀은 내년에 별도의 과목을 개설하여 남녀학생을 분리하는 실험을 하게 했다. 교사들은 그 제안에 답할 것을 요청받았다. 다음은 동료 교사들이 말한 것이다.

〈찬성〉
- 여학생과 남학생은 분리 교실에서 고양될 수 있는 다른 학습 방식이 있다.
- 교사는 분리 교실에서 여학생과 더 많은 시간을 보낼 것이다. 그 이유는 교사가 수업을 하기보다 남학생을 훈육하는 데 시간을 보내지 않아도 되기 때문이다.
- 혼성반에서 여학생을 기술 과목에 참여하게 하려는 노력은 성공하지 못한다.
- 여학생이 남학생과 경쟁하지 않는다면, 기술 과목에서 위협을 덜 받을 것이다.

〈반대〉
- 연구 결과에 따르면, 여학생 전용과정이나 남녀공학과정에서 공부할 때 여학생의 학업 성취나 과목에 대한 태도에서 차이가 거의 없거나 아예 없다.
- 단성 과정은 젠더 고정관념을 강화한다.
- 이런 접근 방식은 학교가 남학생과 여학생에게 동등한 교육을 제공해야 하는 것이므로, 혼성 과목 교사들은 학교를 그만두어야 한다.
- 여학생이 대학에 진학하거나 직장에 들어갈 때, 그들은 대부분 남성들과 일할 것이다. 여학생만 과목을 듣도록 하는 것은 현실 세계를 반영하지 못한다.

〈질문〉
- 기술 과목에 여학생만 수강하도록 하는 것이 어떤 이유에서 매력적인가?
- 단성 과목에 대한 연구는 일반적으로 여학생의 학업 성취에서 의미 있는 향상을 보여주지 못했는데도, 그 접근 방식이 성공할 수 있는 다른 이유가 있는가? 왜 그런가? 왜 그렇지 않은가?
- 당신은 프로젝트팀의 제안을 지지하는가? 왜 그런가? 왜 그렇지 않은가?
- 더 많은 여학생이 기술 과정을 수강하도록 고무할 다른 전략은 무엇인가?

자료: Campbell and Sander. (2002). Challenging the system: Assumptions and data behind the push for single-sex schooling; A. Datnow and L. Hubbard (Eds.), *Gender in policy and practice: Perspectives on single-sex and coeducational schooling*(pp. 31~46), New York: Routledge.

5) 타이틀 IX

1972년 연방 「교육법수정안」 타이틀 IX에는 학생들의 젠더에 기초한 고정관념적·차별적 대우가 언급된다. 타이틀 IX는 1만 6,000개의 공립학교와 2,700개의 중등 과정 후 교육기관에 속한 모든 학생과 피고용인을 보호한다. 이 법률은 ① 학생, 특히 중등 과정 후 및 직업교육기관 입학 시, ② 학생의 대우, ③ 구성원의 고용에서 젠더차별을 예방한다.

타이틀 IX는 유치원에서 12학년에 이르는 학교에 근무하는 교사와 교육자에게 무엇을 요구하는가? 타이틀 IX는 젠더에 따라 학생들을 차별적으로 다루거나 격리하여 다루는 것이 불법임을 명확히 천명한다. 타이틀 IX는 교육구가 제공하는 모든 프로그램, 활동, 기회가 남성과 여성에게 똑같이 적용될 것을 요구한다. 모든 교과목은 모든 학생에게 개설되어야 한다. 남학생이 가족학과 소비자학 수업에 등록할 수 있고, 여학생들은 기술과 농업 과목에 등록할 수 있다. 타이틀 IX는 학생의 상담과 관련하여 편견이 포함된 교과목이나 직업 상담을 금지한다. 편견이 포함된 성취검사, 능력검사, 흥미검사의 사용을 금지한다. 대학과 경력 개발 회사에서도 편견이 포함된 콘텐트·언어·삽화 등의 사용을 금지한다. 어떤 기업이나 개인이 학생을 고용하면서 특정 젠더에 대한 정보를 요청해온다면, 학교는 그들에게 도움을 줄 수 없다. 재정 지원의 유형이나 금액 또는 지원 금액에서 어떤 차별도 있을 수 없다.

학교에서 젠더만을 기초로 하여 동아리와 기타 활동 구성원을 모집하는 것은 금지된다. 물론 YWCA, YMCA, 걸스카우트(Girls Scouts), 보이스카우트(Boy Scouts), 보이스테이트(Boy's State), 걸스테이트(Girls' State), 키클럽(Key Club), 그리고 전통적으로 19세 이하의 특정 젠더 구성원에게 제한을 두는 기타 자발적 조직과 면세 청소년 서비스 조직은 예외로 대우한다. 행동 규칙과 이런 규칙의 위반에 대한 처벌은 모든 학생에게 똑같이 적용된다. 명예 표창과 수상(授賞)에서도 학생의 젠더를 시상 기준으로 지정하지 않는다.

타이틀 IX의 보호를 받는 프로그램 중 가장 치열한 논쟁은 운동 프로그램이다. 타이틀 IX는 여학생들이 교내 대항경기, 동아리나 학교 대항경기에 참가하도록 규정한다. 학교에서 제공하는 운동은 두 가지 경우, 즉 능력에 따라 팀을 선발할 경우와 체육활동이 남녀 간 접촉 운동(contact sport)일 경우를 제외하고는 남녀 혼성이어야 한다. 이 두 가지 경우에도 남녀 분리 팀은 허용되지만, 필수는 아니다. 타이틀 IX에 따르면, 남녀 운동 프로그램에 동일한 자금을 요구하지는 않지만, 체육활동에서 같은 기회가 제공되어야 한다. 법원은 학교에서 여학생에게 같은 기회를 제공하는지를 결정하기 위해 다음의 세 가지 검증 기준을 적용한다. 첫째, 남녀 운동선수의 비율은 실제 재학 중인 남녀 학생 수에 비례해야 한다. 둘째, 학교는 운동경기에서 여학생들에게 제공하는 기회가 점차 향상되는 역사를 갖고 있다. 셋째, 학교는 첫 번째 조건, 즉 학생 수에 비례한 남녀 운동선수 비율의 기대에 부합하지 못할지라도, 완전하고도 효과적으로 여학생들의 흥미와 능력에 부합해야 한다.

똑같은 운동 기회를 제공하는 것은 논쟁의 여지가 있지만, 타이틀 IX의 조항은 학교에서 중요한 변화를 가져왔다. 1972년 타이틀 IX가 통과되었을 때 29만 4,000명의 여학생들이 고등학교 운동경기에 참가했다. 현재는 290만 명을 넘어 904%의 증가율을 보였다. 현재 여성 운동선수는 모든 고등학교 운동선수의 41%를 차지한다. 대학 대항경기에 출전하는 여성 운동선수는 20만 9,666명으로

456%가 증가했다(National Coalition for Women and Girls in Education, 2007). 여학생은 전체 대학생의 55.8%이지만, 여성 운동선수는 41.7%에 불과하다(Cheslock, 2007). 동시에 일부 집단은 타이틀 IX 규정으로 여성 운동경기가 증가함에 따라 일부 대학의 남성 운동경기가 해체되었다고 비난한다. 그러나 남자대학의 참여는 1972년 이후 39% 증가했다.

법률만으로 여성과 남성의 적절한 역할·직업·행동에 대한 사람들의 기본 가정과 태도를 바꾸지는 못하겠지만, 그것은 학교 환경에서의 권리·기회, 그리고 학생의 대우를 공평하게 하는 데 기여했다. 경험에 따르면, 차별적 관행이 제거되고 차별적 행동이 바뀌면, 심지어 내키지 않더라도 편견적인 태도의 변화가 뒤따른다. 유치원에서 대학에 이르기까지 학생의 동등한 대우는 모든 학생이 가능한 경력과 생활 선택을 탐색할 수 있도록 더 적절하게 고무할 것이다.

4-6 생각해보기

다음 항목에서 당신의 타이틀 IX에 대한 지식을 확인하시오.

• 여학생이 자격이 있다면 풋볼팀에서 경기할 수 있다.	참	거짓
• 모든 교실은 여성과 남성이 혼성으로 편성되어야 한다.	참	거짓
• 여성 교장의 숫자가 불균형적으로 적으면 여성이 남성에 앞서 승진해야 한다.	참	거짓
• 임신한 여학생을 위한 특별 프로그램을 권장한다.	참	거짓
• 여성과 남성의 특별한 흥미에 맞춘 별도의 직업 흥미검사를 할 수 있다.	참	거짓
• 여성 운동경기에는 여성 코치가 있어야 한다.	참	거짓
• 여성 체육 예산은 남성 체육 예산과 같아야 한다.	참	거짓
• 젠더 편향의 교재 사용을 금지한다.	참	거짓
• 모든 동아리와 과외활동은 혼성반이어야 한다.	참	거짓
• 학교는 성희롱 희생자에게 보상해야 한다.	참	거짓

자료: Zittleman, K. (2007)의 승인하에 게재. Teachers, Students and Title IX: A promise for fairness; D. Sadker & E. S. Silber, Gender in the classroom: Foundations, skills, methods and strategies across the curriculum (pp. 73~107), Mahwah, NJ: Lawrence Erlbaum.

7. 요약

연구자와 이론가는 남녀 차이의 생물학적 중요성에 대한 의견이 다르다. 일부는 그 차이가 주로 문화적으로 결정된다고 주장한다. 여성과 남성은 다양한 정체성 집단의 구성원이지만, 일반적으로 그 문화는 전적으로 젠더에 기초하여 다른 기대를 가진다. 아동은 남성 또는 여성으로 그들의 역할에 맞게 사회화한다.

개인은 생물학적으로 여성 또는 남성이지만, 젠더 정체성은 그들의 여성다움이나 남성다움에 기초한다. 개인이 전통적인 젠더 정체성을 고집하는 정도는 과거 사회화 유형의 결과로 다양하게 나타나고, 가족의 민족성·인종·종교에 따라 영향을 받는다.

젠더차별은 여성이 남성보다 사회적 위신이 떨어지고 저임금의 직업에 종사하게 한다. 심지어 여성이 받은 교육수준조차도 남녀 간 임금격차(현재 남성소득 1달러에 대해 여성소득 81센트)를 좁히지 못한다. 그런 차별은 가족·싱글맘·아동의 생활수준에 큰 영향을 미친다.

여성학, 성차별 없는 교육, 단성 교육은 학교와 사회에서 성차별과 싸우는 교육적 접근 방식을 대표한다. 여성학은 여성의 역사적·동시대적 경험을 기록하고 분석하는 시도이며, 종종 별개 과목으로 개설된다. 성차별 없는 교육은 남성뿐만 아니라 여성의 시각을 반영하는 내용을 통합하여, 학교 교과과정에서 성차별을 뿌리 뽑고자 한다. 단성 교육은 남학생과 여학생을 격리하여 각 집단 구성원의 자아존중감을 개발하고, 전통적으로 다른 성(sex)만큼 성과를 내지 못한 과목에서 성취를 끌어올리며, 교과목에 대한 긍정적인 태도를 개발하도록 한다. 연방정부는 1972년 「교육법수정안」 타이틀 IX를 통해 교육에서의 성차별 철폐를 지원한다. 이 법률은 성별에 기초하여 학생을 고정관념적·차별적으로 대우할 수 없게 한다.

교육자를 위한 실무

1. **토론을 위한 질문**
    1. 어떤 점에서 남녀 차이가 생물학적보다 문화적으로 결정된다고 생각하는가?
    2. 변화하는 사회에서 고정관념적 역할을 사회화하는 것은 여성과 남성에게 어떻게 손해를 끼치는가?
    3. 젠더차별이 불균형적으로 여성에게 어떻게 영향을 미치는지 설명하시오.
    4. 어떤 점에서 여성보다 남성에게 더 많은 권력이 있는가? 남성은 사회에서 특권적 지위가 있음을 왜 깨닫기 어려운가?
    5. 여성학과 성차별 없는 교육을 비교하고, 양쪽의 장점을 설명하시오.
    6. 교사들은 그들이 젠더에 기초하여 학생들을 차별하는지 어떻게 알 수 있는가?
    7. 동성애 혐오는 학교에서 어떻게 나타나는가? 교육자가 교실에서 게이와 레즈비언에 대한 편견과 차별을 철폐하기 위해 할 수 있는 것은 무엇인가?
    8. 학교에서 성희롱의 신호는 무엇인가?
    9. 당신은 컴퓨터·수학·과학 수업에 여성과 과소대표 집단의 참여를 높이기 위해 어떻게 할 것인가?
    10. 지난 30년 동안 타이틀 IX는 학교에 어떤 영향을 주었는가?

2. **포트폴리오 활동**
    1. 학교에서 수학·과학·기술 수업을 듣는 남학생과 여학생 숫자에 대한 자료를 수집하시오. 과목 수준(일반교육과 고급 과정)에 따른 과목 수강 유형을 기술하시오. 여학생과 남학생의 과목 수강에 차이가 존재하는가?(INTASC 기준 2, 3, 10)
    2. 교실에서 남녀가 어떻게 행동하고, 교사와 어떻게 상호작용하는지에 대한 차이를 관찰하시오. 그 차이를 분석하고, 고착화된 관념으로 젠더 행동을 강화할 것인지에 대해 토론하시오. 학생의 학습에 가장 도움이 되는 교사의 반응을 기술하시오. 이들 반응이 남녀 간에 어떻게 다른지 토론하시오(INTASC 기준 3, 6).
    3. 협동학습과 다른 수업 전략을 사용하는 교실을 관찰하시오. 다른 수업 접근 방식으로 남녀의 참여를 기록하시오. 젠더에 기초한 결과를 분석하시오. 차이가 학생의 성별에 따라 일반화될 수 있는지, 동성에서 차이가 존재하는지를 토론하시오(INTASC 기준 1, 3, 4, 5, 6, 7).

3. **교사 자격시험 준비**

    중학교의 남교사가 과학수업에서 여학생들의 관심을 끌려고 한다. 그는 남학생과 여학생이 집단으로 함께 실험을 수행하게 했다. 다음에서 여학생과 남학생이 과학에 대해 느끼는 바에 영향을 주는 불공평한 참여의 신호는 무엇인가?
① 모든 학생이 실험을 계획하고, 결과를 관찰하는 데 참여한다.
② 남학생 몇 명은 불참하고, 몇 명의 여학생은 사회적 쟁점에 대해 서로 이야기를 나눈다.
③ 여학생들이 실험 단계와 결과에 대해 기록하는 동안, 남학생들은 실험 장비를 한 데 모아 실험을 수행한다.
④ 여학생과 남학생은 실험과 관련된 평가에서 같은 점수를 받는다.

권장도서

American Association of University Women Education Foundation. 2000. *Tech-savvy: Educating girls in the new computer age*. Washington, D.C.: Author.
　이 보고서는 여학생이 왜 남학생과 같은 방식으로 컴퓨터를 사용하지 않는지를 탐색하고, 오늘날 컴퓨터 시대에 여학생의 참여를 향상하기 위한 방법들을 권장한다.

Holladay, J. 2007. *The ABCs of sexual orientation*. Montgomery, AL: Southern Poverty Law Center. www.tolerance.org/teach/activities.jsp?ar+821에서 2007년 5월 27일 검색.
　이런 활동들은 교사가 학교에서 게이차별반대를 이해하고, 어떻게 안전하고 통합적인 교실과 학교를 만들 것인지를 이해하는 데 도움을 준다.

Klein, S. S., B. Richardson, D. A. Grayson, L. H. Fox, C. Kramarae, D. S. Pollard and C. A. Dsyer(eds.). 2007. *Handbook for achieving gender equity through education*. New York: Taylor and Francis.
　교육에서 젠더평등에 관해 알려진 이 연구 중심의 요약본은 수학·과학·사회·커뮤니케이션·체육과 같은 과목과 그것을 통합하는 것에 대한 장들(chapters)을 포함한다.

Lopez, N. 2003. *Hopeful girls, troubled boys: Race and gender disparity in urban education*. New York: Routledge.
　도미니카, 서인도, 아이티 출신의 성인 전반기 사람들과의 인터뷰를 통해 저자는 뉴욕 시에서 이들의 학교 경험을 탐색한다. 저자는 젊은 남성들이 교육의 미래에 대해 모호한 입장을 나타내는 반면에 젊은 여성들은 낙관적이라는 것을 알게 된다.

Marcus, Eric. 2002. *Making gay history: The half-century fight for lesbian and gay equal rights*. New York: Perennial.
　이 역사는 지난 50년 동안 게이와 레즈비언 권리를 위한 투쟁을 추적한다. 이 이야기는 다른 단계의 투쟁에 참여했던 10대, 조부모, 언론인, 주부들이 들려주었다.

Orenstin, P. 2002. *Anita Hill is a boy: Tales for a gender-free classroom*. In The Jossey-Bass reader on gender in education(pp.734~755). San Francisco: Jossey-Bass.
　이 책에서는 한 중학교 교사가 어떻게 젠더차별이 없는 교실을 만들었는지 기술한다. 교실에서 남학생과 여학생은 남성만이 아니라 여성에 대해 공부하고, 학년도 내내 남학생 프로젝트만이 아니라 여학생 프로젝트에 참여하는 것이 무엇을 의미하는지 이야기한다.

Ward, J. 2002. *School rules*. In *The Jossey-Bass reader on gender in education* (pp. 510~542). San Francisco: Jossey-Bass.

오늘날의 학교에서 아프리카계 미국인 여학생의 경험이 이 장에서 탐색된다. 그들이 높은 자존감을 유지하고, 학업성적에 대한 높은 기대에 부응하기 위한 노력들이 학생과 그들의 부모의 성찰과 함께 기술된다. 이 이야기를 통해 교사가 어떻게 학업을 제한하고 고무할 수 있는지 보여준다.

참고문헌

American Association of University Women Educational Foundation. 2000. *Tech-savvy: Educating girls in the new computer age*. Washington, D.C.: Author.

American Association of University Women Educational Foundation. 2001. *Hostile hallways: Bullying, teasing and sexual harassment in school*. Washington, D.C.: Author.

Blau, F. D. and L. Kahn. 2006. The gender pay gap: going, going ······ but not gone. In F. D. Blau, M. C. Brinton and D. B. Grusky(eds.). *The declining significance of gender*(pp. 37~66). New York: Russell Sage Foundation.

Buchanan, S. 2005(Fall). Wave of anti-gay hate crimes reported. *Intelligence Report*, No. 119, p. 7.

Campbell, P. B. and Sanders, J. 2002. Challenging the system: Assumptions and data behind the push for single-sex schooling. In A. Datnow & L. Hubbard(eds.), *Gender in policy and practice: Perspectives on single-sex and coeducational schooling*(pp. 31~46). New York: Routlege.

Cheslock, J. 2007. *Who's playing college sports? Trends in participation*. East Meadow, NY: Women's Sports Foundation.

Dolby, N., G. Dimitriadis and P. E. Willis. 2004. *Learning to labor in new times*. New York: RoutledgeFalmer.

Flood, C. 2001. Schools fail boys too: Exposing the con of traditional masculinity. In H. Rousso & M. L. Wehmeyer(eds.), *Double jeopardy: Addressing gender equity in special education*(pp. 207~236). Albany, NY: State University of New York Press.

The Gallup Organization. 2007. *Gallup's pulse of democracy: Constitutional amemdment defining marriage as only between a man and a woman*. Princeton, NJ: Author.

Gay, Lesbian and Straight Education Network. 2005. *The 2005 national school climate survey: The experiences of lesbian, gay, bisexual and transgender youth in our nation's schools*. New York: Author.

Gurian, M. 2001. *Boys and girls learn differently: A guide for teachers and parents*. San Francisco: Jossey-Bass.

Haag, P. 2002. Single-sex education in grades K-12: What does the research tell us? In *The Jossey-Bass reader on gender in education*(pp. 647~676). San Francisco: Jossey-Bass.

Johnson, W. S. 2006. *A time to embrace: Same-gender relationships in religion, law and politics*. Grand Rapids, MI: Eerdmans.

Jovanovic, J. and S. S. King. 1998(Fall). Boys and girls in the performance-based science classroom: who's doing the performing? *American Educational Research Journal*, 35(3), 477~496.

Kindlon, D. and M. Thompson. 2000. *Raising Cain: Protecting the emotional life of boys*, New York: Ballantine.

Lipkin, A. 1999. *Understanding homosexuality, changing schools*, Boulder, CO: Westview.

Mansfield, H. C. 2006. *Manliness*. New Haven: Yale University Press.

Miller, N. 2006. *Out of the past: Gay and lesbian history form 1869 to the present*. New York: Alyson Books.

Mock, B. 2007(Spring). Face right: Black religious opposition to gays rising, *Intelligence Report*, No. 125, pp. 19~23.

National Coalition for Women and Girls in Education. 2007(May). *Title IX athletics policies: Issues and data for education decision makers*. Washington, D.C.: Author.

National Gay and Lesbian Task Force. 2004. *Youth*. (www.theaskforce.org/theissues/issue.cfm?issueID=13 2004년 9월 24일 검색).

Rosen, R. 2000. *The world split open: How the modern women's movement changed America*. New York: Viking.

Shapka, J. D. and D. P. Keating. 2003(Winter). Effects of a girls-only curriculum during adolescence: Performance, persistence and engagement in mathematics and science. *American Educational Research Journal*, 40(4), 929~960.

Shaw, S. M. and J. Lee(eds.). 2007. *Women's voices, feminist visions: Classic and contemporary readings*. New York: McGraw Hill.

The State of American Manhood. 2006(September). *Postsecondary Education Opportunity*, No. 171.

Tyack, D. 2003. *Seeking common ground: Public schools in a diverse society*. Cambridge, MA: Harvard University Press.

U.S. Bureau of Labor Statistics. 2006. *Highlights of women's earnings in 2005*(Report 995). Washington, D.C.: U.S. Department of Labor.

U.S. Census Bureau. 2006. *Statistical abstract of the United States: 2007*(126th ed.). Washington, D.C.: U.S. Government Printing Office.

U.S. Department of Education, National Center for Education Statistics. 2004. *The condition of education 2004*. Washington, D.C.: Author.

U.S. Department of Education, National Center for Education Statistics. 2004. *The condition of education 2004*. Washington, D.C.: Author.

Wehmeyer, M. L. and M. Schwarta. 2001. Research on gender bias in special education services. In H. Rousso and M. L. Wehmeyer(eds.). *Double jeopardy: Addressing gender equity in special education*(pp. 271~287). Albany, NY: State University of New York Press.

제 5 장

특수아

> 미국에서 …… 연방 재정 지원을 받는
> 모든 프로그램이나 활동에서 장애인이라는 이유만으로
> 참여가 배제되지 않고, 혜택에서 거부되지 않으며,
> 차별받지 않아야 한다.
>
> Section 504, PL 93-112 (Vocational Rehabilitation Act, 1993)

시나리오 scenario

마틴 루서 킹 초등학교 3학년 담임교사인 캘빈 벨러는 학생들이 집에 돌아간 후에 에린 윌커슨 교장과 면담을 했다. 윌커슨 교장은 완전 통합 프로그램을 시행하여 중증장애가 있는 아이들을 일반교육 교실에 완전히 통합하기로 했다고 설명했다. 교육구 정책을 따르는 학교는 특수교육 학생들을 일반교육 환경에 통합하는 노력을 계속하고 있다. 벨러의 학급은 추가된 일반교육 학급 4개 중 하나로 몇 주 안에 특수교육을 통합할 것이다.

"선생님의 반에는 두 명의 중증장애인이 합류할 것입니다. 한 명은 발달장애가 있는 다운증후군(인지 습득, 언어, 운동신경, 사회적 기술에서 중증장애의 특성을 보임) 학생인데 심각한 학습장애가 있습니다. 다른 한 명은 정상적인 지능을 가졌지만 움직이지 못하고 말을 잘하지 못하며 중증뇌성마비를 앓고 있습니다. 선생님 반에는 특수교육을 전공한 정규직 보조교사를 배치할 것입니다. 또 통합학급전문가인 빌 그레그가 선생님이 수업 계획과 전략을 짜는 데 도울 것입니다. 중요한 것은 선생님이 학생들과 부모들을 준비시켜 1월에 장애학생들이 올 때 동요가 없었으면 하는 것입니다. 선생님과 빌이 실행계획서를 준비하여 2주 후에 저에게 제출했으면 합니다."

🔲 생각해보기

- 벨러와 그레그의 실행계획에는 무슨 내용이 포함되어야 하는가?
- 중증장애학생들은 언제 일반교육 학급에 통합되는가? 장애학생들은 일반학생 프로그램의 수준을 떨어뜨리는가?
- 장애학생들은 잠재적으로 학급을 분열하게 하는가?
- 벨러와 같은 일반교육 교사들은 학급에 장애학생을 수용하는 데 필요한 적절한 교육을 받은 적이 있는가?
- 장애학생들은 그들의 장애 정도와 상관없이 통합되어야 하는가?

1. 장애아와 영재아

미국 인구 중 상당 부분은 특수한 개인으로 구성된다. 질병통제예방센터(CDC, 2005)는 미국 인구조사국의 자료를 인용하여 장애가 있는 사람이 5,000만 명이 넘는 것으로 보고한다. 미국 교육통계센터(2005)는 인구의 약 6.3%에 해당하는 300만 명 정도가 영재아라고 보고한다. 성인을 고려하면 여기에 수백만 명을 추가해야 한다. 교육자들은 매일 특수아 및 특수성인과 접촉한다. 그들은 우리의 학생이고, 직장 동료이며, 우리의 친구와 이웃이고, 우리가 일상의 경험에서 만나는 사람들이다.

특별한 사람에는 장애인과 영재가 포함된다. 이 중에 일부, 특히 장애인은 사회에서 배척당하다. 그들의 독특한 사회적·개인적 요구와 특별한 관심 때문에, 많은 장애인과 영재는 유사한 특수성을 가진 사람이 모인 문화집단의 구성원이 된다. 일부에게 이 문화적 정체성은 태어날 때부터 형성된다. 그들은 그들이 사는 거주 기관에 따라 이름이 붙여지고, 강제로 고립된다. 다른 사람들은 같은 커뮤니티나 그들이 선택한 이웃에서 산다. 이 장에서는 특별한 개인과 사회의 관계를 탐색할 것이다. 또한 동등권 투쟁과 장애인의 처우가 종종 피억압 소수민족의 처우와 같은 사례를 소개할 것이다.

특수아에 대한 정의는 학자마다 조금씩 다르지만, 히워드(William L. Heward)의 정의가 가장 전형적이다.

> 특수아는 완벽한 교육 혜택을 제공하는 특수교육의 개별화 프로그램과 관련 서비스를 요구하는 정도에 따라 기준(낮거나 높거나 둘 중 하나)이 다르다. '특수아'에는 학업성과가 매우 뛰어나 잠재력 실현을 돕는 교과과정과 교수 방식의 수정이 필요한 아동뿐만 아니라 학습장애가 있는 아동도 포함된다. 따라서 특수아는 학습 문제, 행동 문제, 신체적 장애나 감각장애가 있는 아동, 그리고 지적으로 뛰어나거나 특별한 재능이 있는 아동을 일컫는 포괄적인 용어이다(Heward, 2006: 10).

이 정의는 통상 의뢰와 자격 여부를 결정하기 위한 시험을 거친 뒤 특수교육 프로그램에 배치되는 학령아동에 들어맞는다. 이 과정에서 그 아동에게 해당되는 명칭이 붙여진다. 한쪽에는 한두 분야에서 특별한 능력이 있는 영재아가, 다른 한쪽에는 장애아(일부는 선천적임)가 있다. 장애학생들은 지적장애·학습장애·언어장애·시각장애·청각장애·정서장애(또는 행동장애), 또는 신체장애·건강장애와 같은 명칭으로 범주화된다.

당신이 10~15년 전에 공립학교 교육을 마쳤다면, 당신이 공부한 교실 한두 곳에서 장애아와 함께 공부했을 가능성이 매우 높다.

1) 레이블링

비판가들은 장애의 범주화와 레이블링(labeling) 과정을 비난한다. 반대자들은 그 관행 - 종종 그 효과가 성인기까지 이어지는 - 이 장애인을 경멸하고, 낙인찍는다고 비난한다. 저능아·얼간이·백치와 같은 범주화와 레이블링은 경멸적인 표현으로 전문용어에서 더 이상 사용되지 않는다. 학습장애(Learning Disabilities)와 경도지적장애(Mild Mental Retardation: MMR)가 있는 장애인은 학교에 진학하기 전까지 장애인으로 여겨지지 않는다. 경도지적장애인은 그들의 또래에 비해 지적·사회적으로 적절한 행동을 하는 데 문제가 있다. 그러나 학교 환경은 그들의 학업적·인지적 결핍을 강화한다. 그들이 집과 커뮤니티로 돌아올 때는 장애인으로 보이지 않는다. 대신 다음 날 학교로 돌아갈 때까지 그들은 이웃 친구들과 활동에 참여한다. 학교로 돌아가면 그들은 특수학급(간혹 분리된)에 배치되어 장애학생으로서 학교의 학업적·사회적 구조에서 역할을 다시 시작한다. 이 문제는 '6시간 지진아'라는 말이 나올 정도로 만연되고 있다. 이들은 공립학교에서 지적장애아와 마찬가지로 하루 6시간을 보낸다. 그들은 학교에서 벗어난 남은 18시간 동안 그들과 상호작용하는 사람들에게는 장애아로 여겨지지 않는다(President's Committee on Mental Retardation, 1969). 히워드(Heward, 2006)는 '6시간 지진아'라는 레이블링 자체가 그들을 지적장애아로 낙인찍을 것이라고 생각한다. 레이블링은 다양한 정도의 함축된 의미와 낙인을 동반한다. 어떤 장애는 다른 장애보다 사회적 수용도가 더 높다. 시각장애는 대중의 공감과 동정심까지도 유발한다. 대중은 재정이 튼튼하면서 안내견을 양성하는 안내견 학교가 입증한 것처럼, 수년 동안 시각장애인에게 관대하게 처우해주었다. 시각장애인들은 장애라는 이유로 소득공제를 추가로 받는 유일한 집단이다. 시각장애는 대중적으로 여전히 인류가 겪는 최악의 고통 중 하나로 생각된다. 이와 대조적으로 지적장애와 경도정서장애는 낮은 사회경제적 지위 및 유색인과 연결을 한다. 지적장애와 정서장애는 사회적으로 수용도가 가장 낮은 장애이면서, 가장 많이 낙인찍히는 장애유형이다. 이것은 이 장애에 대한 대중적인 이해심이 부족한 데다 이러한 장애가 다른 장애에 비해 가족들을 엄청나게 힘들게 하기 때문이다.

학습장애는 최근 특수아로 분류되었는데, 사회적 수용도가 높은 장애 중 하나이다. 지적장애가 종종 사회경제적 지위가 낮은 집단과 동일시되는 반면, 학습장애는 대개 중류층의 환경과 동일시된다. 이러한 인식이 정확하든 그렇지 않든 중간계층 부모들은 자녀의 학습결핍의 원인을 지적장애보다는 학습장애에서 찾으려고 한다. 이 같은 사례는 정서장애나 행동장애 자녀와 주의력 결핍 및 과잉행동 장애(Attention Deficit and Hyperactive Disorders: ADHD) 자녀를 비교할 때도 마찬가지이다. 주의력 결핍 및 과잉행동 장애아에 대한 사회적 수용도는 높은 반면, 정서장애나 행동장애아는 낙인찍힐 가능성이 더 높다. 일부 아동의 경우에는 지적장애에서 학습장애로 재분류가 이루어진다. 간혹 사람들은 어떤 사람의 지적장애는 또 다른 사람의 학습장애이고, 또 다른 사람의 정서장애라고 말한다. 여러 장애유형 중 하나의 유형을 찾아내는 것은 매우 어려운 일인데, 한 명의 장애학생을 두고 학교의 어떤 심리학자는 정서장애로 판정한 반면, 다른 심리학자는 학습장애로 판정하는 것과 마찬가지이다.

장애아에 대한 레이블링을 둘러싼 논란은 지속되고 있지만, 비판가들조차 종종 그 필요성을 인정한다. 연방의 특수교육 예산은 특정 장애인의 명칭을 기준으로 편성된다. 2005년의 경우 특수교육 예산은 110억 6,000만 달러가 책정되었는데, 이 예산이 없다면 많은 특수교육 프로그램은 폐지될 것이고, 교육구가 심각한 재정적 어려움에 놓일 것임은 말할 필요가 없다. 결과적으로 레이블링 과정은 계속될 수밖에 없다. 간혹 대학생들은 성인기까지 그들의 학습요구에 필요한 재정지원을 받기 위해 장애인이라고 밝혀야 한다. 직업 재활 상담사는 종종 고객의 직업 기술보다는 그들의 학습장애를 암시하는 명칭을 사용한다. 직장 동료들이 그 명칭을 알게 된다면, 장애인으로 낙인찍을 수 있고 사회적으로 격리할 수 있다.

2) 역사적 선례

많은 경우에 장애인의 고통은 피억압 민족집단의 고통과 아주 유사하다. 장애인 처우의 역사는 그 책임을 다하려는 사회의 모습을 보여주지 못했다. 예컨대, 1800년 이전 몇 경우를 제외하고 지적장애인은 어떤 사회에서도 주요한 사회문제로 여겨지지 않았다. 중증지적장애인은 살해당하거나, 증상 초기에 자연사했다(Drew and Hardman, 2007).

지적장애인과 신체장애인에 대한 처우와 돌봄은 전형적으로 그 시대의 사회경제적 조건에 따라 달랐다. 장애인에 대한 미신에서 비롯된 공포와 경멸적인 태도 외에도 초기 유목민들은 장애인을 가용자원을 낭비하는 비생산적이고 부담스러운 짐이라고 생각했다. 문명이 발달했지만, 아직도 장애인은 종종 비생산적이고 소모적이라고 여겨진다(Drew and Hardman, 2007).

장애인은 흔히 멀리 떨어진 병원·수용소·요양소 등 지정된 시설로 보내진다. 장애인을 격리하고 더 쉽게 차단할 목적으로, 많은 시설이 인구밀집 지역에서 멀리 떨어진 곳에 계획적으로 건립된다. 수십 년 동안 미국 사회는 중증장애시민에 대해 양심대로 처우할 필요가 없었다. 사회에서는 그들을 멀리 떨어진 곳으로 보내고 잊어버렸다. 대부분 미국인은 많은 시설에 존재했던 잔혹하고 비인간적인 처우를 알지 못했다. 오늘날에는 도시의 팽창으로 많은 시설이 인구밀집 지역 근처나 그 안에 있다.

일반적으로 경증장애인들은 사회에 흡수되었다가 간혹 사라져버리기도 하고, 농업사회에 의미 있는 기여를 하기도 하며, 종종 장애인으로조차 분류되지 않았다. 사회가 더욱 산업화되고 교육 개혁에 학교의 참여가 요구되는 동안, 장애아의 학업 문제는 갈수록 뚜렷해졌다. 특수학교와 특수학급은 장애아의 요구에 맞게 지정되었다. 따라서 사회는 장애인을 격리하고, 종종 사회의 가장 최우선 관심사인 것처럼 행동했다.

지적장애집단과 같은 일부 장애집단에 대한 사회의 처우는 흔히 민권 차원에서 의문시되었다. 많은 미국인은 다른 민족집단 간 결혼을 금지하는 법이 혐오스럽다는 것을 알지만, 거의 절반에 가까운 주에서 20세기 후반까지 지적장애인과 결혼을 금지한 법이 있었다는 사실을 아는 사람은 거의 없다.

일부 경우에 경증지적장애인들은 우생불임수술을 한다는 조건으로 주 보호시설에서 풀려나 사회 속으로 들어왔다(Edgerton, 1967). 지적장애인에 대한 결혼금지와 우생불임법은 사회적·윤리적으로 심각한 문제이다. 장애인 보호시설에서 장애인의 돌봄과 교육에 책임을 지는 사람들은 장애인의 성적 행위, 결혼, 출산을 다루는 문제들을 분명히 그들의 권리와 책임으로 생각한다. 이와 유사하게 교육자들은 청각장애인과의 커뮤니케이션 방법을 구두/청각적 접근 방식 또는 수동/총체적 커뮤니케이션 접근 방식을 통해 결정한다. 이런 판단들은 중요한 시사점을 제공하는데, 청각장애인이 소통하는 방법뿐만 아니라 소통하는 사람이 대부분 누구인지를 교사들이 결정하기 때문이다. 이 사회는 너무 빈번하게 장애인의 개인적 기대를 무시하고, 그들에 대해 비판적인 결정을 내리며, 전 생애를 통해 그들을 어린아이로 대우하면서 비인간적으로 처우한다.

2. 소송

장애인의 교육권은 쉽게 얻어지지 않았다. 많은 경우 교육권 쟁취를 위한 투쟁은 소수 집단의 교육권 쟁취 투쟁과 아주 흡사하다. 장애인의 교육권은 교육자의 관심 밖이고, 동정도 받지 못했다. 많은 교육자는 장애인에게 교육권을 확대하는 것을 못마땅하게 생각했다. 법원에서 장애인의 교육권을 판결하자 비로소 교육자와 교육 커뮤니티는 장애인의 교육권을 인정했다.

장애아 옹호자들은 법원의 판결 일부와 아프리카계 미국인과 비주류집단의 권리를 향상했던 논쟁을 이용했다. 그러나 투쟁과 장애인 권리 지지자들에 의해 획득된 권리는 소수민족집단이 그와 유사한 권리를 쟁취한 이후에 몇 년이 더 걸려 실제로 이루어졌다.

장애아와 변호사는 법정투쟁을 위해 판례법을 이용했다. 판례법은 법률, 규정, 헌법조항을 해석하는 판사가 공표한 의견이다. 미국 사법체계는 판결의 가치와 법률 절차에 의존한다. 모든 사건에는 공표된 의견이 있으며, 이 의견은 매우 중요하다.

1) 브라운 대 교육위원회 사건

아프리카계 미국인 학생과 마찬가지로 장애아를 위한 초기 투쟁 어젠다는 공교육을 받을 권리나 공교육에 대한 접근에 관한 것이었다. 가장 유명하고 중요한 법원 판결 중 하나는 브라운 대 토피카 교육위원회 사건(1954)에 대한 연방대법원의 판결이었다. 연방대법원은 루이지애나 지방법원이 플레시 대 퍼거슨 사건(1896)에서 아프리카계 미국인을 분리하지만 평등한 교통시설을 제공한다는 「인종분리차량법(Separate Car Act)」을 합헌이라고 판결한 것을 지지했다. 플레시 판결은 판례법의 일부가 되어 흑인을 교통·공공시설·학교·식당 등에서 격리하는 선례가 되었다. 이 판결은 인종적으로 격리된 '짐크로' 학교, 소위 '분리하지만 평등하다'는 학교의 설립과 유지를 합법화했다. 역사가 우리에게 분명하게 보여준 것처럼, 이 학교들은 본질적으로 불평등했다. 이것이 브라운 판결의 무대가 되었다.

1950년 토피카의 학생 린다 브라운(Linda Brown)은 집에서 네 구역 떨어진 곳에 학교가 위치하고 있었음에도, 학교에 가려면 버스를 타고 5마일을 가야 했다. 린다는 집 근처 학교에 다닐 조건을 모두 충족했지만, 아프리카계 미국인이기 때문에 거절당했다. 브라운의 부모와 13명의 다른 흑인 가족은 토피카 교육위원회가 백인학교 입학을 거부했기 때문에 교육위원회를 상대로 소송을 제기했다. 브라운이 소장에서 첫 번째에 기록되어 이 사건은 브라운 대 교육위원회 사건으로 알려졌다. 실제로 이 사건은 연방대법원에 접수되었다. 브라운 사건의 결과는 미국 역사에서 중요한 부분이 되었다.

연방헌법은 모든 시민에게 생명·자유·재산에 대한 권리가 있다고 규정한다. 시민은 적법절차 없이 이 권리를 거부당할 수 없다. 법원은 브라운 판결에서 교육을 재산권이라고 판결했다. 헌법은 무상 공교육을 보장하지는 않지만, 브라운 판결에서 연방대법원은 주가 시민을 위한 무상 공교육 규정을 시행한다면 교육재산권이 성립된다고 판결했다. 브라운과 아프리카계 미국인 아동의 재산(교육)권은 적법한 절차 없이 박탈당했으며, 연방헌법 수정 제14조를 위반했다. 브라운 판결은 교육과 관련하여 플레시 판결을 번복했고(다른 권리의 일부는 1964년 「민권법」 제정으로 성립됨), 그로써 학교는 모든 유색인 아동의 통합을 시작했다.

비록 장애아를 포함하지 않았을지라도, 브라운 판결은 소수 민족집단 아동의 동등한 교육 기회를 보장하는 선례를 제공했듯이, 장애학생의 권리를 보장하는 논쟁에서도 선례를 마련했다. 연방대법원은 토피카 교육구가 브라운과 아프리카계 미국인에게 제공한 교육 기회가 본질적으로 부적절했다고 판결했다. 법원은 무상 교육을 받을 장애학생의 권리를 옹호했을 뿐만 아니라, 입법부도 그들이 적절한 교육을 받을 수 있도록 노력했다(Chinn, 2004).

법원은 브라운 사건에서 '분리하지만 평등한' 교육을 불평등하다고 판결했다. 분리교육은 아프리카계 미국인 학생들의 평등한 교육을 거부했다. 법원은 분리의 낙인에서 자유로운, 완벽한 통합교육을 명령했다. 워런(Warren) 대법원장은 분리가 '평생 아동들의 가슴과 마음에 낙인을 찍고 씻을 수 없는 열등감을 심어준다'고 설명했다.

미국의 특수교육 역사를 살펴보면, 장애아는 공립학교에 취학할 권리를 획득하기 위해 힘겨운 투쟁을 계속했다. 실제 일부 프로그램이 시행되었지만, 1970년대 중반까지 일부 아동, 특히 중도장애아와 중증장애아는 반복적으로 공교육에서 배척당했다. 중도장애아와 중증지적장애아의 취학을 거부하는 논점 중 하나는 일반학생들이 배운 방식으로 그들이 읽고, 쓰고, 계산하는 법을 배울 수 없다는 것이다. 학교에서는 이런 학업 기술을 배우는 것이 교육이라고 주장했다. 그들은 교육을 받을 수 없기 때문에 학교에 다니지 못했다.

지적장애아의 부모와 옹호자는 자립 기술과 중요한 생활기술을 배우는 것이 진정한 학습이라고 주장하면서 맞받아쳤다. 지원이 특별히 제공된다면 지적장애아도 중증신체장애아와 마찬가지로 배울 수 있다.

2) 펜실베이니아 장애아협회 대 펜실베이니아 주 사건

1971년 펜실베이니아 장애아협회(Pennsylvania Association for Retarded Children: PARC)는 펜실베이니아 주가 지적장애 학생에게 공교육을 제공하지 않는다는 이유로 집단소송을 제기했다. 원고 측 변호사는 다음과 같이 주장했다.

- 교육은 아동에게 단지 학업적 경험만을 제공한 것으로 정의될 수 없다.
- 모든 지적장애 학생은 교육과 훈련 프로그램으로 혜택을 받을 수 있다.
- 펜실베이니아 주는 아동을 위한 무상 공교육을 시행했으므로 지적장애아에게도 같은 기회를 제공해야 한다.
- 지적장애 학생이 조기교육을 받을수록 예상되는 학습의 양은 더 커진다.

연방 지방법원은 원고의 승소를 판결했고, 6~21세까지의 모든 아동이 무상 공교육을 제공받게 했다. 법원은 비장애아에게 제공되는 것과 유사한 프로그램에서 지적장애아를 교육하는 것이 가장 바람직하다고 규정했다(Murdick, Gartin and Grabtree, 2002; Yell, 2006).

3) 밀스 대 교육위원회 사건

펜실베이니아 장애아협회 판결에 뒤이어 또 다른 소송이 워싱턴 D.C. 연방지법에 제기되었는데, 이 집단소송은 학교에서 배제된 행동장애·과잉행동·뇌전증·지적장애·신체장애가 있는 아동 1만 8,000명을 대표하여 제출되었다. 이번에도 법원은 원고 측의 손을 들어주고, 워싱턴 D.C.의 학교가 모든 장애아에게 공교육을 제공하게 했다. 이 밖에도 법원은 다음의 항목을 명령했다.

- 교육구는 적법절차의 절차적 안전장치를 제공
- 레이블링, 배치, 배제에 대한 명확하게 명시된 적법절차 마련
- 절차적 안전장치는 항소권, 기록에 접근할 권리, 절차의 모든 단계에 대한 서면 통지를 포함할 것(Murdick, Gartin and Grabtree, 2002; Yell, 2006)

세간의 이목을 끈 두 사건은 펜실베이니아와 워싱턴 D.C.에서 발생했지만, 다른 주에서도 이와 유사한 소송들이 제기되었다. 펜실베이니아 장애아협회는 전국장애아협회[National Association for Retarded Children: NARC, 현재 장애시민협회(Association for Retarded Citizens)]의 모델이 되었다. 전국장애아협회, 특수아협의회(Council for Exceptional Children)와 같은 전국적 조직은 법원 브리핑을 준비하고, 지원수단을 제공하면서 전국적으로 장애 옹호자들을 활발하게 지원했다. 법원에서의 승리와 대의명분에 유리한 판례법으로 무장한 다른 주의 부모들도 입법부와 교육구에 압력을 넣기 시작했고 마침내 승리했다. 1970년대 초 장애 옹호자들은 법원에서의 승리로 활기를 찾고, 다음 전쟁터가 될 연방의회를 상대로 싸울 준비를 하느라 바빴다.

> **5-1 생각해보기**
>
> 걱정하고 좌절한 부모들의 법률 소송과 유능한 복지전문가의 지원 덕분에 의미 있고 적절한 교육의 권리를 박탈당한 장애아에 대한 분리와 불평등에 마침표를 찍었다.
>
> - 이것은 미국 교육사에서 아프리카계 미국인 아동의 역경과 어떻게 비교되는가?
> - 법률 소송을 하지 않았다면, 장애아는 여전히 분리되었을까?
> - 옳은 일을 하는 미국 교육자들은 왜 법률 소송을 자주 하는가?

3. 입법

1) 조항 504와 「공법 93-112」

1973년 연방의회는 「직업재활법(Vocational Rehabilitation Act)」의 일환으로 조항 504와 「공법 93-112」를 제정했다. 조항 504는 1964년 「민권법」 타이틀 Ⅵ의 다른 한쪽이라고 불릴 정도로 중요했다. 문구는 짧지만, 이것이 담고 있는 함의는 대단히 광범위하다.

> 미국에서 …… 연방 재정 지원을 받는 모든 프로그램이나 활동에서 장애인이라는 이유만으로 참여가 배제되지 않고, 혜택에서 거부되지 않으며, 차별받지 않아야 한다.

이처럼 조항 504는 장애인이라는 이유만으로 프로그램에서 배제되는 것을 금지한다. 풋볼 코치, 악대 지휘자, 대학입학 관리자는 오로지 장애인이라는 이유만으로 참여를 거부할 수 없다. 그러나 학습장애인이 악대 대원이 되어 악대 대형을 배울 수 없다면, 시험성적이 대학입학 기준에 명확하게 미달하여 실패 가능성을 보인다면, 그리고 지적장애인이 풋볼 규칙과 경기를 배울 능력이 없다면, 그때는 장애인을 거부해도 정당화될 수 있다. 학교나 기관에서 장애인을 부당하게 거부하면, 학교나 기관은 차별 관행과 관련 없는 다른 프로그램의 연방 지원을 포함한 연방의 모든 지원을 놓치는 위험을 감수해야 한다(Murdick, Gartin and Grabtree, 2002; Yell, 2006).

 **조항 504의 요구와 도전을 충족하기**

래리 글래든은 중학교 사회 교사이면서 8학년 풋볼팀 코치이다. 학기 초에 풋볼선수 지원자가 많지 않아 교장에게 재모집 계획을 승인받았다. 관심이 있고 체격도 좋은 남학생들에게 지원하도록 강력하게 요청한 뒤 방과 후에 바로 면접시간을 잡았다. 면접실에 지원자들이 도착하는데, 마시 브런슨이 방에 들어오는 것을 보고 글래든은 깜짝 놀랐다. 글래든은 자기 방 옆의 특수교실에서 공부하는 마시가 경증지적장애 학생임을 안다. 다른 지원자들도 그 사실을 알고 있다. 마시는 "안녕하세요. 코치님. 튼튼하고 건강한 선수가 필요하다면서요. 찾는 사람이 바로 접니다. 매일 노틸러스 체육관에서 운동을 하죠. 이만하면 건장한 체격이죠"라고 말한다.
마시는 정말로 건장한 신체의 표본이었다. 그는 후보 중 키가 가장 크고 근육도 잘 발달했다. 글래든은 그가 방에 들어오자 다른 후보들이 고개를 흔드는 것을 보고 마시가 팀에서 잘 생활할 수 있을까 하는 강한 의구심이 들었다. 마시는 팀 동료로 받아들여질 것인가? 그가 경기하는 법을 배우고, 규칙을 따를 수 있을 것인가?

토론을 위한 질문

- 글래든은 마시를 선발해야 할 의무가 있는가? 왜 그런가? 왜 그렇지 않은가?
- 글래든은 마시가 출전하지 않도록 말려야 하는가?
- 글래든은 마시를 다른 선수와 다르게 대우해야 하는가?
- 글래든은 마시를 위해 예외 규정을 만들어야 하는가?
- 마시가 경기하는 데 충분한 자격이 있다면, 글래든은 어떻게 팀 동료의 승인을 받아야 하는가?

2) 「공법 94-142」

1975년 「공법 94-142(Education for All Handicapped Children Act: EHA, 모든 장애아를 위한 교육법)」가 법률로 서명되었다. 이 포괄적인 법률에 따라 학교는 3~

21세까지의 개인에게 다음의 항목들을 제공했다.

- 모든 장애아를 위한 적절한 무상 공교육(free and appropriate public education: FAPE)
- 학생과 부모의 권리 보호를 위한 절차적 안전장치
- 최소 제한 환경에서의 교육
- 개별화 교육 프로그램
- 장애아와 관련된 교육적 결정에 부모의 참여
- 공정하고 정확하며 편견이 없는 평가

이 여섯 가지 조항은 미국 교육의 현실을 아주 오랜 시간 동안 바꾸어 놓았다. 모든 장애아는 그들의 요구에 적합한 무상 공교육을 받을 권리가 있다. 교육은 최소 제한 환경, 즉 학생은 일반 교육 또는 정규교육과 근접 실행을 할 수 있는 환경에서 교육을 받아야 한다. 현재 부모는 자녀교육에서 통합적 역할을 수행하고, 자녀의 교육 프로그램을 개발하며, 자녀와 관련된 의사결정에 함께 참여할 수 있다. 적절하다고 판단될 때는 학생도 참여할 수 있다. 학교는 부모와 학생의 권리를 확실히 보장하도록 절차적 안전장치를 마련해야 한다. 각 학생에게는 자신의 독특한 요구에 맞는 개별화 교육 프로그램(Individualized Education Program: IEP)이 제공되어야 한다. 적격성과 배치를 결정하기 위한 신원 확인과 평가는 차별적이지 않고, 편견적이지 않으며, 다중 요인의 방법을 사용해야 한다.

「공법 94-142」 통과 이전에 미국 400만 장애아 중 거의 절반은 공교육을 받지 못했다. 특수교육을 받은 많은 학생은 학교에서 최소한의 바람직한 위치에 격리되었다(Losen and Orfield, 2002). 이 책의 필자 한 명은 두 곳의 학교에서 특수교육을 담당했는데, 특수아는 격리되거나 낡은 시설에 수용되었다. 예컨대, 첫 번째 학교에서 세 곳의 특수교육 교실은 다른 학생과 격리된 채 지하에 배치되었다. 두 번째 학교에서는 많은 학생을 수용하기 위해 점심시간이 두 번 배정되었다. 특수교육 학생들은 두 번의 점심시간 사이에 식사를 하게 했으며, 다른 학생들이 오기 전에 식당을 떠나게 했다. 낡은 구식 시설 옆에 신축건물이 완공되자, 특수아는 낡은 시설에 그대로 남았고, 나머지 학생들은 새 건물로 이동했다.

3) 「미국장애인법」

1990년 1월 26일 조지 H. 부시(George H. Bush) 대통령은 「미국장애인법(Americans with Disabilities Act: ADA, 「공법 101-336」)」에 서명했다. 「미국장애인법」은 1964년 「민권법」 이후로 미국에서 가장 중요한 민권법이다. 「미국장애인법」은 사적 영역의 고용, 공공 서비스, 공공시설, 교통, 통신에서 장애인에 대한 차별을 종식하도록 설계되었다.

이 법률 중에서 다음 다섯 가지는 장애인이 직면한 장애물을 무너뜨리려는 노력의 본보기이다.

- 고용주는 장애인이 그 직업에 대한 자격이 있으면 고용이나 승진에서 차별할 수 없다.
- 고용주는 장애인에게 합리적 시설(장애인의 전화기에 증폭기 부착)을 제공해야 한다.
- 장애인들이 신형 버스, 버스역, 철도역, 철도 시스템에 접근할 수 있어야 한다.
- 식당, 호텔, 소매가게, 운동장에서 물리적 장애물이 제거되어야 한다. 제거될 수 없으면, 서비스를 제공할 대안적 방법이 시행되어야 한다.
- 대중에게 전화 서비스를 제공하는 회사는 청각장애인을 위한 전화 통신기기를 사용하는 사람에게 전화 릴레이 서비스(Telephone Relay Services: TRS)를 제공해야 한다(Murdick, Gartin and Grabtree, 2002; Yell, 2006).

4) 「장애인교육법」

1990년 연방의회는 「공법 94-142」 수정안으로 「공법 101-147」, 즉 「장애인교육법(Individuals with Disabilities Education Act: IDEA)」을 통과시켰다. 이 수정안은 자폐증(Autism) 및 외상성 뇌손상(Traumatic Brain Injury: TBI) 학생을 추가로 별도의 특수교육에 포함했다. 전환계획(transition plan)은 16세가 된 모든 학생의 개별화 교육 프로그램에 포함되어야 하는 추가 요건이 되었다. 전환계획에는 장애학생이 성인기로 성공적인 전환을 하는 데 필요한 시험과 개별 계획이 포함된다. 새로운 법률의 광범위한 변화는 언어의 변화에서 확인할 수 있는데, 사람(person)을 먼저 강조하고, 장애(disability)를 나중에 강조했다. 법명도 'disabled individuals'가 아니라, 'Individuals with Disabilities'이다. 거의 모든 새로운 문헌에서는 지적장애아(children with mental retardation), 학습장애학생(students with learning disabilities), 뇌성마비자(individuals with cerebral palsy), 청각장애인(people with hearing impairment)과 같은 용어를 볼 수 있을 것이다. 장애인은 우선 국민이거나 개인이다. 그들의 장애는 부차적이고, 그들이 맡은 과제를 수행하는 능력에서 중요하지 않다. 어떤 학생을 이분척추학생(spina bifida student)으로 부르는 것은, 그 학생의 다른 많은 자산이나 능력보다 그 학생의 장애에 대해 즉각적인 관심을 불러일으킨다(Murdick, Gartin and Grabtree, 2002; Yell, 2006).

(1) 「장애인교육법수정안」

1997년 연방의회는 「공법 105-17」(「장애인교육법수정안」)을 통과시켰다. 이 수정안은 초기 법률에서 재인가되었고 개선되었다. 수정안은 기존 여덟 항목을 네 항목으로 통합하고, 다음을 포함한 몇 가지 중요한 사항을 추가한 것이다.

- 부모의 역할을 강화하고, 일반교육 교과과정으로의 접근을 보장하며, 개별화 교

육 프로그램 과정의 변화를 통한 학생의 발전을 강조했다.
- 부모와 교육자가 비대립적 중재를 통해 차이를 해결하도록 고무했다.
- 일부 절차적 안전장치를 변경하여 학교 관계자가 학생을 훈육할 때 더 많은 재량권을 가졌다.
- 자금 조달 방식을 설정했다(Murdick, Gartin and Grabtree, 2002; Yell, 2006).

2004년 연방의회는 「장애인교육법」 2004 또는 「장애인교육향상법(Individuals with Disabilities Education Improvement Act)」으로 불리는 「장애인교육법수정안(「공법 108-446」)」을 통과시켰다. 「장애인교육향상법」은 '학업적 및 기능적 목표'에 관한 새로운 언어를 추가했다. 현행 개별화 교육 프로그램은 '…… 학업적 및 기능적 목표를 포함하여 측정할 수 있는 연간목표의 진술'을 포함해야 한다. 「장애인교육향상법」에서 추가된 또 다른 조건은 「장애인교육법」을 「학생낙오방지법」에서 요구하는 '높은 수준의 유자격 교사'와 연계하는 것이다. 「장애인교육법」 조건에 따라 긴급 교사 자격증이나 임시 교사 자격증은 교사 자격으로 인정받지 못한다(Weishaar, 2007; Yell, 2006). 모든 학생은 높은 수준의 유자격 교사의 지도를 받아야 한다. 그러나 전국적으로 정규 자격증이나 면허증을 소지한 특수교육 교사는 턱없이 부족했고, 지금도 여전히 마찬가지이다. 그리고 높은 수준의 유자격 교사가 갑자기 나타나지도 않을 것이다. 2000년 캘리포니아만 하더라도, 수천 명의 특수교육 교사가 부족했다. 이뿐만 아니라 캘리포니아에서는 수천 명이 넘는 특수학급 교사들이 정규 자격증도 없이 장기 대체 교사로 고용되었다.

교사 부족은 캘리포니아 주만이 아니고 다른 주에서도 나타나는 현상이지만, 교육구는 더 이상 임시자격증 소지자를 고용할 수 없게 되었다. 교육구는 이전에 고용된 임시자격증 소지자를 새로운 인력 풀로 만들어, 예컨대 인턴십 프로그램이나 장애학생을 위한 창의적 교수 인력 등과 같이 그들에게 정규 자격을 갖추게 하여, 인력 부족 현상을 해소해야 한다. 일부 교육구는 유자격의 일반교육 교사와 특수교육 교사를 활용하는 공동수업 방법을 고안해냈다. 다른 경우에는 유자격의 특수교육 교사가 일반교육 교사에게 컨설팅을 해준다. 이런 방식은 장애학생에게 통합에 따른 혜택을 부여한다. 교육구가 창의적인 교사 확보 방안을 실행하더라도, 특수교사 부족 현상은 해소되지 않고 있다. 교사 부족 현상이 지속되고 있는데도, 관련 법률은 교사가 적절한 기준에 부합하지 못한다면 교육구가 부모에게 통지하도록 요구한다. 정규 자격증 없이 고용된 교사는 완료 시점에 진척도를 보여주어야 한다. 교사 부족 문제를 즉각 해결하지는 못하겠지만, 이 문제에 대한 책임은 교육구에 있으며, 교육구는 앞으로 특별한 요구를 가진 아동들을 위해 더 나은 유자격의 특수교육 교사들을 고용해야 할 것이다. 「장애인교육향상법」은 일부 추가적 변화를 가져왔으며, 이는 권장도서 목록에서 볼 수 있다.

(2) 「장애인교육법」 자금 조달

1975년 연방의회가 「공법 94-142」를 통과시켰을 때, 이 법률은 장애아를 위한 서비스를 명령했다. 이 법률은 주와 교육구가 장애아동을 위해 광범위하고, 종종 비싼 서비스의 제공을 요구했다. 연방의회는 장애아 교육비 40%를 자금 목표로 세웠다. 장애아의 교실은 일반 아동의 교실보다 더 작고 대부분 보조원이 딸린 직원을 추가로 배치해야 하기 때문에, 학교의 입장에서는 추가예산이 필요하다. 이 법률의 제정으로 힘을 얻은 부모들은 자녀들이 법률에 따라 서비스를 받아야 된다고 당당하게 주장했다. 1995~2005년까지 연방의회의 「장애인교육법」 할당 예산은 32억 5,300만 달러에서 116억 7,400만 달러로 증액되었다(Apling, 2005). 이는 상당히 증액된 예산이지만, 팽창하는 특수교육 프로그램에 소요되는 비용을 충당하기에는 역부족이다. 2007년 연방의회의 「장애인교육법」 자금은 18%에도 미치지 못했으며, 이것은 의회가 약속했던 예산의 절반도 되지 못했다. 「장애인교육법」의 자금 조달이 원활하게 이루어지지 않아 모든 아동에게 법에 규정된 적절한 서비스를 제공하려는 학교 행정가들을 궁지에 몰리게 했다.

5) 「공법 94-142」 소송 이후

특수교육법을 제정·수정하고 개정 작업을 한 지 30년이 지났는데도, 여전히 장애아동이나 부모·지지자, 또는 교육구 관계자에게 명확하지 않은 조항이 많다. 이 법률은 어떤 측면에서는 매우 정확하고, 다른 측면에서는 상당히 모호하다. 이 밖에도 여러 법률과 규정을 해석하고 실행하는 문제를 악화하는 다른 많은 변수가 있다.

연방의회 자체가 문제의 일부이다. 의회는 장애아를 위한 광범위한 조항을 명령했다. 그중 많은 조항은 실행하는 시간과 인력이 집약적이고, 이행하는 데 비용이 많이 든다. 그러나 의회는 「장애인교육법」을 완벽하게 실행하는 데 필요한 재정적 의무를 다하지 못했다. 그럼에도 교육구는 예산지원도 없이 비싼 명령을 실행하도록 요구받았다. 따라서 많은 주와 교육구가 예산 부족에 직면하면서, 특수교육은 교육자가 필요한 재원을 마련해야 하는 도전이 될 수 있다. 인력은 대부분 주가 직면한 또 다른 심각한 문제이다. 교육구가 법률을 완벽하게 준수한다고 해도, 전국적으로 유자격의 특수교육과 관련된 서비스 인력의 심각한 부족 현상 때문에 법을 따를 수가 없는 실정이다. 법률이 적절한 교육을 요구한다는 것을 알고 있는 부모들은 화를 내고, 학교가 그들 자녀의 요구를 배신했다고 느끼며, 학교를 상대로 소송을 제기하여 문제를 성공적으로 해결했다. 학교는 「장애인교육법」 조건을 고의적으로 무시한 잘못이 있지만, 문제는 재원부족으로 악화되었다.

「장애인교육법」은 '적절한 무상 공교육'에 대한 실질적인 정의를 제공하지 않기 때문에, 이 문제는 종종 법정에서 해결된다. 부모는 적절한 교육을 자녀에 대한 최상의 가능한 교육으로 생각한다. 1982년 헨드리크 허드슨 교육구 대 롤리(Hendrick Hudson School District v. Rowley) 사건은 연방대법원이 장애학생에 대한 '적절한 교육'과 관련하여 판결한 첫 번째 소송이다. 에이미 롤리(Amy Rowley)는 청각장애아로 유치원 정규 학급에 배치되었다. 몇 명의 학교 관계자가 수화를 배워 에이미와 커뮤니케이션을 했다. 역시 청각장애인인 에이미의 부모와 수월하게 커뮤니케이션하기 위해 텔레타이프를 학교 사무실에 배치했다. 에이미는 보청기를 학교에서 지급받았고, 수화 통역사가 반에 배치되었다. 에이미는 유치원을 성공적으로 마쳤고, 적응을 잘했으며 평균 진척도보다 양호했다.

에이미가 유치원을 마친 뒤, 학교는 「공법 94-142」에서 요구한 것처럼 그녀를 위한 개별화 교육 프로그램을 개발했다. 프로그램은 에이미가 정규 학급에서 계속 교육을 받는다는 것을 명시했다. 그녀는 보청기를 계속 사용했으며, 일주일에 3시간 언어치료를 받았다. 이 밖에도 그녀는 전문적으로 청각장애아를 돌보는 개인 지도 교사에게서 매일 1시간 수업을 받았다.

부모는 개별화 교육 프로그램에 반대하고, 딸의 모든 수업시간에 유자격의 수화 통역사를 배치해야 한다고 믿었다. 그러나 교육구는 정규 통역사가 불필요하다는 결론을 내리고, 부모의 요청을 거부했다. 「공법 94-142」에 따른 부모의 권리를 알고 있는 에이미의 부모는 적법절차 심리를 요구했고, 그것이 받아들여졌다. 부모가 승리했고, 그 사건은 하급법원을 통해 결국 연방대법원까지 갔다.

연방 대법원은 「공법 94-142」에 '적절한 교육'의 실제 기준이 정의되어 있지 않다는 것에 주목하면서, '연방의회의 목적은 공교육을 장애학생에 제공하게 하는 데 있다'는 판결을 내렸다. 연방의회의 입법 의도는 적절한 기간 공교육의 접근을 보장하는 데 있지만, 특정 교육수준을 보장하는 것은 아니었다. 연방대법원은 학교가 최상의 가능한 교육을 제공해야 할 의무는 없지만, '기본적인 기회'는 제공해야 한다고 판결했다. 또한 연방대법원은 적절한 무상 공교육 기준은 오직 개별적 사례에 따라 다중 요인적인 평가로 결정될 수 있다고 판결했다. 기본적으로 이 사건은 '적절한 교육' 논쟁을 해결하기 위한 계속되는 소송의 시작이었다(Murdick, Gartin and Grabtree, 2002; Yell, 2006).

이 사건은 연방대법원이 「공법 94-142」와 관련하여 판결한 첫 번째 사건이라는 점에서 중요했다. 연방대법원은 '적절한 교육'의 기준을 교육에 단순히 접근하는 것 이상으로 설정했지만, 최상의 가능한 교육 프로그램은 아니라고 판결했다. 이 사건은 기본적으로 '적절한 교육'과 관련된 분쟁을 해결하기 위해 계속된 소송의 선례가 되었다(Murdick, Gartin and Grabtree, 2002; Yell, 2006). 결과적으로 학교가 학생이 만족하는 진전(이 부분은 논쟁의 여지가 있음)을 증명할 수 있을 때, 교육구가 법정에서 승리할 가능성이 높다.

법원은 「공법 94-142」의 다른 조항에 대해서도 판결을 내려야 했다. 예컨대, 법원은 부모가 학교생활에서 자녀의 능력을 지속하는 데 필요한 '의사가 필요치 않은 지원 서비스(nonphysician support services)'를 요구했을 때, 아동의 입장에서 판결했다[어빙 독립교육구 대 타로(Irving Independent School District v. Taro)]. 많은 시간이 지나면서 부모와 옹호자, 학교 관계자가 모두 법률이 어떻게 실행되어야 하는지 더 잘 이해하는 데 도움이 되는 판례가 생기게 마련이다.

「공법 94-142」는 장애학생에게 합법적인 교육권을 제공했다. 그러나 일부 교육구는 고의적으로나 관계자의 무지로 법을 준수하지 않았다. 지난 30여 년 동안 법원은 많은 결정(Chandra Smith Consent Decree, Los Angeles Unified School District and Felix Consent Decree, Hawaii Department of Education)을 내렸는데, 결과적으로 교육구는 법률을 준수할 때 드는 비용보다 법정 다툼에 더 많은 비용과 시간을 썼다.

장애아와 장애인은 이전보다 더 국가교육 시스템의 통합적 부분이 되고 있으며, 미국 사회에서 그들의 정당한 위치를 찾고 있다. 최근 이루어진 진전은 상당히 고무적이지만, 장애인에 대한 사회의 태도가 항상 그들의 법률적 권리를 따라가지는 않는다. 사람들이 윤리적·도덕적 반응보다 소송당할 공포 때문에 동기부여가 되는 한, 이 분야에서의 노력이 완전하게 성공할 것이라고 생각할 수 없다.

5-2 생각해보기

많은 사람은 자신이 원할 때 이동할 수 있는 능력을 당연하게 생각한다. 대중의 접근을 금지하는 몇 곳의 건물을 제외하면, 사람들은 자신이 들어가고 싶을 때는 언제든지 어떤

> 건물에나 자유롭게 들어간다.
> 당신이 들어가는 건물, 당신이 건너는 도로, 당신이 참여하는 활동을 추적하여 기록하시오.
>
> • 휠체어를 탄 사람, 시각장애인, 청각장애인은 어떻게 접근하는가?
> • 당신이 들어가는 건물의 방 번호는 점자로 되어 있는가?
> • 계단에는 불이 켜져 있는가? 또는 접근할 수 있는 승강기나 엘리베이터가 있는가?
> • 장애인이 접근하기 어려운 지역은 어디인가?
> • 당신이 정규적으로 참여하는 활동은 장애인의 접근을 어떻게 제한하는가?
> • 이 지역에 장애인이 쉽게 접근할 수 있는 방법은 무엇인가?

4. 특수아와 사회

최근까지 모든 일탈 유형에 대한 처우와 이해에 한계가 있었다. 사회는 장애인의 교육과 돌봄을 제공하면서 기본적 책임을 수용하기 시작했지만, 사회적 평등이 실현되기에는 아직도 멀었다.

장애인에 대한 사회의 시각은 아마도 대중매체가 장애인을 어떻게 묘사하느냐에 따라 달라질 것이다. 일반적으로 대중매체가 장애인에 대해 초점을 맞추려고 할 때, 장애인들은 ① 어린아이, 대개 명확하게 신체적 낙인이 찍힌 중증지적장애인, ② 휠체어를 타거나 목발을 짚고 다니는 중상자로 묘사된다. 따라서 사회에는 장애인이 어떤 사람인지에 대한 고정관념이 있다. 그들은 어린아이나 어린아이와 같은 존재로 여겨지고, 정신적이나 신체적으로, 또는 둘 다에서 중증장애가 있다.

사회가 장애인을 어린아이처럼 생각하기 때문에, 장애인들은 느낌에 대한 권리를 거부당하고 비장애인처럼 되길 원한다. 교사와 전문직 종사자들은 면전에서, 마치 장애인들이 어떤 당혹감을 느낄 수 없는 것처럼 그들에 대해 말한다. 사랑하고, 사랑받고 싶어 하는 그들의 욕구는 무시되고, 비장애인과 같은 성적 욕구가 없는, 섹스와 무관한 존재로 간주된다.

현대의 미국 사회는 신체적 아름다움과 매력을 매우 중요하게 생각한다. 신체적 기준에서 크게 일탈하는 개인은 그들의 신체적 일탈이 일상생활에 방해가 되지 않더라도 사회에서 거부당할 수 있다.

글리드만과 로트(Gliedman and Roth,1980)에 따르면, 비장애인은 장애인을 좋은 직장을 구하지 못하고, 문화에서 영웅도 되지 못하며, 커뮤니티에서 눈에 띄지 않는 존재라고 생각한다. 더 나아가 글리드만과 로트는 사회가 제도적으로 능력 있는 많은 장애인을 차별하고, 사회의 태도는 인종차별의 태도와 유사하여 장애를 성인의 역할을 하지 못하는 것으로 생각한다고 주장한다. 또한 사회가 장애인을 지적 또는 정신적 열등아로 바라보는데, 이는 장애인이 신체적으로 다르거나 "저렇게 생긴 사람"을 "우리 같은 정상인"이 거리에서 볼 일이 없을 것이라고 생각하기 때문이라고 주장한다(Gliedman and Roth, 1980: 23).

글리드만과 로트(Gliedman and Roth,1980)는 차별과 관련해서 장애인에 대한 어떤 외형적인 차별도, 조직화된 잔인함도, 폭력을 가하는 무리의 정의도, 지상주의자 집단의 어떤 집회도 없다는 점에서 장애인이 아프리카계 미국인보다 형편이 낫다고 주장한다. 그러나 다른 측면에서는 장애인의 형편이 더 나쁘다. 아프리카계 미국인과 다른 집단은 민족적 자긍심을 만들었다. 어떤 사람이 '뇌성마비가 아름답다'고 울부짖는 소리를 들을 가능성은 없다. 미국 사회는 흑인이 '자명하게(self-evidently)' 열등하지 않다는 시각으로 인종차별을 반대하지만, 동시에 장애인의 '자명하게' 열등한 지위를 당연하게 여긴다.

우리가 장애인에 대한 고정관념을 가지고 있기 때문에, 사회에서의 그들의 정당한 위치를 받아들이지 않는 것이다. 장애는 개인의 사회적 가치에 대한 사회의 인식을 지배하고, 일탈의 사고방식을 형성한다. 장애인은 직업적으로 한계가 있고 사회적으로 부적절한 사람으로 여겨진다.

장애인은 그들에게 귀속된 역할을 유지하는 동안 용인되고 게다가 받아들여지기도 한다. 그들은 인간으로서의 기본권과 자존감이 거부된다. 장애인은 그들보다 지식이 더 많고 능력 있는 사람들의 영원한 보호를 받는다. 그들에게 서비스하는 전문가들은 그들이 제정한 프로그램의 목표에 장애인의 관심과 욕구가 종속되길 기대한다.

대중은 법률에 따라 장애인에게 교육과 서비스를 제공하라는 요구를 받고, 장애에 대한 어떤 차별도 해서는 안 된다. 그러나 어느 누구도 장애인을 좋아하고, 사회적으로 똑같은 사람으로서 수용하라고 요구할 수 없다. 많은 사람은 장애인을 받아들이지 않는다. 인종차별이 특정 인종의 우월성에 대한 신념에서 생기는 다른 인종에 대한 차별과 편견인 것처럼, 장애인차별 역시 일부 비장애인의 우월적 태도 때문에 생기는 장애인에 대한 고정관념과 차별이다.

사회는 남성과 여성이 해야 할 행동 기준을 정하는 경향이 있다. 남성에게는 달성하도록 기대되는 특정의 남성다운 역할이 있다. 남자아이는 대개 체육활동을 하도록 기대된다. 그러나 신체장애인은 체육활동에서 배제될 수 있다. 이 역할을 수행할 수 없는 하반신마비의 젊은 남성은 자신이 평가절하되거나 남성 구실을 못한다고 느낄 수 있다. 여성다운 역할을 하도록 기대되지만, 그러한 역할을 할 수 없는 신체장애 여성은 자신이 여성으로서 부적절하다는 감정으로 고통을 받는다. 최근 체육활동에서 여성의 참여가 증가하고 올림픽에서 여성들이 성공함에 따라, 일부 여성은 운동이나 다른 신체활동 프로그램에 참여할 수 없다는 좌절감으로 고통을 받을 수 있다.

 **장애 극복**

젊은 여성 제시카 파크스는 선천적으로 양팔이 없이 태어났는데도 비장애인보다 훨씬 많은 것을 성취했다. 그녀의 성취는 부모·의사·교육자가 상상했던 것보다 훨씬 더 대단했다. 교육자들(특수교육자들을 포함)은 마음속으로 장애아가 해낼 것과 그렇지 못할 것을 미리 결정해 버리고, 교육 프로그램에 그들의 접근을 제한한다. 이것은 실수이고 소송감이다.

유명한 새크라멘토 시립학교 대 레이철 홀란드(Sacramento City School v. Rachel Holland, 1994) 사건에서 교육구 관계자는 지적장애 학생을 일반교육 학급에 배치하는 것을 거부했다. 그들은 레이철이 일반교육 학급에서 공부할 수 없을 것이라고 생각했다. 법원은 레이철의 능력평가를 통해 교육구가 실수했다는 것을 증명했다. 여기에서 장애학생이 일반교육 학급에서 공부할 능력이 있음을 증명할 기회를 학교가 거부하면, 법원은 거의 항상 장애학생이나 부모의 손을 들어주는 것을 알 수 있다.

- 교육자는 장애학생에 대해 편견이 있는가?
- 교육자는 아동의 능력에 한계가 있다는 선입관이 있는가?
- 교육자가 완벽하게 고려하지 못하는 변수는 무엇인가?

5-3 생각해보기

주법과 연방법은 학교와 직장에서 장애인에 대한 차별을 금지한다. 그러나 어떠한 법률도 사람들이 개별적·사적인 근거로 장애인을 어떻게 다루는지 또는 관계하는지를 강제할 수 없다.

- 장애인과 많은 시간을 보낸 적이 있는가?
- 장애인 친구가 있는가?
- 장애인은 정말 중요한 문제에서 비장애인과 다른가?
- 학교는 장애학생에 대한 이해와 수용을 더 많이 하기 위해 무엇을 해야 하는가?

1) 예외적 문화집단

장애인을 보호하는 법률을 실행하고 지지하는 데 책임이 있는 사람들은 무감각·무관심·편견 때문에 책임을 다하지 못한다. 장애인에게 적당한 교육적·직업적 기회를 제공하지 못하면, 그들의 사회적·경제적 평등을 불가능하게 만들 수 있다. 장애인에 대한 이러한 사회적·경제적 제한은 궁극적으로 비장애인 동료의 거부와 사회 소외로 이어진다.

주류사회에 의해 거부되는 소수민족집단과 마찬가지로 장애인들도 서로에게서 편안함과 안전함을 찾으며, 일부는 자신의 거주지와 사회적 조직구조를 형성한다. 전국적으로 시각장애인이나 청각장애인, 지적장애인의 집단이 있다. 일부는 유사한 직장, 같은 이웃, 그리고 다양한 사회적 환경과 활동에서 모인다. 켄터키 루이빌 시 프랭크퍼트 거리 근처에 위치한 세 곳의 주요 기관은 시각장애인들에게 서비스를 제공한다. 시각장애인을 위한 아메리칸 프린팅하우스(American Printing House for the Blind), 켄터키 스쿨(Kentucky School for the Blind), 켄터키 인더스트리(Kentucky Industries)는 서로 가까이에 있다. 시각장애인과 관련된 자료를 출판하는 대표적인 출판사인 아메리칸 프린팅하우스는 많은 시각장애인을 고용한다. 켄터키 스쿨은 시각장애인을 위한 기숙형 학교로, 역시 교사를 포함하여 소수의 시각장애인을 고용한다. 켄터키 인더스트리는 시각장애인을 위한 보호작업장 형태로 운영된다. 이 세 곳에 상대적으로 많이 고용된 시각장애인은 인근 거주 지역에 살고 있음을 알 수 있다. 그들은 시작장애와 관련된 교통 문제를 최소화하기 위해 직장과 가장 가까운 곳에 산다. 이것은 초기에 켄터키 스쿨에 입학하여 캠퍼스에서 살면서 이웃이 된 많은 시각장애인에게 정서적 안전감을 제공한다. 또한 이웃 커뮤니티도 사회적·정서적 안전감과 수용감을 제공한다. 몇 년 전 켄터키 스쿨에서 졸업생들에게 우편물이 하나씩 보내졌는데, 보낸 우편물의 90%는 학교와 같은 우편번호를 사용했다.

시각장애인과 청각장애인은 문화집단을 형성할 가능성이 높다. 두 집단이 서로 교제하고 문화집단을 형성하는 것에는 두 집단에 속한 개인의 필요를 충족하는 중복 요인이 있기 때문이다. 일부 시각장애인은 이동이 제한된다. 문화적 거주 지역에 살면 서로 더 쉽게 접근할 수 있다. 그들은 같은 소통 방식, 즉 구어(口語), 점자, 말하는 책을 공유한다. 그들의 신체적 장애로 형성된 사회적·문화적 관심도 부분적으로 공유될 수 있다. 청각장애인은 세계를 듣는 것에서 소통이 제한될 수 있다. 그들의 독창적인 커뮤니케이션 수단은 그들에게 기능적·정서적 유대를 제공한다. 청각장애인을 위한 종교 프로그램과 교회는 총체적 커뮤니케이션과 사회적 활동에서 서비스하도록 구성되었다.

신체장애인들은 장애와 관련된 문화집단의 부분이 될 수도 있지만, 그렇지 않을 수도 있다. 일부는 직장과 사회에서 주류사회 일원으로 활동한다. 적절한 인지적 기능과 커뮤니케이션 유형을 가졌다면, 정상적으로 사회적 상호작용을 할 수 있다. 그러나 사회화는 신체장애의 정도와 장애에 대한 개인의 정서적 적응에 달려 있다. 일부 신체장애인은 주류 세계에서 활동할 수 있고, 유사한 장애를 가진 다른 사람들과의 사회적 관계를 유지할 수도 있다. 신체장애인을 위한 사교모임은 수용과 안전을 제공하는 사회적 분위기뿐만 아니라 기능적 능력에 적합한 경험을 제공하기 위해 만들어졌다. 휠체어 농구와 테니스 경기도 만들어졌다. 보스턴 마라톤과 같은 경주에는 휠체어 선수들의 경기종목도 있다.

많은 경도지적장애인은 독립적으로 살거나, 커뮤니티 기반과 커뮤니티가 지원하는 생활공동체에서 산다. 생활공동체는 가족 같은 분위기를 제공하고 사감이 관리한다. 시설에서 살지 않는 대부분 중도장애인은 집에서 사는 경향이 있다. 많은 중증장애인과 정도가 아주 심한 장애인, 일부 중도장애인은 시설에 보내져, 그들의 문화집단이나 거주 지역에 강제로 편입되며 일반 사회와 격리된다.

대개 영재들은 장애인이 경험하는 차별과 사회적 거부와 같은 유형의 경험을 하지 않는다. 그러나 장애인들과 같이 그들도 주류사회와 격리되어 고통을 받으며, 지적 또는 정서적 자극뿐만 아니라 수용감을 제공하는 자신과 유사한 능력을 가진 사람과 교제하려고 한다. 구성원의 필수조건이 지능검사에서 높은 점수를 얻어야 하는 멘사와 같은 조직은, 일부에게 그들과 유사한 사람들과 교제하려는 분명한 욕구가 있음을 증명한다.

영재를 거부하는 것과 장애인을 거부하는 것은 다를 수 있는데, 영재에 대한 거부는 그 뿌리가 특정 장애와 관련된 낙인이라기보다 이해 부족이나 질투에서 비롯될 수 있기 때문이다.

 **뇌전증을 앓는 학생의 배치**

맥스 레어드는 중류층이 사는 교외 지역 학교의 6학년 담임교사이다. 방과 후에 레어드는 편지함 쪽지에서, 내일 학생이 등교하기 전에 교장이 특수교육 교사와 함께 그를 만나자고 한 내용을 읽었다. 미팅에서 교장 가텔라로는 전학 온 크리스 에릭슨이 다음 월요일에 레어드의 교실에 배치될 것이라고 설명한다. 레어드는 크리스가 학업성적이 평균 이상이고, 용모가 단정한

남자아이라는 정보를 전달받았다. 그러나 교장은 레어드에게 크리스가 뇌전증 환자이고, 종종 강직간대 발작(Generalized Tonic-Clonic Seizures: GTCS)을 앓는다는 것을 알려주었다. 일반적으로 발작은 의학적으로 통제할 수 있지만, 학기 중에 교실에서 발작을 일으킬 가능성도 있다. 이때 특수교육 교사인 톰이 강직간대 발작을 설명했다. 그녀는 강직간대 발작이 가장 명백하고 심각한 뇌전증 발작의 유형이라고 설명한다. 강직간대 발작은 전혀 내용을 모르는 사람에게는 혼란스럽고 무서운 것이다. 크리스가 발작 경고를 하는 것은 거의 불가능하다. 크리스가 발작을 일으키면 근육이 굳어지면서 의식을 잃고 바닥에 쓰러진다. 근육이 수축이완을 할 때 전신이 격렬하게 움직인다. 입에서 침이 나오고, 다리와 팔은 경련을 일으키며, 오줌과 똥이 나온다. 몇 분이 지나면 고통이 사라지면서, 혼란스럽고 몽롱한 상태에서 잠을 자거나 의식을 되찾을 것이다(Heward, 2006).

발작이 일어나면 어떻게 해야 하는지를 톰이 설명할 때 뇌전증 증상에 대한 설명을 듣고 깜짝 놀란 레어드는 조용히 앉아 있었다. 톰은 또한 레어드가 발작이 크리스에게 해가 없으며, 전염되지 않는다는 것을 다른 학생들에게 알려주어야 한다고 설명한다.

레어드는 크리스가 그의 교실에 배치되는 것에는 선택의 여지가 없음을 알고 있다. 그는 옳은 일을 하기로 결정하고, 할 수 있는 한 조용하게 크리스를 그의 교실에 받아들이기로 했다. 또한 그는 교실에서 발작 가능성에 적응하고 준비하는 것을 돕겠다는 결심을 했다. 레어드는 실천계획을 세우기로 했다.

토론을 위한 질문

- 레어드는 학급과 관련하여 무엇을 할 수 있는가?
- 그의 실천계획에 무엇이 포함되어야 하는가?
- 그는 크리스의 배치를 놓고 학급에서 논의해야 하는가?
- 그는 뇌전증이 무엇인지 학생들에게 설명해야 하는가?
- 그는 학생들의 부모를 만나야 하는가? 왜 그런가?
- 그는 크리스에게 무엇을 말해야 하는가? 그가 취할 수 있는 다른 행동은 무엇인가?
- 교사는 이런 상황에서 도움과 상담을 위해 누구와 접촉해야 하는가?

 세 명의 자폐아

자폐증은 가장 빠르게 증가하는 아동장애 중 하나이다. 자폐아동들은 명백한 감각장애, 중증 정서소외, 자해행위, 행동장애를 나타낸다. 세 명의 자폐아를 둔 가정을 살펴보자. 그 가족은 자폐아에게 긍정적 영향을 주는 고도로 전문화된 치료 프로그램을 찾아냈다. 그러나 그 프로그램은 세 아이에게 연간 17만 달러 이상의 치료비를 요한다. 그 가족은 치료비로 저축해둔

돈을 다 썼다. 「장애인교육법」은 장애아의 교육적 필요를 제공하도록 요구한다. 연방대법원은 학교가 장애아에 대한 기본적 교육 기회를 제공해야 하지만, 최상의 가능한 교육을 제공할 의무는 없다고 판결했다. 사립학교에 다니는 세 명의 아동들은 잘 사는 것처럼 보인다. 공립학교는 민간병원에 치료비를 지급하지 않는다.

- 이들 자폐아의 교육은 누구의 책임인가?
- 납세자는 이들 자폐아가 최상의 가능한 교육을 받게 할 책임이 있는가?
- 교육구의 특수교육 프로그램 예산은 제한되어 있다. 부모가 적법절차와 관련된 소송에서 승소하여 교육구가 자폐아에게 들어가는 치료비 17만 달러를 지원해야 하는 경우가 생긴다면, 다른 장애아에게 지원할 예산은 없을 것이다. 연방정부가 이 점에 대해 관심을 가져야 하는가?
- 「장애인교육법」에 규정한 재정 지원의 의무를 다하지 못하는 연방정부가 그렇게 해야 할 의무가 있는가?

5. 특수교육에서 불균형한 배치

최근 교육자들이 직면한 가장 큰 문제 중 하나는 특수교육 교실에 유색인 학생이 과다대표된다는 것이다. 던(Dunn, 1968)은 특수교육 대상자 중 3분의 1은 경중지적장애아 교실에 배치되며, "내 판단으로 학생 약 60~80%는 가족의 사회경제적 지위가 낮다. 이들 가족은 주로 아프리카계 미국인, 아메리칸인디언, 멕시코계, 푸에르토리코계로 표준 영어를 사용하지 않고, 이혼으로 가족이 해체되었으며, 그들이 사는 환경은 중류층에 해당하지 않는다"라고 보고했다. 던이 경중지적장애아 교실의 60~80% 학생이 유색인이라고 언급한 부분은 흔히 잘못 인용된다. 던은 이러한 특수교실 60~80% 학생에 유색인(그러나 유색인으로만 제한하지 않음)이 포함된다고 언급했다. 현재 우리가 잘 알고 있는 것처럼, 오늘날 일부 특수교육 교실은 어느 정도 문화적·언어적으로 다양한 많은 아동을 위한 쓰레기 처리장이 되었다.

아틸스와 해리(Artiles and Harry, 2004)는 특수교육 배치에서 과다대표의 문제는 비장애아가 특수교육 교실에 배치되는 것과 특수교육의 배치가 아동의 긍정적 경험(일반교육 교과과정 접근, 품질개선 프로그램 접근, 고등학교 수료증 획득)을 제한하는 것이라고 말한다. 이와 유사하게 패튼(Patton, 1998)은 특수교육에서 학생을 잘못 배치할 때의 문제는 그것이 개인에게 낙인을 찍고, 학생들이 마땅히 배울 권리가 있고 삶의 질을 고양하는 고품질의 교육에서 배제되는 것이라고 말한다.

특수교육에서 과다대표는 주요한 문제이다. 특수교육에서 과다대표가 반드시 부적절하다고 해석할 수는 없지만, 거기에는 교육 시스템이나 일반 사회의 문제가 내포된다. 어떤 경우에는 일반 학교에서 차지하는 유색인 아동의 숫자나 비율보다 실제 특수교육을 필요로 하는 유색인 아동이 더 많을 수 있다. 많은 아동이 법적으로 특수교육을 받을 자격이 되고 또 받아야 한다면, 숫자와 비율이 일치하지 않는다는 이유로 특수교육을 제공하지 않는 것은 그들에게 손해를 끼치는 것이다. 우리는 아동의 삶과 교육을 이끌어주어야 하고, 우리가 하는 잘못된 결정은 그들의 미래에 지속적인 영향을 줄 수 있다. 과다대표를 초래하는 부적절한 배치가 있다는 것은 의심의 여지가 없다.

머서(Mercer, 1973)의 연구는 던의 초기 주장을 뒷받침했다. 머서에 따르면, 캘리포니아 리버사이드의 멕시코계 미국인 학생은 학교에서 다른 학생보다 네 배가 높은 비율로 경증지적장애 학생 교실에 배치되었다. 아프리카계 미국인 학생의 경우는 세 배가 높았다. 특수교실에 배치될 가능성을 백인 학생과 비교해보면, 멕시코계 미국인 학생은 열 배, 흑인 학생은 일곱 배 더 높았다.

1968년 민권사무국(Office of Civil Rights: OCR)은 2년 주기로 특수교육 교실의 학생 배치에 대해 조사를 시작했다. 이 조사는 백인, 흑인, 아시아/태평양계 미국인, 아메리칸인디언, 라틴계 미국인 학생 등의 광범위한 인종 배경을 대상으로 이루어졌다. 실제 비율은 조사마다 제각각이지만, 한 가지 사실은 변함없다. 아프리카계 미국인 학생, 특히 남학생은 지적장애아와 중증정서장애아 교실에서 과다대표되었다. 일부 주에서는 라틴계 미국인 학생들이 경증지적장애아 교실에서 과다대표되었다. 또 변함없는 결과로 아프리카계 미국인, 아메리칸인디언, 라틴계 미국인 학생들은 영재교실에서 과소대표가 되었다.

1) 집단별 비율과 프로그램별 비율

특수교육 교실에서 유색인 학생의 배치와 관련된 자료를 보고하는 두 가지 타당한 방식은 집단별 비율(composition)과 프로그램별 비율(individual risk)이다 (Artiles et al., 2002a). 집단별 비율은 집단이 프로그램에 참여하는 비율을 알려준다. 이것은 '지적장애 교실에 배치된 아프리카계 미국인 학생의 비율은?'과 같은 질문에 '지적장애 교실에 배치된 전체 학생 중 아프리카계 미국인 학생은 32.34%를 차지한다'라는 답을 준다(U.S. Department of Education, 2004). 민권사무국은 특수교육자 등록 현황을 집단별 프로그램의 참여비율로 보고한다.

프로그램별 비율은 프로그램에 참여하는 집단의 비율을 보여준다. 이것 또한 '지적장애 교실에서 차지하는 아프리카계 미국인 학생의 비율은 몇 %인가?'라는 질문에 '전체 아프리카계 미국인 학생 2.58%가 지적장애 교실에 배치되었다'라는 답을 준다(U.S. Department of Education, 2004).

아프리카계 미국인 학생 2.58%가 지적장애 교실에 배치되었지만, 이 숫자는 작게 보일 수 있다. 그러나 지적장애아 교실에 배치된 아프리카계 미국인의 비율이 아시아/태평양계 미국인의 약 다섯 배, 백인 학생의 두 배라는 사실을 안다면 문제의식을 가질 것이다. 또한 민권사무국 자료에서 집단별 비율이 잘못 인용될 수 있지만, 아프리카계 미국인 학생의 3분의 1이 지적장애가 아니라는 사실이 중요하다. 오히려 지적장애아 교실에서 3분의 1 미만이 아프리카계 미국인이다. 이것은 독자들이 이해하는 데 매우 중요한 개념이다.

2) 기여 변수

대다수의 특수교육 학생이 신중하게 진단받고 배치될 가능성이 높지만, 교육자와 전문가들은 많은 아동이 특수교육에서 부적절하게 배치될 가능성이 높다는 우려를 제기했다. 불균형적인 특수교육 배치에 기여하는 변수는 다면적이다. 하나는 국가의 사회구조에 뿌리를 둔다는 점이다. 다른 문제(특히 중도장애 및 중증장애)는 의학적·유전적 원인과 관련될 수 있고, 치료는 교육자의 능력을 벗어날 수 있다는 점이다.

(1) 빈곤

던의 1968년 연구에 따르면, 지적장애 교실에서 가장 많은 학생은 지금까지도 여전히 빈곤계급이다. 빈곤은 많은 문제에 기여한다. 빈곤 임산부는 출산 전후뿐만 아니라 태아기에도 최적의 돌봄을 제공받지 못한다. 정부가 출연한 병원에서 활동하는 의사는 과도한 업무량 때문에, 사설 의사와 관리가 잘되는 의료시설에서 제공하는 수준의 의료 서비스를 제공할 수 없다. 빈곤 임산부와 그 자녀는 적절한 영양과 식이보조제를 섭취할 수 없다. 그들은 일을 멈추고 휴식을 취하라는 권장을 받지만, 출산 바로 전까지 일할 수밖에 없다. 예정일보다 일찍 태어난 아이(정상적으로 임신했지만, 체중이 2,500g 미만)는 인지장애와 감각장애의 위험이 있다(Drew and Hardman, 2007). 사회경제적 요인과 더 긴밀히 연계되지만, 조기 출산은 민족성과 관련된다. 나이가 어린 여성일수록 조산아, 코카인에 영향을 받은 아이, 그리고 알코올에 영향을 받은 아이를 낳을 가능성이 높다(Drew and Hardman, 2007). 10대 출산율도 빈곤층에서 불균형적으로 더 높다. 젤판트와 드루(Gelfand and Drew, 2003)는 비백인에게서 태어난 아이 51%가 합병증을 갖는 반면, 백인 상위 계급에서 태어난 아이는 5%에 불과하다고 한다.

(2) 납중독

질병통제예방센터(Erickson, 2003)에 따르면, 전국 1~5세 아동 약 43만 4,000명의 혈중 납농도가 높아졌다. 납중독은 아동에게 학습장애, 언어장애, 낮은 IQ, 신경장애, 빈혈, 청각손상, 행동장애, 지적장애, 신장병, 심장병, 뇌졸중, 혼수, 발작, 사망에 이르게 한다(Davis, 2007; Erickson, 2003).

미국에서 아동이 납에 노출되는 일차적 원인은 납이 함유된 페인트와 토양오

염으로 오염된 집 먼지이다. 납이 함유된 페인트의 잔여물질과 수십 년 동안 공장과 자동차에서 배출된 납이 토양을 오염되게 했다. 납이 함유된 페인트는 1940년대에 광범위하게 사용되었으며, 1950년대와 1960년대에 감소하다가 1978년 이후에는 주거용 사용이 금지되었다. 그러나 금지 이전에 건축된 낡은 집들은 아동에게 잠재적인 위험 요소가 된다. 질병통제예방센터에 따르면, 납중독의 가장 큰 위험에 놓인 아동은 1946년 이전 주택에서 사는 아동인데, 이러한 주택은 납의 농도가 높아 유병률이 8.6%에 달했다. 1946~1973년에 건축된 집에서 사는 아동의 유병률은 4.6%였고, 1973년 이후에 건축된 집에서 사는 아동의 경우에는 1.6%였다. 저소득층 자녀의 유병률은 16.4%로, 중간소득층 자녀 4.1%, 고소득층 자녀 0.9%와 비교된다(Davis, 2007; Meyer et al., 2003). 미국의 많은 빈곤층이 낡은 집에서 산다는 사실은 이러한 결과가 타당하다는 것을 뒷받침한다.

최근 고농도의 납이 포함된 수백만 개의 아동용 보석(팔찌, 목걸이, 반지)에 대한 리콜이 있었는데, 이 중 대다수는 외국에서 제조되었다. 부모는 특히 전국의 유명 체인점에서 이런 품목을 구입할 때 신중해야 한다. 2007년 유명 브랜드를 포함한 수백만 개의 장난감이 페인트에 함유된 고농도 납 때문에 리콜되었다. 부모와 교육자는 장난감과 교육자료, 특히 외국에서 제조된 제품을 고를 때 신중해야 한다.

(3) 과도한 의뢰

경중지적장애와 중증정서장애 교실에 배치된 학생 중에는 남학생, 아프리카계 미국인 학생, 사회경제적 지위가 낮은 학생이 많다. 특수교육에 배치되는 첫 번째 단계는 의뢰이다. 부모·의사·교육자가 의뢰할 수 있다. 교사는 대부분 초등학교 시기에 의뢰한다. 교사 중에는 여성, 백인, 중류층이 압도적으로 많다. 교육자와 문화적으로 다양한 학생 간에는 문화적 가치, 학교에서 수용될 행동, 교육적 기대와 관련하여 불일치가 있다. 이것은 장애학생에 대해 과도한 의뢰를 하고, 영재학생에 대해서는 지나치게 적은 의뢰를 초래하는 원인이 된다. 과도한 의뢰를 하는 경우 교사들에게 유색인 장애학생을 특수교육에 배치하는 경향이 과도하게 높게 나타난다. 이셀다이크 외(Ysseldyke et al., 1983)는 실제로 특수교육의 의뢰를 받은 대다수의 학생이 특수교육 프로그램에 배치된다고 암시했다.

(4) 인종 편견

로센과 오필드(Losen and Orfield, 2002)에 따르면, 사람들은 유색인에 대해 눈에 띄는 고의적인 인종차별을 하는 대신, 그들에 대한 기대를 낮추면서 눈에 띄지 않는 편협한 행동을 한다. 특히 「장애인교육법」 이전에는 유색인 학생이 열등반이나 특수교실에 자동으로 배치되었다는 말을 한두 번 들은 것이 아니다. 예컨대, 특수교실에 배치된 운동선수에 관한 이야기를 해보자. 모 고등학교장은 수년 전 풋볼경기에서 벤치생활을 하다 팀을 역전승으로 이끈 백업 쿼터백을 인정했다. 그 쿼터백은 소수민족 출신으로 학교생활 내내 지적장애인이란 낙인이 찍혀 특수교실에서 공부했다. 교장은 그가 풋볼경기의 복잡한 규칙을 이해할 수 있을 뿐만 아니라 경기에 대한 뛰어난 재능이 있음을 알고, 그에 대한 진단과 레이블링이 틀렸음을 깨달았다. 교장은 그를 특수교실에서 일반 교실로 옮기는 데 적합한 추가적 도움을 받게 했다. 그는 박사학위를 받았으며 현재 미시간 대학의 부학장이다.

학교에서 민족성과 젠더는 지적장애와 중증정서장애를 구분하는 가장 설득력 있는 변인에 속한다. 민권사무국의 조사에 따르면, 특정 장애분류에서 유색인의 지속적인 과다대표와 영재아의 과소대표가 나타났다. 우리는 이미 지적장애 교실에서 아프리카계 미국인의 과다대표에 대해 논의했다. 정서장애 학생 교실에서 아프리카계 미국인의 불균형적인 배치가 지적장애 학생의 교실 배치 정도는 아니지만, 그것은 심각한 수준이다. 전국적으로 정서장애 교실에 학생이 배치되는 비율은 0.99%인 반면, 이 교실에서 아프리카계 미국인 학생의 비율은 약 1.5%(일반 학교의 학생보다 50% 이상 높음)였다. 그러나 실제로 개별 정서장애 교실에서 아프리카계 미국인이 차지하는 비율은 28%였다(U.S. Department of Education, 2004).

(5) 평가 문제

유색인 학생에 대한 평가는 특수교육 교실 학생의 과다대표에 기여하는 변수로서, 주요 관심사이다. 1970년대 소송 중 다이애나 대 주교육위원회(Diana v. State Board of Education, 1970) 사건과 래리 대 릴레스(Larry P. v. Riles, 1979) 사건에서는 편견적인 평가 도구와 절차의 위험성이 증명되었다. 특정 문화집단을 편애하고 내용에서 차별하는 평가는 편견적이라고 여겨진다. 특수교육에서 어떤 학생은 중추신경계장애가 있고, 다른 학생은 시각장애·청각장애·정형외과 장애·언어장애가 있다. 이러한 장애학생의 특수교육 배치의 적절성에 대해서는 논란의 여지가 없다. 그러나 우리가 교육 시스템에서 진짜 공평을 달성하고자 한다면, 경중지적장애와 중증정서장애를 판단하는 범주에서 유색인의 부적절한 배치 문제가 소개되어야 한다.

(6) 설명하지 못하는 쟁점

로센과 오필드(Losen and Orfield, 2002)에 따르면, 특수교육 배치에서 라틴계 미국인과 아프리카계 미국인 학생 간 및 아프리카계 미국인 남학생과 여학생 간의 차이는 사회적 배경이나 측정능력으로는 설명될 수 없다. 라틴계 미국인과 아프리카계 미국인의 빈곤율은 수년 동안 비슷하게 유지되고 있다. 앞서 언급했듯이, 빈곤은 장애에 기여하는 변수로 작용한다. 그러나 라틴계 미국인 학생의 특수교육 배치 비율이 아프리카계 미국인 학생보다 상대적으로 낮은 이유에 대해 명백하게 설명할 수 없다. 또한 흑인 남성과 여성은 사회경제적 배경이 같은데도 왜 배치 비율에서 차이가 나는지, 그 이유를 명백하게 설명할 수 없다. 생각해볼 수 있는 한 가지 가능성은 남성과 여성이 인종적 또는 민족적 배경과 무관하게 사회화된다는 사실이다. 아마도 아프리카계 미국인 남성의 사회화된 행동은 아프리카계 미국인 여성보다 교육자의 가치와 불일치 정도가 높을 것이고, 더 부정적인 관심을 받을 것이다.

아프리카계 미국인 학생과 라틴계 미국인 학생 간에 나타난 배치 차이를 보면,

일부 라틴계 미국인 학생에게는 이중언어교육과 제2 언어로서의 영어(English as a Second Language: ESL) 프로그램을 포함하여 그들에게 주어진 더 많은 교육적 선택의 기회가 있다. 수업을 할 때 집에서 사용하는 언어와 영어를 사용하는 이중언어교육은 언어적 소수 학생의 필요를 충족하기 위해 고안되었다. 제2 언어로서의 영어 프로그램은 이러한 학생들에게 영어를 가르치기 위해 영어만을 사용한다. 이 밖에도 로센과 오필드(Losen and Orfield, 2002)는 인종·민족·젠더의 불공평이 학교 당국자에 의해 무의식적인 인종 및 계급 편견으로 작용될 수 있음을 암시한다. IQ와 기타 평가 도구에 대한 정당성 없는 의존, 표준학력검사, 그리고 소수민족 부모와 학교 관계자의 권력 격차도 기여 변수가 될 수 있다.

3) 개별 자료의 필요성

전국적인 자료는 인종집단·민족집단에 대한 경향을 보여주지만, 다양한 집단을 개별 집단별로 상세하게 구분하지 못했기 때문에 혼란을 준다. 예컨대, 아시아계·태평양계 미국인은 지속적으로 장애분류에서 과소대표가 되고, 영재반에서는 과다대표가 된다. 여기에 하와이계·사모아계·통가계와 같은 태평양계 미국인과 중국계·일본계·한국계·인도계·베트남계 미국인과 같은 아시아 집단을 포함하면 이 범주 내에서도 상당한 다양성이 존재한다. 아시아계 미국인 집단 간에도 문화 차이가 상당하며, 아시아계와 태평양계 미국인 간에는 더 큰 차이가 있다. 일본계 미국인과 통가계 미국인은 문화적으로 공통점이 거의 없다. 그러나 그들은 연방정부에 보고할 목적으로 함께 집단 분류가 되었다. 마이애미에 사는 쿠바계 미국인과 LA 동쪽에 사는 중앙아메리카 이주자 간에도 문화적 차이가 상당하지만, 하나의 집단으로 분류되었다.

주별 또는 민족집단별로 자료를 분류하면, 전국 자료와 상당한 차이가 있음을 알 수 있다. 예컨대, 하와이 주 교육국의 자료에 따르면, 하와이계 학생들은 지적장애와 같은 특수교육의 일부 범주에서 과다대표되었다. 그러나 이것은 전국 자료의 분석 결과와 다르다. 라틴계나 히스패닉계의 경우, 민권사무국의 전국 자료에서는 지적장애와 정서장애 교실에서 과소대표되었지만, 일부 주에서는 과다대표되었다. 아틸스 외(Artiles et al., 2002b)에 따르면, 라틴계 미국인이 절대적으로 많은 11개 도시의 지역교육구 6~12학년 영어학습자들은 특수교육에서 과다대표되었다.

특수교육에서 불공평은 교육의 다른 영역에서의 불공평에 대한 우려를 불러일으키고, 이들 문제가 되는 쟁점과 관계가 있음을 암시한다. 예컨대, 특수교육에서 과다대표는 중퇴, 열등반 배치, 체벌, 정학, 청소년 범죄와 같은 문제에서의 과다대표를 예고한다(Losen and Orfield, 2002).

이 문제는 수십 년 동안 지속되었으며, 쉽게 개선되지 않을 것이다. 이것은 평가 과정에서 모든 편견을 제거하고, 교사교육 교과과정을 재구축하며, 빈곤이 아동에게 끼치는 보이지 않는 영향을 제거하기 위해 전념하는 등 단합된 노력을 요구할 것이다.

> **5-4 생각해보기**
>
> 오늘날 유색인 학생의 과다대표는 특수교육자들이 직면한 큰 문제 중 하나이다. 우리에게는 이 문제를 해결할 지식과 능력이 있다.
> - 특수교육에서 유색인 학생의 과다대표 문제를 줄이기 위해 취해야 할 조치는 무엇인가?
> - 교육자와 입법가는 문제를 개선하기 위한 조치를 할 의지와 관심이 부족한가?

6. 캘리포니아 주민제안 227호와 특수교육

1998년 캘리포니아 유권자들은 주민제안 227호를 통과시켰다. 현재 캘리포니아 주법이 된 이 주민제안은 모든 언어소수자 학생이 보호시설을 갖춘 영어 몰입 프로그램에서 교육을 받게 하고, 그 기간은 1년을 넘지 못하도록 규정했다. 영어 몰입 교육은 아동의 영어 습득이 구조화되어, 모든 또는 거의 모든 수업이 영어로 진행되는 하나의 수업 과정이다. 여기에서는 한 가지 측면을 소개한다. 이중언어 교육의 해체를 목적으로 하는 주민제안은 캘리포니아의 이중언어교육 커뮤니티에서 대혼란을 일으켰다. 게다가 특수교육 학생을 가르치는 교사들은 더 큰 걱정을 했는데, 많은 사람이 제한된 영어사용자와 영어 비사용자는 모국어를 사용하지 못하게 한다고 믿었기 때문이다(Baca and Cervantes, 2004). 그들은 주민제안이 1년 후에 학생들을 일반교실로 옮기도록 요구하는 것을 우려했다. 주민제안은 주 법률이고, 애리조나와 매사추세츠에도 유사한 법률이 있다. 연방법 「장애인교육법」은 주 법률보다 항상 상위이다. 그러므로 학생의 개별화 교육 프로그램에서 이중언어교육이 요구된다면, 법률 조항대로 제공되어야 한다.

7. 교실에서의 초점

특수교사에게 주는 교육적 암시는 매우 많으며, 이 책의 각 장에서는 특수성의 유형에 대해 다룬다. 교육자들은 장애아와 영재아가 비장애아와 비영재아와 다르다기보다는 오히려 비슷하다는 점을 기억해야 한다. 그들의 기본 욕구는 모든 학생의 욕구와 같다. 에이브러햄 매슬로(Abraham Maslow)의 자기실현 이론은 대부분 학생에게 익숙하다. 매슬로(Maslow, 1954)의 욕구단계설에 의하면, 인간이 자아실현을 하거나 완전한 잠재력을 충족하기 위해서는 인간의 기본 욕구가 충족되어야 한다고 주장한다. 즉, 자아실현을 하기 위해서는 심리적 욕구, 안전 욕구, 소속 욕구, 사랑 욕구, 존경 욕구가 우선 충족되어야 한다. 비록 장애아가 이룩한 성취가 비장애아의 성취와 일치하지 않을지라도, 그들이 할 수 있는 것은 무엇이든지 잘해낼 수 있다. 교육자는 장애아의 기본 욕구가 충족되고 자아실현을 할 수 있도록 도울 수 있다.

교사들은 지속적으로 특수아의 독특한 욕구를 인식해야 한다. 특수성인은 문화집단의 일원이 되는 것을 선택할 수 있거나 사회에 의해 강제될 수도 있다. 교육자는 특수아와 상호작용을 하더라도 실제로 아동에게 일어나는 것을 바꾸지 못할 것이다. 특수성인이 특정 문화집단의 일원이라고 하더라도, 그들 또한 정규적으로 주류사회와 상호작용할 것이다. 교육자의 입장에서 아동의 욕구를 충족하기 위한 노력은 궁극적으로 특수성인과 사회의 상호작용에 영향을 줄 것이다.

신체장애아·건강장애아와 상호작용하는 교사는 이들 학생의 잠재적인 문제를 결정하기 위해 학생기록부를 신중히 확인하는 것이 유익할 것이다. 아동이 건강에 특별한 문제가 있다면, 교사는 관련 사항(앞에서 언급한 뇌전증 발작)에 대해 알아야 한다. 부모는 자세한 지침을 제공해야 하고, 양호교사는 추가적인 권장사항을 제공해야 한다. 아동이 이해할 수 있는 연령이 된다면, 그들은 가치 있는 정보원이 될 수 있다. 그들에게 고칠 것, 특별한 장비, 그리고 효과적인 수업절차를 요구해야 한다. 교사는 불확실성을 두려워해서는 안 된다. 교사는 학생들이 도움을 원하지 않을 때도 주저 없이 물어야 한다. 교사는 장애학생들을 가능한 한 정상적으로 대해야 하는데, 즉 그들을 과보호하지도, 그들이 원하는 것 이상으로 해주지도 않아야 한다. 그들 스스로 책임지게 하는 것은 그들이 개인적으로 성장을 하는 데 더 도움이 될 것이다.

많은 변수가 장애아의 학습·인지·적응에 영향을 미친다. 이것은 언어·문화·가치의 문제에 대처해야 하는 문화적·언어적으로 다양한 학습자에게 들어맞는다. 해리, 칼얀푸르와 데이(Harry, Kalyanpur and Day, 1999)는 장애학생과 일하는 전문가들이 장애학생의 고통을 이해하는 과정에서 그 내면에 들어 있는 문화적 가치에 대해 특별히 관심을 가져야 한다고 주장한다. 해리, 칼얀푸르와 데이는 전문가들이 문화적 자기인식(self-awareness)을 개발하는 것은 학생 및 가족과 효과적으로 상호작용하는 데 매우 중요하며, 또한 전문가들이 서비스와 관련하여 적절한 결정을 내리는 데 도움을 줄 것이라고 주장한다.

장애인에게 강요되었거나 보류된 다양한 경험이 부당한 제한을 초래할 수 있다. 부모와 교사는 너무도 빈번하게 시각장애아가 비시각장애아의 전형적인 일상의 경험을 이해할 능력이 없다고 가정한다. 시각장애아는 동물원에서 동물을 볼 수 없을지 모르지만, 동물의 냄새를 맡거나 소리를 들을 수 있다. 그들은 버스노선에 따른 경치를 즐길 수 없을지 모르지만, 버스가 멈추고 가는 움직임을 느끼고, 차와 사람 소리를 듣고, 승객의 냄새를 느낄 수 있다. 청각장애아는 교향악이나 풋볼경기에서 관중의 환호를 들을 수 없을 것이다. 그러나 음악회나 풋볼경기는 청각장애아가 특별한 감각적 경험을 할 가능성을 제공한다. 뇌성마비아는 비록 사회적으로 수용되는 방식으로 식기를 사용하는 것이 어렵다고 하더라도, 식당에 가는 것과 같은 경험이 필요하다.

대개 감각장애에 잘 적응된 아동은 환경에 대한 통제의 균형을 유지한다. 가족과 친구에게 완전히 의존하는 장애아는 무기력한 태도와 자아정체성의 상실감이 생길 수 있다. 불합리한 환경을 완전히 지배하고 통제하는 장애인도 간혹 적응을 잘 하지 못하고, 이기적이고 자기중심적이 될 수 있다.

무엇보다도 특수아도 똑같은 '아동'이라는 것을 기억하는 것이 매우 중요하다. 그들의 특수성은 그들의 삶에 영향을 끼치겠지만, 아동으로서 그들의 욕구에는 부차적인 요소이다. 그들은 비장애아보다 더 강한 욕구를 가졌으면 가졌지 덜하지 않다. 그러므로 그들은 비장애아와 똑같은 기본적 욕구를 가지고 있다. 친, 윈과 월터스(Chinn, Winn and Walters, 1978)는 특수아의 세 가지 욕구, 즉 커뮤니케이션, 수용, 성장할 자유를 구분하여 설명한다.

1) 커뮤니케이션 욕구

특수아는 많은 성인이 생각하는 것보다 지각력이 훨씬 더 뛰어나다. 그들은 반쪽짜리 진실 속에 숨어 있을 수도 있는 비구어적 커뮤니케이션과 숨겨진 메시지에 민감하다. 그들은 그 누구보다도 그들의 특수성 — 그것이 장애이든 영재이든 — 이 다루어지길 요구한다. 그들은 그들의 특수성이 다루어질 수 있다는 것을 알아야 한다. 그들은 적절하게 적응하고, 그들의 삶을 최대한 이용하며, 완전한 잠재력에 도달하기 위해, 특수성이 그들의 삶에 어떤 영향을 미치는지 알아야 한다. 그들은 감각으로 부드러워진 솔직하고 정직한 커뮤니케이션이 필요하다.

2) 수용 욕구

우리가 사는 사회는 특수아에게 긍정적이고 수용적인 환경을 제공하지 못한다. 심지어 교육 환경조차도 적대적이고, 수용력이 부족할 수 있다. 교사는 개방적이고 긍정적인 태도를 보여줌으로써 아동의 수용을 수월하게 할 수 있다. 학생들은 교사의 태도를 따른다. 교사가 적대적이면, 학생들은 재빨리 이 암시들을 파악할 것이다. 교사의 태도가 긍정적이면, 학생들은 장애아에게 긍정적으로 반응할 가능성이 높고, 그들을 위한 수용적인 환경을 제공할 수 있다.

1학년 제프는 청각장애로 보청기를 착용했다. 그가 보청기를 착용하고 학교에 오자 학생들은 보청기를 두고 속삭이기 시작했다. 다음 날 교사는 교실에서 일어나는 학생들의 행동을 관찰한 뒤, 제프가 '의견 발표회(show and tell)'를 준비하도록 도와주었다. 교사의 도움과 확신 덕분에 제프는 자랑스럽게 보청기를 반 친구들에게 시연했다. 시연이 끝났을 때 제프는 반 친구들의 부러움의 대상이 되었고, 보청기는 긍정적으로 수용되었다.

3) 성장할 자유

장애학생들은 수용과 이해를 요구한다. 수용은 특수아의 성장할 자유를 함축한다. 간혹 아동을 가르치는 데 시간을 내는 것보다 차라리 아동을 위한 일을 하는 것이 더 쉬운 것처럼 보인다.

9살짜리 여자아이인 사라는 시각장애와 정형외과적 장애가 있다. 그녀는 시각장애인을 위한 주립 보호학교에 들어갔다. 그녀는 금속으로 만든 다리 보호 기구를 착용했지만, 상당 부분은 목발로 이동한다. 시간과 노력을 절약하기 위해 친구나 교직원이 그녀의 집에서 교실로, 교실에서 집으로 교통편을 제공했다. 어느 날 담임교사는 이동하는 데 좀 더 독립적이어야 한다고 생각했다. 놀랍게도 교사는 사라에게 방과 후 집까지 태워주지 않고 걸어가게 하겠다고 알려주었다. 그녀는 화가 나 전체 학생 앞에서 교사를 잔인하고 가증스럽다고 비난했다. 그녀는 집까지 가는 데 30분이나 걸린다면서 교사의 냉혹한 조치를 비난했다. 며칠 후에 사라의 비난은 가라앉았고, 걸리는 시간도 줄었다. 몇 주 만에 그녀가 집으로 가는 시간은 10분이 채 걸리지 않았고, 자존감을 찾았다(Chinn et al., 1978: 36).

교사와 부모는 특수아에게 많은 양보를 하고 싶을 때가 있다. 특수아에 대해 특별대우 하는 것은 아동의 정서적 성장을 방해하고, 나중에는 대인관계에 심각한 문제를 유발할 수 있다.

지미는 사라와 같은 학교에 다니는 7살짜리 시각장애아이다. 그는 밝고 명랑한 성격에 학교 환경에도 잘 적응하기 때문에 교직원들이 가장 좋아하는 아이이다. 가을의 어느 일요일 오후, 지미는 직원을 도와 크리스마스 목판화를 만들고 있었다. 대화는 크리스마스와 지미가 선물로 갖고 싶은 트랜지스터 라디오로 옮겨졌다. 이 사건은 트랜지스터 라디오가 시장에 나오고 비싸게 팔렸던 1960년에 일어났다. 지미는 부모에게 이미 요구를 했기 때문에, 직원은 부모가 지미의 요구를 무시하지 못할 것이라고 확신했다. 놀랍게도 지미는 라디오 없이 돌아왔다. 그는 직원에게 라디오가 너무 비싸 부모가 들어줄 수 없었다고 달관한 듯이 설명했다. 몇 주 후에 지미가 생일 휴가에서 돌아왔을 때 손에 라디오를 들고 눈물을 흘리고 있었다. 그는 남동생 랄프와 학교에 가는 길에 차에서 싸웠다고 알려주었다. 둘은 엉덩이를 얻어맞았다. 직원이 지미의 부모를 만나러 갔을 때 남동생 랄프는 모욕감으로 울고 있었다(Chinn et al., 1978: 36).

지미의 아버지는 소득이 적지도 많지도 않은 노동자였다. 모든 가족에게 자녀의 장애에 적응하는 문제가 있지만, 그들은 가족 내에서 그를 동등하게 대우했다. 그는 가족의 모든 특권을 공유했고, 마찬가지로 그가 부적절한 행동을 할 때는 똑같은 벌을 받았다. 부모의 이 같은 태도는 지미가 그의 장애에 대해 완벽하게 적응하는 일차적인 요인이었다.

4) 정상화와 통합

오늘날 정상화(normalization) 개념을 실천하기 위한 많은 노력을 한다. 정상화는 '불구자 또는 다른 장애인에게, 사회의 정규적 환경과 생활양식에 최대한 근접하거나 또는 확실히 같은 생활유형과 일상생활의 조건을 만들어주는 것'을 의미한다. 미국에서는 울펜스버거(Wolfensberger, 1972)가 정상화를 확장·지지했다. 그는 뒤에 정상화 개념의 재고를 제안하고, 지적장애인에게 가치를 심어주는 "사회적 역할 설정(social role valorization)"을 소개했다(Wolfensberger, 1983, 2000). 그는 "가장 명백하고 높은 수준의 정상화는 사회적 평가절하의 위험을 무릅쓴 사람들에게 가치 있는 사회적 역할의 창조·지지·방어를 하는 것이다"라고 주장한다(Wolfensberger, 1983: 234).

드루와 하드맨(Drew and Hardman, 2007)은 정상화와 사회적 역할 설정이 장애인 보호시설에 거주하는 장애인을 가정과 커뮤니티로 되돌아가게 하는 탈시설화(deinstitutionalization)의 강조를 초래한다고 주장한다. 그들은 탈시설화가 시설에서 덜 제한적인 환경으로의 이동에 한정된 것은 아니며, 또한 더 정상적인 생활양식을 적절한 목표로 삼고 커뮤니티에서 생활하는 개인들에게 적합하다고 덧붙인다.

그들이 초창기에 도입했던 정상화의 원칙은 지적장애인을 목표 집단으로 해서 개발되었다. 최근 몇 년간 이 개념은 모든 장애인을 대상으로 확대되었다. 현재 '차별교육철폐(mainstreaming)' 개념 대신에 사용하는 '통합(inclusion)' 개념은 '정상화' 개념으로 자연적인 진화 과정을 겪고 있다. 턴불 A., 턴불 R.과 위마

이어는 통합의 개념을 "장애학생을 일반교실에 통합하여 그들이 소속감을 느끼게 하는 것"이라고 정의했다(Turnbull, Turnbull and Wehmeyer, 2007: 42). 추가해서 티거맨-파버와 라지위츠(Tiegerman-Farber and Radziewicz, 1998)는 '가장 순수한' 통합이란 장애학생들이 '전통적인' 학업 기준을 충족하기 위한 능력과 무관하게 일반교실에 통합될 권리를 갖는 것이라고 주장한다. 마스트로피에리와 스크러그스(Mastropieri and Scruggs, 2007)는 통합과 완전 통합을 구분하여, 완전 통합 상태는 장애학생과 일반교실에서의 특수 욕구를 완전히 통합하는 것이라고 주장한다. 이것은 매우 중요한 차이를 나타내는데, 완전 통합 교실에 배치된 학생은 어떤 교육도 분리된 교육 환경에서 받지 않는다.

초창기에 통합의 개념은 경증장애학생을 위해 고안되었다. 최근의 개념인 완전 통합은 중간 정도의 장애에서 중증장애에 이르는 아동에게 유사한 기회를 제공하는 것이다. 경증장애학생을 포함하는 것에 대한 저항은 과거에 비해 크지 않지만, 일부 교육자는 여전히 저항한다. 중증장애아의 통합을 반대하는 사람들은 비장애아가 장애아를 수용하지 못할 것(미리 단정해놓은)이라는 것에 초점을 둔다. 실제 일부 통합 반대자는 장애인의 위엄과 가치를 수용할 수 없거나 수용하지 않으려고 작정한 교육자들이다.

역사적으로 미국 특수교육의 목적 중 하나는 장애학생을 배치하는 것이다. 이 서비스에는 기숙학교 및 특수학교와 같은 제한적 배치에서 일반 교실로의 완전 통합과 같은 최소 제한 환경이 포함된다.

「장애인교육법」은 통합을 요구하지 않는다. 이 법률은 장애학생에게 최소 제한 환경(Least Restrictive Environment: LRE)을 요구한다. 이것은 특수교육에서 상당한 논란거리를 제공한다. 논란은 특수교육 자체 내에서 뜨거운데, 교육자들이 최소 제한 환경에 대해 의견이 완전히 일치하지 않기 때문이다. 최소 제한 환경이란 '장애아는 가능할 때 언제나 가능한 한 평범한 환경에서 비장애아와 함께 교육받아야 한다'는 것이다. 특수교육자 중에 통합을 반대하는 사람은 거의 없다. 그러나 의견불일치의 초점은 완전 통합이 장애 유형이나 정도와 무관하게 모든 아동에게 적합한지에 대한 것이다.

일부 그리고 완전 통합을 지지하는 많은 사람에게 쟁점은 장애학생을 일반교실에 배치할 때의 효과에 대한 문제가 아니다. 오히려 이것은 도덕적·윤리적 문제이다. 통합의 개념을 반대하는 사람들은 대부분 분리주의자들이 50여 년 전에 사용했던 것과 같은 주장을 되풀이한다. 오늘날 대부분 미국인은 인종 또는 민족성에 기초하여 학교에서 아동들을 분리하는 것을 부도덕하다고 생각한다. 우리는 이것이 도덕적·윤리적으로 잘못되었다는 것에 동의할 수 있다. 완전 통합을 지지하는 사람들은 장애에 따라 아동들을 분리하는 것을 혐오스럽다고 생각한다.

현실적으로 적절한 자원과 지원이 가능하다면, 다는 아니지만 대부분 장애아는 일반교실에서 수업을 받을 수 있다. 이것은 일차적인 문제를 제공한다. 특수교육의 자원부족 현상은 흔히 일어나는 일이다. 특수교육과 관련된 유자격 인력(학교 심리학자)을 적절하게 공급하는 것은 어렵다. 일반 교육자들은 통합에 따른 많은 문제점을 걱정한다. 그들이 우려하는 주요한 사항은 다음 다섯 가지이다.

- 특수교육 학생이 다른 학생의 정상적인 관심에서 벗어나는 것
- 비장애학생이 장애학생을 수용하는 것
- 교육자가 장애학생을 수용할 적절한 훈련을 제공받지 못하면, 장애학생에게 적절한 교육을 할 수 없다는 것
- 어린 학생과 중증장애학생이 더 큰 관심을 요구한다는 것
- 교실 인력과 자원에 대한 지원 약속을 지키지 못한다는 것

실용주의자들은 모든 아동을 위한 성공적인 완전 통합을 하는 데 필요한 예산이 충분하지 않다고 주장할 것이다. 법원은 '우리에게 적절한 자원이 없기 때문에 그것을 하지 않는다'는 주장을 수용하지 않을 것이다. 법원은 특정 프로그램이나 서비스가 학생들의 최상의 관심사에서가 아니라, 명백하게 지원되고 문

서화되어야 한다는 주장을 수용할 것이다. 그러나 완전 통합이 보장되려면, 법원은 학교에 '자원을 마련하여 그것을 시행하라'라고 명령할 것이다(법원은 지속적으로 그렇게 했다).

완전 통합을 반대하는 사람들은 일부 장애아가 그들 자신과 다른 학생에게 분열적이고 위험하여 일반교육을 받을 수 없다고 주장했다. 완전 통합을 지지하는 사람들은 적절한 자원이 지원되면, 학생들은 분열적이고 위험한 행동을 멈추도록 배울 수 있다고 주장했다. 턴불과 동료들은 전국의 학교에서 광범위하게 통합이 진전되고 있음을 시사했다. 1984~1985학년도 이전에는 장애학생 약 4분의 1이 일반교실에서 상당 시간을 보냈지만, 1998~1999학년도에는 거의 절반의 장애학생이 대부분의 학교생활을 일반교실에서 보냈다. 제기된 문제에서 도출해낼 수 있는 몇 가지 일반적인 결론이 있다.

- 연방의회가 「장애인교육법」 시행을 위한 자금 조달을 완전히 이행하지 못하는 한, 교육구는 지속적으로 특수교육에 적절한 자원을 제공하기 어렵다.
- 정당한 사유 없이 장애학생을 일반교실에서 분리하는 것은 도덕적·윤리적으로 잘못되었다.
- 통합과 완전 통합에 대한 논쟁은 계속되고, 가까운 시일 내에 완전히 해결될 것 같지 않다.

교육자로서 장애학생과 50여 년 전 브라운 사건에서 논의된 쟁점(분리하지만 평등하다)과 관련된 현재의 논쟁에 존재하는 유사점과 차이점을 아는 것은 중요하다. 두 가지 상황은 유사하지만, 집단은 다르다. 교육자가 열린 마음으로 자신을 교육하는 것은 중요하다.

법률적 명령은 특수교육이나 특수교실을 없애지는 못하지만, 새로운 철학적 시각을 제공한다. 장애인을 물리적으로 분리하는 대신 장애학생을 학교 환경에서 더 적절한 장소에 배치하려는 많은 노력이 전개되었다. 아직도 많은 장애아가 포괄적으로 볼 때 뚜렷하게 혜택을 받지 못하고 있지만, 특별한 환경에서 더 나은 교육을 받을 수 있을 것이다. 장애학생에 대한 태도가 법률의 취지와 더 일치한다면, 장애인들은 통합의 일부가 될 것인지, 그들의 문화집단에 격리될 것인지를 결정하는 데 더 많은 선택권을 행사할 수 있을 것이다.

 **모든 장애아를 위한 완전 통합을 실현할 수 있는가?**

「장애인교육법」은 최소 제한 환경에서 장애학생의 배치를 요구하는 연방법이다. 이것은 장애학생이 가능한 한 일반교육 환경이나 이것에 근접한 환경에 배치되어야 한다는 것을 의미한다. 장애아에게 최소 제한 환경이란 무엇인가? 모든 장애아를 일반교육 환경에 배치할 수 있는가? 이렇게 하기 위한 현실적으로 적절한 자원이 있는가? 이것을 실행하기 위한 기술과 의지가 있는가?

〈찬성〉
- 장애아의 완전 통합은 도덕적·윤리적 문제이다. 유색인이라는 이유로 아동을 차별하는 것이 비도덕적이듯이 장애라는 이유로 아동을 분리하는 것도 비도덕적이다.
- 모든 아동에게 적합한 최소 제한 환경은 일반교육 교실이다. 우리는 포괄적인 일반교육 교실에서 모든 아동에게 질 높은 교육을 할 수 있는 노하우가 있다.
- 적절한 예산이 없는 것은 장애아의 책임이 아니다. 자원이 없다면, 그것을 확보할 방법을 찾아야 한다.

〈반대〉
- 완전 통합은 일부 장애학생에게는 효과적이겠지만, 완전 통합을 장애와 장애의 정도에 상관없이 모든 학생에게 적용하는 것은 말이 되지 않는다.
- 일부 장애학생은 일반교육에서 요구하는 성숙도, 인지능력, 사회적 기술, 적절한 행동 등의 요건을 갖추지 못했다.
- 연방정부가 「장애인교육법」 자금 조달을 완전히 이행할 때까지, 모든 장애아의 완전 통합을 성공적으로 이행할 적절한 자원을 확보할 수 없을 것이다.
- 게다가 예산확보가 이루어지더라도, 모든 아동의 성공적인 완전 통합에 필요한 서비스를 제공할 전문인력이 충분히 준비되어 있지 않다.

〈질문〉
- 일반교육에 배치되어서는 안 된다고 생각하는 학생이 있는가?

- 연방정부가 모든 아동의 특수교육을 명령하고 예산 40%를 조달하려고 노력하지만 완전한 자금 조달 약속을 어긴다면, 교육구는 「장애인교육법」을 완전하게 이행해야 할 의무가 있는가?
- 장애아를 일반교육에 완전 통합하지 않는 것은 도덕적·윤리적으로 인종 때문에 아동을 분리하는 것과 비교되는가?

자료: Special Education Inclusion(비디오), Wisconsin Education Association Council, www.weac.org/resource/june96/speced.htm에서 검색.

5-5 생각해보기

장애학생들은 간혹 통제할 수 없다는 이유로 분리 환경에 강제로 배치된다. 예컨대, 케빈은 애팔래치아 산기슭에서 가족과 함께 산다. 그는 시각장애인으로 여행을 할 수 없다. 학교버스 정류장에 가려면 산에서 4분의 3마일을 내려가야 한다. 케빈은 이동기술이 좋고, 날씨가 좋으면 정류장에 가고 집으로 오는 걸 잘한다. 학교는 그를 위해 적절한 특수교육과 일반교육을 제공할 수 있다. 그러나 겨울에 눈이 땅을 덮어버리자, 케빈은 지팡이에 의존하며 다닐 수가 없었다. 그를 집에서 정류장으로, 정류장에서 집으로 데려다줄 사람도 없다. 그래서 그는 겨울에 학교에 가지 못했다. 그의 욕구를 뚜렷하게 충족할 수 있는 유일한 학교는 거주보호시설을 제공하는 주립 시각장애학교이다. 그러나 주가 세운 기숙학교는 장애학생에게 가장 극단적인 격리 환경이다.

- 케빈은 비장애학생들과 부적절하게 분리되었는가? 부도덕적인가? 비윤리적인가?
- 장애학생의 완전 통합 문제는 유색인 학생이 통합교실로 통합되는 문제와 유사한가?
- 교육자들이 장애학생을 위한 완전히 연속적인 서비스, 즉 일부 장애학생에게는 통합을, 다른 장애학생에게는 분리 교실을, 심지어는 보호시설을 허용한다고 말할 때, 이것이 학생을 교육하는 도덕적·윤리적 방법인가? 이것은 교육자들이 일부 장애학생을 차별하는 것에 대한 변명이 되는가?

8. 요약

특수교육 프로그램에서 소수민족집단 출신의 학생, 남학생, 저소득층 학생의 불균형적인 배치와 관련된 우려는 장기적인 교육 문제로 부각되었다. 부각된 이 문제들은 다수 집단과 소수 집단에 장애학생, 중증정서장애 학생, 그 외 장애

학생들이 있다는 사실을 부인하려는 것이 아니다. 오히려 이 문제들은 빈곤과 관련된 문제만이 아니고, 의뢰와 평가 문제에 대한 관심을 불러일으켰다.

장애인들은 종종 귀속적으로 또는 개인의 선택으로 장애인 문화집단의 일원이 된다. 그들은 장애를 선택하는 것이 아니다. 그래서 그들의 상황은 신체적·사회적·정신적으로 정상이라고 지각하는 사람들의 세계로 완전히 수용되거나 통합될 수 없다. 장애인이 환경에 적응하는 정도는 부분적으로 교육자들이 인식하고, 대우하고, 수용하는 방식에 따라 다르게 나타난다. 결론적으로 교사와 교육자는 그들이 생각하는 것보다 훨씬 더 큰 영향을 장애아에게 미칠 수 있다.

「모든 장애아를 위한 교육법」, 「장애인교육법」(「공법 101-476」), 1973년 「직업재활법수정안」 조항 504(「공법 93-112」), 「미국장애인법」 등은 모든 특수아에게 적절한 무상 공교육권과 장애라는 이유로 차별받지 않을 자유를 보장한다. 수천 명의 장애아가 일반교실에서 포괄적인 교육을 받고 있지만, 다른 많은 장애아는 편견·선입관, 이해 부족 때문에 배제되었다. 이런 법률적 강제에도, 미국에서 평등은 수백만 명의 장애아에게는 아직도 먼 이야기이다. 연방정부가 「장애인교육법」에 필요한 자금 조달을 완전히 이행할 때까지, 그리고 이행하지 못한다 해도, 완전 통합의 개념은 교육자에게 지속적인 문제가 되고 논란이 될 것이다.

무감각·무관심·편견이 장애인의 문제에 기여한다. 일부 장애인은 편견, 공공시설의 수용, 그리고 그들의 욕구에 부합하고자 하는 기여 때문에, 그들이 거주하면서 서로 사회화하는 문화집단과 거주 지역을 형성한다. 법률이 장애인에 대한 서비스를 강제할 수는 있지만, 시간과 노력만이 대중의 태도를 바꿀 수 있다.

교육자를 위한 실무

1. 토론을 위한 질문

1. 장애아에게 레이블링을 반대하는 이유는 무엇인가?
2. 브라운 판결이 특수교육에서 중요한 이유는?
3. 「모든 장애아를 위한 교육법」, 「장애인교육법」, 조항 504, 「미국장애인법」의 주요 시사점은?
4. 장애인은 어떻게 특수문화집단의 일원이 되는가?
5. 특수교실 배치에서 집단별 비율과 프로그램별 비율의 차이점을 설명하시오.
6. 특수교실에서 유색인의 과다대표에 기여하는 몇 가지 변수는 무엇인가?
7. 캘리포니아 주민제안 227호가 장애학생에게 주는 시사점은?
8. 특수아의 욕구는 무엇인가?
9. 정상화와 사회적 역할 설정의 개념을 설명하시오.
10. 장애아에게 완전 통합을 제공할 때의 문제점은?

2. 포트폴리오 활동

1. 장애인의 접근을 결정하기 위해 학교의 모든 건물을 점검하시오. 다음을 확인하시오(INTASC 기준 3, 10).
   ① 건물에 이르는 도로경계석은 휠체어 접근을 허용하는가?
   ② 건물 입구는 휠체어가 접근할 수 있는가? 경사로인가?
   ③ 화장실은 휠체어를 타고 접근할 수 있도록 더 넓은 공간을 갖췄는가?
   ④ 장애학생은 건물의 다른 층에 어떻게 접근하는가?
   ⑤ 적절한 위치에 점자가 있는가?
2. 시각장애인이 접근할 수 있는지를 결정하기 위해 학교를 점검하시오. 학교에 시각장애인에게 위험한 요소(땅에 파인 구멍, 얼굴 높이에 부착된 금속표지판)가 있는지를 확인하시오(INTASC 기준 3, 10).
3. 당신이 일하거나 실습하는 학교에서 유색인 학생의 비율을 점검하시오. 같은 학교에서 특수교실에 배치된 유색인 학생의 비율을 파악하고, 과다대표가 어느 정도인지 파악하시오. 이 정보는 당신이 자유자재로 사용하고, 가능하면 대학 강의실에서 토론 자료로 사용하시오. 교육실습생이라면, 학교행정에서 과다대표의 쟁점을 만드는 것이 최상의 관심사가 아닐 수 있을 것이다(INTASC 기준 3, 10).

3. 교사 자격시험 준비

카일 스미스는 중학교 신임교사이다. 그는 세 명의 장애아를 배정받았다. 한 명은 경중지적장애아이고, 두 명은 학습장애의 진단을 받았다.

스미스는 장애학생은 물론이고 그 부모에게도 구체적인 권리를 보장하는 주법과 연방법이 있다는 것을 잘 알고 있다. 그는 이 법률들을 신중하게 따르길 원한다. 모든 교사가 알고 있어야 할 몇 가지의 법률과 사실들이 있다.

단답형 질문

1) 「공법 93-112」의 조항 504는 무엇이고, 교육자들과 어떻게 관련되는가?
2) 「공법 94-112」의 기본 요구 조건은 무엇인가?
3) 「미국장애인법」은 무엇인가?

권장도서

Drew, C. J. and M. L. Hardman. 2007. *Intellectual disabilities across the lifespan*(9th ed.). Upper Saddle River, NJ: Pearson Education, Inc.
　이 책은 지적장애아의 발달 단계를 탁월하게 다루었다. 이 책은 지적장애아에 대한 민감한 시각과 그것이 가족에게 미치는 영향을 포함한다. 이 책에서는 지적장애아의 조기 치료를 검토한다. 또한 하나의 장을 할애하여 지적장애아와 관련된 입법 및 법률 쟁점을 다룬다.

Heward, W. L. 2006. *Exceptional Children*(8th ed.). Upper Saddle River, NJ: Pearson Education, Inc.
　이 책은 다양한 장애 조건뿐만 아니라, 영재에 대한 기본 이해를 제공하는 데 좋은 모든 특수아에 대한 개괄적인 내용을 담고 있다. 이 책에서는 하나의 장을 할애하여 문화적으로 다양한 영재학생에 대해 다룬다.

Losen, D. J. and G. Orfield. 2002. *Racial inequality in special education*. Cambridge, MA: Harvard University Press.
　이 책은 특수교육반에서 유색인 학생(특히, 아프리카계)에 대한 과도한 의뢰, 과도한 신분 확인, 과다 대표의 문제를 이해하는 데 도움을 준다. 편견·차별·빈곤·평가 문제를 포함하는 문제들에 기여하는 변인에 대한 완벽한 해결책이 제시된다.

Turnbull, R., A. Turnbull, M. L. Wehmeyer. *Exceptional lives: Special education in today's schools*(5th ed.). Upper Saddle River, NJ: Pearson Education, Inc.
　이 책은 통합에 대한 매우 훌륭한 해결책을 포함하며, 특수아에 대한 탁월한 입문서이다.

Yell, M. L. 2006. *The Law and Special education*(2nd ed.). Upper Saddle River, NJ: Pearson Education, Inc.
　이 책은 특수교육에 대한 소송과 입법에 대한 탁월한 개요를 제공한다. 이 책은 소송이 어떻게 발전되고, 소송이 어떻게 입법에 영향을 주는가에 대한 통찰을 제공할 뿐만 아니라 법률용어에 대한 설명도 곁들인다.

참고문헌

Americans with Disabilities Act of 1990, 42 U.S.C. 12101 et seq. (P.L. 101-336).

Apling, R. N. 2005. *Individuals with Disabilities Education Act(IDEA): Current funding trends*. Washington, D.C.: CRS Report to Congress, shelby.senate.gov/legislation/IDEA. pdf

Artiles, A. J. and B. Harry. 2004. *Addressing culturally and linguistically diverse student overrepresentation in special education: Guidelines for parents*. Denver, CO: National Center for Culturally Responsive Educational Systems.

Artiles, A. J. et al. 2002a. Over-identification of students of color in special education: A critical overview. *Multicultural Perspectives*(4), 1, 3-10.

Artiles, A. J. et al. 2002b. English-language learner representation in special education in California urban school districts. In D. J. Losen and G. Orfield(eds.), *Racial inequality in special education*. Cambridge, MA: Harvard Education Press.

Baca, I. M. and H. Cervantes. 2004. *The bilingual special education interface*(4th ed.). Upper Saddle River, NJ: Merrill/Prentice Hall.

Board of Education of the Hendrick Hudson School District v. Rowley, 458 U.S. 176(1982).

Brown v. Board of Education of Topeka, 347 U.S. 483, 74 S.Ct. 686, 91, L.Ed. 873(1954).

Centers for Disease Control and Prevention. 2005. *Disability and health in 2005: Promoting the health and well-being of people with disabilities*. Washington, D.C.: U.S. Department of Health and Human Services, www.cdc.gov/ncbddd/factsheets/Disability_Health_AtAG lance.pdf

Chinn, P. C. 2004. Brown's far reaching impact. *Multicultural Perspectives*, 6(4), 9-11.

Chinn, P. C., J. Winn and R. H. Walters. 1978. *Two way talking with parents of exceptional children: A process of positive communication*. St. Louis: Mosby.

Davis, T. 2007(February 4). Lead poisoning in kids a persistent problem. AZ Daily Star (Tucson, AZ), P. NA.

Dianna v. State Board of Education, Civil Action No.C-7037RFP (N.D. Cal. Jan. 7, 1970 and June 18, 1973).

Drew, C. J. and M. L. Hardman. 2007. *Intellectual disabilities across the lifespan*(9th ed.). Upper Saddle River, NJ: Pearson Education.

Dunn, L. 1968. Special education for the mildly retarded: Is much of it justifiable? *Exceptional Children*, 7, 5-24.

Edgerton, R. B. 1967. *The cloak of competence*. Berkeley: The University of California Press.

Education for All Handicapped Children's Act of 1975, 20 U.S.C. 1401 et seq. (P.L. 94-142).

Erickson, S. 2003(April 17). Florida officials reach out to save children from lead poisoning. *Orlando Sentinel*, FL, pITEM03207051.

Gelfand, D. M. and C. J. Drew. 2003. *Understanding child behavior disorders*(4th ed.). Ft. Worth, TX: Harcourt Brace.

Harry, B., M. Kalyanpur and M. Day. 1999. *Building cultural reciprocity with families: Case studies in special education.* Baltimore: Paul H. Brookes.

Heward, W. L. 2006. *Exceptional children*(8th ed.). Upper Saddle River, NJ: Merrill/Prentice Hall.

IDEA Funding Coalition. 2003. *IDEA funding: Time for a new approach.* Mandatory Funding proposal, March 2003. (www.aasa.org/government_relations/idea/Mandatory_2003_Prop osal.pdf 2004년 8월 2일 검색).

Individuals with Disabilities Education Act of 1990, P.L. 101-476, 20 U.S.C. 1400 et seq. (1990).

Individuals with Disabilities Education Act Amendments of 1997, P. L. 195-17, 20 U.S.C. 1400 et seq. (1997).

Individuals with Disabilities Education Improvement Act of 2004, P.L. 108-446, 601 et seq., 118 Stat. 2647(2005).

Irving Independent School District v. Tatro, 468 U.S. 883(1984).

Larry P. v. Riles, C-71-2270, FRP. Dis. Ct. (1979).

Losen, D. J. and G. Orfield. 2002. *Racial inequality in special education.* Cambridge, MA: Harvard Education Press.

Maslow, A. 1954. Motivation and personality. New York: Harper.

Mastropieri, M. A. and, T. E. Scruggs. 2007. *The inclusive classroom: Strategies for effective instruction* (3rd ed.). Upper Saddle River, NJ: Pearson Education.

Mercer, J. 1973. *Labeling the mentally retarded.* Los Angeles: University of California Press.

Meyer, P. A., T. Privetz, T. A. Dignam, D. M. Homa, J. Schoonover and D. Brody. 2003. Surveillance for elevated blood lead levels among children-United States, 1997~2001. *Morbidity and Mortality Weekly Report*, September 12, 2003/52 (SS10), 1-21. Atlanta, GA: Centers for Disease Control and Prevention.

Mills v. Board of Education, 348 F. Supp. 866 (D.D.C 1972).

Murdick, N., B. Gartin and T. Crabtree. 2002. *Special education law.* Upper Saddle River, NJ: Merrill/Prentice Hall.

National Center for Education Statistics. 2005. *Digest of Education Statistics*, 2005, www.nces.ed.gov/programs/digest/d05/tables/dt05_053.asp

Nirje, B. 1985. The basis and logic of the normalization principle. *Australia and New Zealand Journal of Development Disabilities*, 11, 65-68.

Patton, J. M. (1998). The disproportionate representation of African American in special education: Looking behind the curtain for understanding and solutions. *The Journal of Special Education*, 32(1), 25-31.

Pennsylvania Association for Retarded Citizens v. Commonwealth of Pennsylvania, 343 F. Supp. 279(E.D. Pa. 1972).

Plessy v. Ferguson, 163 U.S. 537(1896). U.S. Supreme Court, caselaw.1p.findlaw.com/scripts/

printer_friendly.pl?page=us/163/537.html

President's Committee on Mental Retardation. 1969. *The Six-hour retarded child.* Washington. D.C.: U.S. Department of Health, Education and Welfare.

Rehabilitation Act of 1973, Section 504, 29 U.S.C. 794.

Tiegerman-Farber, E. and C. Radziewicz. 1998. *Collaborative decision making: The pathway to inclusion.* Upper Saddle River, NJ: Merrill/Prentice Hall.

Turnbull, R., A. Trunbull and M. L. Wehmeyer. 2007. *Exceptional lives*(5th ed.). Upper Saddle River, NJ: Pearson Education.

U.S. Department of Education. 2004. *2004 civil rights and collection: Projected values for the nation.* Washington, D.C.: vistademo.beyond2020.com/ocr2004rv30/xls/nation-projection.xls

Weishaar, M. K. 2007. *Case studies in special education law.* Upper Saddle River, NJ: Pearson Education.

Wolfensberger, W. 1972. *Normalization: The Principle of normalization in human services.* Toronto: National Institute on Mental Retardation.

Wolfensberger, W. 1983. Social role valorization: Proposed new form for the principle of normalization. *Mental Retardation*, 21(6), 234-239.

Wolfensberger, W. 2000. A brief overview of social role valorization. *Mental Retardation*, 38(2), 105-123.

Yell, M. L. 2006. *The law and special education.* Upper Saddle River, NJ: Merrill/Prentice Hall.

Ysseldyke, J. E., M. Thurlow, J. Graden, C. Wesson, B. Algozzine and S. Deno. 1983. Generalizations from five years of research on assessment and decision-making: The University of Minnesota Institute. *Exceptional Education Quarterly*, 4, 75-93.

제6장

언어

다른 사람의 언어를 모욕하거나
표준어가 더 좋은 시스템이라고 가정하는 것은
다른 아동과 사람의 문화를 모욕하는 것이며,
언어와 관련하여 무지함을 드러낸다.

Joan Baratz, 1968

시나리오 scenario

하와이 호놀룰루 카후마누 초등학교 유치원 교사인 테레사 로버츠는 새 반 아이들의 환영과 자기소개를 마쳤다. 그녀가 칠판에 그녀의 이름과 학교의 이름을 쓰고 있을 때 누군가 뒤에서 치마를 잡고 들릴 듯 말 듯한 말을 했다. "Teacha, I like go pee." 로버츠는 뒤로 돌아서 노헤아 케알로하의 애원하는 듯한 얼굴을 보았다. "무엇이라 말했니?" 로버츠는 역겹다는 듯이 말했다. 노헤아는 조금 큰 목소리로 반복해서 말했다. "I like go pee." 반 아이들이 낄낄거리기 시작했다. 로버츠는 "네가 제대로 된 영어를 사용할 때까지는 어디에도 갈 수 없다. 지금 정확하게 말해보거라"라고 소리쳤다. 노헤아는 애원했다. "I no can." 로버츠는 "그러면 제대로 말할 때까지 그곳에 서 있어야 한다"라고 명령했다. 반 아이들이 계속 낄낄거리고 노헤아는 명령대로 그 자리에 서 있었다. 로버츠는 수업을 계속해나갔다. 몇 분 후 교실은 웃음바다가 되어버렸다. 로버츠가 노헤아를 보니 바닥에 오줌을 누면서 울고 있었다.

생각해보기

- 교사는 학생에게 표준 영어를 기대하고 요구할 권리가 있는가?
- 학생이 표준 영어를 말하는 것은 얼마나 중요한가?
- 학생이 비표준 영어를 사용하여 다른 사람이 이해할 정도로 충분히 커뮤니케이션 할 수 있는데도, 교육자들은 비표준 영어 용법에 관해 왜 걱정하는가?

1. 언어와 문화

시나리오에서 언급한 사건은 수년 전 하와이의 어떤 학교에서 일어났다. 노헤아(가명)는 이 사건이 그녀의 인생에서 가장 고통스럽고 모욕적인 것 중 하나였다고 설명했다. 그녀가 학교에 들어갔을 때는 오로지 피진영어(pidgin English, 하와이인·중국인·일본인 등이 사용하는 혼합영어)만을 말할 수 있었다. 교사는 아이가 무엇을 말하려고 하는지 즉각 알아차렸다. 그러나 교사의 무감각은 여자아이, 지금은 성인이 된 그녀에게 지속적인 정서적 상처가 되었다. 불행하게도 교사의 무감각으로 빚어진 이런 유형의 사건은 흔히 일어난다. 뉴멕시코 주 동남부에 사는 사람들은 처음 학교에 들어간, 영어를 말하지 못하는 라틴계 미국인 학생과 관련된 유사한 사건들을 설명했다.

언어는 집단 구성원이 서로 커뮤니케이션하는 발성음과 비언어적 시스템의 하나이다. 언어는 개인의 정체성·자각, 지적·심리적 성장의 발달에서 매우 중요한 도구이다(Jay, 2003). 언어는 인간의 행동을 인간답게 만든다. 언어는 분노를 일게 하고, 사랑을 유혹하고, 용기를 고무하고, 공포를 불러일으킨다. 언어는 사람의 집단을 함께 묶는다. 언어와 방언은 문화적 정체성의 초점 역할을 한다. 같은 언어 또는 방언을 공유하는 사람들은 종종 같은 느낌·신념·행동을 공유한다. 언어는 언어적 유산과 공동 유산이 같은 개인에게 공동의 유대를 제공한다.

메이어호프(Meyerhoff, 2006)는 언어가 국가의 정체감을 제공하는 데 핵심적인 역할을 수행할 수 있다고 말한다. 또한 언어는 한 집단이 다른 집단을 고정관념화하는 수단이 될 수 있다. 언어와 억양은 대개 바뀔 수 있는 반면, 인종적·신체적 외양은 바뀔 수 없다. 개인은 자신의 언어 방식이나 언어 자체의 변화를 통해 다른 사람이 자신에 대해 갖는 이미지를 바꿀 수 있다(Dicker, 2003).

대부분 학생은 표준 영어를 사용하는 학교에 들어간다. 그러나 일부 학생은 영어를 말하지 않는 학교에 들어간다. 일부는 이중언어를 사용하고, 일부는 비표준 방언(같은 언어이지만 표준이라고 생각되지 않는 다른 방언으로, 예를 들면 흑인영어가 있다)을 사용한다. 일부 청각장애 학생은 커뮤니케이션을 하기 위해 수화를 사용한다. 상황은 학교마다 다르며, 학교가 바뀌면 사용되는 언어와 방언(대개 지역이나 사회계급에 의해 결정되는 언어의 변형)도 바뀐다. 그러나 이런 상황은 다문화적 유산의 결과로 나타나며, 미국의 다언어적 본질을 암시한다. 일부 학생은 방언만이 아니고 한두 개 이상의 언어를 말하기 때문에, 그들은 또 다른 문화집단의 일원이다. 물론 모든 아프리카계 미국인 아동이 흑인영어(Ebonics, 대다수의 흑인 미국인의 고유한 토착어나 방언)를 말하거나, 모든 라틴계 미국인 아동이 스페인어를 말하지는 않는다. 대부분 문화 내에서 구성원들의 언어나 방언의 사용은 매우 다르게 나타난다.

유럽 중심주의와 유럽 중심적 교과과정은 문화·역사·경제·가치·생활양식·세계관 등과 관련하여 유럽인과 유럽계 미국인을 세계의 중심에 놓는다(Nieto, 2004; Smith, 2007). 미국 역사에는 강한 유럽 중심적 뿌리가 있기 때문에, 유럽 언어와 억양은 비유럽 국가의 언어와 억양보다 우월한 위치이다. 프랑스어와 독일어는 사회 일각에서 더 학술적이고, 더 정교하며, 더 권위가 있는 것으로 여겨질 수 있다. 이들 언어를 배경으로 하는 아동들은 제3세계 국가의 이주민 아동보다 훨씬 더 좋은 대우를 받을 수 있다. 미국 사회와 교육자들은 이중언어 또는 제한된 영어를 사용하는 학생들이 빈곤층이라면, 그들을 낙인찍을 수 있다. 그들은 이런 학생들을 사회경제적 지위가 낮고 교육적으로 위험한 사람으로 생각할 수 있다. 교사들은 흔히 이주민과 언어적 소수자 중 일부 학생이 대학에 진학하려고 할 때 의욕을 꺾는다.

일부 교육자는 두 개 이상의 언어 사용에 가치를 두고 그 사용을 촉진하기보다, 학생들이 모국어를 영어로 대체할 것을 기대한다. 그러나 그렇게 할 때 학생들은 그 과정에서 불행하게도 모국어를 잃어버린다. 영어전용 정책과 관행을 실행하는 운동은 이주민 학생의 모국어를 더 모욕할 수 있다.

제한된 영어를 사용하는 개인들은 빈번하게 영어 외의 다른 언어에 대한 제한된 수용의 결과로서 구조적 차별을 겪는다. 애드거, 볼프람과 크리스천(Adger, Wolfram and Christian, 2007)은 이 집단의 학생들이 반드시 불리한 집단으로 분류되지 않을지라도, 빈번하게 학교 실패의 큰 위험에 빠진다고 주장한다. 가르시아(Garcia, 1999)는 학생의 문화와 모국어가 무시되거나 폄하된다면, 학생의 인지 발달에 역효과를 줄 것이라고 말한다.

1) 사회화 매개로서의 언어

언어는 커뮤니케이션 수단 그 이상이다. 언어는 아동을 그들의 언어적·문화적 커뮤니티 속으로 사회화해 한 커뮤니티와 다른 커뮤니티를 구분하는 유형을 개발하는 데 사용된다. 따라서 언어와 문화의 상호작용은 복잡하지만, 아동을 수용할 만한 문화유형으로 사회화시키는 데 핵심이 된다. 언어 개발과 관련된 많은 이론이 있지만, 언어가 정확하게 어떻게 습득되는가는 완전히 이해되지 않는다. 거의 모든 아동은 한두 개 이상의 모국어를 배울 능력이 있다. 아동은 부분적으로 그들보다 나이가 많은 사람을 모방함으로써 서서히 배운다. 그들은 거의 본능적으로 상황에 적합한 단어·반응·몸짓을 선택하는 것을 배운다. 다섯 살이 되면 아동은 모국어의 구문을 배우고, 다른 환경에서 사용되는 단어는 다른 것을 의미한다는 것을 안다. 이런 기술은 학교의 요구 조건과 크게 다르게 나타나지만, 이것은 아동이 그들의 커뮤니티에서 독특한 언어 기술을 개발한다는 것을 암시한다(Adger, Wolfram and Christian, 2007). 일찍부터 아동에게 청각장애가 있다면, 아동은 모국어 단어를 발음하거나 수화를 자연스럽게 하기 위해 필요한 까다로운 근육의 조절을 습득한다. 아동이 점점 성장하면서 외국어를 연마하는 데 필요한, 새롭고 익숙하지 않은 방식으로 발성 근육을 움직이는 것은 점점 더 어려워진다. 이것은 사람들이 새로운 언어를 배우는 것을 어렵게 하고, 그들이 태어날 때의 언어를 유지하도록 고무한다.

모국어 사용자는 무의식적으로 언어 커뮤니티의 규칙과 관습을 알고 준수한다. 사회와 언어는 지속적으로 상호작용한다. 단어를 잘못 선택하면, 무례하고 상스럽고 무지한 것으로 이해된다. 새로운 언어를 배우거나 구어체(colloquialisms, 커뮤니티에서 사용하는 비공식적이거나 대화체 언어)에 익숙하지 않은 사람들은 단어를 잘못 선택하거나, 구어체 단어의 사용이 옳다고 생각하는 개념과 불일치할 때 놀랄 것이다. 예컨대, 미국 서남부의 모 대학에서 오스트레일리아 출신 학생은 여름방학에 무엇을 했느냐는 질문에 한 여학생이 "Oh, just piddling around"라고 한 대답에 충격을 받았다. 그녀의 대답은 그녀가 한가한 시간을 보냈다는 메시지를 전달하고자 했다. 그러나 오스트레일리아 출신 학생은 그의 판단 기준으로 그녀가 오줌을 누었다는 것으로 이해했다. 언어에 익숙하지 않은 학생들이 항상 적당한 단어를 선택할 수 없거나 특정 방언이나 구어체의 의미를 이해할 수 없음을 교사가 인식하는 것은 매우 중요하다. 미국은 주로 영어를 사용하지만, 다른 많은 언어도 사용된다. 영어 외에 스페인어·중국어·프랑스어·독일어·타갈로그어·베트남어·이탈리아어는 보편적으로 사용되는 언어이다(U.S. Census Bureau, 2003).

1930년대 피오렐로 라 구아르디아(Fiorello La Guardia)는 뉴욕시장이었다. 유대인과 이탈리아계 조상을 둔 라 구아르디아는 영어의 뉴욕 방언뿐만 아니라 유대인어·이탈리아어·독일어·프랑스어에도 유창했다(NYC Mayors, 2004). 라 구아르디아는 언어뿐만 아니라 각 민족집단의 언어 유형을 다양하게 표현한 것으로 알려졌다. 예컨대, 이탈리아 청중에게 말할 때는 악센트가 강하게, 거침없는 몸짓을 취하면서, 이탈리아 남부 사람들의 특성을 표현했다. 그가 유대인 청중에게 말할 때는 동유럽 유대인과 동일시되는 팔뚝을 내려치는 몸짓을 사용했다. 라 구아르디아의 사례는 다른 민족집단에게는 다른 커뮤니케이션 방식이 있을 뿐만 아니라, 가능할 때는 언제나 청중의 욕구에 부응하기 위해 그들의 커뮤니케이션 방식에 맞춘다는 점을 시사한다.

2) 언어의 다양성

영어를 사용하는 사람들은 수많은 방언을 사용한다. 방언은 남부의 느린 말투에서 애팔래치아 백인 방언과 뉴욕 브루클린 방언에 이르기까지 다양하다. 각 방언은 독창적이며, 언어적 유형을 공유하는 사람들에게 효과적인 커뮤니케이션 수단이다. 인구조사국(2003)은 2000년 미국에 사는 사람 약 4,700만 명이 영어 비사용자라고 발표했다. 여기에는 방언을 사용하여 비표준이라는 딱지가 붙은 수백만 명의 영어사용자가 포함되지 않았다. 또한 인구조사국(2003)은 2000년 미국에서 329개의 언어가 사용된다고 발표했다.

이중언어 사용자 또는 다언어 사용자의 장점은 민족중심주의, 민족성 또는 문화의 우월성에 대한 신념 때문에 간과되기 쉽다. 다른 많은 국가에서 아동들은 두 개 이상의 언어 또는 수많은 방언에 유창하여, 다른 집단과 커뮤니케이션하고, 언어의 다양성을 이해할 수 있을 것으로 기대된다.

> **6-1 생각해보기**
>
> 유럽과 아시아의 여러 국가와 세계의 다른 지역에서 학생들은 그들의 공식어 외에 다른 언어를 배우도록 요구받는다. 외국에서 태어났거나 부모가 다른 국가에서 이주해 온 학생들을 제외한 미국의 학생들이 다른 언어를 배우는 경우는 거의 없다.
>
> - 미국에서 이중언어 사용과 다국어 사용이 왜 같은 지원을 받지 못한다고 생각하는가?
> - 미국에서 한 개 이상의 언어에 유창하면 유리한 점이 있는지, 있다면 그것은 무엇인가? 또는 불리한 점이 있는지, 있다면 그것은 무엇인가?

2. 언어의 본질

언어학적 시각에서 좋은 언어나 나쁜 언어 같은 것은 없다. 모든 언어는 사용자의 욕구를 표현하기 위해 발달했다. 그 점에서 모든 언어는 같다. 사실 언어는 문법, 음운론, 또는 의미 구조가 같지 않다. 미국 사회가 다른 언어집단에 대해 다른 수준의 사회적 지위를 부여한다는 것도 사실이다. 이러한 판단은 언어적 수용성이 아니라, 사회적 배경에 기초한다(Adger, Wolfram and Christian, 2007; Owens, 2005). 모든 언어는 화자(speaker)의 사회적·심리적 욕구를 표현한다는 점에서 거의 동등하다.

1) 문화적 영향

언어의 사용은 문화적으로 결정된다. 언어는 구문을 형성하는 단어의 순서에 영향을 주는 것 말고도, 사고 유형에 영향을 준다. '시간(time)'은 문화마다 다르게 정의된다. 서구 사회는 시간을 저축할 수 있고, 잃어버릴 수 있으며, 낭비할 수 있는 어떤 것으로 생각한다. 따라서 정확하게 시간 약속을 지키는 것은 매우 중요하다. 다른 사회에서 시간은 다른 가치를 의미하고, 집단 언어에 반영된다. 아메리칸인디언 수족(Lakota Sioux)의 언어에는 '늦다(late)'나 '기다리다(waiting)' 등과 같은 뜻을 전달하는 단어가 없다(Samovar, Porter and McDaniel, 2006).

미국 남부 출신 사람들은 실제적이거나 사업상의 대화를 하기 전에 사교적인 인사말과 잡담을 교환하는 것에 익숙하다. 그렇게 하지 않으면 일부 사람들에게 저속한 사람으로 간주된다. 일부 아시아인은 대화를 본론으로 들어가지 않고, 빙빙 돌려서 말하는 경향이 있다. 그들은 바로 본론에 들어가지 않지만, 그들이 전달하고자 하는 것에 대한 광범위한 배경 정보를 제공한다. 이런 대화법을 고집하는 한 가지 이유는 상대방이 초점을 이해하고 평가하기 위해서는 기초 지식이나 배경지식이 완전히 드러나야 한다고 생각하기 때문이다. 이 대화 방식에서 대화의 초점은 올바른 문맥에서 분명하게 나타난다. 문제를 단도직입적으로 말하는 데 더 익숙한 사람들이 개념을 빙빙 둘러 이야기하다보면 초점을 잃는다.

효과적인 커뮤니케이션을 위해 수신자가 적절하게 메시지를 해독하려면, 송신자와 충분한 문화적 유사점을 갖는 것이 중요하다. 어떤 사람이 하나의 단어 또는 구문과 익숙하더라도, 문화적 배경에서 유사점이 없다면 상대방이 의도하는 의미는 이해할 수 없다.

특정 문화집단에서 단어와 구문은 다른 의미를 나타낼 수 있다. 일부 청소년이 사용하는 '나쁘다(bad)'는 반대 의미를 나타내어, '최고(best)'의 의미로 해석될 수 있다. 은어(argot)는 공동문화집단에서 사용하는 다소 은밀한 어휘들이다.

'성매매를 하다'를 의미하는 'Turning a trick'은 매춘부가 고객을 확보하고 있거나 확보했음을 의미할 때 사용하는 은어의 사례이다. 공동문화집단은 주류문화와 동떨어져 존재하고 기능하는 사람들의 집단이다. 은어를 사용하는 사람들은 죄수·동성애자·갱·매춘부를 포함한다(Samovar, Porter and McDaniel, 2006).

언어는 대단히 문화적이다. 방언과 함께 그것은 사람의 민족·지리·젠더·계급과 관련된다. 특정 배경의 화자는 종종 다른 사람의 언어 방식을 폄하한다. 예컨대, 동부 출신들은 남부 출신의 언어를 비난하는데, 남부 출신은 모음이 느리고 길며, 'y'all(여러분)' 같은 표현을 사용하기 때문이다. 이와 반대로 남부 출신은 사람들에게 코를 이용하여 말을 하고, 'youse guys'와 같은 구문을 사용하는 뉴욕 출신에 대해 비판적이다. 영어의 동부 방언은 동부에 적합하고, 남부 방언은 남부에 적합하며, 흑인영어, 즉 대다수의 흑인 방언은 많은 아프리카계 미국인 커뮤니티에 적합하다.

언어체계는 대부분 다른 문화집단처럼 역동적이다. 그것은 사회가 바뀌면 꾸준히 변화한다. 언어의 변화는 불가피하고, 좀처럼 예측하기 어렵다. 예컨대, 메릴랜드에서 태어나 성장한 노년의 3세대 일본계 미국인은 조부모와 부모에게 일본어를 배웠다. 일본에 처음으로 여행을 갔을 때, 그는 유창한 일본어를 사용한다고 생각하고 현지인들에게 말을 걸었다. 그도 커뮤니케이션에 어려움을 느꼈지만, 현지인들은 그가 하는 말이 1800년대 고어(古語)이고, 당시 시대를 대표하는 언어라고 생각했다. 그가 가족에게서 배운 일본어는 백 년 전에 사용하던 일본어였다. 일부 지역에서 언어 변화는 속도가 느려 알아차리지 못할 정도다. 다른 환경에서는 더 쉽게 알 수 있다. 표현과 단어는 특정 기간과 동일시되는 경향이 있다. 간혹 언어는 특정 기간의 특정 문화와 관련된다. 예컨대, '항상(24/7)', '멍청이(airhead)', '불확실한(iffy)'과 같은 속어(slang)와 구문은 한 시기에 사용된 언어의 일부이고, 현재 다른 표현으로 대체되었다.

> **6-2 생각해보기**
>
> 오늘날 많은 학생은 미국 밖의 국가에서 온 이주민이다. 가족이 이주할 때, 학생들은 한 지역에서 다른 지역으로 이동하면서 독특한 언어 유형을 가져온다.
>
> - 또래집단과 함께 앉으시오.
> - 누군가가 알아차릴 정도의 억양이 있는가?
> - 그것을 어떻게 특징지을 것인가?
> - 방언이나 억양에 기초하여 다른 사람들을 판단한 적이 있는가? 그렇다면 언제, 어떻게 했는가? 그 사람은 어디 출신인가?
> - 고향 사람들이 사용하는 방언의 유형은?

3. 언어 차이

오늘날 지구에는 글자 그대로 수천 개의 언어가 있는 것으로 알려졌다. 대부분의 문헌에는 언어가 4,000~5,000개에서 많게는 만 개까지 있다고 나온다(Crystal, 1997). UCLA의 뱌체슬라프 이바노프(Vyacheslav Ivanov) 교수는 LA 카운티에서 324개의 언어가 사용된다고 주장한다. 이 밖에 많은 언어에는 방언이 있다(만다린 중국어, 광둥 중국어, 타이완 중국어 등). 이바노프 교수는 LA에서 출판물은 약 180개 언어로 발행된다고 주장한다. LA 통합학교구 학생들이 사용하는 언어만 해도 92개이다(Los Angeles Almanac, 2004).

또한 사회 변수도 언어 차이에 기여한다. 계급과 민족성도 언어 차이를 반영한다. 집단 간 사회적 거리가 클수록 언어 차이가 큰 경향이 있다. 사회경제적 지위가 상승 이동한 사람들은 종종 사회적으로 주류집단의 언어 유형을 채택하는데, 이것이 간혹 사회적 수용을 용이하게 할 수 있기 때문이다.

1) 이중언어 병용

　미국에서 언어의 다양성은 주로 영어를 사용하지 않는 국가에서 지속적으로 이주를 해오기 때문에 유지된다. 상대적으로 짧은 역사에도, 미국은 다른 어떤 국가보다 언어적으로 다양한 사람을 이주민으로 받아들였다. 새로운 이주자들이 미국에 들어올 때, 그들은 그들의 문화·가치·언어를 함께 가져온다. 이주자들의 자녀와 그 자녀의 자녀들이 미국에서 태어날 때, 이주자들은 영어를 사용하는 대신에 모국어를 잃어버리는 것에 대한 상반된 감정을 목격한다.

　미국에서 이중언어를 사용하는 것은 지극히 불안정한 상태를 나타내는데, 이는 영어를 단일언어로 사용하기 전의 과도기적 단계이기 때문이다. 앞에서 정의한 것처럼, 이중언어 사용은 이중언어를 사용하는 능력이고, 실제 그들의 집에서 이중언어를 사용하는 자녀들은 주류 언어를 우선적으로 사용하면서 모국어를 사용할 능력을 잃어버린다. 이런 점에서 그들은 한 개의 언어만을 사용할 수 있는 단일언어 사용자가 된다. 이 과정에서 학교가 도움을 준다. 제1차 세계대전 이전에 모국어는 대다수의 민족집단 구성원이 그들의 언어를 유지하려고 하는 많은 학교에서 사용되었다. 미국에서 영어 외의 모국어의 유지와 사용은 교회와 다른 커뮤니티 활동을 통한 언어집단 구성원의 노력에 달려 있다. 현재 미국의 이중언어교육 프로그램은 주로 학생들이 영어전용 수업에 신속하게 이동되도록 고안되었다. 그러나 연구 결과는 미국에서 이중언어교육은 엄격한 단일언어 사용 접근 방식보다 훨씬 더 효과적이라는 것을 시사한다(Corson, 1999).

　미국에서 초기 언어 정책의 초점은 매우 협의적이었으며, 언어와 학습의 본질적 성격인 사회적·문화적 문제를 고려하지 않았다(Corson, 1999). 제2 언어의 습득은 사람의 사회적·경제적 욕구와 부합할 때 중요하다. 영어를 사용하지 못하는 이주자들은 가장 하찮고, 저임금을 받으며, 위험한 직업에 종사한다.

　1960년대 민권운동 시기에 언어적 소수 집단, 특히 라틴계 미국인은 그들의 모국어 전통을 기념하기 시작했다. 다른 민족집단은 몇 세대가 지나면서 그들의 모국어를 잃어버린 것에 대해 비난하고, 모국어 상실에 대한 학교의 미국인화 과정을 비난했다. 크로퍼드(Crawford, 2004)는 미국에서 175개의 토착어가 사용되고 있는데, 현재의 경향대로 간다면 2050년경에는 단지 20개만이 사용될 것이라고 주장한다.

사람들은 이중언어에서 요구하는 유창성 정도에 대해 다른 의견을 주장한다. 어떤 사람은 이중언어 사용자가 모국어처럼 유창해야 한다고 주장하는가 하면, 다른 사람들은 두 개의 언어 중 더 유창하게 사용되는 언어가 이중언어라고 주장한다(Baca and Cervantes, 2004). 바카와 세르반테스(Baca and Cervantes, 2004)는 이중언어에는 두 가지 유형, 즉 감산적 이중언어(subtractive bilingualism)[1]와 가산적 이중언어(additive bilingualism)[2]가 있다고 말한다. 감산적 이중언어는 제2 언어가 제1 언어를 대신할 때 성립한다. 가산적 이중언어는 제1 언어를 상실하지 않고 제2 언어를 습득하는 것이다. 학습자가 두 개의 언어에서 높은 수준의 유창성을 획득할 때, 가산적 이중언어는 학업 성취에 더 긍정적인 영향을 미친다.

2) 억양

일반적으로 억양은 사람이 단어를 발음하는 방법을 나타낸다. 일본어만을 사용하는 일부는 'l'을 발음하지 못하기 때문에, 'l'을 'r'처럼 발음하는 경향이 있다. 따라서 'light'는 마치 'right'로, 'long'은 'wrong'처럼 발음한다. 억양은 단지 발음에서 표준어와 다르다는 점을 기억하라. 그러나 방언은 발음과 언어체계의 문법 유형에서의 변화를 포함한다. 교사는 억양을 따라 말하는 사람이 표준 영어를 사용하지만, 그들의 언어 발달 수준에서 억양 없이는 말할 수 없다는 것을 알아야 한다.

---

1 두 언어가 서로 경쟁하여 소수언어가 위축되는 것을 말한다. _ 옮긴이
2 두 언어가 서로 보충적이고 능동적으로 기여하는 것을 말한다. _ 옮긴이

 **미국식 구어(口語)**

모든 사람이 전화와 이메일을 사용하고, 비행기 여행을 자유롭게 하는 정보사회에서 다른 억양과 방언이 하나로 합쳐지는 것은 논리적인 것처럼 보이지만, 펜실베이니아 대학의 연구는 다른 결과를 말한다. 당신은 미국인의 억양이 다른 사람들보다 어떻게 더 차이가 나는지 알게 될 것이다.

• 반 친구들이 말할 때 다른 억양을 알아낼 수 있는가?
• 다른 방언을 사용하는 반 친구를 알아낼 수 있는가?
• 어떤 사람이 사용하는 억양이나 방언 때문에 더 똑똑하거나 세련되게 보이는가?
• 누군가 미국식 영어(영국식 영어) 억양을 사용하는 것을 들을 때, 스페인어 억양을 사용하는 다른 사람들보다 더 세련된 것처럼 보이는가?

3) 방언

미국에서는 영어가 주 언어이다. 그러나 미국에서는 수많은 영어 방언이 사용된다. 미국에서 사용되는 영어 방언의 숫자가 몇 개인지에 대해서는 의견 일치를 보지 못한다. 최소 11개의 지역 방언이 있다. 그것을 나열해보면, 뉴잉글랜드 동부, 뉴욕 시, 서부 펜실베이니아, 대서양 중부, 애팔래치아, 남부, 센트럴, 중부, 중북부, 서남부, 서북부의 방언이다(Owens, 2005). 미국의 다른 지역에서 남부의 언어는 빈번히 폄하되지만, 현재 미국인들은 다른 지역의 방언보다 '남부 방언'을 더 많이 사용하고 있으며, 남부는 최대의 방언 지역이 되었다(MacNeil and Cran, 2005). 영향력이 센 남부 정치인 존 에드워드(John Edwards)와 트렌트 롯(Trent Lott), 인기 있는 텔레비전 스타 폴라 딘(Paula Deen) 등이 남부의 언어나 독특한 느린 말을 유행시켰다.

방언은 특정 집단이 이상적으로 여기는 언어표준 방식과 약간 다르게 사용하는 언어 규칙 체계이다. 각 방언은 표준어와 공통의 문법적 규칙을 공유하고, 구조적으로 같게 여겨져야 한다(Adger, Wolfram and Christian, 2007). 이론적으로 언어의 방언은 모든 언어 사용자에게 상호 통용될 수 있어야 한다. 그러나 일부 방언은 더 큰 사회적 수용과 위신을 누린다. 어떤 방언도 다른 방언보다 우월하지 않다. 어떤 방언도 수준 이하의 것이라든지, 일탈적인 것이라든지, 또는 열등한 것으로 규정지어서는 안 된다(Owens, 2005).

간혹 특정 언어는 부적절하게 방언으로 언급된다. 아프리카어를 아프리카 방언으로 부르고, 아메리칸인디언어를 인디언 방언으로 부른다. 이 부적절한 관행은 프랑스어와 독일어를 유럽의 다른 지역이나 국가에서 말하는 방언으로 부르는 것과 같다.

(1) 지역 방언

방언은 다양한 측면에서 서로 다르다. 모음 차이가 지역 차이를 구별하는 중요한 방식인 반면, 자음 차이는 사회 방언을 구별하는 요소가 된다. 그러나 지역 방언과 사회 방언은 개인이 사용하는 방언이 서로 혼합되어 있기 때문에, 서로 떨어질 수 없다. 예컨대, 북부지방의 방언에서 'time', 'pie', 'side'와 같은 단어의 'i'는 장음 [-i] 소리가 나는데, 볼프람과 크리스천(Wolfram and Christian, 1989)은 이 현상에 대해 두 모음 소리의 급격한 생산이라고 정의했다. 즉, 하나는 'ah'처럼 소리가 나고, 다른 하나는 'ee'처럼 소리가 난다. 두 번째 소리는 첫 번째에서 떨어져 나와, 'time'은 'taem', 'pie'는 'pae', 'side'는 'saed'가 된다. 남부와 남부 관련 방언은 미끄러지는 'e'가 떨어져 나가, 'time'은 'tam', 'pie'는 'pa', 'side'는 'sad'가 된다.

(2) 사회 방언

사회 방언에서 자음은 방언을 구분하는 요인이다. 자음 발음 차이의 보편적인 사례는 'th' 소리와 자음 'r'과 'l' 소리이다. 'these', 'them', 'those'와 같은 단어에서 'th' 소리는 'd' 소리로 되고, 결국에는 'dese', 'dem', 'dose'로 소리가 난다. 'think', 'thank', 'throw'와 같은 단어에서 'th'는 't'로 대체되고, 결국 'tink', 'tank', 'trow'로 소리가 난다. 애드거, 볼프람과 크리스천(Adger, Wolfram and Christian,

2007)은 중류층 집단은 편하게 사용하는 말에서 가끔씩 'd'를 'th'로 대신하는 반면, 노동자층 집단은 더 빈번하게 'd'를 'th'로 대신한다고 주장한다.

일부 집단, 특히 아프리카계 미국인 노동자층에서 단어 중간이나 끝에 있는 'th'를 발음하지 않는다. 'author'나 'tooth'에서 'th'는 'aufor'와 'toof'처럼 'f'로 대체된다. 'smooth'와 같은 단어에서 'th'가 'v'로 대체되어 'smoov'와 같은 소리가 난다. 지역적·사회적으로 관련된 방언에서 'car' 대신에 'ca', 'self' 대신에 'sef'처럼 'r'과 'l'은 사라진다.

(3) 문법 차이

다양한 문법을 사용하는 측면에서 방언의 차이를 찾을 수 있다. 애드거, 볼프람과 크리스천(Adger, Wolfram and Christian, 2007)은 비표준 문법은 비표준 발음보다 더 큰 사회적 낙인 효과를 낼 수 있다고 주장한다. 방언에서 문법 차이를 나타내는 보편적인 사례는 표준 방언에 대개 존재하는 동사의 접미사가 빠진 것이다. 예컨대, 'Yesterday we play a long time'처럼 과거형에 사용하는 '-ed' 접미사가 간혹 생략된다. 또 다른 사례는 특정 주제와 일치되도록 현재형에서 사용하는 's'를 생략한다. 'She has a car' 대신에 'She have a car'를 사용한다. 접미사의 생략은 노동자층에서 일하는 아프리카계 미국인뿐만 아니라 원주민 인디언 커뮤니티에서도 사용된다. 일부 아프리카계 미국인 노동계급의 방언에서는 특정 단어와 구문에서 's'를 생략한다. 예컨대 'two boys'를 'two boy'로 사용한다. 'two'는 복수이기 때문에 'boy' 다음에 와야 할 's'를 불필요하게 생각한다. 또한 이들 방언집단에서는 종종 'my friend's car' 대신 'my friend car'처럼 소유격 's'를 생략한다.

(4) 기타 차이

집단 간 언어 유형에서의 변수는 연령, 사회경제적 지위, 젠더, 민족집단, 지리적 지역을 비교할 때 중요하다(Adger, Wolfram and Christian, 2007). 예컨대, 40~60대 연령집단에 속하는 사람들은 10대 연령집단이 사용하는 언어와 다른 언어 유형을 사용한다. 10대들은 그들의 연령집단에 적합한 언어 유형을 채택한다. 속어, 일부 단어에 대한 특별한 발음, 특정 문법의 단축은 10대와 이보다 나이가 적은 집단과 관련된다.

사회적 요인도 언어 유형을 선택하는 데 관련된다. 공식적인 상황에서는 공식적 언어 유형을 사용할 가능성이 더 크다. 적절한 언어 유형의 선택은 자연적·동시적으로 이루어진다. 사람들은 그들의 주변 환경을 읽을 수 있고, 다양한 목록에서 상황에 적합한 언어나 말 유형을 선택할 수 있다.

또한 애드거, 볼프람과 크리스천(Adger, Wolfram and Christian, 2007)은 확실한 증거는 아니지만, 아프리카계 미국인 커뮤니티에서 사용되는 고음과 저음의 차이는 백인 커뮤니티에서 사용되는 고음과 저음의 차이보다 더 크다고 주장한다. 물론 이런 차이는 학습된 행동의 결과일 것이다. 아프리카계 미국인 남성은 쉰 목소리로 말하는 경향이 있다. 미국 여성은 문장을 읽을 때 전형적으로 남성보다 더 높은 음높이를 나타낸다.

방언에는 미묘하고 다양한 차이가 존재한다. 교육자들은 교실에서 방언 간 차이를 찾을 것으로 예상되기 때문에, 이 분야에서 추가로 읽을 문헌이 필요할 것이다. 이 장 끝에 있는 '권장도서'는 도움이 많이 되는 자료이다.

4) 이중방언 병용

사회적·직업적으로 특정 상황에 직면하면, 방언에 적응할 것이다. 일부는 두 개 이상의 방언을 말할 능력이 있는데, 이것을 이중방언이라고 한다. 한 개 이상의 방언을 말할 능력이 있을 경우 명백한 이점을 가지며, 더 문화적인 환경에서 활동하고 수용될 수 있다. 예컨대, 농촌의 농장에서 자라난 대도시의 CEO가 부모 집을 방문할 때는 아르마니 정장을 벗어버리고, 청바지를 입고 부츠를 신을 것이다. 그가 고향 사람들에게 말할 때는 비즈니스에서 사용하는 표준 영어를 제쳐놓고, 고향 사람으로 인정받는 고향의 방언을 사용할 것이다.

이와 마찬가지로 집과 학교에서 표준 영어를 사용하는 하와이의 교사는 학교에서 노동자층 부모와의 회의에서도 표준 영어를 말할 것이다. 그러나 교사가 부모와 친밀한 관계(rapport)와 신뢰를 형성하기 위해 사용하는 언어의 굴절이나 지역적 변수가 있을 수 있다. 동시에 이것은 신중한 계획이나 생각 없이 동시에 일어날 수 있다. 이것은 교사가 교육을 많이 받고, 직업에 적합한 복장을 입더라도, 그 교사는 여전히 지방의 섬사람이고, 부모와 아동의 욕구를 이해한다는 것을 부모에게 전달할 수 있다.

아동은 재빠르게 응용행동을 배울 수 있다. 이것은 종종 학교에서 증명될 수 있는 사실이다. 표준 영어를 사용하면 또래들이 자신을 배척한다는 사실을 두려워하는 아동들은, 심지어 교사에게 비난을 받는다고 하더라도 그들의 방언을 선택할 것이다. 다른 사람들은 교사와 대화할 때 그들이 알고 있는 최상의 표준 영어를 선택할 수 있지만, 교실 밖에서는 집단의 방언이나 언어를 사용할 수 있다.

교육자들은 또래 수용을 위한 아동의 욕구를 알아야 하고, 이 욕구를 현실적인 교육적 기대와 균형을 맞추어야 한다. 아동에게 항상 표준 영어를 말하도록 압력을 주고, 방언을 사용할 때 처벌을 하는 것은 아동의 전반적인 안녕에 치명적일 수 있다.

5) 표준 영어에 대한 시각

방언의 광범위한 변수를 고려할 때, 실제 표준 미국영어에는 몇 가지 방언이 있다(Adger, Wolfram and Christian, 2007). 표준 영어가 종종 문헌에서 언급되지만, 단일 방언으로는 식별이 불가능하다. 그러나 현실적으로 각 커뮤니티에서 사용되는 특정 집단의 언어가 표준으로 구분되는 경향이 있다. 표준은 커뮤니티에 따라 다르며, 실제 두 가지의 표준이 있다. 비공식적 표준과 공식적 표준이다. 커뮤니티에서 적절한 것으로 여겨지는 언어는 비공식적 표준이다. 그것의 표준은 커뮤니티마다 다를 수 있다. 공식적 표준은 전형적으로 문법책에서 찾을 수 있는 승인된 문어(文語, written language)이다. 공식 표준 영어를 말하는 사람은 거의 없다.

어떤 특정 방언도 본질적·보편적으로 표준이 아니기 때문에, 표준이냐 그렇지 않느냐의 결정은 대체로 그런 판단을 내리는 권력과 지위에 있는 사람이나 집단에 의해 내려진다. 교사와 고용주는 그런 자리에 있는 사람들이다. 이들은 학교와 직장에서 어떤 것이 받아들여지고 그렇지 않은지 결정하는 사람들이다. 따라서 학교와 고용시장에서 성공하려는 사람들은 종종 권력자가 구별하고 사용하는 표준 영어를 사용하는 경향이 있다. 일반적으로 말해 미국 표준 영어는 교육받은 전문직의 중류층이 사용하는 언어의 복합체이다.

6) 흑인영어에 대한 시각

간혹 토착 흑인영어, 아프리카계 미국인 영어, 아프리카계 미국인 토착 영어 (African American Vernacular English: AAVE), 에보닉스 등으로 불리는 흑인영어는 미국에서 가장 잘 알려진 방언 중 하나이다. 흑인영어를 수업에서 사용할 때는 논란이 된다. 흑인영어의 사용은 광범위하고, 대다수 아프리카계 미국인의 커뮤니케이션 유형이다. 이것은 노동자층 아프리카계 미국인이 그들의 언어 커뮤니티 안에서 주로 사용하는 언어체계이다(Adger, Wolfram and Christian, 2007; Owens, 2005).

흑인영어의 본질과 역사와 관련하여 많은 논쟁이 있지만, 흑인영어는 대부분 언어학자와 아프리카계 미국인에 의해 커뮤니케이션의 정당한 시스템으로 여겨진다. 흑인영어는 체계적인 언어 규칙을 가지고 있어 결코 부적절하지 않기 때문에, 표준에 맞지 않는다든지 정상이 아니라고 말하기 어렵다. 흑인영어와 표준 영어 간에 차이가 발견되지만, 그 차이는 언어나 방언의 다른 유형과 같은 구조적 규칙의 유형으로 기능한다. 애드거, 볼프람과 크리스천(Adger, Wolfram and Christian, 2007)에 따르면, 흑인영어와 표준 영어의 언어적 특성을 비교할 때, 독창적인 특성보다 훨씬 더 보편적인 언어적 특성을 찾을 수 있다. 그들은 일부 언어학자가 제기하는 이론, 즉 흑인영어가 다른 토착 영어 방언에서 지속적으로 분화되고 있다는 주장을 반박한다. 사실, 흑인영어, 남부 영어, 남부 백인의 비표준 영어 간에는 상당한 중복이 있다. 방언에서 나타나는 차이점 중 많은 것은 억양의 유형, 말하는 비율, 독특한 어휘에서 나타난다(Owens, 2005). 제이(Jay, 2003)는 몇몇 사람이 이러한 차이점들을 아프리카계 미국인과 방언에 대한 편견을 강화하는 데 사용했다고 주장한다.

흑인영어에 대한 교사의 편견은 다수의 교육자 집단과 일부 아프리카계 미국인 교육자에게서 보편적으로 나타난다. 흑인영어는 민족적으로 관련된 방언이지만, 또한 사회계급과 관련된 방언이다. 애팔래치아 영어 및 흑인영어와 같은 하위 사회계급과 관련된 방언은 우리의 다방언적 사회에서 늘 하는 식으로 낙인찍힌다. 불행하게도 많은 사람은 특정 방언과 이 방언의 사용자에게 상대적인 가치를 둔다. 이것은 특정 방언의 사용자에게 상당히 부정적인 영향을 줄 수 있다(Adger, Wolfram and Christian, 2007). 따라서 미국 표준 영어를 사용할 능력도 갖추지 않고 이들 방언을 사용하는 사람들은 사회적·교육적·직업적으로 명백히 불리한 위치에 놓인다. 흑인영어를 커뮤니케이션의 정당한 유형으로 인정하는 것을 거부하는 것은 유럽 중심적 행동의 또 다른 사례로 여겨질 수 있다. 교사가 이 거부를 인정하는 한, 많은 아프리카계 미국인 학생에게 그들의 부모, 조부모, 그 외 그들의 삶과 관련된 중요한 사람들이 사용하는 방언은 표준 이하이고, 수용할 수 없는 것이라는 메시지를 보내는 것이다. 커뮤니케이션의 정당한 유형으로서 흑인영어를 거부하는 것은 학생의 학업 발달과 학업 성취에 치명적이다(Hecht, Jackson and Ribeau, 2003).

학교에서 미국 표준 영어 방언을 요구하는 문제는 민감하고 논란이 된다. 소수민족집단과 종종 비표준이라고 여겨지는 방언의 긴밀한 관계 때문에, 이 문제는 또한 민권 문제와 연결된다.

학교에서 표준 영어의 사용을 요구하는 것은, 그런 요구가 비표준 영어를 사용하는 학생들에게 추가적인 교육적 부담을 준다고 생각하는 일부에 의해 차별적이라고 여겨진다. 표준 영어를 고집하는 것은 다른 교육적 기술의 습득을 방해할 수 있고, 학생들이 성공하기 어렵게 만든다.

다른 사람들은 학교가 사회의 요구에 더 잘 대처하기 위해 학생에게 표준 영어를 가르칠 책임이 있다고 주장한다. 의심할 것도 없이 표준 영어를 사용하지 않는 무능력은 취업과 같은 특정한 상황에서 개인에게 불리할 수 있다. 맥닐과 크랜(MacNeil and Cran, 2005)은 흑인영어가 대중문화에서 중요한 역할을 하는 반면, 교육·고용·주택 영역에서는 발전을 가로막는 장애물이라고 한다.

학교에서 사용하는 방언의 차이는 영어 기술 습득에 대한 간섭 이상의 문제를 일으킬 수 있다. 두 번째 문제는 더 미묘한데, 비표준 방언 학생에 대해 교사와 학교 관계자의 태도와 관련된다. 너무 빈번하게 교육자들과 다른 사람들은 비표준 방언에 관해 잘못된 가정을 하고, 간혹 그런 무능력이 낮은 지능 때문이라고 믿는다. 애드거, 볼프람과 크리스천(Adger, Wolfram and Christian, 2007)은 소송의 결과로 긍정적 변화를 일으키는 젠더·민족성에 기초한 편견과 달리, 언어 편견은 소송당하지도 않으며 그렇다고 변화할 가능성도 별로 없는 것 같다고 한다.

많은 사람은 비표준 영어를 사용하는 개인에 대해 뚜렷한 선입관이 있다. 교사와 다른 학교 관계자가 이런 방식으로 학생들에게 반응한다면, 결과는 심각할 수 있다. 학생들은 그들의 지적 능력이 떨어지는 것처럼 대우된다. 그리고 그들의 잠재적 능력보다 낮은 수준에서 자기충족예언을 한다. 아동들이 학교에서 능력별 반편성이 되는 경우, 그들은 실제 능력보다 낮은 수준의 집단에 배치될 수 있다. 이 문제는 영재반에 배치된 아프리카계 미국인과 라틴계 미국인 아동들의 숫자가 불균형적으로 적은 것에서 표면적으로 나타난다(U.S. Department of Education, 2004). 학교 행정가들은 소수민족집단의 아동 중에서 영재를 적절하게 식별할 수 없는 무능력을 가장 큰 도전으로 생각한다. 비표준 방언을 사용하는 아동에 대해 부정적 태도를 가진 교사들은 잠재적 영재성을 인정하지 않으려 하고, 이들 아동에게 가능한 평가와 배치를 하지 않으려는 경향이 있다.

교육자들에게는 교육 환경에서 방언을 다루는 몇 가지 대안이 있다. 첫째, 모든 방언이 같다는 토대에서 모든 방언을 수용하는 것이다. 둘째, 표준 방언만이 학교에서 허용된다는 것을 주장하는 것이다. 두 번째 대안은 그런 방언을 사용할 능력이 직업적·개인적인 성공을 위해 필요한 지위일 때 해당한다. 셋째, 양극단에 해당하는 첫 번째와 두 번째 방안 사이에 위치하며 채택되는 대안으로, 토착 방언과 표준 영어를 각각의 환경에 따라 사용하도록 하는 것이다. 학교에서 학생들은 표준 영어를 읽고 써야 하는데, 이것이 미국에서 주로 사용되는 문어(written language)이기 때문이다. 학생들에게 말할 때 타고난 방언을 쓰지 말라고 요구할 수는 없다. 그 절충안으로, 학교에서 2개 이상의 방언을 사용할 수 있다. 그것은 표준 영어에서 기능할 수 있는 모든 방언의 사회적·직업적 함축을 인식하면서, 모든 방언의 정당성을 인정하는 것이다.

비표준 방언을 사용할 권리를 지지하는 사람들에게 중요한 문제는 특정 방언의 정당성을 인식하는 것이다. 방언의 사회적·직업적 함축을 거부하는 사람은 거의 없을 것이다. 일부 부모는 표준 방언의 개발을 선호하거나 자녀에게 그 방언을 배우게 한다. 그러나 유일하게 정당한 커뮤니케이션 방식으로서 표준 방언을 인식할 때 나타나는 학교 관계자의 오만한 태도는 많은 사람에게 모욕을 주는 행위이고, 민감한 문제의 합리적 해결을 방해한다.

 **흑인영어에 대한 태도**

이스라엘 마르티네스는 재키 로빈슨 중학교의 교장이다. 그는 6학년생의 어머니 루비 노턴과 약속을 잡았다. 노턴은 교장의 비서에게 용건을 말하지 않았다. 마르티네스는 일상적인 인사를 하고 면담 용건을 물었다. 노턴은 침착하게 학교 교사들이 인종차별을 중지하고, 아프리카계 미국인 학생의 문화를 존중해야 한다고 말했다.

마르티네스는 방어적이 되고, 불만의 본질에 대해 물을 때는 침착함을 유지하려고 노력했다. "트레이슨의 백인 교사는 흑인영어가 좋지 않고, 교실에서 허용되지 않기 때문에, 사용하지 말라고 요구한다. 교사는 그것이 하위계층의 방언이라고 하면서, 트레이슨이 흑인영어를 계속 사용하면 대학 진학을 못하고, 좋은 직장도 얻지 못한다고 말한다. 이것은 모든 흑인에 대한 공격이다. 그의 조부모들도 그렇게 말했고, 친척들도 그렇게 말한다. 나도 그렇게 말한다. 이 학교는 우리가 천박한 쓰레기라고 생각하느냐? 교사들은 흑인을 이렇게 생각하는가?"

토론을 위한 질문

- 마르티네스는 노턴에게 어떻게 대답해야 하는가?
- 마르티네스는 노턴과 트레이슨의 교사와의 면담을 주선해야 하는가?
- 흑인영어 또는 토착 흑인영어에 대한 학교의 입장은 무엇이어야 하는가?
- 이것은 교육구나 개별 학교의 문제인가?
- 교사가 흑인영어는 하위계급의 방언이라고 말한 것은 잘못된 것인가?
- 트레이슨이 흑인영어만을 사용하면, 부정적인 교육적·직업적 결과를 초래할 것이라고 말한 것은 잘못된 것인가?

6-3 생각해보기

일부 실천가는 수업에서 사용되는 언어에는 문화집단의 구성원으로서 학생들이 사용하는 방언을 포함해야 한다고 제안한다. 다른 사람들은 표준 영어가 교실에서 수용될 수 있는 유일한 언어라고 주장한다.

- 각 접근 방식의 유리한 점과 불리한 점은?
- 교사는 적어도 교실에서 학생이 사용하는 방언에 익숙해야 한다고 생각하는가?
- 당신은 교실에서 다른 방언에 어떻게 반응하는가?

7) 수화

일부 언어에는 문자체계가 없다. 청각장애인들은 구어를 구성하는 소리를 들을 수 없기 때문에, 커뮤니케이션을 위해 그들의 언어를 개발했다. 미국식 수화(American Sign Language: ASL)는 미국 청각장애인들이 개발하고 사용하는 자연어이다. 정확히 30년 전 언어학자들은 복잡한 문법과 정돈이 잘된 구문을 가진 하나의 언어로서 미국식 수화를 인정했다. 점점 많은 대학에서 필수 제2 언어로서 미국식 수화를 채택하는 추세이다. 캐나다와 미국에서 대부분의 청각장애인은 미국식 수화를 사용한다. 청각장애인들은 미국식 수화를 커뮤니케이션을 위해 사용한다. 구어와 마찬가지로 다른 수화도 다른 국가에서 개발되었다.

청각장애아는 일반 아동들이 구어를 듣는 동시에 이해하는 것과 마찬가지로 수화의 구문과 리듬을 이해할 수 있다. 청각장애 가족에게서 태어난 비장애아와 청각장애아는 모두 보통 미국식 수화를 배운다. 그러나 청각장애가 없는 부모를 둔 대부분의 청각장애아는 학교에 들어가고 나서야 비로소 미국식 수화를 배울 기회를 가진다.

미국식 수화는 구어체 영어의 변형이라기보다는 그 자체만으로도 하나의 언어로서 유일한 수화이다. 자체의 어휘·구문·문법 규칙을 가진 미국식 수화는 구어체 영어나 문어체 영어와 완전히 일치하지 않는다(Heward, 2006; Smith, 2007). 청각장애인들은 일반 사람들과의 커뮤니케이션을 위해 종종 수화 영어를 사용한다. 이것은 영어와 유사한 수화체계이다. 수화 영어는 미국식 수화와 같은 자체의 언어 유형을 갖기보다는, 영어 구어나 문어를 수화로 번역하는 체계이다. 일반 사람들은 수화 영어를 보지 못했기 때문에, 미국식 수화를 아는 사람이 거의 없다. 텔레비전이나 회의에서 통역자가 사용하는 언어는 대개 수화 영어이다.

수화언어는 수화 사용자를 듣는 세계와 분리해놓는 청각장애인 문화의 요소이다. 많은 청각장애인들은 보호시설학교의 경험 때문에, 독특한 문화적 커뮤니티를 형성했다. 하나의 문화적 커뮤니티로서 그들은 대부분 족내혼(族內婚, endogamous)을 하는데, 집단 내 결혼은 청각장애인을 포함하여 모든 결혼의 85% 정도를 차지하는 것으로 추정된다(News-Medical.Net, 2004). 미국식 수화는 청각장애인 커뮤니티의 주 언어이지만, 많은 사람은 영어와 미국식 수화의 이중언어 사용자이다.

4. 비언어적 커뮤니케이션

대부분 사람은 커뮤니케이션을 본질적으로 언어로 표현하는 것이라고 생각하지만, 비언어적 커뮤니케이션도 전체 커뮤니케이션 과정에서 중요하다. 비언어적 커뮤니케이션은 언어적 커뮤니케이션의 전체 구조와 밀접히 관련되어 있기 때문에, 종종 언어적 커뮤니케이션과 분리될 수 없다.

비언어적 커뮤니케이션은 몇 가지 기능을 가진다. 그것은 사람의 태도·성격·예절·복장을 통해서도 메시지를 전달한다. 그것은 사람이 말하는 것을 강화하여, 언어적 커뮤니케이션을 보완한다. 즉, 학생에게 웃음을 짓거나 등을 두드리는 것은 긍정적 진술을 강화한다. 그것은 언어적 커뮤니케이션과 모순된다. 즉, 학생에게 긍정적 진술을 동반한 찡그림은 뒤섞이거나 모순된 메시지를 보낸다. 비언어적 커뮤니케이션은 언어적 메시지를 대신할 수 있다. 교실에서 교사가 입술에 손을 대거나 공중에 손을 들고 있으면 조용하라는 의미이다.

커뮤니케이션의 전체적 의미는 진술된 콘텐트로서 표면적인 메시지뿐만 아니라 암류(暗流, 콘텐트와 관련된 감정이나 느낌)를 포함한다. 듣는 사람은 언어적 메시지와 비언어적으로 수신된 메시지의 일치를 찾아야 한다.

우리가 다른 사람에게 어떻게 보이는가 하는 것은 비언어적 커뮤니케이션의 형태이기 때문에, 우리의 커뮤니케이션 또는 언어의 일부분으로 생각될 수 있다. 연구 결과는 명백한 편견이 신체적 특성에 기초한다는 주장을 뒷받침한다. 예컨대, 신체적 매력은 우리가 다른 사람을 인식하는 방식에서 역할을 한다. 사람이 특정 집단에 대해 편견을 가진다면, 그 집단의 구성원은 매력이 없는 사람으로 인식될 수 있다. 또한 그들은 직장에서 그러한 인식과 편견에 기초한 사회적 배척으로 고통을 받을 수 있다(Hosoda, Stone-Romero and Caots, 2003; McDonald, 2003; Seifert, 2001).

문화적 차이는 개인이 다른 사람과 비언어적으로 어떻게 상호작용하는가에 대한 중요한 함의를 가진다. 일부 문화집단은 다른 집단보다 신체적 접촉을 더 한다. 예컨대, 라틴계 미국인과 토착 하와이인은 접촉문화와 밀접하다. 결과적으로 사람들은 라틴계 미국인이나 하와이인들이 뜨거운 포옹으로 인사하는 것을 볼 수 있다. 이것은 이들 집단의 남성에게서 더 잘 나타난다. 남성들이 친구를 만날 때 서로를 껴안는 것을 보는 것은 흔한 일이다. 다른 한편으로 아시아 남성들이 서로 껴안는 것을 보는 것은 놀랄 일이다. 물론 일반 사회에서 더 많은 문화변용을 한 아시아계 미국인 남성들의 전형적인 행동을 목격할 것이다.

미국인 사이에 통상 대화 거리는 약 20~36인치라고 한다(Haynes, 2004). 이보다 거리가 더 생기면 정상적인 대화와 목소리에서 멀어짐을 느낀다. 아랍계, 라틴계 미국인, 남유럽계와 같은 다른 문화집단의 사람은 상당한 정도로 가까이에서 말하는 데 익숙하다. 이들 접촉문화와 비교할 때, 아시아인과 북유럽인은 비접촉 문화로 분류되는데, 대화할 때 상당한 거리를 유지한다. 학생들은 문화 간 관계에서 차별적인 관계를 유지한다. 백인 미국인들은 같은 백인과 대화할 때보다 흑인과 대화할 때 거리를 더 유지한다. 여성은 남성보다 더 근접한 대화 공간을 허용한다. 이성애자(straight)는 게이라고 생각하는 사람과 대화할 때 더 간격을 둔다(Samovar, Porter and McDaniel, 2006).

교육자는 다른 문화집단이 교사와 접촉할 때 다른 기대를 한다는 것을 알아야 한다. 이 차이점은 교육자에게 함의를 준다. 일부 집단은 아동의 머리를 두드리는 것을 격려하는 몸짓으로 생각한다. 그러나 일부 동남아시아인은 사람의 정신이 머리에 살고 있다고 믿기 때문에, 부모와 아동은 그런 행위를 공격적인 몸짓으로 생각한다.

다른 비언어적 문제는 학생의 얼굴 표정이나 행동과 관련될 수 있다. 미국인 교사는 전형적으로 아동이 대화할 동안 서로 마주보기를 기대한다. 그러나 일부 집단은 교사의 눈을 직접 보는 것은 무례하다고 생각한다. 결과적으로 존중의 표시로서 아동은 교사에게 말을 하거나 교사가 아동에게 말을 걸 때 바닥을 볼 것이다. 그러나 교사는 그 행동을 반대로 생각하여, 아동이 교사의 눈을 바라보길 요구한다.

비언어적 행동에 대한 어떤 논의도 본질적으로 위험 요소가 있다. 사례들이 제시될 때, 이 사례들이 일반화라는 것을 알아야 하며, 어떤 주어진 행동이 즉각 어떤 방식으로 해석될 수 있다고 가정해서는 안 된다. 비언어적 커뮤니케이션은 종종 언어적 메시지를 보낸다는 점에서 문맥의 중요한 부분이다. 문맥이 결코 구체적인 의미를 갖지는 않지만, 커뮤니케이션은 항상 문맥에 의존한다.

5. 제2 언어 습득

매년 미국에 새로운 이주민이 도착하면서, 학교에 언어적 소수 학생이 더 많이 늘어난다. 이들 대부분의 학생은 이중언어교육 프로그램에서 영어전용 수업으로 이동할 수 있다. 대개 동기는 높다. 영어 기술의 습득은 사회적·경제적 욕구를 반영한다. 언어적으로 문화변용하지 않고는 주류사회에 동화될 수 없다. 앞에서 제한적 영어숙달자와 관련하여 언급했듯이, 이것은 영어 비사용자나 영어학습자(English Language Learner: ELL)를 많은 고용시장에서 쫓아낸다. 미래에 교사들은 주 언어로 영어를 사용하지 않는 점증하는 영어학습자를 기대할 수 있다.

여기에서 우리는 소수 언어집단 학생들을 분류하기 위해 다른 용어가 사용된다는 것을 명확히 해야 한다. 우리는 목적을 달성하기 위해 주로 영어학습자라는 용어를 사용할 것이다. 일부 필자는 영어학습자(English Learner: EL)라는 용어를 사용한다. 현재 영어학습자는 대부분의 전문문헌에서 사용되는 용어이고, 1990년대까지 대부분의 전문문헌에서 사용된 제한적 영어숙달자를 대신한다. 오늘날 이 용어는 연방정부, 특히 제한적 영어숙달자 학생을 위한 연방 영어 습득/향상/학업 성취 사무국(U.S. Office of English Language Acquisition, Language Enhancement, and Academic for Limited Proficient Students: OELA)에서 사용한다. 연방 교육부에 소속된 이 부서는 이전에 이중언어교육 및 소수자 언어국(Office of Bilingual Education and Minority Language Affairs: OBEMLA)이었다. OBEMLA는 조지 W. 부시(George W. Bush) 행정부에서 OELA로 개명되었는데, 이는 행정부에서 이중언어교육 프로그램의 비중을 낮춘 것을 상징한다. 이전의 이중언어 클리어링 하우스는 부시 행정부에서 영어 습득 및 언어 수업 교육 프로그램(NCELA)을 위한 OELA 클리어링 하우스로 개명되었다.

1) 제2 언어 습득에서 제1 언어의 역할

대부분의 아동은 부모나 다른 사람들과 지속적인 상호작용을 하면서 자연스럽게 제1 언어를 습득한다. 제1 언어의 지식은 제2 언어를 습득·학습하는 과정에서 중요한 역할을 한다. 제1 언어(스페인어)를 통해 습득한 일부 개념은 제2 언어(영어)에서 필적할 만한 개념이 생성되었을 때 제2 언어로 편입될 수 있다. 그러나 영어사용자는 근본적으로 스페인어·프랑스어·중국어, 또는 기타 언어를 (번역해놓으면) 기본적으로 같은 언어인 스페인어·프랑스어·중국어 단어가 섞인 영어로 생각하지 않아야 한다. 이들 모든 언어에는 영어와 같지 않은 단어와 개념이 있다. 정확하게 같은 의미를 전달하는 정확한 영어 번역은 있을 수 없다. 예컨대, 중국어 광둥 방언에서 'heung'은 영어의 'fragrant'로 번역된다. 그러나 'heung'에 해당하는 정확한 영어 번역은 없다. 이 중국어의 의미는 '향수'라는 뜻을 전달할 뿐만 아니라, '다감각적인 경험'을 뜻하는 매우 독특한 의미를 가진다. 광둥어 사용자에게 'heung'은 '입속에 음식을 넣는 것'이고, 그것은 매우 특별한 것을 '맛보다', '냄새를 맡다', '느끼다'라는 의미를 함축한다.

코슨(Corson, 1999)은 아동의 초기 두뇌 발달이 제1 언어 습득과 관련된 신호와 상징으로 형성된다고 한다. 아동의 초기 단계에서 학교가 아동의 제1 언어 습득을 제대로 하지 못하면, 학습 과정에서 심각한 결과를 초래할 것이다. 이렇게 관찰된 언어행동이 주는 함의는 영어전용 환경에서 영어학습자 아동에게 학업적 개념을 가르치기 이전에 영어학습자 아동이 모국어의 기본적 개념을 확실하게 이해하게 해야 한다는 것이다. 가르시아(Garcia, 1999)는 반응적인 새로운 페다고지(pedagogy, 교수 전략과 방법을 포함하는 수업 기술이나 과학)를 지지하고, 학생이 교실에 가져오는 기술과 지식에 대한 존중을 시연한다. 커민스(Cummins, 1996)는 "우리의 현존하는 인지구조나 도식에 새로운 지식과 경험을 통합함으로써 배운다"라고 주장한다. 결과적으로 학생의 이전 경험은 새로운 지식을 습득하고 번역하는 토대가 된다. 최근 시행된 과학적 연구는 아동 발달 단계 초기가 제2 언어를 완전히 습득할 최적 연령이라는 가정을 번복했다(Crawford, 2004). 제2 언어 습득에 대한 연구에서 하카쿠, 비알리스토크와 윌리(Hakuka, Bialystok and Wiley, 2003)에 따르면, 연령 외에 사회경제적 요인과 공식 교육의 양은 이주자들이 영어를 얼마나 잘 습득하는지 예측하는 데 중요하다.

(1) 언어 숙달

커민스(Cummins, 1996)의 연구 결과에 따르면, 많은 영어학습자는 제2 언어로서의 영어 프로그램 훈련을 마치고 단일 영어 사용 교실에 배치된 후에 학업적으로 실패한다. 많은 학생은 연달아 특수교실에 의뢰되고 배치된다. 이들 학생의 언어적 특성에 대해 신중하게 시행된 연구 결과에서 커민스는, 이들이 2년 내에 적합한 영어커뮤니케이션 기술을 습득하여, 교사에게 단일 영어 교실에 배치될 준비가 되었음을 알려준다고 주장한다. 또한 커민스가 '기본적인 대인 의사소통 기술(basic interpersonal communicative skills: BICS)'이라고 명명한 기본적 영어 기술은 일상생활에는 적합한 대화 기술이지만, 높은 수준의 학업적 환경에서 기능하기에는 부적합하다고 주장한다. 크로퍼드(Crawford, 2004)에 따르면, BICS의 좋은 사례는 커뮤니케이션(태도와 다른 비언어적 실마리들)을 쉽게 하기 위해 사용되고 비언어적 실마리와 문맥에 의존하는 '놀이터 영어(playground English)'이다. 그는 BICS가 지적이기보다 주로 사회적이라고 주장한다. BICS에서는 언어 지식을 덜 요구하고, 학업적 환경에서 요구하는 것보다 단순한 구문과 더 제한된 어휘를 사용한다.

일상생활의 대화법을 습득하기 위해서는 2년 정도의 기간이 필요하지만, 고도의 구조화된 교육 환경에서 요구하는 높은 수준의 숙달된 영어를 구사하기 위해서는 학교에서 5~7년의 훈련기간이 추가로 필요하다. 커민스(Cummins, 1984)는 고도의 숙달 단계를 "인지적인 학술 언어의 숙달(cognitive academic language proficiency: CALP)"이라고 이름을 붙였다. 크로퍼드(Crawford, 2004)에 따르면, CALP는 복잡한 의미를 가진 추상적이고 분석적인 사고와 표현에서 요구하는 언어의 숙달 단계이다. 그에 따르면, 아동은 그들이 배운 내용을 기술하는 학습 노트(journal entry)를 작성할 때와 설득력 있는 구두 발표를 할 때 이 정도의 숙달이 필요하다.

미국 유학 초창기에 영어학습자 단계를 겪었던 외국계 교수들은 외국에서 전문적인 프레젠테이션을 할 때 그들의 경험을 저자들과 공유했다. 예컨대, 중국에서 태어나 제1 언어가 중국어인 중국계 미국인 교수는 만다린 중국어와 광둥 중국어를 유창하게 구사할 수 있다. 그러나 이 교수는 자신이 학술적인 중국어에 능통하지 못하다고 생각하기 때문에, 중국에서 프레젠테이션을 할 때 통역을 고집한다. 영어 비사용자 출신의 다른 동료들도 유사한 경험을 공유한다. 이것은 학술 단계의 영어에 능통하지 못하고, 영어전용 교실에 떠밀려 들어가는 BICS 단계 학생과 유사한 점이 있다. 불행하게도 이들 학생은 통역을 고집할 위치에 있지 않다.

커민스의 언어 숙달 개념화를 위한 틀은 많은 제2 언어로서의 영어 프로그램과 이중언어 특별교육 프로그램에서 활발하게 채택되었으며, 언어적 소수자에게 중요한 함의를 제공했다. 커민스(Cummins, 2000)는 영어학습자가 기본 대화 영어를 배우는 기간보다 학술적 언어를 배우는 기간이 왜 더 많이 걸리는지에 대해 두 가지 이유를 제시했다. 첫째, 학술 언어는 교과목(과학·수학)·문학·잡지, 기타 학술 자료의 언어이다. 학생들은 연속적으로 학점을 취득하여 진급할 때, 커민스가 '사용 빈도가 낮은(low frequency)' 단어라고 특징지은 단어들과 마주친다. 이것들은 그리스어와 라틴어의 파생어이다. 이 밖에도 그들은 일상생활에서 좀처럼 듣기 어려운 복잡한 구문(수동태)과 추상적인 표현을 접한다. 둘째, 학술 언어는 입학할 당시에 대화체 영어가 이미 유창한 토착 영어사용자를 대상으로 가르친다. 그러므로 영어학습자는 반 친구들이 높은 수준의 학술 영어를 배우는 동안 대화체 영어를 배운다.

커민스의 이론을 논의하면서 크로퍼드(Crawford, 2004)는 수업 영어는 영어학습자에게 가장 중요한 변수가 아니라고 주장한다. 커민스는 이들 학생에 대한 학교 실패의 사회문화적 결정 요인이 언어적 요인보다 더 중요하다고 믿는다. 학교는 사회에 존재하는 권력관계에 대응하여 소수 집단의 아동에 대한 인종적·언어적 낙인을 제거해야 한다. 커민스는 다수 집단과 소수 집단의 권력 및 지위관계가 이들 학생의 학업 성취에 영향을 행사한다고 주장한다. 그는 지배받는 집단의 지위가 낮을수록, 학업 성취가 낮다고 주장한다(Cummins, 1996).

하쿠타, 버틀러와 위트(Hakuta, Butler and Witt, 2000)에 따르면, 언어적 소수 학생의 교육과 관련하여 가장 보편적으로 묻는 질문 중 하나는 그들에게 이중언어교육이나 제2 언어로서의 영어 프로그램과 같은 특화 서비스가 얼마나 필요한지이다. 하쿠타와 동료들은 샌프란시스코 베이 지역의 네 교육구에서 시행한 연구 결과와 캐나다 연구자들의 요약자료를 함께 검토한 뒤에, 커민스의 초기 결과를 지지하는 결론에 도달했다. 연구 결과에 따르면, 구어체의 숙달은 3~5년이 걸리고, 학술 언어의 유창성은 4~7년이 걸린다.

2) 공식 영어(영어전용)에 대한 논쟁

이중언어교육과 이중언어 투표권에 대한 강경한 비판자인 새뮤얼 하야카와(Samuel I. Hayakawa) 상원의원이 1981년 연방의회에서 영어를 미국의 공식어로 만드는 헌법 수정안을 제안했다. 수정안의 골자는 연방법과 주법·조례·규칙·명령·프로그램·정책에서 다른 언어의 사용을 금지하는 것이다. 그는 영어의 사용을 지지할 뿐만 아니라 이중언어 병용을 반대했다. 그 수정안이 채택되었다면, 미국에서 1960년대에 언어적 소수자를 수용하기 위해 시작된 노력이 번복되었을 것이다. 그러나 영어 수정안은 제97차 연방의회에서 청문회도 개최해 보지 못하고 폐기되었다(Crawford, 2003).

1983년 하야카와는 'U.S. English'[3]라는 조직의 설립을 지원했고, 180만 명의 회원과 100만 달러 규모의 예산을 확보하고 로비를 시작했다(U.S. English, 2004).

---

3 1983년 하야카와 상원의원이 설립했으며, 미국에서 영어를 공식어로 지정하려는 민간단체이다. _ 옮긴이

또한 'Official English' 또는 'English Only'라 불리는 운동은 제한된 이중언어교육을 지지하며, 영어를 미국의 공식어로 만드는 입법안을 통과시키기 위해 연방의회를 상대로 로비에 총력을 기울였다. 2004년 27개 주에서 주 법령이나 주 헌법수정안을 통해 영어를 공식어로 채택했다(Crawford, 1992; U.S. English, 2004). 'U.S. English'는 보호시설 영어 몰입 교육(sheltered English immersion education)을 찬성하며, 영어학습자는 이중언어교육을 시행하지 않는 학교로 전환되어야 하고, 최대 1~2년 내에 영어 습득을 마쳐야 한다고 주장한다.

공식 영어는 양극화의 문제가 된다. 영어전용운동 지지자들에게 영어는 미국에서 항상 공통 언어이다. 그들은 이것이 인종적·언어적·종교적으로 다양한 국가에서 갈등을 해결하는 방법이라고 믿는다. 그들은 또한 영어는 사회이동과 경제적 발전의 필수적인 도구라고 믿는다(Crawford, 1992).

크로퍼드(Crawford, 2006)는 영어 외의 다른 언어를 제한하는 시도는 결코 그 언어에 관한 것만은 아니라고 주장한다. 또한 이것이 다른 언어 사용자에 대해 부정적 태도를 나타내는 것이라는 점을 시사한다.

6. 교실에서의 초점

언어는 일상생활과 사회 시스템의 중요한 부분이다. 미국에서 언어체계의 다양성과 풍부함은 미국 문화의 풍부함과 다양성을 반영한다. 다른 언어집단의 가치를 인식하고 평가할 미국 교육자의 능력은 어느 정도 미국 교육 시스템의 효과성을 결정할 것이다.

2026년경에는 약 1,500만 명의 제한적 영어숙달자가 학교에 등록할 것으로 예상된다. 캘리포니아 학생 70%는 비백인과 히스패닉계이며, 이 중 50%는 학교에 처음 등록할 때 영어 외의 다른 언어를 사용할 것이다(Garcia, 1999). OELA는 2004~2005학년도에 미국의 전체 학교에서 영어학습자가 511만 9,561명이었다고 보고했다.

<표 6.1> 미국에서 초·중등학교 영어학습자 등록(1994/1995학년도~2004/2005학년도)

학년도	전체 등록자	1994~1995 대비 증가율	영어학습자 등록자	1994~1995 대비 증가율
1994~1995	47,745,835	0.00%	3,184,696	0.00%
1995~1996	47,582,665	-.34%	3,228,799	1.38%
1996~1997	46,714,980	-2.16%	3,452,073	8.40%
1997~1998	46,023,969	-3.61%	3,470,268	8.97%
1998~1999	46,153,266	-3.34%	3,540,673	11.18%
1999~2000	47,356,089	-.82%	4,416,580	38.68%
2000~2001	47,665,483	-.17%	4,584,947	43.97%
2001~2002	48,286,777	1.15%	4,750,920	49.18%
2002~2003	49,478,583	3.63%	5,044,361	58.39%
2003~2004	49,618,529	3.92%	5,013,539	57.43%
2004~2005	48,982,898	2.59%	5,119,561	60.75%

자료: The Growing Number of Limited Proficient Students, 1994/1995~2004/2005, The National Clearinghouse for English Language Acquisition and Language Instruction Educational Programs(NCELA), www.ncela.gwu.edu/

이는 OELA가 같은 해에 보고한 전체 학생인구 4,898만 2,898명의 10.45%이다. 또한 영어학습자는 1994~1995학년도와 2004~2005학년도 사이에 60.76% 증가했다. <표 6.1>에서는 학년도별 영어학습자의 등록숫자를 나타낸다. 영어학습자가 가장 많은 주는 캘리포니아, 텍사스, 뉴욕, 플로리다, 일리노이, 뉴멕시코 순이다[National Clearinghouse for English Language Acquisition(NCELA), 2006]. 예컨대, 캘리포니아 주 교육부는 2005~2006학년도에 157만 424명의 영어학습자를 보고했다[California Department of Education(CDE), 2007]. 영어학습자가 가장 밀집된 지역은 전체 학생 중 10% 이상을 넘게 차지하는 플로리다, 서부, 서남부 지역이다(NCELA, 2006).

모든 아동은 그들 문화의 언어체계를 학교에 가져온다. 아동이 영어를 충분히 잘할 때까지, 모국어로 영어를 배우도록 아동의 권리를 보장하는 것은 교육자의 책임이다. 이것은 제2 언어로서의 영어 프로그램이나 영어학습자를 위한 이중언어 프로그램의 이용을 함축한다. 연구 결과에 따르면, 학생의 모국어 개발을 고무하는 것은 영어를 사용하는 학업 능력 개발에 부정적 영향을 주지 않는다는 것이 압도적인 의견이다(Schechter and Cummins, 2003). 특히 교육자가 학생들에게 주류 언어의 언어적 기술을 고무하는 과정에서 지배영어와 그들 모국어의 문화적·언어적 차이점을 이해하고, 그 차이점의 가치를 인정하는 책임도 똑같이 중요하다. 교사가 아동의 모국어나 방언을 인정하고 존중하는 것이 중요하지만, 또한 특정의 교육적·직업적·사회적 환경에서 표준 영어를 사용하고 이해하는 것에 대한 중요성과 장점을 말하는 것도 중요하다.

1) 언어와 교육적 평가

문화적으로 다양한 아동의 평가만큼 교육계에서 논란이 되는 쟁점도 없다. 장애인 특수교실에 배치된 소수민족 아동의 불균형한 숫자 문제도 평가에서 비롯된다(Artiles et al., 2002). 언어의 특성은 언어적으로 다른 아동의 평가와 직접 관련된다. 다양한 배경의 학생을 수용하려는 진정한 노력에도, 민족적·언어적 소수자를 평가하기 위해 사용된 교육적·지적 검사 중 많은 것은 주로 백인과 중류층 아동의 기준에 맞추어졌다. 평가 검사의 개발에서 문화적·언어적 불일치의 기대가 있다(Adger, Wolfram and Christian, 2007). 따라서 그런 검사는 종종 영어가 능통하지 못하거나 방언을 사용하는 학생들에 대한 편견으로 생각된다. 니에토(Nieto, 2002)는 매년 약 1억 번의 학력표준검사가 시행되는데, 이를 학생 수에 대입하여 계산하면 학생 1인당 연간 평균 2.5번의 시험을 보는 것으로 추정된다. 성취도나 지능검사를 위해 사용되는 완전히 편견이 없는 평가 도구가 있을 것 같지 않다.

대부분의 지능검사는 언어에 크게 의존한다. 그러나 검사를 시행하면서 언어나 방언에서 아동의 숙달 수준을 결정하는 노력은 거의 없다. 예컨대, 라틴계 미국인 아동은 지능검사에서 요구하는 과업을 수행할 수 있지만, 영어로 된 지시문을 이해할 수는 없다. 심지어 스페인어 번역본을 아동에게 제공한다고 해도, 그 지시문에서는 아동이 익숙한 방언을 사용하지 않는다. 낯선 스페인어 방언을 사용하는 것은 학생을 아주 불리하게 만들고, 학생의 진짜 능력을 평가하지 못하는 시험결과를 만들어낸다. 시험을 보는 아시아계·아프리카계 미국인, 또는 토착 미국인에게도 같은 결과가 적용된다. 모든 지능검사는 구체적 지식이나 적성을 정확하게 검사하는 것보다는 언어의 표준 형식에서 학생의 능력을 측정한다(Wolfram and Christian, 2007). 코슨(Corson, 1999)은 평가 검사의 위험 중 하나는 주류집단 안에서 가치가 있는 것들을 기준으로 지능을 평가하고, 소수민족 아동에게 문화적으로 구체적인 것들을 배제하는 것이라고 경고한다. 가르시아(Garcia, 1999)는 이 편견으로 말미암아 지능과 민족 배경과 관련된 그런 검사에서 도출된 결론이 문제가 된다고 주장한다. 펜스와 저스티스(Pence and Justice, 2008)는 추가적으로 일부 학생이 미국 표준 영어사용자를 위해 개발된 검사 때문에 언어장애인으로 잘못 분류된다고 경고한다. 표준 기반 수업의 도입은 심지어 더 복잡한 평가 과정을 초래했다(Faltis, 2006). 언어적 차이점의 가치를 인정하지 않는 것은 결국 의문 투성이의 평가 절차를 통해 아동에 대한 부적당한 서비스와 부적절한 배치를 초래했다.

몇 건의 성공적인 집단소송은 낮은 IQ 검사 점수에 기초하여 특수교실에 배치된 아동을 대신하여 교육위원회나 교육구를 상대로 제기된 것이다. 전형적으로 그런 소송들에서는 편견과 부적절한 검사 도구가 언어적 소수 학생에게 사용되어, 결과적으로 특수교실에 부적절하게 배치되는 결과를 초래했다고 주장한다. 소송 중 종종 인용되는 것은 과달루페 대 템피 초등학교 제3 교육구(Guadalupe Organization, Inc. v. Tempe Elementary School District No.3, 587 F.2d 1022, 1030, 9th Cir. 1978) 사건이다. 이 사건은 애리조나에서 지적장애 학생교실에 야키족(Yaqui) 인디언과 멕시코계 미국인 아동이 불균형적으로 많이 배치된 결과로 초래되었다. 다이애나 대 주교육위원회 소송은 차별적이라고 주장되는 검사에서 낮은 IQ 점수에 기초하여 지적장애 학생교실에 배치된 멕시코계 이주민 아동을 대신하여 제기되었다.

2) 이중언어교육

대개 의견 일치를 보는 이중언어교육에 대한 정의는 "수업의 매개로서 두 개 언어의 사용"이다(Baca and Cervantes, 2004). 이중언어교육은 1968년에 제정된「이중언어교육법」(1974, 1978, 1984년에 재인가)에 따라 시행되는데, 부분적으로 연방의 자금 지원을 받는다. 연방법은 이중언어교육에 대한 바카와 세르반테스(Baca and Cervantes, 2004)의 시각, 즉 "두 개 언어를 사용하는 것 외에도 다른 교육방법을 허용하고, 고무하는 것"보다 훨씬 더 광범위하게 생각한다.

영어를 거의 또는 전혀 못하는 아동은 영어를 사용하는 아동이나 영어로 진행되는 수업을 이해할 수 없다. 이들 아동은 새로운 수업내용을 배워야 할 뿐만 아니라 새로운 언어와 새로운 문화까지도 배워야 한다. 이 중 많은 아동이 학교 수업을 따라갈 수 없고, 적절한 개입이 없다면 중퇴할 가능성이 있다. 라틴계 미국인 학생의 중퇴율은 불균형적으로 높다. 라틴계 미국인 이주민의 고등학교 중퇴율은 2001년 44.2%였는데, 이는 비라틴계 미국인의 7.4%와 비교된다. 2세대(이주민의 자녀) 라틴계 미국인 학생의 중퇴율은 14.6%이고, 3세대에서는 15.9%인데, 이는 비라틴계 미국인에 비해 거의 두 배이다(Mehring, 2004). 그러나 대부분의 1세대 중퇴자는 미국에 이주하기 전에 학교를 그만두었다(Rubin, 2003). 제프리스, 닉스와 싱어(Jeffries, Nix and Singer, 2002)에 따르면, 아메리칸인디언 학생의 중퇴율 또한 높다. 1994년 연방 교육부 보고에 따르면, 아메리칸인디언 학생의 중퇴율은 25.4%에 이른다. 언어적 차이점들이 아동의 학업 문제에 유일한 기여 변수는 아니겠지만, 많은 사람은 그것들이 주요인이라고 생각한다.

(1) 라우 대 니콜스 사건

1974년에 1,800명의 중국계 아동들을 대신하여 제기된 라우 대 니콜스 집단소송은 연방대법원까지 갔다. 원고 측은 샌프란시스코 교육위원회가 영어를 사용하지 않는 아동들의 언어적 욕구를 충족하기 위한 프로그램을 제공하지 않았다고 주장했다. 원고 측은 교육위원회가 영어를 사용하지 않는 아동들에게 적절한 프로그램을 시행하지 않은 것이 「민권법」(1964년) 타이틀 Ⅵ와 연방헌법 수정 제14조의 동등보호조항을 위반했다고 주장했다. 그들은 아동들이 수업에서 사용된 언어를 이해하지 못한다면, 다른 아동과 동등해야 할 교육의 기회를 박탈당하고 궁극에는 실패할 수밖에 없다고 주장했다.

교육위원회는 중국계 아동들도 교육구의 다른 아동들과 같은 교육을 받았다고 주장하면서, 위원회의 정책을 항변했다. 위원회의 입장은 아동이 학교에 입학할 때 영어를 이해하는 능력은 학교의 책임이 아니라, 그 아동과 가족의 책임이라는 주장이었다. 연방대법원은 만장일치로 "주가 설정한 기준에 따르면, 학생들에게 같은 시설, 교과서, 교사, 교과과정을 제공하는 것만으로는 동등대우를 했다고 할 수 없다. 다시 말해 영어를 이해하지 못하는 학생들은 실제로 모든 의미 있는 교육에서 배제되었다"라고 판결했다(Lau v. Nichols, 1974). 연방대법원은 영어 비사용자나 제한적 영어사용자에게 이중언어교육을 명령하지는 않았다. 학교가 그런 학생에게 동등한 교육 기회를 제공하려면 특별 언어 프로그램이 필요하다고 명시했다. 따라서 라우판결은 제2 언어로서의 영어 프로그램뿐만 아니라 이중언어교육의 발전에 상당히 중요한 계기가 되었다.

1975년 「모든 장애아를 위한 교육법」(1990년에 「장애인교육법」으로 수정)은 각 주가 장애인의 배치에서 인종적·문화적으로 차별하는 검사와 평가 절차를 중지하도록 요구했다. 또한 배치검사는 아동의 모국어로 실시하도록 요구했다. 이 밖에도 아동검사 승인, 개별화 교육 프로그램의 개발, 심리·항소와 같은 문제와 관련하여 부모와 상의할 때도 그들의 모국어를 사용하도록 했다. 개별화 교육 프로그램은 장애아가 받을 프로그램과 서비스를 명시하고, 개발 단계에서 부모의 참여를 요구한다.

1970년대를 통해 연방정부와 주 법원은 이중언어교육 프로그램의 방향을 설정하고, 제한적 영어숙달자 학생을 위한 적절한 검사 절차를 마련한다. 연방 교육국에서는 라우판결의 후속 조치로 학교가 이중언어교육 프로그램을 실행하도록 지원했다. 1981년 행정부가 바뀌면서 지역 교육 정책에 대한 연방정부의 통제를 줄였다. 가능한 한 빨리 모국어에서 영어로 전환할 것을 강조했다. 전환을 달성하는 방법론은 지역 교육구가 선택하게 했다. 따라서 많은 지역에서 제2언어로서의 영어 프로그램이 이중언어 프로그램과 함께 운영되기 시작했다. 앞으로 이중언어교육에 대한 연방 개입의 수준은 불확실하지만, 교육자 중에 이중언어교육의 일부 형태가 필요하다는 데 의문을 제기하는 사람은 거의 없다.

이중언어교육의 일차적 목표는 개인에게 영어나 제2 언어를 가르치는 것이 아니라, 아동에게 그들이 가장 잘 알고 있는 언어로 개념·지식·기술을 가르치고, 영어 사용을 통해 이 정보를 강화하는 것이다(Baca and Cervantes, 2004). 현재 과도기적 접근 방식과 보존적 접근 방식의 두 가지 철학이 이중언어교육 프로그램을 뒷받침한다.

과도기적 프로그램(transitional programs)은 집에서 커뮤니케이션을 위해 가장 보편적으로 사용하는 문화와 언어에서, 미국의 주류 언어와 문화로 전환하는 수단으로서 이중언어교육을 강조한다. 이 프로그램은 영어학습자가 가능한 한 빨리 영어를 효과적으로 배울 것을 기대한다는 점에서 동화주의자의 접근 방식이다. 집에서 사용하는 모국어는 단지 학생의 영어 숙달을 돕기 위해서만 사용되어야 한다. 모국어는 영어가 유창해지면 단계적으로 사용되지 않는다.

이중언어교육은 다음의 여섯 가지 시각에서 정당화될 수 있다. 첫째, 영어학습자를 위해 최대의 인지능력 개발을 달성하는 최상의 방식이다. 둘째, 동등한 교육 기회와 결과를 달성하는 수단이다. 셋째, 주류 언어와 문화로의 전환을 쉽게 하는 수단이다. 넷째, 교육 개혁의 한 가지 접근 방식이다. 다섯째, 긍정적인 민족 간 관계를 촉진하는 수단이다. 여섯째, 언어적 소수 학생이 성인이 되어 사회와 자신에게 유익한 일을 하게 하는 현명한 경제적 투자이다(Baca and Cervantes, 2004).

이중언어교육자들은 심지어 과도기적 틀 안에서도 이중문화 프로그램의 사용을 강력하게 지지한다. 이중문화의 강조는 학생에게 그들 가족문화의 가치와 자부심을 인정하게 하고, 긍정적인 자아상의 개발이나 유지를 고양한다. 크로퍼드(Crawford, 2004)는 학생의 문화 손실이 결국 부정적인 학업 결과를 초래할 것이라고 경고한다.

1982~1996년 대단위 교육구에 소속된 70만 명의 언어적 소수 학생에 대한 종합적 연구 결과에 따르면, 이중언어교육을 받는 학생들은 모든 과목의 전국 백분위에서 50번째를 넘는 평균점수로 학교를 마쳤다. 이와 반면에 제2 언어로서의 영어 수업만을 받은 언어적 소수 학생들은 전형적으로 전국 백분위에서 10~18번째의 평균점수로 학교를 마쳤다(Nieto, 2002). 크라센과 맥필드(Krashen and McField, 2005)에 따르면, 이중언어 프로그램의 학생들은 모든 영어 프로그램의 학생들보다 성적이 뛰어나거나, 영어로 작성된 학업 성취검사에서도 좋은 점수를 나타냈다. 바로 이런 것들이 이주민 자녀가 학교에서 좋은 성적을 받기 위해 필요한 것이다(Crawford, 2006).

이중언어교육 지지자들은 두 개 언어를 사용할 때의 장점을 본다. 이중언어교육 프로그램이 주로 영어학습자의 영어 기술 향상을 위해 개발되었지만, 일부에서는 영어 사용 학생에게 다른 언어의 숙달을 개발할 기회를 제공한다. 이 밖에도 이중언어교육은 개인에게 고용시장에서 취업에 유리한 기회를 제공한다. 미국은 지역주의 성격이 약하기 때문에, 이중언어 사용자에게는 비즈니스의 기회와 다른 국가 출신과의 접촉이 증가함에 따라 결정적인 장점이 된다. 크로퍼드(Crawford, 2006)는 이중언어교육 비판자들에게 미국이 언어적으로 항상 다양하다는 점을 상기되게 했다. 더 나아가 언어의 다양성이 전 세계적으로 보편적인 상황에서 미국인들이 단일언어 사용 철학을 채택한다면, 그들은 눈에 띄게 불리한 상황에 빠질 것이라고 주장했다. 9·11사건 이후 미국은 다른 언어의 숙달 정책 덕분에 분명히 덕을 보고 있다.

현재 시행하는 이중언어교육은 문제점이 많으며, 비판자도 많다. 연구 결과에 따르면, 잘 개발되고 잘 전달된 이중언어교육 프로그램은 긍정적인 결과를 만들어낼 수 있다. 비판자들은 이중언어교육 프로그램에 참여하는 일부 아동이

끼니를 해결하지 못하고, 많은 아동이 학교에서 중퇴한다는 다양한 증거를 제시했다. 우리가 인식해야 할 것은 전국적으로 유자격의 이중언어교육자가 턱없이 부족하다는 점이다. 이중언어 사용자라고 해서 반드시 이중언어교육자로서 자격을 갖춘 것은 아니다. 이중언어교육자의 자리를 차지하는 많은 사람이 그들의 준비와 훈련에서 충분한 자격을 갖춘 것은 아니다. 이들이 바람직한 결과를 만들어내지 못할 때, 이중언어교육 프로그램은 종종 부당하게, 효과가 없는 것으로 특징지어진다.

3) 제2 언어로서의 영어 프로그램

제2 언어로서의 영어 프로그램은 이중언어교육과 혼돈되는 프로그램이다. 미국에서 영어학습은 모든 이중언어 프로그램의 중요한 부분이다. 제2 언어로서의 영어 프로그램을 가르치는 것 자체가 이중언어 프로그램을 구성하지는 않는다. 이중언어교육과 제2 언어로서의 영어 프로그램 모두 영어학습자의 영어 숙달이 향상되게 한다. 수업 접근 방식은 두 프로그램을 구별한다. 이중언어교육은 수업 과정에서 모국어와 문화를 수용하고 개발한다. 이중언어교육은 수업의 매개로서 영어뿐만 아니라 모국어를 사용할 수 있다. 그러나 제2 언어로서의 영어 수업은 교수와 학습에서 전적으로 영어에 의존한다. 제2 언어로서의 영어 프로그램은 영어학습자가 가능한 한 빨리 주류 언어에 동화되도록 하는 주 매개로서 미국에서 광범위하게 이용된다. 따라서 일부 교육자는 모국어와 문화의 유지보다는 영어 습득을 더 강조하고, 그들의 목표를 달성하는 데 적용할 수 있는 교육적 수단으로 제2 언어로서의 영어 프로그램을 꼽는다.

일부 교육구에는 언어적 배경이 다른 영어학습자가 있을 수 있지만, 일부 집단(광둥어·페르시아어·러시아어)에 대해서는 이중언어교육 교실을 보장하기가 어렵다. 그런 상황에서 제2 언어로서의 영어 프로그램은 이들 학생을 위한 적절한 서비스를 제공하는 가장 논리적인 접근 방식이 될 수 있다.

(1) 캘리포니아 주민제안 227호

'U.S. English' 회원들은 캘리포니아 주민제안 227호(주민투표 발의안으로 1998년 61%의 찬성으로 통과)를 강력하게 지지했다. 이 법률은 캘리포니아에서 이중언어교육의 폐지론자가 제기했다. 'One Nation'에 소속된 로널드 운즈(Ronald K. Unz)[4]와 그의 지지자들은 이중언어교육의 실패에 대한 수많은 사례를 인용한다. 주민제안 227호에 따르면, 모든 언어적 소수 학생은 보호 영어 몰입 프로그램에서 교육을 받아야 하며, 정상적으로 1년을 넘지 않아야 한다. 보호 영어 몰입 또는 구조화된 영어 몰입 교육은 거의 모든 수업이 영어로 진행되지만, 영어학습자는 그들을 위해 고안된 교과과정과 프레젠테이션 시설을 갖춘 교실에서 공부를 한다. 이 시기에 영어학습자는 한시적으로 영어 주류반의 토착 영어 사용 학생과 학업 경쟁을 하지 않아도 된다. 프로그램을 이수한 학생은 영어 주류반으로 편입된다(Education Commission for the States, 2004; Unz and Tuchman, 1998). 이 법률은 부모의 포기각서(waivers)를 받도록 하고, 각서를 제출한 아동에 대한 교육은 이중언어교실에서 계속된다. 학교나 교사가 법률이 규정한 대로 아동의 교육을 이행하지 못한다면, 소송을 당할 수 있다.

기대한 대로 이중언어교육 지지자들은 운즈의 발의안이 다른 주로 번질 것이라는 우려와 함께 주민발의안을 강력하게 공격했다. 주민제안 227호 반대자들은 운즈 발의안에 연구 결과나 과학적 자료가 빠졌다고 주장한다. 오히려 그들은 이중언어교육이 영어학습자, 특히 라틴계 미국인 학생의 높은 실패율과 중퇴율에 기초했다고 주장한다. 또한 그것은 대부분 영어학습자가 1년 내에 기본 영어 대화를 이해할 수 있다는 관찰에 기초했다. 이중언어교육 지지자들은 기초 대화 기술은 정해진 시간에 습득될 수 있지만, 적절한 학술 언어 기술을 터득하기 위해서는 수년이 걸린다는 연구 결과(Cummins, 1984)를 인용하여 주민발의안에 반대한다. 주민제안 227호 반대자들은 이 법률이 모든 학생에게 공통적으로 적용되

---

4 주민제안 227호의 제안자로, 공화당 소속의 정치가이자 사업가이다. _ 옮긴이

는 접근 방식(one size fits all)이고, 지속적인 혜택을 가져올 수 없다고 주장한다. 더구나 그들은 K-4학년(유치부~4학년) 자녀를 둔 부모가 자녀의 이중언어교육을 위해 포기각서를 작성하는 것은 매우 어렵다고 주장한다. 또한 부모가 항소할 어떤 권리도 없으며, 법률이 교사와 행정가를 위협하여 교육적으로 학생에게 적절하다고 알고 있는 것을 하지 못하게 막는다고 주장한다(National Association for Bilingual Education(NABE), 2000].

(2) 주민제안 227호의 개관

주민제안 227호의 채택 이후에 처음 시행한 1998~1999학년도의 캘리포니아 SAT-9 결과는 영어학습자의 성적을 살펴볼 수 있는 기회가 되었다. 운즈와 그의 지지자들은 주민제안의 명령을 성실하게 이행한 오션사이드 시(Oceanside City) 통합 교육구의 시험성적을 증거로 제시하며, 주민제안이 성공했다고 발표했다. 2학년 영어학습자의 점수는 전년에 비해 백분위점수가 11점 상승했다. 다음 해의 점수도 긍정적이었으며, 주민제안의 지지자들은 승리를 주장하고, 그 타당성을 인정받았다고 환호했다.

스탠퍼드 대학의 하쿠타와 그의 이중언어교육 연구팀(Hakuta, 2001a, 2001b; Hakuta, Butler and Bousquet, 1999; Orr, Butler, Bousquet and Hakuta, 2000)은 주민제안 227호의 시행 이후 3년간의 학생성취도 시험결과를 검토했다. 1998~1999학년도와 1999~2000학년도의 SAT-9 점수는 캘리포니아 전체적으로 약간 상승했으며, 특히 2, 3학년에서 상승폭이 컸다. 영어전용 교실과 이중언어교육 교실의 영어학습자의 성적도 올랐다.

하쿠타와 그의 동료들은 이중언어교육의 다양한 형태를 유지했던 비스타(Vista) 통합 교육구, 산타아나(Santa Ana) 통합 교육구, 오션뷰(Ocean View) 통합 교육구와 같은 교육구들은 오션사이드 통합 교육구와 같은 유사한 성적향상이 나타났다고 밝혔다. 그들은 오션사이드 학생들이 비스타(18번째 백분위), 산타아나(17번째 백분위), 오션뷰(17번째 백분위) 학생들보다 낮은 12번째 백분위에서 시작했음을 발견했다. 그들은 '평균으로의 회귀(regression to the mean)'로 알려진 통계적 현상이 오션사이드 학생에게 적용되었음을 강력하게 시사했다. 평균으로의 회귀는 통계적 분포의 극단에 있는 점수가 모집단 평균 쪽으로 이동, 즉 낮은 점수는 높은 점수로 이동하고, 높은 점수는 낮은 점수로 이동하는 것을 말한다. 또한 연구 팀은 캘리포니아 학교에서 이루어진 학급 크기 축소가 점수 상승에 기여한다는 점과 영어학습자의 시험점수가 향상되었음에도 여전히 그들의 점수가 낮다는 사실을 지적한다.

하쿠타와 그의 동료들은 또한 다음을 관찰했다. 교육자들은 그들이 실험의 일부이고, 긴밀한 주시를 받고 있음을 잘 알고 있었다. 그들은 동기부여가 아주 잘되어 있어, 학습을 향상하고 시험점수를 높이기 위해 최선을 다했다(Hakuta et al., 1999; Orr et al., 2000; UCLMRI Newsletter, 2003).

2001년 오션사이드 교육구 영어학습자의 백분위 점수는 그대로였고, 일부는 점수가 떨어졌다. 그해 영어학습자 3학년 읽기 점수는 캘리포니아 주 영어학습자 백분위 점수보다 1점이 낮았다. 절반 이상의 학교에서 교육구 전체 영어학습자 시험점수는 전년과 비교해 떨어져, 상승하는 주의 영어학습자 시험점수와 반대 현상을 나타냈다.

2000년 미국연구원(American Institutes of Research: AIR)은 캘리포니아 주 교육부의 의뢰로 영어학습자 교육에 대한 주민제안 227호의 영향에 관한 5년간 연구를 수행했다. 2003년에 발표된 3년차 보고에 따르면, 주민제안 227호의 통과로 언어집단을 불문하고 거의 모든 학생이 SAT-9의 수학·읽기·언어에서 점수가 올라갔다. 그러나 크로퍼드(Crawford, 2004)는 신중하게 검토를 해보면 미국연구원의 연구 방법론에 문제가 있다고 주장한다. 학생 성적은 학교 위치에 따라 다양하게 나타나고, 아마도 연구목적으로 통제하기 어려운 많은 변수에 좌우될 수 있다. 다음의 일곱 가지 요인, 즉 리더십, 명확한 교수 계획, 책무성과 평가, 학교의 전체적인 분위기, 수업 전략, 교직원 개발, 가족 개입 등이 포함될 수 있다(AIR and WestEd, 2003).

〈표 6.2〉 캘리포니아 주의 이중언어교육 학생 등록에 대한 주민제안 227호의 영향

학년도	전체 등록자	영어학습자 등록 비율
1997~1998(주민제안 시행 이전 해)	409,879	29%
1998~1999(주민제안 시행 이후 해)	169,440	12%
2001~2002	151,836	9.7%
2004~2005	111,920	7.0%
2005~2006	95,155	6.1%

자료: Adapted form Crawford. (2007). The Decline of Bilingual Education: How to Reverse a Troubling Trend International Multilingual Research Journal, 1(1), 33~37.

〈표 6.2〉에서 시사되는 것처럼, 주민제안 227호의 지지자들이 캘리포니아에서 이중언어교육을 해체하려는 노력은 부분적으로 성공했다. 주민제안 227호 이전 학년도에는 이중언어교육 프로그램에 40만 9,879명의 학생이 등록했다. 다음 학년도(1998~1999)에 이중언어교육 등록생은 16만 9,440명으로 떨어졌다. 이것은 이중언어교육 학생 등록에서 영어학습자 등록이 차지하는 비중이 29%에서 12%로 떨어졌음을 나타낸다. 2001~2002학년도 이후에도 영어학습자의 등록률이 지속적으로 떨어져 많은 교육자가 걱정하고 있다.

2002년에 캘리포니아 주 교육위원회는 부모뿐만 아니라 교장과 교육 관계자도 아동이 이중언어교육 프로그램에 배치될지를 결정하도록 허용했다. 이것은 주민제안 227호의 권한을 상당히 약화한 것이다(Rossell, 2003).

6-4 생각해보기

존경받는 학자들의 연구 결과에 따르면 적절하게 시행된 이중언어교육은 효과가 있는데도, 일부 주와 연방정부의 고위직 인사를 포함하여 많은 단체의 공격을 받았다.

- 당신의 지역에서 이중언어교육에 대한 태도는 어떤가?
- 학업 성취도 시험점수의 결과에서 배울 수 있는 교훈은 무엇인가?

(3) 이중언어교육 해체를 위한 다른 노력

영어학습자는 종종 정치에서 발목을 잡힌다. 영어전용운동 지지자들과 반대자들은 그들의 입장이 소수언어 이주 학생을 위해 최상의 정책이라고 믿는다. 운즈와 그의 지지자들은 캘리포니아에서 성공(주민제안 227호의 통과와 교육적 결과)했다고 생각하는 것을 미국의 다른 주에 보급하기 위해 계속 노력하고 있다. 그들은 2000년 애리조나(Crawford, 2001), 2002년 매사추세츠(Boston Globe, 2003)에서 캘리포니아와 유사한 주민제안을 통과시키는 데 큰 역할을 했다. 그러나 콜로라도에서는 성공하지 못했다.

영어전용 정책의 반대자들은 영어학습의 중요성에 동의한다. 그러나 그들은 이중언어교육 반대자들을, 외국어에 대한 필수적 서비스를 종료하고 앵글로색슨 일치(Anglo-Saxon Conformity)를 강요하는 개인으로 간주한다. 그들은 적절한 이중언어교육이 효과적이라는 것을 증명했기 때문에, 이중언어교육을 공격하는 것은 정당하지 못하다고 생각한다. 그들은 적절하지 않은 이중언어교육은 비효과적이며, 이름만 이중언어교육이지 실제로는 이중언어교육이 아니라는 것을 인정한다. 이중언어교육 반대자들은 이중언어교육 프로그램의 실패 요인을 정리했는데, 그것은 부적당한 지원이나 자원 제공, 자격미달 인력의 프로그램 배치, 이중언어교육 학생에 대한 불완전한 평가결과의 수집, 이중언어교육 학생의 영어 테스트, 이중언어교육에 대한 부정적 결과를 낼 수 있는 기타 수단 등이다. 주민제안 227호 이후 캘리포니아에서 가장 큰 LA 통합 교육구는 대부분의 영어학습자에게 토착 영어사용자를 위해 특별히 고안된 발음 중심 읽기 프로그램을 제공하여 수업을 진행했다(Crawford, 2006).

이중언어교육에 대한 반격은 1992~2002년에 K-12(유치원·초등) 단계에서 영어학습자의 숫자가 전국적으로 72% 증가한 반면, 이중언어 프로그램 등록은 1992년의 37%에서 2002년의 17%로 떨어졌다는 사실에서 알 수 있다(Crawford, 2006).

2001년 「학생낙오방지법」의 통과는 이중언어교육에 설상가상이 되었다. 크로퍼드(Crawford, 2006)에 따르면, 「학생낙오방지법」은 학교에 책무성을 부여하고, 영어로 된 국가표준학력검사(high-stakes tests)를 시행하면서 학교에 영어전용 수업 방식을 선호하도록 고무했다. 크로퍼드는 특히 영어학습자가 습득하지도 않은 언어로 시험을 보고, 신뢰받지 않은 평가에 기초하여 학교에 실질적인 처벌을 하는 것은 불공평하다고 주장한다. 사실 초기의 많은 이주민은 이중언어교육 프로그램의 혜택을 보지 못했다. 그들은 '죽든 살든 알아서 하라는 식(sink or swim)'의 상황에 놓여 있었지만, 결국 성공적으로 언어를 습득했고 학교에서 좋은 성적을 거두었으며 사회에서도 좋은 직업을 찾았다. 그러나 많은 학생은 학교에서 언어를 제대로 배울 수 없고, 다른 문화에 동화하기 위한 노력을 경주했다. 현재 언어적 소수자 학생이 극적으로 증가했기 때문에, 대단히 많은 학생에게 교육 실패를 초래할 수 있는 '죽든 살든 알아서 하라'는 시스템을 시행할 수는 없다.

차이가 있기는 하지만, 이중언어교육을 반대하는 사람들뿐만 아니라 이를 지지하는 대다수의 사람도, 이주민 자녀의 교육 기회가 늘기를 바라는 좋은 의도가 있는 사람들이다. 모든 이해 당사자가 이 문제의 정치학에 대한 관심을 줄이고, 건전하고 문서화가 잘된 연구 결과에 프로그램의 우선순위를 둔다면, 궁극적인 승리자는 학생들이 될 것이다.

 **이중언어교육의 축소**

1974년 연방대법원의 라우 대 니콜스 판결로, 이중언어교육은 미국 교육의 중심에 서게 되었고, 그 정당성을 부여받았다. 라우 대 니콜스 판결은 이중언어교육을 명령하지 않았지만, 학교가 배경이 다양한 학생들의 언어적 욕구에 부합하도록 했다. 과거 30여 년 동안, 이중언어교육의 여정이 결코 쉽지만은 않았다. 일부 연구자가 그 가치를 확인하지만, 다른 연구자들은 학생들에게 해를 끼치지는 않더라도 특별한 이점이 없다는 결론을 내린다(Krashen and McField, 2005). 일부 비판가는 이것을 엄청난 실패라고 공격했고, 영어 몰입교육과 이중언어교육의 중단을 지지한다. 조지 부시 행정부는 이중언어 프로그램의 비중을 낮춘 것으로 보인

다. 연방 이중언어교육과 소수자 언어국은 OELA로 개명되었다.

〈찬성〉
- 이중언어교육 반대자들은 1년을 기한으로 구조화된 영어 몰입 교육을 지지한다. 그러나 그들이 목적으로 하는 것의 효능감을 뒷받침할 연구 결과는 없다.
- 커민스와 하쿠타에 따르면, 영어학습자는 1년의 시간으로는 학술 목적의 영어에 유창해질 수 없다.
- 이중언어교육의 문제는 이중언어교육에 대해 훈련받은 유자격 인력의 부족, 적절한 자원의 부족, 연방정부와 주정부 차원의 노력 부족 등을 들 수 있다.
- 연구 결과에 따르면, 이중언어교육은 적절하게 시행되면 효과가 높다.

〈반대〉
- 40만 명 이상의 캘리포니아 학생들이 영어 비유창자로 학년도를 시작했으며, 주민제안 227호 시행 이전과 학년도 말에 5%만이 영어를 배웠다.
- 주민제안 277호 이전에 영어학습자는 영어수업은 약간만 받으면서, 모국어(대부분은 스페인어)로 된 문법·읽기·쓰기, 다른 학술 주제를 공부했다.
- 이주민 자녀의 성취도 검사의 시험점수는 낮고, 중퇴율은 높다.
- 캘리포니아, 애리조나, 매사추세츠의 이중언어교육은 항상 있던 교육적 분열을 줄였다. 같은 일들이 미국 전역에서 일어나야 한다.

〈질문〉
- 프로그램의 결정(어떤 유형의 프로그램이 영어학습자에게 제공되어야 하는가)은 무엇에 기초해야 하는가?
- 이중언어교육에 대한 공격은 정당한가?
- 언어 습득과 영어학습자와 관련된 연구 결과는 무엇을 보여주는가?

자료: http://onenation.org/unz101997.html, www.standford.edu/~hakuta/docs/howlong.pdf

4) 교실에서 비언어적 커뮤니케이션

시나리오에서 논의했던 것처럼, 학생과 교사의 비언어적 커뮤니케이션에서 나타나는 문화 차이는 양쪽에 큰 좌절감을 줄 수 있다. 그런 차이를 극복하기 위해서는 교사가 학생, 특히 문화적 배경이 다른 학생이 교사가 기대한 만큼 반응하지 못할 때는 특정의 비언어적 커뮤니케이션의 분석을 시도해야 한다. 때로 학생이 수업 시간에 엉뚱한 행동을 하거나, 교사가 말할 때 시선을 피하는 행동을 하는 것은 문화 차이에서 비롯될 수 있다.

대부분의 학교 환경에서 종속 집단의 학생들은, 학교의 이중문화에 익숙해지고 주류집단의 비언어적 커뮤니케이션 유형에 적응하길 기대한다. 또한 좀 더 세심한 접근 방식은 교사가 교실을 이중문화적으로 운영하는 것을 배우는 것이다.

교사는 커뮤니케이션이 일어나지 않을 때 교실에서 무엇이 일어날 것인지 생각해야 한다. 첫 단계는 어려움의 본질을 좀 더 잘 아는 것이다. 학교 환경에서 학생들은 간혹 문화적으로 유사한 배경의 교사·상담사·행정가에 접근해야 한다. 교사는 학생의 문화적 실마리가 무엇을 의미하는지 배우고, 적절하게 반응하기 위한 노력을 할 수 있다. 그러나 더 효과적인 접근 방식은 교실에서 무엇이 일어나는지 분석할 수 있고, 학생과 학생의 문화적 배경에 관해 알려진 것에 기초하여 반응할 수 있는 것이다.

7. 요약

1974년 라우 대 니콜스 사건은 영어를 사용하지 않는 아동에게 그들의 언어적 욕구에 부합하는 적절한 교육권을 보장한 것이다. 법률적 명령에도, 관용의 부족 또는 표준 영어가 아니라고 생각하는 언어나 방언에 대한 무감각 때문에, 항상 적절한 서비스가 제공되는 것은 아니다. 비표준 방언은 아동에게 부정적 낙인을 찍을 경향이 있기 때문에, 일부 교육자는 비표준 방언들을 커뮤니케이션의 정당한 형태로 보지 않으려고 한다. 그것들은 정말로 커뮤니케이션의 정당한 형태일 수 있고, 특정한 문맥에서 화자에게 도움을 줄 수 있지만, 비표준 영어 방언은 일부 사회적·직업적 기회를 배제한다. 이중언어교육에는 지지자와 반대자가 있다. 그러나 적절한 교육적 프로그램을 통해 제한적 영어숙달자에 해당하는 아동은 그들의 권리로 부여된 교육을 받을 수 있다. 교육자의 책임은 학생들의 언어적 다양성을 인식하고, 가족의 독특한 문화적·언어적 배경의 가치를 인식하는 것이다. 학생들은 이중언어와 이중방언에 익숙하게 될 때, 더 다양한 사회적·학술적·직업적 환경을 통해 항해하며 앞으로 나아갈 수 있는 자신을 발견할 것이다.

교육자를 위한 실무

1. **토론을 위한 질문**
   1. 언어는 어떻게 문화의 기능을 하는가?
   2. 미국에서 이중언어를 구사하면 어떤 이점이 있는가?
   3. 이중언어교육은 교육 환경 안에서 어떻게 고무되고 좌절되는가?
   4. 방언이란 무엇인가? 일반적으로 개인이 두 방언에 익숙한지를 결정하는 요인은 무엇인가?
   5. 교육에서 흑인영어는 왜 논란이 되는가? 그것은 교실에서 어떻게 다루어져야 하는가?
   6. 교사와 학생, 학생과 학생 사이에 비언어적 커뮤니케이션에 민감한 것이 왜 중요한가?
   7. 학생이 기본적인 영어 대화 기술의 일부를 익히는 즉시, 그가 영어로 진행하는 수업에 준비가 되었다고 가정하는 것은 왜 어리석은가?
   8. 언어와 교육평가의 관계는 무엇인가?
   9. 보존적 이중언어교육과 과도기적 이중언어교육을 비교하시오. 어떤 것이 더 적절하다고 생각하는가? 왜 그렇다고 생각하는가?
   10. 제2 언어로서의 영어 프로그램의 접근 방식은 교실에서 언제 사용하기에 가장 적절한 전략이 될 것인가?

2. **포트폴리오 활동**
   1. 학생들이 말하는 다른 언어나 방언이 얼마나 많은지 파악하기 위해 학생들을 대상으로 설문조사하시오. 그들은 언제 어디서 표준 영어 외에 다른 방언이나 언어를 말하는 것이 편안한지 질문하시오(INTASC 기준 3).
   2. 지역 교육구 사무실을 확인하고, 얼마나 많은 언어집단이 교육구에서 일하는지를 파악하시오(INTASC 기준 3).
   3. 교육구가 학교에서 영어학습자의 영어 습득을 쉽게 하기 위해 사용하는 프로그램은 어떤 유형인지 파악하시오(INTASC 기준 3).
   4. 언어적 소수 학생을 가르치는 교사를 설문조사하여, 그들의 학생에게 우선적으로 제공하는 프로그램의 유형은 무엇인지 파악하시오. 그리고 그 이유가 무엇인지 파악하시오(INTASC 기준 3).

3. **교사 자격시험 준비**

   루페 고메스는 LA 통합 교육구의 3학년 교사이다. 그녀의 반에는 교육구의 특수교육

통합 프로그램의 일환으로 세 명의 특수교육생이 있다. 세 명 모두 멕시코와 중앙아메리카에서 이주해 왔으며, 집에서는 스페인어를 말하고 영어를 거의 말하지 못한다. 고메스는 이중언어를 할 수 있고, 그녀에게는 개별화 교육 프로그램을 수행할 적절한 이중언어교육의 배경이 있다.

고메스는 캘리포니아에서 가르치고 있으며, 주민제안 227호의 주법을 준수해야 한다. 주민제안 227호는 스페인어로 가르치지 못하게 하기 때문에, 그들에 대한 개별화 교육 프로그램을 위해 스페인어가 필요한 세 명의 학생들에 대해 걱정하고 있다.

단답형 질문
1) 고메스가 세 명의 학생들을 스페인어로 가르친다면, 그녀는 주민제안 227호가 규정한 대로 징계를 받고 벌금을 내야 할 위험을 자초하는 것인가?
2) 커민스의 연구 결과는 학생들이 학업적으로 기능할 수 있는 새 언어를 습득하는 데 필요한 시간과 관련하여 어떤 점을 지적하는가?
3) 특수교육 학생과 다른 영어학습자에게 주는 이 연구의 시사점은 무엇인가?

권장도서

Adger, C. T., W. Wolfram and D. Christian. 2007. *Dialects in schools and communities*(2nd ed.). Mahwah, NJ: Lawrence Erlbaum Associates.
이 책은 방언 분야에서 널리 인정받는 권위자들이 저술한 탁월한 개론서이다. 이 책은 미국에서의 언어 변종을 소개하고 방언과 언어 차이의 근원을 기술하고 설명한다. 또한 교실에서 커뮤니케이션상의 상호작용과 문화적 양식을 소개하고, 왜 언어 차이가 언어 결핍을 의미하지 않는가에 대해 설명한다.

Baca, L. M. and H. Cervantes. 2004. *The bilingual special education interface*(4th ed.). Upper Saddle River, NJ: Pearson Education, Inc.
이중특수교육에 대한 탁월한 개론서인 이 책은 제한적 영어숙달자 아동의 권리와 관련된 소송과 입법을 포함하여 일반적인 이중언어교육에 대해 기본적이지만 중요한 정보를 담고 있다.

Crawford, J. 2004. *Education of English Learners: Language diversity in the classroom*(5th ed.). Los Angeles: Bilingual Educational Services.
전직 *Education Week*(주간교육)의 워싱턴 편집인이면서 현재 전국이중언어교육연합회(National Association for Bilingual Education) 사무총장을 저술한 이 책은 이중언어교육에 대한 탁월한 개론서이다. 이 책에서는 미국에서 언어 정책, 이중언어교육을 둘러싼 정치학, 그리고 언어 습득의 연구 개요에 대한 쟁점들을 기술하고 있다.

Samovar, L. A., R. E. Porter and E. R. McDaniel. 2006. *Communication between cultures*(6th ed.). Belmont, CA: Wadsworth.
언어와 문화에 대한 탁월한 방법을 제시한 이 책은 여러 장에 걸쳐 문화 간 커뮤니케이션과 비주류집단의 커뮤니케이션에 대해 소개한다.

참고문헌

Adger, C. T., W. Wolfram and D. Christian. 2007. *Dialects in schools and communities*(2nd ed.). Mahwah, NJ: Lawrence Erlbaum Associates.

American Institutes of Research(AIR) and WestEd. 2003. Effects of the implementation of Proposition 227 on the education of English learners, K-12, Year 3 Report. (2003년 10월 29일, 캘리포니아 주교육부에 제출).

Artiles, A. J. et al. 2002. Over-identification of students of color in special education: A critical overview. Multicultural Perspectives (4), 1.

Baca, L. M. and H. Cervantes. 2004. *The bilingual special education interface*(4th ed.). Upper Saddle River, NJ: Merrill/Prentice Hall.

The Boston Globe(via Knight Ridder Tribune Business News. 2003(April 27). Second bilingual education battle gears up in Massachusetts.

California Department of Education(CDE). 2007. *Number of English learners by language. Educational Demographics Unit.* (http://dq.cde.da.gov/dataquest/LEPbyLang1.asp?cChoice=LepbyLang1&cYear=2005-06&cLevel=State&Topic=LC&myTimeFrame=S&submit1=Submit 2007년 6월 10일 검색).

Corson, D. 1999. *Language policy in schools: A resource for teachers and administrations.* Mahwah, NJ: Lawrence Erlbaum Associates.

Crawford, J. (ed.). 1992. *Language loyalties.* Chicago: University of Chicago Press.

Crawford, J. 2001. Bilingual education: Strike two, Arizona voters follow California's lead and mandate English-only programs. Rethinking Schools, 15(2).

Crawford, J. 2003. *Issues in U.S. language policy, language legislation in the U.S.A.* (http://ourworld.compuserve.com/homepages/jwcrawford/langleg.htm).

Carwford, J. 2004. *Education of English learners: Language diversity in the classroom*(5th ed.). Los Angeles: Bilingual Educational Services.

Crawford, J. 2007. *The decline of bilingual education: How to reverse a troubling trend. International Multicultural Research Journal,* 1(1), 33-37.

Crystal, D. 1997. *The Cambridge encyclopedia of language*(2nd ed.). Cambridge, UK: Cambridge University Press.

Cummins, J. 1984. *Bilingualism and special education: Issues in assessment and pedagogy.* San Diego: College-Hill Press.

Cummins, J. 1996. *Negotiating identities: Education of empowerment in a diverse society.* Los Angeles: California Association for Bilingual Education.

Cummins, J. 2000. *Language, power and pedagogy: Bilingual children in the crossfire.* Clevedon,

England: Multicultural Matters.

Diana v. State Board of Education, Civil Action No.C-7037 RFP(N. D. Cal. Jan. 7, 1970 and June 18, 1973).

Dicker, S. J. 2003. *Languages in America: A pluralistic view*(2nd ed.). Bristol, PA: Multicultural Matters.

Education Commission for the States. 2004. *Bilingual/ESL.* (www.ecs.org/ecsmain.asp?page+html/issues.asp 2004년 8월 5일 검색).

Faltis, C. J. 2006. *Teaching English language learners in elementary school communities: A joinfostering approach*(4th ed.). Upper Saddle River, New Jersey: Pearson Prentice Hall.

Fillmore, L. W. 1992. Against our best interest: The attempt to sabotage bilingual education. In J. Crawford(ed.), *Language loyalties.* Chicago: University of Chicago Press.

Garcia, E. 1999. *tudent cultural diversity: Understanding and meeting the challenge*(2nd ed.). Boston: Houghton Mifflin.

Hakuta, K. 2001a. *Silence from Oceanside and the future of bilingual education.* (www.standord.edu/%7Ehakuta/SAT9Silence%20from%20Oceanside.htm 2004년 8월 5일 검색).

Hankuta, K. 2001b. *Follow-up on Oceanside: Communications with Ron Unz.* (www.standord.edu/%7Ehakuta/SAT9Silence%20from%20Oceanside%202.htm 2004년 8월 5일 검색).

Hakuta, K. 2002. *What can we learn about the impact of Proposition 227 from SAT-9 scores?* (www.stanford.edu/%7Ehakuta/SAT9/index.htm 2004년 8월 5일 검색).

Hakuta, K., E. Bialystok and E. Wiley. 2003. Critical evidence: A test of the critical-period hypothesis for second-language acquisition, *American Psychological Society*, 14(1).

Hakuta, K., Y. G. Butler and M. Bousquet. 1999. *What legitimate inferences can be made from the 1999 release of SAT-9 scores with respect to the impact of California's Proposition 227 on the performance of LEP students.* (www.stanford.edu/%7Ehakuta/SAT9/NABE 2004년 8월 5일 검색)

Hakuta, K., Y. G. Butler, D. Witt. 2000. *How long does it take English language learners to attain proficiency?*Santa Barbara, CA: University of California Linguistic Minority Research Institute Policy Report 2000-1.

Haynes, J. 2004. *Proxemics and culture.* (www.everything.net/inserives/proxemics_elevato r.php 2004년 8월 5일 검색).

Hecht, M., R. Jackson II and S. Ribeau. 2003. African *American communication: Exploring identity and culture*(2nd ed.). Mahwah, NJ: Lawrence Erlbaum Associates.

Heward, W. L. 2006. *Exceptional children*(8th ed.). Upper Saddle River, NJ: Merrill/Prentice.

Hosoda, M., E. F. Stone-Romero and G. Coats. 2003(Summer). The effects of Physical attractiveness on job-related outcomes: A meta-analysis of experimental studies. *Personnel Psychology*, 56(2), 431-432.

Jay, T. 2003. *The Psychology of language.* Upper Saddle River, NJ: Prentice Hall.

Jeffries, R., M. Nix and C. Singer. 2002(February-March). Urban American Indians "dropping" out of traditional high schools: Barriers and bridges to success. *High School Journal*, 85(3), 38-39.

Krashen, S. and G. McField. 2005(November-December). What works? Reviewing the latest evidence on bilingual education. *Language Learner*, 1(2): 7-10.

Lau v. Nichols, 414 U.S., 563-572(Jan. 21, 1974).

Los Angeles Almanac. 2004. (www.losangelesalmanac.com/LA/la10b.htm 2004년 8월 5일 검색).

MacNeil, R. and W. Cran. 2005. *Do you speak American?* New York: Nan A. Talese/ Doubleday.

McDonald, J. J., Jr. 2003(Fall). Civil Rights for the aesthetically-challenged, *Employee Relations Law Journal*, 29(2), 118.

Mehring, J. 2004(August 2). Latinos' education gap; High-school dropout rates remain high. Business Week, i3894, 28.

Meyerhoff, M. 2006. *Introducing sociolinguistics.* New York: Routledge.

National Association for Bilingual Education(NABE). 2000. *The Unz initiative: Extreme irresponsible and hazardous to California's future.* Washington, D.C.: Author.

National Clearinghouse for English Language Acquisition(NCELA). 2006. *Growing numbers of limited English proficiency students.* www.ncela.gwu.edu/policy/states/reports/staedata/2004LEP/GrowingLEP_0405-Nov06.pdf

News-Medical. Net. 2004(April 27). *A high rate of marriage among deaf individuals can explain the increased frequency of connexin deafness in the United States.* (www.news-medical.net/print_articla.asp?print=yes&id=911 2004년 8월 5일 검색).

Neito, S. 2002. *Language culture, and teaching: Critical perspectives for a new century.* Mahwah, NJ: Lawrence Erlbaum Associates.

NYC Mayors. 2004. *Fiorello Henry LaGuardia.* (www.nyc.gov/html/nyc100/html/classroom/hist_info/mayors.html#laguardia 2004년 8월 5일 검색).

Orr, J. E., Y. G. Butler, M. Bousquet and K. Hakuta. 2000. What can we learn about the impact of Proposition 227 from SAT-9 scores? An Analysis of Results from 2000. (www.stanford.edu/%7Ehakuta/SAT9/SAT9_2000/analysis2000.htm 2004년 8월 5일 검색).

Owens, R. E., Jr. 2005. *Language development*(6th ed.). Needham Heights, MA: Allyn & Bacon.

Pence, K. and L. Justice. 2008. *Language development from theory to practice.* Upper Saddle River, NJ: Pearson/Merrill Prentice Hall.

Rossell, C. H. 2003. *Dismantling bilingual education, implementing English immersion: The California initiative.* San Francisco: Public Policy Institute of California, August 20, 2002.

Rubin, H. G. 2003(June 19). Hispanic dropout rates lower than feared, *Education Daily*, 36(116), 4.

Samovar, L. A., R. E. Porter and E. R. McDaniel. 2006. *Communication between cultures*(6th ed.). Belmont, CA: Wadsworth.

Schechter, S. and J. Cummins(eds.). 2003. *Multilingual education in practice: Using diversity as a resource.* Portsmouth, NH: Heinemann.

Seifert, M. W. 2001(July 20). *Appearances count to the point of bias?* Austin Business Journal, 21 (18), 21.

Smith, D. D. 2007. *Introduction to special education: making a difference*(with MyLabSchool) (6th ed.). Needham Heights, MA: Allyn & Bacon.

UCLMRI Newsletter. 2003(Fall). *Has Proposition 227 reduced the English learner achievement gap?* Santa Barbara, CA: University of California Minority Research Institute.

Unz, R. K. and G. M. Tuchman. 1998. *Initiative statute: English language education for children in public schools.* Palo Alto, CA: Author. (www.nabe.org/unz/text).

U.S. Census Bureau. 2003. *Statistical abstract of the United States: 2003*(123rd ed.), Washington, DC: U.S. Department of Commerce.

U.S. Department of Education. 2004 civil rights data collection: projected values for the nation, Washington, D.C. vistaademo.beyond 2020.com/ocr2004rv30/xls/nation-projection.xls.

U.S. English. 2004. www.us_english.org/inc/ 2004년 8월 5일 검색.

Wolfram, W. and D. Christian. 1989. *Dialects and education: Issues and answers.* Upper Saddle River, NJ: Prentice Hall.

제 7 장

종교

 연방의회는 국교를 정하거나
신앙 행위를 금지하는 법률을 제정할 수 없다.
언론·출판의 자유나 집회의 자유,
청원할 수 있는 권리를 제한하는 법률을 제정할 수 없다.

First Amendment to the United States Constitution, 1791

시나리오 scenario

샌프란시스코 인근 에디슨 오니즈카 중학교 교사들과 행정가들은 학교의 우등생 시상식 계획을 최종 마무리하고, 8학년에서 동점으로 최고의 성적을 거둔 라마크리슈난 굽타와 레베카 로즈를 우등생으로 선발했다. 그들은 교육의 가치에 대해 7분에서 10분 정도 연설을 해달라는 요청도 받았다. 교장 호베스타트와 교사들은 교육감이 행사에 참석하여 자리를 빛내주길 바랐다. 행사는 5월 넷째 주 토요일 오후 3시로 결정되었는데, 교육감이 참석할 수 있는 유일한 시간이기 때문이다.

교장 호베스타트는 굽타의 가족과 로즈의 가족에게 그들이 시상식 연설자로 선출되었음을 알리기 위해 전화를 했다. 기대한 대로 부모들은 자식의 소식을 듣고 기뻐했다. 그러나 로즈의 아버지는 토요일은 정통파 유대교 가족에게는 안식일이기 때문에 참석할 수 없다고 했다. 안식일은 금요일 해질 때부터 토요일 해질 때까지 온종일 종교적인 의무와 휴식을 취하는 날이다. 정통 유대교는 유대교의 보수적인 분파로 엄격하게 율법을 지킨다. 학교 행사는 안식일을 제외한 다른 날로 재조정되어야 한다. 교장이 간청했지만, 불가능했다. 모든 계획이 결정되어 다른 날을 잡을 수 없었다. "왜 토요일에 그 행사를 하려고 합니까?" 로즈의 아버지는 소리를 질렀다. "나라면 당신에게 그렇게 하라고 요구하지 않을 것입니다. 왜 우리의 안식일에 행사를 하려고 합니까? 행사 날짜를 바꿔야 합니다." 어쩔 수 없이 교장은 서둘러 대안을 마련해야 한다.

생각해보기

- 로즈의 아버지가 불합리한가?
- 커뮤니티에 주로 기독교 신자가 살고, 로즈의 가족과 또 다른 가족만이 유대교 신자인 동질적인 커뮤니티에서 일어난다면, 그 행사가 어떻게 될 건인가? 민주사회에서는 다수가 항상 지배하는가?
- 당신은 한 가족이 학교가 신중하게 준비한 행사를 망칠 수 있다는 생각을 하면 화가 나는가?
- 당신이 비기독교 커뮤니티에서 사는 기독교인이라면 어떻게 느끼겠는가? 당신이 크리스마스에 참석하려고 계획한 주요 행사는 무엇인가?
- 다수가 항상 지배해야 하는가?
- 모든 개인의 권리가 고려되어야 하는가?

1. 종교와 문화

2003년 앨라배마 주 대법원장 로이 무어(Roy Moore)는 십계명 기념비를 치우라는 연방 지법의 명령에 불복하고 공직에서 사퇴했다. 주 대법원 판사로 선출된 뒤에 무어 판사는 앨라배마 법원의 원형건물에 그 기념비를 세웠다. 연방 지법 판사는 무어의 행동이 정교분리원칙을 위반했다고 판결하면서, 그 기념비를 치우라고 명령했다. 무어 판사는 법원의 명령을 이행하지 않았고, 결국 판사직에서 물러났다(Johnson, 2003).

무어는 그것이 그의 권리일 뿐만 아니라 법정에서 신을 인정하는 것이 그의 의무라고 주장했다. 무어는 주 사법부 판사 선거캠페인을 하면서 법의 도덕적 기초를 다시 세우겠다고 약속했다(Johnson, 2003).

무어의 반항은 시민 사이에서 대단한 지지를 받았다. 앨라배마 시민 75%가 그의 주장을 지지했다. 또한 그는 주 밖의 다른 시민에게서 지지를 받았다. 무어는 연방정부가 동전에 '우리는 신을 믿는다'는 문장을 새겨 넣었으며, 지폐에도 같은 글이 인쇄되었음을 지적했다. 그러나 '십계명'을 전시할 그의 권리는 거부당했다. 그는 이것이 대단한 모순이라고 지적했다. 도덕성을 고양하려는 그의 신념이나 희망에 대한 그의 권리에는 문제가 없다. 쟁점은 공공장소에서 종교적 개념을 고양할 목적으로 공직을 이용한 것이었다. 그는 대다수 사람에게서 지지를 받았지만, 연방대법원과 판사들은 아무리 작은 소수집단이라도 그의 신념(그리고 다른 사람의 신념)에 따르지 않을 권리를 가지고 있다는 판결을 내렸다.

무어 판사는 자신의 행동이 초래할 결과를 잘 알고 있었지만, 자신의 종교적 신념을 고수하기 위해 대법원장직을 포기했다(Johnson, 2003). 모든 학생은 다른 사람의 종교적 도그마에서 자유로울 권리가 있다.

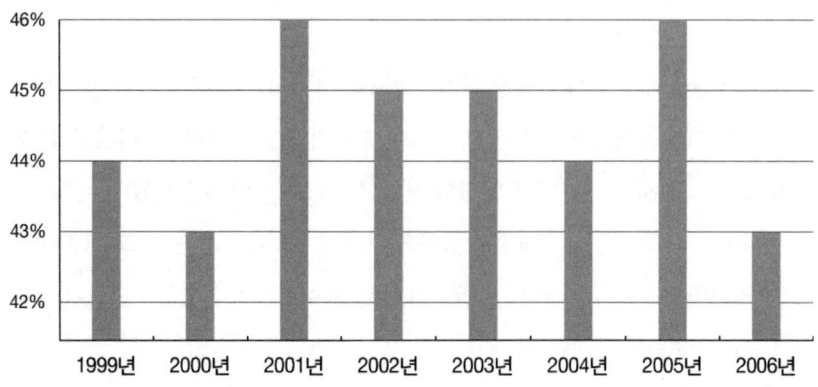

〈그림 7.1〉 교회나 종교집회 참석률(매주 또는 거의 매주)

자료: Gallup Poll. (2006). Religion. http://www.galluppoll.com/content/?ci=22414&pg=1 (2006년 12월 28일 검색).

1) 종교가 교육에 미치는 영향

미국 인구 90%는 일부 종교집단을 선호한다(Winseman, 2005). 〈그림 7.1〉에서 보는 것처럼, 성인 약 43%가 평균적으로 일주일에 한 번은 교회나 종교집회에 참석한다(Gallup Poll, 2006). 보수적인 프로테스탄트 신자와 예수그리스도후기성도(The Church of Jesus Christ of Latter-day Saints, 모르몬교, 말일성도) 신자는 더 자주 교회에 참석한다(Gallup Poll, 2006). 종교는 분명히 많은 사람의 삶에 중요한 영역이다. 물론 종교가 일부의 삶에는 영향을 주지 않을 수 있지만, 많은 사람이 생각하고 지각하고 행동하는 방식에 영향을 준다. 종교집단의 힘은 다각적으로 영향을 미친다. 종교집단은 학교에서 사용하는 교과과정과 교과서뿐만 아니라 교육위원회 위원 선출에도 영향을 줄 수 있다. 교장·교사·교육감은 종교집단의 영향으로 고용될 수도 있고 해고될 수도 있다. 이 장에서는 미국의 종교 개요와 종교가 개인과 교육제도에 미치는 영향에 대해 살펴보기로 한다.

학교의 종교적 다원주의는 대부분 미국의 지리적 위치에 따라 결정된다. 역사적으로 다양한 이주와 그 유형 때문에, 다양한 민족과 종교집단이 미국의 여러 지역에 정착했다. 일부 지역은 완전히 동질성을 유지하지만, 특정 민족집단과 강력하게 동일시하는 가족들이 학교 커뮤니티를 지배한다. 대개 가족은 커뮤니티에서 한 개 이상 종파의 종교적 성향과 확고하게 동일시한다. 가족이 어떤 종교의 교리를 갖느냐에 따라 학교와 교사에게 기대하는 수준과 내용이 다르다. 종교적 시각과 학교에 대한 기대가 크게 다른 지역에서 교육자는 많은 난관에 직면한다. 미국 여러 지역 학교에서 종교별 신자 수를 살펴보면, 교사가 교직에 종사하면서 직면할 수 있는 다양성을 느낄 수 있을 것이다.

예컨대, 남부 농촌의 통합고등학교는 주로 보수적인 남부침례교, 예수교회, 펜테코스트파(Pentecostal) 가족을 배경으로 둔 학생들로 구성된다. 통합감리교 학생들은 다른 교파의 학생들보다 덜 보수적이다. 교회는 대부분의 커뮤니티 활동에서 중심이 되어 봉사하고, 많은 가족은 매주 교회에서 며칠씩 밤을 보내거나 봉사한다. 성교육은 공립학교 교과과정에서 허용되지 않는다. 교사가 진화론이나 커뮤니티와 갈등을 일으키는 생활양식에 대해 가르칠 경우에는 강력한 비판을 받을 것이다. 교과서와 읽어야 할 독서는 그 내용이 보수적인 커뮤니티의 신념과 동떨어지지 않도록 철저히 검사를 받는 게 보통이다.

인디애나 동북 지역에서 어떤 중학교의 일부 학생은 같은 유럽계 조상을 두었지만, 그들은 서로 다르게 옷을 입고 행동을 한다. 일부 학생은 신자의 행동과 복장에 엄격한 규제를 가하는 아미시파(Old Order Amish) 커뮤니티 출신인 반면, 대다수의 학생은 메노파 신자(Mennonites)이다. 아미시파와 메노파는 스위스와 네덜란드에 뿌리를 둔 보수적인 기독교 집단의 일부이다. 아미시파 학생들은 모범생이고 행동이 바르지만, 일부는 그들의 보수적인 복장과 전체적인 외모 때문에 비아미시파 또래에게 놀림을 받는다. 8학년을 마치면, 아미시파 학생들은 더 이상 학교에 다니지 않는다. 전기와 동력기계를 이용하지 않는 가족 농장에서 종일 일해야 하기 때문이다. 메노파는 아미시파와 뿌리가 같지만, 그들만큼 보수적이지는 않다. 초기 아미시파는 메노파에서 분리된 집단이다.

로마가톨릭교, 유대교, 프로테스탄트, 이슬람교, 힌두교, 불교를 믿는 가족의 학생은 서부 해안의 교외 학교에 다닌다. 일부 학생은 종교와 관련이 없는 가족을 두고 있다. 학생의 종교적 배경이 다르지만, 그들은 같은 가치의 많은 부분을 공유하는 것으로 보인다. 학교는 일반적으로 성교육·민족학·종교를 포함하는 진보 성향의 교과과정을 개설한다. 학생이 준수해야 하는 다양한 종교휴일을 제외하면, 종교는 학생이나 학교에 거의 영향을 미치지 않는다.

동부 해안의 도시 학교 학생들의 종교적 배경은 아주 다양하다. 일부 학생은 로마가톨릭 성당에 다닌다. 다른 학생들은 침례교회나 가게 바로 앞 펜테코스트파 교회에 다닌다. 또 다른 학생들은 종교와 아예 관련이 없다. 미국의 다른 커뮤니티와 마찬가지로 이 커뮤니티에도 무신론자(atheists)와 불가지론자(agnostics)가 있다. 무신론자들은 신이 없다고 믿는 반면, 불가지론자들은 신이나 신들의 존재를 알지 못하며 모를 수 있다고 주장한다. 일부 학생은 수업 외에 종교활동에 참여한다. 학교는 교과과정이나 학교 환경에서 어떤 다양한 종교적 시각도 반영하지 않는다.

유타에서 어떤 교육자는 예수그리스도후기성도 신자가 지배하는 보통 크기의 커뮤니티에서 학교를 찾을 것이다. 많은 예수그리스도후기성도 가족은 매주 며칠 밤을 구역활동에 참여하고, 거의 배타적으로 다른 예수그리스도후기성도 가족들과 친분관계를 유지한다. 예수그리스도후기성도의 신념은 흡연이나 음주·커피·차를 허용하지 않는다. 유타 커뮤니티에서 예수그리스도후기성도 집단은 대부분의 주요 기관과 비즈니스를 장악한다. 종교 자체는 학교 교과과정에서 합법적으로 가르치지 못하고 가르칠 수도 없는 것이지만, 지배적 종교집단의 시각이 학교와 교과과정의 운영에 반영된다. 대다수의 교사와 학교 행정가는 예수그리스도후기성도 신자이다. 그들은 일상적 행동, 삶에 대한 방향, 도덕성, 정치적·사회적 쟁점에 종교적 신념을 반영한다. 이것은 그들이 교실토론을 위해 선택하는 주제와 토론의 진행에 직간접적으로 영향을 미친다.

많은 학생은 수업 중에 종교수업을 받기 위해 학교 바로 옆 예수그리스도후기성도 교회로 자리를 옮긴다. 대다수의 남학생과 일부 여학생은 2년 동안 교회선교의 사명을 실천하기 위해 고등학교를 졸업한 후나 졸업하자마자 곧바로 집을 떠난다. 대부분 선출직 관리는 예수그리스도후기성도 신자이다. 따라서 교육에 영향을 미치는 주와 지역의 법률에는 예수그리스도후기성도의 영향이 반영된다.

학교 교과과정과 환경을 결정하는 종교적 역할에 대한 사람들의 신념은 상당히 다르다. 미국에서 학교는 다른 모든 기관과 마찬가지로 농촌·백인·프로테스탄트가 지배한 역사적 배경을 갖고 있다. 그런 영향은 휴일, 즉 대부분 공립학교에서 기념하는 크리스마스와 같은 기독교 휴일을 결정한다. 더구나 대개 지배적인 프로테스탄트 집단이 공립학교에 통합된 도덕수업을 결정한다.

7-1 생각해보기

미국으로 이주해 온 유럽계 최초 정착자들은 주로 경건한 기독교인이었다. 미국 국부(國父)들은 주로 기독교 신자였다. 최근까지 학교에서의 기도는 학교, 체육활동, 행사에서 허용되었다. 최근에 많은 사람은 미국의 도덕적 타락에 대해 많은 걱정을 한다. 오늘날 미국 대다수 시민은 기독교인이다. 그중 대다수는 학교에서 기도를 다시 시작하고, 십계명에 담긴 기본적 도덕성을 학생들에게 주입하려 한다.

- 당신의 커뮤니티에 사는 대다수 사람이 기독교인이고, 부모가 학교에서 기도를 다시 시작하며, 모든 교실에 십계명을 부착하길 원한다면, 학교의 다른 학생들에게 어떤 피해를 주는가?
- 학교와 커뮤니티가 도덕성을 강조하면 어떤 혜택을 보는가?
- 기도를 하면서 신이나 예수를 언급하지 않는다면, 매일 기도의 피해는 무엇인가?
- 개인은 대부분 또는 과반수 유권자의 선택으로 공직에 선출된다. 과반수 규칙이 종교 문제에도 적용되어야 하는가?

2) 연방헌법 수정 제1조와 정교분리

이 장 도입부에서 분명히 언급했던 것처럼, 연방헌법 수정 제1조는 연방의회가 국교를 정하거나 신앙 행위를 금지하는 법률을 제정할 수 없다고 규정한다. 법원은 이것을 지속적으로 정교분리의 원칙을 보장하는 것으로 해석했다. 정교분리의 원칙은 헌법에서 가장 가치 있는 것 중 하나이자 가장 논란이 되는 것 중 하나이다. 미국 역사에서 다양한 개인과 집단은 그들의 욕구와 관심에 맞게 이 수정안을 해석하는 경향이 있다. 일부는 공립학교에서 종교를 강조하는 것이 그들의 종교적 신념과 일치하는 한 적절하다고 생각한다. 그러나 다른 집단이 그들의 종교적 도그마를 주입하려 한다면, 이들은 정교분리의 헌법적 보호를 재빨리 인용할 것이다. 공평과 적절성은 대개 보는 사람의 생각에 달려 있고, 사람의 종교적 방향성은 객관성·공정성·합법성을 구성하는 사람의 인식에 매우 큰 영향을 미칠 수 있다.

1963년 연방대법원의 결정으로 학교에서 기도를 금지하자 학부모 집단은 주법과 연방법을 통해 학교에서 다시 기도할 수 있도록 싸움을 해왔다. 그와 더불어 종교적 근거에 기초하여 성교육과 진화론 교육을 금지하기 위해 싸웠다. 다른 종교의 부모들은 자녀가 문학시간에 무슨 책을 읽어야 하는지, 사회시간에 어떤 교과과정이 사용되어야 하는지에 대해 언어적·물리적으로 싸웠다. 진보 성향의 프로테스탄트·로마가톨릭·유대교 신자는 자녀들이 다른 종교집단과 민족집단의 시각을 배우기를 원한다고 주장한다. 보수 성향의 종교집단 신자는 자녀들이 수업자료에 내재된 비도덕적 시각과 언어를 배우길 원하지 않는다고 주장한다. 그들은 교과과정에서 인간에 대한 존중을 강조하고 신을 비방하거나 무시하는 세속적 휴머니즘(secular humanism)을 반대한다. 간혹 보수 성향의 종교집단과 관계된 일부 개인이 문화적 다원주의와 다문화교육 커뮤니티에 대한 저항을 주도한다. 문화적 다원주의는 불가피하게 종교적 다양성과 관련되기 때문에, 다문화교육은 현상을 유지하거나 과거의 종교적 가치로 되돌아가기 위한 노력에 장애물로 간주된다.

다문화교육은 초자연에 대한 믿음보다는 인간의 위엄과 가치를 강조하는 세속적 휴머니스트 운동과 관계 있다는 비방을 받는다. 다문화교육은 기본적인 도덕 가치에서 벗어난 운동을 지지하는 것 때문에 비난을 받는데, 그것은 오해에서 비롯된다. 다문화교육은 다양성을 이해하고 인정하는 기초를 제공하고,

다른 사람에게 내재된 문제들을 최소화한다.

이 책에서 검토된 모든 문화집단 중에 종교는 교육자에게 가장 큰 쟁점이 될 수 있다. 어떤 학교에서는 학생들의 종교적 신념이 교실에서 가르치는 것에 거의 영향을 주지 않는다. 사실 교사는 학생들이 다양한 시각을 경험하길 기대한다. 그러나 또 다른 학교에서는 교사가 진화론을 논의한 것으로 공격당할 수도 있다.

교육자들도 교육에서의 종교적 시각의 역할에 대한 신념이 각각 다르다. 교사가 커뮤니티와 같은 종교나 종교적 시각을 공유한다면, 교사의 믿음과 학교에서 반영된 믿음 간에 갈등이 거의 없을 것이다. 교육자가 커뮤니티에서 대부분이 믿는 종교와 다른 종교를 믿는다거나 커뮤니티의 종교와 다른 종교의 역할에 대한 시각이 있다면, 오해와 갈등은 효과적인 수업을 방해할 것이다. 교육자가 학생의 삶에서 차지하는 종교의 역할을 이해하지 않는다면, 적절한 수업 전략을 개발할 수 없거나 직장을 유지하기 어려울 수도 있다.

이제 종교가 학생의 삶에 미치는 영향, 미국 사회에서 활동하는 일반적인 종교, 개인이 특정 종교적 교리(doctrine)에 동일시하는 정도, 그리고 종교의 교육적 함의에 대해 검토해보고자 한다.

2. 생활양식으로서의 종교

많은 종교는 그 신자들이 그들의 종교가 유일무이하게 진짜이고, 정당하며, 다른 모든 종교는 거짓이라고 믿는다는 점에서 배타적이다. 다른 종교집단은 다른 역사적 경험에서 성장한 다양한 종교의 타당성을 수용한다. 정교분리는 우리가 물려받은 유산의 중요한 부분이지만, 대개 교회와 정치는 서로를 지원한다. 많은 교회에서 미국의 성조기는 교회기 옆에 놓인다. 애국심은 독실한 신앙심의 중요한 부분이다. 워싱턴 대통령의 두 번째 연설을 제외하고는 모든 대

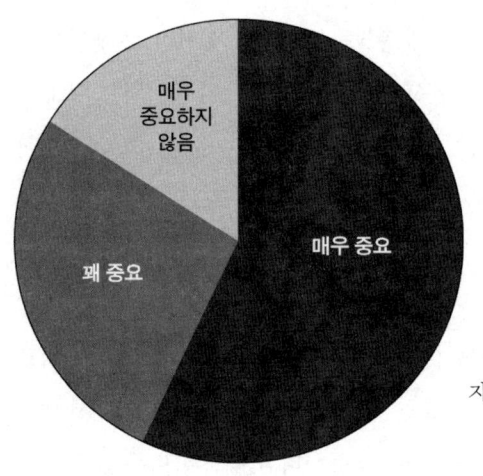

〈그림 7.2〉 미국인에게 종교의 중요성

자료: Gallup Poll. (2006). Religion. http://www.galluppoll.com/content/?ci=22414&pg=1(2006년 12월 28일 검색).

 통령이 취임 연설에서 '신'을 언급했다. 정치인과 목사가 미국을 '약속의 땅'으로 언급하는 것은 흔한 일이다. 또한 미국에서 아메리칸 드림의 세속적 이념은 많은 종교에 배어 있다. 많은 종교는 사실 미국 사회의 지배적 가치를 반영한다.
 이 장에서는 모든 종교를 비교·검토한 정보를 제공하기보다, 종교가 개인의 문화적 구성요소로서 얼마나 중요한 요인이 될 수 있는지를 이해하게 한다. 미국 안에 존재하는 대규모 종교집단과 몇 개의 소규모 종교집단에 대해 간략하게 검토할 것이다. 여기에서 모든 종교집단이나 종파를 소개할 수 없기 때문에, 논의되지 않았다고 해서 소개되지 않은 종교나 종파가 중요하지 않다는 것은 아니다. 모든 종교와 종교집단은 중요하고, 특히 그것에 속한 사람들에게 중요하다. 교육자들이 학교에서 보게 될 가장 흔한 종교집단에 대해 논의할 것이다. 여기에서는 상당한 지면을 복음주의 기독교에 할애할 것인데, 정치 과정과 교육 시스템에 영향을 주는 복음주의운동의 몇 가지 초점 때문이다.
 또한 이슬람교에 대해서도 초점을 둘 것이다. 2001년 9·11사건, 아프가니스탄과 이라크에서의 갈등, 미국뿐만 아니라 전 세계에서 이슬람교의 성장은 이슬람교를 강조할 수밖에 없는 분명한 이유이다.

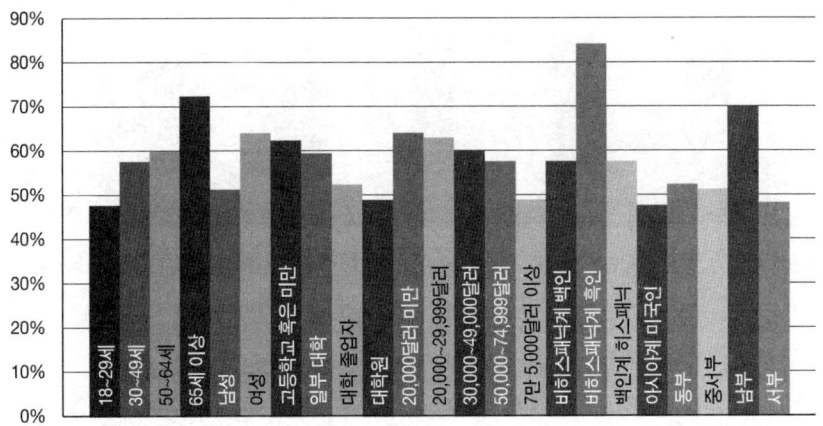

〈그림 7.3〉 종교가 매우 중요하다고 응답한 미국인의 특성

자료: Newport, F. (2006d). *Religion Most Important to Blacks, Women and Olders Americans*. Gallup News Service, http://www.galluppoll.com/content/?ci=22414&pg =1(2006년 11월 29일 검색).

1) 종교의 중요성

〈그림 7.2〉에서 보는 것처럼, 2006년에 미국인 57%는 그들의 종교적 신념이 매우 중요하다고 생각했고, 27%는 종교가 그들에게 꽤 중요하다고 생각했다(Gallup Poll, 2006). 이런 조사결과는 종교가 미국인 5명 중 4명 이상에게 중요하다는 것을 시사한다. 종교의 중요성은 연령, 젠더, 교육수준, 소득수준, 그리고 〈그림 7.3〉에서 보는 것처럼 사는 지역과 상관이 있다.

미국인 60%는 종교가 오늘날의 모든 또는 대부분의 쟁점에 해답을 줄 수 있다고 믿는다(Gallup Poll, 2006). 그중 절반 미만만이 매주 교회에 출석하지만, 대부분 사람은 그들의 일상생활에 반영되는 종교적 시각에 공감한다. 종교는 복장, 사회활동, 술 소비와 흡연을 포함한 식습관 등에 영향을 미친다.

종교행동은 사회화 유형의 정상적인 일부로서 습득된다. 교회나 종교 센터는 예배 장소일 뿐만 아니라 사교 장소이다. 종교와 각 종교 간의 차이점은 그것이

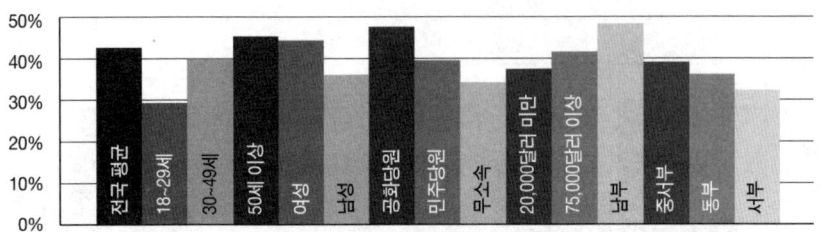

〈그림 7.4〉 종교집회에 출석하는 미국인의 특성(매주 또는 거의 매주)

자료: Carroll J. (2004, March 2). *American Public Opinion About Religion*. Gallup Tuesday Morning Briefing.

많은 사람의 생활양식이기 때문에, 다원화된 미국에 대한 연구에서 중요하다. 미국의 많은 지역에서 교회에 가는 것은 가족의 주요한 의무이다. 교회 예배 뒤에 가족은 외식하러 가거나 집에서 그 주간의 주식을 즐긴다. 이 같은 현상은 특히 교회 출석률이 가장 높은 남부에서 잘 나타난다.

종교집단의 유대관계가 긴밀하다면, 같은 종교 신자 이외의 다른 사람들과 개인적인 차원에서 상호작용할 기회가 거의 없을 것이다. 이것은 종교학교에 다니는 경우에 특히 그렇다. 종교집단이 종파를 온전하게 유지하는 주요인은 신자의 기준에 대한 엄격한 통제와 신자가 아닌 사람들과의 접촉을 거의 하지 않는 것 때문이다. 아미시파는 이 방식으로 살아남을 수 있었다. 규모가 더 큰 집단인 예수그리스도후기성도는 유타에서 설립된 뒤에 외부 간섭을 거의 받지 않고 성장할 수 있었다. 교외 지역에서도 교우관계는 대부분 종교적 선호에 달려 있다.

교회와 종교는 한 세대에서 다음 세대로 가치를 전수하는 과정에서 강력한 사회화의 도구로서 작용한다. 의식·우화·이야기는 이러한 가치들을 강화하고, 일요학교는 이들 가치를 전수하는 주요인이 된다. 또한 종교기관은 영적 차원에서 사회 실패를 해석하고, 불충분한 가치실현을 보상하며, 상벌에 의한 사회 통제의 매개로서 기능할 책임이 있다.

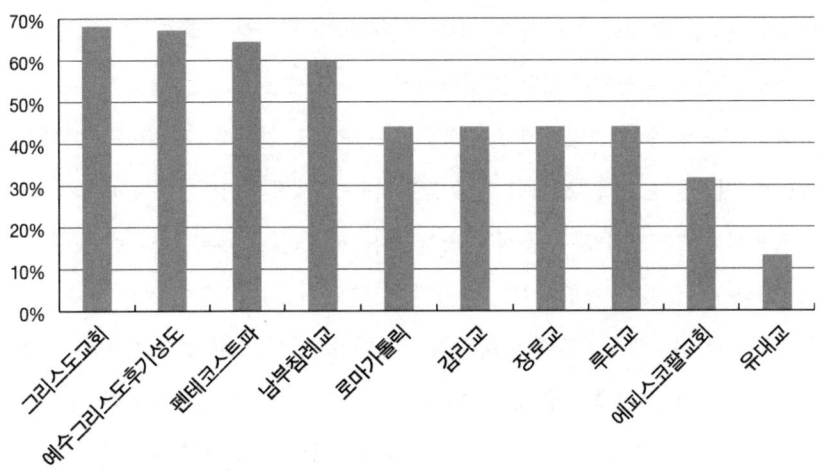

〈그림 7.5〉 종교집단별 종교집회 참석률(매주 또는 거의 매주)

자료: Newport, F. (2006b, April 27). *Mormons, Evangelical Protestants, Baptists Top Church Attendance List*. http://www.galluppoll.com/content/?ci=22414&pg=1.

2) 독실한 신앙

독실한 신앙은 문화의 한 기능으로 보인다. 연령, 젠더, 지리적 배경, 정당 등은 개인의 종교적 본질에 영향을 미친다. 〈그림 7.4〉에서 보는 것처럼, 캐럴(Carroll, 2004)은 미국에서 50세 이상의 노년층이 젊은 연령층보다 교회 신자가 되고 종교 예배에 참석할 가능성이 더 높다고 주장한다. 정규적으로 종교기관에 출석하는 것도 젠더, 정당, 지리적 배경, 소득, 종교단체의 한 기능이다. 〈그림 7.5〉는 종교집단에 따른 예배 참석률을 나타낸다.

3. 미국에서 종교의 다원주의

50년 전에, 로마가톨릭 신자인 존 케네디(John F. Kennedy)가 미국의 대통령에 당선되고, 아프리카계 미국인 목사 윌리엄 그레이(William H. Gray)가 연방 하원 다수당 원내대표(1989~1991년)로 선출될 것이라고 생각한 사람은 거의 없었다. 1998년 대중에게 인기가 높았던 텔레비전 전도사 팻 로버트슨(Pat Robertson)은 공화당 대통령 후보 지명전에서 유력한 후보자였고, 선거자금과 다른 분야에서 대단한 지원을 받았다. 2004년 연방 상원의원 조지프 리버먼(Joseph Lieberman, 유대계 미국인)은 민주당 부통령 지명자였다. 2007년 1월 4일 헨리 존슨(Henry 'Hank' Johnson, 민주당-조지아)과 메이지 히로노(Mazie Hirono, 민주당-하와이)는 불교신자로서는 처음으로 연방 하원의원이 되었고, 키스 엘리슨(Keith Ellison, 민주당-미네소타)은 이슬람 신자로서는 처음으로 연방 하원에 당선되었다. 엘리슨은 한때 토머스 제퍼슨(Thomas Jefferson)이 소유했던 코란 사본 위에 손을 얹고 선서를 했다.

미국에서 종교는 지속적으로 변화하며 역동성을 나타낸다. 통일교의 한국인 목사 겸 지도자가 백인이 대부분인 수천 명의 청년들을 신자로 만들었고, 아프리카계 미국인은 전통적인 아프리카계 미국인 프로테스탄트를 떠나 흑인 이슬람 신자가 되었다. 수만 명의 라틴계 미국인이 로마가톨릭을 떠나 펜테코스트파 교회의 신자가 되었고, 일부 대학생은 불교 신자가 되었다.

일부는 예수그리스도후기성도와 여호와의증인과 같은 보수적 기독단체를 프로테스탄트로 분류하기도 하지만, 보수적 기독단체는 그들을 프로테스탄트로 분류하지 않는다. 이들 두 집단과 제칠일안식일예수재림교(The Seventh Day Adventists)는 그들의 종교적 관습이 생활양식에 깊숙이 배어 있기 때문에, 일부 다른 종교집단과 거리를 두는 경향이 있다. 예수그리스도후기성도와 여호와의증인 신자들은 믿음에 대한 헌신의 표시로 전도를 한다. 여호와의증인은 커뮤니티에서 『파수대(Watchtower)』를 대량으로 발간하고, 예수그리스도후기성도 선교사들은 가정방문을 통해 전도한다. 말일성도와 천국생활의 내세 실현 준비(예수그리스도후기성도), 아마겟돈 이후 생활 준비(여호와의증인), 예수 재림 이후 천 년 준비(제칠일안식일예수재림교)를 위한 신자들의 믿음과 헌신은 끝이 없다.

미국인들은 프로테스탄트·로마가톨릭·유대교와 같은 주요 종교집단뿐만 아니라, 이들 주요 종교집단 내의 소집단이나 종파와도 동일시하는 경향이 있다. 예컨대, 남부침례교 신자인 지미 카터(Jimmy Carter) 전 대통령은 자신을 '거듭난(born again)' 기독교 신자로 분류한다. 다른 사람들은 그들을 카리스마적 로마가톨릭 신자로 분류한다. 이처럼 각 주요 집단에 상당한 이질성이 있음을 주목하는 것은 중요하다.

종교와 관련된 인구통계자료는 자주 쟁점이 된다. 미국 인구조사국은 종교 신자 또는 선호 종교에 대한 정보를 수집하지 않는다. 그러나 동북부에 로마가톨릭, 동북부와 중서부에 중도 진보 성향의 프로테스탄트, 남부에 보수 성향의 프로테스탄트와 같이, 대부분 종파는 그들의 전통적인 지역 근거지에 남아 있음을 아는 것은 중요하다. 그러나 일부 집단은 그들의 근거지를 상당히 확대했는데, 에피스코팔교회(Episcopal Church, 미국성공회), 장로교, 통일그리스도교회(the United Church of Christ) 신자들은 더 이상 한때 근거지였던 동북부에 집중되어 있지 않다. 일부는 주로 남부와 서남부의 선벨트로 이동했다. 남부침례교와 같은 보수 성향의 프로테스탄트 신자는 동북부와 서부를 포함한 모든 지역에서 증가하고 있다. 예수그리스도후기성도 신자들은 유타, 아이다호, 네바다 경계선을 훨씬 넘어 그들의 영향력을 확장했다. 예수그리스도후기성도의 존재는 다른 많은 국가에서뿐만 아니라 모든 주에서도 느낄 수 있다. 대부분의 유대교 신자는 동부 연안의 대도시 지역에 거주한다.

유용한 자료는 각 종교집단이 자체 보고한 것이다. 보고하는 집단이 항상 정규적으로 그렇게 하는 것은 아니다. 미국인 77%는 자신들이 프로테스탄트, 로마가톨릭, 유대교, 예수그리스도후기성도 신자 중 하나라고 생각한다(Gallup Poll, 2006). 미국에서 프로테스탄트는 20세기 초까지 지금보다 훨씬 더 지배적인 힘을 가졌다. 2006년에 미국 최대 종교집단인 프로테스탄트는 전체 인구의 49%를 차지했고, 로마가톨릭 24%, 예수그리스도후기성도 2%, 유대교 2%, 그리스정교회(Eastern Orthodoxy, 동방정교회) 1%(Carroll, 2004), 무종교 11%(Gallup Poll, 2006),

이슬람교 1~2%로 나타났다(Council on American-Islamic Relations[CAIR], 2007). 미국에서 이슬람 신자의 추정치는 상당히 들쑥날쑥한데, 적게는 약 200만 명에서 많게는 700만 명이다. 최근 미국에서 이슬람 신자가 급격히 증가하면서 세 번째 규모의 종교집단으로 부상한 것으로 보이지만, 많은 문헌에는 여전히 유대교가 주요 3대 종교집단의 하나로 들어간다. 이는 유대교가 장기간 미국 역사의 원동력이었다는 사실과 유대인들이 문화·경제·정치 영역에서 상당한 리더십을 발휘하고 있기 때문이다.

일부 종파적 차이는 민족 차이에서 근원을 찾을 수 있다. 영국인은 성공회교회와 청교도교회(후에 조합교회)를, 독일인은 일부의 루터교회, 재세례파, 복음교회를, 네덜란드인은 개혁파교회를, 스페인인·프랑스인·이탈리아인·폴란드인과 다른 민족은 로마가톨릭을, 우크라이나인·아르메니아인·그리스인과 다른 민족은 그리스정교회를 미국에 창설했다. 시간이 지나면서 이들 분리된 민족종파 중 많은 것은 그들의 민족집단을 포함하기 위해 신자들을 통합하거나 확대해나간다.

종교의 다원주의는 사회의 승인과 존경을 받을 목적으로 많은 종교운동의 급격한 수용을 촉진했지만, 여호와의증인과 제칠일안식일예수재림교와 같은 집단은 그들의 독립성을 유지했다. 독창성을 유지하는 소규모 집단들은 역사적으로 주류 종교집단 신자들의 학대로 희생을 당했는데. 크리스천 사이언스, 여호와의증인, 하나님의 자녀파, 통일교가 그런 대우를 받았다.

4대 주요 종교(프로테스탄트·로마가톨릭·유대교·이슬람교) 간의 갈등 또한 역사의 다른 시기에 고조되었다. 반유대교, 반이슬람교, 반로마가톨릭 정서는 아직도 일부 가정과 기관에서 유지된다. 과거에는 종교의 다원주의가 갈등을 불러일으켰지만, 미래의 희망은 그것이 종교적 차이에 대한 더 나은 이해와 존경을 가져올 것이라는 것이다. 다음에서는 교육자들이 미국의 다양한 학교에서 발견할 4대 주요 종교와 다른 몇 개의 종교에 대해 상세히 검토하고자 한다.

1) 프로테스탄트

미국으로 이주해 온 대규모의 서유럽인은 다양한 프로테스탄티즘(Protestantism)을 들여왔다. 미국에서 전체 인구의 49%를 차지하는(Gallup Poll, 2006) 프로테스탄트 신자는 더 이상 지난 수십 년간의 지배적인 다수가 아니지만, 그들은 여전히 사회와 기관에 지속적인 영향을 미친다.

프로테스탄트 내에 존재하는 차이점과 교실에서 반영되는 차이점을 이해하기 위해, 크게 진보 성향의 프로테스탄트와 보수 성향의 프로테스탄트 두 가지로 분류했다. 진보 성향의 프로테스탄트는 과학과 급격한 변화에 의해 지배되는 세계를 위한 의미 있는 형태로서 기독교를 다시 생각하려고 노력한다. 그들은 개인의 권리를 강조하여, 종교에서 무엇이 진실인지 스스로 결정하게 한다. 성경의 도그마적인 공표를 믿기보다 기독교인의 경험과 종교생활의 권위를 믿는다. 그들은 거의 통제하지 못하는 환경에 의해 크게 좌우된다는 믿음 때문에, 사회행동 프로그램을 지원하고 참여하려고 한다. 그들은 예수의 처녀잉태를 믿거나 믿지 않으며, 성경의 무오류를 믿는 보수 성향의 프로테스탄트 신자들과 달리 그것을 믿지 않으려 한다. 일부는 성경에서 인용된 기적을 사실로 받아들이지 않으려 한다. 진보 성향의 정도는 개인에 따라 다르겠지만, 에피스코팔교회와 통일그리스도교회가 대표적이다. 감리교와 사도교회는 이 분류에서 중도 성향의 교파를 대표한다.

보수 성향의 프로테스탄트는 일반적으로 성경에 오류가 없고, 초자연은 자연과 구별되며, 구제가 필수적이고, 예수가 재림할 것이라고 믿는다. 그들은 사회의 윤리보다 개인의 도덕성을 강조한다.

(1) 프로테스탄트가 교육에 미치는 영향

프로테스탄트에 존재하는 종교적 신념 차이 때문에, 공립학교에서 학생에게 가르칠 수 있는지 또는 학생에게 물어볼 것인지를 결정하기 위해 많은 소송이 제기되었다. 앞에서 논의했던 창조론 수업을 제도화하려는 일부 기독교 근본주의자들(fundamentalist christians)의 노력 외에도 다른 소송이 있었다. 여호와의증인 신자들의 자녀는 국기에 경례하기를 거부해 학교와 갈등을 빚었다. 아미시파는 그들의 자녀가 공립학교 8학년을 마친 후 중퇴하도록 법원과 싸웠다. 일부 종교집단은 학교에서의 기도를 금지한 1963년 연방대법원의 판결에 반대해 싸웠다. 프로테스탄트는 공립학교와 사립학교 프로그램에 개입한 역사가 오래되었다. 공립학교에서 그들이 미친 영향 중 일부는 복음주의 교파에서 논의될 것이다.

1701년 10명의 코네티컷 성직자가 미국에서 세 번째로 역사가 긴 예일 대학교를 설립했지만, 지금은 비종파기관으로 간주된다. 예일 대학교는 아직도 권위 있는 예일 신학대학원과 함께 종교적 영향력을 유지하고 있다. 베일러 대학교(Baylor University, 남부침례교), 서던메소디스트 대학교(Southern Methodist University, 통합감리교), 고셴 대학(Goshen College, 메노파), 센터 대학(Centre College, 장로교)은 프로테스탄트가 미국에 세운 수백 개의 고등교육기관 중 몇 개의 사례로, 수백만 미국인과 외국 학생을 교육하고 그들의 삶에 영향을 준다.

(2) 복음주의

미국 사회와 정치에서 종교의 역할이 커지기 시작하면서 대중은 대중매체에서 '복음주의(evangelicals)', '릴리저스 라이트(Religious Right)', '근본주의자(fundamentalists)'와 같은 용어를 접했다. 대중은 이들 용어를 같은 의미로 생각한다. 그러나 지금부터 논의하겠지만, 이것은 사실이 아니다. 복음주의는 프로테스탄트이지만, 모든 프로테스탄트가 복음주의는 아니다(Zorba, 2005).

근본주의자(fundamentalist)라는 용어는 모든 종교집단에 적용할 수 있다. 즉, 근본주의자는 종교의 극단적 보수 성향을 대표하는 기독교·유대교·이슬람교 신자와 다른 종교 신자이다. 여기에서는 논의하고자 하는 목적을 달성하기 위해 '복음주의'가 무엇을 내포하는지 설명하고, '복음주의'와 '릴리저스 라이트'의 차이를 설명할 것이다. 그리고 다른 저자들이 '복음주의'와 '릴리저스 라이트' 중 하나의 용어를 선택하여 사용하지만, 여기에서는 상호 교환적으로 사용할 것이다.

(3) 복음주의자는 누구인가?

뉴포트(Newport, 2005a)에 따르면 미국인 약 80%는 자신을 기독교 신자로 분류하지만, 기독교의 어떤 부분이 복음주의로 여겨지는지 결정하는 쉬운 방법은 없다. 뉴포트는 누가 복음주의자인지를 결정하는 두 가지의 기본적이고 차별화된 방법이 있다고 말한다. 뉴포트는 "당신은 자신을 '거듭난' 기독교인 또는 복음주의자로 생각합니까?"라는 질문을 받은 미국인 42%가 긍정적으로 응답했다고 보고한다. 이 결과가 정확하다면, 약 1억 2,000만 명의 미국인이 복음주의자인 것으로 여겨진다.

두 번째 방법은 다음 세 질문에 긍정적으로 응답하는 것이다.

- '거듭났거나' '거듭난' 경험이 있는가?
- 다른 사람에게 예수 그리스도를 믿으라고 전도했는가?
- 성경이 신의 실제 말씀이라고 믿는가?

이 기준에 따르면 미국인 22%는 복음주의자 자격이 있다(Newport, 2005a). '거듭났다'고 응답한 사람들은 영적 재생으로 새 생명을 얻어 기독교로 개종한 사람들로 생각된다.

(4) 복음주의와 주류 프로테스탄트

많은 복음교회는 매주 2,000명 이상의 신자가 참석하는 대형교회가 되었다. 일부 대형교회에는 일요일에 1만 명, 심지어 2만 명 이상의 신자가 참석한다. 미국에서 주류 프로테스탄트는 전통적이고 역사적인 종파이며, 규모가 가장 큰 종파 중 하나이다. 복음주의운동을 도입하지 않은 일부 주류 교회는 집회를 유지하기 어렵다. 마스던(Marsden, 2006)은 1970년대 말 통합감리교, 미국침례교(전 북부침례교), 장로교, 에피스코팔교회, 통일그리스도교회와 같은 주류 프로테스탄트 종파 중 일부가 부분적으로 노년층의 감소와 젊은이들을 전도하지 못한 것 때문에 신자가 감소했다고 주장한다. 이것은 부분적으로, 정치적으로는 중도 좌파 쪽으로 이동하는 리더십과 윤리적으로는 중도로 생각되는 교리 때문이다. 1980년대와 1990년대에 보수주의자들 또는 근본주의자들은 남침례회연맹(Southern Baptist Convention: SBC)의 중앙위원회와 신학교에 대한 지배권을 획득하여, 프로테스탄트 종파 중 최대 규모인 남침례회연맹에 대한 통제권을 잡았다(Marsden, 2006).

복음교회는 핵가족을 강력하게 지지하고, 개인의 도덕성과 책임 있는 개인행동을 크게 강조한다. 낙태합법화 쟁점은 그들의 신념과 직접적인 갈등에 놓여 있다(Green, 2004). 마스던(Marsden, 2006)은 1980년대 초기 낙태반대운동이 활동가들에게 로마가톨릭-프로테스탄트 연합의 핵심이 되었다고 말한다. 전국적으로 수천 개는 아니더라도 수백 개의 낙태반대지원센터(crisis pregnancy centers: CPCs)가 개설되었다. 낙태반대지원센터는 종종 가족계획센터 옆에 개설되거나, 심지어는 낙태합법화운동에 대항하기 위해 같은 건물에 위치하기도 한다.

동성애는 복음주의자들의 가치에 반대된다. 복음주의자들은 신과 종교 커뮤니티의 도움으로 개인행동을 개조하고 절제하고 심지어 변하게 해, 그들이 죄라고 믿는 것을 극복할 수 있다고 확고하게 믿는다(Green, 2004). 복음주의자들은 인간성이 전적인 핵심 덕목으로 신의 이미지와 신의 모델로서 이성애적 관계 안에서 형성되었다고 믿는다. 그런 점에서 낙태와 동성애자 권리는 복음주의자들이 믿는 인간성에 대한 신의 뜻과 반대된다(Zorba, 2005).

복음주의자들이 주된 역할을 수행함에 따라, 종교는 많은 지방선거와 총선에서 훨씬 더 핵심적인 쟁점이 되었고, 일부 경우에는 공공정책을 수립하도록 지원했다. 종교는 많은 지역교육위원회의 방향에 영향을 미쳤고, 법관 임용에 엄청난 영향을 주었으며, 미국이 이라크 전쟁에 개입하는 데 강력한 지원을 했다.

(5) 중도 성향의 복음주의자

복음주의자는 매우 넓은 우산을 펼쳐 신념과 어젠다가 다른 다양한 개인의 집단을 형성한다. 최근 보수 성향 또는 근본주의 성향의 복음주의와 중도 성향의 복음주의의 분화가 커지고 있다. 중도 성향의 복음주의 목사 애덤 해밀턴(Adam Hamilton)은 "우리의 과업은 사람들을 판단하는 것이 아니다. 예수도 그렇게 하지 않았다"라고 말하면서, 동성애에 대한 동감을 표현했다(Miller, 2006). 해밀턴은 보수 성향의 복음주의가 예수가 말한 본질의 초점을 잃었고, 점점 회색으로 변하는 이 세상을 흑과 백으로 구분했다고 생각했으며, 동성애 반대 집회에 표지판을 들고 있는 예수를 상상하기 힘들다고 주장했다(Miller, 2006).

해밀턴, 릭 워런(Rick Warren), 짐 월리스(Jim Wallis)는 많은 신자를 확보하고 있고, 복음주의운동에서 중도 성향을 대표하는 널리 알려진 복음주의자이다. 밀러(Miller, 2006)는 신세대 복음주의 신자들이 복음주의운동을 성(性)과의 전쟁보다는 사회적·경제적 정의에 초점을 맞추어 기존 운동의 성격을 뛰어넘으려고 한다고 주장한다.

릴리저스 라이트 계열의 지도자들은 공화당 후보의 지지를 공개적으로 요구하는 반면, 월리스(Wallis, 2005)와 같은 다른 복음주의자들은 신은 공화당도 민주당도 아니라고 주장한다. 더 나아가 월리스는 빈곤·환경·전쟁·신뢰·인권·테러·인간생활이 모든 종교적 쟁점이라고 주장하면서, 전쟁이나 평화를 추구하는 정치 후보자들의 결정이 글로벌 위협에 대응될 때는 국제법을 준수해야 하고, 전쟁과 다른 국내외적 정책을 정당화할 때 진실해야 한다고 강조한다. 또한 월리스는 후보자가 테러와의 전쟁에 대해 말할 때 신중한 언어를 사용하고, 신과 교회의 역할을 혼돈하지 않아야 한다고 경고한다.

또한 종교의 분파적 정치에 싫증난 사람들은 더 광범위한 어젠다를 수용하고, 가난한 사람과 권리를 박탈당한 사람의 문제에까지 손을 뻗을 것을 강조한다. 워런과 그의 신자들은 낙태와 줄기세포연구를 비난하는 전형적인 복음주의 가치를 수용하면서, 아프리카 수단의 다르푸르에서의 잔혹행위를 중단할 것을 요구하고, 그 국가에서 자행되는 고문을 비난했다. 현재 다른 중도 성향의 복음주의자들은 지구온난화와 관련된 쟁점을 소개하고, 환경의 복지를 관리해야 함을 신자가 상기하게 한다.

(6) 근본주의자들과 그들의 정치적 영향

여기에서 프로테스탄트 근본주의자들은 복음주의자이지만, 소규모의 집단이고 신자 자격에 더 협의적이고 엄격한 기준을 적용함을 반복해서 말해야 한다.

복음주의자들은 성경이 신의 말이라고 믿지만, 릴리저스 라이트 또는 프로테스탄트 근본주의자들은 그것을 완전히 받아들인다. 일부 복음주의자는 성경에 은유와 시가 있으며, 은유와 시 속에 진리가 있다고 믿는다(Green, 2004). 모든 복음주의자나 '거듭난 기독교인들'은 예수가 신의 아들이고, 인간의 죄를 대속하여 죽었으며, 예수를 믿으면 영생(사후의 삶)을 누릴 것이라고 믿는다. 신의 아들 예수가 인간의 죄를 대신하여 죽었다고 믿는 개종의 과정에서 그들은 영적 생명으로 '거듭난다'. 또한 그린은 대부분은 아니지만 많은 근본주의자는 우리가 알고 있는 것처럼, 예수가 언젠가 재림하여 인간 역사를 끝낼 것이라고 믿는다는 점을 지적한다. 일부 복음주의자는 근본주의자들이 믿는 것처럼 예수의 재림이나 종말을 진지하게 받아들이지 않는다.

마스던(Marsden, 2006)에 따르면, 릴리저스 라이트는 모든 복음주의 계파의 근본주의자 활동가들을 신자로 받아들인다. 가족, 성애, 동성애자 권익, 낙태와 같은 쟁점은 로마가톨릭·예수그리스도후기성도, 보수 성향의 프로테스탄트 간에 연합전선을 구축하게 했다.

많은 근본주의자 지도자는 로버트슨, 제임스 로빈슨(James Robison), 고인이 된 제리 폴웰(Jerry Falwell)과 같은 남부 출신이다. 그들의 국가적 영향력은 민권운동의 소용돌이가 끝나고 남부가 마지막으로 통합의 대열에 합류했을 때 시작되었다. 마스던(Marsden, 2006)은 근본주의자들이 운동의 일부 어젠다를 공립학교에서 무엇을 가르쳐야 할 것인지에 대한 논쟁에서 찾아냈다고 주장한다. 1979

년 텔레비전 전도사 폴웰 목사와 그의 동료들은 모럴머조리티를 설립했다. 이 단체는 기독교적 도덕과 법률을 지지하는 후보의 당선과 쟁점의 관철을 위해 선거운동을 하는 보수 성향의 기독교행동위원회로 구성되었다. 그들은 그들의 단체가 국민 의견의 과반수를 대표한다고 믿어 단체 이름을 '모럴머조리티'로 지었다. 이 단체는 공립학교에서 기도와 창조론 수업을 할 수 있도록 로비하는 한편, 「동등권수정안」, 동성애자 권익, 낙태, 미소전략무기제한협정(U.S.-Soviet Strategic Arms Limitation Treaty: SALT)에 대해서는 반대했다. 그들은 로널드 레이건(Ronald Reagan)을 확고하게 지지하고, 그가 대통령으로 당선되는 데 부분적으로 기여했다. 모럴머조리티는 1989년에 공식적으로 해체되었지만, 이 단체의 많은 일은 로버트슨 목사가 주도하는 기독교연합네트워크를 통해 지속되고 있다(Columbia Encyclopedia, 2001~2005b).

마스던(Marsden, 2006)의 주장에 따르면, 근본주의자들은 두 전선에서 전투를 치르는 전사적 복음주의자들이다. 그들은 주류 종파에서 신학적 모더니즘에 대항하여 싸운다. 또한 근본주의자들은 젠더·성애·가족 문제와 같이 문화에서 걱정스러운 변화로 생각되는 것에 대항하여 싸운다. 그들은 변화하는 성의 기준, 여성의 성직서품, 산아제한, 이혼율, 가족권위의 하락, 공립학교에서의 기도금지와 생물학적 진화론 수업에 대해 우려한다. 마스던에 따르면, 근본주의자들은 일반적으로 남성이 교회 지도자와 공공 대변인을 맡아야 한다고 믿는 한편, 근본주의운동에서 여성은 종속적 역할을 충실히 지키면서 그 운동에 상당한 영향력을 행사한다는 점을 강조한다.

미국 프로테스탄트의 공격적인 성격을 드러낸 일부 근본주의자가 낙태 찬성론자나 이들의 클리닉에 대해 공격하는 일이 있었지만(이런 사례는 매우 드문 경우임), 그들은 전형적으로 개인의 신체에 폭력을 가하지 않는다. 그러나 근본주의자들은 종종 국가 차원에서 악의 세력으로 생각되는 것과 군사적 전쟁을 할 것을 공개적으로 지지한다(Marsden, 2006). 뉴포트(Newport, 2003)는 대부분의 종교가 사랑과 수용을 옹호하고, 갈등 해결 방법으로서 적대적·폭력적 수단의 사용을 반대한다고 주장한다. 그러나 역사적으로, 신앙심이 깊은 개인들은 일부 전쟁을 필요하고, 도덕적이며, 정당화될 수 있는 것으로서 지지했다. 이라크 군사개입에 대한 지지가 미국인에게 대세였던 2003년 초, 뉴포트는 군사행동을 가장 적극적으로 지지한 단체가 릴리저스 라이트와 복음주의자들이었다고 밝혔다.

제임스 돕슨(James Dobson) 박사, 로버트슨 목사, 폴웰 목사와 같이 대중매체에 단골로 출연하는 저명한 근본주의자 인사들에게는 그들의 목사직과 도덕적·종교적·정치적 입장을 지지하는 수백만 명의 추종자가 있다. 그들과 다른 복음주의 지도자들은 중도 성향의 복음주의자, 종교적 보수주의(프로테스탄트·로마가톨릭·유대교 포함)와 연합하여 로널드 레이건, 조지 H. 부시, 조지 W. 부시가 대통령으로 당선되는 데 중요한 역할을 했다. 그들은 1994년 중간선거에서 공화당이 연방의회를 장악하는 데 중요한 역할을 했으며, 간접적으로 연방대법원[로버츠(Roberts) 대법원장과 얼리토(Alito) 대법관]과 연방 사법부에 보수적 판사들을 임명하는 데도 기여했다. 이렇게 임명된 보수 성향의 판사들은 수십 년 동안 연방법의 해석에 영향을 미쳤으며, 앞으로도 계속해서 영향을 줄 것이다.

> **7-2 생각해보기**
>
> 복음주의 기독교 신자들과 다른 보수 성향의 종교집단들이 효과적인 정치연합을 형성하여, 보수 성향의 대통령이 당선되게 하고 연방의회 양원을 장악했다. 결과적으로 연방법원과 연방대법원에 보수 성향의 판사들이 임명되고, 이들은 앞으로 법률을 해석하는 데 지속적인 영향을 미칠 것이다.
>
> - 정치에서 종교의 역할은?
> - 일부는 왜 종교집단이 정치선거에 개입해서는 안 된다고 생각하는가?
> - 종교 성향의 정치는 교과과정과 수업에 어떤 영향을 미치는가?

(7) 복음주의자와 교육

복음주의 기독교인들은 교육에 대해서도 다른 시각을 보인다. 보수 성향이 더 강한 복음주의자 중 일부는 자녀를 사립기독학교에 보내는 것을 선호하는 반면, 일부는 자녀에게 홈스쿨을 한다. 일부는 학교를 장악하여 기독교적 가치관을 교과과정에 주입하는 것이 그들의 책임이라고 믿는다. '교육 수월성을 위한 시민모임(Citizen's for Excellence in Education: CEE)'은 '기독교육을 위한 전국연합회(National Association for Christian Education: NACE)'와 공동으로, 그들이 부적절하고 해로운 교과과정에 교화(教化)된다고 믿는 것에서 자녀를 구하기 위해 자퇴시키는 것을 지지한다. 이 단체의 교육에 대한 대안적 접근 방식은, 헌신적인 기독교인들이 교육위원회를 인수하여 학교에 기독교적 도덕성을 주입하는 것이다. CEE는 일부 교육구에서 어떻게 성공적인 역할을 수행했으며, 어떻게 성공할 수 있는지에 대한 책을 발간했다.

근본주의 복음주의자들은 그들이 세속적 휴머니즘의 부정적 영향이라고 생각하는 것들 때문에 걱정이 많다. 그들은 동성애자와 레즈비언 교사의 배치에 대해 걱정하고, 아동에게 해로운 것으로 여겨지는 것을 포함한 교과과정(기독교적 영향력을 상실하기 때문에)에 대해서도 우려한다.

많은 복음주의자는 학교에서 기도를 중요한 쟁점으로 생각한다. 교육비 공제는 또 다른 쟁점으로 부상했는데, 특히 공립학교에서 자녀를 빼내 사립기독학교로 보낸 이들에게는 민감한 문제이다. 이 쟁점에 대해서는 다음에 다룰 것이다.

대다수 복음주의자는 그들의 역할이 학교에 존재하면서 행동을 통해 긍정적 영향을 제공하는 것이라고 생각한다. 많은 사람은 공립학교를 비난하지 않고, 도덕성과 가치를 주입해야 하는 책임을 다하지 않아 초래되는 가족 실패에 초점을 맞춘다. 일부는 미국에서 대부분이 지지하는 가치와 도덕성의 보편적 핵심을 주입하는 학교를 지지한다. 그들은 학교가 사회적 관심(빈곤, 인권 위반, 젠더 평등, 민족학 등)보다는 기본 과목, 읽기, 쓰기, 수학에 초점을 두기를 원한다. 그들은 학교에서 창조과학(creation science)이나 지적설계(intelligent design)와 같은 종교관에 대한 불공평한 차별에 대해 우려한다(Smith, 2000).

오늘날에도 상당히 많은 미국인은 찰스 다윈(Charles Darwin)의 진화론을 받아들이지 않는다. 뉴포트(Newport, 2006c)에 따르면, 조사 대상 미국인 46%는 신이 약 6,000년 전에 현재의 모습대로 인간을 창조했다고 믿는다. 그리고 36%는 인간이 그 과정을 인도한 신과 함께 진화했다고 믿는다. 나머지 13%만이 신은 그 과정의 어디에도 없었다고 믿는다. 이 조사결과를 통해 교사들은 왜 진화론의 교육이 공격을 받고, 왜 일부 부모가 학교에서 인간 기원에 대한 다른 이론을 제공해야 한다고 주장하는지를 분명하게 이해할 수 있다.

복음주의자들은 교과과정에서 진화론을 삭제하거나 대안적 이론을 제공해야 한다는 운동을 확고하게 지지한다. 가장 빈번하게 거론되는 이론은 창조과학이다. 창조과학은 성경에서 제시된 글자 그대로 6일 만에 모든 생물체가 창조되었음을 받아들인다. 창조과학의 반대자들은 그것이 과학이 아니라 성경에서 언급한 이야기에 기초한 이론일 뿐이라고 주장한다.

제3의 이론은 지적설계이다. 지적설계 지지자들은 지적인 존재만이 복잡하고 질서정연한 자연계를 창조했다고 주장한다. 일부 과학자와 진화론자는 지적설계는 새로운 용어로 가린 창조론이라고 주장한다(Carlson, 2005). 조지 W. 부시 대통령은 학교에서 '지적설계'를 진화론과 함께 가르쳐야 한다고 제안하여 논쟁에 불을 붙였다(Moore, 2005). 실제로 지적설계 대부분의 지지자는 창조론을 지지하지만, 개인은 지적 존재인 신이 진화 과정을 인도했다는 점에서 진화론과 지적설계 둘 다 믿을 수 있다. 교육자들은 이 쟁점의 양쪽 지지자들이 그들의 믿음과 견해에 대해 열렬하다는 것을 이해하는 것이 중요하다. 교사가 이들 쟁점과 관련된 교과과정과 그것이 교실과 커뮤니티에서 제시되는 방법을 결정할 때 커뮤니티에 알리는 것은 중요하다.

미국에서 복음주의자는 소수이지만, 그 영향력은 크다. 그들의 노력은 정치, 사법체계, 법률체계, 학교에 영향을 준다. 그들의 믿음·관습과 미국을 변하게 하려는 노력에 반대하는 사람들은 그들을 분노하게 한다. 교육자가 복음주의자의 시각과 관습에 찬성할지 반대할지 모르겠지만, 그들이 궁극적으로 원하는 것은 다른 종교단체들이 추구하는 것과 별반 다르지 않음을 이해하면 도움이 될 것이다. 그들은 더 도덕적이고, 더 안전하며, 학교와 거리에 만연한 마약·범죄·폭력이 없는 미국을 꿈꾼다. 이것을 어떻게 달성할 것인지에 대한 그들의 시각이 교육자와 일치할지는 모르지만, 그들이 무엇을 달성하려고 하는지를 이해하는 것은 도움이 될 것이다. 이것은 그들의 가치를 존중할 때 도움이 되며, 교과과정과 학생 배치로 빚어질 갈등을 최소화할 수 있을 것이다.

 **종교와 과학의 전쟁**

미국에서는 다윈의 진화론에 대한 견해가 첨예하게 나뉜다. 이것은 단순히 철학적 차이에 대한 문제가 아니라, 종교와 관련된다. 종교는 대다수 미국인이 매우 진지하게 생각하는 문제이다.

- 개인은 진화론과 같은 쟁점에 대해 왜 민감한가?
- 논란이 되는 상황을 피하기 위해 어떤 것을 할 수 있는가?
- 당신의 커뮤니티에서 진화론에 대한 태도는 어떠한가?

(8) 프로테스탄트와 다른 종교집단의 정치적 영향

미국에서 정치적 리더십은 다양한 종교집단의 영향을 반영한다. 〈표 7.1〉은 연방의회 의원들의 종교 성향을 보여준다. 과거와 마찬가지로 2007년에도 프로테스탄트가 50.65%로 연방의회에서 가장 많은 숫자를 차지했는데, 이는 2007년에 전체 인구에서 프로테스탄트가 차지한 비율 49%와 비교된다. 뒤를 이어 로마가톨릭이 28.3%인데, 갤럽 조사결과인 전체 인구 24%보다 높다. 유대교 의원은 상하원에서 8%를 차지했는데, 이 비율은 전체 인구에서 유대교가 차지하는 2%보다 훨씬 높다. 연방의회에서 예수그리스도후기성도는 2.8%를 나타냈는데, 이 비율 역시 전체 인구에서 차지하는 비율보다 훨씬 높다(Congressional Yellow Book, 2007; Gallup Poll, 2006).

진보 성향의 교회(에피스코팔교회와 장로교) 신자들과 유대교 신자들이 연방의회에서 불균형적으로 과다대표되었다고 볼 수 있는데, 그 요인으로는 역사적으로 그들에게 사회적 쟁점에 대한 책임이 있기 때문이다. 또 다른 요인은 아마도

〈표 7.1〉 2007년 연방의회 의원의 종교 분포

구분	연방 상원	연방 하원	
	비율	의원 수	비율
불교	0%	2	0.5%
로마가톨릭	24%	126	29%
기독교	3%	23	5%
유대교	13%	30	7%
예수그리스도후기성도	5%	10	2%
이슬람교	0%	1	0.2%
그리스정교회	1%	4	1%
프로테스탄트	51%	220	51%
유니테리언	1%	1	0.2%
무응답	2%	18	4%

자료: Congressional Yellow Book. (2007, Spring). New York: Leadership Directories, Inc.

이들 다양한 종파의 신자들이 속한 사회계급과 관련될 수 있다. 의원이 되려면 아주 많은 돈이 들어가야 하기 때문에, 전형적으로 상위중류계급에 속하는 종교집단의 신자들이 의회에서 과다대표될 가능성이 있다. 예컨대, 새서도트와 글레저(Sacerdote and Glaeser, 2001)의 연구 결과에 따르면, 유대교의 교육수준은 종교집단 중 가장 높았으며, 다음으로 장로교와 에피스코팔교회가 뒤를 이었다. 루터교와 감리교는 로마가톨릭 다음으로 교육수준이 높은 종교집단이다. 교육수준이 낮은 두 집단은 '다른 종파의 프로테스탄트들(근본주의자를 포함)'이었고, 침례교는 전체에서 교육수준이 가장 낮았다. 교육수준이 항상 고소득으로 해석되지는 않지만, 둘은 상관이 있다. 다양한 종파별로 1인당 기부를 나타내는 보고서를 보면, 남부침례교 582달러, 감리교 611달러, 에피스코팔교회 1,091.05달러, 장로교 1,183달러로 나타났다(Lindner, 2004). 일부는 기부에 대한 각 집단의 문화가 있다고 주장하지만, 이 논리로는 이들 특정 집단에서 나타나는 차이를 설명할 수 없다. 남부침례교와 예수그리스도후기성도와 같은 보수성향의 종교집단은 신자들에게 십일조를 내도록 한다.

프로테스탄트는 사회뿐만 아니라 정치 리더십에서도 주요한 종교적 영향을 유지한다. 프로테스탄트는 전체 인구에서 많은 부분을 대표하기 때문에, 그 영향력은 지속될 것으로 기대된다. 다원주의는 갈수록 다양해지는 사회 집단 가운데 권력과 자원의 공유를 강제한다.

2) 로마가톨릭

로마가톨릭은 예배의 교리와 유형은 같지만, 신자의 인종, 민족 배경, 사회계급에 따라 개별 교구마다 어느 정도 달리 진행할 수 있다. 또한 개별 교구는 수좌주교의 성향에 따라 다른 모습을 띤다. 그러나 로마가톨릭은 종파의 다원주의를 포함하는 프로테스탄트와 다르게, 전 세계 모든 로마가톨릭에 대해 권위를 갖는 교황(Pope) 아래 하나의 종파가 있을 뿐이다.

미국인 약 24%가 로마가톨릭으로 분류되고(Gallup Poll, 2006), 미국과 캐나다 교회 연감(Yearbook of American and Canadian Churches, 2006)은 로마가톨릭 신자가 6,782만 833명이라고 보고했다.

오늘날 미국 로마가톨릭은 전 세계 로마가톨릭 중 가장 부유하고, 전체 로마가톨릭 소득의 약 절반을 책임지고 있다. 로마의 중요한 자리에 임명되는 미국 출신 추기경과 신부의 숫자가 늘어나는 것은 미국에서 로마가톨릭의 위상이 커지는 것을 나타낸다(Corrigan and Hudson, 2004).

(1) 다양성 속의 유사성

보수화 운동은 프로테스탄트에 국한되지 않는다. 로마가톨릭은 예배 의식의 변화와 교회에 의한 다른 분야의 현대화 개혁을 반대했다. 많은 사례에서 본 것처럼, 보수 성향의 로마가톨릭은 낙태와 성도덕과 같은 쟁점에서 보수 성향의 프로테스탄트와 연합했다. 어떤 로마가톨릭은 보수 성향의 공화당 후보를 지지하기 위해 민주당에 대한 전통적 지지를 철회하기까지 했다. 연속선의 다른 끝에 있는 로마가톨릭은 리더십 역할에서 여성의 제한적 참여와 낙태합법화운동에 대한 교회의 보수적 입장에 항의했으며, 일부는 낙태합법화운동을 지지한다. 1960년대 일부 신부를 포함한 로마가톨릭은 정치행동에 동조하고, 베트남 전쟁에 반대하는 급진적 시위에 참여했다.

미국 로마가톨릭 신자는 다양한 민족집단으로 구성된다. 일부 교구는 아일랜드계가 압도적으로 많은 반면, 다른 교구에는 이탈리아계·폴란드계·멕시코계·푸에르토리코계 등의 민족이 우세하다. 교구에서는 교구민이 주로 사용하는 언어로 미사를 보거나 다른 언어집단을 위해 개별 미사를 볼 수 있다. 민족집단의 문화행사(15세가 되는 라틴계 미국인 여성의 성인식 등)는 특정 교구의 행사에 통합될 수 있다.

(2) 교육에 미치는 영향

미국의 로마가톨릭은 외형상의 신자 수 증가 외에도 세계에서 가장 큰 사립학교 시스템을 운영한다. 많은 커뮤니티에서 로마가톨릭교구 학교는 대부분의 다른 사립학교보다 상대적으로 낮은 비용으로 질 높은 교육을 종교와 상관없이 모든 학생에게 제공한다.

버몬트에서 하와이에 이르는 수천 개의 초·중등학교와 노터데임(Notre Dame)·크레이튼(Creighton)·로욜라(Loyola)와 같이 국제적으로 명성 있는 대학을 둔 로마가톨릭은 수백만 명의 미국인들을 교육했고, 미국의 문화에 큰 영향을 미쳤다.

(3) 정치적 영향

1928년 민주당 대통령 후보 지명자 알프레드 스미스(Alfred Smith)는 대통령 선거에 출마한 첫 로마가톨릭 신자였다. 그 선거에는 금지와 종교라는 두 가지 쟁점이 있었다. 사람들은 스미스 후보가 대통령에 당선되면 로마가톨릭을 국교로 만들 것이라면서 공격했다. 1960년 대통령 선거에서도 케네디 후보와 그의 로마가톨릭 배경에 대해 이와 유사한 공격을 했다. 그러나 케네디는 대통령으로 당선되었다. 로마가톨릭 신자인 존 케리(John Kerry)는 성공적인 민주당 대통령 후보였다. 2004년 대통령 선거운동에서 일부 보수 성향의 로마가톨릭 신자는 케리가 낙태에 찬성한다는 이유로 반대했다.

독창적으로 미국 교회의 일원이 된 로마가톨릭 신자는 그들이 하나의 보편적 교회에 속한다는 믿음을 거부하지 않는다. 대신 미국 사회는 본질적으로 다원적이며, 그들의 종교는 프로테스탄트, 유대교, 이슬람교와 함께 4대 주요 종교 중 하나라는 사실을 받아들인다.

3) 유대교

유대교(Judaism)는 가장 오래된 종교로 알려져 있으며, 로마가톨릭과 프로테스탄트의 역사적 뿌리에 해당한다. 미국에서 유대계 미국인이라는 정체성 아래 통합된 다국적 유대인들이 신자인 유대교는 4대 주요 종교 중 하나가 되었다. 유대교 신자는 전체 인구의 2%에 불과하지만, 미국의 의학·과학·학술·경영·경제·오락·정치 분야에서 그들의 기여는 매우 크다.

유대인들은 19세기에 독일에서 대규모로 이주해 왔고, 많은 유대인은 동부해안의 유대인 거주 지역에서 다른 지역으로 이동했다. 20세기에도 유대인들은 러시아와 독일과 같은 국가에서 자행된 종교박해를 피해 미국으로 이주했다.

2006 American Jewish Yearbook(2006년 미국계 유대인 연감)에는 미국의 유대계 인구가 전체 인구의 2.2%에 해당하는 약 640만 명이라고 되어 있다(PR Newswire, 2006). 프로테스탄트 신자, 로마가톨릭 신자와 비교할 때 유대교 인구는 실제로 증가하지 않았는데, 이것은 근친결혼과 저출산 때문이다. 그러나 그들은 독특하고 식별할 수 있는 종교적 소수민족으로 남아 있으며, 그들의 사회적 위치와 영향은 인구에 비해 불균형적으로 높다.

후손들은 미국계 유대인과 유대교의 전체적인 모습을 바꿔놓았다. 다시 말해, 그들의 민족적 특성과 함께 미국적인 종교적 정체성이 나타났다. 그들의 생활양식은 미국 중류층의 소집단문화로 진화했다. 고등교육을 포함한 교육은 젊은이들을 노동자층에서 화이트칼라와 전문직으로 진출하게 해 유대계 커뮤니티에서 중요한 역할을 수행하게 했다.

(1) 다양성 속의 유사성

유대교의 장구하고 다양한 역사를 알면, 유대인을 정의 내리기 어렵다. 유대인은 없다. 유대인의 정체성은 역사적·종교적·민족적 변수로 혼합되었다. 미국으로 이주한 초기 유대교 정착자들은 그들이 유럽에서 경험했던 전통적 방식으로 유대교 의식을 따르기 어려웠다. 유대인의 종교 관습과 유형은 이주민의 욕구에 부합하기 위해 그들만의 방식으로 수정되었다.

일부 유대계 가족이 그리스정교회 및 보수 성향의 유대교와 긴밀한 관계를 유지하지만, 대다수 미국계 유대인은 개혁 유대교에 가입한다. 개혁 유대교는 진보 성향을 나타낸다. 예컨대, 유대법에 따르면 유대계 어머니에게서 태어난 사람이나 유대교로 개종한 사람은 유대인으로 간주된다. 개혁 유대교는 비유대계 어머니에게 태어난 사람도 유대인으로 받아들인다. 개혁 유대교의 반대쪽에는 보수 성향의 유대교와 정통파 유대교가 있다. 그들은 음식과 복장에서 유대법을 철저히 지키려고 한다.

전통적인 유대법을 종교적으로 고수하는 데서 나타나는 차이점 외에도, 미국계 유대인에게는 다양한 배경이 있다. 미국으로 이주해 온 유대인은 두 주요 집단으로 나뉜다. 아슈케나지(Ashkenazim)는 중부유럽 및 동유럽의 유대계 커뮤니티에서 왔다. 세파라딤(Sephardim)은 스페인·포르투갈, 또는 다른 지중해 국가와 중동에서 왔다. 이들이 미국으로 이주해 오면서 그들 국가의 문화도 함께 들여왔다. 스페인에서 온 세파라딤 중 일부는 뉴멕시코와 같은 지역의 히스패닉 커뮤니티에 정착했다. 많은 유대인은 히스패닉 이웃과 혼합되고, 커뮤니티의 중요한 구성원이 되었다.

대부분의 유대인은 그들의 종교와 강하게 동일시하지만, 예배 참석과 가정의 종교 준수율은 상대적으로 낮다. 그럼에도 미국의 유대교 회당(synagogue, 會堂)은 유대인 커뮤니티에서 영향력이 가장 큰 기관이다. 그들은 로마가톨릭과 프로테스탄트 신자와 같이 정규적으로 예배에 참석하지 않을지도 모르지만, 대다수의 유대인은 회당과의 관계를 유지한다. 많은 유대인은 종교의식에 참석하고 유대 율법을 공부하는 것에 거의 관심을 두지 않는다. 그러나 신년제(Rosh Hashanah), 속제일(Yom Kippur), 유월절(Passover)과 같은 대제일(High Holidays, 大祭日)에 참석하는 비율은 높다. 미국에서 유대교 회당은 종교의식 장소로서뿐만 아니라 유대인의 정체성과 생존에서 주요한 근거지가 된다.

(2) 교육에 미치는 영향

전국적으로 많은 유대교 사원이나 회당에서 사립학교가 운영된다. 일부 학교에서는 초등 단계만 운영되지만, 다른 학교에는 다양한 교육 단계가 갖추어져 있다. 유대인 최대 커뮤니티 중 일부, 특히 유대 정통파는 예시바(yeshiva)를 설립하여 교육과 심오한 종교 과목에서 질 높은 교육을 제공한다. 뉴욕의 예시바대학교, 매사추세츠의 브랜다이스(Brandeis) 대학교와 같은 유대인 대학들은 미국의 고등교육에 중요한 기여를 했다.

미국의 학교는 수십 년 동안 기독교 휴일인 크리스마스를 준수했다. 30~40년 만에 교육자들은 학생들의 다양성에 점점 더 민감해졌다. 유대계 가족에게 12월은 대개 어린아이들에게 선물을 주는 하누카(봉헌절, 유대교 축제)를 준수하는 시간이다. 학교와 교육자는 휴일이나 축제의 포괄성과 민감성을 고려하여 크리스마스 등 특정 종교를 기념하는 휴일이나 축제의 명칭을 사용하는 데 신중해야 한다. 휴일이나 축제의 명칭 부여나 종교의식의 준수는 개인이나 가정에 맡겨놓으면 된다.

(3) 정치적 영향

미국에서 유대인은 상대적으로 적지만(약 2.2%), 〈표 7.1〉에서 보는 것처럼 유대인의 정치적 영향은 상당하다. 공직에서 차지하는 유대인의 비율은 불균형적으로 높다.

(4) 반유대주의

미국과 전 세계에서 유대인은 편견과 차별의 목표물이 되었고, 간혹 인종말살의 대상이 되었다. 제2차 세계대전 중에 수백만 명의 유럽계 유대인을 죽게 한 홀로코스트는 당시 경제적·기술적으로 가장 선진국이었던 한 나라에 의해 조직적으로 이루어졌다. 문명세계는 나치가 홀로코스트를 저질렀다는 너무도 확실한 증거가 있는데도, 인류에게 저질러진 가장 처참한 잔혹행위 중 하나를 중지시키기 위해 아무것도 하지 못했다는 사실을 무시할 수 없다. 21세기인 현재도 신나치주의자, 이란의 대통령, 그리고 다른 사람들은 홀로코스트가 일어나지 않은 신화라고 주장한다. 수년에 걸쳐 수행된 갤럽 조사결과에서 미국인 2~9%는 홀로코스트가 일어난 것에 대해 의심하는 것으로 나타났다(Newport, 2005b). 대량학살을 위한 다른 시도들이 세계의 많은 지역에서 지속되고 있다. 심지어 오늘날에도 다른 홀로코스트가 유럽과 아시아와 같은 지역에서 일어났다는 것을 학생들이 이해하게 하는 것은 교육자의 책임이다.

반유대주의는 수세기에 걸쳐 존재한 유대인-비유대인의 갈등에 뿌리를 둔다. 미국에서 유대인과 로마가톨릭 신자는 특히 반유대주의 신문과 라디오 논객들이 반유대인 감정을 확산했던 1920년대와 1930년대에 KKK의 목표물이 되었다(Johnstone, 2007). 차별은 직업과 사회생활에서 이루어졌다. 일부 사례에서 유대인은 회사의 고위관리직에 오르지 못했고, 사교모임에 접근이 제한되거나 회원이 되지 못했다(Hemeyer, 2006). 반유대주의 형태와 정도는 세계적·국가적 사건마다 가지각색으로 나타난다. 예컨대, 비유대인들이 어떤 사건을 유대인이 한 것이라고 믿을 때, 유대인에 대한 편견은 직장과 행동에서 다시 드러난다. 이스라엘과 관련된 중동에서의 사건들은 종종 이런 반응을 촉발한다. 지속적인 반유대 증오범죄에 대한 사례들은 유대교 회당들을 목표로 한 방화와 LA의 유대인 탁아소 공격에서 잘 나타난다.

4) 이슬람교

종교 용어로서 '이슬람'은 신의 뜻이나 법에 순종한다는 의미이다. 이슬람교(Islam)는 세계적으로 10억 명 이상의 신자가 있는 세계 주요 종교 중 하나이다. 이슬람교는 또한 미국에서 가장 빠르게 성장하는 종교 중 하나이다. 미국 인구조사국은 종교 선호에 대한 자료를 수집하지 않을 뿐만 아니라, 실제 이슬람 신자를 파악하기 위한 신뢰할 만한 과학적 조사도 하지 않는다. 추정치를 보면 적게는 110만 명에서 많게는 600만~700만 명에 이른다(CAIR, 2007; Huda, 2006). 전국적으로 1,209개의 이슬람 사원이 있다(U.S. State Department, 2004). 많은 미국인은 이슬람교를 주로 중동지역의 종교로 생각하지만, 세계의 이슬람 신자 중 일부만이 그 지역에 산다. 인도네시아·파키스탄·인도에는 어떤 중동 국가보다도 많은 이슬람 신자가 있다.

100여 년 전 중동에서 온 이주민 집단이 아이오와 시더 폴즈에 정착했다. 그들이 미국에 정착한 첫 이슬람 신자였다. 이들 이주민의 후손들은 조상의 종교를 유지하고, 새로운 사원을 세우며, 커뮤니티의 중요한 구성원이 되었다. 일상생활에서 그들은 시민·사업가·전문가로서 다른 미국인과 똑같이 옷을 입고, 말하고, 행동한다. 그들의 종교만이 기독교인과 유대인 이웃과 구별을 짓게 한다.

(1) 이슬람교 신앙

이슬람교를 믿는 사람들이 이슬람 신자이다. 이슬람교는 개인과 전체 사회에서 믿음체계이고 생활양식이다. 이슬람교는 코란의 신성한 글에 기초한다. 이슬람 신자는 코란(Qur'an, Koran)이 천사 가브리엘을 통해 예언자 마호메트(570~632년)에게 신의 계시가 내려진 정확한 단어로 구성된다고 믿는다. 코란의 기본 주제는 신과 피조물의 관계이다. 코란은 적절한 인간행동을 통한 올바른 사회와 평등한 경제 시스템을 만드는 지침을 제시한다. 이슬람 신자는 이슬람이 아담에게서 시작하여 아브라함, 모세, 예수, 그리고 마호메트를 포함하는 역대 예언자들을 통해 지속되었음을 믿는다. 이슬람교의 기본 계명에는 다음 다섯 가지가 포함된다.

- 신앙: 유일신과 마지막 예언자인 마호메트를 믿어라.
- 기도: 메카를 향해 하루에 다섯 번 기도하라.
- 구제: 가난한 사람에게 베풀라.
- 단식: 라마단(이슬람력으로 아홉 번째 달) 기간에 일출에서 일몰까지 음식을 먹거나 물을 마시지 말라.
- 순례: 일생에 한 번 메카를 방문하여 하지(Hajj, 성지순례)를 수행하라(Ellwood and McGraw, 2005).

메카 성지순례는 신체적·금전적으로 가능한 사람들에게는 의무이다. 성지순례 의식은 이슬람식 음력의 열두 번째 달에 시작한다. 그들은 카바(Ka'ba)를 일곱 번 돌고, 신의 용서를 구하기 위해 기도를 시작한다. 이슬람 신자는 카바를 알라(Allah, 아라비아어로 신)가 아브라함과 이스마엘에게 건축을 명령했던 예배의 장소라고 믿는다. 이슬람 신자는 기독교와 유대교와 같은 신을 믿으며, 아랍 기독교 국가에서도 신을 알라로 부른다(Denny, 2006; Ellwood and McGraw, 2005).

서구인이 이슬람교에 대해 가장 오해를 많이 하는 개념은 지하드(Jihad)이다. 이것은 '성전(holy war)'으로 잘못 번역되어 테러리스트와 오사마 빈라덴(Osama bin Laden)의 이미지를 떠오르게 한다. 'jihad'의 어원은 아라비아어 'Jabada'이며, 신을 통한 '투쟁'·'노력'·'분투'를 의미한다(Burkholder, 2002; Denny, 2006). 버크홀더(Burkholder)는 지하드가 신학적 맥락에서 영적인 의미가 있는 모든 유형의 투쟁, 예를 들어 금연을 하고 화를 참는 것과 같은 것을 내포할 수 있다고 주장한다. 그리고 사원을 건축하거나 청소할 때의 신체적 투쟁, 종교박해를 피하려는 투쟁, 또는 알라만이 다스릴 수 있는 인간의 감정과 본능에 대한 투쟁을 의미할 수 있다. 또한 불의 세력에 대한 무장투쟁을 의미할 수도 있다. 이슬람교 학자들은 방어전만이 진정한 지하드라고 가르친다(Hopfe and Woodward, 2007).

(2) 이슬람교에 대한 태도

2001년 9월 11일 세계무역센터의 비극적 붕괴, 펜실베이니아에서의 비행기 충돌, 펜타곤의 부분적 파괴 등으로 수천 명이 사망하자, 이슬람 과격주의자에 대해 세계의 이목이 집중되었다. 그 이후로 미국은 아프가니스탄과 이라크에서 이슬람 과격주의자와 계속된 갈등을 겪고 있다. 전 세계적으로 스페인·필리핀·영국·인도네시아와 같은 국가에서도 수백 명이 이슬람 과격주의자의 손에 목숨을 잃었다. 정치적 동기로 일으킨 행동과 개인의 종교적 동기로 일어난 행동을 분리하는 것은 어렵다. 그러나 교육자들은 거의 모든 종교집단에는 극단주의자가 있지만, 미국과 전 세계의 굉장히 많은 이슬람 신자는 폭력을 싫어하고, 평화를 사랑하는 개인이라는 사실을 기억해야 한다.

1995년 오클라호마 시 폭발과 같은 테러 행위가 발생하자 미국 이슬람 신자는 비난을 받고 증오범죄의 대상이 되었다. 공포를 느낀 지역과 전국의 뉴스매체는 이슬람 테러리스트가 오클라호마 시에서 폭탄테러를 저질렀다고 잘못 추측했다. 교육자들은 독일계 미국인이 홀로코스트의 책임이 아닌 것처럼, 이슬람 학생과 가족이 이런 테러에 책임이 없다는 것을 학생들이 이해하게 할 책임이 있다.

이라크와 아프가니스탄에서 계속되는 전쟁은 아랍과 이슬람 과격주의자들에 대해 주목하게 한다. 2007년 중반 3,500여 명의 미군이 이라크에서 목숨을 잃었고, 수천 명이 부상을 당했다. 사상자 수는 거의 모든 대중매체에서 매일 보고되었다. 그러므로 교육자는 미국인들이 이슬람교를 어떻게 생각하는지를 이해하는 것이 중요하다. 9·11사건 이후 갤럽은 이슬람교에 대한 미국인의 시각을 알아보기 위해 여론조사를 2회에 걸쳐 실시했다. 사드(Saad, 2006)에 따르면, 미국인 22%는 이슬람 신자를 이웃으로 두기 싫다고 응답했고, 18%는 비행기에 이슬람 여성이 타고 있으면 신경이 쓰인다고 응답했으며, 31%는 비행기에 이슬람 남성이 타고 있어도 같은 감정을 느낀다고 응답했다. 약 40%는 선입관이 있음을 인정하고, 60% 정도는 그렇지 않다고 한다. 이슬람 신자를 알고 있다고 보고한 미국인 약 40%가 꽤 긍정적인 희망을 피력했는데, 이들은 알고 있는 이슬람 신자들에 대해 긍정적인 인식을 보고할 가능성이 높다(Saad, 2006). 교육자들은 학생들에게 이슬람 신자에게서 느낀 긍정적 경험을 소개함으로써, 그들이 더욱더 긍정적인 태도를 갖게 할 수 있다.

2005년 9월 덴마크의 한 신문이 "마호메트의 얼굴"이라는 기사를 실었다. 기사는 12컷의 만화(그림 중 마호메트의 그림은 몇 컷에 불과)와 함께 실렸다. 덴마크계 이슬람 신자들은 기사와 만화에 대해 매우 부정적인 반응을 보였지만, 다른 나라 50개 이상의 신문에 만화의 일부가 재인쇄되었다. 결국, 이것은 특히 이슬람교 국가에서 폭력 시위와 폭동을 불러일으키는 원인을 제공했다.

신문과 만화 출판의 옹호자들은 '표현의 자유'와 '출판의 자유'를 언급했다. 갤럽의 수석연구원 에스포지토(Esposito, 2006)는 이를 두고 "이슬람교의 예언자 마호메트에 관한 관심만큼이나 돈벌이에 관심이 많았기 때문이었을 것이다. 존경받는 유럽의 신문들이 타블로이드판 신문보다 더 심하게 행동했다"라고 주장했다(Esposito, 2006: 1). 에스포지토는 만화가 이슬람교의 가장 신성한 상징과 가치를 조롱함으로써 이슬람 신자를 시험하고 자극했다고 말한다. 더 나아가 예언자 마호메트와 이슬람교를 신성모독한 것은 선동적이며, 이슬람 신자에게 불만·경멸, 사회적 주변인화를 강요한다고 말한다. 게다가 그것은 서방과 중도 성향 이슬람 신자의 관계를 악화할 것이라고 주장했다. 그 신문은 이슬람 과격주의자들에게 이용당했다. 프랑스의 랍비 요세프 시트루크(Joseph Sitruk)는 연합통신에서 "우리는 종교를 무시하고, 경멸하고, 만화로 풍자해서는 아무것도 얻지 못한다. 이것은 솔직함과 존중의 부족이다. 표현의 자유가 무한의 권리는 아니다"라고 말했다. 에스포지토는 오늘날 다원주의와 관용은 모든 비이슬람 신자와 이슬람 신자에게 상호 이해와 존중을 한층 더 요구한다는 결론을 내린다.

(3) 다양성 속의 유사성

이슬람교는 두 개의 주요 집단으로 나뉜다. 이슬람교의 85%를 차지하는 수니(Sunni)파는 적법한 리더십이 아부 바크르(Abu Bakr, 제1대 칼리프)에서 시작하여 칼리프(계승자)나 정치 지도자에게 전승되었다고 믿는다. 시아(Shi'i 또는 Shi'ite)파는 숫자는 적지만 눈에 자주 띄는 집단이다. 시아파는 마호메트가 사촌이자 사위인 알리(Ali, 제4대 칼리프)에게 혈통을 통해 후계 계승을 했다고 믿는다. 시아파는 최근 여러 이슬람국가에서 이슬람법을 고수할 것을 주장하여, 세계적으로 상당한 관심을 끌었다(Denny, 2006; Hopfe and Woodward, 2007).

1979년 아야톨라 호메이니(Ayatollah Kohmeni)의 추종자로 이루어진 시아파가 이란의 리자 샤 팔레비(Reza Shah Pahlavi) 왕조를 전복하고 미국인을 인질로 삼아, 국제적인 관심을 끌었다. 일부 종교적·정치적 시아파 지도자는 서구문화를 이슬람에 반대되는 것으로 생각하고, 미국과 다른 서방국가의 영향을 강하게 거부했다. 이것은 두 집단 간에 치열한 정치투쟁으로 이어졌고, 간혹 서방국가에 대한 테러를 자행하는 결과를 낳았다. 수년간 이라크를 이끌었던 사담 후세인은 수니파였다. 그와 수니파 추종자들은 수적으로 열세한 시아파를 무력으로 지배했으며, 한때는 이란의 시아파 정부와 전쟁을 벌였다. 미국이 통치하려 한 이라크 내부의 종파 간 폭력은 외부 집단의 개입 및 두 호전적 종파와 관련된다.

(4) 블랙모슬렘

미국 블랙모슬렘은 주로 이슬람 수니파와 관련되지만, 그들은 그들만의 독특한 정체성을 형성했다. 흑인 노예 일부는 이슬람 신자였지만, 미국에서 블랙모슬렘의 기원은 티머시 드루(Timothy Drew) 또는 노블 드루 알리(Noble Drew Ali, 1886~1927)에서 시작된다. 그는 흑인이 아시아 계통으로, 무어인이거나 이슬람 신자였다고 가르쳤다.

엘리자 무하마드(Elijah Muhammad)로 알려진 엘리자 풀(Elijah Poole, 1875~1975)은 '이슬람국가(Nation of Islam)'를 이끌면서 전국적으로 알려졌다. 1960년대 초 맬컴 엑스(Malcolm X, 1925~1965)는 '이슬람국가'의 가장 잘 알려진 대변자가 되었다. 태어났을 때의 이름은 맬컴 리틀(Malcolm Little)이었지만, '노예' 이름 '리틀'을 버리고 엑스를 붙였다. 엑스는 선조들이 노예로 강제로 끌려왔을 때 고국의 잃어버린 정체성을 상징했다(Ellwood and McGraw, 2005; Fisher, 2008).

맬컴 엑스와 블랙모슬렘은 아프리카계 미국인을 경제민족주의(economic nationalism)에 참여하게 해 그들에게 자긍심과 성취감을 심어주려고 '이슬람국가'를 이용했다. 이것은 그들이 미국에서 백인 억압의 상징으로 배웠던 기독교를 거부함으로써 달성되었다.

맬컴 엑스는 1964년 엘리자 무하마드와의 마찰로 '이슬람국가'를 해체하고 '아프리카계 미국인 단결기구(Organization of Afro-American Unity: OAAU)'를 창설했다. 같은 해에 맬컴 엑스는 메카 성지순례를 하고, 전통적인 수니파가 되었다. 그는 수니파가 분열과 반목보다는 포괄성에 기초하여 우월한 종교적 방향을 제시한다고 믿었다(Lincoln, 1994). 맬컴 엑스는 1965년에 암살당했다.

월리스 딘 무하마드(Wallace Deen Muhammad)는 1975년 그의 아버지 엘리자 무하마드의 사후에 '이슬람국가'의 리더가 되었다. 그의 리더십으로 '이슬람국가'는 전통적인 수니파를 받아들이고, 이름을 미국 이슬람 신자의 사명(American Muslim Mission)으로 개명했다. "1970년대와 1980년대에 윌리스 딘 무하마드는 과거 사용한 인종차별적인 발언들을 서서히 없애고, 추종자들을 코란 중심의 정통 이슬람교로 이끌었다"(Kosmin and Lachman, 1993: 136). 결론적으로 이 집단은 자유시장과 같은 보수 성향의 대의명분을 지지한다. 집단의 구성원들에게는 근면, 개인의 책임, 가족가치들을 기대한다(Fisher, 2008; Kosmin and Lachman, 1993).

블랙모슬렘의 잘 알려진 지도자 루이스 패러칸(Louis Farrakhan)은 1980년대에 '이슬람국가'라는 본래 이름을 다시 사용하면서 분파 운동을 주도했다. 그는 이슬람 신자가 아니면서도 많은 아프리카계 미국인에게 설득력 있게 호소했을 뿐만 아니라, 선동적인 발언을 한 것 때문에 언론과 정치 지도자에게서 상당한 관심을 받았다. 그의 영향력은 1996년 워싱턴 D.C.에서 100만인 행진(One Million Man March)을 위해 종파 간 연합(interfaith coalition)을 조직하고, 약 100만 명의 아프리카계 미국인을 동원함으로써 증명되었다. 이후 연합회의 회원들은 여러 도시에서 역할모델로서 활약을 펼쳤다. 그들은 범죄와 마약 복용에 대한 이웃 보호자의 역할을 하고, 감옥에서 출옥한 개인의 재활을 위해 중요한 역할을 수행했다(Columbia Encyclopedia, 2001~2005a; Fisher, 2008; Johnstone, 2007).

(5) 교육에 미치는 영향

미국과 캐나다에서 절대 다수의 이슬람교 학생은 공립학교에 다닌다. 2001년 9·11사건은 일부 이슬람교 학생의 안전에 대한 우려를 높였다. 그들의 전통적인 복장(여성의 두건)이 그들에게 불리한 관심을 끌 수 있었다(Vyas, 2004). 타가르(Taggar, 2006)가 이슬람교 고등학생들을 대상으로 조사한 결과에 따르면, 대다수 학생은 그들이 선입관으로 낙인이 찍혀 있다고 생각하며, 특히 대중매체가 이슬람교의 문화와 종교를 묘사하는 것에 대해 우려를 나타냈다. 타가르는 교육자들이 학생들을 교육하기 전에 그의 태도와 신념을 검토할 것을 요구하면서, 문화적으로 반응하는 수업(culturally responsive teaching)[1]을 할 것을 촉구한다. 더 나아가 타가르는 모든 학생에게 정서적·신체적으로 안전한 학교 환경을 만들 것을 촉구한다.

미국에서 약 1만 5,000명의 학생들이 200개의 이슬람 학교에 다닌다. 이들 학교는 정규 교육 프로그램을 제공하는데, 교육의 목표는 "학생들을 이슬람교에 적합한 인격체로 키워 이 세계와 사후 세계에서 최고에 도달할 수 있게 하는 것이다"(Johnstone, 2007; SoundVision, 2004). 이들 학교 중 많은 학교는 전국의 이슬람 사원에 위치한다. 이 밖에도 약 50만 명의 이슬람교 학생들은 주말에 이

---

[1] 학생의 문화와 경험을 반영하는 수업을 말한다. _ 옮긴이

슬람학교에서 운영하는 주말 종교교육에 출석한다(SoundVision, 2004).

5) 불교

불교(Buddhism)는 세계의 주요 종교 중 하나로서, 전 세계적으로 2억 5,000만~3억 3,000만 명 정도의 신자가 있다. 매년 중국·타이완·한국·타이·일본·티베트와 같은 아시아 국가의 이주민들이 미국으로 이주해 오는데, 이 중 수천 명의 불교신자들도 함께 들어온다. 이들은 미국의 종교지형을 바꾼다. 미국에 100만 명 이상의 불교신자가 있다고 추정되는 것은 미국에 약 1,200만 명의 아시아인이 살고 있고, 이 중 절반 이상이 국민의 절대 다수가 불교를 믿는 국가에서 온 이주민이라는 사실을 생각하면 보수적으로 잡은 수치이다.

불교신자들이 세계의 많은 지역에서 이주해 옴에 따라 의식이 다른 불교의 형태가 생기기 마련이다. 결론적으로 앞에서 논의한 기독교 가운데 다양성이 존재하는 것처럼, 불교의 믿음과 실천에서도 엄청난 다양성이 존재한다. 사색 또는 믿음의 불교 종파들은 존재에 대해 이중 방향, 즉 근본적으로 삶에 대한 부정적인 태도와 평범한 존재에 대한 염세적인 접근 방식으로 통합되었다. 첫째, 불교신자들은 존재 자체를 삶의 문제로 본다. 존재하는 한 고통이 있다. 둘째, 모든 불교신자는 부처가 인생의 좌절에 대한 해결책을 제시한다고 생각한다. 불교의 각 종파는 인생무상을 극복하는 길을 제공하고, 부처는 인생의 딜레마를 해결하는 길을 제시한다(Fisher, 2008; Young, 2005).

불교에서 깨달음에 이르는 비밀은 사치스러운 생활에 의해서도 자기박탈에 의해서도 아니고, 극단에서 벗어나 중도를 통해 도달할 수 있다고 가르친다. 해탈에 이르기 위한 열쇠는 모든 것에서 벗어나는 것이다. 구원과 깨달음은 사람이 이 세상에서 무아(無我)의 상태를 깨달을 때 일어난다. 존재하지 않은 것이 실제이고, 자아소멸도 실제이다. 깨달음과 함께 몽롱한 상태를 뜻하는 열반(nirvana)에 이른다(Hopfe and Woodward, 2007; Young, 2005).

(1) 불교의 가르침

부처는 "사성제(四聖諦)"를 가르쳤다.

- 삶은 고통이다.
- 고통은 집착(또는 욕망)에서 생긴다.
- 사람은 집착에서 벗어나면, 고통에서 벗어날 수 있다.
- 집착은 팔정도(八正道)에 의해 벗어난다(Young, 2005).

욕망을 끊는 팔정도는 다음과 같다.

- 바른 믿음(존재의 진리를 이해)
- 바른 열망(깨달음에 도달하려는 의지)
- 바른 말
- 바른 행동
- 바른 생활
- 바른 노력
- 바른 마음가짐(적절한 명상)
- 바른 마음의 통일(또는 집중)

가르치는 학생의 가족이 불교 신자임을 아는 것은 그 가족의 믿음 구조나 종교 관습에 대해 많은 것을 알려줄 수 있지만, 그렇지 않을 수도 있다. 승려나 수도승에게 사성제와 팔정도를 기대할 수 있겠지만, 평신도들은 일상생활에 종교의 진수를 받아들이기 어려울 수 있다. 중국인·일본인·한국인·베트남인은 보통 그들에게 종교와 같은 역할을 하는 유교철학의 영향을 받는다. 따라서 개인에 따라서는 공자의 강력한 철학이 중첩된 불교신자일 수 있다. 타이완·티베트·일본 출신의 평범한 불교신자의 문화적·철학적 배경에서 종교를 명확하게 분리하는 것은 조금 어려운 일이다.

6) 힌두교

힌두교(Hinduism)는 인도의 주 종교이고 기독교와 이슬람교에 이어 세계에서 세 번째로 규모가 큰 종교이다. 전 세계에 약 8억 3,700만 명의 신자가 있으며, 이는 전 세계 인구의 13%를 차지한다. 미국의 힌두교 신자는 76만 6,000~110만 명까지 추정할 수 있다. 일반적으로 세계에서 가장 오래전에 체계화된 종교로 여겨지는 힌두교는 단일 창시자가 없다는 점에서 기독교 및 다른 서방 종교와 다르다(Robinson, 2006b). 힌두교의 뿌리는 인도의 선사시대로 거슬러 올라간다. 힌두교는 지켜야 할 도덕적 규율이나 중앙 조직의 단일 시스템이 없다. 로빈슨(Robinson, 2006b)에 따르면, 힌두교는 기원전 1,500년 이후에 인도에서 진화한 수천 개의 다른 종교집단으로 구성되었다. 힌두교는 불교와 자이나교의 발달에 기여했다.

힌두교는 대부분의 다른 종교와 마찬가지로 신, 사후의 삶, 신자들이 어떻게 삶을 살아가야 하는가에 대한 기본 믿음을 갖고 있다. 유대교·기독교·이슬람교와 달리 힌두교는 단일 경전이나 문헌에 제한을 두지 않는다. 힌두교에는 그 기본 믿음에 기여한 몇 권의 경전이 있다. 가장 중요한 경전은 베다(Veda)·푸라나(Purana)·라마야나(Ramayana)·마하바라다(Mahabharata)·바가바드기타(Bhagavad-Gita)·마누스므리티(Manusmriti, 마누법전)로 알려져 있다. 이들 경전은 기도·찬양·철학·신화·서사·자연과 존재에 대한 의미, 힌두의 종교적·사회적 법률을 담고 있다. 종교와 사회 법률은 카스트제도의 토대가 되었다. 카스트 제도는 1949년에 법률적으로 폐지되었지만, 오늘날에도 그 영향은 남아 있다. 힌두교 신자들은 카스트 중 하나로 분류되어 집단화된 커뮤니티에 속한다. 카스트의 네 가지 유형은 다음과 같다.

- 브라만(Brahman): 승려와 학자
- 크샤트리아(Kshatriya): 통치자와 군인
- 바이샤(Vaisya): 농장주(농부), 지주, 상인

- 수드라(Sudra): 소작농, 노예, 공해가 없는 직업에 종사하는 노동자

인도에서 달리트(Dalit, 불가촉천민)는 카스트에서 추방된 제5 집단이다. 그들은 공해를 일으키는 일(가죽의 무두질)이라고 생각되는 일을 했고, 위의 네 계급이 접촉하지 않았다. 심지어 그들의 그림자조차도 카스트에게 비출 수 없었다. 현재 인도에서 카스트제도는 불법이고 도시에서 영향력을 많이 잃었지만, 일부 농촌의 생활양식에 남아 있다. 일부 달리트는 힌두교를 버리고 불교나 기독교로 개종했다(Ellwood and McGraw, 2005: Robinson, 2006b).

(1) 힌두교의 가르침

힌두교에는 많은 신이 있지만, 일반적으로 가장 중요하다고 생각되는 삼신(三神)은 브라마(우주의 창조자)·비슈누(우주의 수호자)·시바(파괴자)이다.

힌두교는 영혼이 죽지 않는다고 가르친다. 육체가 죽으면 영혼은 재생한다. 영혼은 동물이나 다른 인간으로 태어난다. 카르마(karma)의 법칙은 개인이 행한 모든 행동은 사후의 환생에 영향을 주는데, 착하게 산 사람은 더 높은 상태로, 악하게 산 사람은 벌레와 같은 미천한 모습으로 환생한다. 환생은 사람이 영적 완성에 도달할 때까지 계속될 것이다. 그런 다음에 영혼은 해탈(moksha)이라는 결코 돌아올 수 없는 새로운 존재의 단계로 들어간다(Ellwood and McGraw, 2005).

7) 다른 종파와 종교집단

미국의 4대 주요 종교 외에 교육자들이 커뮤니티에서 만날 수 있는 다른 종교는 무엇이 있는가? 이들 다른 종교에는 기독교·로마가톨릭·유대교·이슬람교에 포함되지 않는 별도의 기독교 집단이 있다.

(1) 예수그리스도후기성도

예수그리스도후기성도는 로마가톨릭도 기독교도 아니면서 급속히 성장하는 집단이다. 1830년대 초 조지프 스미스(Joseph Smith)가 뉴욕 서부에서 예수그리스도후기성도를 창립했다. 스미스의 말에 의하면, 그는 근처 산비탈에 보관된 금판에 쓰인 북아메리카 고대 거주민의 역사를 번역하도록 계시를 받았다고 한다. 1830년 이 번역본은 구약과 신약을 묶어 예수그리스도후기성도 교전(敎典)으로 편찬되었고, 스미스의 후기 계시 일부는 예수그리스도후기성도의 가장 신성한 경전이 되었다(Hemeyer, 2006).

스미스와 그의 추종자들은 기성 기독교 집단의 강력한 반대에 부딪혔고, 여러 커뮤니티에서 핍박과 폭행을 당하며 쫓겨났다. 예수그리스도후기성도의 일부다처제(1890년에 교회가 중혼 금지를 결의)는 다른 집단의 거부감을 강화했으며, 1844년 스미스와 그의 형제들은 일리노이 카티지에서 폭도들에게 살해당했다. 스미스의 죽음으로 브리검 영(Brigham Young)이 새 교주가 되어 현재의 예수그리스도후기성도의 종교 센터인 유타로 이주해 왔다. 예수그리스도후기성도는 적극적으로 전도하여 미국에는 540만 명의 신자가, 전 세계적으로는 1,170만 명의 신자가 있다(Young, 2005).

(2) 그리스정교회

그리스정교회는 기독교나 로마가톨릭의 주요 집단으로 분류되지 않은 또 다른 기독교이다. 그리스정교회는 전 세계 기독교인 약 4분의 1이 신자라고 주장한다. 그리스정교회가 미국에 잘 알려지지 않은 이유 중 하나는 시리아·그리스·아르메니아·러시아·우크라이나 출신의 신자들이 지난 세기에 미국으로 이주했기 때문이다. 그들은 1054년 신학적·관습적·법률적·문화적·정치적 차이로 로마가톨릭에서 분리되었지만, 많은 외부인에게 그들은 바티칸II 이전 로마가톨릭(pre-Vatican II Catholic church)과 매우 흡사하게 보인다.

세계적으로 그리스정교회는 2억 1,400만~3억 명의 신자가 있는 것으로 추정된다

(Robinson, 2006a). 미국에서 실제로 보고된 그리스정교회 신자는 기관에 따라 다른데, 최근 교회에서는 400만 명이라고 보고하고, 하트퍼드연구소(Hartford Research Institute)는 실제 신자 수가 120만 명 정도일 것이라고 한다(Hartford Research Institute, 2002). 이 연구소에 따르면, 이러한 통계의 불일치는 비교하는 민족집단의 인구와 신자 수를 똑같이 계산하는 관행 때문에 생긴다고 한다. 이 관행은 현재 각 종교와 관련되지 않는 최초 이주민 신자들의 2~3세대들을 고려하지 않는다.

(3) 크리스천 사이언스와 유니테리언 유니버설리즘

최소 두 개의 다른 종교가 기독교의 유산을 갖고 있지만, 교리의 차이 때문에 몇 개의 종교로 분류된다. 크리스천 사이언스(Christian Science)와 유니테리언 유니버설리즘(Unitarian Universalism)이 그것이다. 크리스천 사이언스는 신자가 50만 명 미만이다.

크리스천 사이언티스트들은 좋은 신이 좋지 않은 것을 창조하지 않았을 것이기 때문에, 신이 창조한 모든 것은 선하다고 믿는다. 그들은 병의 치료를 위해 전통적 약제보다는 신의 권능에 의지한다. 신자들에게 신의 권능에 의지하도록 권장하지만, 전통적 치료방식을 금지하지는 않는다. 육체는 성령의 사원이라고 믿는 그들은 운동, 좋은 영양, 금주와 금연을 포함하는 건강한 습관을 지지한다. 많은 신자가 채식주의자이다. *Christian Science Monitor*(크리스천사이언스모니터)는 매우 존경받는 신문이다(Hemeyer, 2006).

대부분 사람이 진보적이라고 생각하는 유니테리언 유니버설리스트는 기독교로 분류되는 것을 거부한다. 몇 명의 미국 대통령[윌리엄 하워드 태프트(William Howard Taft), 제퍼슨, 존 애덤스(John Adams), 존 퀸시 애덤스(John Quincy Adams)]과 뉴잉글랜드 작가들[헨리 롱펠로(Henry Wadsworth Longfellow), 제임스 로웰(James Russell Lowell), 윌리엄 브라이언트(William Cullen Bryant)]이 유니테리언 신자로, 이들은 유니테리언이 소집단 교회치고는 기대 이상의 영향력을 행사하는 데 기여했다. 유니테리언은 교외·소도시·대학의 커뮤니티에서 찾아볼 수 있다.

많은 신자는 정치적 진보주의자로 간주될 수 있다. 많은 신자가 예수 그리스도를 최고로 존경하지만, 교회는 "비기독 종교의 지혜를 받아들이고, 불교·힌두교, 그 외 다른 종교의 경전도 읽는다"(Marty, 1975: 217). 개방성의 표현으로서 유니테리언은 기독교 신자와 비기독교 신자를 모두 수용한다. 이 종파는 강요하는 어떤 도그마나 신자의 기준도 따르지 않는다. 따라서 이들의 예배는 지극히 단순하며, 종종 실험적이다(Corrigan and Hudson, 2004; Marty, 1975).

(4) 아메리칸인디언 종교

연방정부가 인정한 아메리칸인디언 부족 또는 집단만 해도 314개가 되고, 각각 독창적인 종교관이 있기 때문에, 정의 내리거나 특징짓기가 매우 어렵다. 뉴욕 시립대학교가 2001년에 실시한 종교 분류 조사결과에 따르면, 아메리칸인디언 종교 신자는 약 10만 3,000명에 이르는 것으로 추정되었다. 전통적 아메리칸인디언 종교에는 보편적이거나 부족의 경계를 넘어 전승되는 몇 가지의 일반적인 특성이 있는데, 영적 존재의 세 단계, 즉 지상신(supreme god)·자연신(nature spirits)·조상신(ancestor spirits)을 인정한다. 신과 같은 특성을 가진 초월신(superior spirits)은 종교적 동일성에 영향을 미친다. 부족마다 다른 신의 단계를 강조한다. '와칸(Wakan)' 혹은 '오렌다(Orenda)'는 모든 부족에서 찾아볼 수 있는 영적인 힘을 의미한다. 그 영적인 힘은 풀·바위·동물, 영적인 존재에서 찾아볼 수 있다. 식물·바위·물줄기도 신성하다. 일부 부족은 자연계와의 조화를 유지하기 위해, 사냥에서 사슴을 죽이기 전에 곧 닥칠 운명에 대해 알려준다(Corduan, 1998).

주술사는 영혼과의 접촉을 통해 치료하는 남성과 여성이다. 이들은 초자연의 부름으로 주술사가 되는데, 이것은 흔히 그들의 병이 치료되며 주술사가 되겠다고 맹세함으로써 이루어진다(Corduan, 1998). 일부 부족은 환영을 보고 실행하는 것을 매우 중요하게 생각한다. 환영은 여러 가지 방식으로 볼 수 있다. 간혹 환영은 평온한 순간이나 엄청난 스트레스 후에 나타난다. 단식, 극심한 환경에 대한 도전, 또는 부상을 겪고 난 뒤에 환영을 본다. 한 사람 또는 개인들로 이루어진 한 집단이 메시지를 전달하기 위해 개인에게 올 수 있다. 환영을 본 사람은 그 환영으로 성공을 예측할 수 있다.

(5) 자이나교

자이나교(Jainism)는 기원전 6세기에 인도에서 발달했다. 자이나교와 불교는 힌두교의 전통을 바탕으로 성장했다. 자이나교 신자는 삼보(三寶), 즉 바른 신앙, 바른 지식, 바른 행동을 지킨다. 그들은 평화와 중용을 강조하고, 동물을 다치게 하지 않는다. 그들의 비폭력 철학은 간디에게 매우 큰 영향을 미쳤다. 북아메리카에는 4,000명의 자이나교 신자가 있는 것으로 추정된다.

(6) 시크교

시크교(Sikhism)는 기원전 15~16세기에 인도에서 창시되었다. 시크교는 보편적 단일신을 강조하면서 힌두교와 이슬람교의 핵심을 교리로 삼는다. 신을 만나는 것은 명상과 신의 뜻에 복종하면 이루어진다. 시크교 신자는 환생, 카르마, 우주의 파괴와 재건을 믿는다. 남성 시크교 신자는 칼서(Khalsa)로 불리는 종교적 형제애로 가입하며, 머리털이나 턱수염을 깎지 않고 특별한 바지를 입으며, 철팔찌와 강철 단검과 머리빗을 지니고 다닐 것을 맹세한다. 북아메리카에는 49만 명의 신자가 있는 것으로 추정된다(Corduan, 1998; Ellwood and McGraw, 2005).

(7) 바하이교

바하이교(Baha'ism)는 19세기 말 페르시아(이란)에서 창시되었다. 창시자 바하울라(Baha'ullah)는 신의 신성한 나타남이며 조로아스터·부처·예수·마호메트와 같은 계통의 마지막 신격화된 존재라고 주장했다. 바하이교는 성별·인종·종교의 평등원칙을 강조한다. 신자들은 평화, 정의, 인종 통일, 경제 발달, 교육을 지지한다. 미국에 30만 명 이상의 신자가 있는 것으로 추정된다(Corduan, 1998; Ellwood and McGraw, 2005).

(8) 뉴에이지

뉴에이지운동은 1980년대 초기에 시작되었다. 뉴에이지는 19세기 심령술(spiritualism)과 1960년대의 반체제운동 또는 반문화운동에 뿌리를 두고 있으며, 물질주의를 거부하고 조직화된 종교에 정신적 경험을 접목하고자 한다. 이 운동은 환생, 생되먹임(biofeedback, 생체 자기 제어), 샤머니즘, 비술(秘術), 심령요법, 지구 밖 생물체를 강조한다. 크리스털에서 타로카드에 이르기까지 이 운동에 대한 출판물이 다양하듯이, 이 운동은 주제·관점·용품의 범위가 넓어 한마디로 정의 내리기가 쉽지 않다. 여러 집단에서 초자연적 현상이나 초심리학에 대해 강조를 한다. 이것은 명상, 시각화(visualization), 꿈 해석, 자기계발, 초능력, 텔레파시, 신통력, 점, 예지력, 유체이탈 체험, 영혼과의 접촉(channeling spirit guides), 천사, 과거 삶의 회귀분석 등의 경험과 관련된다. 이것은 불교·수피교·도교·힌두교와 같은 동양의 종교에서 영향을 받았다(Brown, 2008; Chryssides, 1999).

일부 뉴에이저는 기독교를 과거의 것으로 믿는다. 뉴에이저들은 로마가톨릭의 조직화된 기독교 권위와 같이 고도로 구조화되고 제도화된 종교를 거부한다. 뉴에이지운동은 공식화된 제도적 구조도 없고, 교리에 대한 동의도 없다. 권위구조도 없으며, 뉴에이지집단이 무엇을 하고, 무엇을 하지 않는지에 대해서도 정확하게 알지 못한다.

(9) 마법 숭배

일부에 의해 신이교주의(neo-pagan)로 여겨지는 마법 숭배(Wicca)는 간혹 사악한 마법으로 불린다. 아직 주류 종교에 비해 상대적으로 소규모이지만, 미국에서 가장 빠르게 성장하고 있는 종교이다. 신자들(Wiccans)은 1990년 8,000명에서 2001년 13만 4,000명으로 증가했다[City University of New York(CUNY), 2001]. 이 종교는 오스트레일리아·캐나다 외에 전 세계 곳곳에서 상당한 성장을 이루었다.

마법 숭배는 고대 마법 종교의 현대적 부활이다. 신자들은 모든 자연은 신성한 것으로서 살아 있고, 인간은 이 세계의 모든 것이 그렇듯이 자연과 상호 연관된다고 믿는다. 신자들은 12~13명의 소집단이나 집회를 조직한다. 어떤 위계질서도 없고, 권위 있는 사제도 없다. 모든 신자는 마녀이다. 일반적으로 의식은 삼중 형태로 나타나는 여신에게 초점이 맞춰진다. 마법 숭배는 페미니스트 영성과 여성의 삶에 대한 신성한 의미에 초점을 맞췄다. 이 운동은 성인 남녀뿐만 아니라 청소년에게도 매력이 있다(Ludwig, 2006).

(10) 광신적(사이비) 종교집단

'컬트(cult)'라는 용어는 주류 종교집단 신자들에게서 긍정적인 반응에서 경멸적인 반응에 이르기까지 매우 다양한 반응을 불러일으킨다. 엘우드(Ellwood)와 맥그로(McGraw)는 컬트에 대해 다음과 같이 정의했다.

> 컬트는 집단에게 엄격한 믿음과 실천의 고수를 요구하는 카리스마적 지도자에게 초점을 맞춘 소수 종교이다. 일반적으로 컬트는 몇 명의 신자가 가르치고, 전도하며, 종종 신자들에게 컬트가 아닌 사람들과의 유대관계를 끊도록 요구한다(Ellwood and McGraw, 2005: 494).

존스톤(Johnstone, 2007)은 컬트가 일시적이고 단명할 것이라고 주장한다. 컬트의 카리스마적 지도자가 죽거나 신임을 잃어버리면, 대개 그 컬트는 인민사원(People's Temple)과 그 지도자 짐 존스(Jim Jones)의 경우처럼 해체되거나 소멸한다.[2] 간혹 컬트는 성장하고, 조직을 만들어 후계자를 내세운다. 그러면 컬트는 종파적 상태로 발전할 것이다. 그런 의미에서 초기 기독교가 컬트로 특징지어졌을지도 모른다. 이와 마찬가지로 초기 예수그리스도후기성도도 지금처럼 전 세계적으로 1,000만 명 이상의 상당한 종파로 성장하기 전에는 컬트로 여

---

[2] 1978년 교주 짐 존스와 신자 914명이 남아메리카 가이아나 밀림의 인민사원에서 집단 자살했다. _ 옮긴이

겨질 수 있었다.

많은 커뮤니티에서 젊은이들은 동양적인 종교 전통에 입각하여 종교를 실천한다. 이 집단에는 하레 크리슈나 교단(Hare Krishna), 디바인 라이트 미션(Divine Light Mission: DLM), 통일교(Unification Church)가 포함된다. 이 중 일부 신자는 대중의 눈에 자주 띄는데, 주로 하레 크리슈나교 신자가 대도시의 거리에서 탬버린을 치면서 춤추는 것을 볼 수 있다.

이처럼 다양한 종교는 전체 인구에서 소수이지만, 커뮤니티에서 그들의 숫자는 실제 신자 수보다 과장된다. 이러한 나쁜 관행은 그들의 교리와 관습이 주요 종교집단 구성원, 특히 근본주의자 기독교인에 의해 이단으로 보인다는 사실에 뿌리를 둔다. 게다가 주요 종교집단의 신자들, 특히 부모들은 컬트로 여겨지는 일부 집단(알려진 바에 의하면, 그들은 어느 정도 마인드 컨트롤을 할 수 있다)이 젊은이들의 관심을 끄는 것을 두려워한다.

앞서 언급한 것처럼 컬트라는 용어는 일반적으로 개인에게 두려움에서 경멸과 혐오에 이르기까지 부정적인 반응을 불러일으킬 수 있다. 이 용어는 세뇌 또는 가족이 가장 두려워하는 자살(suicide)이 연상되게 한다. 지난 25년 동안 이른바 '수이사이드 컬트(Suicide Cults)' 신자들에게서 수없이 발생한 집단자살은 대중에게 잘 알려졌다. 그중 미국인에게 가장 잘 알려진 것은 인민사원(People's Temple), 다윗파(Branch Davidians), 천국의 문(Heaven's Gate groups) 등이다.

4. 종교와 젠더·동성애·인종의 상호작용

1) 종교와 젠더

미국의 일반 사회에서 주요 기업이 젠더차별로 제소당하는 젠더평등의 시대에, 젠더평등에 대한 쟁점이 종종 종교기관에서도 제기된다. 보수 성향이 강한 많은 종교단체에서는 여성의 역할에 대해 분명하게 정의했고, 일정한 제한을 두었다. 로마가톨릭과 그리스정교회에는 여성 사제가 한 명도 없으며, 예수그리스도후기성도에서는 어떤 여성도 성직을 받을 수 없다. 그리고 근본주의자 교회나 종파가 여성 목사를 임명하거나 임명하려는 경우는 거의 없다. 다른 많은 종교집단도 상황은 똑같다. 남부침례회연맹 2000년 연회에서 1만 6,000명의 대표가 여성 목사를 금지하는 투표에 찬성했다. 남편에게 복종하는 여성을 원하는 침례교 신자들은 초창기와 마찬가지로 21세기에도 변함없이 이런 결정을 내렸다.

고메스(Gomes, 1996)에 따르면, 리디아(Lydia)·포이베(Phoebe)·프리실라(Priscilla)는 신약성경에서 언급된 여성들로 초기 기독교 형성기에 눈부신 역할을 했지만, 성경의 다른 곳에서는 종교활동의 리더십 역할에서 여성의 참여 한계를 정했다. 이 집단들은 여성 리더십을 금지하거나 제한하고 아내로서의 복종을 지지하면서, 예수가 여성을 제자로 삼지 않았다고 주장한다. 성경(고린도전서 14:34~35)은 여성이 남편에게 복종하라고 훈계하고, 남편이 여성의 머리라고 말한다.

반 레이우엔(Van Leeuwen, 1990)에 따르면, 일부 성서해석학자는 신이 아담을 통하여 남성에게 이브와 여성에 대한 지배권을 주었다(창세기 1:26~27)고 믿는다. 일부 성서학자는 그런 해석은 잘못되었으며, 아담과 이브(남성과 여성)가 다른 모든 생명체에 대한 지배권을 부여받았다고 주장한다. 그루두이스(Groothuis, 1997)는 고메스(Gomes, 1996)가 제시한 사례에 덧붙여 지도자나 선지자[데버러(Deborah, 사사기 4~5)]였던 다른 수많은 성경 사례가 있다고 주장한다. 그루두이스는 데버러가 신에게 지도자로 부름을 받은 대표적인 사례라고 주장하면서, 그녀가 신에 의해 임명되었는데 그녀의 리더십이 어떻게 도덕적 원칙의 위반으로 생각될 수 있겠는가라고 의문을 제기한다. 다른 전통주의자들은 데버러의 리더십 권위가 남성보다 떨어졌다고 맞받아친다. 프로테스탄트와 유대교에서 여성이 지도자의 역할을 하는지는 특정 종파가 진보 성향인지 아닌지를 알려주는 잣대 역할을 한다. 진보 성향의 프로테스탄트(에피스코팔교회)는 여성을 목사로 임명한다. 마찬가지로 개혁파 유대교도 지난 30여 년 동안 여성을 랍비로 임명했다.

종교활동에서 여성의 제한적인 참여는 유대교-기독교의 영역에만 해당되지는 않는다. 이슬람교와 다른 종교들도 여성의 참여를 제한하거나 전형적으로 남성에게 리더를 맡긴다. 이슬람교는 여성을 남성과 동등하지만 다르다고 본다. 여성은 사원에서 남성들과 함께 예배를 보지 않고, 별도의 장소에서 본다. 여성도 하루 다섯 번의 기도와 라마단 기간의 단식을 포함하여 이슬람교의 모든 계율을 지켜야 하지만, 생리 기간과 임신 중에는 제외된다.

2006년에 갤럽(Gallup World Poll)은 여성의 리더십에 대한 태도를 알아보기 위해 이슬람 국가들을 대상으로 여론조사를 실시했다. 조사 대상에 요르단·사우디아라비아·이집트·이란·파키스탄·터키·모로코·레바논 등 8개 나라의 거주민을 포함했다. 사우디아라비아를 제외한 모든 국가에서 과반수는 "여성이 내각이나 국가 기관에서 리더의 위치에 올라야 한다"라는 진술에 긍정적으로 응답했다(Newport, 2006a). 일부 중동 국가에서 여성은 심각한 제약(노동, 학교 진학, 운전연습, 얼굴가리기)을 받고 있다. 이런 제약들은 이슬람교의 요구라기보다는 국가나 지역 문화를 반영한 것으로 해석할 수 있다.

신자들이 사는 사회뿐만 아니라 그 배경의 다양성 때문에, 미국에 사는 많은 이슬람교 여성은 세계의 일부 다른 지역에 사는 이슬람교 여성들과 다르게 활동한다. 이것은 그들이 집 밖에서 일하도록 허용되고, 이슬람교 센터와 커뮤니티 생활에서 능동적인 역할을 하며, 비이슬람교 커뮤니티와 상호작용하는 정도를 포함한다(Peach, 2002).

종교는 남성과 여성의 종교 참여의 범위를 규정할 뿐만 아니라, 종교적 맥락 밖에서 남성과 여성의 역할을 금지하기도 한다. 이런 금지는 직간접적으로 정해진다. 여성들이 중요도가 떨어지는 자리를 차지하는 종교집단에서는 일반 가족생활과 사회의 다른 영역에서도 같은 현상이 이어지는 것은 당연한 귀결이다. 다른 경우에 규정은 더 직접적이다. 성경과 같이 대단히 중요한 종교 경전은 지속적으로 해석되고 연구되고 분석된다. 미국에서 교회 신자라고 주장하는 대부분의 시민은 성경(혹은 최소한 구약성경)을 매우 신성한 것으로 여긴다. 결론적으로 성경과 코란과 같은 종교 경전은 많은 미국인에게 매우 큰 영향을 미친다.

> **7-3 생각해보기**
>
> 많은 종교는 역사적으로 남성과 여성을 다르게 대우했다. 오늘날에도 여성에게 최고위직의 종교 및 영적 리더를 맡기는 것을 여전히 허용하지 않는 종교가 많다. 이런 현상은 일반 사회로 이어진다. 1996년 인디라 간디는 힌두교 신자가 절대적으로 많은 인도에서 첫 여성 수상이 되었다. 1988년 파키스탄의 베나지르 부토는 이슬람 신자가 다수인 국가에서 첫 여성 수상이 되어 역사에 남을 업적을 남겼다. 많은 여성이 절대 다수가 기독교 신자인 국가에서 최고위 선출직(마거릿 대처 전 영국 총리)에 진출하고 있지만, 미국에서는 어떤 여성도 대통령으로 선출되지 못했다. 2007년 1월 4일 연방의회에서 역사가 만들어졌는데, 낸시 펠로시(민주당 – 캘리포니아)가 연방 하원 의장직을 차지한 것이다. 하원 의장직은 대통령 다음의 자리인데, 이제까지 그 자리에 오른 여성은 없었으며, 연방정부에서 여성이 차지한 가장 높은 자리임에 거의 틀림없다.
>
> - 공립학교 교사라면, 남학생과 여학생에 대한 당신의 책임은 무엇인가?
> - 사립학교와 교회학교에서 젠더 편견을 다루는 방법에 어떤 차이점이 있는가?
> - 학생이 부적절한 젠더 편견 발언을 한다면, 무엇을 해야 하는가?

2) 종교와 동성애

오늘날 동성애는 종교기관에서 가장 논란이 되는 쟁점 중 하나이다. 종교적 맥락에서 동성애에 대한 공격은 성경 해석이나 다른 종교 경전을 통해 정당화되었다. 동성애를 공격하는 이유는 분분하다. 일부에서는 동성애와 관련된 문맥적 해석과 성경의 번역이 분명하지 않고, 잘못 번역된 부분이 있으며, 그릇된 신념 때문이라고 주장한다. 사람들은 신이 동성애를 포함하여 거주민의 사악한 행동 때문에 소돔과 고모라를 파괴했던 창세기에 나타나듯이, 성경은 동성애의 쟁점에 대해 명확하다고 주장한다. 논쟁은 결론만큼이나 진지하다. 보수 성향의 기독교인과 다른 보수 성향의 종교집단에서는 동성애를 선택의 문제와 죄로 간주하면서 혐오스럽게 생각한다. 진보 성향의 종교집단에서는 동성애를 개인의 선택 문제로 본다. 그들은 개인이 동성애로 태어났거나, 살면서 그런 성향을 갖게 되었다고 주장한다.

다른 종교단체의 신자들뿐만 아니라 일부 보수 성향의 기독교인은 동성애를 죄악으로 보기 때문에, 그들은 에이즈가 동성애에 대한 신의 보복이라고 믿는다. 다른 기독교 집단은 게이와 레즈비언을 신자로 기꺼이 받아들이고 일부는 그들을 리더로 임명하여, 교회나 종파 안에서 논란이 생긴다.

다른 종교집단에서 동성애에 대한 시각은 상당히 다양하다. 집단 내 차이뿐만 아니라 집단 간 차이도 있다. 동성애에 대한 로마가톨릭의 입장은 다른 많은 보수 성향의 종교집단과 일치한다. 이러한 집단들은 동성애를 "객관적으로 장애가 있는" 것으로 보고, 동성애 관습을 "정조와 반대되는 매우 심각한 중죄"로 규정한다(Robinson, 2006e).

그러나 로마가톨릭은 교회의 성직자들이 관련된 동성애 문제를 밝혀야만 했다. 최근 표면화되어 유감스러운 성직자의 성적 학대 스캔들은 여러 교구에서 영적·경제적 우려를 초래했다. 성적 학대는 소수의 신부와 관련되지만, 스캔들은 교회 전체에 심각한 문제를 일으켰다.

2004년에 에피스코팔교회는 뉴햄프셔 감독교구의 주교에 처음으로 동성애자라고 밝힌 진 로빈슨(V. Gene Robinson) 목사를 승진하게 해, 신자 간에 상당한 분열이 일어났다. 일부 에피스코팔교회 신자는 진보적 관습으로 생각했던 것에 대해 내부 분열을 일으켰다(Altamirano, 2007).

유대교 신자의 동성애에 대한 시각은 기독교인들의 시각과 같다. 개혁파 유대교는 동성애를 소수 성인의 정상적 행동으로 본다. 정통 유대교는 동성애를 비정상적인 것이며 신에게 벌을 받을 것이라고 본다(Robinson, 2006b).

이슬람교에서는 동성애를 음란하고 사악한 것으로 본다. 코란(7: 80~81; 26: 165)에는 동성애에 대한 두 가지 주요 언급이 있다. 두 가지 모두 동성애에 대해 부정적이다. 남아시아 및 동아시아 이슬람 국가에서는 동성애를 반드시 처벌하지는 않는다. 그러나 일부 아랍 이슬람 국가, 특히 이란과 탈레반의 지배를 받던 시기의 아프가니스탄에서는 동성애를 가혹하게 다룬다(Robinson, 2005b).

로빈슨(Robinson, 2005a)에 따르면, 기독교와 마찬가지로 불교의 많은 학파와 종파도 동성애와 관련된 의견이 일치되지 않는다. 부처는 동성애와 관련하여 어떠한 가르침도 주지 않았다. 로빈슨은 불교가 선의와 선행에 관심이 더 많다고 말한다. 일부 불교 종파의 동성애에 대한 상대적 호감 때문에, 일부 게이와 레즈비언이 그 종파의 신자가 되었다.

영(Young, 2005)은 고전적인 힌두교 경전에서 동성애에 대한 언급을 좀처럼 찾아보기 어렵지만, 언급된 내용을 보면 동성애를 긍정적으로 생각하지 않는다고 말한다. 동성애는 힌두교 신자가 목표로 삼는 도덕적 의무 및 물질적인 풍요와 근본적으로 양립할 수 없다. 또한 영은 주요 힌두교 신들(시바)에게는 남성다움과 여성다움 양쪽의 특성이 있어, 세계에서 힌두교 신자가 가장 많은 인도에서 동성애와 양성애에 대해 더 관대한 태도를 가진다고 지적한다.

성직자와 교회, 종교기관은 그들이 지도하는 사람들에게 상당한 영향을 미친다는 것을 이해해야 한다. 작가들과 다른 사람에게 영향을 주는 신학자들은 종교 경전을 통해 그들의 입장에 대한 열망을 나타내거나 정당화를 한다. 종교적 환경에서 성장하는 아동은 비난하는 것을 배우거나 관용을 실천하는 것을 배운다. 그들은 동성애가 혐오스러운 것이라고 배우거나, 동성애가 일부에게는 선천적이고 자연스러운 성적 취향이라고 배운다. 바라건대, 그들이 모든 개인을 사회의 가치 있는 구성원으로 존경하는 것을 배웠으면 한다.

3) 종교와 인종

종교 또한 젠더와 마찬가지로 인종과 민족 다양성에 대한 쟁점에 엄청난 영향을 미친다. 고메스(Gomes, 1996)는 기독교인들이 지구에 신의 왕국을 건설하려 한다고 지적했다. 그렇게 하는 과정에서 그들은 사회에서 어떻게 행동할 것인지 성경을 통해 안내 받는다. 성경을 오역하거나 신자의 행동을 정당화하기 위해 해석한다면,

심각한 결과를 초래할 수 있다. 고메스는 미국 최대 규모의 프로테스탄트 종파인 남침례회연맹이 1995년에 전례가 없는 참회를 통해, 미국에서 노예제의 정당화와 인종차별 문화의 유지를 위해 역할을 수행했던 것에 대해 사과한 점을 지적했다.

(1) 노예제도와 인종차별

많은 종교집단은 역사적으로 성경에서 노예제에 대한 정당화를 찾았다. 성경은 노예제를 비난하지 않으며, 그 관습은 구약성경과 신약성경에서 찾을 수 있다. 신약성경에서 예수나 바울이 그 시대의 보편적 관습이었던 노예제를 구체적으로 비난한 기록은 없다. 바울은 노예에게 피난처를 제공하라는 유대법을 따르지 않고, 노예를 주인에게 되돌려주었다(신명기 23:15~16). 따라서 노예제 지지자들은 노예제가 성경의 탄탄한 토대에 입각하여 성립되었다고 믿는다.

고메스(Gomes, 1996)에 따르면, 스페인의 로마가톨릭 왕과 그의 신하들은 라틴 아메리카의 원주민을 노예로 만들어 원주민이 기독교로 개종하게 하거나 원주민을 살육하는 것이 그들의 신성한 권리이자 의무라고 생각했다. 코르테스(Cortés)와 피사로(Pizarro)는 교황과 국왕의 명령에 따라 수천 명의 원주민을 노예로 만들고, 살육했으며, 성경을 바탕으로 그들의 행동을 정당화했다.

반유대주의는 성경과 그 외 다른 종교 작품에서도 많은 역사적 뿌리를 찾을 수 있다. 더 나아가 고메스(Gomes, 1996)는 바흐(Johann Sebastian Bach)의 「요한 수난곡(Passion of St. John)」이 음악적으로 아름답고 영감을 주지만, 강한 반유대주의 정서가 담긴 독일의 서정시라고 말한다. 성경(마태복음 27:25~26, 로마서 3:1)은 종종 반유대주의 행동을 정당화하는 데 이용된다. 종교 교리와 성경을 통해 반유대주의 행동을 정당화하는 사람들, 특히 기독교인들이 예수와 초기 제자들이 유대인이었다는 사실을 인정하지 않는 것은 모순이다.

(2) 흑인 종교집단의 역할

아프리카계 미국인은 역사적으로 신자 등록, 교회활동 참여나 출석을 금지하거나 제한하는 인종차별 때문에 그들만의 종교기관을 조직했다. 흑인 교회와 종교기관은 다른 방식으로 흑인들에게 봉사했다. 일부에서는 음식, 피난처, 임시고용기회를 제공했다. 블랙모슬렘과 같은 기관에서는 흑인 민족주의(Black Nationalism), 자긍심, 자조철학을 제공했다. 그들은 교육과 흑인 기업가 정신을 고무했다. 다른 흑인 종교지도자들은 백인 커뮤니티에 자선적인 지원을 요청했다.

(3) 민권운동과 흑인 교회

근대적 민권운동은 남부의 아프리카계 미국인 교회에서 중추적인 역할을 담당했다. 민권지도자 중 많은 사람이 목사나 교회 지도자[마틴 루서 킹, 랠프 애버내시(Ralph Abernathy), 앤드루 영(andrew Young), 제시 잭슨(Jesse Jackson)]였다. 이들은 설교를 통해 보이콧을 지도하고, 시민불복종과 비폭력시위를 조직할 수 있었다.

흑인 영가는 초창기에 편안함과 희망, 사후에 더 나은 생활을 약속했다. 오늘날 교회에서도 많은 흑인 영가가 여전히 불리지만, 부르는 사람과 듣는 사람 모두 공평에 대한 요구에 대해서는 더 즉각적인 반응을 한다. 분명히 아프리카계 미국인 교회가 30~40년 전에 이루었던 민권 향상의 업적은 크다. 과거에 아프리카계 미국인은 주류 정치에서 소외되고, 실망하여 유권자 등록을 거의 하지 않았다. 전국적으로 아프리카계 미국인 성직자들은 사회적·정치적 쟁점에 교회의 개입을 지지했다. 최근 흑인 교회들은 수백만 유권자를 등록하는 데 큰 성공을 거두었으며, 그렇게 함으로써 선거과정에서 중요한 목소리를 낼 수 있게 되었다.

(4) 젊은 세대의 환멸

존스톤(Johnstone, 2007)은 일부 젊은 흑인이 흑인교회에 환멸을 더 느끼게 되었다고 말한다. 흑인교회는 생활환경과 직면한 사회문제를 더 직접적으로 다루는 세속적 기관으로 돌아갔다. 존스톤은 이런 상황이 흑인교회의 해체를 의미하지는 않는다고 말한다. 일부 교회는 관습 때문에 남을 것이지만, 다른 교회는 각 교회에서 유효하게 활용할 수 있는 중요한 교제와 관계를 포기하지 않으려고 할 것이다. 흑인 커뮤니티 생활의 중심으로서 흑인교회의 역사적 본질은 대중이 그것을 포기하도록 놔두지 않을 것이다.

일부 종교집단에서 아프리카계 미국인은 신자가 될 수 있지만, 교회의 고위 지도자는 될 수 없다. 이런 금지는 성경 해석이나 교회 지도자가 받은 계시를 통해 정당화된다. 최근에 신자와 교회 리더에 대한 거의 모든 인종적 제한이 사라졌지만, 이러한 종교적 금지의 영향은 여전히 볼 수 있다. 교회 지도자가 특정 지위에 대한 인종분리나 금지를 정당화하는 것을 책을 통해 읽거나 연설을 통해 듣는 많은 사람은 오랫동안 부정적 시각을 접하면서 형성된 태도를 쉽게 떨쳐버릴 수 없다.

(5) 변화하는 태도

종교 논쟁의 핵심이 된 젠더 문제와 같이, 인종적 쟁점도 수십 년에 걸쳐 논쟁의 대상이 되었다. 대개 법원과 사회가 인종분리와 인종적으로 제한을 두는 관행에 등을 돌림에 따라, 대부분 종교기관도 공식적 지위를 개방하는 조치를 취했다. 공식적 지위와 실제는 좀 다르지만, 서로를 형제처럼 사랑하라고 표현하는 교회에서는 최소한 의견 일치를 보는 것 같다.

일반적으로 사회가 종교기관의 입장을 반영한다는 것을 아는 것은 중요하다. 우리는 여전히 종교집단들의 노예제와 인종분리에 대한 찬성에서 비롯된 지속적인 영향을 경험하고 있다. 교회에서 지도자의 역할이 허용되지 않은 여성들은 사회의 다른 영역, 즉 학교·직장·정치에서도 지도자의 역할이 허용되지 않는다는 것을 알게 된다. 종교가 개인의 일상 행동에 미치는 영향은 상당히 크다. 사람들은 종종 종교적 신념과 신앙에 기초하여 선량한 생활을 하고 자선을 베푼다. 일부 사례에서 보는 것처럼, 불행하게도 그것은 다른 사람에게 상처와 고통을 주는 것을 정당화하기 위해 사용된다.

5. 개인의 종교적 정체성

대부분의 미국인은 모태 신앙이지만, 그들이 교회에 다니는 것은 나이가 들면서이다. 그러나 미국에서 보장되는 종교 자유의 맥락에서 사람들은 그들의 종교를 바꾸거나 선택하지 않을 자유가 항상 있다. 사람이 태어나면서 속하는 종교집단의 구성원을 유지하게 하는 가장 큰 압박은 대개 부모 및 같은 종교집단의 다른 구성원에게서 온다. 사람들은 자신이 속한 문화집단보다 종교집단에서 이탈하는 것이 더 어렵다.

민족성·계급·젠더는 사람들의 행동이나 가치에 상당한 영향을 주지만, 종교는 많은 사람이 동일시하는 주요한 소집단문화가 된다. 민족 정체성이 개인에게 매우 중요하게 될 때, 민족 정체성은 아일랜드계 로마가톨릭, 러시아계 유대교, 노르웨이계 루터교와 같은 종교적 동일시와 결합된다. 사람들의 민족적·종교적 소집단문화에 대한 이해와 관계는 그 개인을 이해하는 데 중요하다.

미국에서는 특정 종교집단과의 동일시에 힘을 실어준다. 예컨대, 앨라배마 지역에 사는 많은 사람은 같거나 유사한 시각을 가질 것이다. 즉, 종교적 다양성이 제한된다. 미국의 많은 지역에서 보편적 종교 신앙과 관습에서 일탈하는 것은 이단으로 여겨지고, 신자가 아닌 사람들은 대부분의 커뮤니티에서 수용되기가 매우 어렵다. 다른 지역에서는 보수 성향의 신자가 진보 성향의 커뮤니티 일원으로 수용되지 않을 수도 있다. 학생뿐만 아니라 교육자는 커뮤니티의 관습, 즉 가장 우세한 종교 교리와 종교적 다양성의 정도에 의해 결정되는 관습에 따라 믿고 행동할 것이다.

대부분 커뮤니티에서 차이의 정도가 크게 다르겠지만, 어느 정도 종교적 다양성이 있다. 커뮤니티에서 많은 사람이 믿는 종교와 다른 종교를 믿는 학생은 학교와 사회적 환경에서 흔히 추방당한다. 예컨대, 유대인, 무신론자, 여호와의 증인, 펜테코스트파 신자들은 그들의 신앙 때문에 기피와 차별을 당한다. 교육자는 신앙과 신자로서의 자격이 학생의 종교적 동일시와 상관없이 동등한 교육 기회를 제공할 능력을 방해하지 않도록 신중해야 한다.

> **7-4 생각해보기**
>
> 당신이 당신과 커뮤니티의 종교를 잘 아는 것이 중요하다는 것에 대해서는 이미 말했다. 또한 당신이 종교적으로 진보 성향과 보수 성향 중 어디에 위치하는지를 아는 것도 중요하다. 앞에서 언급했던 것처럼, 당신이 바라는 대로 믿는 것은 당신의 권리이다. 그러나 공립학교에서 당신의 종교 성향을 학생에게 강요하는 것은 당신의 권리가 아니다. 불행하게도 미국은 종교 및 공립학교와 관련된 일부 쟁점에서 양극화 상태이다. 전형적으로 양측은 그들의 시각에 대해 열정적으로 느낀다. 거듭 말하지만, 그렇게 하는 것은 그들의 권리이다. 그러나 그것을 교실에 가져오는 것은 그들의 권리도 당신의 권리도 아니다. 교육자로서 교실과 학교에서 모든 학생이 환영받고, 안전하다고 느끼게 만드는 것은 당신의 책임이다.
>
> - 당신이 살고 있는 커뮤니티 사람들의 종교는 무엇인가?
> - 종교의 다양성이 당신이 성장했던 지역과 어떻게 다른가?
> - 보수 성향부터 진보 성향까지 나열된 척도에서 다수 집단을 어떻게 분류할 것인가?
> - 종교는 당신이 가르치는 것에 어떤 영향을 주는가?

6. 교실에서의 초점

1) 연방헌법 수정 제1조의 시험

정교분리 원칙을 지키지 않으려는 교육구와 주의 많은 입법가는 지속적으로 연방헌법 수정 제1조를 시험한다. 주 입법가들 — 그중 많은 사람은 변호사 — 이 종교와 관련된 법률이 국가 후원 종교활동(government sponsored religious activity)을 의미하지 않음을 인식하지 못한다고 믿기는 어렵다. 이들 입법가들이나 학교 관계자들은 학교활동이나 교과과정에 도덕과 윤리를 주입하는 것이 그들의 책임이라고 믿는 것 같다. 그러나 연방대법원은 그런 행위의 합법성에 대해 판결할 책임이 있다. 다음은 교육, 연방헌법 수정 제1조, 그리고 정교분리의 원칙과 관련되는 연방대법원의 판결이다.

- 엥겔 대 비탈레(Engel v. Vitale. 82 S.Ct. 1261, 1962, 뉴욕): 모든 기도 유형 — 심지어 그것이 비종파적이라고 하더라도 — 은 종교에 대한 국가의 후원에 해당하며, 위헌이다.
- 애빙턴 교육구 대 솀프(Abington School District v. Schempp. 374 U.S. 203, 1963, 펜실베이니아): 교내방송을 통한 성경 낭독은 위헌이다.
- 머리 대 컬릿(Murray v. Curlett, 374 U.S. 203, 1963): 학생을 성경 낭독과 기도에 강제로 참석하게 하는 것은 위헌이다.
- 에퍼슨 대 아칸소(Epperson v. Arkansas. 89 S.Ct. 266, 1968): 진화론 수업을 금지한 주 법령은 위헌이다. 주가 종교관을 장려하기 위해 교과과정을 정할 수 없다.
- 스톤 대 그레이엄(Stone v. Graham. 449 U.S. 39, 1980, 켄터키): 학교에 십계명을 부착하는 것은 위헌이다.
- 월리스 대 재프리(Wallace v. Jaffree. 105 S.Ct. 2479, 1985, 앨라배마): 공립학교에서 묵상은 위헌이다(입법기록에 따르면, 법률제정 동기가 기도를 장려하기 위함이었다).
- 에드워즈 대 아퀼라드(Edwards v. Aquillard. 107 S.Ct. 2573, 1987, 루이지애나): 주가 학교에서 진화론을 가르칠 때 반드시 '창조과학'을 함께 가르치도록 요구한 것은 위헌이다. 주의 법령은 명백한 종교적 동기부여를 했다.
- 리 대 와이스맨(Lee v. Weisman. 112 S.Ct. 2649, 1992, 로드아일랜드): 교육구가 성직자에게 초·중등학교 졸업식에서 비종파적 기도를 하게 한 것은 위헌이다. 그것은 국가가 예배를 후원하는 것이다.

국가가 정교분리원칙을 고수하는 것은 정신분열증세처럼 오락가락한다. 공직자의 선서는 전형적으로 성경에 손을 얹고 이루어지며, 종종 '신이시여 나를 도와주소서'라는 구절로 끝난다. 미국의 동전과 지폐에는 '우리는 신을 믿는다'라는 문장이 새겨져 있다. 미국에서는 군목(軍牧)과 의회가 후원하는 목사를 두며, 조찬기도회를 개최한다. 충성 서약문에는 '신 아래'라는 표현을 담고 있다. 일부에서는 정교분리는 단지 국가 교회가 없다는 의미로 해석한다.

엄격한 헌법주의자들이 정의한 것처럼, 완벽한 정교분리는 사회적·종교적 생활에 엄청난 영향을 줄 것이다. 대중은 사회와 종교의 분리를 어느 정도 원하지만, 완전한 분리가 강요된다면 분노할 것이다. 완전 분리를 사례로 들어보면, 종교집단에 대해 어떤 직간접적인 지원도 없고, 면세도 누리지 못하고, 종교집단 기부에 대해 세금공제도 받지 못하며, 국가 차원의 크리스마스트리도 없고, 국가가 지원하는 성직자를 두지 않고, 종교휴일도 없으며, 청교도적 법률(blue law)도 없다. 이 밖에도 여러 가지가 있다. 박탈될 수 있는 종교활동·권리·특권은 거의 끝이 없다.

종교집단은 교육의 필요성에 다른 강조점을 두고, 아동들이 배워야 하는 것에 대해 다른 기대를 한다. 예컨대, 아미시파들은 자녀가 8학년을 마치면 공식학교를 그만두고 가족의 일을 돕기를 원한다. 로마가톨릭·루터교·에피스코팔교회·제칠일안식일예수재림교, 일부 근본주의적 기독교는 그들만의 학교를 설립하여 보통교육(일반적·비종파적 기술과 지식)과 종교교육을 함께 한다.

공립학교는 종교 교리와 시각에서 자유롭지만, 많은 사람은 그런 시각이 없는 학교라면 학생들에게 바람직한 가치관을 제공할 수 없다고 믿는다. 공립학교가 학생에게 도덕성과 사회적 책임을 배양할 책임을 지는가에 대한 논쟁은 계속된다. 의견 불일치의 초점은 누가 학교교육 프로그램의 맥락을 제공할 도덕을 결정할지에 대한 것이다. 미국은 종교가 매우 다양하기 때문에, 그 과업은 거의 불가능하다. 따라서 대부분의 공립학교에서는 대부분의 종교를 초월하는 보편적으로 수용된 미국적 가치를 포함한다. 이에 대한 반응으로 일부 학생은 종교기관이 운영하는 학교에 간다. 다른 학생들은 방과 후나 토요일에 종교수업에 참석한다. 그리고 많은 학생은 일요학교에서 종교훈련을 받는다.

연방헌법은 정교분리를 요구하지만, 이것이 공립학교와 종교가 항상 완전하게 분리되어야 함을 의미하지는 않는다. 연방대법원이 엥겔 대 비탈레 사건과 애빙턴 교육구 대 솀프 사건에서 이들 관행이 위헌이라고 판결한 1962~1963년까지, 일부 학교는 교육적 관행에 매일 예배와 기도를 포함했다. 학교는 세속적이어야 하지만, 커뮤니티의 지배적 가치에 큰 영향을 받는다. 학교에서 진화론·성교육·가치정화(價値淨化)에 대해 가르쳐야 하는지는 대부분 커뮤니티의 종교적 신념에 따라 결정된다. 교육자들은 커뮤니티가 그들의 신념과 가치구조 안에서 수용하려는 것과 한참 동떨어진 독서용 책과 아이디어를 소개하기 전에, 이러한 영향에 대해 잘 알고 있어야 한다.

 **홀로 원칙 고수하기**

1963년 연방대법원이 학교에서 기도를 폐지하기로 결정했지만, 이 쟁점은 여전히 해결되지 않고 있다. 종교의 다양성이 크지 않은 일부 지역에서는 이 판결을 무시하고 관행을 유지했다. 다른 교육구는 학교에서 도덕의 성찰을 목적으로 하는 '묵상(moment of silence)'에 동의했다. 또 다른 기관에서도 이 쟁점에 대한 태도가 여전히 확고하다. 예컨대, 절대 다수가 예수그리스도후기성도 신자인 유타의 모 고등학교 합창단은 단원 중 유일하게 유대인인 레이철이 성가(聖歌)를 조금 덜 부르자고 한 제안을 거부했다. 레이철의 부모는 단원을 달래기 위해 '유대교 성가'를 부르게 한 합창단 지휘자의 무감각을 비난했다. 레이철의 부모는 항의와 함께 편지를 썼다.

- 합창단 지휘자라면 레이철의 요구에 어떻게 반응할 것인지를 생각해보시오.
- 교육자는 학생의 다수가 같은 종교를 믿는다고 하더라도 다양한 종교관을 대표해야 하는가?
- 레이철의 아버지가 학교 일에 개입하고 딸에게 쟁점을 삼게 하는 것은 딸의 입장에서 최선이었는가? 개인(그리고 부모)은 자신의 어떤 원칙이 거부되고, 사회적으로 소외되며, 희롱당하더라도 그 원칙을 고수해야 하는가?
- 당신은 교실에서 이와 유사한 쟁점을 어떻게 다룰 것인가?

2) 논쟁 문제

(1) 학교 기도

릴리저스 라이트와 근본주의 종교집단에서 계속 제기하는 논점은 학교 기도, 학교 바우처, 검열이다. 1962년과 1963년에 연방대법원이 학교 기도와 관련하여 판결했는데도, 보수 성향의 집단들은 학교에서의 기도가 부활되도록 지속적인 노력을 했다. 학교에서 기도는 자발적으로 이루어져야 한다. 이 법은 학교에서 개인의 기도를 금지할 수 없다. 연방대법원의 결정으로 교사나 학생이 학교에서 개인적으로 기도하는 것을 금지할 수는 없다. 어떤 교사나 학생도 점심 식사 전에 감사기도를 할 수 있고, 수업 전후에 묵상하거나 기도할 수 있다. 이 법은 공적인 집단기도를 금지한다. 학교 기도 지지자들은 자발적 기도(voluntary prayer)라는 용어 아래 그들의 목표가 관철되도록 노력한다. 주요 쟁점은 자발적 학교 기도를 구성하는 것은 무엇인지에 대한 해석이었다. 일부 학교 기도 지지자는 개인이 참여 여부를 자발적으로 선택하도록 하면서 학교 기도를 개인에게 위임했다. 그런 법이 제정되었다면, 학교 기도 참여에 대한 상당한 사회적 압력 때문에 아동들이 저항하기는 특히 어려웠을 것이다.

2000년에 연방대법원은 풋볼경기에서 장내 방송설비를 통해 기도를 허용했던 텍사스 교육구에 대해 위헌 판결을 했다. 교육구는 풋볼경기가 과외활동이며, 학생들이 경기나 기도에 참석할 것을 요구받지 않았다고 주장했다(San Fe Independent School District v DOE, 2000). 기도와 기원은 모든 풋볼 선수가 다치지 않도록 간구하고, 전형적으로 훌륭한 스포츠맨십을 요구하기 위해 많은 고등학교 경기에서 해온 장기간의 전통이었다. 이런 관행은 절대 다수의 학생과 부모가 지지했기 때문에 과거에는 소송이 제기되지 않았다. 그러나 연방대법원은 이것이 정교분리의 위반이라고 판결했다. 라이언스(Lyons, 2002)는 미국인들이 공립학교에서의 기도와 기타 종교활동을 계속해서 지지한다고 보고한다. 라이언스는 몇십 년 만에 국가가 그런 표현을 요구할 수 있어야 한다는 방향으로 여론이 변했다는 것을 지적한다. 게다가 다수의 미국인은 절대 다수의 부모가 학교 기도를 반대한다면, 역시 반대할 것이라는 점을 시사했다(Lyons, 2002).

연방대법원은 1962년 이후 학교 기도에 대해 몇 차례 위헌판결을 내렸지만, 다른 주는 여전히 종교활동을 후원했다(Lyons, 2002). 학교에서의 기도를 찬성하는 공공의 정서를 고려한다면, 연방대법원의 결정을 바꾸거나 기피하려는 노력이 왜 지속되는가에 대해 이해할 수 있다.

(2) 학교 바우처

다양한 집단이 정규적으로 학교 바우처를 제안한다. 바우처는 부모가 자녀의 학교(공립 또는 사립)를 선택할 수 있게 한다. 부시 1기 행정부의 교육부장관 로드 페이지(Rod Paige)는 바우처 프로그램을 지지하면서, 저소득층 부모와 아동이 학업 성취도가 낮은 학교를 피할 수 있을 것이라고 말했다(Gordon, 2002). 바우처의 자금은 세금에서 지원되는데, 대개 2,500~5,000달러이고 평균 3,000달러이다. 종교집단, 특히 자녀를 사립 종교학교에 보내는 사람은 바우처 제안을 확고하게 지지한다. 이들은 자녀에게 적절한 교육을 제공하지 못하는 공립학교의 실패를 지적한다. 그들은 수학, 읽기, SAT 점수, 학급 크기, 교사당 학생 비율, 컴퓨터 활용 능력, 학생 1인당 지출비용을 지적한다(38 YES-School Vouchers, 2000). 또한 전 과목에 걸친 시험점수의 하락과 학교폭력, 마약, 10대 임신으로 증명된 것처럼 학교의 도덕 수준의 타락을 지적한다. 그들은 학교 바우처를 통해 그들이 선택한 학교에 자녀를 보낼 수 있을 것으로 믿는다.

바우처 프로그램 지지자들은 교육구가 서비스를 이용하지 않은 학생들에게 바우처를 제공할 수 있기 때문에 추가적인 예산을 요구하지 않을 것이고, 결국엔 비용이 감소할 것이라고 주장한다. 그들은 부모가 학교 바우처를 상환할 때, 공립학교의 입장에서는 (바우처를 상환하지 않으면) 학생의 교육비로 사용되어야 할 비용의 일부가 그대로 남는다고 주장한다. 바우처 프로그램은 모든 부모에게 자녀를 위한 양질의 교육을 보장할 수 있을 것이다.

바우처 제안 반대자들은 그것이 공립학교에서 필요한 재정을 축낼 것이라고 주장한다. 교육구에는 많은 고정비가 있고, 이미 자금 조달이 적절하게 이루어 지지 않아 고통을 받고 있다. 반대자들은 또한 바우처제도가 공립학교에 재정위기를 불러올 것이고, 심지어 현 상태를 유지하기 위해서라도 추가적인 주의 지원이 필요하다고 주장한다. 더 나아가 그들은 바우처로 제공되는 3,000~4,000달러로는 자녀들을 선택한 학교에 보낼 수 없을 것이라고 주장한다. 많은 사립학교는 연간 1만 4,000~2만 달러나 그 이상의 등록금을 받는데, 3,000~4,000달러의 바우처만으로는 등록금을 충당할 수 없을 것이다. 일부 학교는 재정 지원이 필요한 학생들에게 장학금 일부를 제공하겠지만, 모든 학생에게 지원할 수는 없을 것이다. 사립학교는 커뮤니티에서도 부유한 지역에 위치하는 경향이 있다. 선호 학교에서 멀리 떨어진 지역에 사는 학생들에게 교통은 큰 문제가 될 것이다. 또한 학교 바우처 프로그램의 주요 수혜자는 자녀를 사립학교에 보낼 능력이 있고, 이미 자녀를 사립학교에 보내고 있는 부자들이 될 것이라고 주장한다. 반면 바우처의 도움을 받아 사립학교에 자녀를 보낼 수 있는 이도저도 아닌 가족은 거의 없을 것이라고 한다. 미국인 43~54%는 저소득층 자녀가 종교학교에 다니도록 지원하기 위해 세금을 사용하는 것을 반대한다(Gordon, 2002).

 **학교 바우처**

학업 성취도 시험점수의 하락이나 학교폭력에 대한 보고를 들으면서, 학교 바우처에 대해 논쟁하는 것을 볼 수 있다. 일부는 바우처를 비효율적인 학교를 개선하는 방안이라고 생각한다. 전형적으로 3,000~4,000달러 범위에서 바우처를 사용하여 사립학교를 선택하고 학비를 상쇄할 수 있다. 교육구는 아마도 사립학교를 선택하는 학생에게 들어갈 비용을 저축하여, 이 절약된 예산으로 바우처 비용을 지불할 수 있을 것이다. 바우처 반대자들은 바우처가 종교학교에서 학생의 교육비를 충당하는 수단이 될 뿐만 아니라 공립학교 시스템에 손해를 입힐 것이라고 생각한다.

〈찬성〉
- 교육구는 학생 1인당 연간 7,000달러 이상을 지출한다.
- 바우처는 전형적으로 3,000달러 정도이지만, 이것은 공립학교에서 빠져나가는 학생 1인당 연간 4,000달러의 경비를 절약하는 효과가 있다.
- 바우처는 공립학교에서 교육의 질을 향상할 것이다.
- 바우처는 건전한 경쟁력을 키워, 학교가 발전하든지 문을 닫든지 하게 할 것이다.
- 가장 중요한 점은 부모와 학생이 질 높은 교육을 제공하는 학교를 선택할 수 있다는 것이다.

〈반대〉
- 바우처 프로그램은 납세자에게 종교교육을 지원하거나 사립인종분리학교에 다니는 학생들을 지원하게 한다.
- 사립학교에 다니는 학생들이 바우처를 활용할 것이다.
- 학생이 바우처를 통해 공립학교를 떠나더라도 대부분의 학교 고정비는 그대로 유지될 것이다.
- 바우처는 교육구 재원을 축낼 것이며, 대부분의 학교가 이미 직면한 재정 문제를 악화할 것이다.
- 많은 도시 학교의 학생은 더 나은 사립학교의 입학 조건을 충족하지 못할 것이다.
- 할 수 있다고 하더라도, 그들은 통학하거나 바우처보다 많은 금액의 등록금을 지불하는 데 어려움을 겪을 것이다.
- 바우처는 부자와 이미 교회 관련 학교에 다니는 아동에게 주로 혜택을 줄 것이다.

〈질문〉
- 부모가 세금을 낸다면, 부모는 자신이 선택한 학교(종교학교이든 인종분리학교이든)에 자녀가 진학하도록 왜 지원을 받지 못하는가?
- 공립학교가 사립학교와 충분히 경쟁할 수 없다면, 문을 닫아야 하지 않는가?

자료: Citizens for Educational Freedom, Frequently Asked Questions, www.educational-freedom.org/faq.html;Myth Conceptions about School Choice, www.schoolchoices.org/roo/myths.htm; National Education Association, Vouchers, www.nea.org/issues/vouchers/; Anti-Defamation League(ADL), School Vouchers: The Wrong Choice for Public Education, www.adl.org/vouchers/vouchers_main.asp

(3) 검열

검열은 근본주의 기독교와 보수 성향 종교집단의 많은 개인에게서 큰 영향을 받는 경향이 있다. 대부분의 검열관은 진심으로 사회가 개선되기를 원하거나 아동 보호에 관심 있는 시민이다. 그 외의 검열은 자신의 종교적 또는 정치적 어젠다를 전달하기 위해 이루어진다(American Library Association, 2004).

개인이나 집단은 교육구나 도서관, 비디오 가게, 출판업자, 아트 갤러리를 스스로 정해서 목표가 된 자료를 가지고 있거나 보여주거나 출판하는 것 등을 못하게 압력을 행사한다. 검열은 교과서선정위원회와 같이 주나 교육구가 임명한 위원회를 통해서도 이루어진다. 교육 분야에서 교과서, 도서관 도서, 다른 학습 자료의 검열은 릴리저스 라이트와 다른 근본주의 집단에게 또 다른 주요 전쟁터가 되었다.

공립학교에서 검열의 영향은 과소평가될 수 없다. 그것은 심각한 문제이다. 검열이나 검열 노력은 행정가와 교사의 해고나 사직을 초래했다. 그것은 커뮤니티를 분열되게 하고, 학교분리와 마찬가지로 많은 논란을 초래할 잠재성이 있다. 검열관과 검열 지지자의 성실성을 의심하는 사람은 거의 없다. 그들은 열정적으로 지지하는 대의명분이 정의로우며 도덕적으로 옳다고 느낀다. 검열관들은 학생들의 유순한 마음이 오염되게 하고, 사회의 도덕적 부패를 조장하는 부적당한 자료를 제거하기 위해 싸움을 계속할 의무가 있다고 믿는다.

그 연장선의 반대쪽 끝에서, 검열 반대자들 또한 자신들은 도리가 바른 사람이며, 검열관들이 학문의 자유를 침해하고 의미 있는 교육을 파괴하려고 한다는 확신을 공유한다. 검열 반대자들은 SAT 점수의 하락, 높은 문맹률, 교육비의 상승, 학교폭력과 반달리즘의 기승 때문에 학교가 비난을 받을 때와 같이 어려운 시기에 편승하여 적대자인 검열관이 번성한다고 믿는다. 검열관의 활동을 촉발하는 다른 요인으로는 학교 기도의 폐지, 세속적인 휴머니즘으로 낙인찍힌 수업방법, 가치정화와 같은 프로그램, 마약교육, 성교육 등이 있다. 일부 부모가 10대에게 부적당하다고 생각하는 주제에 대해 구체적으로 쓴 책과 사람들이 너무 사실적이라고 생각하는 언어로 쓴 책이 종종 검열의 대상이 된다. 검열관은 흑인 방언으로 쓰인 아프리카계 미국인 문학을 검열할 때 짜증을 내거나 걱정을 한다.

검열의 결과는 책·잡지·영화·비디오·예술작품과 같이 표현과 관련된 자료를 교과서 목록에서 빼는 것을 포함하여, 폐지나 공공의 접근금지 형태로 나타난다. 검열은 잠재적 사용자의 연령이나 다른 특성에 기초하여 이루어진다. 기관과 종교에 무례하고, 사회적·문화적 가치를 파괴하며, 외설적·도색적·비애국적이거나 개인과 가족의 사생활을 침해하는 것으로 분류되는 책과 자료가 검열 대상이 된다. 게이와 레즈비언이 쓴 책은 자주 검열 대상이 된다. 검열관의 공격 목표가 되는 다른 자료들은 인종차별이나 성차별과 관련되는 것이다. 교사들은 보수 성향의 커뮤니티에서 *The Times, Newsweek, U.S. News and World Report*와 같은 잡지도 간혹 전쟁·범죄·죽음·폭력·섹스에 대한 기사를 게재한 것 때문에 검열을 받는다는 것을 알면 놀랄 것이다. 교사가 같은 커뮤니티에서 창조론의 시각을 제시하지 않고 진화론을 수업하면 부정적 반응이 돌아올 수 있다. 이 밖에도 모욕적인 단어와 그 정의(定義)를 포함하는 특정 사전들도 도서 목록에서 강제로 빠진다.

우리는 검열관에게 종종 영향을 받는 부모의 우려를 이해할 수 있다. 이들 부모들은 편을 짜서 행동하지 않는다면, 자녀가 신·가족·권위·국가·도덕·법·질서에 반대되는 자료로 수업을 받을 것이라고 믿는다. 부모가 소외되는 주요한 원인은 교육자가 부모와 효과적으로 소통하지 못하기 때문이다. 교육자가 부모에게 새로운 교과과정의 목적과 이 프로그램이 교육적 경험을 어떻게 풍부하게 할 것인지 설명하지 않는다면, 교육자는 의혹과 불신을 살 수밖에 없다. 많은 교육자와 사서는 부모와의 커뮤니케이션이 지속적으로 이루어지기보다는 위기가 닥치면 이루어진다고 지적한다. 학교의 프로그램·정책·절차에 대한 정보는 질문이나 요청이 들어오면 제공할 것이 아니라, 지속적인 홍보의 일환으로 전개되어야 한다.

부모가 교육자들이 학생의 교과과정에 무엇을 포함하는지를 이해하지 못할 때 논란이 일어난다. 학교는 교과과정을 시행하기 전에 배려하는 마음으로 부모에게 시간을 내고 교과과정의 내용과 목적을 명확하게 설명할 때, 논란을 피하거나 최소화할 수 있다. 교과과정이 기본적인 가족가치와 마찰을 빚지 않고 오히려 지지한다는 것을 부모에게 보여준다면, 잠재적 갈등을 피할 수 있다.

(4) 세속적 휴머니즘

세속적 휴머니즘은 검열관, 특히 근본주의 종교집단과 연관된 사람들의 직접적인 목표물이 된다. 세속적 휴머니즘은 초자연에 대한 믿음을 강조하기보다는 인간에 대한 존경을 강조한다. 그것의 목적에는 모든 인간의 완전한 개발, 과학적 방법의 보편적 사용, 개인의 소중함과 위엄의 확신, 사회적 책임과 연관된 개인의 자유, 윤리적·창의적 삶의 개발을 통한 실현이 포함된다(Robinson, 2006c).

많은 세속적 휴머니스트는 역사적으로 종교의 역할을 엄청나게 부정적으로 느끼며, 일부 휴머니스트는 신이 인간을 창조한 것이 아니라 인간이 신을 창조했다고 생각하기 때문에, 그들은 보수 성향 기독교인의 목표물이 된다. 세속적 휴머니즘은 로마가톨릭, 프로테스탄트, 유대교처럼 조직화된 종교가 아니다. 그것은 종교의식, 교회, 교리가 없고, 자신을 여러 시각과 연계하는 개인의 마음에 존재한다. 구체적 믿음과 믿음의 공표는 신자마다 가지각색이다. 보수 성향의 기독교 신자는 세속적 휴머니즘을 종교, 그것도 공립학교 시스템을 인수한 종교로 생각한다. 그러나 공립학교의 대다수 교사에게 기독교적 배경이 있기 때문에 그럴 가능성은 없다. 정교분리의 원칙은 공립학교가 세속적 또는 비종교적인 토대 위에서 교과과정을 짜도록 요구한다. 수학·읽기·쓰기·화학·물리에서는 갈등이 없다. 그러나 성교육·생물·역사와 같은 과목에서 세속적 접근 방식은 종종 보수 성향의 기독교 신학과 갈등을 일으킨다. 결국 세속적 휴머니스트의 견해로 생각되는 책과 자료들은 종종 검열의 목표물이 된다(Robinson, 2006c). 낙태, 학생의 체벌, 사형, 학교에서 강요된 기도, 동성애, 그리고 의사의 도움을 받는 자살과 같은 쟁점을 포함한 교과과정은 전형적으로 검열관의 관심을 끌고, 검열관은 그것들을 세속적 휴머니스트의 부적당한 자료로 생각한다. 스키너(B. F. Skinner), 매슬로, 칼 로저스(Carl Rogers), 메리 칼데론(Mary Calderone)과 같은 학자의 저서도 세속적 휴머니스트로 분류되어 일부 검열관의 목표물이 될 수 있다.

교직이나 커뮤니티에 낯선 교사들은 검열관의 결정을 결코 과소평가해서는 안 된다. 교사는 새롭고, 혁신적이며, 논란이 될 수 있는 자료, 수업 전략, 책 등을 소개하기 전에 커뮤니티의 분위기를 완전히 알도록 사전지도를 잘 받아야 한다. 경험이 풍부한 동료와 교장 등의 관리자는 대개 학생·부모·커뮤니티가 새로운 자료나 수업기법에 어떻게 반응할 것인지에 대한 기준이 될 수 있다. 신임 교사가 이렇게 수집된 정보를 활용하면서 학교생활을 하면 기대보다 훨씬 더 현실적인 환영을 받을 수 있다.

3) 교실에서 시사점

종교와 공립학교는 분리되어야 하지만, 학교에서 객관적인 연구를 위한 합법적 교육으로서 종교를 가르칠 수 있다. 비교 종교 과목은 많은 중학교의 교과과정에 속한다. 이러한 접근 방식에서 학생은 교육 프로그램의 일부로서 종교를 수강하도록 강제되지 않지만, 하나 이상의 종교를 공부할 수 있다.

4) 종교수업의 지침

버지니아 페어팩스 카운티 학교는 교사에게 *Religion and Public Schools: The Path Between Too Much and Too Little*(종교와 공립학교: 지나치지도 부족하지도 않게 행동하기)이라는 제목의 소책자를 배부했다. 여기에는 종교수업에 관한 지침이 들어 있다. 이 중요한 조언은 교사들이 매우 중요한 정교분리의 원칙을 유지하면서, 종교를 어떻게 가르칠 것인지 이해하는 데 도움을 줄 것이다.

- 학교는 종교수업을 후원하지만, 종교의 실천을 후원하지는 않는다.
- 학교는 모든 종교관을 학생들이 경험하게 하지만, 특정의 종교관을 강제하지 않는다.
- 학교의 종교에 대한 접근 방식은 수업이지 교화가 아니다.
- 학교는 모든 종교에 대해 교육하지만, 어떤 하나의 종교로 개종하게 하지는 않는다.

- 학교는 모든 사람이 믿는 것을 연구해야 하지만, 학생에게 무엇을 믿을 것인지를 가르치지는 않는다.
- 학교는 학생이 모든 종교에 대해 인식하도록 노력해야 하지만, 학생에게 특정 종교를 수용하도록 강제해서는 안 된다.
- 학교는 학생에게 다양한 종교에 대한 정보를 제공해야 하지만, 어떤 특정 종교를 믿도록 해서는 안 된다(Becker, undated).

교과과정에서 하나의 주체인 학생은 미국(그리고 세계)에 다양한 종교가 존재한다는 것을 배워야 한다. 교육자는 종교 배경이 다른 학생들과 상호작용하면서 종교의 차이점을 존중해야 한다. 교사가 학생과 가족이 믿는 종교의 중요성을 이해하는 것은 개별 학생에 대한 효과적인 수업 전략을 수립하는 데 유리하다. 교사는 수업에서 학생이 개념을 배우도록 그들의 종교적 경험을 활용할 수 있다. 이런 수업 방식은 학생에게 그들의 종교적 정체성이 가치가 있음을 인식하게 해주고, 그들에게 존재하는 종교의 다양성을 존중하도록 장려한다.

또한 교육자는 하나의 종파나 교회에 속한 모든 학생을 고정관념을 가지고 생각하지 않아야 한다. 앞에서 언급한 것처럼, 다양성은 모든 종교집단과 종파에서 찾을 수 있다. 각 집단은 태도와 믿음에서 차이가 있다. 예컨대, 남부침례교 신자는 외부인에게 보수적으로 보일 수 있다. 그러나 일부 남부침례교 신자는 진보 성향 또는 중도 성향의 집단으로 생각되는 반면, 다른 신자들은 보수적으로 분류될 것이다. 사실 일부 남부침례교는 공식 예배를 보기 때문에 에피스코팔교회 예배와 닮았다고 생각될 수 있다.

교육자는 그들이 일하는 커뮤니티의 종교적 다양성과 영향을 인식해야 할 책임이 있다. 또한 학생을 효과적으로 가르치기 위해 학교의 교과과정과 분위기에 미치는 종교의 영향에 대해서도 이해해야 한다. 마지막으로 교육자는 종교적 신념의 차이로 학생을 차별하지 않음을 보장하기 위해 학생과의 상호작용을 정규적으로 재검토해야 한다. 교육자가 학생의 잠재력이 개발되도록 종교적 소집단문화의 구성원이 얼마나 영향력이 있는지 아는 것도 매우 중요하다.

7. 요약

교육자는 미국인들이 종교를 중요하게 생각하는 것을 과소평가해서는 안 된다. 일부에게 종교는 다른 모든 소집단문화에 우선한다. 때로 사람들은 종교를 위해 목숨을 바친다. 일부는 그들의 믿음 때문에 다른 사람에게 큰 고통을 안겨준다. 사회는 점점 더 다양화되고 있다. 점점 더 증대하는 민족의 다양성과 함께 종교의 다양성도 증대하고 있다. 미국은 두 세기 이상 유대교-기독교 원칙으로 운영되었다. 그러나 신흥 종교가 기성 종교를 위협할 때 논란과 도전이 생긴다.

교육자는 커뮤니티와 학교에서 종교집단을 잘 알고 있는 것이 좋다. 교사는 그렇게 함으로써 모든 학생의 종교권리를 의식하고 존중하면서, 교실에서 자신의 능력을 충분히 발휘할 수 있다.

종교는 사람의 일상생활과 활동에 상당한 영향을 미친다. 예컨대, 종교집단은 개인의 교육에 큰 영향을 준다. 일부 사립학교는 종교원칙에 따라 설립되었고, 이 학교에서 종교는 교과과정의 중요한 부분이다. 심지어 공립학교에서도 종교집단이 교육제도에 영향을 미치려는 노력이 정규적으로 있었다. 학교에서 종교적 영향의 정도는 커뮤니티에 따라 다르다. 교육자는 보수 성향 및 진보 성향 종교집단의 영향과 전략을 과소평가해서는 안 되고, 논란이 될 수 있는 자료를 소개하기 전에 커뮤니티의 분위기를 잘 알아야 한다.

교육자를 위한 실무

1. **토론을 위한 질문**

    1. 커뮤니티에서 다수의 종교집단이 교과과정과 수업방법에 어떻게 영향을 줄 수 있는지에 대해 토론하시오. 다수 집단이 지배하는가? 커뮤니티에서 다수 종교집단이 학교에서 가르칠 내용을 결정할 수 있는가? 그렇게 해야 하는가?
    2. 종교와 공직의 관계는? 일부 집단이 연방의회에서 왜 불균형적으로 대표되는가?
    3. 현재 종교집단 분포에서 보수·중도·진보 성향의 추세는? 이런 추세는 미국의 정치적·법률적 방향에서 어떤 함의가 있는가?
    4. 기독교·로마가톨릭·유대교는 미국 문화에 어떤 영향을 주었는가?
    5. 젠더가 종교에 어떤 영향을 주고, 종교가 젠더 쟁점에 어떤 영향을 주는가?
    6. 게이와 동성애자에 대한 지각이 보수 성향과 진보 성향의 종교집단 간에 어떻게 다른가? 게이와 레즈비언 학생에 대한 학교의 책임은 무엇인가?
    7. 연방헌법 수정 제1조는 무엇인가? 정교분리의 원칙을 설명하시오. 공립학교에서 어떤 종교에 대해서도 가르치는 것을 금지하는 것은 무엇을 의미하는가?
    8. 법률은 학교 기도를 승인하는가? 릴리저스 라이트는 어떻게 왜 이 법률이 수정되기를 원하는가? 보수 성향의 종교집단은 공립학교에 대해 타당한 관심을 보이는가?
    9. 학교 바우처를 둘러싼 쟁점은 무엇인가?
    10. 세속적 휴머니즘이란 무엇인가? 릴리저스 라이트가 학교에서 세속적 휴머니즘에 반대하는 것은 무엇인가?

2. **포트폴리오 활동**

    1. 장애아를 둔 부모의 종교적 또는 신학적 함의를 결정하기 위해 프로젝트를 수행할 하나의 집단을 만드시오. 프로젝트 수행 집단이 (당신의 커뮤니티가 충분히 넓다면) 최소한 2~3명의 로마가톨릭 신부, 기독교 목사, 유대교 랍비, 예수그리스도후기성도 주교, 이슬람교 센터 책임자와 면접할 수 있도록 과업을 분산하시오. 면접자들이 피면접자들에게 이 세상에 장애아를 보낸 '신의 뜻'이 무엇인지에 대해 질문할 때, 피면접자가 새로 태어난 장애아를 둔 부모에게 제공할 정보가 무엇인지를 물으시오. 프로젝트팀이 각 종교집단이나 종파의 유사점과 차이점을 파악하는 보고서를 작성하도록 하시오 (INTASC 기준 3, 8,10).
    2. 부모들과의 회의자료용으로 수업에서 진화론을 어떻게 소개할지를 설명하는 실천계획을 작성하시오. 부모들의 종교관과 충돌을 피하기 위해 어떤 조치가 취해져야 하는지를 보여주시오 (INTASC 기준 3, 10).

3. 교사 자격시험 준비

싱클레어는 정치적·종교적으로 보수 성향의 커뮤니티에 소재한 공립학교 6학년 교사이다. 그녀의 반에서 사용하는, 주가 채택한 교과서에 진화론을 개략적이지만 구체적으로 논의하는 대목이 있다. 싱클레어는 교회에서 가르치는 창조론을 확고하게 믿기 때문에 진화론을 완강하게 반대한다. 그녀는 학생들이 진화론을 배우더라도 최소한 창조론적인 관점을 가져야 한다고 생각한다. 그녀만이 그런 생각을 하는 것이 아니고, 그녀의 믿음을 공유하는 다른 교사들도 마찬가지이다.

단답형 질문
1) 싱클레어는 임의대로 진화론 수업에서 창조론이나 '창조과학'을 가르칠 수 있는가?
2) 공립학교 교사에게는 대학의 많은 교수처럼 가르치고 싶은 것을 가르치는 학문의 자유(academic freedom)가 있는가?
3) 그녀는 교과서에서 창조론과 더불어 제시하는 진화론을 가르치기 때문에, 양쪽의 이론에 대해 똑같은 시간(equal time)을 할애하여 가르친다면 정당한 비판에서 벗어나는가?
4) 그녀가 이 주제에 대해서 학생들에게 가르칠 것을 결정하기 전에 취해야 할 신중한 단계는 무엇인가?

권장도서

Corrigan, J. and W. S. Hudson. 2004. *Religion in America*(7th ed.). Upper Saddle River, NJ: Prentice Hall.
  이 책은 미국의 종교 역사를 고찰하고, 문화 형성에 대한 종교의 지대한 영향에 대해 탐색한다. 또한 오늘날 종교의 다원적 본질에 대한 논의를 포함한다.

Ellwood, R. S. and B. A. McGraw. 2005. *Many people, many faith*. Upper Saddle River, NJ: Prentice Hall.
  이 책은 다양한 종교의 개념적·종교적·사회적 요소를 제공한다. 또한 세계의 종교에서 여성의 역할을 검토한다.

Gallup Poll.
  갤럽에서는 연구 결과를 매주 인터넷을 통해 보고한다. 이 서비스는 미국의 현황을 파악하는 데 도움을 주는데, 예를 들어 미국인이 무엇을 생각하고, 느끼며, 무엇을 하는지 알 수 있다. 정치·경제·종교에 대한 정보는 항상 제공된다. 이것은 유료 서비스이며, 연간 95달러를 지불해야 한다.

Hopfe, L. M. and M. R. Woodward. 2007. *Religions of the world*(10th ed.). Upper Saddle River, NJ: Prentice Hall.
  이 책은 세계의 군소 종교 및 잘 알려지지 않은 종교뿐만 아니라 주류 종교에 대해 종합적이고 간결한 설명을 제공한다. 또한 세계의 종교 수업과 현황뿐만 아니라 종교와 관련된 역사적·문화적 요인을 탐색한다.

Johnstone, R. L. 2007. *Religion in society*(8th ed.). Upper Saddle River, NJ: Prentice Hall.
이 책은 사회학적 시각에서 종교를 고찰한다. 또한 여러 장을 할애하여 종교정치학, 종교와 경제, 여성과 종교에 대해 논의한다.

Peach, L. J. 2002. *Women and world religious*. Upper Saddle River, NJ: Prentice Hall.
다양한 종교적 전통에서 여성을 어떻게 바라보고 대우하는지를 다룬 탁월한 책이다.

Van Leeuwen, M. S. 1990. *Gender and grace*. Downers Grove, IL: InterVarsity Press.
이 책에서는 기독교의 성경적 맥락에서 젠더 쟁점을 어떻게 다루는지를 탁월하게 고찰한다. 이 책은 오래전에 출판되었지만, 그 내용은 여전히 유효하다.

Wallis, J. 2005. *Why the right gets it wrong and the left doesn't get it*. New York: HarperCollins.
이 책은 릴리저스 라이트와 진보 성향의 프로테스탄트가 처한 문제들에 대한 상세한 논의를 제공하며, '중도적' 복음주의자의 시각에서 저술되었다.

Zorba, W. M. 2005. *The Beliefnet guide to evangelical Christianity*. New York: Doubleday.
복음주의자를 개략적으로 이해하는 데 도움을 주는 짧고 간결한 책이다.

참고문헌

Altamirano, N. 2007(February 2). Episcopal church faces threat. *Washington Times*. www.washington.com/metro/20070201-105012-3624r.htm

American Library Association. 2004. *Intellectual freedom and censorship Q & A*. Chicago: American Library Association, www.ala.org/ala/oif/basics/intellectual.htm#ifpoint3

Barna Update. 2007. Survey explores who qualifies as an evangelical. Barna Group, January 18, 2007. www.barna.org/FlexPage.aspx?Page=BarnaUpdates&BarnaUpdateID=263(2007년 1월 18일 검색).

Becker, B. *Religion and public schools: The Path between too much and too little*. Springfield, VA: Fairfax County Schools.

Brown, M. F. 2008. The New Age and related forms of contemporary spirituality. In R. Scupin(ed.), *Religion and Culture: An anthropological focus*(2nd ed.). Upper Saddle River, NJ: Prentice Hall.

Burkholder, R. 2002. *Jihad-"Holy War," or internal spiritual struggle?* The Gallup Poll. www.galluppoll.com/content/?-ci=7333&pg=1(2002년 12월 3일 검색).

Carlson, D. K. 2005. *Americans weigh in on evolution vs. creationism in schools*. www.galluppoll.com/content/?ci=16462&pg=1(Gallup Poll에서 검색).

Carroll, J. 2004(March 2). American public opinion about religion. *Gallup Tuesday Morning Briefing*.

Chryssides, G. D. 1999. *Exploring new religions*. London: Cassell.

City University of New York(CUNY). 2001. American religious identification survey 2001. www.gc.cuny.edu/faculty/research_studies.htm#aris_1

The Columbia Encyclopedia(6th ed.). 2001~2005a. Louis Farrakhan. www.bartleby.com/65/fa/Farrakhn.html

The Columbia Encyclopedia(6th ed.). 2001~2005b. The Moral Majority. www.bartleby.com/65/e_/E-MoralMajo.html

Congressional Yellow Book. 2007. New York: Leadership Directories, Inc.

Corduan, W. 1998. *Neighboring faiths*. Downers Grove, IL: InterVarsity Press.

Corrigan, J. and W. S. Hudson. 2004. *Religion in America*(7th ed.). Upper Saddle River, NJ: Prentice Hall.

Council on American-Islamic Relations(CAIR). 2007. *American Muslims: Statistics*. www.cair.com/asp/populationstats.asp

Denny, F. M. 2006. *An introduction to Islam*(3rd ed.). Upper Saddle River, NJ: Prentice Hall.

Ellwood, R. S. and B. A. McGraw. 2005. *Many people, many faiths*. Upper Saddle River, NJ: Prentice Hall.

Esposito, J. L. 2006. *Muslims and the West: A culture war*? www.galluppoll.com/content/?ci+21454(2006년 2월 13일 검색).

Fisher, M. P. 2008. *Living religions*(7th ed.). Upper Saddle River, NJ: Prentice Hall.

Gallup Poll. 2006. *Religion*. www.galluppoll.com/content/?ci=1690&pg=1(2006년 12월 28일 검색).

Gomes, P. 1996. The good book. New York: Morrow.

Gordon, G. 2002(July 9). Beyond Vouchers: Fixing public schools. *Gallup Tuesday Morning Briefing*.

Green, J. 2004. *Frontline*. The Jesus Factor: Interview with John Green. http://149.48.228.121/wgbh/pages/frontline/shows/jesus/interview/green.html

Groothuis, R. M. 1997. *Good news for woman: A biblical picture of gender equality*. Grand Rapids, MI: Baker Books.

Hartford Research Institute. 2002. *A quick question: How many eastern orthodox are there in the USA?* http://hirr.hartsem.edu/research/quick_question17.html(2007년 11월 24일 검색).

Hemeyer, J. C. 2006. *Religion in American*(5th ed.). Upper Saddle River, NJ: Prentice Hall.

Hopfe, L. M. and M. R. Woodward. 2007. *Religions of the world*(10th ed.). Upper Saddle River, NJ: Prentice Hall.

Huda, Q. 2006(February). *Diversity of Muslims in the United States*. United States Institute of Peace, Special Report 159. www.usip.org/pubs/speicalreports/sr159.pdf

Johnson, J. 2003(November 14). Panel removes Alabama's "Ten Commandments judge." *Los Angeles Times*, pp.A1, A34.

Johnstone, R. L. 2007. *Religion in society: A sociology of religion*(8th ed.). Upper Saddle River, NJ: Prentice Hall.

Kosmin, B. A. and S. P. Lachman. 1993. *One nation under God: Religion in contemporary American society*. New York: Harmony.

Lincoln, E. E. 1994. *The Black Muslims in America*(3rd. ed.). Grand Rapids, MI: Eerdmans.

Lindner, E. W. 2004. *2004 yearbook of American and Canadian churches*. Nashville: Abingdon Press.

Ludwig, T. M. 2006. *The Sacred Paths Understanding the Religions of the World*(4th ed.). Upper Saddle River, NJ: Prentice Hall.

Lyons, L. 2002(December 10). The Gallup brain: Prayer in public schools. *Gallup Tuesday Morning Briefing*.

Marsden, G. M. 2006. *Fundamentalism and American culture*(2nd ed.). New York: Oxford University Press.

Marty, M. E.(ed.). 1975. *Our faiths*. Royal Oak, MI: Cathedral Publications.

Miller, L. 2006(November 13). *An evangelical identity crises*. Newsweek, CXLIII(20), 32-37.

Moore, D. W. 2005. *Most Americans tentative about origin-of-life explanations*. Gallup Poll, www.galluppoll.com/content/?ci=18748&pg=1(2005년 9월 23일 검색).

National Catholic Reporter. 2004(March 26). Membership figures reported-USA-the 10 largest churches in the United States. According to the National Council of Churches.

Newport, F. 2003(February 27). Support for war modestly higher among more religious Americans. *Gallup Tuesday Morning Briefing*.

New, F. 2005a. *Who are the evangelicals?* Gallup Poll, www.galluppoll.com/content/?ci+17041&pg=1(2005년 6월 24일 검색).

Newport, F. 2005b. Iran on Holocaust. *The Gallup Poll Daily Briefing*(video). www.galluppoll.com/videoArchive/?ci=20467&pg=

Newport, F. 2006a. *The issue of women in government in Islamic countries*. The Gallup Poll, www.gallupworldpoll.com/content/?ci=22180&pg=1(2006년 3월 30일 검색).

_____. 2006b. *Mormons, evangelical Protestants, Baptists top church attendance list*. www.galluppoll.content/?ci=22414&pg=1(2006년 4월 14일 검색).

_____. 2006c. *Almost half of Americans believe humans did not evolve*. Gallup Poll, www.galluppoll.com/content//ci=23200&pg=1(2006년 6월 5일 검색).

_____. 2006d. *Religion most important to blacks, women and older Americans*. Gallup News Service, www.galluppoll.com/content/?ci=25585&pg=1(2006년 11월 29일 검색).

Newport, F. and J. Carroll. 2003(March 6). Support for Bush significantly higer among more religious Americans. *Gallup Tuesday Morning Briefing*.

Peach, L. J. 2002. *Women and world religious*. Upper Saddle River, NJ: Prentice Hall.

PR Newswire. 2006. *2006 Americans Jewish yearbook population survey finds 6.4 million American Jew*. http://sev.prnewswire.com/publishing=information=services/20061222/UNTH01421122006-1.html

Robinson, B. A. 2005a. *The Buddhist religion and homosexuality*. Ontario Consultants on Religious Tolerance. www.religioustolerance.org/hom_budd.htm(2007년 2월 11일 검색).

_____. 2005b. *Islam and Homosexuality*. Ontario Consultants on Religious Tolerance.

www.religioustolerance.org/hom_isla1.htm(2007년 2월 11일 검색).

_____. 2006a. *Eastern Orthodox churches*. Ontario Consultants on Religious Tolerance. www.religioustolerance.org/orthodox.htm(2007년 3월 7일 검색).

_____. 2006b. *Hinduism, the world's third largest religion*. Ontario Consultants on Religious Tolerance. www.religioustolerance.org/hinduism.htm(2007년 2월 10일 검색).

_____. 2006c. *Humanism and humanist manifestos*. Ontario Consultants on Religious Tolerance. www.religioustolerance.org/hom_isla1.htm(2007년 2월 11일 검색).

_____. 2006d. *Policies and teachings about homosexulaity in judaism*. Ontario Consultants on Religious Tolerance. www.religioustolerance.org/hom_judaism.htm(2007년 10월 15일 검색).

_____. 2006e. *Roman Catholic and homosexuality*. Ontario Consultants on Religious Tolerance. www.religioustolerance.org/hom_rom.htm(2007년 11월 24일 검색).

Saad, L. 2006. *Anti-Muslim sentiments fairly commonplace*. The Gallup Poll, www.galluppoll.com/content/?ic+24073&pg=1(2006년 8월 10일 검색).

Sacerdote, B. and E. L. Glaeser. 2001(March). *Education and religion*. Harvard Institute of Economic Research, 토론집 1913, http://econweb.fas.harvard.edu/hier/2001parpers/ HIER1913.pdf

Santa Fe Independent School District v. DOE (99-62) 16 F.3d 806(June 19, 2000).

Smith, C. 2000. *Christian American? What evangelicals really want*. Berkeley, CA: University of California Press.

SoundVision. 2004. *Education, educating our future!* www.soundvision.com/info/education/ (2004년 7월 15일 검색).

Taggar, S. V. 2006. Headscarves in the headlines! What does this mean for educators? *Multicultural Perspectives*, 8(3), 3-10.

38 YES-School Vouchers 2000. www.voucherss2000.com(2004년 7월 15일 검색).

U.S. State Department. 2004. *Muslim life in America*. International Information Programs. http://usinfo.state.gov/products/pubs/muslimlife/(2004년 7월 15일 검색).

Van Leeuwen, M. S. 1990. Gender and grace. Downers Groves, IL: InterVarsity Press.

Vyas, S. 2004. "We are not all terrorists!" Listening to the voices of Muslim high school students in the post September 11 era. *Ejournal/Ejournal*, 1(2). Vyas.pdf, www.subr.edu/coeducationa/ ejournal/Ejournal

Wallis, J. 2005. *Why the right gets it wrong and the left doesn't get it*. New York: HarperCollins.

Winseman, A. L. 2005(December 6). Religion in America: Who has none. www.galluppoll.com/content/?ci=20329&pg=1

Yearbook of American and Canadian Churches. 2006. New York: National Council of Churches in the U.S.A.

Young, W. A. 2005. *The World's religions*(2nd ed.). Upper Saddle River, NJ: Pearson Prentice Hall.

Zorba, W. M. 2005. *The Beliefnet guide to evangelical Christianity*. New York: Doubleday.

제8장

지리

 어떤 곳의 실제는 그곳 사람들이
그곳에 대해 기억하는 무엇이다.

Charles Kuralt, TV Journalist

시나리오 scenario

　잭 윌리엄스는 11월에 마크 폴라스키의 교실로 전학을 왔다. 그는 백인 학생으로 그 전 주에 가족이 근처에 이사를 왔다. 폴라스키는 그에게 자리를 배치하고, 자기소개를 하게 하고, 수업을 계속 진행했다.

　한 달이 채 되기도 전에 폴라스키는 다른 학생들이 잭과 잘 어울리지 않는다는 것을 알아챘다. 사실 그들은 잭의 습관과 방언을 조롱했다. 폴라스키는 우연히 몇 명의 남자아이들이 잭을 촌뜨기라고 부르는 것을 들었다. 폴라스키는 잭의 참여에 대해 생각하면서, 그가 너무 조용하고 토론에 적극적으로 참여하지 않는다는 것을 알았다. 잭은 다른 학생과 마찬가지로 시험 성적도 좋고, 추수감사절 바로 직후 정해진 시간에 맞추어 숙제를 제출했다. 교사는 잭이 마지막으로 다녔던 학교를 떠올렸다. 그곳은 농촌 지역의 학교였다.

생각해보기

- 잭은 다양성을 가진 이 교외 학교에 왜 적응을 못하는가?
- 농촌과 교외 학교에는 어떤 차이가 존재하는가?
- 미국이나 세계의 다른 지역에서 성장한 것은 학교의 경험에 어떤 영향을 주는가?
- 폴라스키는 잭의 문화적 배경에 대해 어떤 것을 더 많이 배울 수 있는가?
- 당신이 폴라스키라면, 학생들이 잭을 놀리는 것을 어떻게 막을 것인가?

1. 지리와 문화

우리의 정체성은 우리가 성장하고 현재 살고 있는 지리적 지역과 긴밀히 연결된다. 사람을 처음 만나서 보통 하는 질문은 '어디에서 왔습니까?'이다. 이 질문에 대한 대답에 따라 공통의 배경과 경험을 공유하는지를 알 수 있다. 다른 집단에서 '우리'라는 회원자격은 정체성에 큰 영향을 미치겠지만, 우리가 살고 있는 장소는 삶을 위한 문화적 장소를 제공한다.

같거나 유사한 지리적 지역에서 성장했다는 것이 이웃이나 친구로서 같은 방식으로 그 장소를 경험했다는 것을 의미하지는 않는다. 커뮤니티의 일부 구성원은 그곳에서 다른 사람보다 훨씬 더 오래 살았으며, 간혹 더 최근에 도착한 사람들과 마찰을 빚을 수 있는 다른 역사와 경험을 갖고 있다. 지역은 구성원의 인종, 민족성, 종교, 연령, 언어, 그리고 커뮤니티의 다른 구성원이 이들 집단의 구성원을 어떻게 바라보느냐에 따라 다른 의미를 나타낸다. 어떤 지리적 지역에서 직업과 교육 배경은 다른 지리적 지역과 비교할 때 다른 의미를 나타낸다. 예컨대, 어떤 교외 근처에 사는 거의 모든 성인은 대학 학위가 있고, 전문직이나 관리직에서 일한다. 어떤 지역에서는 농업 및 관련 직업이 보편적이고, 다른 지역에서는 숙박과 낚시가, 또 다른 지역에서는 제조업이 보편적이다. 자연환경과 분위기는 우리가 일을 하고, 휴식을 취하며, 상호작용하는 방식에서 차이를 만든다. 하와이, 알래스카, 콜로라도의 산, 네브래스카의 초원에서 온 사람들은 각각 다른 방식으로 지역에 적응한다. 사람들은 새로운 환경에서 '원주민'들이 낯선 방언과 구문을 사용하고, 그들의 방식과 조금 다르게 사건에 반응한다는 것을 알게 된다. 시나리오의 잭에게는 전학 간 학교의 학생들과 다른 방언과 습관이 있다. 이 낯설음은 특히 미국 밖으로 여행을 할 때 알아볼 수 있지만, 같은 도시의 다른 지역에서도 어느 정도 나타나며, 한 지역에서 다른 지역으로 여행할 때도 마찬가지이다.

개인과 집단마다 장소를 다르게 해석한다(Massey, 1997). 일부는 지역을 가족을 부양하고 살아가기에 이상적인 장소로 생각한다. 다른 사람들은 고립되거나 혼잡하거나 갇혀 있다는 느낌을 가진다. 산은 일부의 안녕에 매우 중요하다. 다른 사람은 물이나 사막 또는 녹색 화초의 필요성을 느낀다. 사람이 다른 사람과 상호작용을 거의 하지 않고 오랜 기간 살 수 있는 광활하게 툭 트인 장소는 일부에게 자유를 제공하지만, 다른 사람에게는 지루함과 갇혀 있다는 느낌을 준다. 도시는 일부에게 재미있고 자극적일 수 있지만, 다른 사람에게는 질식할 듯하고 비인간적으로 느껴진다. 따라서 우리가 사는 장소는 그곳에서 사는 사람들에게 복잡한 다중의 정체성을 제공한다. 학생이 태어나 살아온 도시나 지역을 포함하여 장소를 이해하는 것은 그들의 일상 경험의 맥락을 알게 한다.

1) 지리란 무엇인가?

아마도 초등학교 지리 시간에 세계의 다른 지역에 관해 배우고 국가의 수도를 암기했을 것이다. 그러나 신문의 헤드라인으로 "글로벌 시대의 바보들: 미국 젊은이들이 이라크를 찾을 수 없다"(CNN, 2002)라는 제목이 보인다. 인도네시아의 쓰나미나 르완다의 대학살과 같은 재앙은 우리에게 어떤 국가에 대해 더 많은 것을 배우도록 동기를 부여한다. 그러나 일반적으로 세계의 지역에 대한 우리의 지식은 훨씬 제한적이다. 미국과 세계의 다른 지역으로 여행을 갈 정도로 충분히 운이 좋은 사람들은 지리적·문화적·언어적 차이에 익숙해진다. 한곳에 머물면서 자기가 사는 이웃을 벗어나본 적이 없는 사람들은 책·대중매체·인터넷 등을 통해 차이점을 배워야 할 것이다.

'Geography'의 어원은 그리스어 'geōgraphia'에서 파생되었는데, 지표의 기술(記述)을 의미한다. 이것은 지역·도시·국가·열대초원·산·사막·농촌·대양·대륙·커뮤니티에 대한 연구이다. 지리학자는 왜 그곳에 장소가 위치하는지 설명한다. 그들은 장소의 물리적 특색을 탐구할 뿐만 아니라, 그곳에 사는 사람들의 경제활동, 정착유형, 문화를 검토한다. 사람이 사는 곳은 분명하고 거기에 사는 사람에게 의미나 상징을 갖는 공간이나 지대이다.

자연지리학은 기후·토양·식물·물·지형과 같은 지구의 물리적 특색에 대해 연구한다. 인문지리학은 구체적 지역에서 진화한 경제·사회·문화 시스템에 대해 연구하며, 이 책에서 논의한 계급차별·인종차별·민족성·빈곤·언어, 성적 취향, 종교·특수성·연령차이 등 많은 주제를 포함한다.

지리학자는 어떤 장소의 자연지리와 인문지리를 기록하고 추적하기 위해 많은 도구를 사용한다. 지리 공부를 통해 알겠지만, 지도는 아마도 가장 보편적인 도구일 것이다. 오늘날 기술발전으로 지리학자는 컴퓨터, GPS, 인공위성 이미지를 사용하여 지역을 자세하게 이해할 수 있다. 이 장에서는 지도를 이용하여 학생이 살거나 살았던 장소의 차이점과 위치가 인간의 일상생활에서 만들어내는 차이점을 이해하게 될 것이다.

2) 세계 속의 미국

세계 속에서 미국의 위치를 보면, 우리와 다른 사람들이 사는 곳을 이해하는 맥락을 제공한다. 첫째, 지구의 춥고 더운 지역에 살길 원하는 사람은 거의 없기 때문에 특정 지역에 집중되어 있다. 현재 4명 중 3명은 적도의 북쪽 지역인 북반구에 산다(Bergman and Renwick, 2005). 〈그림 8.1〉에서 보는 것처럼, 전 세계 인구 과밀 국가 10개국 중 브라질이 유일하게 적도의 남쪽에 위치했다. 세계 인구의 절반 이상은 아시아에 산다(Population Reference Bureau, 2006). 이와 대조적으로 미국에는 2007년 중반 기준으로 3억 200만 명이 넘는 인구가 사는데, 이는 세계 인구의 5% 미만이다.

북아메리카에는 문화적으로 다양한 인구가 살고, 이들 대부분은 지난 400여 년 동안 전 세계에서 이주해 왔다. 이 지역은 자원이 풍부한 지역으로 지난 200여 년 동안 엄청난 경제발전을 경험했다. 대도시는 과학 기술이 발달되어 글로벌 경제를 선도하며, 미국의 기업들은 세계의 많은 지역에 지사를 두고 고용을

〈그림 8.1〉 세계 최대 인구 보유국(2006년)

자료: Population Reference Bureau. (2006). *2006 World Population data sheet*. Washington, D.C.: Author.

창출하고 있다. 이 지역은 매우 소비지향적이며, 최신 제품이 소비된다. 북아메리카는 부유한 지역이지만, 많은 시민이 가난하게 산다.

> **8-1 생각해보기**
>
> 당신이 성장한 지리적 지역(다른 곳으로 이사했다면, 그중 한 곳)을 생각해보시오.
>
> - 당신이 아는 사람들이 사는 방식에 영향을 준 지리적 풍경을 어떻게 정의할 것인가?
> - 당신이 성장할 때 땅이나 날씨와 관련된 상세한 경험의 이야기는 무엇인가?
> - 당신이 성장한 곳이 당신의 가치와 생활양식에 어떤 영향을 주었다고 생각하는가?

2. 미국에서의 지역적 다양성

교육자는 직장을 옮겨 다른 지역으로 이동하면 지역 차이를 눈에 띄게 느낀다. 어떤 때는 지방과 지역적 차이를 구분하기 어려울 때도 있다. 평소에 지방과 지역

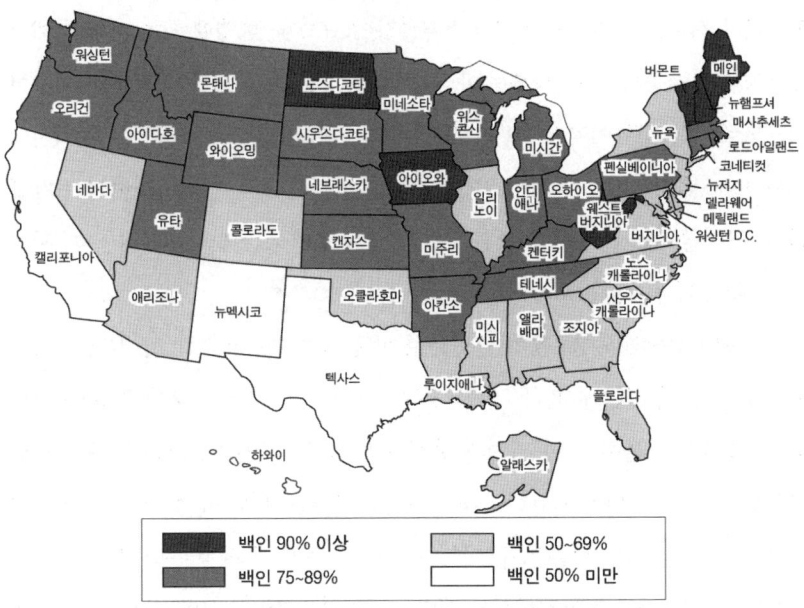

〈그림 8.2〉 주별 다양성 정도

자료: U.S. Census Bureau. (2006). *Statistical Abstract of the United States*: 2007(126th ed.). Washington, D.C.: U.S. Government Printing Office.

적 차이는 우리가 사는 방식, 교실에서 가르치는 내용, 커뮤니티에서의 상호작용에 영향을 미친다. 예컨대, 어떤 지역에서는 종교가 다른 어떤 요인보다도 더 중요한 역할을 수행하는데, 이는 성교육 또는 진화론을 가르치는 교사의 접근 방식에 영향을 줄 수 있다. 교사만이 미국과 전 세계로 이동하는 것은 아니며, 학생도 학생의 가족이 군대에 복무하거나 다국적 기업에 근무하는 경우에 이동이 활발하다. 시나리오에서 잭과 같은 학생은 새 학교에 정착할 때 고려되어야 하는 문화충격을 경험할 것이다. 교육자는 학생의 욕구가 충족되도록 지리와 공간이 학생, 특히 학령 아동이 사는 곳의 문화에 미치는 영향에 대해 지각해야 한다.

〈그림 8.2〉에서 보는 것처럼, 인구의 다양성은 미국의 전 지역에서 다르게 나타난다. 캘리포니아, 워싱턴 D.C., 하와이, 뉴멕시코, 텍사스에서는 백인이 전체 인구의 절반 이하를 차지한다. 다른 주들에서의 다양성도 다르게 나타난

다. 아프리카계 미국인은 워싱턴 D.C.에서 다수를 차지하고, 미시시피(37%), 루이지애나(33%), 조지아(30%), 사우스캐롤라이나(29%), 메릴랜드(29%), 앨라배마(26%)에서는 4분의 1을 넘는다. 아시아계 미국인은 일본인과 중국인의 후손이 대규모로 사는 하와이에서 과반수가 넘게 거주한다. 라틴계 미국인은 뉴멕시코에서 43%, 캘리포니아와 텍사스에서 35%를 차지한다. 아메리칸인디언이 가장 많은 주는 캘리포니아, 애리조나, 오클라호마, 뉴멕시코, 노스캐롤라이나, 워싱턴, 뉴욕 등이다(U.S. Census Bureau, 2006).

1892~1954년에는 새로운 이주민들이 미국 동부 해안 엘리스섬에 배를 타고 입국했다. 20세기 말에는 이주민들이 뉴욕 시, LA, 시애틀의 공항을 통해 입국했다. 그들은 그들이 살던 지역과 유사한 민족거주지역을 형성하거나 그러한 곳으로 이동했다. 이들 커뮤니티에서 그들은 주류문화에 동화되지 않아도 되었으며, 모국어를 계속 사용할 수 있었다. 최근에는 더 많은 이주민이 교외나 소도시에서 사는 가족들과 결합하고 있다. 그중 일부, 특히 난민은 비도시 지역의 교회나 커뮤니티 기관의 후원을 받는다. 다른 사람들은 정육업과 농업 분야에서 직장을 찾아 중서부와 남부로 이동했다. 여전히 사람들은 도시 생활보다는 가치와 생활양식에서 그들과 가까운 농촌 지역을 선택한다.

백인들은 문화와 경험이 다른 많은 민족집단을 대표하는데, 일부는 수세기 전 유럽에서 이주했고, 다른 일부는 새로운 이주민이다. 남부와 뉴잉글랜드의 백인 중 절대 다수가 영국계이지만, 백인의 민족 다양성은 다른 주 출신 이주민의 증가로 점점 더 증가하고 있다. 대서양 연안 중부와 중서부 주들의 인구는 다른 주보다 영국·아일랜드·독일·이탈리아·폴란드 및 다른 동유럽 국가 출신의 유럽계 조상들이 훨씬 더 많이 섞였다. 센트럴 그레이트플레인스(Central Great Plains)에 해당되는 주에 사는 대부분의 사람은 독일계 미국인이다. 이 지역의 북부 주에는 스웨덴과 노르웨이 사람들이 정착했다(Clawson et al., 2007).

사람들과 그들이 사는 땅의 특성을 이용하여, 풍경과 역사가 유사한 지리적 지역으로 구분할 수 있다. 인종·민족·종교의 다양성은 그곳에 정착한 집단에 따라

지역마다 다르다. 다양한 지리적 지역에 사는 사람들의 관심과 시각은 총선에서 공화당을 지지하는 주와 민주당을 지지하는 주가 다른 것처럼, 주와 연방의 쟁점에서 그들의 견해를 나타낸다. 이제 이들 지역적 차이에 대해 탐색할 것이다.

1) 남부

외부인은 남부인을 독특한 방언으로 식별하지만, 남북전쟁에 개입했다는 것 말고는 이 지역에 대해 별로 알지 못한다. 이 지역에는 〈그림 8.3〉에서 보는 것처럼 12개 주가 포함되지만, 문화는 주별로 다르게 나타난다. 예컨대, 텍사스 남부, 오클라호마 동부, 미주리 남부, 일리노이 남부, 인디애나 남부, 오하이오 남부, 메릴랜드 동해안, 델라웨어 남부와 같이 구분할 수 있다. 남부의 모든 주가 같은 남부 문화를 공유하지는 않는다. 예컨대, 쿠바계와 유대계가 사는 플로리다 남부에서는 전통적인 남부의 문화와 언어가 사용되지 않는다. 많은 북부인과 그 외 지역에서 온 사람은 남부 최대 도시 중 하나인 애틀랜타에 산다. 북부 주에서 온 사람들은 애틀랜타에서 은퇴를 하거나 겨울을 보낸다.

전체 인구 4명 중 거의 1명꼴로 남부에서 산다(U.S. Census Bureau, 2006). 남부에는 애틀랜타, 내슈빌, 샬럿, 올랜도, 마이애미, 뉴올리언스 등 여러 주요 도시가 있다. 남부 인구 약 35%는 가족들이 여러 세대에 걸쳐 서로를 알고 지내는 농촌이나 소도시에 산다(U.S. Census Bureau, 2006).

(1) 역사적 맥락

초창기 유럽계 이주민들은 버지니아와 노스캐롤라이나의 연안지역으로 이주했다. 이주민들은 그 지역에서 잘 살기 위해서는 담배·면화·인디고[1]·쌀과 같은 아열대 작물을 경작해야 한다는 것을 재빨리 배웠다. 그들은 북부와 바다 건

---

1 청색의 염료로 주로 청바지 등에 사용한다. _ 옮긴이

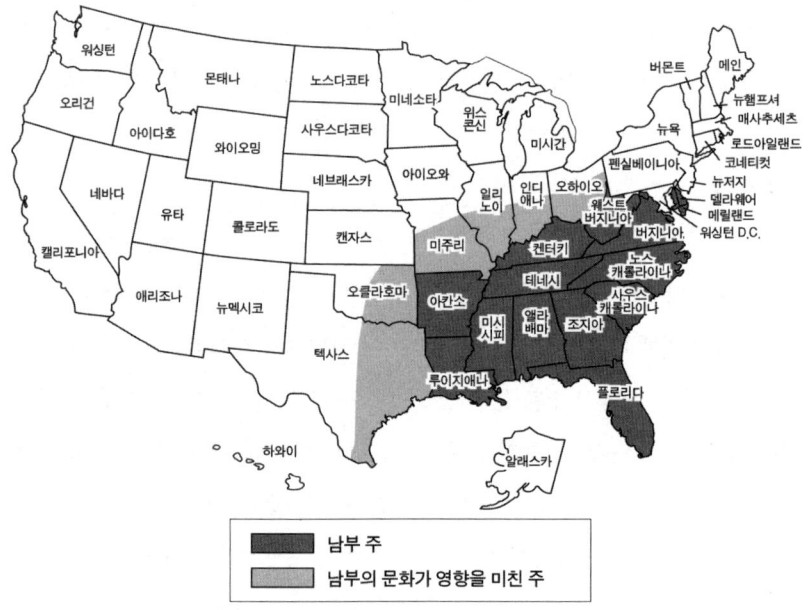

〈그림 8.3〉 남부

너 유럽에 수출할 수 있는 농산물을 재배하기 위해 남부 주에서 이주하여 대단위 농원과 소규모 농장을 건설했다. 생산은 아프리카 노예를 사서 충당하는 대단위 노동력에 의존했다. 1830년대에 남부의 아메리칸인디언 부족들이 유럽 이주민들에게 토지를 팔려고 하지 않자, 의회는 법을 제정하여 그들을 남부 주에서 오클라호마 보호구역으로 강제 퇴거하게 했다. 남북전쟁(1861~1865년) 이후 인종분리와 「짐크로법」은 남부 사람들을 백인과 유색인으로 나누었다.

남북전쟁 이후 남부에서 「짐크로법」을 제정하여 흑백분리를 합법화하고, 아프리카계 미국인이 누려야 할 혜택에 제한을 두는 것이 남부의 특징이 되었다. 예컨대, 1924년 버지니아는 「인종통합법」을 제정하여 거주자를 백인 또는 유색인으로 구별했다. 당시 아메리칸인디언은 백인으로 구별되었다. 이 법은 1968년이 되어서야 폐지되었다(Wilson and Ray, 2007). 남북전쟁 전후에 남부의 인구는 흑인도 백인도 아니었다. 이 지역에는 아메리칸인디언들이 항상 살았다. 쿠바인들은 1831년 플로리다 키웨스트에서 엽궐련을 만들었고, 1880년대에 탬파에 엽궐련 공장을 세웠다.

남부는 1950년대와 1960년대에 인종차별 정책과 관행 때문에 민권 투쟁의 전쟁터가 되었다. 많은 곳에서 남부 연방 깃발을 계속 사용하여 논란이 되었다. 그것은 많은 사람에게 남부의 아프리카계 미국인, 유대인, 다른 힘없는 소수 집단에 대한 과거의 지속적인 인종차별을 상기하게 한다. 1970년대 남부, 특히 애틀랜타·버밍햄·샬럿·헌츠빌(앨라배마)과 같은 대도시의 인구가 증가하기 시작했다. 제조업과 기업의 본사가 저임금과 낮은 노동조합 결성률 때문에 남부로 이전했다. 은퇴자들은 따뜻한 기후와 위락 시설에 매력을 느낀다. 이 지역은 북부의 젊은 가족들이 새로운 직장을 찾아오는 선벨트로 알려지게 되었다.

(2) 남부의 특성

일반적으로 남부 원주민은 책과 잡지를 통해 강조되고 홍보된 남부 문화와 전통에 자긍심을 느낀다. 그러나 남부를 통틀어 단일한 남부 문화는 없다. 그것은 미시시피 삼각주, 사우스캐롤라이나의 저지대, 플로리다 남부, 노스캐롤라이나와 조지아의 피드먼트 고원, 아칸소의 오작스, 그리고 켄터키 중부의 블루그라스와 같이 많은 소지역으로 구성되며, 각각 그곳만의 독특한 문화가 있다. 전통문화는 아메리칸 인디언, 사우스캐롤라이나와 조지아의 걸라(Galluh)·기치(Geechees)[2], 루이지애나의 케이즌(Cajuns)[3]과 같은 다른 집단에 의해 유지된다. 남부 문화는 수많은 아메리칸 인디언, 유럽인, 아프리카인의 문화가 뒤섞인 혼성화(creolization) 과정을 거쳤다.

남부에는 다른 지역보다 더 많은 아프리카계 미국인이 살고 있다. 전체 남부 인구의 22%가 아프리카계 미국인이고, 67%가 백인이다(U.S. Census Bureau, 2006).

---

[2] 아프리카에서 온 흑인을 지칭하며, 그들은 아프리카인 고유의 문화와 관습이 보존하여 발전되게 한다. _ 옮긴이

[3] 루이지애나에 사는 프랑스인 후손으로 프랑스 고어를 사용한다. _ 옮긴이

최근까지 대부분의 남부 백인은 영국계·아일랜드계·스코틀랜드계 후손의 기독교인들이었다. 오늘날의 인구는 훨씬 더 다양하다. *Encyclopedia of Southern Culture*(남부문화 백과사전)에는 남부에 34개의 아메리칸인디언 부족과 54개의 다른 민족집단이 거주하는 것으로 나와 있다. 1970년대 이후 점점 더 많은 아시아계 미국인이 남부에 정착했는데, 필리핀계·한국계·베트남계, 라오스의 몽족, 아시아계 인디언들의 숫자가 많다. 1990년대에 이르러서는 훨씬 더 많은 라틴계 미국인이 남부 주로 이주하기 시작했다. 같은 기간에 중동 출신의 인구는 플로리다·노스캐롤라이나·텍사스·버지니아에서 두 배로 증가했다.

기업들이 노동조합이 없는 남부로 이주했을 때, 기업과 함께 이주한 북부인들은 남부에서 태어난 사람만큼 남부 문화에 익숙하지 않고, 아마도 현지인만큼 문화를 이해하지 못하는 외부인들의 유입을 초래했다. 완고한 남부의 주요 관심사 중 하나는 그들의 독특한 문화가 외부인이 늘어나면서 훼손된다는 것이다.

다른 농촌 지역과 비슷하지만 남부에서의 소득은 상대적으로 낮다. 버지니아 주를 제외하면, 1인당 소득이 2만 7,876달러로 전국 평균 3만 1,071달러보다 낮다(U.S. Census Bureau, 2006). 플로리다와 버지니아 두 주를 제외하면 남부 주는 대체로 빈곤율이 다른 주보다 높다(U.S. Census Bureau, 2006).

(3) 남부의 교육

남부에서 학교의 발전은 뒤처졌으며, 좋은 학교는 지주의 자녀를 주로 가르쳤다. 노예와 그 자녀를 가르치는 것은 불법이었다. 그럼에도 그들은 독학을 하고, 정부가 그들에게 지원을 하기 훨씬 전에 학교를 세웠다. 이러 이유로 아프리카계 미국인의 문해율은 남북전쟁 이후 극적으로 증가했다. 대부분의 남부 학교는 1954년 브라운 사건 이후 10년 이상 인종분리되었다. 학교가 인종통합된 그 시기에 많은 유럽계 미국인 가족은 그들만을 위한 사립학교를, 특히 기독학교를 설립하거나, 아프리카계 미국인과 함께 학교에 다니는 것을 피하기 위해 농촌이나 교외 지역으로 이사를 갔다. 많은 교육구가 통합되었고, 어떤 때는

〈표 8.1〉 교사 평균 연봉(2005~2006년) (단위: 달러)

워싱턴 D.C.	61,195	위스콘신	44,299
코네티컷	59,499	노스캐롤라이나	43,922
캘리포니아	59,345	아이다호	43,390
미시건	58,482	플로리다	43,302
일리노이	57,819	사우스캐롤라이나	42,207
뉴저지	57,707	아칸소	42,093
뉴욕	57,354	테네시	42,072
매사추세츠	56,587	켄터키	41,093
메릴랜드	54,486	뉴멕시코	41,637
델라웨어	54,264	캔자스	41,369
알래스카	53,553	네브래스카	41,026
로드아일랜드	53,473	텍사스	41,009
펜실베이니아	53,258	아이오와	4877
하와이	51,599	메인	40,737
오하이오	48,692	와이오밍	40,392
미네소타	48,489	앨라배마	40,347
오리건	48,330	루이지애나	40,253
조지아	48,300	유타	39,965
인디애나	47,255	미주리	39,922
워싱턴	45,724	몬태나	39,832
콜로라도	45,616	웨스트버지니아	38,360
뉴햄프셔	45,263	미시시피	37,924
버지니아	44,763	오클라호마	37,879
애리조나	44,672	노스다코타	36,449
버몬트	44,535	사우스다코타	34,040
네바다	44,426		

자료: National Education Association. (2007). Teacher Salaries: State by state. www.nea.ogr/student-program/about/state.html#alaska; www.nea.org/student-program/about/state2.html#kentucky; www.nea.org/student-program/about/state3.html#northdakota(2007. 3. 1 검색).

통합계획이 도시 경계를 넘어 교외 지역으로 확대되기도 했다.

종교는 많은 남부인에게 중요한 문화적 구성요소이다. 학교에서 종교와 기도는 여러 교육위원회에서 논쟁으로 이어졌고, 일부 주와 교육구에서는 입법을

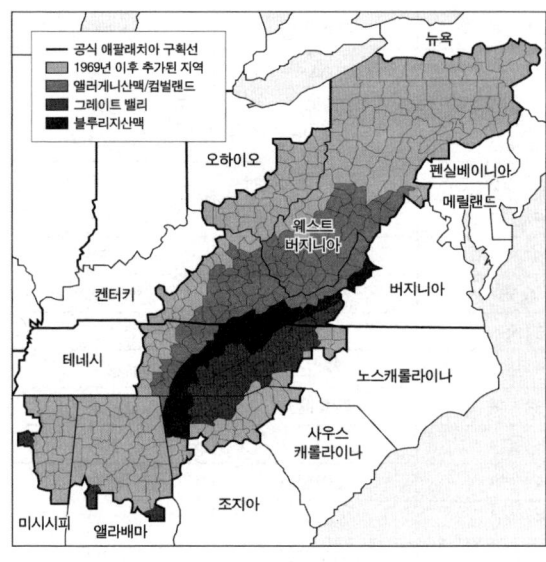

〈그림 8.4〉 애팔래치아 지역

자료: Appalachia: *A History by John Alexander Williams*. Copyright ⓒ 2002 by the University of North Carolina Press(출판사 승인하에 게재). www.uncpress.unc.edu.

제정하는 계기가 되었다. 21세기의 시작과 함께 불거진 논쟁은 학교에서 기도나 종교를 장려하는 것이나 다름없는 학교의 십계명 부착에 대해서였다.

〈표 8.1〉에서 보는 것처럼, 남부 주 교사들의 평균 연봉은 미시시피가 3만 7,924달러이고 조지아가 4만 8,300달러이다(National Education Association, 2007). 아칸소와 버지니아 주를 제외하고 전체 남부 고등학교 졸업률은 미국의 다른 지역보다 낮다(U.S. Department of Education).

2) 애팔래치아

애팔래치아로 불리는 지역은 〈그림 8.4〉에서 보는 것처럼, 애팔래치아 산맥을 따라 북부의 프로젝션(Northern Projection)에서 많은 주를 가로질러 뉴욕에서 메릴랜드 북부와 웨스트버지니아에 이르며, 버지니아, 노스캐롤라이나, 사우스캐롤라이나, 조지아의 서쪽 지역을 통해 켄터키 동부와 테네시 동부로 연결되어 미시시피 북부와 앨라배마로 이어진다. 애팔래치아는 지난 세기에 발전하지 못한 산악지대와 낙후지역으로, 수많은 픽션과 논픽션에서 소개되었다. 1963년 케네디 대통령이 소집한 위원회가 당시 이 지역에 만연한 빈곤의 심각성을 소개하면서 대중의 관심을 끌었다.

(1) 역사적 맥락

초창기 스페인과 프랑스 개척자들은 애팔래치아 지역에서 체로키족·크리크족·모호크족·오나이더족·오논다가족·카유가족·세네카족·쇼니족, 그리고 다른 아메리칸인디언 부족과 교역을 했다. 유럽계 미국인은 별다른 저항을 받지 않으면서 산맥의 동쪽에 정착했지만, 산맥의 서쪽으로 이주했을 때는 아메리칸인디언과 유혈충돌을 벌였다. 미국 혁명기에 독일계와 아일랜드계 이주민들이 오하이오 밸리에서 서쪽으로 멀리 떨어지고, 캐롤라이나와 조지아에서 남쪽으로 멀리 떨어진 애팔래치아 지역에 정착했다(Williams, 2002).

미국에서 20세기는 정부의 대규모 공사로 특징지어지는데, 특히 테네시밸리공사(Tennessee Valley Authority: TVA)가 수력발전용 댐을 조성하자 강의 수로가 바뀌었고, 농지가 침수되었으며, 거주민이 터전을 빼앗겼다. 연방 산림부는 애팔래치아의 중심부를 관통하는 지역에 국유림과 국립공원 조성을 위한 토지를 구입하면서 애팔래치아인들을 이주하게 했다. 석탄은 철을 만드는 중요한 자원이 되었고, 산은 주요 원천이 되었다. 광부들은 임금, 안전문제, 노조설립을 놓고 소유주와 격렬한 싸움을 벌였다. 주와 지방정부는 소유주 편을 들었고, 파업 참가자와 총격전을 벌이는 가운데 범죄자와 파업방해자를 보호했다. 남부에 근거를 둔 섬유산업은 직장을 구하기 위해 산을 떠난 실직한 애팔래치아인에게는 매력적이었다.

(2) 애팔래치아의 특성

애팔래치아인은 등산객이나 촌뜨기로 고정관념화되었다. 등산객은 대개 산을 정복한 강인하고 독립적인 개인으로 보인다. 산골 촌뜨기는 오지 출신을 희화화한 것이다. 이런 고정관념은 〈Li'l Abner(릴 애브너)〉, 〈Snuffy Smith(스너피 스미스)〉 같은 인기만화와 〈Beverly Hillbillies(비벌리 힐빌리즈)〉, 〈Dukes of Hazzard(해저드 마을의 듀크가족)〉 같은 텔레비전 쇼에서 강화되었다. 애팔래치아인들은 가난하고, 이웃과 불화하며, 밀주 증류기를 운영하고, 분규를 해결하는 방법으로 폭력을 사용하며, 게으른 것으로 투영되었다(Billings, Norman and Ledford, 1999). 오늘날 애팔래치아의 빈곤율은 켄터키, 웨스트버지니아, 미시시피 북부를 제외하고는 전국 평균보다 낮은 다른 농촌 지역과 거의 같다(Clawson et al., 2007). 1964년 대통령 직속 애팔래치아지역위원회 보고서에 따르면, 애팔래치아인 3명 중 1명은 가난하다(Appalachian Regional Commission, n.d.a). 2000년 인구조사에 따르면, 빈곤율은 14%로 떨어졌다. 또한 일반 생활수준도 전체 지역에서 향상되었는데, 이것은 농업과 제조업 의존에서 서비스 중심의 경제로 전환된 결과이다(Black and Sanders, 2004).

애팔래치아는 애틀랜타, 피츠버그, 신시내티의 접경지이지만 대부분 농촌이다. 채터누가와 녹스빌(테네시), 찰스턴(웨스트버지니아), 애시빌(노스캐롤라이나)이 최대 도시이다. 미국의 다른 지역보다 농촌 지역에서 사는 인구가 더 많지만, 대다수는 대도시 지역에 살면서 관련 상업과 노동시장에 참여한다. 자급 농업은 중앙 애팔래치아의 일부 지역에서 이루어지지만, 보편적이지는 않다(Isserman, 1996).

이곳 원주민들은 직장을 찾아 애팔래치아를 떠나야만 했던 많은 이주자들에 대해 걱정한다. 은퇴자들과 커뮤니티 활동가들이 이 지역으로 이주하여 장기거주민을 대체하면서 토지와 집값이 올라가고 있다. 광산은 이 지역에서 여전히 운영되지만, 관광산업이 경제발전을 주도한다. 이곳은 블루리지파크웨이(Blue Ridge Parkway), 셰넌도어 국립공원(Shenandoah National Park), 그레이트스모키산맥국립공원(Smoky Mountains National Park)의 고장이다. 천연자원으로 래프팅, 암벽등반, 산악자전거, 스키, 행글라이더, 다이빙 등이 발전했다(Williams, 2002: 359). 유럽계 정착자들은 민속음악학교, 민속음악 축제, 민속음악 및 공예센터를 설립하는 주역이 되었다.

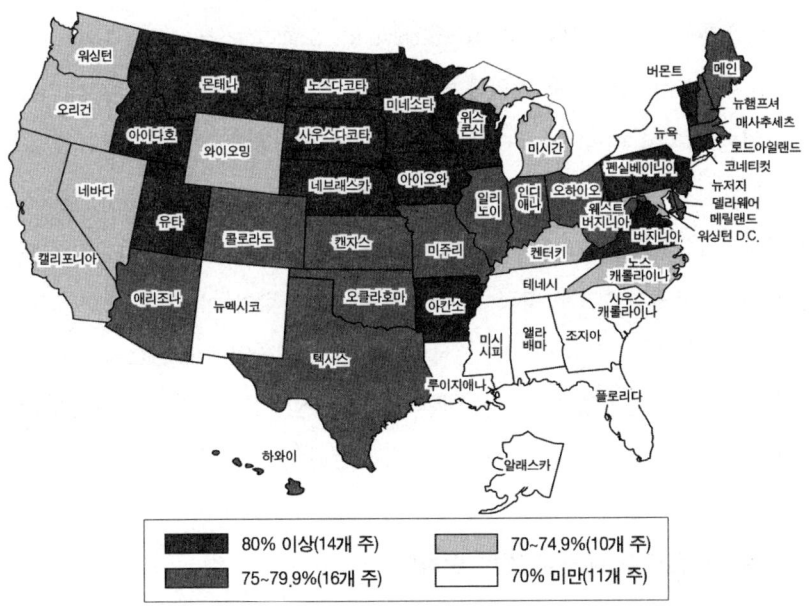

〈그림 8.5〉 고등학교 졸업률(2002~2003년)

자료: U.S. Department of Education. National Center for Education Statistics. (2006). *The condition of education* 2006. Washington, D.C.: Author.

애팔래치아는 다른 지역에 비해 다양성의 정도가 크지 않다. 인구의 절대 다수는 백인이고, 남부의 일반적 종교 및 민족적 배경을 반영한다. 2000년 애팔래치아 인구 중 아프리카계 미국인은 8%를 차지하는데, 주로 펜실베이니아와 앨라배마, 조지아, 미시시피의 북부 카운티에 거주한다(Hayden, 2004). 주로 멕시코 출신의 라틴계 미국인 인구가 증가하면서 일부 지역에서 라틴 문화가 뿌리를 내리고 있다. 그들은 현재 인구의 2%를 차지한다(Hayden, 2004).

(3) 애팔래치아의 교육

애팔래치아의 농촌과 산악지역에서 학교 출석률은 역사적으로 미국의 다른 지역보다 낮았다. 그러던 것이 1960년대 이후 극적으로 좋아졌다. 예를 들어, 〈그림 8.5〉에서 보는 것처럼 웨스트버지니아의 고등학교 졸업률은 미국의 다

제8장 | 지리 457

른 주와 유사하다. 그러나 대부분 농촌 오지의 성인이 고등학교와 대학을 졸업하는 비율은 다른 지역보다 낮다(Appalachian Regional Commission, n.d.b).

또한 이 지역은 고등교육 기회를 제공한 역사가 있다. 예컨대, 켄터키 베리아에 위치한 베리아 대학(Berea College)은 1855년 남녀공학으로 설립되어, 주로 애팔래치아 지역에서 학비조달이 어려운 학생들을 교육한다. 학생들은 미국과 전 세계에서 오지만, 절대 다수는 애팔래치아 지역 출신이다. 모든 학생이 전액 장학금을 받고 풀타임으로 학교에 다닌다. 학생들은 장학금을 받는 대신에, 학교 소유의 공장(직조·목각·빵·세탁·인쇄소·호텔)에서 일주일에 10시간씩 일을 한다. 높은 지적 수준을 갖춘 베리아 대학의 많은 졸업생은 전문대학원과 일반대학원에 진학한다.

3) 뉴잉글랜드와 대서양 연안 중동부

뉴잉글랜드와 대서양 연안 중동부(Mid-Atlantic)를 포함하는 동북부 주들은 초창기 유럽계 정착자들의 정치적 본산지이다. 〈그림 8.6〉에서 보는 것처럼 뉴잉글랜드는 코네티컷·메인·매사추세츠·뉴햄프셔·로드아일랜드·버몬트의 여섯 주를 포함한다. 보스턴, 프로비던스, 하트퍼드와 같은 연안 근처의 주요 도시를 제외하면 인구가 희박하다. 뉴잉글랜드 방언은 지역마다 다르지만, 그들을 구분하는 데 도움이 된다. 델라웨어, 워싱턴 D.C., 메릴랜드, 뉴저지, 뉴욕, 펜실베이니아로 구성되는 대서양 연안 중동부에는 뉴욕, 필라델피아, 피츠버그, 볼티모어, 워싱턴 D.C.와 같은 주요도시가 있으며, 많은 인구가 산다.

(1) 역사적 맥락

뉴잉글랜드와 대서양 연안 중동부 지역은 유럽계 정착민의 초기 역사가 깊이 배어 있다. 이 지역에서 초기 지도자로서 프로테스탄티즘의 윤리의 씨를 뿌렸던 정치·종교의 반체제인사들은 근면을 생활원리로 삼았다. 또한 그들은 절약

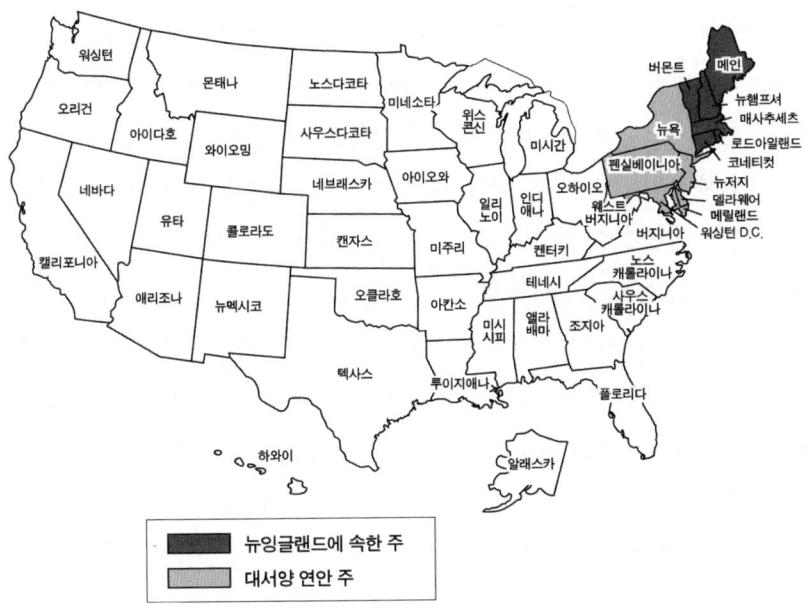

〈그림 8.6〉 뉴잉글랜드와 대서양 연안 주

과 종교의 중요성을 설교했다. 뉴잉글랜드 거주민은 지방정부에 참여하는 형식으로 주민회의(town meeting)에 계속 참여한다.

뉴잉글랜드 초창기 정착자는 농부였지만, 토지를 쉽게 경작하지 못했다. 뉴잉글랜드는 낚시와 숙박업을 하는 것 외에 비농업 부문을 개척하는 데 성공했다. 결과적으로 이 지역은 다른 지역보다 더 도시화가 되어, 보스턴은 새로운 공업단지의 제품을 보급하는 중심지가 되었다. 이 지역의 인구는 대부분의 다른 지역보다 고령이고, 계속 줄어들고 있다.

뉴잉글랜드와 대서양 연안 중동부는 잉글랜드·네덜란드·독일·스코틀랜드·아일랜드·스웨덴 사람들의 초기 정착지였다. 그들은 돼지와 소를 기르고, 옥수수와 같은 작물을 재배하는 혼합농업 방식을 개발했다. 이런 농업 유형은 정착자들이 서부로 이주했을 때, 중서부와 애팔래치아로 보급되었다. 이 지역은 미국의 수도이고, 많은 국가적·국제적 기구의 본산이다.

(2) 뉴잉글랜드와 대서양 연안 중동부의 특성

미국에서 뉴잉글랜드는 인종적 다양성이 적은 지역 중 하나이다. 인구의 82%는 백인이고, 7%는 라틴계 미국인, 6%는 아프리카계 미국인, 3%는 아시아계 미국인, 3%는 아메리칸인디언이다. 뉴잉글랜드에서 다양성이 가장 큰 곳은 코네티컷·매사추세츠·로드아일랜드 주이다. 메인·뉴햄프셔·버몬트 주 인구 94% 이상은 유럽계 후손이다(U.S. Census Bureau, 2006). 일부 지역에서는 프랑스어가 학생 및 가족의 제1 언어이다.

미국 인구의 14%가 대서양 연안 중동부에 산다. 이 지역은 미시시피강 동쪽에서 다양성이 가장 큰 곳이다. 인구는 백인 67%, 아프리카계 미국인 17%, 라틴계 미국인 11%, 아시아계 미국인 5%, 둘 이상의 인종 1%, 아메리칸인디언 0.4%이다. 뉴잉글랜드와 대서양 연안 중동부 인구 85%는 대도시 지역에 산다. 이와 대조적으로 메인과 버몬트 주는 대부분 농촌이다. 대서양 연안은 이들 지역의 중요한 상업 중심지이고, 관광업이 번성하고 있다. 최첨단 기업들이 이 지역의 많은 대도시에 근거지를 두고 있다.

2005년 1인당 소득은 워싱턴 D.C.가 4만 9,397달러로 가장 높았는데, 워싱턴 D.C.는 이 지역에서 가장 빈곤율이 높은 지역으로 빈부의 소득과 생활수준에 큰 격차가 있다. 코네티컷 주는 1인당 소득이 4만 2,959달러로 워싱턴 D.C. 다음으로 높았다. 메인 주와 버몬트 주의 1인당 소득은 각각 2만 8,076달러와 2만 9,940달러로 다른 농촌 주의 소득과 비슷했다. 뉴잉글랜드의 빈곤율은 전국 평균보다 낮은데, 코네티컷과 버몬트 주가 8%, 로드아일랜드 주가 13%를 나타냈다. 빈곤율은 대서양 연안 중동부 지역에서 더 높은데, 그 분포는 뉴저지 주의 9%에서 워싱턴 D.C.의 19%에 이른다.

(3) 뉴잉글랜드와 대서양 연안 중동부의 교육

이 지역 도시들은 수세기 동안 많은 이주민의 고향이었다. 식민시대에 영국의 문화를 바꾸는 독일계 이주민의 문화와 언어에 대해 우려가 있었다. 독일어는 일부 학교와 교회에서 사용되었다. 1880년대 중반 로마가톨릭은 기독교 성경이 공립학교에서 사용되었다고 비난했다. 이런 종교 논쟁의 결과로 이 지역의 일부 도시에서 폭동이 발생했으며, 로마가톨릭 학교가 설립되고, 공립학교에서 더 세속적인 교과과정을 운영하는 실제적인 변화가 생겼다. 오늘날 학교에서는 누구의 문화를 가르칠 것인지와 영어 몰입 교육과 같은 동화정책을 놓고 이러저러한 지역에서 논쟁이 계속된다.

뉴잉글랜드와 대서양 연안 중동부는 미국에서 역사가 오래되고 명성 있는 대학의 근거지이다. 하버드 대학교가 1641년, 윌리엄 앤드 메리 대학(College of William and Mary)이 1693년, 예일 대학교가 1701년, 프린스턴 대학교가 1746년에 설립되었다. 또한 도덕적 시민을 양성하기 위해 성경을 가르칠 목적으로 초·중등학교가 설립되었다.

이 지역의 교사 연봉은 다른 지역보다 높은데, 워싱턴 D.C.가 6만 1,195달러로 가장 높고, 코네티컷 주가 5만 9,400달러이다(National Education Association, 2007). 뉴잉글랜드의 고등학교 졸업률은 전국에서 가장 높다. 뉴욕과 워싱턴 D.C.를 제외한 대서양 연안 중동부는 전국 평균 이상이다. 그러나 대부분의 주에서 대학 신입생 20~25%가 4년 내에 졸업을 하지 못한다.

4) 그레이트플레인스와 중서부

그레이트플레인스는 〈그림 8.7〉에서 보는 것처럼 로키산맥과 오하이오의 그레이트 레이크 사이에 놓여 있다. 그레이트플레인스는 남으로 센트럴 텍사스, 북으로는 캐나다의 매니토바, 서스캐처원, 앨버트에 이른다. 이 지역은 미국의 곡창지대로 불리고 몇 개 국가를 먹여 살릴 정도로 충분한 곡물을 생산한다. 이 지역은 지구에서 가장 평평한 표면으로 사우스다코타의 블랙힐과 미주리의 오자크스(Ozarks)에서 끊어진다.

중서부 주들은 대서양 연안 중동부, 그레이트플레인스와 연결된다. 일리노이·

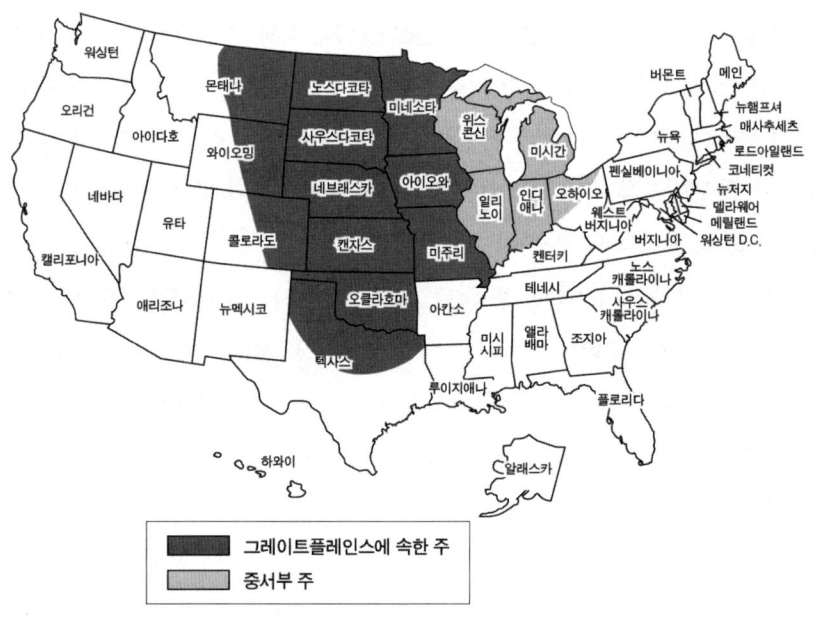

〈그림 8.7〉 그레이트플레인스와 중서부

인디애나·미시건·오하이오·위스콘신 등 다섯 주는 모두 그레이트 레이크와 미시시피에 이르는 강과 연결된다. 이 주들은 주 간(interstate) 횡단 수로와 고속도로를 이용하여 산업이 발전되게 했고, 제품을 먼 시장까지 쉽게 운반했다. 여기에 속하는 시카고·디트로이트·밀워키·클리블랜드·콜럼버스·인디애나폴리스 등의 주요 산업도시는 결국 인구밀집 지역이 되었다. 중서부 거주민 4명 중 1명 미만이 대도시 외곽에서 산다.

(1) 역사적 맥락

미시시피 강 서쪽의 그레이트플레인스는 1803년 프랑스가 아메리칸인디언의 땅을 연방정부에 매각하면서 미국에 편입되었다. 오하이오, 인디애나, 일리노이, 미시건, 위스콘신의 중서부 주들은 동부의 독일·잉글랜드·스코틀랜드 이주민들을 유치했는데, 그들은 비옥한 땅을 혼합농업으로 발전시킨 경험을 이

지역에 이식했다. 그러나 19세기에 여행은 어려웠다. 유럽계 미국인은 걷거나 동물을 타고, 또는 마차에 끌려 이 지역을 횡단했다. 일리노이 서쪽 그레이트플레인스는 부분적으로 변화무쌍한 기후와 황무지, 기계화 이전의 토지개간의 어려움 때문에 인구가 적었다.

이 시기에 연방정부가 매각하기 위해 토지를 측량하고, 바둑판 모양으로 토지를 구획했다. 6제곱마일(15.54km^2)을 단위로 한 타운십에는 학교용지를 별도 지정했다. 유럽계 미국인은 서쪽 플레인스에 정착하는 것에 관심이 더 많았는데, 철도가 장거리 무역 중심지까지 제품을 운송함에 따라 농업이 더 기계화·상업화되었기 때문이다. 20세기에는 자동차와 고속도로 덕분에 농부와 목축업자는 그들의 제품을 시장에 쉽게 운송하게 되었다.

그레이트플레인스의 기후는 계절마다 달라 북부 지역의 겨울은 아주 춥고, 여름은 아주 더웠다. 봄과 여름에는 토네이도가 덮쳤고, 겨울에는 강풍이 불었다. 간혹 농장이 침수되어 곡물과 재산에 손해를 입혔다. 약 20년마다 한 번씩 발생하는 극심한 가뭄은 경제에 영향을 미쳤다. 예컨대, 그레이트플레인스와 아칸소에는 1931년부터 8년간 비가 거의 내리지 않았다. 심각한 가뭄과 과도한 경작, 방목 등은 질병을 유발하고, 이 지역에서 사람들이 생활할 수 없게 만드는 모래폭풍(Dust storm)이 일어나게 했다. 50만이 넘는 농가가 일자리를 찾아 서부로 이동했다[Public Broadcasting Service (PBS), n.d.].

(2) 그레이트플레인스와 중서부의 특성

도시 거주자에게 그레이트플레인스 서쪽은 살 수 없는 곳으로 보인다. 그레이트플레인스 서쪽 지역에서 3명 중 1명은 2,500명 이하의 농촌 지역에 산다. 미국에서 알래스카는 유일하게 농촌 인구가 많은 지역이다. 캔자스 시, 세인트루이스, 오클라호마 시는 이 지역에서 가장 도시화된 지역이다. 댈러스는 남쪽에서 이 지역과 경계를 이룬다. 소도시들이 농장, 목장, 소도회지에 존재한다. 가족은 물건을 사거나 이웃을 방문하기 위해 장거리 여행을 한다. 그레이트플레인스 지역의 인구는 미주리 주 인구의 30%로 인구밀도가 낮다. 노스다코타와 사우스다코타의 인구는 100만 명 미만으로 미국의 다른 많은 시의 인구보다 적다. 미국의 중심부에 위치한 이 큰 지역에 전체 인구의 6% 미만이 산다(U.S. Census Bureau, 2006).

중서부 주의 다양성은 더 크다. 인구의 78%가 유럽계 미국인이다. 아프리카계 미국인의 비율은 일리노이 15%에서 위스콘신 6%에 이른다. 일리노이에는 라틴계 미국인과 아시아계 미국인의 인구가 가장 많은데, 전체 인구의 14%와 4%를 차지한다(U.S. Census Bureau, 2006).

그레이트플레인스는 많은 아메리칸인디언 부족의 근거지이다. 아메리칸인디언은 사우스다코타 인구의 9%를 차지한다. 아메리칸인디언은 오클라호마에서 8%, 몬태나에서 6%, 노스다코타에서 5%를 차지한다. 이 지역의 아메리칸인디언 보호구역은 380만 아메리칸인디언의 고향이다. 오클라호마는 이 지역에서 다양성이 가장 크며, 아프리카계 미국인 8%와 라틴계 미국인 7%가 살고 있다. 이 지역에서 아프리카계 미국인의 비율은 미주리 11%, 노스다코타, 사우스다코타, 몬태나 1% 미만이다. 캔자스 인구의 8%는 라틴계 미국인이며, 아시아계 이주민들은 이 지역의 정육업에서 직장을 잡았다. 유럽계 미국인은 이 지역 인구 83%를 차지하여 뉴잉글랜드와 거의 같으며, 이 지역의 인구는 다른 지역보다 고령이다(U.S. Census Bureau, 2006).

(3) 그레이트플레인스와 중서부의 교육

19세기에 유럽인들은 서부에 정착하면서 그레이트플레인스에 뗏장집(sod house)과 통나무집(log cabin)으로 학교를 세웠다. 농장과 인구희박 지역 간의 엄청난 거리 때문에 대부분의 초창기 학교는 교실이 하나였는데, 교사는 1학년에서 8학년까지, 어떤 때는 그 이상의 학생에게 모든 과목을 가르쳤다. 교실이 하나인 학교는 오늘날에도 여전히 이들 커뮤니티의 일부에 존재한다.

그레이트플레인스의 교사 연봉은 전국 평균보다 낮은데, 미네소타를 제외하면 중서부에서 교사 연봉은 3,000~1만 7,000달러 이상이다. 그리고 학교에서 교사당

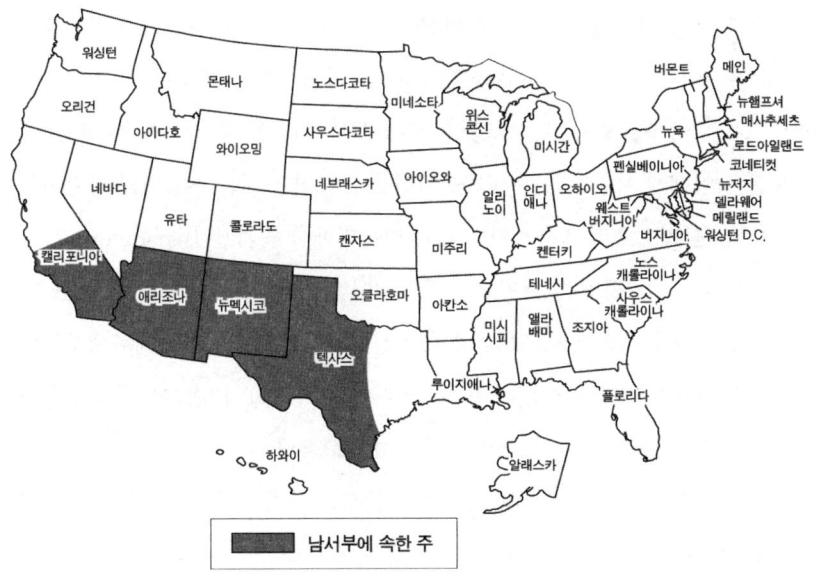

<그림 8.8> 서남부

학생 비율은 다른 지역보다 낮으며, 다른 지역보다 고등학교 졸업률이 높다.

이 지역은 다른 지역보다 민족과 인종의 다양성이 낮지만, 점점 더 많은 교육구가 이중언어교육과 제2 언어로서의 영어 프로그램을 실시하여 아메리칸인디언어, 스페인어, 러시아어, 베트남어, 또는 최근 이주민들의 아시아어, 아프리카어, 유럽어를 사용하는 학생들의 영어 습득을 지원한다. 커뮤니티에서는 학교의 지방통제를 전적으로 지지하며, 간혹 주나 연방정부가 노골적으로 학교에 간섭하는 것을 싫어한다.

5) 서남부

서남부의 문화·건축·상업에서는 멕시코계와 아메리칸인디언의 영향이 크다. <그림 8.8>에서 보는 것처럼 서남부에는 애리조나, 뉴멕시코, 캘리포니아 남부, 텍사스 서부가 포함된다.

(1) 역사적 맥락

서남부는 1848년 멕시코-미국 전쟁이 끝나고 미국으로 병합되기 이전에는 멕시코의 일부였다. 멕시코 시민은 새로운 국가의 시민으로 대우될 것이라는 미국 정부의 약속을 받았지만, 그것은 아메리칸인디언을 제외한 미국에서 태어난 모든 사람에게 시민권을 부여하는 입법이 통과되기 전인 1866년의 상황이었다. 그들은 물리적으로 텍사스의 도시와 카운티에서 쫓겨났다(Spring, 2001). 멕시코계 미국인 학생들은 비백인으로 분류되어 분리학교에 배치되었다. 1930년 캘리포니아 주 검찰총장은 그들을 아메리칸인디언으로 분류했는데, "대부분의 멕시코 인구가 인디언"이라는 이유에서였다(Spring, 2001: 171). 이 지역에서 백인이 아닌 인종은 원주민의 지위와 교육에서 중요했다.

서남부에서 멕시코와 미국의 국경은 실존하는 현실이며, 이 지역의 정치와 경제에 영향을 미친다. 국경순찰대가 불법 이주민을 수색한다. 사회의 각계각층에서 온 라틴계 미국인은 정부 당국에 의해 정규적으로 정지·수색을 당한다. 국경선의 풍경은 주류집단과 비주류집단, 지주와 계절노동자, 잠재적 산업과 용수권(用水權) 소유주 간의 권력투쟁이 지배적이다.

(2) 서남부의 특성

캘리포니아, 뉴멕시코, 텍사스 인구는 절반 이상이 유럽 외의 국적이다. 뉴멕시코 인구 43%는 라틴계 미국인이며, 10%는 아메리칸인디언이다. 애리조나 인구 약 30%가 라틴계 미국인이며, 5%는 아메리칸인디언이다. 캘리포니아는 인구 35% 이상이 라틴계 미국인이다. 또한 캘리포니아는 500여만 명 아시아계 미국인의 고향으로, 이는 하와이 인구의 여덟 배 이상이다. 텍사스 인구 약 35%는 라틴계 미국인이다. 서남부에서 아프리카계 미국인 인구는 뉴멕시코 2%에서 텍사스 12%에 이른다. 서남부의 인구는 다른 지역보다 연령대가 낮아 학교에 진학하는 학생이 증가하고 있다(U.S. Census Bureau, 2006).

서남부 인구 83%는 대도시 지역에 살고, 뉴멕시코 인구 25%는 농촌 지역에 산다

(U.S. Census Bureau, 2006). 유타·애리조나·뉴멕시코·콜로라도가 만나는 네 군데 접경지역에는 미국에서 가장 큰 아메리칸인디언 보호구역이 있다. 보호구역의 넓이는 웨스트버지니아와 비슷하며, 17만 5,000명 이상의 나바호족이나 디네족이 사는 아메리칸인디언의 고향이다(U.S. Census Bureau, 2006). 다른 많은 부족 인디언들은 서남부의 소규모 보호구역뿐만 아니라 소도회지와 농촌 지역에도 거주한다.

햇볕, 건조한 기후, 사막, 산악지대는 은퇴자와 변화를 좇는 노동자에게 매력이 있다. 서남부 주의 1인당 소득은 낮은데, 그레이트플레인스 지역과 비슷하다. 서남부의 빈곤율은 전국 빈곤율보다 6%가 높고, 다른 지역보다 뉴멕시코에서 높다. 또한 애리조나와 텍사스의 빈곤율은 전국 평균보다 높다.

(3) 서남부의 교육

수업에서 스페인어와 아메리칸인디언어의 사용은 150여 년 동안 논란이 되었다. 1855년에 캘리포니아는 영어전용 수업을 요구했다. 곧이어 텍사스가 뒤따랐고, 1918년에는 학교에서 스페인어를 사용하면 범죄혐의를 적용했다. 20세기 중반까지 학교에서 인종분리는 보편적이었는데, 특히 캘리포니아와 텍사스에서 심각했다. 이러저러한 지역에서 아메리칸인디언 학생들은 집에서 쫓겨나, 학생의 노동으로 유지되는 기숙학교에 진학했다.

이중언어교육은 서남부와 다른 지역에서도 꾸준한 논쟁거리이다. 일부 주에서 이중언어교육에 대해 주민투표를 하듯이, 대중은 이것에 대해 완전히 동의하지 않는다. 일부 지방교육위원회는 멕시코계 미국인의 역사와 비주류집단의 역사를 가르친 교사를 징계했다. 나바호 인디언 보호구역은 자체의 교육 시스템을 운영한다. 이 지역에서 일부 학교는 전통적인 유럽 중심의 방식으로 학생들을 가르치기보다는 아메리칸인디언의 역사와 전통을 보존하기 위해 세워졌다.

교사 연봉은 그레이트플레인스와 비슷하지만, 미국에서 낮은 수준에 속한다. 애리조나와 텍사스의 고등학교 졸업률은 다른 지역과 비슷하지만, 뉴멕시코의 졸업률은 미국에서 가장 낮다.

6) 서부

서부는 태평양에서 로키산맥에 이르고, 뉴멕시코 북부에서 몬태나를 거쳐 캐나다까지 다른 여러 산맥이 지나는 지역이다. 서부는 〈그림 8.9〉에서 보는 것처럼, 알래스카, 캘리포니아, 오리건, 워싱턴, 하와이를 포함하는 태평양 연안 주와 콜로라도, 아이다호, 네바다, 유타, 몬태나 등의 로키산맥 주를 포함한다. 서부의 풍경은 미국에서 가장 높은 산에서 사막과 고원까지, 그리고 알래스카에 이르는 태평양의 긴 연안까지 매우 다채롭다.

(1) 역사적 맥락

19세기에 로키산맥의 동쪽에서 대규모 정착자가 도착하기 시작했을 때 멕시코인(대부분은 로마가톨릭)과 아메리칸인디언은 산맥의 서쪽 지역에 거주했다. 그 지역은 1840년대에 캘리포니아 골드러시에 참여한 탐험가와 투자가에게 아주 매력적이었다. 1849년 중국 노동자들(대부분이 남성)이 농업, 광업, 대륙횡단철도(transcontinental railway) 건설 등에서 일하기 위해 서부 연안에 도착하기 시작했다(Takaki, 1993). 19세기 말 대륙횡단철도 공사가 끝나자 그 지역은 유럽계 미국인에게 점점 더 개방되었다.

서부는 동부에서 온 이주민을 끌어들였고, 라스베이거스·피닉스·솔트레이크시·투손·보이시와 같은 급성장한 대도시 일부를 포함한다. 서부의 성장은 은퇴자와 여행객을 끌어들였던 위락시설과 볼거리뿐만 아니라 최첨단 산업과 서비스 산업에서 새로운 직장을 창출하면서 가속화되었다. 그러나 서부에서의 생활은 완벽하지 않았는데, 인구밀집 지역에서 물 공급이 부족했다. 물은 관개와 산업, 대도시 지역의 수요를 맞추기 위해 다른 지역에서 끌어들였다.

(2) 서부의 특성

현재 미국 인구 5명 중 1명꼴로 서부 주에 산다. 캘리포니아 인구는 미국에서

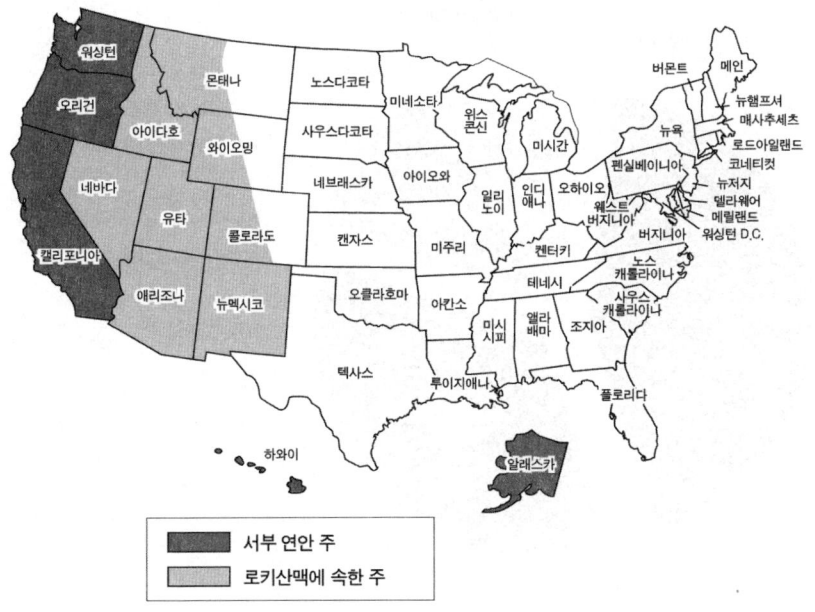

〈그림 8.9〉 서부

가장 많으며, 인구가 두 번째로 많은 뉴욕의 거의 두 배에 달한다. 캘리포니아 사람들은 다른 어떤 지역보다 대도시에서 살 가능성이 많다. 이 지역에는 미국에서 두 번째로 큰 도시인 LA가 있고, 서부 연안을 따라 다른 주요 도시가 있다. 거주민의 10%만이 농촌 지역에 산다.

서부 인구는 다른 지역보다 다양하다. 알래스카와 하와이를 포함하여 연안 주의 51%는 백인이다. 육지에 둘러싸인 내륙 주는 75%가 백인이다. 하와이 인구는 아시아계 미국인이 42%, 둘 이상의 인종이 20%, 하와이인과 다른 태평양 군도 9%, 라틴계 미국인 8%, 아프리카계 미국인 2%, 유럽계 미국인 24%이다. 알래스카 원주민은 알래스카 인구의 16%를 차지한다. 오리건·유타·아이다호·와이오밍에서 백인은 인구의 80% 이상을 차지한다. 서부에서 아프리카계 미국인이 차지하는 비율은 네바다 8%, 와이오밍 1% 미만이다. 라틴계 미국인은 캘리포니아에서 가장 많고, 네바다와 콜로라도에서는 각각 24%와 20%를 차지한

제8장 | 지리 469

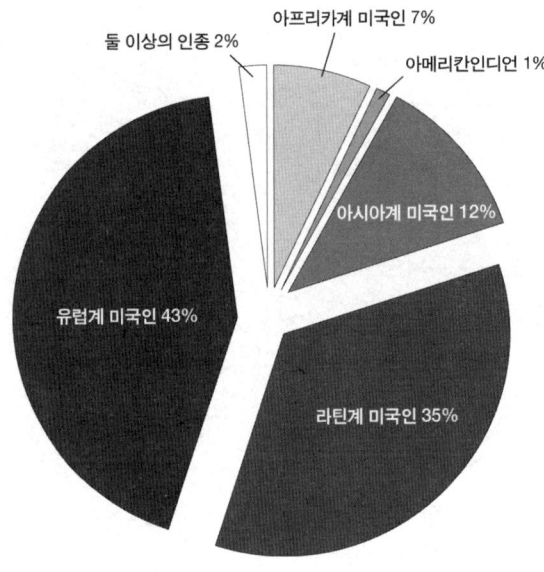

〈그림 8.10〉 캘리포니아 주 인구의 민족성

자료: U.S. Census Bureau. (2006), Statistical Abstract of the United States: 2007 (126th ed.). Washington, D.C.: U.S. Government Printing Office.

다. 〈그림 8.10〉에서 보는 것처럼 캘리포니아 인구의 절반 이상은 유색인이다.

하와이·오리건·아이다호·유타를 제외하면 1인당 소득은 전국 평균보다 높고, 아이다호·오리건·캘리포니아의 빈곤율은 전국 평균보다 높다.

(3) 서부의 교육

미국독립전쟁 당시 캘리포니아에는 스페인 사제들이 건립했던 많은 로마가톨릭 종교학교가 있었다. 학교의 목적은 스페인 생활양식을 가르치면서 지역의 아메리칸인디언을 기독교인화하는 것이었다. 멕시코 정부는 1880년대 초에 학교를 세속화하려 했지만, 문화에 끼친 로마가톨릭의 영향은 초창기 선교활동을 통해 발달한 도시에 여전히 남아 있다.

다른 지역과 마찬가지로 아메리칸인디언, 멕시코계 미국인, 아시아계 미국인 학생들은 비백인으로 분류된다. 그들은 많은 커뮤니티에서 20세기 중반까지 인종분리학교에 다녔다. 서남부처럼 수업에서 모국어를 사용하는 것은 계속 논쟁이 된다.

태평양 연안에서 사용하는 모국어는 대규모 아시아계 미국인(이 중에 많은 사람은 외국에서 태어났거나 이민 2세이다) 때문에 서남부 지역보다 훨씬 더 다양하다.

교사 연봉은 워싱턴을 제외하면 모든 태평양 연안 주가 전국 평균과 비슷하거나 높다. 캘리포니아는 5만 9,345달러로 가장 높다. 내륙 주의 교사 연봉은 유타 3만 9,965달러에서 콜로라도 4만 5,616달러에 이르지만, 평균 아래이다. 연안 주, 네바다, 와이오밍의 고등학교 졸업률은 전국 평균보다 낮은 반면, 유타와 아이다호는 가장 높은 졸업률을 나타낸다.

8-2 생각해보기

미국 여섯 지역에 대해 간략한 소개를 읽은 지금, 당신과 다른 문화적 특성에 대해 생각해보시오.

- 당신이 성장한 지역은 어떤 곳인가? 그 지역의 문화는 당신에게 어떤 영향을 주었는가?
- 지금 당신이 살고 있는 지역의 문화 특성 몇 가지를 들어보시오.
- 시나리오에서 새로 전학 온 잭이 어느 지역에서 왔다고 생각하는가?
- 당신이 가르치고 싶은 지역은? 왜 그런가?

3. 농촌·도시·교외 지역

미국의 지역을 탐색하면서 우리의 삶에 영향을 주는 각 지역의 차이들도 검토해보자. 우리가 삶과 문화를 경험하는 방식은 우리가 살고 있는 공간과 장소를 공유하는 사람들에게서 큰 영향을 받는다. 그들은 한편으로는 공간에 의미를 부여하지만, 다른 한편으로는 공간에 의해 영향을 받는다. 우리는 우리가 살고 있는 장소와 매우 친밀하고, 다른 사람들이 무엇을 기대하는지를 알고 있다. 이런 편안함 때문에 많은 예비교사가 그들이 성장했던 지역이나 근처에서 교사 생활을 하길 원한다.

미국 인구 79%는 2,500명 이상이 거주하는 도회지·도시·대도시에 산다(U.S. Census Bureau, 2006). 쇼핑센터에서 수백 마일 떨어진 농촌 지역에서의 교직은 다양한 문화적 행사와 스포츠 행사에 접근할 수 있는 부유한 교외 지역의 교직과 사뭇 다르다. 당신이 교사생활을 하고 싶어 하는 곳을 결정할 수 있도록 농촌·도시·교외 지역의 특성을 검토해보자.

1) 농촌 지역

1900년에는 미국 인구의 60%가 농촌 지역에 살았다. 20세기가 시작되면서 농촌 노동자들은 직업을 찾아 도시로 대거 이주했다. 오늘날 농촌 지역에는 미국 인구의 21%가 살고 있다. 그들은 광활한 공간, 하늘의 별, 야외생활, 다툴 사람의 적음, 자신의 삶을 더 통제하고 싶은 자유 등을 이유로 농촌 지역을 선택하여 산다. 대부분은 농촌 지역에서 자랐지만, 점점 더 많은 사람이 혼잡, 범죄, 도시생활의 답답함을 피해, 자녀를 키우는 데 더 건강한 환경을 제공한다고 생각되는 삶의 질을 되찾기 위해 도시에서 농촌으로 이주했다. 직장 때문에 도시에 사는 일부는 평화, 조용함, 스트레스가 덜한 환경을 위해 시골로 돌아가기를 열망한다.

땅을 경작하는 것은 대부분의 농부와 목장 경영자의 직업적 목적이다. 대부분은 아마도 땅에서 자랐을 것이고, 가족 및 이웃과 비공식 도제를 통해 기술을 연마했을 것이다. 그러나 농촌 지역의 인구는 땅을 경작하거나 소·돼지·양·닭·물고기를 기르는 사람들을 합친 것보다 더 많다. 엄청나게 넓은 땅에는 소도회지와 마을이 촘촘히 들어서 있고, 일부는 지방정부의 소재지가 된다. 이들 소도회지의 거주민들은 도시 근처나 지방 제조업 시설에서 일한다. 그들은 미국과 세계시장에 곡물을 보급하는 대형곡물창고에서 관리자와 노동자로서 농촌 커뮤니티에 서비스를 제공한다. 비즈니스로는 곡물이나 동물을 키우는 데 필요한 보급품을 팔고, 가축수용소의 고기제품을 사고팔며, 농장에 필요한 가스와 기름을 생산하고 운송한다. 식료품점과 다른 소매상은 농장과 소도회지의 거주민들에게 서비스한다. 농촌의 거주민들이 대형 매장과 다양한 물건이 비치된 인근의 쇼핑센터에 가려면 수십 마일이나 가야 한다.

(1) 농촌 지역의 인구

전국적으로 농촌인구의 절대 다수는 유럽계이다. 전국의 농부와 어부 47%는 백인이고, 40%는 라틴계 미국인이다. 농장 경영자의 22%는 여성이다. 아메리칸인디언 5명 중 1명은 보호구역이나 신탁토지에서 산다(U.S. Census Bureau, 2006).

외국 태생은 농촌 인구의 약 5%인데, 대부분 라틴계 미국인이다(Lichter and Johnson, 2006). 그들은 정육점, 식품가공업, 농업에서 직장을 잡는다. 오늘날 농촌 지역 이주민에는 아동이나 노년층보다는 결혼한 성인이 더 많다. 농촌 이주민은 도시 이주민보다 더 많은 일을 하지만, 더 가난하게 산다(Jensen, 2006).

(2) 농촌 지역의 경제

농촌생활의 모든 것이 목가적이지는 않다. 농촌 노동자는 도시 노동자보다 소득이 적으며, 빈곤율은 다른 지역보다 높다. 일을 하는 농촌 거주자 4분의 1만이 빈곤선을 간신히 넘을 정도의 수입을 올린다. 가난한 농촌 아동은 2000년 이후 3% 증가했다(O'Hare and Savage, 2006). 농촌 경제는 제조와 수출에서 오르내림에 민감하다. 농가의 생산은 기후와 세계경제가 조절하는 가격에 따라 오르내릴 수 있다.

오늘날 성공적인 농부는 농장을 경영하기 위해 그들의 농업에 관한 지식뿐만 아니라 기술과 경영원칙을 이용한다. 그들은 기상예보를 보는 것 외에도 최적의 판매시기를 결정하기 위해 시장을 모니터링한다. 가격이 낮을 때는 제품을 저장해야 하기 때문에, 저장시설과 가족을 부양할 적절한 재원도 준비해야 한다. 경영환경은 영세농이 성공하기 어렵게 만든다. 그들은 융자를 상환해야 하기 때문에 높은 가격으로 팔 제품을 보유할 여유가 없다. 이런 환경에서 개별

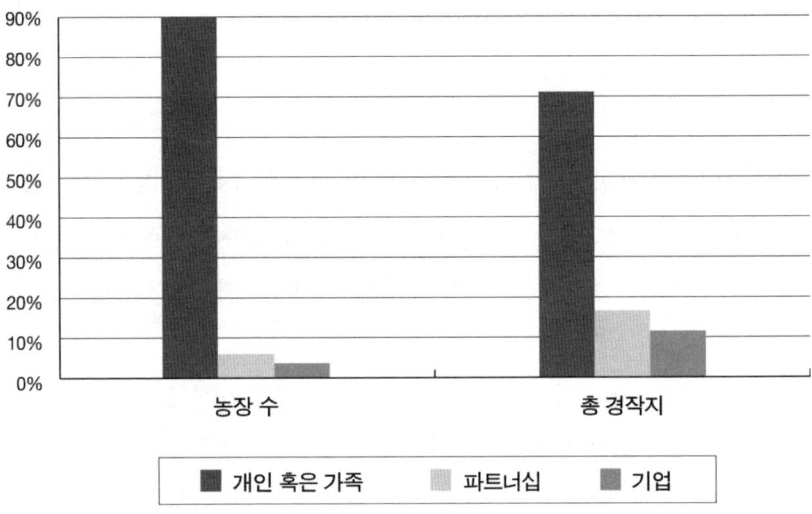

〈그림 8.11〉 농장 소유자(2002년)

자료: U.S. Census Bureau. (2006), *Statistical Abstract of the United States*: 2007(126th ed.). Washington, D.C.: U.S. Government Printing Office.

농부와 가족 단위 농부의 수가 과거 몇십 년 만에 감소했다. 가족은 여전히 대다수의 농장을 소유하지만, 〈그림 8.11〉에서 보는 것처럼 기업이 점점 많은 규모의 농장을 소유한다.

다국적 기업은 한때 농촌 지역에서 가능했던 제조업이 미국이나 세계의 다른 지역의 더 저렴한 노동시장으로 이동되게 했다. 육류와 어류 처리공장은 원산지 근처에 계속 위치하고 있지만, 그 일은 위험하고 노동자의 임금은 저렴하다. 새로운 이주민들이 과거 인종적·민족적 다양성이 거의 없던 지역에서 많은 일자리를 채우고 있다.

(3) 농촌 학교와 쟁점

당신은 농촌 지역에서 가르치는 데 관심이 있는가? 거기에는 장점과 한계가 있다. 농촌 지역의 학교는 교외 지역과 도시 지역보다 소규모이다. 이것은 교사가 관리해야 할 학생 수가 더 적다는 것과 학생들의 가족을 알 기회가 더 많다는 것을 의미한다.

따라서 상대적으로 교사당 학생 비율이 낮고, 학생에게 더 많은 개인적 관심을 둘 수 있다. 소규모 학교의 문제점 중 하나는 교사가 종종 준비도 안 된 과목(물리·화학·생물)을 가르쳐야 한다는 것이다. 학교는 자원이 없거나, 외국어·기술·음악·예술, AP 과정을 제공할 만한 수의 학생이 없다. 그러나 일부 농촌에서는 위성 연결을 통한 원격학습으로 이런 과목들을 공부할 수 있다.

학교 통합은 농촌 커뮤니티에서 논쟁이 될 수 있다. 때에 따라서는 농촌과 도시 지역의 학교도 학생 수가 아주 적다. 학교를 폐쇄할 경우의 명분과 실리에 대한 논쟁은 항상 뒤따르게 마련이다. 부모와 학생만이 이러한 토론에 관련되지는 않는다. 동창생들은 개인의 역사에서 중요한 역할을 한 학교가 사라지면 기분 좋을 리 없다.

학교 통합 지지자들은 소규모 학교들이 단일학교로 통합될 때 기대되는 장점을 언급한다. 작은 규모의 학교에서는 개설이 불가능한 과목을 교과과정에 포함할 수 있고, 교육기자재와 기술이 개선된 건물을 지을 수 있으며, 학생은 더 나은 서비스를 받을 수 있다는 것이다. 반대자들도 학교 통합의 결과로 생길 수 있는 단점에 대해 언급한다. 첫째, 지방의 인접 학교는 커뮤니티의 중요한 사회적·학문적 주춧돌인데, 학교 통합으로 사라지게 된다. 둘째, 학생들을 수마일 떨어진 학교로 이동하게 하는 것은 학교활동에서 부모와 학생의 참여를 제한할 수 있다. 셋째, 통합학교에서 교실이 더 커지면, 교사는 학생에게 소규모 학교와 같은 개별적인 관심을 보일 수 없다. 교사와 교장은 소규모 학교에서처럼 학생과 가족의 모든 것을 알지 못한다. 넷째, 이 밖에도 학생들은 매일 통학버스에서 시간 — 간혹 1시간 이상 — 을 보낸다.

2) 도시 지역

일부는 교향악·영화·연극·오페라를 즐길 수 있고, 기타 생활편의시설이 잘 갖취져 있기 때문에 도시에 산다. 대도시에는 전문직이 많고, 체육관·도서관·대학·여가활동 그리고 요리법과 가격이 천차만별인 식당, 유흥시설 등이 있다. 어떤 사람들은 도시에서 성장했거나 직장생활 때문에 도시에서 산다. 그들이 도시를 좋아하거나 도시가 그들의 욕구를 적당하게 충족하기 때문에 도시에 남을 수도 있다. 또 다른 사람들은 가족 또는 경제적 의무 때문에 선택의 여지가 없거나, 도시생활의 익숙함에서 벗어날 기회가 없다. 도시에 사는 많은 사람은 제한된 소득 때문에 다른 사람들이 도시의 매력으로 생각하는 활동에 결코 참여하지 못한다.

지리는 어떤 도시의 환경을 정의하는 역할을 한다. 상위중류계급과 부자들은 도시의 한두 지역에서 함께 산다. 중류계급과 저소득층 가족은 도시의 다른 지역에서 산다. 노숙인은 대개 다른 사람들이 그들을 보지 못하는 특정 지역에서 보호받는다. 대부분의 주요 도시에서 주택은 다른 장소보다 훨씬 비싸고, 생활비도 높다. 작은 방 두 개가 딸린 아파트의 가격은 도시나 인접지역에서 50만 달러 이상이다. 저렴한 임대주택도 쉽게 찾기 어렵고, 종종 찾는다 해도 상태가 좋지 않다. 대부분의 도시에는 거주자의 욕구를 충족할 만큼 충분한 공영주택이 없다. 차량 관련 비용과 보험료가 지나치게 비싸다. 공공버스와 지하철이 주요 대중교통 수단으로 운영된다.

일부는 이웃의 눈치를 보지 않고 살 수 있기 때문에 도시생활을 좋아한다. 이웃은 서로를 알지 못하고, 가족이나 주변에 사는 사람들의 조상에 대해 상관하지 않는다. 개인은 거대한 대중 안에서 홀로 살 수 있다. 다른 한편으로, 이웃을 알고 커뮤니티 프로젝트에서 함께 일하는 도시의 커뮤니티가 있다. 도시는 거주자의 모든 것을 하나의 특징으로 엮는 단일한 고정관념을 허용하지 않는다. 간혹 리틀이탈리아나 차이나타운을 살펴보면, 경제조건·민족성·인종·언어가 도시의 집단과 집단을 명확하게 구분한다는 것을 알 수 있다.

(1) 도시 인구

세계 인구의 절반이 거대도시에 산다. 뉴욕 시는 미국에서 가장 큰 도시로,

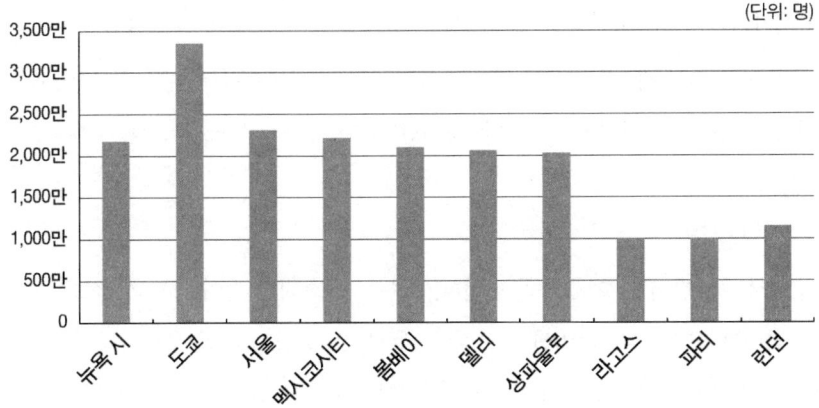

〈그림 8.12〉 세계 주요 대도시의 인구

자료: City Population. (2006, November 22). *City agglomerations of the world.* www.citypopulation.de/World.html(2007년 3월 9일 검색).

이곳에만 810만 명 정도가 살며(U.S. Census Bureau, 2006), 교외를 포함하여 대도시 지역을 합치면 2,180만 명이 산다(City Population, 2006). 〈그림 8.12〉에서 보는 것처럼, 뉴욕 시의 크기는 전 세계의 다른 주요 도시와 비교된다.

이러한 도시 간의 권력관계는 크게 다르다. 개발도상국의 도시는 점점 증가하는 인구를 위한 주택, 위생, 건강한 환경을 제공하는 수단이나 자원이 제한되어 있다. 미국에 새로 들어오는 이주자와 기존 이주자가 모두 적당하고 비싸지 않은 주택에 접근하는 것은 아니다. 이들은 대개 도시조례를 위반해가면서 아주 작은 집이나 아파트에서 다가구로 함께 산다. 일부 가족은 노숙인이 된다.

미국에서 100만 명 이상이 사는 대도시는 50개이다(U.S. Census Bureau, 2006). 도시의 크기는 2,100만 명 이상이 사는 뉴욕 시에서 100만 명이 겨우 넘는 솔트레이크 시에 이르기까지 다양하다. 민족적·인종적 다양성은 다른 지역보다 도시에서 더 크게 나타나는데, 전 세계에서 온 많은 이주자가 초기에 도시 지역에 정착하기 때문이다. 라틴계 미국인은 샌안토니오에서 다수이고, 텍사스의 다른 대도시 인구 25% 이상을 차지한다. 라틴계 미국인은 캘리포니아의 많은 도시,

즉 LA(44%)·리버사이드(43%)·샌디에이고(29%)·산호세(26%)에서 많은 인구를 차지한다. 아시아계 미국인이 가장 많이 사는 도시는 산호세, 샌프란시스코, LA이다. 아프리카계 미국인은 멤피스·뉴올리언스·애틀랜타·리치몬드·버지니아비치·워싱턴D.C.에서 30% 이상을 차지한다(U.S. Census Bureau, 2006).

(2) 도시의 모순

도시는 극단과 모순이 모인 곳이다. 도시는 문화적 배경이 다른 사람들이 서로 섞이는 장소이다. 값비싼 일류식당 뒤에는 노숙인을 위한 무료급식소가 있다. 세계에서 가장 많은 연봉을 받는 기업임원 중 일부는 도시나 근교에서 사는 반면, 이곳에서 많은 수의 아프리카계 미국인, 푸에르토리코계·멕시코계 미국인, 여성노동자는 가족이 겨우 연명할 정도의 저임금을 받는다. 또한 젊은 유색인의 실업률은 매우 높다.

많은 사람에게 도시는 창의적 에너지를 제공하지만, 다른 사람들에게는 억압적이고 위험하다. 많은 도시 거주자는 좋은 학교, 공원, 여가시설을 갖춘 안전하고 안락한 환경에서 산다. 다른 사람들은 불균형적으로 천식과 다른 질병을 유발하는 쓰레기 매립장 근처에 산다. 고등학교 중퇴율이 50%가 넘는 도시에서의 밤 - 간혹 낮 - 에는 총기난사, 구급차 소리, 경찰의 기습 등 많은 사건사고가 발생하며(Orfield et al., 2004), 젊은이들의 장례식은 흔히 볼 수 있는 장면이다.

미국에 새로 온 이주자 일부는 주류문화가 정의한 미국인이 되려고 노력하지만, 다른 사람들은 미국적인 맥락 안에서 그들의 문화를 유지하려고 한다. 이주민 부모는 가장 친근한 문화적 맥락, 즉 모국어나 배우고 있는 영어를 사용하면서 자녀들을 양육한다. 자녀들은 미국인 친구가 자신을 수용하도록 이주민이 사용하는 방식을 버리려고 하는데, 이것은 종종 부모와 자녀 간에 충돌로 이어진다.

도시에서 비주류집단은 그들에게 효과적으로 서비스하지 않는 지배적 가치에 저항한다. 도시에 산다고 해서 모든 사람이 희망·기쁨·자유를 만끽하지는 않는다. 도시에서 사는 것에 장점이 더 많고, 도시에서 사는 것이 안락한 많은 사람은

〈그림 8.13〉 미국의 100개 최대 교육구 및 재판관할 지역(2003~2004학년도)

자료: Dalton, Sable and HoffmanL. (2006). *Characteristics of the 100 largest public elementary and secondary school districts in the United States: 2003-2004* (NCES 2006-329). U.S. Department of Education. National Center for Education Statistics.

도시의 이런 구역을 혼란과 부도덕의 장소로 생각한다. 도시 책임자들은 도시의 서비스, 즉 거주자가 주택을 소유하고, 음식이 부족하지 않고, 도시의 전체 학교를 동질(同質)하게 만들고, 매우 유능한 교사를 유치·유지할 정도의 충분한 연봉을 주기 위해 필요한 자원을 확보하는 것이 어렵다는 것을 안다. 저소득층을 위한 주택과 공영주택은 도시의 부자지역이나 그 인접지역에 건설되지 않는다.

(3) 도시 학교

전체 학생 중 43%가 500개의 대교육구에 소속된 학교에 다닌다. 4명 중 약 1명이 100개의 대교육구에 속한다. 〈그림 8.13〉에서 보는 것처럼, 100개의 대교육구 학생 수는 덴버 외곽 체리크리크 교육구에 속한 50개 학교의 학생 수 4만 6,594명에서 뉴욕 시 1,225개 학교의 학생 100여만 명에 이른다(Dalton, Sable and Hoffman, 2006). 유색인 학생은 이들 대교육구의 60%에서 다수를 차지한다. 이들

대교육구의 학생들은 다양한 민족·인종·언어를 대표하는데, 아프리카계 미국인 29%, 아시아계 미국인 7%, 라틴계 미국인 34%를 나타낸다. 이 중 약 절반은 무상급식 대상이며, 12%는 한 가지 이상의 장애가 있고, 12%는 영어 프로그램에 등록하고 있다(Dalton e al., 2006).

도시의 모든 학교가 같은 것은 아니다. 상위중류계급 거주 지역의 부모들은 예술과 음악 교사를 채용하는 데 필요한 재원을 조달한다. 그들은 자녀들이 명문대 입학에 필요한 지식과 기술을 확실히 습득하도록 가정교사를 고용한다. 상위중류계급과 많은 고소득층 부모는 그들의 자녀교육에 능동적으로 참여한다. 그들은 교사와 대화하고, 자녀들이 최고의 교사들에게 배운다고 확신하며, 자녀가 과외활동에 참여하도록 격려하고, 국가표준학력검사에서 좋은 성적을 거둘 수 있도록 자녀의 성취도를 모니터링한다. 대부분의 저소득층 부모에게는 상위중류계급과 같은 문화적 자본이 없다. 그들은 자녀의 학교활동에 필요한 여유가 없으며, 직장에서도 마음껏 시간을 낼 수 없어 학교에서 자원봉사를 할 수 없다. 그들은 영어로 대화하거나 좋은 교육을 받은 교사들과 상호작용하는 것을 불편하게 느낄 수 있다.

도시 학교는 간혹 고도로 중앙집권적이고, 권위적이며, 관료적이다. 그러나 현재는 도시의 많은 교육구가 교육위원을 선출하면서 분권화되었으며, 대체학교(alternate school)의 설립을 허용한다. 동시에 뉴욕 시와 워싱턴 D.C.와 같은 도시에서는 시장이 학교의 관리를 인수했다.

도시 지역에서는 교과과정이 공연예술 또는 수학 및 과학과 같은 특정 과목이나 분야를 강조하는 마그넷 스쿨이 인기가 있다. 100개의 대교육구에 속한 학교 6%는 마그넷 스쿨이며, 교육구 전체 학생 9%가 등록하고 있다(Dalton et al., 2006). 경제적으로 우위에 있고 교육을 잘 받은 가족들은 그들이 사는 인접 학교가 그들의 기준을 충족하지 못하면, 자녀들을 마그넷 스쿨로 진학하게 한다.

많은 교육구가 부모, 교사, 커뮤니티 집단, 기업가에게 차터 스쿨의 설립을 허용한다. 공립학교 시스템에서 차터 스쿨은 어떤 교육구에서는 4%를 차지할 정도이지만, 전체 학생의 2%를 차지한다(Dalton et al., 2006). 고등학교는 다른 지역보다 도시 지역에서 그 규모가 훨씬 더 크다. 학생 수가 900명 이상인 학교도 있다(U.S. Department of Education, 2003). 그러나 빌 앤드 멀린다 게이츠 재단(Bill and Melinda Gates Foundation)은 많은 도시 지역에서 소규모 학교의 설립을 지원하여, 특별한 욕구가 있는 학생들에게 더 나은 서비스를 제공하도록 한다. 도시 지역 학교에서 교사와 학생의 평균 비율은 교외 지역 학교보다 단지 약간 높을 뿐이며(Anderson and Summerfield, 2007), 연구 결과에 따르면 도심에서는 소규모 교실이 학생의 학업 기준을 충족하기 위해 더 중요하다.

도시 학교의 학생들은 사회의 지원과 돌봄이 더 필요하다. 그들에게는 돌보아야 하는 아픈 할머니가 있을 수 있고, 커뮤니티와 학교에서 잘 배울 수 있도록 도와주어야 하는 아버지는 감옥에 있을 수도 있으며, 어머니는 아파 일도 못하고 가사도 돕지 못할 수도 있다. 이런 것들은 경제적으로 여유가 있는 커뮤니티의 아동들이 경험하지 못하는 문제들이다.

학교는 많은 학생에게는 보호시설이지만, 도심의 일부 학교는 유리창도 없는 지하층의 복도나 창고보다 못하다. 조너선 코졸(Jonathan Kozol)은 "학교가 가난한 어린아이에게는 문이 좁고, 운이 좋고 특권이 있는 어린아이에게는 넓고 확 트여서는 안 된다. 하나의 문이어야 한다. 그 문은 모든 사람에게 알려져야 한다. 그 문은 저소득층 학생들도 넉넉하게 들어갈 수 있을 정도로 충분히 넓어야 한다"라고 했다(Kozol, 2000: 296).

8-3 생각해보기

대개 도시 지역은 교사를 매년 채용할 가능성이 많다. 신임교사가 직장을 구할 수 있는 유일한 곳이기도 하다. 다음 진술이 진실인지 거짓인지를 확인하면서 도시 학교의 지식을 검증하시오.

- 타이틀 I 학교는 장애학생에게 서비스를 제공해야 한다.　　　　　　참　거짓
- 타이틀 I 학교에서 모든 교사는 주 자격시험을 통과하고, 자격증을 소지한

매우 유능한 사람이어야 한다.	참	거짓
• 도시 학교는 영어학습자를 위한 이중언어교육을 제공해야 한다.	참	거짓
• 도시 학교의 많은 학생들은 무상급식이나 할인급식을 제공받을 것이다.	참	거짓
• 대교육구의 다수 학생은 백인이다.	참	거짓

3) 교외 지역

1930년대에는 미국 인구의 단지 17%만이 교외에 살았지만, 오늘날에는 절반 이상이 교외에 산다. 제2차 세계대전 이후 교외는 도시보다 더 안전하고 아이들을 키우기에도 더 적합한 지역에, 부담 없는 가격으로 정원이 딸린 단독주택을 제공했다. 당시에 봉급생활자인 아버지는 매일 직장으로 출퇴근을 했고, 대부분의 어머니는 집에서 양육을 했으며, 커뮤니티의 일에 관여했다.

(1) 교외의 발전

20세기 중반 주택 소유는 교외 발전의 주원인이다. 1920년대에는 미국 가족의 46%가 자택 소유자였지만, 도시에서 자기 집을 소유하는 비율은 더 적었다. 도시에는 소득이 천차만별인 가족들을 대상으로 하는 임대주택과 저소득층 주택단지가 필요하다. 그러나 이들 주택단지에서 생기는 이익은 투자자를 유치할 정도로 높지 않다. 개발업자·건축업자·은행가·목재산업·대중매체는 서로 힘을 합쳐 대중과 정부에게 개인주택 소유가 '미국식 생활양식'을 유지하는 데 매우 중요하다는 점을 강조했다(Baxandall and Ewen, 2000). 교외에서 새 주택에 대한 광고는 백인이면서 제2차 세계대전 참전 용사인 사람들에게 맡겨졌다.

1920년대에 대부분의 백인은 인종적·경제적으로 동질 집단이었다. 아프리카계 미국인이 불과 몇 곳에 그들의 교외를 형성하기도 했지만, 그들과 다른 유색인 민족집단의 구성원들은 교외에서 주택을 사도록 장려되지 않았다. 당시에 인종차별적인 정부의 정책과 사업 관행은 인종 및 계급의 불평등을 악화했으며,

교외 거주자는 거의 백인 일색이었다. 동시에 공영주택, 도시재개발 계획과 주택을 고속도로로 대체하는 프로그램은 도시에서 아프리카계 미국인의 안정과 활력을 잠식했다. 게다가 아프리카계 미국인은 집을 사는 데 필요한 담보대출도 거절당했다(Freund, 2006).

이런 공식적인 정책은 수년 전 폐지되었지만, 아직도 은행이나 보험회사의 특정 경계지역 지정(redlining)은 다양한 인구가 교외 커뮤니티뿐만 아니라 도시에서 살 수 있는 지리적 지역을 제한한다(Baxandall and Ewen, 2000). 많은 교외의 지대설정정책(zoning)[4]은 계급 및 인종의 동질성을 유지하기 위해 계속 사용된다. 지대설정정책은 주택을 단독주택으로 제한하거나 특정 크기의 주택용지를 요구한다. 주택 소유자협회 또한 주택의 특정 크기와 디자인을 요구하면서, 부자나 맞출 수 있는 요구 조건을 내세운다.

초기에 교외는 소비자의 과시적인 요소, 즉 새 집, 새 차, 새 가전제품, 새 텔레비전 등 모든 것을 갖춘 중류층을 위한 장소를 제공했다. 그러나 이런 생활양식은 오래가지 못했다. 도시에서 일하는 사람에게는 침대 하나 딸린 집에서 살더라도 커뮤니티가 필요했다. 가족을 부양하기 위해서는 식료품 가게, 주유소, 공원, 커뮤니티 서비스, 학교, 교회가 필요했다. 경제적으로 가족을 부양하기 위해서는 맞벌이를 해야 했다. 교외가 확장도시처럼 되고 집값이 더 비싸지자 이주자들은 도시에서 훨씬 더 떨어진 곳으로 이주했다(Lalasz, 2006).

교외는 1980년대에 대도시가 되었다. 사무실, 최첨단 시설과 조경을 한 공업단지와 고속도로의 연장으로 쇼핑몰들이 들어섰다. 봉급생활자는 더 이상 직장 때문에 도시로 가지 않아도 되었다. 공장과 다른 비즈니스가 그들의 뒷마당에 있었다. 이런 변화와 함께 도시의 실업, 노숙인, 에이즈, 마약, 범죄에서 벗어나려는 사람들이 몰려들면서 문제가 생겼다. 많은 교외는 경제적·사회적 다양성을 관리하는 데 필요한

---

4 토지의 이용을 통제할 목적으로 용도나 용적별로 지역을 정해 토지별로 건축규제를 하는 제도이다. _옮긴이

정부의 구조나 다른 지원 시스템을 개발하지 못했다(Baxandall and Ewen, 2000).

1990년대 건설업의 노력이 성공을 거두었다. 주택 소유 비율이 최고치를 기록했다. 그러나 주요 문제는 여전히 남아 있다. 특히 더 많은 가족이 살 수 있는 적절한 가격의 대규모 새 주택이 부족하다. 오늘날 수요가 급증하는 주택 형태는 다양성을 제한하면서 안전과 보호를 최우선으로 하는, 외부인 출입제한 주택단지(gated community)이다.

대부분의 교외는 경제적·인종적·민족적·언어적·종교적으로 다양하다. 일부 커뮤니티는 다양성을 증진하기 위해 능동적으로 행동하지만, 다른 커뮤니티는 그렇지 않다. 오늘날 중앙아메리카, 남아메리카, 아시아, 중동 출신의 이주민들은 간혹 도시생활을 하지 않고 곧바로 교외에 거주한다.

소프트웨어, 전자, 생명과학기술과 관련된 회사들은 교외에서 연구개발에 이상적인 비즈니스 센터를 찾았는데, 사람들은 이 지역을 주변도시(edge cities)[5]라고 부른다. 주변도시는 직장 근처의 최고품격 택지개발단지에 이사 온 기업가와 전문가에게 매력이 있었다. 이들 사무실과 연구단지는 일부 연구자가 '지식도시(cities of knowledge)'라고 부르는 도시로 발전했다. 그들은 그들 제품을 개발하고 사용하는 연구 중심의 대학 및 공적·사적 집단과 학술적·경제적·사회적으로 상호작용하기 시작했다. 이들 회사의 피고용인은 상위중류계급의 상위계층을 대표했다. 그들은 거주 지역에 사는 사람들을 그들과 사회경제적 지위가 같은 사람으로 제한하기 위해 그들 회사 제품(예컨대, 실리콘 칩)을 대개 다른 장소에서 생산한다.

 **교사의 기대**

키가 작은 아프리카계 미국인 10대 소녀 애프릴은 도시 학교의 스페인어 수업에 15분 늦게 들어갔다. 교사 로트는 그녀에게 친구들과 함께 앉지 말라고 한다. 애프릴은 구석에 있는 친구와 함

---

5 도시 외곽에 오피스텔, 쇼핑센터, 호텔 따위가 밀집한 지역을 말한다. _ 옮긴이

께 앉는다. 교사는 상담사에게 전화하여 교실로 오게 할 것이며, 자기 자리로 돌아갈 때까지 어떤 문제지도 주지 않을 것이라고 말한다. 교사는 교실을 빙빙 돌면서도, 애프릴과 눈을 마주치지 않는다. 애프릴은 교사가 가까이 다가올 때마다 공포심에 몸이 굳어진다. 그렇지 않으면, 그녀는 의자에 기대 앉아 주위의 남자아이들과 대화를 나누고, 가방 속에 있는 종이를 정리한다. 애프릴은 교실에 들어온 지 30분 만에 손을 들고 문제지를 요구하지만, 자기 자리로 돌아가면 문제지를 받을 수 있다는 답을 들었다. 애프릴과 남자아이들과의 대화는 점점 커지고 활기차다. 그녀는 주머니에서 음식과 음료를 꺼내 먹고 마시기 시작했다. 그녀는 자리에 앉았다가 5~10분마다 창문으로 가서 밖에서 벌어지는 일들을 본다. 그녀는 교실의 학생들과 이야기를 주고받는다. 그럴 때마다 교사는 "교실에서 말하지 말라"라고 애프릴에게 소리친다. 교사는 애프릴에게 "말하지 말고, 나에게 말도 걸지 마" 또는 "너는 상담사를 기다리고 있어"라고 말하면서 애프릴을 다시 무시하기 시작한다.

110분 수업시간 중 50분이 지나 애프릴 근처의 한 남자아이가 교실을 혼란하게 만들자 교사는 관련 서류를 작성하여, 경비에게 그 애를 교실에서 데려가도록 했다. 애프릴은 가방을 싸기 시작한다. 경비가 10분 후에 나타나자 애프릴은 경비가 서 있는 문 쪽으로 달려가서, 자기를 교실에서 빼달라고 애원한다. 경비는 교사의 요청 없이는 애프릴을 데려갈 수 없다고 답한다. 교사 로트는 마침내 경비에게 둘 다 데려가도록 한다.

토론을 위한 질문

- 애프릴이 과제에 참여할 수 없는 몇 가지 이유는 무엇인가?
- 110분 동안 해야 하는 문제지와 애프릴의 세계는 어떤 관계가 있는가?
- 로트와 애프릴의 상호작용은 그녀의 스페인어 학습에 어떤 지원을 하는가? 하지 못하는가?
- 로트의 애프릴에 대한 반응을 보았을 때, 그가 그녀에 대해 높은 기대감을 갖고 있다고 보는가? 왜 그런가? 왜 그렇지 않은가?
- 제한된 정보에 기초하여 로트가 애프릴을 잘 보살핀다고 말할 수 있는가? 왜 그런가? 왜 그렇지 않은가?

Anderson, L. (2003). Ain't don't that: Why "doing good in school" can be so hard. In L. Darling-Hammond, J. French, & S. P. Garcia-Lopez, Learning to teach for social justice(pp. 103~115). New York: Teachers College Press.

(2) 교외 학교

종종 가족이 도시에서 교외로 이사하는 원인 중 하나는 학교 수준 때문이다. 교외 학교는 꽤 새것이기에, 수리할 수 없을 정도로 황폐한 도시 학교만큼 낡지 않았다. 부유한 교외에는 최첨단 기술, 유능한 교사, AP 과정, 영재 프로그램,

많은 과외활동을 갖춘 아름다운 학교가 있을 가능성이 높다. 간혹 고등학교는 공원 같은 부지로 캠퍼스를 확장한다.

그러나 모든 교외 학교가 수준이 높지는 않다. 저소득층 학생과 유럽계가 아니면서 제한된 영어를 사용하는 학생이 주로 다니는 학교는 지역에서 더 낡았다. 예컨대, 워싱턴 D.C. 근교의 어떤 교육구는 수준 높고 자격증이 있는 교사를 유치하는 데 어려움을 겪어, 자격증이 없는 교사들과 함께 학년도를 시작했다. 이런 경우에 교사 연봉은 높지 않으며, 학교는 우수교사를 유치하지 못한다. 이런 교육구의 학생은 다양하지만, 절대 다수가 아프리카계 미국인이다. 도시의 다른 쪽에는 가장 부유한 카운티 중 한 곳에 위치한 교육구가 있다. 이곳에서는 유능한 교사들이 직장을 기다리며, 간혹 정규 교사가 되기 전 몇 년 동안 대체교사로 일한다. 이 교육구에서 교사 연봉은 미국에서 가장 높은 편에 속한다.

교외 학교의 크기는 도시보다 평균적으로 약간 작은데도, 약 40% 고등학교의 학생은 900명이 넘는다(U.S. Department of Education, 2003). 학생은 다양하며, 학생의 가족은 전반적으로 다른 지역보다 소득이 높다. 3명 중 1명만이 무상급식이나 할인급식을 하는데, 이 비율은 절반 이상인 도시 학교 학생과 비교하면 낮은 편이다. 주요 차이점은 국가표준학력검사에서 교외 학교 학생들의 학업 성취도가 더 높다는 점이다(U.S. Department of Education, 2005).

마그넷 스쿨 또한 교외에서 인기가 있다. 상위중류계급은 영재 프로그램에 많은 지원을 하는데, 이것은 부분적으로 자녀를 이주민과 저소득층, 제한적 영어숙달자 학생과 격리하기 위해서이다(Jones-Correa, 2006). 이 교육구가 이들 프로그램을 통해 학생의 다양성을 증진하려고 노력하면, 경제적 우위에 있는 가족에게 저항을 받는다.

도시 학교의 문제, 특히 마약, 학생 간의 괴롭힘, 가장 많은 보살핌이 필요한 학생에 대한 관심 부족 등과 같은 문제는 교외 학교에 영향을 준다. 상담사와 사회사업가, 그 밖에 오늘날의 복잡한 생활에 학생이 적응하도록 돕는 사람들을 적절하게 지원할 자원이 모든 학교에 있지는 않다. 이 밖에도 학생들이 미래 직업세계를 준비하는 데 중요한 컴퓨터와 기술이 모든 교외 학교에 있지는 않다.

4. 이주

지리적 지역의 다양성은 역사·이민·이주 때문에 다르게 나타난다. 미국은 다른 국가보다 매년 더 많은 이주민을 받지만, 이주는 미국만의 현상이 아니다. 그것은 전 세계적인 현상이다. 세계 인구 3%는 자신이 태어나지 않은 나라에 산다(Smith, 2003). 세계 이주민의 약 절반은 선진국으로 이주했다. 다른 절반은 개발도상국 중에서도 산업, 광업, 석유 경제가 발달한 국가로 이주했다(Rowntree et al., 2006). 미국에서 외국 태생자는 2005년 기준으로 전체 인구의 12%이다(U.S. Census Bureau, 2006). 다른 국가에서는 더 높게 나타난다. 예컨대, 쿠웨이트와 아랍에미리트의 인구 중 다수는 외국 태생이다(Ueda, 2007).

'이주(migration)'는 어떤 한 지역에서 다른 지역으로 이동하는 것을 의미하는 반면, '이민(immigration)'은 어떤 사람이 새 국가에 영구적으로 정착할 목적으로 다른 국가로 이동하는 것을 말한다. 사람들은 정치적·종교적 박해를 피해 고국을 떠난다. 다른 보편적인 이유로 직장을 잃고, 근근이 살 만큼의 임금과 굶주림을 초래하는 경제적 환경 등은 고국을 떠나게 한다. 이주 국가를 결정하는 데 고려되는 요인에는 무엇이 있는가? 간혹 사람들은 선택의 여지가 없다. 그들이 억압과 절박한 죽음을 피할 수 있는 최상의 선택은 인접 국가를 넘는 것이다. 그들이 선택할 수 있을 때는 구직 기회나 종교적·정치적 자유가 있는 국가를 선택할 것이다.

1) 전 세계의 이주

세계의 많은 국가에서 이주는 임시로 국경을 넘는 사람을 일컫는다. 현지 국가에서는 그들을 고국으로 돌아갈 임시 이주노동자로 간주한다. 간혹 그들은 내전·박해·경제침체 때문에 고국에서 강제 추방되어, 새 국가에서 일하기보다는 난민촌에서 생활한다. 그들은 나중에 경제적·정치적 조건이 안정된 후에 돌아갈 수 있다. 그러나 많은 이주민은 그들의 고국으로 돌아가지 않는다.

전 세계적으로 농촌 지역에서 도시 지역으로 이주하는 추세이다. 이러한 추세는 농촌의 거주자들이 더 이상 먹고 살기 어려운 개발도상국에서 뚜렷하게 나타난다. 그들은 도시 지역에서 직장을 잡고, 더 큰 경제적 안정을 찾기를 바란다. 문제는 개발도상국 대부분의 도시가 급격히 증가하는 인구에 필요한 서비스를 제공할 수 없다는 것이다. 주택, 음식, 물, 쓰레기 처리, 직업이 존재하지 않는다. 결과적으로 대규모의 이주민들은 충분히 깨끗한 물과 위생시설이 없는 도시경계에 위치한 빈민촌에서 산다. 그들이 찾은 일자리는 거리에서 행상을 하거나, 쓰레기 매립지에서 팔 물건을 수집하거나, 불법 활동에 참여하는 등 비공식 경제 부문에 속한다. 사망률이 높고, 기대수명도 낮다. 이들 지역에서 아동을 위한 학교는 매우 제한적이거나 아예 존재하지 않는다.

2) 미국에서의 이주

19세기에 미국이 영토를 확장하자 초창기 식민지 인구는 서부로 이주했고, 정부는 체로키족과 다른 아메리칸인디언 부족을 미시시피 강 서쪽으로 강제로 이주하게 했다. 1920년대·1940년대·1950년대에 아프리카계 미국인은 대규모로 남부에서 북부와 서부 공업단지로 이주하여, 그들에게 개방된 일자리를 채웠다.

20세기에 사람들은 주로 그들이 살던 지역의 경제침체와 다른 지역에서의 구직 가능성 때문에 새로운 지역으로 이동했다. 1929년 10월 29일, 주식시장이 급락하여 대공황이 찾아왔다. 사람들은 필사적으로 생계를 이어가려고 했지만, 직장과 집을 잃었다. 1930년대에 그레이트플레인스의 건조지대(Dust Bowl)는 농장의 많은 가족을 내쫓았다. 다른 지역에서 그들을 항상 환영하지는 않았다. 많은 도시와 일부 주에서는 이들을 부적격자로 판정하고, 이들이 들어오는 것을 금지하는 법적 조치를 취했다(PBS, n.d.).

다른 이주민들은 애팔래치아에서 폐광된 석탄산업에서 비롯되었다. 공장이 폐쇄되거나 다른 국가로 옮기자 동북부, 대서양 연안의 중동부, 중서부의 가족들은 남부와 서부로 이주했다. 가족들은 작은 규모의 땅으로는 적절한 생활수준을 유지하기 어렵다는 것을 알게 되거나 은행이 농장에 대한 담보권을 행사하면서 소도회지나 대도시 지역으로 이주했다. 오늘날 해고로 영향을 받는 사람은 노동자층만이 아니다. 기업이 합병을 하고 본사를 옮길 때, 중류층 노동자와 관리자도 그들의 직업을 잃는다. 주요 기업들이 문을 닫으면, 커뮤니티에서 모든 노동자를 흡수할 정도로 충분한 직장이 없다. 가족들이 대규모로 이주를 할 때, 그들이 떠난 장소와 그들이 이주할 장소는 변한다.

오늘날 미국에서 경제적 우위에 있는 가족은 더 좋거나 다른 직장, 더 좋은 학교, 또는 더 크고 가격이 적절한 주택을 찾아 이곳저곳으로 이동한다. 저소득층은 더 이상 임대비나 저당금을 지불할 능력이 없어 강제로 쫓겨난다. 가장 최근의 주요한 이주는 뉴올리언스의 모든 사람과 루이지애나 남부 및 미시시피의 많은 사람을 떠나게 한 2005년의 허리케인 카트리나와 리타의 결과로 일어났다. 일부는 이들 지역으로 다시 돌아오고 있지만, 다른 사람들은 미국의 다른 지역에 정착했다.

미국에서 많은 사람의 이주는 세계의 추세와 다른 측면이 있다. 그들은 도시에서 농촌과 소규모 도회지로 이동할 가능성이 더 크다(Rowntree et al., 2006). 또한 미국 거주자들은 도시에서 교외로 계속 이주한다. 일부 도시는 인접 거주자보다는 고소득자를 위해 고급화하거나 재건축하여 사람들을 다시 돌아오게 만든다. 이런 유형의 이주에 대한 우려 중 하나는 저소득층이 도시나 교외의 낙후지역으로 강제 퇴거된다는 점이다.

과거 25년 동안 뉴잉글랜드와 대서양 연안의 중동부 주는 미국의 다른 지역보다 더 많은 인구를 잃었는데, 이들 지역의 거주자들이 미시시피 강과 대서양, 특히 플로리다 사이에 있는 선벨트로 이주했기 때문이다. 서부 주의 인구는 빠르게 증가하고 있다. 애리조나와 네바다가 선두이지만, 아이다호와 워싱턴의 인구도 남부 외의 대부분의 주보다 더 빠르게 증가하고 있다. 2010년에는 미국 인구 60%가 남부와 서부에서 살 것으로 예측되는데, 이 비율은 1970년의 48%와 비교된다. 미국 인구 4명 중 1명은 캘리포니아, 플로리다, 텍사스에 살며, 캘리포니아와 뉴욕은 외국에서 가장 많은 사람이 이주하는 곳이다(U.S. Census Bureau, 2006).

동북부와 중서부 주의 공립학교의 학생 수는 인구가 고령화됨에 따라 감소하는 추세이다. 남부와 서부의 공립학교 학생 수는 36% 증가할 것이다. 다음은 앞으로 10년 동안 학생 수가 많이 증가할 주를 나열한 것이다.

- 네바다(36%)
- 애리조나(32%)
- 텍사스(23%)
- 조지아(19%)
- 아이다호(18%)
- 유타(17%)
- 플로리다(17%)(Hussar and Bailey, 2006)

8-4 생각해보기

아동들은 가족이 교육구의 새로운 커뮤니티로 이사하거나 이웃 지역이나 주의 다른 교육구로 이사하면서 전학을 간다. 학생들은 가족이 이사하는 것이 항상 좋지만은 않으며, 새로운 환경에 적응하는 데 힘든 시간을 보낸다. 당신은 아동의 삶에서 그런 변화와 관련될 수 있는가?

- 당신의 가족이 이사해서 학교를 바꾼 적이 있는가?
- 새로운 학교로 전학할 때 가장 어려운 점은 무엇인가? 당신은 어떻게 반응했는가?
- 교사와 학교는 새로운 학생이 변화에 더 쉽게 적응하도록 무엇을 할 수 있는가?
- 새로 전학 온 학생이 마지막으로 다녔던 학교에 기초하여 그 학생을 고정관념화하지 않는다고 어떻게 확신할 것인가?

5. 세계화

21세기의 현실은 우리가 사는 장소뿐만 아니라 다른 사람이 사는 장소도 잘 알기를 요구한다. 우리는 경제·정치·환경·문화 시스템을 통해 다른 국가와 연계되어 있다. 미국에서 학생 5명 중 1명은 부모가 외국 태생이다. 우리는 국제적인 복합기업에 의해 점점 더 통제되는 글로벌 세계에 산다.

세계화는 15세기에 유럽 국가가 아메리카·아프리카·인도를 식민지화하면서 시작되었다. 그들은 피식민국가의 원자재와 노동력(대개 강제로 데리고 갔다가 그들의 고국으로 돌려보냄)을 원했다. 식민주의자들은 그들의 문화가 다른 것보다 우월하다고 생각하며, 운명적으로 다른 것을 지배한다는 매니페스트데스티니(manifest destiny)[6]의 정책을 따랐다. 미국이 영국에서 독립한 후에 미국도 식민주의자가 되었다. 미국은 아메리칸인디언 부족과 체결한 조약을 깨기도 하고, 스페인·멕시코와 전쟁에서 승리하여 땅을 병합했다. 1800년대 중반 유럽인들은 에티오피아와 라이베리아를 제외하고 인도네시아, 인도차이나, 모든 아프리카를 식민지화했다. 그들은 생산할 수 있는 곡물을 통제했고, 산업개발을 제한했다. 이 시기에 세계화는 주로 식민국가에서 유럽이나 아메리카로 자원을 이동하는 일방통행 방식이었다.

이들 국가가 식민국가에서 독립한 것은 바로 제2차 세계대전 이후였다. 그러나 식민주의자들은 재빨리 1848년 GATT(관세 무역 일반 협정, 나중에 WTO)를 창설하면서 그들의 권력을 집권화했다. 유럽 식민주의자 외의 회원을 둔 WTO의 목적은 무역의 장벽을 제거하여 상품과 노동력이 국경을 넘어 쉽게 이동할 수 있게 했다. 국제통화기금(IMF)과 세계은행(World Bank)은 세계의 금융 시스템을 보호하고, 개발도상국이 기반시설(infrastructure)을 개발하는 데 융자를 통해 투자할 수 있게 했다. 노쇠한 식민국가들(독일·영국·프랑스·이탈리아)은 글로벌 경제와 정치 쟁점의 통제를 잃지 않기 위해, 경제적·정치적으로 유력한 국가들(미국·캐나다·일본·러시아)이 참여하게

---

[6] 명백한 사명이란 뜻으로, 미국 영토 확장주의 정책의 논거로 이용되었다. _옮긴이

해 G8(Group of Eight)을 창설했는데, 이것은 세계에서 가장 잘사는 사람들과 가장 가난한 사람들의 삶에 영향을 미칠 세계의 미래 발전을 감독한다.

또한 세계화는 굶주림·불치병·가난·종교·전쟁으로 생기는 잔혹함과 상관없이 사는 세계의 인구에 영향을 준다. UNESCO와 다른 국제기구는 아동과 여성의 교육이 그들의 경제상태와 자급능력을 변하게 하는 가장 중요한 요인으로 생각한다. 1989년 '아동권리에 대한 UN 협약(UN Convention on the Rights of the Child)'은 유아기, 특히 가장 가난한 아동을 위한 돌봄과 교육을 최우선 과제로 삼고, 이 목적을 달성하기 위해 국가의 진전상태를 파악하기 위한 자료를 수집한다.

1) 경제

한 국가에서 일어나는 사건은 다른 국가에도 영향을 미친다. 예컨대, 중국 주식시장이 조정기간이면, 일본·유럽·미국의 주식시장은 오르락내리락한다. 적도의 열대우림이 감소하면, 세계 산소의 자연생산량은 감소하고, 열대우림에 의존하는 원주민은 그들의 생계수단을 잃는다. 카트리나와 같은 허리케인이 도시를 쓸어버리고 전국적으로 인구를 흩어지게 하면, 국민총생산은 부정적인 영향을 받는다. 미국의 커뮤니티에서 멕시코·베트남·타이로 공장을 옮기면, 현지 노동자에게는 저임금의 일자리를 제공하지만 미국의 노동자는 실업자가 된다.

노동은 국제적이다. 다국적 기업의 전문가는 다른 국가에서 일하도록 허용하는 취업비자를 받는다. 전 세계의 노동자는 합법·불법으로 국경을 넘어 일한다. 글로벌 도시는 글로벌 의사결정의 연결자이고 중심지로서 역할을 한다. 뉴욕시, 마이애미, 시카고, LA, 시애틀은 글로벌 센터, 정부기관, 다국적 회사와 주요한 연결고리가 된다. 다국적 기업과 재무기관은 국가와 국민에게 영향을 주는 의사결정을 한다.

미국의 많은 기업은 전 세계에 제품뿐만 아니라 고용주로서도 알려져 있다. 맥도날드(McDonald's)·버거킹(Burger King)·켄터키프라이드치킨(Kentucky Fried Chicken)

은 베이징·모스크바·싱가포르·나이로비와 같은 도시에서도 찾아볼 수 있다 (Rowntree et al., 2006). 제너럴일렉트릭(General Electric)·코카콜라(Coca-Cola)·인텔(Intel)·프록터앤드갬블(Proctor and Gamble)·AT&T·IBM·나이키(Nike), 그리고 많은 의류 체인점은 전 세계에 알려져 있다. 이러한 기업들은 미국 밖의 많은 국가에서 저임금의 근로자를 고용한다. 제품은 미국이라면 불법이 되었을 노동력 착취 작업장에서 아동이나 여성에 의해 생산된다. 미국 생산품의 소비는 전 세계에서 촉진되고, 다른 국가에서 수입한 제품도 미국에서 소비된다. 관리자와 기업의 대주주는 글로벌 연결망을 통해 많은 이익을 남긴다.

오래전에 선진국으로 진입한 국가는 높은 경제성장이 지속되고, 인도와 중국과 같은 개발도상국가는 고도성장을 하고 있지만, 세계의 많은 사람은 하루 생계를 이어가기 위해 투쟁하고 있다. 개발도상국에서 절대빈곤자는 하루 1달러 미만을 번다. 이들 국가의 5명 중 1명은 절대빈곤자로 살며, 영양결핍에 깨끗한 물과 위생시설도 없이 산다. 미국·유럽과 같은 선진국의 많은 유색인과 새로운 이주민은 그 국가의 경제성장의 혜택을 누리지 못하고, 가난하게 살거나 개발도상국의 사람들과 비슷한 조건에서 산다. 전 세계적으로 부유한 사람과 가난한 사람의 격차는 계속 증가하고 있다.

기술은 고용시장을 바꾸고, 국경선을 넘어 커뮤니케이션이 개방되게 한다. 이것은 전 세계 사람을 하나로 연결하는 기회를 제공한다. 과거 10여 년 동안 전 지구적으로 컴퓨터와 이동전화의 사용은 극적으로 증가했다(Worldwatch, 2006). 인터넷은 국가적·정치적·지리적 경계를 넘어 직접 커뮤니케이션할 수 있게 한다. 그러나 디지털 혁명은 세계의 인구, 특히 개발도상국의 대다수에게 도달하지 못한다(Worldwatch Institute, 2006).

2) 환경

환경은 글로벌 조건·변화·결정에 따라 큰 영향을 받는다. 어떤 국가에서 발

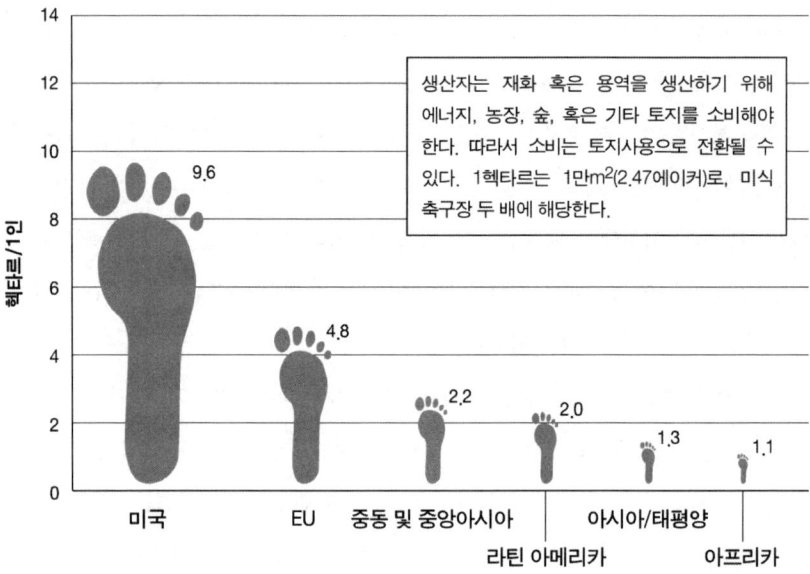

〈그림 8.14〉 1인당 토지 소비(2006년)

자료: Global Footprint Network. (2006). *Ecological footprint and biocapacity*(2006 ed.). http://www.footprintnetwork.org/webgraph/graphpage.php?country=usa(2007년 3월 12일 검색).

생한 화산·폭발·화재, 기름 유출 등으로 발생되는 화산재나 오염물질은 바람이나 바다를 통해 전 지구에 확산되어 다른 많은 국가의 환경과 경제에 영향을 줄 수 있다. 많은 요인으로 환경과 세계 생태계가 위협을 받는다. 세계 인구가 증가하면 음식, 깨끗한 물, 위생, 직업에 대한 필요성이 증가한다. 천연자원에 의존하는 급격한 경제성장은 중국과 인도와 같은 국가에서 기대된다. 또 다른 요인은 선진국 인구에 의한 천연자원과 제품의 소비 증가이다.

환경파괴는 세계적 문제이지만, 일부 국가는 다른 국가들보다 문제에 더 많이 기여한다. 선진국이 환경파괴의 주범인데, 이들은 천연자원을 더 많이 사용하고 환경 오염원을 더 많이 만든다. 〈그림 8.14〉에서 보는 것처럼, 미국은 환경오염을 가장 많이 일으킨다. 미국 인구는 전 세계의 5%에 불과하지만, 생산된 석유 25%를 소비하고, 이산화탄소 25%를 방출한다(Worldwatch, 2006). 또한 미국은 중국과 인도 다음으로 세계 3대 물소비국가이다(Rowntree et al., 2006).

이러한 논의를 보면 세계가 곧 멸망할 것처럼 보일지 모르지만, 대부분의 과학자는 손상을 멈출 수 있고, 환경을 극적으로 개선하기 위한 조치들이 취해질 수 있다고 생각한다. 다국적 기업, 지역 기업, 정책수립자, 대중이 이전과 다르게 행동할 때 환경을 개선할 수 있을 것이다. 전통적으로 기업가들은 더 많은 비용이 들고, 경쟁력과 이익이 감소되게 하는 환경통제에 반대했다. 그러나 조류가 바뀌고 있다. 많은 기업은 지속가능한 발전을 마케팅하고 있다. 점점 더 많은 도시가 지속가능한 환경을 위해 녹색정책을 강제하고 있다. 2006년에 캘리포니아 주는 미국에서 가장 강력한 이산화탄소 규제를 채택하여, 2020년에는 이산화탄소 배출량을 25% 감축할 것을 목표로 한다.

3) 원주민의 저항

모든 사람이 기업, 투자자, 정치인의 이해관계를 개방한 세계화에 열광하는 것은 아니다. 회의론자는 이러한 집단이 그들의 이익과 경제적·사회적 안녕에 영향을 주는 결정을 내릴 때 사람과 환경을 최우선 관심사로 두지 않는다고 생각한다. 원주민은 세계적인 의사결정으로 중대한 영향을 받지만, 그들의 삶을 극적으로 바뀌게 하는 변화에 제한을 받거나 아예 목소리를 내지 않는다.

원주민은 세계 인구 중 작은 부분을 차지하고 있지만, 일부는 다른 사람들이 욕심을 내는 천연자원에 의지하여 살아간다. 전 세계에 약 3억 5,000만 명의 사람들이 5,000개의 원주민 사회에서 사는 것으로 추정된다(Mander, 2006). 그들은 아마존 밀림, 안데스 산맥, 북극의 툰드라 지대, 캐나다·시베리아·인도네시아의 숲속, 태평양의 소도, 필리핀·과테말라·멕시코·미국의 농업지대, 아프리카 초원과 사막에 흩어져 산다(Mander, 2006). 다른 사람들이 원주민이 사는 지역의 천연자원을 획득하면서, 원주민의 문화와 삶은 즉각적인 위협에 직면하게 된다.

원주민의 가치체계는 G8과 대부분의 국가에서 정치권력을 가진 주류집단의 가치체계와 상반된다. 커뮤니티의 가치는 사람들의 인식에 핵심이 된다. 다른 한편으로 주류집단은 개인적인 자유와 부와 권력을 축적하는 개인의 권리에 가치를 둔다.

원주민의 핵심가치는 자연과 호혜적인 관계를 맺는 것이다(Mander, 2006). 지구가 그들에게 물·음식·보호를 제공하면, 그들은 지구에게 받은 것과 같은 것을 돌려주어야 하고 지구를 돌보아야 한다고 생각한다. 그들에게 세계화는 지구와 사람을 돌보지 않고, 돈을 벌려는 목적으로 사람과 지구를 지배할 권리를 권력자에게 준 것과 마찬가지이다. 원주민이 수천 년 동안 살아온 땅을 파괴하려는 낯선 사람들은 땅과 관계가 없다. 땅과 그 생산물은 생활필수품을 제공하는 것보다 원주민에게 더 큰 의미가 있다. 오지브웨족(Ojibwe)의 위노나 라듀크(Winona LaDuke)는 이 모순을 이렇게 정의한다. "쌀은 우리에게 음식과 지혜의 원천이다. 세계화 당사자에게 쌀은 이익을 위해 개발되어야 할 상품이다. 이 두 패러다임은 상충한다"(LaDuke, 2006: 25). 대부분 원주민 집단은 커뮤니티를 위해 충분한 음식을 생산하면서 자급자족하지만, 사적 용도로 음식이나 돈을 축적하지는 않는다.

집단소유는 원주민 집단의 또 다른 핵심가치이다(Mander, 2006). 원주민의 생각과 반대로 식민주의자들은 개인이 사고, 팔고, 축적할 수 있는 땅을 소유해야 한다고 믿었다. 예컨대, 1830년대 유럽계 정착자는 체로키족에게 미국 동남부 땅을 개인 체로키의 사유지로 구분하게 했다. 소유주에게 구획 단위로 재산을 구입하여 새 정착자들이 원했던 땅에서 그들을 내쫓기 위해서였다. 체로키족은 개인 소유에 저항했지만, 결과적으로 연방군에 의해 강제로 추방당했다. 원주민은 지속적으로 그들의 집단소유를 착취하려는 다른 사람들과 충돌했다.

많은 원주민 집단은 고속도로와 파이프라인이 그들의 땅으로 침입하는 것 때문에 고통을 당했다. 그들은 땅을 침수되게 하고 생활근거지를 파괴하는 수력발전댐 건설에 길을 열어주기 위해 이주했다. 그들은 석유와 화학물질 쓰레기로 오염된 물 때문에 병을 앓았다. 그들은 산업개발로 발생한 질병과 알코올 남용 같은 문제에 면역이 없다. 그들이 땅과 삶의 터전을 떠날 때, 생활필수품을 구입하기 위해 생산품을 팔아야 하는 자본주의 경제에 들어갈 수밖에 없었다. 원주민 사회는 가족들이 그들의 땅에서 벗어나 직장을 구하게 되면서 뿔뿔이 흩어졌다(Lloyd, Soltani and Koening, 2006).

오늘날 원주민 집단들은 주권·자치·집단소유를 위해 법원과 공개포럼에서 성공적으로 투쟁하고 있다. 그들은 주류사회에 동화되기를 원하지 않으며, 그들의 언어·문화·종교·공예·전통지식과 과학이 보호되기를 절실히 원한다(Mander, 2006). 그들은 커뮤니티가 개발한 씨앗과 의약에 대한 특허를 글로벌 기업과 조직이 소유하는 것을 막으려고 싸운다. 그들은 그들을 위해 생태계를 효과적으로 작동하게 하는 환경과 살아 있는 많은 유기체를 파괴하는 산림 벌채(deforestation)에 대해서도 싸운다. 그들은 가족과 커뮤니티를 파괴하는 세계화에 대항해 싸운다.

8-5 생각해보기

전 세계 과학자들의 보고에 따르면, 기후는 점점 따뜻해지고 있다(Eilperine, 2007). 북극의 눈과 얼음의 두께가 이미 경계 수준으로 줄어들었다. 오스트레일리아 해안의 그레이트배리어리프(Great Barrier Reef, 大堡礁)가 사라지고 있다. 과학자를 포함한 모든 사람이 이 보고서에 동의하지는 않는다.

- 사람들은 과학자들의 지구온난화에 대한 보고에 왜 찬성하지 않는가?
- 미국은 왜 지구온난화와 다른 환경파괴를 알리는 데 리더십을 발휘하지 않는가?
- 원주민 집단은 환경에 대한 책임을 어떻게 정의하는가? 이것은 대부분의 세계지도자와 어떤 갈등을 빚는가?
- 당신이 환경을 돌보기 위해 져야 할 책임은 무엇인가?

6. 교실에서의 초점

학생과 그 가족은 그들의 전 생애와 이전 세대에 걸쳐 학교가 서비스하는 커뮤니티에 살 수도 있다. 그러나 일부 학생은 최근 시나리오에서 사례로 든 잭과 같이 도시의 다른 지역, 다른 주나 다른 나라의 다른 지역에서 이주했다. 학교와 사회 환경에서 지역의 행동규범은 새로 이주해 온 사람에게는 낯설게 보일 수 있다. 학생들은 놀림당하거나 괴롭힘을 당할 수 있는 언어나 방언을 사용할 수 있다. 교사는 이런 차이점들이 학생의 입장에서 단점이 아니고, 지역 커뮤니티 밖에서 습득한 그들의 역사와 경험의 자연스러운 결과물이라는 점을 인식해야 한다. 교육자는 새로 전학 온 학생을 효과적으로 서비스하기 위해 다른 문화에도 익숙해야 한다. 부모와 만나고 학생의 생생한 경험을 직접 듣는 것은 효과적인 수업과 학습을 위한 맥락을 제공하는 데 도움을 준다.

지방과 지역의 차이점이 반영되는 한 가지 방식은 시간이 갈수록 변모하는 학교의 전통에서 찾아볼 수 있다. 학교의 마스코트와 슬로건은 학교를 구분하는 상징물이다. 커뮤니티에서 가치를 두고 지원하는 운동경기는 다양하다. 학교와 커뮤니티에서 형성된 라이벌 의식은 일부 졸업생에게는 성인기까지 지속된다. 학생과 성인은 집단 구성원과 학교와 연계된 상징물을 개발한다. 많은 사람이 고등학교 및 커뮤니티와 연계하여 번창한다. 다른 사람들은 커뮤니티에서 지배적이고 권력을 가진 집단이 설정한 지역 밖에서 그들의 정체성을 형성할 수 있는 곳으로 가능한 한 빨리 이주한다.

1) 이주 학생 가르치기

이주 학생, 특히 고등학생은 교사와 학교 관계자에게서 간과되기 쉽다. 그들의 교육은 그들의 가족에게 영향을 주는 많은 요인에 의해 영향을 받는다. 대규모의 이주 학생들은 격리된 저소득층 커뮤니티에 산다. 일부 멕시코계 미국인 학생의 부모는 불법 이주민으로 추방되어 가족과 헤어지는 것에 대해 걱정한다. 농촌 지역의 일부 학생의 부모는 계절 농사일에 참여하고, 또 다른 일감이 있으면 다른 지역으로 이동하기 때문에 학교를 단기간 다닌다. 많은 이주 학생은 제6장에서 언급한 언어 프로그램 중 하나에 참여하는 영어학습자이다.

도시 지역에서 나이가 많은 학생은 영어를 배우고, 미국 학교 문화에 적응하도록 고안된 특별학교나 프로그램에 배치된다. 나이가 어린 대부분의 학생은 미국 태생인 교실에 배치될 경우가 많다. 대부분 농촌 학교와 도시 및 교외 지역의 많은 교육구에는 나이가 많은 이주 학생을 위한 특별학교나 프로그램이 없다. 대신 새로운 환경에 적응하도록 돕는 지원 시스템이 있을 수도 없을 수도 있는 현행 교실에 통합된다.

이주 학생이 교실에 배치된다면, 무엇부터 시작해야 하는가? 첫째, 학생을 환영하고 지원해야 한다. 둘째, 교육구가 이주 학생을 위해 제공하는 지원 프로그램이 무엇인지 알아내야 한다. 또한 학생과 부모와 일할 때 도와줄 수 있는 통역이나 학생도우미를 교육구가 지원하는지를 알아야 한다. 학생이 영어학습자이고, 당신이 제2 언어로서의 영어 프로그램이나 이중언어교육에 대한 배경이 없다면, 교직원 개발 프로그램 또는 지역 대학에 등록하라. 온라인 방식도 유용하다. 이주 학생이 성공적으로 교실에 통합되게 하고 학업도 성공적으로 지도했던 같은 학교나 교육구의 교사와 대화하라. 일부 사례에서 교육구는 학생이나 교사를 위한 지원 시스템을 갖추고 있지 않을 것이다. 그럴 경우에는 스스로 배워야 한다.

대부분의 이주 부모는 자녀의 성공에서 교육이 매우 중요하다고 전적으로 믿고, 자녀를 도와주려는 교사의 노력을 지원할 것이다. 많은 문화에서 부모는 교사의 역할을 존경하고, 교사가 그들의 자녀에 대해 최대한의 관심을 둘 것이라고 믿는다. 당신은 가족을 동맹으로 생각해야 한다.

이주 학생들을 가르칠 때 당신은 학생에게 기대하는 바가 크며, 기대를 충족하기 위해 당신이 할 수 있는 모든 것을 한다는 것을 명확히 알려주어야 한다. 라틴계 미국인 부모들은 자녀가 대학에 진학하기를 다른 부모들보다 더 바라지만, 그들의 자녀들은 대학에 진학할 만큼의 학업준비가 항상 되어 있지는 않으며, 대학의 요구 조건에 적합한 자격을 갖추지도 않았다(Immerwahr, 2003). 교사는 학생들이 대학입학에 필요한 과정을 수강하도록 도울 수 있다.

당신은 이주 학생의 민족적 동일시를 의식해야 한다. 그들은 동화의 아주 다른 단계에 놓여 있어 동질 집단으로 여겨질 수 없을지 모른다. 일부 학생은 주류집단과 전적으로 동일시할 것이다. 다른 학생들은 이중문화에 익숙하거나, 그들의 고유문화와 주류사회의 문화를 융합하는 방법을 성공적으로 생각해낼 것이다. 다른 학생들은 여전히 그들의 고유문화와 전적으로 동일시하여, 주류문화에 저항하거나 반대할 것이다. 많은 연구자는 이주 학생이 학교를 오래 다닐수록 교육의 가치에 대해 부정적이 된다는 결과를 밝혀냈다(Suárez-Orozco and Suárez-Orozco, 2007). 그들이 어디에 위치하는지를 이해한다면, 학습을 돕고 학업 성취를 높이기 위해 고유문화를 어떻게 이용할 것인지 더 잘 이해할 수 있다.

2) 가족 문화를 존중하기

학생의 문화적 배경은 수업 중에 제시되는 사례에 반영되어야 한다. 농촌 학생은 학교나 직장에 가는 데 지하철을 타는 것과 관계없으며, 도심 학생은 넓은 마당이 딸린 단독주택과 관계없다. 학생이 교과과정에서 그들 자신, 그들의 가족, 그들의 커뮤니티에 관해 묘사된 부분을 보지 못하면, 학업내용이 그들에게 어떤 의미가 있는지 또는 유익한 것인지 믿기 어렵게 된다. 그들은 교재의 내용이 누군가를 위해 쓰이고 누군가를 위해 전달된다고 생각한다. 또한 그들은 다른 문화적 배경과 경험에 기초한 다른 생활양식에 관해 배울 수 있다. 교사의 수업 전략에서는 수업내용을 학생의 삶과 연관되게 해야 한다.

문화적 배경이 다른 학생의 경험을 이해하는 교사는 그 배경지식을 이용하여 학생이 수업내용을 배우도록 도울 수 있다. 이런 차이점에 대한 교사의 민감성은 비주류집단 학생이 주류문화 학생처럼 교실에서 안락함을 느끼게 할 수 있다.

8-6 생각해보기

교실에는 작년에 가족과 함께 이라크에서 이주한 학생이 있다. 당신은 학생 가족의 문화를 교실에 통합해야 함을 알고 있다. 당신은 준비되었는가?

- 학생의 가족이 사용하는 언어는?
- 가족의 종교는?
- 가족은 왜 미국으로 이주했는가?
- 가족의 이주민 지위는?

3) 글로벌 시각을 통합하기

　세계는 상호 의존적이며 그것은 미래에 더 심화될 것이기 때문에, 학생들이 글로벌 연결망에 대해 이해하고 그것이 그들의 삶에 어떤 영향을 미치는지를 이해하는 것은 중요하다. 수업을 계획할 때 전 세계의 사건과 행동을 어떻게 통합할 것인지 생각하라. 우리는 쓰나미, 지진, 화산폭발과 같은 자연재앙을 통해 재난이 발생하고 그것으로 영향을 받는 세계의 다른 지역에 관해 배울 기회를 제공한다. 학생은 미국이 전쟁을 하거나 평화유지를 수행할 때 관련되는 지역과 그곳에 누가 사는지, 그들이 어떤 영향을 받는지에 대해 배울 수 있다. 제조업 수업에서는 제품이 어디에서 만들어지고 누가 공장에서 일하는지, 또는 누가 공장에서 착취당하는지에 대해 전 세계적으로 조사해야 한다. 학생들은 아동노동법을 공부해야 하고, 아동이 제품의 생산에 어떻게 관련되는지를 알아야 한다. 음악 수업에서는 미국 음악이 미치는 영향과 다른 국가의 음악이 미국 음악에 미치는 영향을 탐색할 수 있다. 당신이 가르치려고 계획하는 주제에 세계의 다른 부분을 어떻게 연결할 수 있을까?

　글로벌 쟁점을 교과과정에 통합하기 위한 전략은 학생들이 다른 국가에서 온 사람들의 시각에서 주제를 생각하도록 돕는 것이다. 세계화 자체는 선진국보다는 개발도상국의 시각에서 아주 다르게 보일 수 있다. 원주민은 석유회사와 아주 다른 방식으로 환경을 본다. 다른 시각을 제시하는 것은 학생들이 쟁점을 명확하게 하고, 같은 쟁점에 대해 다른 사람들이 왜 아주 다르게 생각하는지 이해하는 데 도움이 된다.

학생들은 인터넷을 이용하여 전 세계의 학생들과 연결될 수 있다. 일부 학교는 학생들을 다른 국가의 학생들과 펜팔로 연결해준다. 다른 국가의 학생들은 서로에 대해 더 많은 것을 배우기 위해 프로젝트나 각국이 참여하는 프로젝트에서 함께 일할 수 있다. 여러 유형의 학교에서 온 학생들은 전 세계의 가족과 함께 교환 프로그램에 참여할 수 있다. 간혹 교사는 학생들이 다른 국가를 여행할 수 있도록 후원한다. 다른 국가의 사람들과 상호작용할 가능성은 기술을 이용하는 방법을 배울 때 계속 확장될 것이다.

4) 가족 및 커뮤니티와 함께 일하기

델피(Delpit)는 알래스카, 역사적으로 흑인과 절대 다수의 백인 학생이 다니는 대학, 남태평양의 파푸아뉴기니에서 연구한 후 다음과 같은 결론을 내렸다. "내가 나와 다른 아동들을 최상으로 가르칠 방법에 대해 배우길 원한다면, 나는 학생과 같은 문화적 배경을 가진 성인들, 즉 교사와 부모의 충고를 따르지 않으면 안 된다"(Delpit, 2006: 102).

모든 부모가 학교에서 환영받는다고 느끼지는 않는다. 이것은 부분적으로 대부분의 학교가 부모의 문화와 언어보다는 지배 문화와 언어를 반영하기 때문이다. 따라서 학교 관계자는 부모가 회의에 나타나는 것을 기다리기보다는 먼저 부모에게 다가가야 한다. 진정한 협력이 이루어지기 위해서는 부모와 교사가 수업 과정에서 파트너가 되어야 한다. 교사는 부모의 말을 경청해서 듣고, 커뮤니티에 참석하여 학생의 고유문화와 일치하는 수업 전략을 개발해야 한다. 부모는 자녀의 학습 지원 방법을 배울 수 있지만, 자녀를 돌볼 교사의 구체적인 제안을 참고해야 한다.

교육자는 가족의 문화를 이해하기 위해 커뮤니티를 알아야 한다. 연방대법원이 공립학교에서 기도를 금지했는데도, 매일 아침 기도를 하는 학교에서 교사는 수업 첫날 진화론을 가르치지 않아야 한다. 이러한 환경에서 교사는 도시와 교외 지역의 많은 학교에서 이루어지는 것과 같은 방식으로 성교육을 할 수 없을 것이다. 또 다른 학교에서 이슬람교 부모는 딸의 체육시간 복장을 보고 화를 내면서 남녀혼합 체육수업에 참석하지 못하게 할 수 있다. 유대교와 이슬람교 학생들은 학교에서 기독교 휴일을 기념하면서 그들의 종교휴일은 기념하지 않는 것에 의아해한다.

커뮤니티 구성원들이 교과과정의 내용과 활동에 대해 반대한다고 해서, 교사가 다문화적으로 가르칠 수 없다는 것을 의미하지는 않는다. 교사는 낯설고 수용할 수 없는 개념을 소개하기 전에 커뮤니티의 정서를 알아야 한다. 그다음에 그런 개념을 효과적으로 소개하기 위한 전략을 개발할 수 있다. 뜨거운 쟁점을 소개할 경우에는 부모에 대한 교육과 커뮤니티의 도덕에 가치를 두는 다각도의 시각을 제시하는 것도 병행해야 한다.

이 밖에도 커뮤니티는 다문화교실의 자원이 된다. 커뮤니티 활동에 참여하고 커뮤니티 구성원들을 학교에 초청하여 커뮤니티의 문화에 대해 더 많은 것을 배울 수 있다. 커뮤니티 대변인과 도우미들은 커뮤니티의 다양성을 대표해야 하며, 대변인은 다양한 역할과 연령 집단에서 선발되어야 한다. 학생들만이 다른 문화집단에 대해 배우지는 않는다.

 **글로벌 시각을 교과과정에 통합하기**

존 에프 케네디 고등학교의 많은 교사는 세계화가 그들의 커뮤니티에 미치는 영향에 대해 깨닫기 시작하면서, 전체 교과과정에 글로벌 시각을 더욱더 체계적으로 통합할 수 있는 방안에 대해 동료 교사와 대화하기 시작했다. 일부 교사도 동의했다. 그들은 많은 부모가 몇 개의 공장이 동남아시아로 이전했을 때 직장을 잃었다는 것을 안다. 그리고 그들과 학생들이 미국 밖에서 생산된 옷을 입고 제품을 구매하는 것을 볼 수 있다. 최근 건강을 위협하는 음식은 중국에서 수입한 것이다.

다른 교사들은 글로벌 쟁점과 시각을 통합하기 위해 교과과정을 바꾸는 것은 터무니없는 일이라고 생각했다. 어떤 교사는 "이 젊은 급진주의자들은 자신들이 누구라고 생각하는가? 그들이 원하는 것은 미국이 기업의 주머니를 채우는 것에만 관심 있는 제국주의 국가라는 것을 아이들에게 확신하게 한다. 이 나라는 그렇게 엉터리 말로 망할 것이다"라는 말을 귀동냥으로 들었다. 그러나 교장은 글로벌 인식을 더 확장하려는 교사의 아이디어에 찬성한다. 교장은 교과과정 개편안이 커뮤니티의 지지를 얻을 것이고, 학교의 독창적인 브랜드가 될 것으로 생각한다.

〈찬성〉
- 세계화에 대한 공부는 학생들이 다른 국가들이 어떻게 연계되는지를 이해하는 데 도움이 될 것이다.
- 학생들은 세계화로 얻은 것이 무엇이고, 잃은 것이 무엇인지 이해하는 데 도움이 될 것이다.
- 학생들은 세계화의 결과로 미국에서 발생하는 변화에 대해 비판적으로 생각할 수 있다.
- 일부 교실에서 프로젝트는 학생들이 불공평에 대항하여 싸우는 조직을 결성하면서 커뮤니티에 더 관련되도록 도움을 줄 수 있다.

〈반대〉
- 이미 사회과에서 글로벌 쟁점을 다루고 있다.
- 바람직한 접근 방식이 되기 위해서는 경제적 시각에서 세계화의 중요성에 대한 균형 잡힌 시각을 제시해야 한다.
- 교과과정에 글로벌 시각을 포함하는 것은 교과과정을 정치화하는 것이다.
- 교과과정은 학생들의 대학 진학이나 취업에 초점을 두어야 한다.

〈질문〉
- 교사들은 교과과정에 세계화를 반영하는 것을 왜 반대하는가?
- 찬성자들은 학생들이 세계화를 이해할 뿐만 아니라, 전 세계의 아동과 학생에게 미치는 부정적인 영향을 이해하는 것이 왜 중요하다고 느끼는가?
- 교과과정에 글로벌 시각을 포함하는 것에 대한 당신의 생각은? 교사가 가르치는 주제와 글로벌 시각은 어떻게 통합될 수 있는가?

7. 요약

우리가 사는 곳은 우리의 문화와 경험에 영향을 미친다. 우리는 같은 학교에 다니고 같은 이웃으로 사는 사람들과 일상생활 및 사건에 대해 공통의 이해를 한다. 다른 국가에 있을 때는 그곳에 사는 미국인과 문화와 이해를 공유한다.

미국 사람들은 여섯 개 지역에서 산다. 지역마다 그들의 문화와 교육에 영향을 주는 역사적 맥락, 특성, 인구가 다르다. 교육 쟁점은 지역마다 학생 수와 교사 연봉에서 차이가 나는 것처럼 각 지역마다 다르다.

각 지역마다 가족과 그들의 자녀에게 다른 경험을 제공하는 농촌·도시·교외가 있다. 대개 농촌 지역의 학교는 학생 수가 적어 교사당 학생 비율도 낮다. 도시 학교에는 다수의 유색인 학생, 영어학습자, 저소득층 학생이 있으며, 학교마다 크기와 수준에서 차이가 난다. 전반적으로 교외 학교에는 인근 도시보다 사회경제적 수준이 더 높은 학생과 더 우수한 교사가 있다.

전 세계의 가족들은 학교에서 학교로 이동할 뿐만 아니라 주에서 주로, 국가에서 국가로 이동한다. 대부분의 세계에서 더 많은 사람이 농촌에서 도시 지역으로 이동하는데, 개발도상국가에서는 도시집중현상이 나타난다. 미국 사람들은 도시에서 농촌이나 교외 지역으로 이동할 가능성이 크다.

오늘날 세계는 한 국가에서의 사건이 다른 많은 국가에 영향을 미치는 매우 상호 의존적인 특성을 나타낸다. 예컨대, 세계화는 미국의 기업이 임금이 낮고 규제가 덜한 국가로 이동할 때 미국시민의 경제에 영향을 준다. 또한 세계화는 환경에도 영향을 준다. 모든 사람이 경제적 지위와 생활수준을 극적으로 바꾸게 할 수 있는 세계화를 지지하지는 않는다. 예컨대, 원주민은 그들의 땅이 국제적 기업에 인수되었을 때 파괴되었다.

학교와 교사는 그들이 전 세계에서 온 학생들을 어떻게 그들의 교육 환경에 통합할 것인지를 결정해야 한다. 이들 전략에는 새로운 가족의 문화를 중시하고, 그것에 의존하여 그들을 가르칠 것인지를 포함한다. 대부분의 학생 가족은 자녀 교육의 중요성을 이해하기 때문에, 교사는 그들의 동맹이 되어야 한다. 마지막으로 교사는 학생에게 전 세계의 글로벌 시각을 소개하면서 세계를 교실로 가져와야 한다.

교육자를 위한 실무

1. 토론을 위한 질문

1. 우리가 사는 곳은 우리의 문화적 정체성을 결정하는 데 어떤 도움을 주는가?
2. 남부에서 학생들의 교육에 매우 큰 영향을 준 역사적 사건은 무엇인가?
3. 애팔래치아의 지리적 전경은 어떻게 기술할 것인가? 그것은 지난 50여 년 동안 가족과 그 자녀에게 어떤 영향을 미쳤는가?
4. 뉴잉글랜드의 교육자가 미국에 끼친 영향은 무엇인가?
5. 그레이트플레인스 학생들은 다른 지역보다 고등학교 졸업률이 왜 더 높은가?
6. 서부와 서남부의 정치권에서 논의되는 교육적 쟁점은 무엇인가?
7. 농촌·도시·교외 지역 교육구의 수업에서 나타나는 주요 차이점은 무엇인가?
8. 가족이 다른 교육구로 이사하면 학생에게 어떤 영향을 주는가? 교사는 새로 온 학생을 어떻게 환영해줄 것인가?
9. 왜 글로벌 시각은 P-12 교과과정에 포함되어야 하는가?
10. 교사는 이주 학생을 교실에서 어떻게 통합할 것인가? 그리고 다른 학생과 비슷한 수준의 학습을 하도록 어떻게 도와줄 것인가?

2. 포트폴리오 활동

1. 농촌 학교와 도시나 교외 지역 학교의 교사를 몇 차례에 걸쳐 관찰하시오. 당신이 관찰할 때 다른 학교의 학생과 교사의 다양성, 학생과 교사의 관계, 전체 집단에서 학생의 상호작용을 기록하시오. 두 학교를 비교하고, 결과를 토의하시오.
2. 학생들을 통합하여 그들이 배우는 것을 돕기 위해 사용될 접근 방식을 결정하기 위해 이주 학생이 많은 학교를 방문하시오. 학생과 가족을 위해 교사들이 사용하는 가장 효과적인 수업 전략에 대해 대화하시오. 당신의 포트폴리오를 위해 결과를 요약하여 작성하시오. 거기에는 당신이 수업을 시작할 때 새로운 이주 학생과 어떻게 수업을 할 것인지에 대한 권고가 포함되게 하시오.

3. 교사 자격시험 준비

교사회의에서 고등학교 영어교사들은 제한적 영어를 사용하는 이주 학생들이 영어 교재를 이해하는 것을 돕기 위한 수업 전략을 논의하고 있다. 많은 교사는 이주 학생들이 영어를 배우는 최상의 방법은 영어로 말하는 학생들이 말하는 방식을 모방하는 것이라는 데 동의했다. 클라크는 영어를 잘하면 영어로 읽는 기술도 향상될 것이라고 말했다. 따라서 클라크는 이주 학생들이 읽는 것을 도와주는 데 중점을 두고 있다. 비숍은 학생들이 영어로 크게 읽게 하여 발음 교정을 할 수 있다고 말했다.

> 단답형 질문
> 1) 비숍의 수업 방식에서 고려되지 않은 제2 언어 개발의 원칙은 무엇인가?
> 2) 클라크가 사용하는 수업 방식의 장점은 무엇인가?

권장도서

Bigelow, B. 2006. *The line between us: Teaching about the border and Mexican immigration.* Milwaukee, WI: Rethinking Schools.
 이 책은 전 세계에서 미국으로 이주하는 불법노동자를 이해하는 맥락을 제공한다. 또한 글로벌학, 수업계획, 독서, 학생 유인물을 위한 교과과정을 포함한다.

Bigelow, B. and B. Peterson. 2002. *Rethinking globalization: Teaching for justice in an unjust world.* Milwaukee, WI: Rethinking Schools.
 이 책은 중·고등학교 교사를 위한 책으로, 풍부한 정보를 제공하여 학생과 교사가 세계화로 영향을 받는 불평등한 방식에 대해 생각하도록 한다. 또한 에세이, 인터뷰, 시, 이야기, 만화, 수업계획, 체험활동을 포함한다.

Delpit, L. 2006. *Other people's children: Cultural conflict in the classroom.* New York: New Press.
 이 책의 저자는 그녀가 파푸아뉴기니, 알래스카에서 경험한 새로운 문화를 공유하며, 우리가 어떻게 가르치는지를 이해하기 위해 학생들의 가족과 커뮤니티의 의견을 경청해야 함을 알게 한다. 이 책은 다른 민족의 아동들이 어떻게 학습하는가에 대한 우리 자신과 신념을 돌아보게 한다.

Waters, M. C. and R. Ueda(eds.). 2007. *The new Americans: A guide to immigration since 1965.* Cambridge, MA: Harvard University Press.
 이 종합 가이드는 전 세계에서 과거 45년 동안 미국으로 이주한 주요 이주 집단에 대해 기술한다. 또한 이주, 민족과 인종 정체성, 동화, 종교, 교육과 관련된 주요 쟁점들을 소개한다.

참고문헌

Anderson, P. M. and J. P. Summerfield. 2007. Why is urban education different from suburban and rural education? In S. R. Steinberg and J. L. Kincheloe(eds.), *19 urban questions: Teaching in the city*(pp. 29~39). New York: Peter Lang.

Appalachian Regional Commission(n.d.a). *Appalachian region: Economic overview.* www.arc.gov/index.do?nodeId=26(2007년 3월 4일 검색).

Appalachian Regional Commission(n.d.b). *Education-high school and college completion rates in Appalachian, 2000.* Washington, D.C.: Author.

Baxandall, R. and E. Even. 2000. *Picture windows: How the suburbs happened.* New York: Basic Books.

Bergman, E. F. and W. H. Renwick. 2005. *Introduction to geography: People, places and environment*

(3rd ed.). Upper Saddle River, NJ: Pearson Prentice Hall.

Billings, D. B., G. Norman and K. Ledford(eds.). 1999. *Confronting Appalachian Stereotypes: Back talk from an American region*. Lexington, KY: The University Press of Kentucky.

Black, D. A. and S. G. Sanders. 2004(September). *Labor market performance, poverty and income inequality in Appalachia*. Washington, D.C.: Appalachian Regional Commission.

City Population. 2006(November 22). *City agglomerations of the world*. www.citypopulation. de/World.html(2007년 3월 9일 검색).

Clawson, D. L. et al. 2007. *World regional geography: A development approach*(9th ed.). Upper Saddle River: Pearson Prentice Hall.

CNN.com/Education. 2002(November 22). *Global goofs: U.S. youth can't find Iraq*. http://archives. cnn.com/2002/EDUCATION/11/20/geography.quiz/(2007년 7월 8일 검색).

Dalton, B., J. Sable and L. Hoffman. 2006. *Characteristics of the 100 largest public elementary and secondary school districts in the United States: 2003-2004*(NCES 2006-329). Washington, D.C.: U.S. Department of Education, National Center for Education Statistics.

Delpit, L. 2006. *Other people's children: Cultural conflict in the classroom*. New York: The New Press.

Eilperine, J. 2007(February 3). Humans faulted for global warming: International panel of climate scientists sound dire alarm. *The Washington Post*, pp.1, 8.

Freund, D. M. P. (2006. Marketing the free market. In K. M. Kruse and T. J. Sugrue(eds.), *The new suburban history*(pp.11~32). Chicago: The University of Chicago Press.

Hayden, W. J. 2004. Appalachian diversity: African-American, Hispanic/Latino and other populations. *Journal of Appalachian studies*, 10 (3), Table 8.

Hussar, W. J. and T. M. Bailey. 2006. *Projections of Education Statistics to 2015*(NCES 2006-084). U.S. Department of Education, National Center for Education Statistics. Washington, D.C.: U.S. Government Printing Office.

Immerwahr, J. 2003(June). *With diploma in hand: Hispanic high school seniors talk about their future* (National Center Report #03-2). San Jose, CA: National Center for Public Policy and Higher Education and Public Agenda.

Isserman, A. M. 1996. *Appalachia then and now: An update of the realities of deprivation* (Appalachian Regional Commission에서 준비한 보고서로 1964년 대통령에게 보고함).

Jensen, L. 2006. *New immigrant settlements in rural American: Problems, projects and policies*. Durham, NH: Carsey Institute, University of New Hampshire.

Jones-Correa, M. 2006. Reshaping the American dream: Immigrants, ethnic minorities and the politics of the new suburbs. In K. M. Kruse and T. J. Sugrue (Eds.), *The new suburban history*(pp.183~204). Chicago; The University of Chicago Press.

Kozol, J. 2000. *Ordinary resurrections: Children in the years of hope*. New York: Crown.

LaDuke, W. 2006. The people belong to the land. In J. Mander, V. Tauli-Corpuz and International

Forum on Globalization. *Paradigm wars: Indigenous peoples' resistance to globalization*(pp. 23~25). San Francisco: Sierra Club Books.

Lalasz, R. 2006(May). *Americans flocking to outer suburbs in record numbers*. www.prb.org/Articles/2006/AmeircansFlockingtoOuterSuburbsinRecordNumbers.aspx(2007년 2월 4일 검색).

Lichter, D. T. and K. M. Johnson. 2006. Emerging rural settlement patterns and the geographic redistribution of American's new immigrants. *Rural Sociology*, 71(1), 109-131.

Lloyd, J., A. Soltani and K. Koenig. 2006. Infrastructure development in the South American Amazon. In J. Mander, V. Tauli-Corpuz and International Forum on Globalization. *Paradigm wars: Indigenous peoples' resistance to globalization*(pp. 89~94). San Francisco: Sierra Club Books.

Mander. J. 2006. Introduction: Globalization and the assault on indigenous resources. In J. Mander, V. Tauli-Corpuz and International Forum on Globalization. *Paradigm wars: Indigenous peoples' resistance to globalization*(pp. 3~10). San Francisco: Sierra Club Books.

Massey, D. 1997. Space/power, identity/difference: Tensions in the city. In A. Merrifield and E. Swyngedouw(eds.). *The urbanization of injustice*. New York: New York University Press.

National Education Association. 2007. *Teacher salaries: State by state*. www.nea.org/student-program/about/state.html#alaska; www.nea.org/student-program/about/state2.html#kentucky; www.nea.org/student-program/about/state3.html#northdakota(2007년 3월 1일 검색).

O'Hare, W. P. and S. Savage. 2006(Summer). *Child poverty in rural America: New data show increase in 41 states*(Fact Sheet No. 1). Durham, NH: Carsey Institute, University of New Hampshire.

O'Mara, M. P. 2006. Uncovering the city in the suburb: Cold war politics, scientific elites and high-tech spaces. In K. M. Kruse and T. J. Sugruse(eds.), *The new suburban history*(pp. 57~79). Chicago: The University of Chicago Press.

Orfield, G. et al. 2004. *Losing our future: How minority youth are being left behind by the graduation rate crisis*. Cambridge, MA: The Civil Rights Project at Harvard University. Contributions: Urban Institute, Advocates for Children of New York and The Civil Society Institute.

Population Reference Bureau. 2006(September). *Quick facts: America at 300 million*. www.prb.org/Articles/2006/QuickFactsAmericaat300Million.aspx(2007년 2월 4일 검색).

Public Broadcasting Service(PBS). (n.d.). *Timeline of the dust bowl: 1931~1931*. www.pbs.org/wgbh/amex/dustbowl/timeline/(2007년 7월 11일 검색).

Rowntree, L. M. Lewis, M. Price and W. Wyckoff. 2006. *Diversity amid globalization: World regions, environment, development*(3rd ed.). Upper Saddle River, NJ: Pearson Prentice Hall.

Smith. D. 2003. The Penguin state of the world atlas(7th ed.). New York: Penguin.

Spring, J. 2001. *The American school: 1642~2001*(6th ed.). Boston: McGraw-Hill.

Suárez-Orozco, C. and M. Suárez-Orozco. 2007. Education. In M. C. Waters and R. Ueda, *The new Americans: A guide to immigration since 1965*(pp. 243~257). Cambridge, MA: Harvard University Press.

Takaki, R. 1993. *A different mirror: A history of multicultural America*. Boston: Little, Brown & Co.

Ueda, R. 2007. Immigration in global historical perspective. In M. C. Waters and Ueda(eds.). *The new Americans: A guide to immigration since 1965*(pp. 14-28), Cambridge, MA: Harvard University Press.

U.S. Census Bureau. 2006. *Statistical Abstract of the United States: 2007*(126th ed.). Washington, D.C.: Author.

U.S. Census Bureau. 2007. Population Clocks. www.census.gov/(2007년 7월 1일 검색).

U.S. Department of Education, National Center for Educational Statistics. 2003. *The condition of education 2003(NCES 2003-067)*. Washington, D.C.: Author.

U.S. Department of Education, National Center for Educational Statistics. 2005. *The condition of education 2003(NCES 2005-094)*. Washington, D.C.: Author.

U.S. Department of Education, National Center for Educational Statistics. 2006a. *The condition of education 2003(NCES 200-071)*. Washington, D.C.: Author.

United Nations Educational Scientific and Cultural Organization. 2006. *Education for all global monitoring report 2007*. Paris: Author.

Williams, J. A. 2002. *Appalachia: A history*. Chapel Hill, NC: The University of North Carolina Press.

Wilson, C. R. and C. Ray. 2007. Ethnicity. In *The new encyclopedia of southern culture*(Vol. 6). Chapel Hill, NC: The University of North Carolina Press.

The Worldwatch Institute. 2006. *Vital signs 2006-2007*. New York: W. W. Norton.

제 9 장

연 령

사람이 성인 초기에 사랑하는 것과 나누는 것을 배운다면,
그들은 다음 세대를 효과적으로 돌보고 안내할 것이다.

 Fergus P. Hughes and Lloyd D. Noppe(1991)

시나리오 scenario

마크 매켄지는 서남부 교외 커뮤니티에 있는 부유한 교육구의 10학년이다. 커뮤니티는 뉴타운이다. 40년 전만 해도 5만 명도 되지 않던 인구가 지금은 25만 명이 넘는다. 마크의 집과 이웃하는 대부분 집의 가격은 40만~55만 달러 정도이다. 이 커뮤니티에 범죄는 거의 없다. 적어도 고등학생 4분의 1은 자가용을 운전한다. 이 중에는 최신 고급 모델도 있다.

마크는 바로 2년 전에 가족과 함께 이 커뮤니티로 이사를 왔다. 그의 아버지는 큰 첨단 회사의 엔지니어였으며, 그의 어머니는 성공한 중개업자였다. 그의 남동생은 8학년이고, 여동생은 6학년이다. 마크의 부모는 아이들을 굉장히 좋아하지만, 일 때문에 아이들과 시간을 많이 내지 못했다. 부모는 마크의 생일에 시간을 많이 내주기로 약속했다. 마크와 그의 가족들이 중서부에서 이사를 왔을 때, 마크는 간혹 우울증세를 나타내기도 했다. 그는 함께 자랐던 두 명의 아주 가까운 친구들을 떠나야 했기 때문에 이사 가는 것을 극도로 반대했다.

새 집으로 이사한 후로 마크는 몇 명의 친구와 사귀었지만, 예전 친구만큼 가까워지지 않았다. 고등학교 2학년 가을에 마크는 더 의기소침해지고, 학교 모임에 전

허 참석하지 않았으며, 수업이 없는 날에는 문을 걸어 잠그고 혼자 보냈다.

마크는 다음 해 봄에 두 명의 반 친구와 대화하면서 죽음이 평화와 평온을 가져다준다고 말했다. 그는 영어수업에서 쓴 시에도 같은 감정을 표현했다. 그의 교사는 그의 시를 좋다고만 생각하고 10대의 죽음에 대한 찬미를 그냥 지나쳤다.

마크는 그 시를 쓰고 한 달 후에 그동안 받은 각종 상장을 버리기 시작했다. 그는 5년 전부터 수집하기 시작했던 농구카드와 휴대용 DVD 플레이어를 남동생에게 줘 버렸고, 여동생에게는 보물처럼 아끼던 아이팟(iPod)을 주었다. 부모가 왜 그랬냐고 물었을 때 자기 돈으로 값을 다 지불했다고만 대답하고, 하고 싶은 것을 하는 것은 자기의 권리라고 생각했다. 게다가 그는 "저는 더 이상 카드·영화·음악에 관심이 없다"라고 말했다. 나중에 마크는 남동생에게 야구 장갑과 함께 300달러짜리 기타도 주었다. 그는 개인 용품을 여동생과 학교의 친구에게도 주었다.

마크는 소지품을 다 주고나자 우울한 기분도 사라지고 행복감을 느꼈다. 그의 부모도 흡족해했고, 아버지는 "마크가 마침내 정신을 차렸다"라고 표현했다. 일주일 후 마크의 시신이 집에서 반 마일도 떨어지지 않은 숲속에서 발견되었다. 그는 권총으로 자살했다. 마크는 그해에 자살한 약 2,000명의 10대 중 한 명이었다.

▸ 생각해보기

- 마크의 죽음은 아이들의 생각을 듣지 않고 이사를 강행한 부모의 잘못인가?
- 마크의 죽음은 자신들의 경력에만 관심을 갖고 자녀들과 많은 시간을 보내지 않은 부모의 잘못인가?
- 마크가 죽음에 임박하여 한 행동은 무엇인가?
- 그가 그렇게 극단적인 행동을 했을 때 왜 행복감을 얻었는가?
- 마크의 죽음 후에 학교는 무엇을 해야 하는가?
- 학교는 추모식을 개최해야 하는가? 왜 그런가? 왜 그렇지 않은가?

1. 연령과 문화

충분히 오래 사는 사람은 모든 연령집단을 경험할 것이다. 우리는 선택의 여지없이 생애의 여러 단계를 경험하면서 노년에 이른다. 다른 문화집단과 마찬가지로 부분적으로 우리는 우리가 속한 연령집단 때문에 느끼고, 생각하고, 지각하고, 행동한다. 이 장에서는 학령 집단과 교직을 시작하는 성인 전반기의 연령 코호트(age cohort)에 초점을 맞춘다. 이 장에서는 이 연령집단에 속하는 많은 사람이 얼마나 상호 영향을 주고받는지 알 수 있도록 성인 전반기의 청소년들을 다룬다. 민족성, 젠더, 사회적 지위, 문화의 결정 요인이 개인 생활에서 이 발달기간과 어떻게 상호 접속하는지 검토한다. 또한 또래압력이 일부 연령집단의 행동에 어떤 영향을 미치는지 검토한다. 아동학대, 소아비만, 청소년 약물남용, 청소년 자살과 같은 매우 중요한 쟁점도 검토할 것이다. 끝으로 연령집단의 이해가 교육과정에 얼마나 영향을 주는지 검토한다.

다양한 연령집단을 이해하는 것은 학생의 요구를 이해하고, 필요한 것을 적절하게 제공할 때 도움이 된다. 교실에서 학생의 행동은 부모, 친척, 중요한 타자와의 관계에서 비롯된다. 가족 구성원과 중요한 타자가 그들의 생애에서 다양한 연령단계로 이동할 때, 그들은 또래 학생과의 관계뿐만 아니라 그들의 행동에도 변화가 생길 수 있다. 학생의 행동은 결국 부분적으로 생애에 중요한 사람들의 연령변화에 영향을 받는다.

우리가 어떻게 행동하느냐는 나이에 따라 다르게 나타난다. 많은 청소년이 서로 다르게 행동하지만, 그들이 생각하고, 느끼고, 행동하는 방식은 부분적으로 청소년기의 특성을 나타낸다. 연령은 사람이 행동하거나 기능하는 방식에 영향을 주는 유일한 요인은 아니다. 민족성, 사회경제적 지위, 종교, 젠더는 연령과 상호작용하여 사람의 행동과 태도에 영향을 준다.

예컨대, 텍사스 포트워스에 사는 유치원생 여자아이는 연령과 관계된 건강 조건이 특정 음식을 식단에서 제거하도록 요구하기 때문에, 그녀의 조건에 맞는 음식을 섭취한다. 그러나 그녀의 사회경제적 지위는 그녀의 부모가 구입할 수 있는 음식을 어느 정도 결정한다. 그리고 그녀의 민족성과 텍사스에서 산다는 사실이 그녀의 음식 선택을 결정한다. 그녀가 음식제한을 두는 종교집단에 속하지 않는다면, 젠더, 언어, 장애/비장애 여부, 종교적 배경은 그녀의 음식 습관에 상당한 정도의 영향을 주지 않는다. 그러나 이들 다른 문화적 변수는 그녀의 연령과 함께 행동과 기능의 다른 유형에 영향을 준다. 태어나서 죽을 때까지 사람의 연령은 지각·태도·가치·행동에 영향을 준다.

이 장에서 다양한 연령집단의 발달 단계를 모두 검토할 수는 없다. 이런 정보는 인간발달을 다룬 책에서 얻을 수 있다. 그 대신 다양한 연령집단과 관련된 매우 중요한 몇 가지 쟁점을 검토한다. 각 연령집단에 영향을 주는 모든 중요한 쟁점을 검토할 수 없기 때문에, 학교에 직간접적으로 영향을 주는 쟁점들을 선택적으로 소개할 것이다.

2. 아동기

1) 사회계급과 빈곤

교육자가 일상적으로 직면하는 가장 중요한 쟁점 중 하나는 사회계급과 빈곤 문제이다. 오늘날 미국 아동의 18%가 가난하게 살며(Cauthen and Fass, 2007), 도심의 교사들은 반 학생 중 거의 모든 아동이 가난하게 산다고 주장한다. 가난은 아동에게 많은 문제를 일으킨다. 많은 경우에 아동은 한부모, 전형적으로 어머니와 산다. 아버지가 없을 때 아동에게는 적절한 남성 역할모델이 없으며, 어머니가 훈육과 재정 지원의 모든 것을 떠맡는다. 가난하게 사는 미혼모는 가족부양을 위해 집 밖에서 일해야 한다.

사회경제적으로 중상류층인 일부 어머니는 집 밖에서 일하지 않아도 된다.

일하지 않아도 되는 어머니는 가족의 가치와 일치하는 탁아소를 선택하여 자녀를 맡길 수 있다. 아동의 조기 행동의 많은 부분이 또래와 돌봄 제공자에게서 습득되기 때문에, 탁아소는 사회화 과정에서 중요한 변수가 된다. 그러나 부유하지 않은 부모는 탁아소를 선택하는 데 제한적이다. 일부는 부모가 집 밖에서 일하는 동안 나이 많은 아동이 나이 적은 아동을 돌보는 책임을 진다.

2005년 미국의 빈곤율은 10.8%로 추정된다. 그러나 5세 미만 아동의 빈곤율은 20.2%로 높은 수준이다(U.S. Census Bureau, 2006). 일반적으로 빈곤 통계치는 매년 바뀌는 연방 빈곤선 이하에서 살고 있는 개인에 기초한다. 2006년 4인 가족의 빈곤선은 2만 794달러였다(U.S. Census Bureau, 2006). 이것은 소득이 2만 800달러인 4인 가족은 엄밀히 따지면, 기술적으로 빈곤하게 사는 것으로 간주되지 않는다는 것을 의미한다. 연방정부는 알래스카와 하와이의 높은 생활비를 고려하여 다른 빈곤기준을 설정했지만, 생활비가 엄청나게 비싼 다른 지역에 대해서는 고려하지 않는다. 2007년 폭락하는 부동산 시장에서도 캘리포니아 단독주택 매매가의 중간 값이 58만 달러가 넘었다고 한다. 캘리포니아가 미국에서 소득세율이 가장 높고, 에너지 비용을 가장 많이 지불하는 것을 고려한다면, 캘리포니아에 사는 4인 가족은 아무리 검소하게 살아도 연방 소득 빈곤선의 두 배로도 턱없이 부족할 것이다.

국가빈곤아동센터(National Center for Children in Poverty: NCCP)는 현실적인 관점에서 경제적 빈곤자를 분류한다. 국가빈곤아동센터는 평균적으로 기본적 욕구를 충족하기 위해 가족은 연방 소득 빈곤선의 두 배 정도의 소득이 필요하다고 보고한다. 국가빈곤아동센터는 이 기준에 미달하는 가족이 저소득층 자녀의 가족이라고 주장한다. 2006년 미국에서 저소득층 자녀는 약 2,840만 명(39%)으로 예측된다. 특히 유아기의 아동들이 위험하다. 6세 이하 아동 42%는 저소득층으로 분류된다. 라틴계 미국인 아동 61%(880만 명)와 아프리카계 미국인 아동 60%(650만 명)는 저소득층이다. 이주 부모의 자녀 57%(700만 명)는 저소득층에 포함되는 반면, 미국 태생 부모의 자녀는 35%만 저소득층에 속한다(Douglas-Hall, Chau and Koball, 2006).

국가빈곤아동센터는 소득 요인만으로 빈곤을 가리는 것은 문제가 있다고 주장한다. 주택·음식·보육·건강보험·교통·소득세, 다른 필수품도 기본 욕구를 결정하는 요인이 되어야 한다. 이들 비용은 지역마다 그리고 커뮤니티마다 다르기 때문에, 국가빈곤아동센터는 이들 차이도 빈곤이나 저소득을 결정하는 요인이 되어야 한다고 제안한다. 국가빈곤아동센터는 뉴욕 시 7개 지역의 최소기본 비용 사례를 제공하며, 그들의 기본적 욕구를 충족하기 위해서는 4인 가족 기준으로 최소 5만 5,000달러나 연방 소득 빈곤선의 2.75배가 되어야 한다고 주장한다(Cauthen and Fass, 2007).

저소득층에 속하는 많은 아동이 부적절한 주택·영양·건강보험으로 고통을 받는다. 이들이 사는 많은 집은 수면과 신체적 안녕에 영향을 주는 부적절한 온방 또는 냉방 시스템을 갖추고 있다. 집은 낡고, 거주자들이 개인의 안전을 걱정하면서 사는 지역에 위치하고 있다. 국가 건강통계센터는 빈곤 아동의 건강이 보통이거나 나빠질 가능성이 3.6배라고 주장한다. 그들은 또한 선천적 결손으로 사망할 확률이 두 배이고, 전염병으로 사망할 확률은 다섯 배에 달한다(Free the Children, 2003). 신체적 문제로 고통받는 아동은 학업에서도 최상의 잠재력을 발휘할 가능성이 낮다. 에이먼(Eamon, 2001)은 아동의 빈곤이 우울증, 낮은 수준의 사회성, 주도성, 동료관계에서의 문제, 교실에서의 분열적인 행동의 요인이 될 수 있다고 주장한다.

애니 케이시 재단(Annie E. Casey Foundation)은 전국적으로 아동의 조건을 결정하는 가장 탁월한 자료를 제공하는 기관이다. 이 재단은 매년 다음의 10개 항목에 걸쳐 주별 순위를 매긴 보고서 *Kids Count*를 출판한다.

- 저체중아
- 유아사망률
- 아동사망률
- 사고·살인·자살에 의한 10대 사망

- 10대 출산율

- 10대 고등학교 중퇴율

- 학교에 다니지 않으면서 일하지 않는 10대

- 정규 노동자가 아닌 부모를 둔 아동

- 빈곤하게 사는 아동

- 미혼모가 가장인 가족의 아동(Annie E. Casey Foundation, 2007)

아동이 학교에 들어갈 때 사회경제적 차이점을 인정하기 시작한다. 친구의 선택은 사회경제적 수준의 기능일 수도 있고 그렇지 않을 수도 있지만, 친구의 유형은 중요하다. 아동 초기에 대부분은 사회경제적 수준이 비슷한 또래가 다니는 학교에 다닌다. 이웃 친구들은 더 동질적이다. 그러나 이 시기에 자기 집에는 없지만 또래의 집에는 있는 물건과 관련된 지각이 발달되기 시작한다. 재정적 원천이 부족한 가족의 아동은 또래집단에게 중요하다고 여겨지는 옷을 구입할 수 없다. 6~8세 정도의 아동은 부유하다와 가난하다의 의미를 이해하기 시작한다.

> **9-1 생각해보기**
>
> 당신이 사는 지역이나 교사생활을 시작할 지역의 아동들을 생각해보라. 그곳이 최상위에 속한다 해도, 유아사망, 10대 사망, 빈곤아동, 기타 등이 여전히 많을 것이다.
>
> - 사회는 이들 아동이 더 나은 생활을 하도록 무엇을 해야 하는가?
> - 당신은 차별화된 교육을 위해 무엇을 하길 원하는가?

2) 이주 아동

처음으로 미국 학교에 진학한 이주 아동은 자아정체성 상실과 자신에게 익숙한 언어와 사회구조의 상실에서 비롯되는 문화충격을 경험할 수 있다. 아동이 배경이 유사한 아동이 많은 지역으로 이주한다면, 과도기적 전이(轉移) 과정은 아주 낯선 환경에 이주했을 때 일어날 수 있는 것만큼 어렵지 않고 충격도 크지 않을 것이다.

캘리포니아 주에는 주로 아시아와 라틴 아메리카에서 수천 명의 영어 비사용자가 매년 꾸준히 이주해 온다. 일부 학교 학생은 절대 다수가 라틴계 미국인인데, 이런 학교에 전학하는 라틴계 미국인 학생은 학교 환경에 익숙하며 안락한 분위기를 느낀다. 그러나 이주 아동이 배경이 같은 학생이 거의 없는 지역으로 간다면, 극도의 소외감을 느낄 것이다. 이런 환경에 놓인 이주 아동은 매우 위험하며, 학교 관계자는 아동이 적응하도록 협력해야 한다. 또래의 수용을 기대하는 이주 아동은 전통적 문화가치를 유지하려는 부모가 수용하기 어려운 문화 변용을 할 것이다. 가치충돌은 또래뿐만 아니라 교사에게서도 비롯된다. 저학년의 이주아동이 복장 및 행동과 관련된 가족가치뿐만 아니라 모국어 사용을 거부하는 것은 흔하다. 저학년의 아동은 생애에서 역할모델을 하는 중요한 성인과 동일시하기 시작한다. 이 동일시를 통해 아동은 존경하는 사람의 행동을 닮아가는 방식으로 자신의 행동을 강화하고, 지시하고, 통제하게 된다. 교육자는 아동에게 역할모델의 대상이 되며, 그들의 영향은 매우 중요하다. 문화가치와 가족가치를 다양화하는 데 민감한 교육자는 이주 가족의 아동이 가정과 학교의 문화를 선택하기보다는 이중문화 속에서 생활할 수 있도록 도울 수 있다.

3) 아동, 민족자각, 편견

미국에서 수년 동안 인종관계 개선을 위해 노력한 결과, 1980년대와 1990년대에는 인종관계에 대한 낙관적인 견해가 팽배했다. 그러나 최근 등장한 증오범죄와 인종폭력은 인종차별이 다시 표면에 등장하고 있음을 나타낸다. 교육자는 인종차별이 성인과 청소년에 의해 일어나는 일이라고 생각하지만, 간혹 일부 어린아이에 의한 인종차별을 목격할 때는 충격과 환멸을 느낀다.

아보우드(Aboud)의 민족자각에 대한 정의에 따르면, 민족자각이란 "개인에게서나 집단에서 나타나는 민족성에 대한 의식적인 인식이다. …… 다양한 사람의 실제 얼굴이나 그림에 이름을 정확하게 붙이는 것은 민족자각을 지각하는 기본형식을 나타낸다"(Aboud, 1998: 6). 아동의 민족자각과 편견은 나이를 먹어감에 따라 높아진다. 어떤 점에서 편견은 줄지만, 민족자각은 올라간다. 아동이 편견을 갖기 전에 민족 차이를 인식하는 것은 필요하지만, 아동에게 민족자각 그 자체가 나쁜 것은 아니다. 사람은 각각 다르고, 피부색소·머리카락·눈이 다르며, 말하는 것도 다름을 아동이 인식하는 것을 막는 것은 아동의 정확한 현실지각을 거부하는 것이다(Aboud, 1988).

다른 사람의 차이점을 인식하기 위해 아동은 자기 동일시가 되어야 하는데, 다른 아동이 어떻게 다른지 인식하기 전에 그가 누구인지를 지각해야 하기 때문이다. 3살 정도의 아동은 같은 피부색이나 인종집단의 다른 사람, 그리고 그들과 다른 사람들을 식별할 수 있다(Aboud, 1988; Sleek, 1997).

4~5세 정도의 아동 약 75%는 민족집단을 정확하게 구분할 수 있다. 6~7세 정도의 아동은 거의 100% 정확하게 식별할 수 있다. 일부 유색인 아동은 백인에 대한 조기 선호(early preference)를 나타내며, 일부 백인 아동은 소수민족 친구에 대한 선호를 표시한다(Aboud, 1988). 5세 아동 일부에게는 다른 인종집단에 대한 높은 수준의 편견이 있다(Bigler and Liben, 1993; Doyle and Aboud, 1995). 다른 집단에 대해 편견 있는 태도를 보이는 아동은 부모의 태도를 모방하는 것으로 추정된다.

4) 태도와 편견에 영향을 주는 변수

사람들은 아동이 부모에게서 편견을 배운다고 추정한다. 아보우드와 도일(Aboud and Doyle, 1996a, 1996b)은 그 추정이 부당하다는 결론을 내렸다. 아동이 부모나 또래의 태도에 영향을 받는다는 명확한 증거는 없는 듯하다. 7세 미만의 아동은 종종 부모보다 편견을 더 갖고 있으며, 부모의 개방적이고 편견 없는 태도를 수용하지 않는다. 부모는 7세 이상의 아동에게 더 많은 영향을 준다. 그러나 아동의 편견에 영향을 주는 부모 외의 다른 변수가 있다(Aboud, 1988).

아동의 편견에 관한 이론은 사회반영이론이다. 이 이론에 따르면, 우리가 아동에게서 보는 편견은 사회가치를 반영한 것이다. 일반적으로 연구 결과에 따르면, 백인 아동과 일부 유색인 아동은 높은 사회적 지위와 내집단(內集團)을 선호한다. 유럽계 미국인 또는 백인은 전형적으로 지위가 높으며 내집단에 속한다. 사회계층화가 일어나는 커뮤니티에서 아동은 낮은 사회적 지위와 외집단(外集團)[1]에 대해서는 부정적 태도를 보인다. 이런 현상은 심지어 부모의 사회적 지위가 낮거나 외집단인 소수 집단에 대해 긍정적이거나 개방적인 태도를 갖고 있어도 마찬가지로 나타난다(Aboud, 1998).

테이텀(Tatum, 1997)에 따르면, 많은 백인은 그들 자신을 사회규범(social norm)으로 간주하기 때문에, 그들 자신의 민족집단 구성원을 고려하지 않는다. 따라서 유럽계 미국인은 이런 인식을 가지고 자란다. 백인이 규범이라면, 백인이 아닌 사람들은 비정상이란 말인가? 테이텀에 따르면, 백인 아동은 사회에서 백인이나 유럽계 미국인에게 부여된 백인의 특권을 인식하지 못한다. 이와 대조적으로 유색인 아동은 그들이 이 규범의 일부로서 수용되지 않음을 인식하면서 성장한다. 대부분의 백인 아동은 실제로 존재하는 구조적 인종차별을 인식하지 못하는 것이 아니라, 알아차리지 못하는 것이다. 유색인 아동은 종종 고용에서의 차별, 식당의 부적절한 서비스, 주택 거래에서의 차별 등 일상적인 차별에 대해 어른들이 대화하는 것을 듣는다.

50여 년 전 연방대법원은 학교 통합을 명령했다. 법원은 1970년대에 학교 통합을 쉽게 하기 위해 버스 통합을 명령했다. 그러나 1999~2000년에 많은 교육구는 강제적 버스 통합과 자발적 버스 통합을 모두 포기했다. 일부 부모는 자녀

---

[1] 한 문화권에서 종속적인 위치를 차지하거나, 그 문화권 외곽에 위치한 사람들의 집단을 말한다. 조직 내에서는 리더와 함께하는 시간이 적고 리더의 관심을 적게 받는 구성원의 집단을 말한다. _ 옮긴이

가 매일 오랫동안 버스여행을 하는 것에 불만을 나타냈고, 다른 사람들은 멀리 떨어져 있는 학교가 부모의 개입을 방해한다고 생각했다. 학교의 인종 및 민족 구성원은 인접지역의 구성원을 반영한다. 최소한 통합된 인접지역에 소재한 학교는 인종적으로 동질적이다.

아동은 주변의 사람들이 무엇을 생각하고, 무엇을 하고, 무엇을 말하는지에 영향을 받는다. 부모가 관용의 모델이 되더라도, 아동은 다른 사람의 인종차별적 행동을 알게 된다. 그들은 일부가 어떻게 특정 집단의 구성원과 연관되지 않는지를 안다[Anti-Defamation League(ADL), 2004]. 그들은 일부 유럽계 미국인 교사가 식당에서 다른 유럽계 미국인 교사하고만 앉는다는 것을 안다. 그들은 특정 교사의 책상은 주로 유색인으로 둘러싸인다는 것을 안다. 교사는 부지불식간에 학생의 역할모델이 된다. 학생이 책에서 미국 대통령의 사진을 알아본다면, 그들은 재빨리 모든 대통령이 유럽계 미국인이고 남성이라는 것을 알 수 있다. 일부 커뮤니티에서 뉴스 앵커는 유럽계 미국인일 수 있고, 학교 교장이나 교육감도 백인이면서 남성일 수 있다. 학교의 교장이나 교감에게서는 다양성을 볼 수 있지만, 반면에 일부 커뮤니티에서 관리직이나 행정직은 여전히 다양성의 폭이 좁다. 아동도 나이가 많은 선배나 어른이 일부 집단을 농담 삼아 깎아내리는 이야기를 듣는다. 누군가 이 행동이 잘못되었다고 지적하지 않는다면, 아동은 이것을 수용할 수 있고 정상적인 행동이라고 믿으면서 자란다(ADL, 2004).

아동은 대중매체에 큰 영향을 받는다. 그들은 부모와 함께 텔레비전을 본다. 그들은 텔레비전과 DVD를 통해 영화를 쉽게 볼 수 있다. 그들은 부모의 신문과 잡지에서 사진을 본다. 아동이 고정관념, 오보, 중요한 정보의 배제에 노출되지 않고 보내는 날은 하루도 없다(ADL, 2004).

과거 수년 동안 아동은 인도네시아·스페인, 그리고 세계 다른 지역의 폭탄 폭발뿐만 아니라 아프가니스탄과 이라크 전쟁의 공포에 노출되었다. 그들은 유색인, 대개 이슬람 신자인 아랍인에 의해 매일 사망하는 미군 병사에 대한 뉴스를 듣거나 본다. 그들은 매번 특정 인종 또는 종교 테러리스트와 자살폭탄 테러범에 대해 쏟아내는 분노의 이야기를 지속적으로 듣는다.

대중 매체에는 항상 악당이 있다. 악당은 아메리칸인디언에서 제2차 세계대전 시기의 일본인과 독일인, 그리고 러시아인, 그다음에 라틴 아메리카의 마약 조직 두목, 지금은 아랍인과 이슬람 신자로 진화했다. 얼마나 많은 아동이, 특히 유럽계 미국인 아동이 특정 집단에 대해 편견을 갖고 성장하는지 쉽게 볼 수 있다. 특히 이들 집단에 속한 사람 중 대다수가 선량하고, 법을 잘 지키며, 성실한 미국인이라는 것을 보여주려는 노력을 거의 하지 않을 때 그렇다.

ADL(2004)에 따르면, 잘못된 자기 이미지를 가진 아동은 편견을 갖기 쉽다. 그들은 다른 사람에게 편견을 갖는 것을 그들의 자부심을 견고히 하는 수단으로 지각할 수 있다. 이렇게 함으로써 그들은 그들이 차별하거나 배척하는 사람들보다 더 중요하고 힘이 더 세다고 느낀다. 이 밖에도 아동은 이렇게 하는 것이 대중적인 것이라고 지각하기 때문에, 다른 아동을 배척하거나 조롱할 수 있다. 그들은 이 행동이 또래 사이에서 그들의 위치를 높일 수 있다고 느낀다(ADL, 2004).

4~7세의 아동에게 편견이 있을 수 있지만 인지적으로 생기는 편견은 적을 수 있기 때문에, 초등학교 저학년 시기에 편견을 줄일 수 있는 활동을 개발하는 것이 아주 적절하다.

5) 아동학대

매년 수십만 건의 아동학대 사건이 보고된다. 아동학대는 아동에 대한 신체적·정신적 학대이다. 미국소아과학회(The American Academy of Pediatrics)에서는 매년 250만 건 이상의 아동학대와 아동방치가 보고된다고 주장한다. 2007년에는 아동학대와 아동방치의 결과로 90만 6,000명이 희생되었다. 그중 1,500명의 아동이 사망했으며, 수천 명이 넘는 아동이 영구적 신체장애나 정서장애로 고통을 받았다[Centers for Disease Control and Prevention(CDC), 2007a]. 일부 전문가는 보고

〈표 9.1〉 아동학대 주요 결과

- 90만 6,000명의 아동이 아동학대나 방치로 희생되었다.
- 61%는 방치를 경험했다.
- 10%는 성적 학대를 경험했다.
- 19%는 신체적 학대를 경험했다.
- 5%는 정서적·심리적 학대를 경험했다.
- 1,500명의 아동이 학대로 사망한 것으로 추정된다.
- 이 중 36%는 방치로 사망했다.
- 이 중 28%는 신체 학대로 사망했다.
- 이 중 29%는 다중 학대로 사망했다.
- 1,200~1,600명의 아동이 폭력적으로 흔든 결과로 생기는 '흔들린 아이 증후군(shaken-baby syndrome)'으로 고통을 받았다.

자료: Centers for Disease Control and Prevention. (2007). Child maltreatment: Fact Sheet. www.cdc.gov/ncipc/cmprfact.htm에서 검색.

된 숫자는 비현실적이라고 믿으며, 매년 학대로 사망한 아동의 숫자는 당국에 보고된 숫자의 세 배 이상이 될 것이라고 추정한다(Batrollas and Miller, 2005).

〈표 9.1〉은 2006년 질병통제예방센터(Centers for Disease Control and Prevention: CDC)에서 제공한 아동학대나 가학에 대한 주요 조사결과이다.

아동학대 가해자의 다수(59.3%)는 여성이며, 한부모나 양부모의 아동학대가 89.9%를 차지했다(National Clearing-house on Child Abuse and Neglect Information, 2004). 아동학대나 가학은 대개 신체적 학대·방치, 성적 학대, 정서적 학대로 분류된다. 「연방 아동학대 방지 및 치료에 관한 법(The Federal Child Abuse Prevention and Treatment Act)」은 아동학대를 다음과 같이 정의한다.

- 사망, 신체적·정서적 중상, 성적 학대·착취를 초래하는 부모나 돌보는 사람의 최근 행동이나 행동의 불이행
- 중상의 긴급한 위험을 일으키는 행동이나 행동의 불이행(U.S. Code: Title 42, 5106g. Definitions)

(1) 신체적 학대

신체적 학대는 돌보는 사람에 의해 발생된 의도적인 상해를 말한다. 체벌과 신체적 학대와 훈육을 구분하는 것은 종이 한 장 차이만큼이나 모호하다. 미국 가정에서 체벌은 아동 양육에서 흔한 일이다. 신체적 학대는 주먹으로 치기, 패기, 차기, 물기, 흔들기, 던지기, 찌르기, 목 조르기, 때리기(손, 막대기, 줄, 또는 다른 물건 등으로), 불에 태우기, 또는 아동에게 손상을 입히는 기타 행위 등 가벼운 찰과상에서 심각한 골절이나 사망에 이르기까지 다양하다. 이러한 상해는 돌보는 사람이 아동에게 상해를 입힐 의도가 있었든지 없었든지 상관없이 학대로 간주된다.

(2) 신체적 방치

신체적 방치는 아동의 신체적 안녕을 고의적으로 방치하거나 그것에 과도하게 무관심한 것이다. 부모가 맞벌이를 할 때 나이 많은 아동이 동생을 돌본다. 나이 많은 아동이 동생을 돌보는 데 너무 어리다고 판단되면, 법률에 의해 방치로 간주된다. 이것은 특히 이주민이 많은 도시에서 문제가 된다. 방치로 고통을 받는 일부 아동은 형편없는 위생 상태를 보이며, 날씨에 맞지 않는 옷을 입고, 배고픔으로 고통을 받는다. 방치로 고통을 받는 아동은 그동안 관심 밖이었던 의학적 또는 치과 치료가 필요하다. 일부 종교집단의 부모는 아동이 병에 걸려도 상식적인 의학적 치료를 거부하는데, 이 경우 법률과 마찰을 일으킨다. 법원은 아동이 아주 위험하다고 판단되는 경우에는 개입하여 부모의 권리를 박탈한다. 아동복지정보센터(Child Welfare Information Gateway, 2006)는 아동방치를 다음 네 가지로 구분한다.

- 신체적 방치: 생활필수품·음식·쉼터·보호를 제공하지 않는다.
- 의학적 방치: 의학적·정신적 건강 치료를 제공하지 않는다.
- 교육적 방치: 아동을 교육하지 않거나 특수교육 욕구를 충족하지 않는다.
- 정서적 방치: 아동의 정서적 욕구에 무관심하고, 심리적 욕구를 충족해주지 않으며, 아동이 약물 남용을 하도록 둔다.

(3) 성적 학대

성적 학대는 성적 활동에 아동이나 미성년자가 관련되는 것이다. 또한 가족의 역할과 관련된 문화의 사회적 관습을 위반하는 행동을 포함한다. 성적 학대 유형으로는 가족에 의한 학대나 근친상간, 가족 외 다른 사람에 의한 추행 또는 강간, 포르노·매춘, 성적인 전화, 컬트에 의한 착취, 구조적 학대(보육원) 등이 있다. 성적 학대로 고통을 받는 아동은 내성적이거나 말이 없고 숨기는 경향이 있다. 일부는 학교생활에 잘 적응하지 못한다. 신체적 상해는 대개 성적 학대로 일어나지 않지만, 연구 결과에 따르면 신체적 상해는 정서적 장애가 심각하고, 장기간 지속되면서 사회 정서적 행동의 장애, 낮은 자아존중감, 우울증, 약물 남용 등의 증상이 동반된다(Lotz, 2005).

(4) 정서적 학대

정서적 학대를 받은 아동은 만성적으로 자신을 비하하고 창피해하며, 거부하거나 자존심이 공격받았다고 생각한다. 정서적 학대는 "아동의 정서적 발달 또는 자존감이 손상되게 하는 행동 유형이다. 이것은 사랑해주지 않고, 지원이나 안내도 하지 않을뿐더러, 지속적으로 비판·위협·거부하는 행동을 포함한다"(Child Welfare Information Gateway, 2006). 정서적·심리적 학대를 받는 아동은 자신을 지속적으로 비하하면서 낮은 자존감을 보인다. 일부 아동은 마약을 사용하면서 자기 파괴적이 되고, 식이장애를 보이며, 심지어 자살까지 한다. 어떤 아동은 도피적 행동을 하고, 어떤 아동은 파괴적 행동을 한다.

학대 행동은 아동에게 장기적인 영향을 줄 수 있다. 상처는 성인이 되어서도 지속된다. 피터슨(Peterson, 2004)은 신체적·성적 학대를 당한 청소년이 그렇지 않은 청소년보다 갱단에 가입할 가능성이 네 배 높다고 주장한다. 더 나아가 바르톨라스와 밀러(Bartollas and Miller, 2005)는 학대 희생자가 된 아동이 범죄로 체포될 위험성이 더 크다고 주장한다. 감옥에 수감 중인 여성 3분의 1 이상이 아동기에 학대를 경험했다고 보고되는데, 이 비율은 일반 여성 12~17%와 비교

<표 9.2> 아동학대 인식 지표

다음은 아동학대나 아동방치를 나타내는 지표이다.

아동
- 행동이나 학교 성적에서 갑작스러운 변화를 보인다.
- 신체적·의학적 문제에 대해 부모에게서 도움을 받지 못했다.
- 명백한 신체적·심리적 원인에서 비롯되는 학습문제(혹은 집중장애)가 있다.
- 나쁜 일이 일어날 것을 준비하는 것처럼 항상 주의를 경계한다.
- 성인의 감독이 없다.
- 불만이 과도하게 많고, 수동적이며, 도피적이다.
- 학교나 다른 활동에 일찍 와서 늦게까지 머물고, 집에 돌아가지 않으려고 한다.

부모
- 아동이 비행을 저지르면, 교사나 돌보는 사람이 거친 신체적 훈육을 사용하도록 요구한다.
- 아동을 완전히 나쁘고, 가치 없거나 부담스럽게 생각한다.
- 아동이 도달할 수 없는 수준의 신체적·학업적 성취를 요구한다.
- 아동이 주로 원하는 것은 돌봄, 관심, 정서적 욕구의 만족이다.

부모와 아동
- 서로 만지지 않거나 쳐다보지 않는다.
- 그들의 관계를 완전히 부정적으로 생각한다.
- 그들이 서로를 좋아하지 않는다고 진술한다.

자료: Child Welfare Information Gateway. (2006). Recognizing child abuse and neglect: Signs and symptoms. Washington, D.C.: U.S. Department of Health and Human Services, www.childwelfare.gov/pubs/factsheets/spsigns.cfm 신체적 학대, 방치나 성적 학대의 지표에 관해 좀 더 상세하게 알기 위해서는 Child Welfare Information Gateway 참조.

된다. 남성 수감자 14%가 아동학대를 경험했다고 보고되는데, 이 비율 역시 일반 남성 5~8%와 비교된다(Childhelp Inc., 2003).

〈표 9.2〉에서는 아동학대의 주요 지표 중 일부를 나타낸다. 아동학대는 모든 사람의 문제이다. 학교의 교장이나 교감에게 아동학대로 알려진 경우나 의심되는 경우를 보고하는 것은 모든 교사의 책임이다. 교장이나 교감 역시 이들 문제나 우려를 주와 연방법에 의해 위임받은 전문가(사건을 적절한 보호기관에게 위탁할 수 있는)에게 보고할 책임이 있는데, 이들은 '위임받은 보고자'이다. 모든 주에

서 아동학대의 보고를 요구하는 법률을 제정했다. 주 법률의 실제는 주마다 다를 수 있는데, 어떤 주는 보고 태만에 대해 처벌하지 않는 반면, 다른 주에서는 벌금과 체형을 부과한다. 주마다 보고 책임이 다른데, 일부 주에서는 학대가 의심될 경우에는 보고해야 하는 반면, 다른 주에서는 '믿을 만한 합리적 이유'가 있다면 보고해야 할 책임이 있다고 명시한다. 교육자는 법률적 의무 외에 직업적·윤리적으로 아동학대에서 아동을 보호할 의무를 가진다.

6) 소아비만

질병통제예방센터는 미국에서 지난 30년 동안 성인과 아동에게서 과체중과 비만이 눈에 띄게 증가했다고 보고했다. 과체중과 비만의 증가는 유치원부터 고등학교까지 모든 단계의 아동에게 영향을 주었으며, 특히 12~19세 아동은 5%에서 17.4%로 증가했다.

성인기의 나쁜 영양습관은 청소년기에 형성된다. 미국 성인 약 3분의 1은 과체중이거나 비만이다. 과체중 청소년은 과체중 또는 비만 성인이 될 가능성이 80%에 달한다. 비만은 1,170억 달러의 의료비와 생산손실을 초래하는 것으로 추정된다. 소아비만의 경우만 보더라도, 과체중 아동을 치료하는 데 직접 의료비로 연간 140억 달러가 지출된다(U.S. Newwire, 2007).

질병통제예방센터는 과체중이나 비만이 심각한 문제를 초래할 수 있으며, 다음과 같이 많은 질병이나 건강 문제를 일으킬 위험이 있다고 한다.

- 고혈압
- 이상지질혈증(고콜레스테롤·중성지방)
- 이형당뇨병
- 관동맥성 심장병
- 뇌졸중

- 담낭 질환
- 퇴행성관절염(골관절염)
- 코골이 및 수면 무호흡, 호흡기 질환
- 암(자궁내막암·유방암·결장암)(CDC, 2007b)

과체중과 비만에서 비롯되는 신체적 문제는 명확하지만, 쉽게 식별하기 어려운 다른 문제도 있다. 과체중 아동에 대한 편견과 차별은 아동에게 신체적 문제 외에도 또 다른 상처를 주는 매우 심각한 문제이다. 과체중 아동은 교육자뿐만 아니라 또래에게 차별을 받는다. 사회적 거부는 개인에게 장기간 영향을 미친다.

부모는 '토실토실한' 아동을 '그냥 살이 찐' 귀여운 아이로 생각하지만, 과체중 아동은 나이가 들어서도 과체중이 된다는 증거가 있다. 미국 건강, 체육, 여가 및 댄스협회(American Alliance for Health, Physical Education, Recreation and Dance: JOPERD)는 1,042명의 아동에 대한 연구조사를 인용하여, 2~4.5세 사이의 과체중 아동(체중이 연령집단의 백분위 85 이상)은 그렇지 않은 집단과 비교했을 때 12세에 과체중이 될 가능성이 다섯 배 높았다고 한다(JOPERD, 2007).

아동과 성인의 과체중 원인은 다면적이라 한 가지 원인만을 말할 수 없으며, 다음 네 가지는 기여 변수에 속한다.

- 식품 및 마케팅
- 식사 습관에 대한 부모의 영향
- 식사 섭취
- 신체적 활동 또는 운동의 부족

불행하게도 많은 사람이 가장 좋아하는 식품은 주로 건강에 좋지 않은 것이다. 미국과 세계 다른 지역의 청소년들은 패스트푸드가 일상생활의 주요한 부분을 차지하는 문화에서 자란다. 패스트푸드는 맛있지만, 포화지방이 많이 함유되어 있다. 최근까지 패스트푸드 산업에 대한 혹평을 보면, 이 산업은 소비자를 '슈퍼사이즈'로 만들거나 그다지 비싸지 않은 가격으로 음식의 주문량을 늘리게 했다. 이런 패스트푸드를 모든 커뮤니티에서뿐만 아니라, 학교에서도 구할 수 있다. 영양학자들은 이러한 음식을 건강하지 못한 음식으로 취급하며, '정크(junk)' 푸드라고 부른다. 아동은 일부의 학교 식당과 자판기에서 설탕 범벅의 청량음료·감자튀김·쿠키, 기타 몸에 해로운 식품들을 쉽게 구입할 수 있다.

부모는 자녀에게 접시의 음식을 모두 먹어 깨끗이 비우도록 하거나 강제함으로써 문제를 악화한다. 다른 부모는 건강에 해로운 식품이 몸에 배어, 그것들을 자녀가 먹게 한다. 질과 양은 분명히 관심사이다.

또 다른 우려는 많은 청소년이 몸을 움직이지 않고 주로 앉아 있는 생활양식이다. 오늘날 청소년들은 텔레비전·게임·컴퓨터가 아예 없거나 제한된 세대보다 오락을 할 기회가 더 많다. 오늘날 청소년들의 신체 활동이 부족한 것은 비만과 나약한 신체조건에 미치는 주요 변수이다.

건강관리전문가, 주 입법부, 심지어 연방의회조차도 이 문제를 언급하기 시작했다. 국립과학원(National Academy of Sciences)의 산하 의학연구소(Institute of Medicine)에서는 감자튀김, 도넛, 초콜릿을 얹은 아이스크림, 탄산음료와 같은 정크 푸드는 K-12 학교에서 금지되어야 한다고 권장한다. 연방의회의 초당적인 노력으로 연방 차원에서 금지 조치를 위한 입법을 발의하게 되었다(Burros, 2007).

워싱턴 주와 같은 주에서는 학교에서 판매되는 식품의 영양성분을 공개하게 하는 법률을 이미 제정했다. 일부 사례에서 부모들은 학교 관계자와 협력하여 학교식품정책 초안을 만들었다. 현재 워싱턴 주 한 교육구는 식당에서 신선한 과일과 채소, 저지방의 감자튀김, 통밀 빵을 제공하고, 후식을 조금만 제공한다. 대부분의 자판기는 물, 100% 과일 주스, 그래놀라(granola)[2]와 같은 영양이 더 좋은 음식들로 채워졌다(Woodward, 2006).

---

2 납작 귀리에 건포도나 누런 설탕을 섞은 아침 식사용 건강식품이다. _ 옮긴이

식당에서 판매되는 정크 푸드와 자판기에서 판매되는 식품은 학교 재원의 주요 원천이다. 교육자·행정가·교육위원회가 학생의 건강을 진지하게 생각한다면, 건강보다 이익을 우선시하지 않을 것이다. 학교에서 학생들이 좋은 영양을 유지하고, 몸에 해로운 식품을 제거하는 혜택과 방법을 교육해야 한다.

> **9-2 생각해보기**
>
> 소아비만의 원인이 되는 변수들은 분명하다. 많은 아동은 운동을 충분히 하지 않고, 식사 습관이 엉망이며, 맛있지만 포화지방과 칼로리로 채워진 정크 푸드에 중독되어 있다. 많은 학교가 음료수와 정크 푸드를 팔아 문제를 악화한다.
>
> - 교실에서 이 문제를 해결하기 위해 할 수 있는 것은 무엇인가?
> - 아동들이 더 건강하고, 영양이 더 좋은 식품을 선택하도록 부모를 교육하는 방법이 있는가?
> - 교직을 위험에 빠뜨리지 않으면서, 학교 당국에 당신의 우려를 전달할 방법이 있는가?

3. 청소년기

13~18세에 해당하는 청소년기는 개인과 가족의 생활에서 가장 도전하는 시기 중 하나이다. 이 시기는 아동기와 성년기 사이에 '유예된(suspended)' 장기간의 과도기(약 6년)이다. 청소년기에는 가족에게서의 해방이 개인의 지상목표이다. 아동의 역할에서 해방되려고 노력하지만, 성년기의 책임을 짊어질 준비가 안 된 청소년기는 어려운 시기이다.

1) 부모와의 관계

청소년기에 정서적 유대를 가족에게서 또래로 이동할 때, 부모와 청소년의 관계에서 재구조화가 일어난다. 부모를 더 객관적으로 바라본다. 부모는 자녀가 그들과 덜 상호작용하면서 또래에게서 영향을 받는 것에 대해 우려한다. 이러한 변화는 청소년기가 부모와 가족 구성원에게서 부조화와 소외의 기간으로 바꾸어가는 잠재적 과정임을 의미한다. 그러나 부조화와 소외의 정도가 크게 다르다는 것을 알기 위해 청소년-가족 상황을 몇 가지 관찰해야 한다.

부모의 태도가 소외의 변수가 된다. 청소년기에 자녀와 갈등을 빚을 것이라고 생각하는 부모는 간혹 자기충족예언의 덫에 걸린다. 자녀와의 소외가 발생할 것이라고 생각하는 것은 부모의 입장에서 적대적 태도를 만든다. 이와 대조적으로 자녀를 신뢰하는 부모는 자신감과 신뢰감을 조성한다. 이들 자녀에게는 종종 또래압력을 거부할 정도의 충분한 자신감이 있다.

소외는 가족, 커뮤니티의 성인, 청소년 자신에게 불안감을 준다. 일부 청소년은 생산적이고 자급자족하는 개인이 되기 위해 자율, 성적 기능, 정체성을 찾으려는 노력을 하는 과정에서 가족에게서 벗어나야 한다고 생각한다. 청소년이 성인 행동을 할 권리를 주장하지만, 그들은 성인과 같은 책임을 떠맡을 수 없다. 이런 결점을 알고 있는 부모는 청소년에게 성인의 특권을 부여하는 데 당연히 주저한다. 결국 이것은 소외로 이어진다.

2) 위험 청소년과 고위험행동

'위험 청소년'과 '고위험 청소년'을 구분하는 것은 중요하다. 위험 청소년은 불리한 환경에서 사는 청소년을 말한다. 이것은 빈곤, 차별, 가족의 불안정, 유전적·체질적 요인, 부모의 방치나 학대, 충격이 큰 주요 외상성 사건과 같은 환경 때문에 발생한다. 고위험행동 청소년은 신체적·사회적·심리적 상처 또는 부정적 결과에 취약한 청소년을 말한다. '위험' 청소년에 포함되는 청소년은 술이나 마약과 같은 유해물질을 남용하고, 원하지 않은 임신이나 성병에 걸리는 성적 행동을 한다. 이들 행동은 청소년기에 시작되고 상호 밀접한 관계가 있으며, 종종 성인기로 연장된다.

3) 약물 남용

주로 아동과 청소년의 유해물질 사용은 지난 20년간 부모, 학교, 커뮤니티, 법 집행기관이 직면한 가장 골치 아픈 문제 중 하나이다. 앞으로 10년 동안 이 문제는 불가피하게 지속적으로 주요 문제가 될 것이다. 약물 남용은 금지되었거나 불법적인 약물과 물질을 사용하거나, 합법적인 물질을 과용하는 것을 말한다. 이 문제는 국가적인 현상이고, 많은 성인 약물 남용의 문제는 청소년기에 뿌리를 둔다.

약물은 의식의 변화된 상태를 만들기 위해 남용된다. 약물을 사용하는 청소년은 종종 안도·도피·스트레스에서 편안함을 추구한다. 청소년은 가족과 특히 교육제도를 포함한 사회기관에 둔감하거나 공개적인 적대감을 표현한다. 장기 목표를 설정하지 못하는 것, 즉흥적인 희열, 행동 결과에 대한 이해 부족은 일부 청소년 약물 남용의 변수가 된다.

약물 남용자는 두 가지 광의적 범주, 즉 실험적 남용자와 상습적 남용자가 있다. 대다수 청소년 약물 남용자는 실험적 남용자이다. 일부는 실험적 남용자에서 상습적 남용자로 진전된다. 대부분의 실험적 남용자는 중도에 남용을 포기하지만, 부모와 당국의 심각한 우려는 그들이 상습적 남용자가 되지 않을까 하는 것이다. 취미를 삼아 남용하는 청소년은 실험적 남용자와 상습적 남용자 사이 어느 지점에 놓인다. 그들이 선택하는 약물은 술과 마리화나이다. 남용은 주로 기분전환을 위해 간헐적으로 일어난다. 그러나 일부 청소년의 목표는 극도의 흥분상태이며, 이는 자신과 다른 사람에게 위협이 된다.

전국적으로 학생 38.4%가 생애 1회 이상 마리화나를 피운 경험이 있다고 한다. 학생의 20%는 질병통제예방센터에서 청소년 위험 감시 조사(CDC Youth Risk Surveillance Survey)를 시행하기 30일 전에 1회 이상 마리화나를 피운 것으로 조사되었다(Eaton, 2006).

입수한 자료에 따르면, 2004년 10월~2006년 1월에 9~12학년 학생 43.3%는

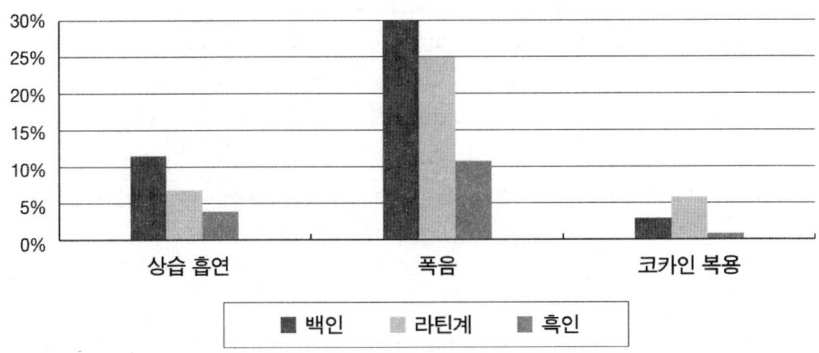

〈그림 9.1〉 고등학생의 약물 남용

자료: Centers for Disease Control and Prevention. (2005). *Youth risk behavior surveillance-United States*, 2005. www.cdc.gov/mmwr/preview/mmwrhtml/ss5505al.htm.

질병통제예방센터 조사 30일 전에 최소 한 병의 술을 마셨다. 그러나 충격적인 결과는 전국적으로 학생 25.6%가 13세 이전에 처음으로 술(몇 모금 이상)을 마셨다는 점이다.

질병통제예방센터는 전국적으로 고등학생 7.6%가 1회 이상 코카인 종류를 마셨다고 보고했는데, 질병통제예방센터 조사 30일 전에는 3.4%가 약물을 남용한 것으로 나타났다. 질병통제예방센터는 학생 8.5%가 환각 유발 약물(LSD, acid, PCP, angel dust), 2.4%가 헤로인, 6.2%가 필로폰(speed, crystal, ice)을 남용했으며, 6.3%는 생애 1회 이상 엑스터시(ecstasy)를 남용한 것으로 보고했다 (Eaton, 2006).

약물 남용과 관련된 많은 문제는 커뮤니티 전반에 걸쳐 영향을 미친다. 정맥주사 마약 남용자는 에이즈 고위험 집단이다. 1990년대 치명적인 HIV의 확산은 수천 명의 미국 청소년에게 영향을 미쳤다.

약물 남용은 모든 청소년 집단에게서 우려되지만, 소수민족 청소년에게 더욱 큰 문제이다. 〈그림 9.1〉은 인종집단별 위험행동을 보여준다. 이 그림과 〈표 9.3〉에서 보는 것처럼 고위험행동은 모든 집단에 영향을 미친다. 자료에 따르면, 이들 세 인종집단은 위험행동을 할 가능성이 매우 높다.

〈표 9.3〉 고등학생의 인종별 성행위 비율

인종집단	성행위
아프리카계 미국인	47.4%
히스패닉	35.0%
백인	43.2%

자료: Centers for Disease and Prevention(2005). Youth risk behavior surveillance-United States, 2005. www.cdc.gov/mmwr/preview/mmwrhtml/ss5505al.htm

이것은 여기에서 간략하게 소개하는 것으로 끝날 것이 아니라 교육자의 더 큰 관심이 필요한 복잡한 문제이다. 이 문제는 사회기관과 책임 있는 대중매체뿐만 아니라, 가정, 학교, 법 집행기관에서 해결할 수 있고, 또 그렇게 되어야 한다.

4) 청소년 성행위

2005년 질병통제예방센터 조사결과에 따르면, 학생 6.2%는 13세 이전에 처음으로 성교를 경험했고, 고등학생 46.8%와 고등학교 3학년 63.1%는 재학 중에 최소 1회 성교를 했다. 이 중 33.9%는 질병통제예방센터 조사 전 3개월 동안 1명 이상의 파트너와 성교한 것으로 밝혀졌다. 고등학교 3학년 약 49.4%는 현재 성행위를 한다고 보고했다. 성행위를 하는 고등학생 33.9%의 절반 이상은 성교를 할 때 피임기구를 사용했다고 밝혔다. 성행위를 한 62.8%는 마지막 성교에서 콘돔을 사용했다고 밝혔다. 이런 통계는 분명히 미국 고등학생들이 임신과 HIV 감염을 포함하는 성전염성 질환(Sexually transmitted disease: STDs)에 이를 수 있는 행위를 한다는 점을 시사한다. 또한 많은 학생이 치명적인 결과를 유발할 수 있는 임신이나 전염병을 예방하기에 충분하지 않은 조치를 취하고 있다는 것을 시사한다.

〈표 9.3〉은 인종집단별 고등학생의 성행위 비율을 나타낸다. 고위험행동과 여기에 동반되는 10대 임신은 빈곤과 높은 관계가 있으며, 빈곤비율이 높은 지

역(Washington, D.C.)과도 깊은 연관을 나타낸다. 결과적으로 빈곤으로 큰 영향을 받은 10대 유색인의 출산율이 높게 나타난다. 빈곤 집단을 비교해보면 가난한 백인과 가난한 아프리카계 미국인의 10대 출산율은 유사하게 나타난다. 실제로 청소년 어머니에게서 태어난 아이들은 저체중과 중증장애아가 될 위험이 훨씬 더 높다.

질병통제예방센터는 HIV와 에이즈에 감염된 청소년에 대한 개별 자료를 제공하지 않는다. 오히려 질병통제예방센터(CDC, 2005)는 13~24세 청소년 범주에서 24세의 청소년을 그룹화한다. 이 센터는 미국 13~24세 청소년에게 HIV 감염 위험이 있다고 경고한다. 이와 같은 위험은 특히 소수인종 및 소수민족의 청소년에게서 뚜렷하게 나타난다. 이 센터의 보고에 따르면, 2004년 13~24세 청소년 4,883명이 33개 주에서 HIV와 에이즈에 감염된 것으로 추정된다. 이는 2004년 HIV와 에이즈에 감염된 사람의 약 13%에 해당한다(CDC, 2007c).

질병통제예방센터(CDC, 2005)가 지적한 것처럼, 연구 결과에 따르면 에이즈의 높은 감염률과 낮은 소득은 상관이 있다. 이 센터의 보고에 따르면, 빈곤으로 질 높은 건강관리를 하기 어렵기 때문에 직간접적으로 HIV 감염 위험이 증가한다. 이 밖에도 청소년기에 학교를 중퇴한 자는 성행위를 하게 되고, 피임기구 사용에 실패할 가능성이 높다.

미국에서 10대 출산율은 지난 10여 년 동안 30% 정도 하락했지만, 다른 선진국과 비교하면 여전히 높다. 아프리카계 미국인의 10대 출산율이 1991년 이후 절반으로 줄었다는 보고는 대단히 인상적이다(CDC, 2003a). 그러나 아프리카계 미국인의 10대 임신율은 10대 백인의 두 배이다(CDC, 2003a).

9-3 생각해보기

인정하든 하지 않든 미국 10대 청소년 절반 또는 그 이상이 성적 활동과 관련된다는 것은 아주 분명하다. 예상할 수 있는 문제는 한두 가지가 아니다. 그것은 임신 가능성, 보호되

> 지 않은 성관계, 성병 감염의 위험 등이다.
>
> - 이것은 누구의 책임인가? 학생의 책임인가? 부모의 책임인가? 학교의 책임인가? 공공 의료기관의 책임인가?
> - 중·고등학생에게 무료로 콘돔을 제공하는 것은 그들을 성적으로 문란하게 만드는 것인가?
> - 어찌되었든 그들이 성적 활동과 관련되면, 우리는 그들과 사회 모두를 보호해야 하는가?

5) 청소년 자살

미국의 많은 청소년은 분명히 어려움에 놓여 있다. 일부는 자살을 생각할 정도로 우울증세가 있으며, 일부는 실제로 자살을 한다. 2005년 질병통제예방센터 조사 이전 12개월 동안 전국 학생 28.5%가 2주 이상 거의 매일 슬프거나 무기력하게 느낀 것으로 조사되었다. 전국적으로 16.9%는 심각하게 자살을 생각했고, 13%는 자살을 시도하려고 계획을 세웠으며, 8.4%는 12개월 전에 1회 이상 자살을 시도했다고 한다(Eaton, 2006). 1992년 10대 자살률은 전반적으로 하락했지만, 자살은 청소년의 세 번째 사망원인으로 자동차 사고와 살인 사건 다음으로 높다. 미국에서 연간 약 2,000명의 청소년이 자살하는 것으로 추정된다(CDC, 2006b). 십중팔구, 청소년 사망자에 자살 숫자를 합치면, 실제 청소년 사망자는 보고된 것보다 더 많을 것이다. 일부 자살은 사고로 보고되는데, 특히 유서가 발견되지 않는 자동차 충돌 사건은 사고로 본다. 이와 마찬가지로, 일부 총기로 인한 사망도 사고로 보고된다.

10~19세의 전체 자살률이 1992년 10만 명당 6.2명에서 2001년 4.6명으로 떨어졌다는 질병통제예방센터의 보고는 고무적이다. 총기류 접근 제한과 동성애 등 성적 취향에 대해 줄어든 선입관이 자살률 하락에 기여하는 변수라고 생각된다. 요즈음 게이와 레즈비언에 대한 텔레비전 프로그램이 증가했다. 이와 같이 성적 취향을 공개한 유명 인사를 포함한 여러 사람이 많은 생명을 구했을 것이다(Los Angeles Times, 2004).

많은 이론이 청소년 자살 현상에 대해 설명한다. 청소년 자살을 설명하는 이유로는 신앙심의 쇠퇴, 부모와의 긴장, 핵가족의 해체, 가족의 긴장과 갈등, 학

〈표 9.4〉 자살을 생각하는 청소년의 경고 징후

- 먹고 자는 습관이 바뀐다.
- 다른 사람과의 일상적인 활동을 기피한다.
- 가출을 포함한 공격적이고 적대적인 행동을 한다.
- 평소와 다른 수동적인 행동을 한다.
- 약물을 남용한다.
- 외모를 무시한다.
- 성격이 바뀐다.
- 지속적으로 지루해하고, 집중장애, 학교 성적의 하락 등이 나타난다.
- 신체적 증상(위통·두통, 기타)이 나타나거나, 정서와 관련하여 자주 불만을 표한다.
- 좋아하는 활동에 관심을 두지 않는다.
- 학교 공부와 활동에 관심이 없다.
- 악당이 되거나 내면에 나쁜 마음을 먹는 것에 불만을 표한다.
- 자신들은 더 이상 문제가 되지 않을 것이며, 더 이상 중요하지도 않으며, 더 이상 얼씬거리지도 않을 것이라는 진술과 함께 구두로 암시를 준다.
- 귀중한 소지품을 누구에게 주거나 버리고, 신변정리를 암시하는 행동을 한다.
- 우울증 뒤에 행복감을 보인다.
- 무기력과 무력감을 표현한다.
- 평소와 다르게 난폭하고 생명을 위험하게 하는 행동(과속)을 한다.

자료: Teen Suicide. (2004). The American of Child and Adolescent Psychiatry, No.10. http://aacap.org/page.ww?name=Teen+Suicide=Facts+for+Families(2004년 7월 업데이트); Griffin M. E. and Felsenthal, C. (1983). A cry for help. Garden City, NY: Doubleday; WebMed, Depression: Recognizing the warning signs of suicide. http://www.webmd.com/depression/guide/depression-recognizing-signs-of-suicide

교에서의 경쟁 등을 들 수 있다.

젊지만 정확한 판단을 내리는 데 필요한 경험이 부족하기 때문에, 우울한 청소년은 성인보다 자살 유혹에 반응할 가능성이 더 높다. 청소년 우울증의 기저에는 저조한 성적과 사랑하는 대상의 상실·거부를 포함하여 매우 광범위한 상황이 작용한다. 또한 두뇌의 생화학적인 불균형이나 부모의 사망·이혼·별거, 장기간 부재와 같은 부모의 상실에서 비롯될 수 있다. 합법적 처방전과 불법적 약물의 광범위한 이용과 남용은 또 다른 요인이 된다.

청소년이 자살을 생각할 때 나타나는 경고 징후(warning signs)는 많다. 관찰력 있는 교육자는 이런 징후들을 볼 수 있고, 적절하게 개입할 수 있다. 〈표 9.4〉에서는 이런 징후들을 보여준다.

사회에서 기대하는 성행위 유형에 순응할 수 없는 청소년은 상당히 위험하다. 게이와 레즈비언 청소년은 같은 연령대의 자살에서 30%를 차지한다. 게이와 양성애 남성을 대상으로 한 조사결과에 따르면, 30%가 최소 1회 자살을 시도했다(American Academy of Pediatrics, 2004). 미국소아학회(American Academy of Pediatrics, 2004)의 발표에 따르면, 동성애 청소년은 이성애 청소년보다 자살을 시도할 가능성이 2~7배가 높다. 또한 그들은 학교에서 무기로 위협받을 가능성이 2~4배 높으며, 마약과 술을 남용할 가능성이 더 높다. 다음은 자살 사망자와 관련된 위험 변수이다.

- 자살 시도의 경험
- 정신장애, 술이나 약물 남용 장애와 정신장애가 동시에 발생
- 가족의 자살
- 스트레스를 받는 일상생활의 사건이나 상실
- 특히 총기와 같은 치명적 방식으로의 쉬운 접근성
- 다른 사람의 자살
- 감금(Youth Violence Prevention Resource Center, 2004)

자살 시도는 생을 마감하려는 진짜 의도보다 자신의 말을 경청해주고 이해해 주기를 바라는 절망적인 시도이다. 자살을 생각했지만 시도를 하지 않은 사람은 그들의 계획이 다른 사람의 단순한 관심으로 바뀌었다고 한다.

 **게이 학생**

엘리자베스 하비는 교외 중류층이 사는 학교의 10학년 영어교사이다. 이 학교 학생은 절대

다수가 백인이고, 남부 지역의 커뮤니티에 소재한다. 방과 후의 복도에는 학생이 없다. 그녀는 편지, 공지, 기타 사항들을 확인하기 위해 교무실로 가는 길에 큰 복도에서 떨어진 어둡고 작은 복도에서 누군가 흐느끼며 훌쩍이는 소리를 들었다. 하비는 그 학생이 영어수업을 듣는 존 카메론이라는 남학생임을 알아챘다. 그 학생은 몸을 웅크리고 있었는데, 얼굴에 타박상을 입었고, 베인 상처 자국도 있었으며, 얼굴이 눈물범벅이었다.

하비는 무릎을 꿇고 조심스럽게 팔로 그의 머리를 쓰다듬으며, "무슨 일이니, 존?" 하고 물었다. 그는 머리를 흔들며, "아무것도 아니에요. 미끄러져서 넘어졌어요"라고 대답했다. "그것이 사실이 아니라는 것을 잘 알잖아. 너에게 누가 왜 이런 짓을 했는지 알려주렴. 우리는 이런 짓을 한 사람을 찾아내어 처벌해야 한다." 존은 머리를 흔들며, 애원하듯이 말했다. "절대 안 돼요. 그렇게 하는 것은 저를 더 어렵게 만들어요." "누가, 왜?" 그녀가 재촉하듯이 묻는다. "선생님, 누구인지는 중요하지 않아요. 모든 애가 다 그래요. 그 애들은 저를 더러운 게이라고 부르면서, 이 학교에서 나가라고 말해요."

침착함을 되찾은 하비는 부드럽게 물었다. "그게 사실이니, 존? 네가 정말 게이니?" "예, 맞는 것 같아요. 부모님에게는 이제까지 한 번도 인정하지 않았어요. 아버지가 안다면 저를 집 밖으로 내쫓을 거예요. 아버지는 남자답고, 또 제가 그렇게 되길 원해요. 저는 죽고 싶어요. 더 이상 살 가치가 없어요."

하비는 경건한 복음주의 기독교인이다. 그녀는 동성애는 죄악이고, 선택의 문제라고 생각한다. 그녀는 존이 기도와 신앙으로 치료될 수 있다고 믿는다. 그녀는 그에게 그것을 말해주고 싶었고, 또 그녀와 그녀가 다니는 교회의 신도들이 그를 사랑하고, 환영하며, 그가 변화하고, 정상이 되도록 도울 것이라고 말해주고 싶었다.

그러나 하비는 헌신적인 전문교육자이다. 지금 그녀의 마음에 급히 떠오르는 생각은 자신의 직업적 역할로서 존을 위해 할 수 있는 적절한 것은 무엇인지이다.

토론을 위한 질문

- 하비가 이 시점에서 존과 함께 해야 할 일은 무엇인가?
- 하비는 존을 교장실로 데려가서 현장 행정가와 이 사건을 논의해야 하는가?
- 학교는 존의 부모에게 연락하여 무슨 일이 일어났는지 말하면서 아들이 게이라는 것을 알려주어야 하는가?
- 학교는 존을 공격한 학생들을 찾아내어 처벌해야 하는가?
- 학교는 이 문제를 더 잘 다룰 적격자를 찾아내야 하는가?

6) 청소년 폭력

오늘날 폭력은 미국 청소년이 직면한 가장 큰 문제 중 하나이다. 최근 미국에서 폭력범죄율은 하락했지만, 이 추세가 청소년 폭력범죄율에는 적용되지 않는다(Peterson, 2004). 챔피언(Champion, 2004)은 13~18세 청소년이 전체 미국인의 약 10%를 차지하지만, 체포된 범죄자의 20%를 차지한다고 보고한다. 질병통제예방센터(CDC, 2007d)는 15~19세 청소년 1,938명이 2003년에 살인사건으로 사망했다고 보고했다. 또한 15세 이하 청소년도 321명이 살인으로 사망했다.

바르톨라스와 밀러(Bartollas and Miller, 2005)는 미국에서 청소년 살인으로 실제 사망한 사람은 매년 5,000명이나 된다고 주장한다. 전 세계 선진국의 청소년 살인에 대한 연구조사에 따르면, 전 세계 아동살인 사망자 수에서 미국이 차지하는 비율은 73%이다.

미국은 언론 보도 때문에 학교폭력에 잘 대응하게 되었다. 학령아동(5~19세)이 관련된 모든 살인 사건의 1% 미만은 실제로 학내, 학교 주변, 등하굣길에 일어났다. 1992~1993학년도 이후 학교 관련 살인(대다수는 총기 관련 살인) 사건은 꾸준히 하락했다. 그러나 다수의 희생자를 내는 사건은 매년 평균 5건이 증가했다(CDC, 2000).

미국에서 모든 사람은 1999년 4월 콜로라도 컬럼바인(Columbine) 고등학교에서 발생한 총격사건과 이 사건 8년 후에 버지니아텍 대학에서 일어난 총기난사 사건이 텔레비전에 나왔을 때 충격을 받고 놀랐다. 학교에서 따돌림을 당한 두 명의 학생은 컬럼바인 고등학교에서 총을 난사하여 12명의 반 친구와 교사 겸 코치를 살해하고 자살했다. 그리고 버지니아 블랙버그에서 혼자 있기를 좋아한 문제의 학생이 32명을 죽이고 수많은 사람에게 부상을 입히고 자살했다. 안락하고 평화로운 커뮤니티에 있는 학교에서 이런 사건이 발생했다는 것을 믿기 어렵다.

희생된 컬럼바인 고등학생들은 절대 다수가 백인이고, 희생자 중 한 명만이 흑인이었다. 이 고등학교는 리틀턴(Littleton)의 부유한 커뮤니티에 있다. 더 놀라운 것은 더 많은 동료를 살해할 목적으로 학교에 최소 30개의 폭탄을 설치한 가해자들의 의도였다. 다행히 이 폭탄들은 폭파되지 않았다.

리틀턴 총기사건은 최근 미국 전역에서 학생과 교사를 대상으로 하는 일련의 폭력 공격 중 하나에 불과했다. 세간의 이목을 끄는 대부분의 총기 사건은 남자 청소년과 관련되고, 이 중 대부분은 소외되거나 버림받은 사람들이다. 동료들은 이들을 조롱했으며, 그들은 소외집단에서 불만을 품고 있는 다른 사람과 관련된다. 미시시피 펄(Pearl)에서 발생한 살인사건의 가해자도 마찬가지였다. 그는 학교의 '일상생활에서의 부당한 대우'에 불만이 있었다. 아칸소 존즈버러(Jonesboro)에서 발생한 총기사건의 가해자도 '사람들이 죽을 것이다'라며 공개적으로 떠벌리고 다녔다 (Cannon, Streisand and McGraw, 1999).

컬럼바인 가해자들은 그들의 고통스러운 생활과 사건을 일으킬 가능성에 대해 충분히 경고했다. 당국은 분명히 다른 학생들에 대해 증오로 가득 찬 웹사이트와 살해 협박에 대해 알면서도 무시했거나 거의 주의를 기울이지 않았다. 전해진 바에 의하면, 가해자들은 그들을 조롱하고 괴롭혔던 학교 운동선수들을 몹시 싫어했다. 다른 10대 자살자와 다르지 않게 이들도 상처받은 개인이었고, 주의를 기울이는 사람들에게 경고를 했다. 불행하게도 이 사건에서 비극을 막은 사람은 아무도 없으며, 그렇게 많은 다른 상황에서도 주의를 기울였던 사람도 없었다.

2001년 3월 캘리포니아 산티(Santee)에서 일어난 학교 총기사건은 특히 문제가 된다. 가해자의 친구 몇 명과 지인들은 사건이 일어나기 전 주말에 가해자에게서 계획을 들었다. 그들은 농담으로 받아들였고, 괜히 보고하여 친구를 곤궁에 빠뜨리고 싶지 않았다. 교사·학생·커뮤니티는 이러한 유형의 말을 진지하게 새겨듣고, 관련 당국에 보고하는 훈련이 되어 있어야 한다.

잠재적인 공격적 행동에 대한 징후 중 많은 것이 자살을 생각하는 개인의 징후 (우울증)와 중복된다. 이런 신호들이 자살을 생각하는 것이거나 다른 사람에게 긴급한 위험을 알리는 지표이든 아니든, 그것은 상처받은 개인의 잠재적인 경고이다. 부모·교사·학교는 그런 상황을 가볍게 생각하여 위험에 빠뜨려서는 안 된다.

우울증이 반드시 폭력행동의 가능성을 암시하지는 않는다. 그러나 폭력행동은 종종 우울증에서 비롯된다. 어떤 학생의 우울증이 의심된다면, 해당 학생을 학교 상담사나 해당 기관에 의뢰해야 한다.

교육자는 그런 폭력행동이 일어나면 반드시 개입해야 한다. 우울증에서 비롯된 폭력으로 감당해야 할 위험은 엄청나다. 실제 학교폭력과 관련된 문제는 보고된 사건보다 훨씬 더 크다.

2005년 질병통제예방센터(Eaton, 2006)는 좀 다른 혼란스러운 결과를 얻었다. 전국적으로 학생 6%는 질병통제예방센터 조사 이전 30일 동안에 등하굣길이 불안하다고 느껴 1회 이상 결석하고 집에 있었다. 이 조사결과만큼 문제가 되는 것은 질병통제예방센터가 조사하기 이전 12개월 동안 청소년의 다음과 같은 행동으로, 우리를 놀라게 했다.

- 학생 29.8%가 절도한 물건을 소유하거나 학교재산에 고의적으로 1회 이상 손상을 입혔다.
- 학생 7.9%는 무기(총·칼·곤봉)로 위협을 받았거나 상해를 입었다.
- 학생 13.6%는 학교에서 물리적 싸움을 1회 이상 했다.
- 학생 6.5%는 학교에서 무기(총·칼·곤봉)를 1회 이상 소지했다(조사 이전 30일 동안).

이런 뜻밖의 폭력행동에 대한 이유는 다면적이지만 미국소아학회(2000)의 주장에 따르면, 18세가 되면 미국 청소년들은 평균적으로 텔레비전에서 약 10만 번의 폭력행위를 시청한다. 토요일 아침의 만화에 등장하는 폭력 수준은 황금시간대보다 높다. 토요일 아침에는 시간당 20~25건의 폭력행위가 방영되는 반면, 황금 시간대에는 3~5건이 방영된다. 가장 인기 있는 황금 시간대의 방송은 범죄드라마(〈CSI〉, 〈Cold Case〉 등)이다. 일부 시청자에게는 아주 흥미로운 프로겠지만, 이런 방송은 생생한 폭력행동을 제공하기 때문에, 어린아이와 심지어 청소년에게도 적합하지 않다. 부모는 자녀에게 이런 폭력물을 시청하도록 허락하기 전에 재량권을 신중하게 사용해야 한다. 이런 폭력물에 지속적으로 노출되면, 자녀가 폭력행위에 둔감해지거나 무감각해질 가능성이 있는가?

프로스로-스티스와 스피박(Prothrow-Stith and Spivak, 2004)은 텔레비전의 폭력물 노출과 아동의 공격적·폭력적 행동의 연관성에 대한 실제적 증거가 있다고 주장한다. 대중매체 폭력은 다음과 같은 방식으로 아동에게 영향을 미친다.

- 공격성과 반사회적 행동이 증가되게 한다.
- 희생자가 되는 두려움이 커진다.
- 아동을 폭력과 폭력의 희생에 덜 민감하게 한다.
- 오락과 실생활에서 폭력에 대한 욕구가 더 커진다.

청소년 폭력에 기여하거나 그런 성향을 갖게 하는 변수 중 일부는 분명하다. 어떤 선진국 중에서도 미국만큼 청소년이 총기류와 마약류에 쉽게 접근할 수 있는 나라는 거의 없다. 많은 청소년, 특히 도심에서 가난하게 사는 청소년은 스트리트 갱이 된다. 가난, 부절절한 육아, 역기능적인 가족생활, 적절한 역할 모델의 부족은 빈번하게 인용되는 다른 기여 변수이다.

질병통제예방센터(CDC, 2006b) 보고에 따르면, 살인은 아프리카계 미국인 청소년의 사망원인 1위이고, 히스패닉계 청소년의 사망원인으로는 2위이다. 2004년 15~24세 흑인 2,803명이 살인으로 사망했다. 전체 인구로 보면 백인이 흑인보다 훨씬 많지만 같은 연령대의 백인은 2,126명 이상이 사망했다.

로츠(Lotz, 2005)는 아프리카계 미국인 청소년의 사망률이 높은 이유가 그들의 일상생활에서 나타나는 사회적 조건 때문이라고 주장한다. 그들은 범죄활동에 기여하는 조건을 갖춘 이웃에 살 가능성이 높다. 또한 아프리카계 미국인 청소년이 청소년사법제도에서 다른 대우를 받는다는 것을 시사한다. 그들은 유사한 범죄를 저지른 백인 청소년보다 체포·기소·구금될 가능성이 높다. 가난한 사람은 전형적으로 법원이 임명한 변호사를 선임하며, 재판과 이어지는 구금은 종종 단순한 형식에 불과하다. 중류계급 청소년은 보호관찰이나 감형을 만들 수 있는 개인변호사를 선임할 수 있다. 구금은 교육·고용·소득 기회를 제한하면서 개인의 미래에 심각한 영향을 준다(Drakeford and Garfinkel, 2007; Justice Policy Institute, 2005).

 **무관용 정책**

학교에서 증가하는 폭력 때문에 관계자들은 무관용 정책(zero tolerance)을 정하고, 특정 행동과 항목을 학교에서 금지했다. 일반적으로 위반자는 의도, 연령, 또는 위반 정도와 무관하게 즉각적으로 때로는 가혹하게 다루어진다(즉시 출교조치). 행정가들은 예외를 둘 재량권이 없다. 엄중한 규칙은 모든 위반에 대해 필수적으로 처벌을 요구하는데, 이렇게 하는 것은 학교의 안전을 보장하기 위해서이다.

〈찬성〉
- 위반에 대한 가혹한 처벌은 외견상 학교와 학생의 안전을 위해 지불해야 할 작은 비용이다.
- 학생과 부모는 규칙이 무엇인지 알고 있다. 학생이 규칙을 어긴다면, 마땅히 그에 상응하는 벌을 받아야 한다.
- 무관용 정책은 모든 위반에 상응하는 결과가 있음을 의미한다.
- 좋은 무관용 정책은 모든 위반에 대해 최고 수준의 처벌을 요구하지 않는다.

〈반대〉
- 학생이 몇 가지 사소한 항목을 잊어버린 것 때문에 출교된다.
- 무관용 정책이 너무 앞서 나갔다. 무고한 학생들이 범죄자 대우를 받아 그들의 인생에 상처가 된다.
- 행정가에게 더 많은 재량권이 있다면, 그들은 이런 터무니없는 규칙들을 없애야 한다.

〈질문〉
- 무관용 정책을 만들지 않으면, 학교는 학생과 부모에게 폭력을 막기 위해 진지한 노력을 하고 있음을 알리기 위해 무엇을 할 수 있는가?
- 행정가는 중·고등학생보다 초등학생 위반자를 다룰 때 융통성을 더 많이 가져야 하는가?
- 행정가가 재량권을 가지고 예외를 만들 수 있다면, 무관용 정책은 정말 무관용인가?

자료: Cauchon, D. (1999). Zero Tolerance Policies lack flexibility. USA Today, www.usatoday.com/educate/ednews3.htm; California Department of Education. (2004). Zero Tolerance. www.usatoday.com/educate/ednews3.htm.

 **학교의 무관용 정책**

콜로라도 컬럼바인 고등학교와 다른 학교에서 일어난 비극적인 총기난사 사건 이후 학교는 무관용 정책을 마련할 정도로 신중해졌다. 무관용 정책의 일부는 지나치게 엄중하여 일부 학생의 경우 체포·훈육 또는 처벌 사유가 되지 않는 행동을 했더라도 체포되는 경우가 발생했다.

- 학교와 당국은 학생을 보호하려는 노력에서 너무 앞서 나갔는가?
- 자녀를 보호하고 동시에 사소한 보고를 피하기 위한 합리적인 규칙이 더 마련될 수 있는가?
- 학교와 법 집행관은 무엇이 고의적이고 위험한 행동인지, 무엇이 무시되거나 고려 대상이 되지 않는지 결정할 수 있도록 더 많은 재량권을 가져야 하는가?

7) 스트리트 갱

미국에서 청소년 갱의 활동은 1800년대 중반까지 거슬러간다. 1980년대 이전의 갱활동과 폭력은 바로 인근 커뮤니티의 사람들에게만 영향을 주었다. 중류층의 백인 미국인들은 스트리트 갱과 관련하여 거의 관심을 갖지 않았다. 그러나 1970년대와 1980년대에 갱 조직은 특히 더 정교해지고, 그들의 활동은 더 광범위한 사람들에게 영향을 미치기 시작했다(Kratcoski and Kratcoski, 2004). 텔레비전·영화·뉴스에서 갱을 선정적으로 묘사했기 때문에, 갱과 폭력은 폭력범죄와 거의 동일시되었다. 연구에 따르면, 청소년은 다양한 이유로 갱과 관련된다. 청소년이 갱과 관련되는 이유는 가족이 주는 스트레스, 희생에 대한 보호, 정서적 실현 때문이다(Peterson, 2004). 많은 갱 단원이 갱과 연관되는 것은 커뮤니티에서 지위를 달성하는 수단이 되기 때문이다. 갱은 폭력행동과 그런 행동으로 조성되는 공포를 통해 커뮤니티에서 권력을 획득한다. 오늘날의 일부 갱은 잘 무장되어 있고, 일부 지역에서는 화력을 갖춘 경찰과 맞먹거나 경찰을 능가한다. LA와 캘리포니아 남부의 다른 커뮤니티에서 스트리트 갱은 규모 면에서 그들과 전투를 벌이는 공권력보다 훨씬 더 빠르게 성장했다. 1973년 LA에는 1만

2,000명의 갱 단원이 있었던 것으로 추정된다. 오늘날 경찰은 LA에 720개의 스트리트 갱단이 있고, 3만 9,315명의 단원이 있는 것으로 파악했다(McGreevy and Winton, 2007). LA 경찰서나 LA 보안국도 갱들의 성장을 뒤따라가지 못했다. 이 밖에도 예산의 제약 때문에, 갱 처벌, 예방, 간섭과 같은 다른 활동들이 중단되거나 갱단의 성장을 따라가지 못했다(Barrett and Browne, 2004).

2004년 공격무기에 대한 연방 차원의 금지가 만료됨에 따라, 법 집행관과 다른 관계자는 갱 단원들이 고성능의 정밀무기에 접근할 가능성이 높아진 것을 두려워한다. 심지어 갱 단원들이 이들 무기를 합법적으로 구입할 수 없을지라도, 그들은 다른 수단을 강구하여 구입할 준비가 되어 있다. 갱 단원들은 총을 다른 갱단의 영역을 통과하기 위한 필수품으로 생각한다. 총 소유 문제는 일부 '악동'에 국한되지 않는다. 이것은 오히려 가난한 도심에서 생겨나 외곽으로 퍼지고 있다. 많은 사람에게 공격용 총은 선택 무기이다. 이와 같은 무기로 무장한 갱들이 차를 이용하여 총격을 하는 것은 영역권 다툼, 복수, 라이벌 갱의 공격에 대한 보복을 목적으로 하는 보편적인 행동이 되었다. 차를 이용한 총격은 의도된 희생자 수만큼이나 죄 없는 사람의 생명도 앗아간다.

LA와 같은 커뮤니티에서 매년 부상을 입거나 사망한 죄 없는 사람은 수백 명에 달한다. LA 경찰은 차를 이용한 총격의 90% 이상이 스트리트 갱 단원의 소행이라고 추정한다(Petersen, 2004). 이런 폭력행동은 공포감을 조성하여 커뮤니티에서 갱에게 권력을 주게 만든다.

모든 갱이 다 폭력적이지는 않지만, 폭력적인 갱활동은 미국에서 점점 큰 문제가 되고 있다. 이들 갱은 관심을 받고, 범죄는 더 폭력적이 되며, 더 치명적인 무기들이 사용되어 더 심각한 부상과 사망을 초래한다. 확실히 갱들이 문제의 일부인 것은 맞지만, 문제가 주로 조직화된 스트리트 갱, 법을 어기는 청소년집단, 갱과 관련 없는 청소년 때문인지는 불분명하다. 갱들은 서부 해안에서 동쪽으로 이동했다. 경쟁관계인 블러즈(Bloods)와 크립스(Crips)는 LA 지역에서 45구역과 서부와 중서부의 커뮤니티로 이주했다. 이주의 이유가 가족 이주, 계획적인 갱의 재배치와 확장인지에 대해서는 불확실하다. 일부 갱 단원이 마약 복용과 관련되고, 마약밀수, 마약과 관련된 살인과 연관된다는 증거는 충분하다. 불확실한 점이 있다면, 갱의 개입이 조직화된 노력인지 그렇지 않으면 갱 단원의 개별적인 행동인지 하는 것이다. 갱들 대부분의 폭력은 영역권 다툼의 결과이고, 마약전쟁과 관련된 일부 폭력도 영역전쟁과 더 관련될 수 있다.

많은 갱 단원과 갱의 폭력성에 기여하는 변수는 다면적이다. 이 문제에 대처할 수단은 많아 보인다. 그러나 갱 단원 문제를 해소할 해결책은 보이지 않으며, 문제를 해결할 의지도 단호하지 않다.

갱 단원은 대개 인종별·국적별로 조직화되어 있다. 갱 단원은 인종별로 다양하지만, 백인은 15% 미만을 차지하며, 아프리카계 미국인과 다른 유색인 집단, 히스패닉이 대다수를 차지하는 것으로 나타났다(Petersen, 2004).

가장 눈에 띄는 갱은 라틴계 미국인, 아프리카계 미국인, 아시아계 미국인, 자메이카계 갱이다. 라틴계 미국인 갱들은 바리오스(barrios)[3]와 오래된 갱의 일부를 운영한다. 일부 갱 단원은 그들의 아버지가 속한 갱에 속한다. 블러즈와 크립스는 가장 잘 알려진 아프리카계 미국인 갱이다. 크립스는 LA에서 고등학교 청소년들이 학우의 돈을 강탈하고, 다른 폭력에 가담하면서 시작되었다. 두 갱은 LA에서 알래스카 최북부와 워싱턴 D.C. 최동부에 이르기까지 세력을 넓혀 전국적인 조직을 갖췄다.

아시아계 갱들은 중국인과 베트남인 커뮤니티에서 눈에 띈다. 중국계 갱 중에는 Yu Li, Joe Boys, Wah Ching이 가장 알려져 있다. 매사추세츠의 Asian Boyz, Asian Crips, Asian Family/AR-Z, Blood Red Dragons는 동남아시아 국가(캄보디아·라오스·베트남) 출신으로 구성되었다. 아시아 갱들은 눈에 자주 띄지는 않지만, 다른 민족집단 갱들과 폭력성은 같다. 일부 아시아계 갱은 홍콩과 중국 본토의 폭력조직과 같은 아시아의 조직화된 범죄집단과 연계된다. 또한

---

3 외부와 고립된 스페인계의 빈민촌을 말한다. _ 옮긴이

그들은 미국과 캐나다 전체로 확산되었다(Lindberg, 2002). 이들 아시아계 갱은 전형적으로 법 집행을 불신하여 범죄 기소를 주저하는 다른 아시아계를 목표로 삼는다. 그들의 전형적인 활동에는 도박, 강탈, 고급자동차의 절도와 해외 선적, 불법 이주자의 밀항이 포함된다.

대개 갱 단원은 그들의 복장·커뮤니케이션·그래피티·문신으로 식별된다. 블러즈와 크립스는 종종 그들의 머리에 반다나(bandannas)를 두른다. 블러즈는 빨간색이고, 크립스는 파란색이다. 갱 단원의 식별은 복장으로 한다. 갱을 지정하는 복장에는 이름이 적힌 재킷과 운동복 상의가 포함된다. 손·팔·어깨에 문신을 하는 것은 라틴계 미국인 갱 단원에게서 일반적으로 보이지만, 아프리카계 미국인 갱 단원에게서는 쉽게 볼 수 없다. 수신호(hand sign)에 따라서도 갱을 식별할 수 있다.

갱이 사용하는 그래피티는 상당한 정보를 제공한다. 아프리카계 미국인 갱과 라틴계 미국인 갱의 그래피티는 서로 다르다. 흑인 갱의 그래피티에는 종종 욕설이 많고, 라틴계 미국인 갱들의 그래피티에서 볼 수 없는 표현이 있다. 라틴계 미국인 갱의 그래피티는 손재주가 있고, 세부적인 측면에서 관심을 끈다. 갱들은 영역을 주장하기 위해 그래피티를 이용한다. 영역을 넘어 새로운 그래피티가 생기면, 다른 갱이 영역을 침범하고 도전하는 것이다. 법 집행관은 신중한 관찰을 통해 갱의 영향권을 결정할 수 있다. 갱들의 그래피티는 건재한 구역임을 알린다든지, 누가 도전을 해오는지를 알려주는 하나의 상징체계이다.

(1) 갱 폭력과 미국의 학교

도시 학교에서 갱 단원들은 학생에게서 강탈하고, 교사를 위협한다. 종종 폭력은 학교에서 일어난다. 같은 반에서 일부 갱 단원의 존재는 다른 학생뿐만 아니라 교사에게도 위협이 될 수 있으며, 그런 교실에서 훈육을 하는 것은 상당한 도전이 될 수 있다.

과거 30년 동안 스트리트 갱의 출현은 교육자에게 주요한 도전이 되었다. 일부 사례에서는 학교가 폭력현장이 되어 학교는 금속탐지기를 설치하고, 안전요원을 고용하게 되었다. 법 집행관이 갱 폭력의 성장을 막을 수 없다면, 교육자들도 그렇게 할 가능성이 없다. 청소년과 관련된 다른 쟁점과 마찬가지로, 청소년이 갱 단원이 되는 것은 가난에서 비롯된다. 가난은 청소년에게 영향을 주는데, 특별히 유색인에게 미치는 영향이 크다. 칼훈과 채플(Calhoun and Chapple, 2003)에 따르면, 가족 간의 불화는 종종 갱 청소년에게 나타나는 특성 중 하나이다. 갱이 아닌 청소년과 비교할 때 갱 단원들은 가족갈등을 경험하고, 한부모 집에서 살며, 가족의 소홀한 관리감독을 받는다. 백인 갱도 있다. 일부 백인 갱은 '스킨헤드'와 같은 증오집단에 가입한다. 갱 단원은 사회에서 권리를 박탈당한 사람들에게 지각된 가시성과 지위를 부여한다. 갱 조직은 수용감을 제공하고, 간혹 가족이 해야 하는 역할을 대신한다. 갱 조직은 불법활동에서 나온 소득을 단원에게 제공한다. 어쨌든 사회가 갱 단원보다 더 나은 대안이 되지 못했다. 아마도 이것은 교육이 직면한 주요 도전 중 하나일 것이다.

8) 힙합 문화

이미 판매, 음악, 복장 부문과 관련 산업에서 수십억 달러의 수익을 올린 힙합은 여전히 열광자를 유혹하여 그들에게 제품을 판매하려고 한다. 랩과 랩뮤직은 힙합문화의 주요한 부분이다. 랩은 음악과 함께하거나 음악 없이 율동적인 리듬을 전달하는 것이다. 스눕 독(Snoop Doggy Dogg)과 카니예 웨스트(Kanye West)는 잘 알려진 랩 아티스트이다. 랩 아티스트는 장황하게 성차별·인종차별, 폭력적인 언어로 장식된 노랫말을 자주 사용하여 점점 더 많은 비판을 받고 있다. 랩뮤직 문화의 또 다른 측면은 브레이크댄스(b-boying, b-girling)인데, 이것은 난해하고 간혹 공중 곡예와 함께 이루어지는 즉흥적 형식이다. 마이클 잭슨(Michael Jackson)은 그의 뮤직 비디오 일부에서 브레이크댄스를 추었다.

4. 성인 전반기

성인 전반기는 전형적으로 18~24세의 연령대를 말한다(Jekieleck and Brown, 2005). 성인 전반기는 개인의 생애에서 매우 중요한 시기인데, 개인의 희망과 열정이 구체적인 형태를 띠기 시작하고, 사람에 따라서는 자신의 꿈이 산산조각 나는 시기이기 때문이다. 후자의 경우는 수백만 명의 저소득층과 권리를 박탈당한 젊은 미국인에게 해당한다. 이 절에 이 주제를 포함한 것은 이 시기에 교사가 되길 원하는 많은 사람이 준비를 시작하고, 일부는 교사생활을 시작하는 시기이기 때문이다.

일부는 성인 전반기에 삶의 최고 전성기를 나타내는 반면, 다른 사람들은 스트레스와 간혹 고통을 동반하는 중요한 의사결정을 해야 한다. 성인 전반기의 젊은이들은 생애에서 가장 중요한 의사결정을 내려야 한다는 압박을 받는다. 어떤 결정은 그들의 삶 전체에 미치는 영향 때문에 매우 중요하다. 이 시기에는 고등학교 이후의 교육·직업·배우자·결혼·자녀에 대한 결정을 내려야 한다. 18~20세의 젊은이들이 대학과 전 생애에 걸쳐 영향을 미칠 직업에 대해 결정을 내려야 하는 것은 지극히 힘든 일이다.

이 시기에 신체적 활기, 대학에서 새로운 지식의 습득, 새로운 평생 친구를 만들고, 교제와 결혼의 환희, 자녀 계획과 실제 출산, 새로운 직업은 상당한 즐거움이 될 수 있다. 교제와 인간관계에서의 좌절과 함께, 교육이나 직업에서 현명하지 못한 선택을 하면 좌절과 정서적 고통을 감내해야 한다. 가난한 많은 미국인에게 성인 전반기는 그들이 이 나라에서 권리를 박탈당한 사람들이라는 현실을 깨닫게 하는 시기이다. 그들이 소수 집단이고, 차별적 관행의 대상이 된다면, 그들의 인생은 특히 어려울 수 있다. 그들이 대학등록금을 조달할 수 없는 환경이라면, 고등교육을 받는 것도 환상이 될 수밖에 없다. 그들이 좋은 직장을 구하는 것도 주류집단의 구성원과 일부 소수 집단을 선호하는 사회적 편견 때문에 어렵다. 그들은 특히 경기 침체 기간에 가장 큰 영향을 받는다. 그들은 찢어지는 가난, 실업, 열악한 생활조건으로 고통을 받으며, 이 생활에서 벗어날 가능성이 없다. 불가피하게 좌절과 분노가 극도의 무력감과 함께 생긴다.

든든한 가족의 지원과 연줄이 있는 사람들은 종종 일류대학에 진학하여, 대우가 좋고 매우 만족스러운 직장을 선택할 수도 있다. 열악한 배경에서도, 성공한 개인의 사례들은 이런 규칙에서 한참 벗어난 예외적인 경우에 해당한다.

제키엘렉과 브라운(Jekielek and Brown, 2005)은 2000년 인구조사 시점에 성인 전반기에 해당하는 젊은 미국인의 모습을 간략하게 묘사했다. 마지막 인구조사 당시 미국에 사는 18~24세는 2,710만 명으로 전체 인구의 9.6%를 차지했다. 같은 비율로 계산한다면, 2008년에는 약 2,900만 명이 될 것으로 예상할 수 있다. 27%의 성인 전반기 젊은이들은 캘리포니아·뉴욕·텍사스 세 개 주에서 산다.

성인 전반기의 인종별 구성은 62%가 백인, 17%가 히스패닉, 14%가 흑인, 4%가 아시아/태평양계, 1% 미만이 아메리칸인디언/알래스카 원주민이다. 21~24세 젊은이 18%는 고등학교를 졸업하지 못했는데, 이 중 3분의 1은 외국 태생이다(Jekielek and Brown, 2005).

젊은이 14%는 고등학교 졸업장이나 GED(General Education Development)를 갖고 있는데, 그들은 생산적인 활동(학교·직장·군대)과 단절되었다. 18~24세 흑인, 히스패닉, 아메리칸인디언 4명 중 1명도 생산적인 활동을 하지 못했다(Jekielek and Brown, 2005).

절반 이상의 젊은이는 더 이상 부모나 다른 친척들과 살지 않는다. 27%는 가정을 이루었고, 24%는 친척이 아닌 다른 사람의 집(대학 기숙사의 룸메이트, 미혼의 파트너)에서 살았다. 이 집단의 18.5%는 2000년에 결혼했다. 10대에 결혼한 사람들은 이후에 결혼한 사람들보다 이혼할 가능성이 두세 배가 높다(Jekielek and Brown, 2005).

1) Y세대

　Y세대(Yers)는 베이비부머의 2세이고, X세대(Xers)의 동생이다. 마틴과 툴간(Martin and Tulgan, 2001)은 Y세대를 미국인 14세대로 정의하지만, Y세대에 대한 분명한 정의는 없다. 여기에서는 Y세대를 1978~1989년에 태어난 사람이라고 한 아무르(Amour, 2005)의 정의를 사용한다. 이 집단에는 최소 6,000만 명의 미국인이 포함된다. 이 정의에 따르면, 그들은 고등학교를 마치고 대학에 진학하거나 이미 직장에 들어갈 시기이다. 그들은 Y세대라는 꼬리표 외에, 그들의 부모가 베이비부머였기 때문에 에코부머(Echo Boomers)로 불리기도 한다. 또한 밀레니엄 세대로도 불린다.

　젊은 미국인 코호트는 코카인, 합성마약, 에이즈 감염으로 특징되는 사회에서 성장했다. 그들은 성장하면서 텔레비전에서 로드니 킹(Rodney King) 사건[4]에 이은 LA 폭동, O. J. 심슨(Simpson) 재판[5], 브랜치 다비디안(Branch Davidian), 오클라호마시 폭탄, 애틀랜타 올림픽 공원 폭탄, 컬럼바인 고등학교와 버지니아텍 총기사건, 세계무역센터 파괴, 아프가니스탄과 이라크에서의 전쟁을 지켜보았다. 그들은 미국에 핵무기를 투하하는 러시아인들에 대해 걱정해본 적은 없지만, 이란과 북한의 핵공격 능력에 대해 알고 있으며, 잘 알려진 스트리트 갱단의 활동지역을 피해야 하고, 공항보안을 통과해야 하며, 테러리스트의 공격 위협을 생각해야 했다.

　마틴과 툴간(Martin and Tulgan, 2001)은 Y세대가 X세대보다 미래에 대해 더 적극적이라고 규정한다. 대부분의 Y세대는 인생과 일에 대해 낙관적인 전망을

---

[4] 1991년 3월 LA에서 몇 명의 교통경찰관이 과속으로 질주하는 흑인 운전수 로드니 킹을 체포하는 과정에서 폭행으로 보이는 무차별 구타가 있었다. 이 경찰관 폭행사건은 법정에서 배심원들에 의해 가볍게 처리되었다. 4명의 LA 경찰관이 로드니 킹을 폭행하는 모습이 TV로 공개되면서 백인에 비해 상대적 빈곤과 박탈감에 젖어 잠재적 폭발요인을 안고 있던 빈민층의 흑인사회가 폭발, 시위로 번졌고 급기야는 6일간의 폭동으로 비화되었다. _옮긴이

[5] 유명한 미식축구 선수로, 1995년 백인 부인 니콜 심슨의 살해에 대해 무죄판결을 받았다. _옮긴이

하고, 부모보다 재정적으로 더 잘 살기를 기대한다. 이것은 미국의 역사에서 부모보다 더 못사는 첫 번째 세대라는 말을 들었던 X세대와 첨예하게 비교된다.

마틴과 툴간(Martin and Tulgan, 2001)은 Y세대를 자아존중감 세대로 정의한다. 이들은 자녀양육에 관한 인문학적 이론을 육아에 적용했기 때문에, 자녀에 대해 부모가 더 많이 관여할 수 있었다. 이 밖에도 이들 집단은 부모와 교육자가 본 집단 중에 기술적으로 가장 뛰어난 집단이 되었다. 테크놀로지를 이용하고 정보에 접근하는 그들의 능력은 이들보다 연령이 높은 집단에게는 경외감을 준다. 그들은 HD를 포함한 500개의 텔레비전 채널을 보고 자라고, 웹사이트를 디자인하며, 컴퓨터로 전 세계 사람에게 접근할 능력이 있는 첫 번째 세대이다. 아이팟, 마이스페이스(MySpace), 유튜브(YouTube)는 이들이 생활하는 데 필요한 필수도구이다.

이 집단은 역사상 가장 교육적인 마인드를 갖춘 세대이다. 일반적으로 Y세대는 교육에 가치를 둔 부모의 영향과 교육을 요구하는 직장 사이에서 교육을 택했다. 마틴과 툴간(Martin and Tulgan, 2001)의 조사결과에 따르면, 고등학교 3학년 90%가 대학에 진학하고, 70%는 전문직을 갖고 싶어 하며, 70%는 대학 학위가 직장생활을 하는 데 필수라고 생각하고, 대학 신입생 40%는 석사학위를 취득할 계획이다.

Y세대의 가장 고무적인 특성 중 하나는 그들이 역사상 가장 관용적인 세대라는 것이다. 그들이 인종 간 또는 다문화 결혼으로 태어났거나 그렇게 태어난 사람의 친구이기 때문에, 그들은 인종차별, 성차별, 동성애 혐오를 맹렬하게 비난한다.

2004년 10월 3일 CBS에서 방송한 〈Sixty Minutes〉에서는 Y세대를 과도성취, 과도관리, 압박받은 세대로 규정했다. 그들의 부모들은 구조(structure)가 필요하다고 느꼈고, 그래서 그들은 조직화된 활동에 프로그램화되었다. 집단으로서 그들은 부모에 의해 소중한 존재로 키워졌기 때문에, 자신들을 특별한 존재로 본다. 그들은 부모와 매우 긴밀하고, 많은 이는 부모를 가장 친한 친구로 생각한다. 일부 초기 세대와 다르게, 그들은 반항보다는 규칙을 좋아하고, 개인주의보다는 팀워크를 선택한다. 이 세대의 대부분에게 폭력범죄, 약물 남용, 10대 임신은 어울리지 않는다(60 Minutes, 2004).

트윈지 외(Twenge et al., 2007)는 자녀의 자아존중감을 키워주려는 부모의 노력이 역효과를 냈다고 주장한다. 하나의 집단으로서 Y세대는 나이가 더 많은 X세대보다 더 자기도취적이 되었다. 트윈지는 다른 연구자들과 함께 자기도취적 성격이 있는지를 결정하기 위해 심리검사를 받은 1만 6,000명의 대학생을 연구했다. 그 결과에 따르면, 최근 대학생의 약 3분의 2는 평균 1,982점보다 높게 나와 자기도취에 해당하는 점수를 받았다. 이들 연구자들은 이런 연구 결과가 나온 이유가 부분적으로 많은 학교에서 20년 전에 자아존중감 프로그램을 채택했기 때문이라고 주장한다. 그들은 간호대학에서 '나는 특별해. 나는 특별해. 나를 봐(I am special. I am special. Look at me)'와 같은 가사의 노래를 학생에게 부르게 한다고 주장한다. 러바인(Levine, 2004)은 그들이 즉각적인 만족감과 성적 인플레이션에 익숙하다고 주장한다. 그들은 자신을 '현재(now)' 세대로 생각하며, 순진해 빠져(naïve) 직장의 실세계로 들어갈 것이다.

(1) 벨로이트 대학 의식구조 목록

1998년부터 위스콘신 주의 벨로이트 대학(Beloit College)에서는 교직원에게 의식구조 목록(mindset list)를 배포했다. 이 목록을 이용하여 신입생과 선배 학생들을 구별하는 특성, 의식구조, 생애에서 발생한 사실들을 식별한다. 2010년 졸업반은 2006년 벨로이트 대학에 입학했다. 대부분은 17~18세였다. 대부분은 1988년에 태어났다. 다음은 50개의 의식구조 목록 중 몇 개를 발췌한 것이다.

- 소련(Soviet Union)은 존재한 적이 없으므로, 학생회(Student Union)만큼 무섭다.
- 그들은 두 명의 대통령만 안다.
- 그들의 생애에 주요 미국 항공사가 파산했다.
- 항상 단 하나의 독일만 있었다(Beloit College Mindset List, Class of 2010, 2007).

대부분의 학부 학생은 이 의식구조를 쉽게 관계시킬 수 있지만, 베이비부머

교수들은 그들이 또 다른 세대에 속한다는 것을 상기할 것이다.

2) Z세대

Z세대는 Y세대에 이은 연령 코호트이다. 일부에서는 1990년 이후에 태어난 연령대를 칭한다(Geck, 2006). 그들은 Y세대보다 완전히 다른 테크놀로지 세계에 태어난 청소년이다. 미국 10대가 다루는 첨단 기구는 부모와 조부모의 일부가 이해할 수조차 없거나 존재조차 알지 못하는 것들이다. 많은 성인은 이용자(이 중에 많은 사람은 10대)가 자신의 자료와 정보를 주고받는 유투브와 마이스페이스의 존재조차 알지 못한다. 유투브는 이용자가 동영상을 올리고, 보며, 공유하는 사이트이다. 마이스페이스는 개인이 사적인 프로필, 사진, 블로그, 음악, 동영상까지 올릴 수 있는 소셜네트워킹 사이트이다. 누구든지 컴퓨터로 인터넷에 연결만 하면, 마이스페이스에 접속하여 자신의 자료를 올리거나 다른 사람의 자료를 볼 수 있다.

유투브와 마이스페이스는 10대와 일부 성인 전반기의 젊은이에게 대단히 인기가 있고, 우수한 정보·아이디어나, 불행하게도 성범죄자가 잠재적 희생자를 찾는 방식까지도 공유하는 도구가 될 수 있다. 특히 마이스페이스의 경우에는 거짓 정보를 알려주고 가짜 사진을 이용하여 10대인 척하면서 아동과 10대와 접촉할 수 있어 문제가 된다.

휴대전화, 인터넷, 다른 연결수단을 이용하는 데 재빠른 Z세대는 교육자와 부모 양쪽에게 도전이 될 것이다. 인터넷에 익숙하고 구글(Google)과 같은 검색엔진을 사용하는 방법을 잘 알지만, 이들이 최상의 정보를 찾고, 그 정보의 질을 평가하여 유효한지를 결정하는 데 항상 뛰어난 것은 아니다. 종종 그들은 답을 찾거나 보고서를 완성하는 데 필요한 정보를 얻는 가장 편리한 방법을 추구하지만, 그들에게는 자료의 활용가치를 판단하는 데 필요한 올바른 질문을 할 수 있는 배경이 부족하다. 심지어 대학생과 교수조차도 인터넷에서 길을 잃는다. 온라인 백과사전 위키피디아(Wikipedia)의 정보는 정확한 것도 있지만, 모든 자료가 다 정확하지는 않다. 무자격자가 자발적으로 올린 자료에 대해 그 정확성을 결정하는 정밀한 조사과정이 없다.

청소년 학생들은 정보의 질에 익숙하지 않으며, 일반적으로 참고 잡지와 비참고 자료의 차이에 대한 정보, 또는 *People Magazine*과 같은 대중잡지와 학술잡지의 질적인 차이를 알지 못한다. 게크(Geck, 2006)에 따르면, 대학생은 '전자색인은 무엇으로 대체되었는가? 또는 무엇이 정기간행물에 대한 독자 안내서와 비슷한가?'라고 질문할 수 있다. 그러나 청소년은 이 정보에 대한 지식이 없다.

많은 청소년이 웹페이지의 검색과 평가에 대한 공식지침을 받기 이전에 인터넷을 이용하기 시작했다. 그들은 언제 구글이나 다른 툴을 사용하고, 언제 다른 정보검색 전략을 시도해야 하는지를 아는 초인지적 기능(metacognitive skill)[6]이 부족하다. 많은 10대는 효과적·효율적으로 정보에 접근하지 못하고, 비판적으로 유능하게 정보를 평가하지 못하며, 정확하고 창의적으로 정보를 이용할 수 없기 때문에, 미국 도서관협회가 설정한 학생의 학습을 위한 정보를 읽고 쓰는 기준을 충족하지 못한다(Geck, 2006). 교육자는 청소년의 컴퓨터 기술에 깜짝 놀라지만, 학생이 도서관을 효과적으로 이용하고, 인터넷을 이용하여 연구를 수행하는 데 필요한 기술을 제공하는 것은 교육자에게 주어진 의무이다. 이런 기술이 없다면, 그들은 효과적인 학생으로 성장할 가능성이 없다.

9-4 생각해보기

우리는 종종 Y세대와 현재 고도로 구조화된 삶을 사는 Z세대를 보아왔다. 부모는 축구 시즌에 매주 경기부터 남자아이와 여자아이를 위한 야구 리그까지 잇따라 조직화된 활동에 자녀들이 연관되게 한다. 또한 우리는 그 부모가 앞선 세대보다 자녀들을 더 자유롭

---

[6] 개인의 인지와 인지적 활동의 조절에 관한 지식, 알기 및 알아가는 방법에 관한 지식을 말한다. 초인지는 인출 시도 전에 정확성을 예측하는 능력, 미리 계획하는 능력, 그런 계획의 실행 또는 학습하거나 기억한 성과를 검토하고 점검하는 능력의 과정으로 구성되어 있다. 초인지 기능은 학습 과정을 의식적으로 통제하는 것으로써 학습계획, 전략 선택, 학습 진전도 점검, 오류 수정, 학습 전략의 효과성 분석, 학습행동과 전략의 변경 등이 포함된다. _옮긴이

게 칭찬하는 것을 본다. 대학교수는 학점 인플레이션과 수업에 출석했다는 이유만으로 A학점, 최소 B학점을 기대하는 학생들이 불만이다. 학생들이 순박하게 비현실적인 기대를 가지고 취업을 한다는 일부 문헌의 지적이 맞다면, 우리는 우리의 젊은이에게 몹쓸 짓을 하는 것인가?

- 칭찬을 더욱 현실적으로 조절해야 하는가?
- 정말로 학점 인플레이션을 경험하는가?
- 근면과 경쟁의 현실 세계를 준비하기 위해 젊은이들이 더 잘 준비하게 해야 하는가?

5. 교실에서의 초점

다른 문화집단과 마찬가지로, 미국 인구의 다양한 연령집단이 이 사회의 다원적인 특성에 크게 기여한다. 일부 기본적인 교육적 고려가 문화의 기능으로서 연령집단에 대한 연구에서 검토되어야 한다. 일반적으로 모든 연령집단을 고려할 때 특별히 미국 사회가 항상 모두에게 지원적이거나 긍정적이었다고 생각되지 않는다. 청소년 시기는 폭풍과 스트레스의 시간으로 생각되는 반면, 일부 문화에서 이 시기는 위기가 없이 지나간다. 미국 사회에서는 전자의 관점이 우세하다. 이 밖에도 미국 사회에서 노인은 다른 많은 문화에서 찾아볼 수 있는 존경 또는 공경을 받지 못한다. 이 장에서는 노인에 대해 소개하지 않았지만, 노인차별, 즉 노인에 대한 차별적인 태도가 존재하고, 그것이 인종차별·장애인차별과 마찬가지로 미국 사회 시스템의 일부라는 것을 인정하고 싶다. 의학기술의 발달로 인간이 장수하는 것은 좋은 일이지만, 그에 따라 사회복지 서비스에 필요한 세금을 부담할 일하는 사람을 더 많이 필요로 한다.

이런 이유 때문에 학생들이 연령집단의 특징에 대해 아는 것은 물론, 모든 연령집단의 기여를 이해하고 가치를 배우는 것은 매우 중요하다. 더구나 연령, 문화와 연령의 관계에 대해 아는 것은 학생들도 기대수명대로 산다면 언젠가는 노인집단의 구성원이 될 것이기 때문에 중요하다. 따라서 다른 민족집단에 대한 연구와 달리, 학생들은 구성원이었거나, 현재 구성원이거나, 실제 구성원이 될 문화집단을 이해하고 인식하는 것을 배울 수 있다. 교육자는 교실에서 다양한 연령집단의 쟁점을 소개함으로써 학생들이 그들의 형제, 부모, 그리고 그들의 삶에서 중요한 다른 사람들을 더 잘 이해하도록 도울 수 있다. 학생이 나이가 들어 다른 연령 단계에 접어들 때의 공포감을 없앨 수 있다. 연령집단과 관련된 쟁점은 학생들이 노인차별의 개념을 이해해야 하기 때문에, 교과과정에서 적절하게 소개하는 것은 중요하다. 학교는 학생들의 인종차별 문제를 이해하는 데 도움을 주는 것과 마찬가지로, 학생들이 노인들을 이해하고 이 집단과 관련된 신화를 쫓아내도록 도울 책임을 져야 한다. 은퇴자의 집을 직접 가보거나 노인교실을 방문하는 것은 유용한 경험을 제공한다. 학생들은 각 연령집단의 본질과 특성을 알 때, 연령과 상관없이 사회의 중요하고 필수적인 부분으로서의 각 개인을 지각할 것이다.

연령이 학생과 부모와 모두 연관될 때 교육자가 연령을 이해하는 것은 매우 중요하다. 교육자들이 특정 연령집단의 특성과 학생의 욕구를 이해하는 것은 동료집단의 압력에 대한 반작용이나 반응과 같이 연령과 관련된 행동을 더 잘 이해하고, 관리하는 데 도움을 준다. 부모, 형제, 그리고 다른 중요한 사람(조부모)의 본질을 이해하는 것은 교육자에게 부모-교사 관계에 도움을 주고, 학생들이 다른 사람과 상호작용하는 데 도움을 준다. 예컨대, 나이 많은 조부나 조모가 가족의 일원이 될 경우 그들은 아동과 아동의 교실 행동에 영향을 줄 수 있다.

커뮤니티에서 학교는 아마도 아동학대의 결과를 관찰하는 데 어떤 기관보다도 최상의 장소일 것이다. 학급 교사는 아동학대를 인식하고 보고할 때 중요한 요원이며, 또 모든 주의 법률도 그렇게 하도록 요구하고 있다. 이것을 하기 위해 교사는 아동학대 문제, 학대 징후, 그리고 보고할 적절한 기관을 알고 있어야 한다. 교사의 직속상관이 잠재적인 학대 문제의 보고에 반응하지 않는다면, 교사는 권한을 가진 유능한 관계자가 반응할 때까지 계속 도움을 요청해야 한다.

아동학대 가능성을 결정할 때 무엇보다 가장 중요한 요인은 아동의 신체적 조건이다. 감출 수 없는 표시, 상처, 그리고 적절히 설명할 수 없는 찰과상은 아동학대를 의심할 이유가 될 수 있다. 아동의 행동유형에서 특이한 변화(극심한 피로감)는 문제를 의심할 이유가 된다. 부모의 행동, 부모가 아동의 조건을 설명할 능력이나 그러한 능력의 부족, 그리고 가족의 사회적 특성도 아동학대를 의심할 이유가 된다. 신체적 학대나 방치는 관찰할 수 있는 지표가 있어야 하지만, 성적 학대는 설령 나타난다고 하더라도 거의 분명하지 않은 지표로 일어난다. 성인은 아동이 말하는 것을 믿으려고 하지 않고, 의혹이 있는 사건을 보고하는 것을 주저한다. 성적 학대의 희생자에게 나타나는 전형적인 징후는 없으며, 신체적 징후도 다양하다. 행동적 징후는 대개 희생자에게서 나타나지만, 중요하지 않은 것으로 생각하거나 아동기의 전형적인 스트레스로 간주한다. 만성적 우울증, 동료에게서의 소외, 반감, 자살 시도는 아동학대의 더 심각한 행동적 징후의 일부이다.

HIV와 기타 성병으로 감염된 많은 아동과 청소년은 국가의 비극이다. 이런 질병들을 뿌리 뽑으려면, 다각적인 예방 노력이 필요하다. 학교에는 주요한 역할을 하고, 취할 수 있는 구체적인 조치들이 있다. 학교에 기반을 둔 프로그램은 청소년이 위험한 행동을 하기 전에 그들에게 다가가는 것이 매우 중요하다. HIV, 성병, 원하지 않은 임신, 담배와 다른 약물 남용과 같은 주제는 교과과정으로 통합되어야 하고, 유치원부터 고등학교까지 모든 학생을 위해 지속적으로 진행되는 프로그램이어야 한다. 이런 프로그램의 개발은 신중하게 진행되어야 하고, 부모와 커뮤니티의 가치를 고려해야 한다.

대다수의 자살은 계획적이고, 충동적이지 않으며, 대부분의 자살 희생자는 누군가에게 자신의 의도를 언급한다. 많은 신호는 교사, 다른 전문직, 부모에게 경고를 준다. 교육자는 이들 신호를 심각하게 고려해야 한다(〈표 9.4〉 참조).

교사나 다른 학교 관계자는 학생에게 의심할 만한 상황이 발견되면, (말을 꺼내기 어렵지만) 친근하고, 억제된 질문이나 진술을 적절한 말로 시작할 수 있어야 한다. 예컨대, '오늘 기운이 없어 보인다', '무엇인가가 너를 괴롭히는 것처럼 보인다' 등이 있다. 아동이 긍정적인 답변을 한다면, 이어서 더 직접적이고 진실을 캐기 위한(그러나 지원적인) 질문을 할 수 있다. 자살 시도의 가능성을 의심할 만한 이유가 있다면, 교사와 다른 학교 관계자는 적절한 학교 관계자에게 신속히 알려야 한다. 교사는 자신의 한계를 인식하고, 판단 내리는 것을 피해야 한다. 이 문제의 경우에는 학교의 심리담당 교사에게 먼저 의뢰하여, 그 교사가 유능한 의료기관(소아과 의사)과 아동의 부모에게 신속히 알리도록 해야 한다. 또한 지역정신건강클리닉과 자살예방센터에서도 지원을 받을 수 있다. 신속한 행동으로 생명을 구할 수 있다.

청소년 약물 남용에 대해서는 간략하게 언급했다. 그러나 이 문제는 너무 중요하기 때문에, 모든 교육자가 문제를 알아야 하고, 초기 단계의 아동에게 적절한 약물교육을 제공해야 한다. 어떤 기관·집단·개인도 약물 남용의 부작용에 대해 효과적인 캠페인을 할 수는 없다. 오로지 힘을 합쳐 노력하는 것만이 가장 효과적인 대응책이다. 술이나 마약 복용으로 청소년에게 나타나는 징후는 자살 위험성이 있는 청소년의 징후와 중복된다. 다음은 '마약 없는 미국 만들기 파트너십(The Partnership for a Drug Free America, 2006)'에서 약물 남용과 관련된 신체적 징후에 대해 제시한 항목 중 몇 가지 예시이다.

- 수면 유형의 변화
- 충혈된 눈
- 분명하지 않고 불안한 말
- 갑작스럽거나 극적인 체중 감소나 증가
- 찰과상·상처
- 외모에 신경을 쓰지 않고, 위생이 불결
- 너무 자주 아픔
- 사고나 상해(The Partnership for a Drug Free America, 2006)

약물 남용으로 나타나는 몇 가지 행동징후는 다음과 같다.

- 학교 성적의 하락
- 소지품이나 활동에 대한 비밀이 많아짐
- 향료, 방의 탈취제, 향수를 사용(연기나 화학적 냄새를 숨기기 위함)
- 친구와의 대화에서 미묘한 변화('암호화된' 언어를 사용하고, 더 비밀스러워짐)
- 새로운 친구들
- 돈을 빌리는 일이 늘어남
- 구강 청결제를 사용하거나 박하 향을 들이마심(술 먹은 것을 감추기 위함)(Dorsey et al., 2007)

이런 징후들이 교실에서 관찰되는 경우 학교의 양호교사에게 즉시 알려야 한다. 알릴 수 없다면, 심폐기능소생(CPR) 훈련을 받은 누군가를 급히 불러야 한다. 모든 교직원은 심폐기능소생 훈련을 받은 모든 관계자 목록을 활용할 줄 알아야 한다.

부모가 아동을 성급히 성인 대우를 한다면, 교사 또한 성급한 과정에 기여할 수 있다. 교사·행정가·지원부서는 그들이 가르치고 함께하는 아동은 단지 아동일 뿐이고 축소된 성인이 아니라는 사실을 알아야 한다. 아동은 아동기의 경이로움을 경험할 유일한 기회를 가진다. 성인기와 비교했을 때, 아동기와 청소년기는 상대적으로 시간이 짧으며, 이들은 가능한 한 최상으로 그들의 생애 단계를 즐기는 모든 기회를 가져야 한다.

6. 요약

문화의 한 기능으로서 연령에 대한 연구는 교육자에게 중요한데, 연령 연구는 아동이나 청소년이 동료 수용과 부모 승인 사이에서 균형을 맞추기 위해 어떻게 노력하는지를 이해하는 데 도움을 준다. 일부 사례는 또래압력은 가정압력과 일치하지 않는다는 것을 보여준다.

아동기에서 청소년기로 이동할 때, 우리는 독립에 대한 청소년의 점증하는 욕구를 관찰한다. 일부 청소년에게 이 시기는 폭풍과 스트레스의 시기이다. 다른 청소년에게는 약간의 충격적 사고를 경험할 수 있거나 전혀 아무 일도 없이 지나갈 수도 있다.

청소년은 생애에서 가장 흥미로운 시기 중 하나이다. 청소년기는 교제, 결혼, 자녀, 경력 선택을 위한 시기이다. 개인이 신체적·직업적으로 정점에 도달하는 시기이다. 또한 이 시기의 선택이 평생에 걸쳐 영향을 주기 때문에 위협적인 시기이기도 하다.

교육자를 위한 실무

1. **토론을 위한 질문**
    1. 아동학대가 왜 문제가 되는지 설명하고, 아동학대의 몇 가지 징후를 인용하시오.
    2. 아동의 민족 동일시는 언제 시작되며, 그것은 어떻게 표현되는가?
    3. 아동의 편견에 기여하는 몇 가지 변수를 기술하시오.
    4. 소아비만에 기여하는 변수는 무엇이고, 그것은 왜 문제가 되며, 학교가 이 문제를 해결하도록 도울 수 있는 것은 무엇인가?
    5. 청소년과 가족 간에 발생하는 소외의 근원은 무엇인가?
    6. 청소년들의 약물 남용은 어느 정도이며, 이 연령집단에서 약물 남용의 몇 가지 중요한 원인은 무엇인가?
    7. 청소년 자살의 원인은 무엇이며, 경고 신호는 무엇인가?
    8. Y세대와 X세대는 어떻게 다른가?

2. **포트폴리오 활동**
    1. 세 곳의 학교에서 세 명의 교사와 인터뷰하면서, 학교에서 의심되는 아동학대를 보고할 때 학교의 정책이 무엇인지 질문하시오(INTASC 기준 10).
    2. 무관용 정책에 기초한 학교의 정책은 무엇인가? 무관용 정책이 없다면 무기나 약물을 학교에 가져오는 학생들에 대한 조치는 무엇인지 교사나 행정가와 인터뷰하시오(INTASC 기준 10).

3. **교사 자격시험 준비**

    나르지시는 도시 교육구의 중학교 교사이다. 거의 모든 학생이 저소득층이며, 여러 가지 건강 문제를 보이는 학생들을 보는 것은 흔한 일이다. 일부 학생의 경우에는 오랫동안 건강이 방치된 것으로 보인다. 나르지시는 학생의 건강이 특히 걱정되면 양호교사에게 데리고 간다. 학교가 크지만 양호교사는 딱 한 명이기 때문에 할 수 있는 것에도 한계가 있다.
    한 학생은 특히 나르지시를 걱정하게 만들었다. 그 학생은 얼굴·팔·다리에 상처가 있으며, 타박상을 입은 채 학교에 온다. 그리고 그녀를 놀라게 하는 또 다른 의심이 가는 행동들이 있다.

    단답형 질문
    1) 아동학대의 가능성이 있는 증거는 무엇인가?
    2) 계몽된 방식으로 양육을 하는 시대에 아동이 실제로 신체 학대를 당했다고 생각

하는 것은 얼마나 현실적인가?
3) 나르지시는 아동의 어머니에게 전화하여, 우려를 표현해야 하는가?
4) 나르지시가 취해야 할 신중한 조치는 무엇인가?
5) 나르지시는 그녀의 우려를 보고해야 할 책임이 있는가, 아니면 그 일이 스스로 해결될 것이라는 희망을 가지고 잠시 기다려야 하는가?

권장도서

Centers for Disease Control and Prevention. www.cdc.gov/
이 웹사이트는 청소년 성적 행위, 자살, 아동학대, 약물 남용 등과 같은 쟁점에 대해 풍부한 정보를 제공한다.

참고문헌

Aboud, F. 1988. *Children and prejudice*. Cambridge, MA: Basil Blackwell.

Aboud, F. and A. B. Doyle. 1996a. Does talk of race foster prejudice or tolerance in children? *Canadian Journal of Behavioral Science*, 28(3), 1-14.

_____. 1996b. Parental and peer influence on children's racial attitudes. *International Journal of Intercultural Relations*, 20, 371-383.

American Academy of Pediatrics. 2000. *Some things you should know about media literacy*. www.aap.org/advocacy/childhealthmonth/media.htm(2004년 9월 3일 검색).

American Academy of Pediatrics. 2004. Committee on Adolescence. *Homosexuality and adolescence*. www.medem.com/search/article_display.cfm?path=₩₩TANQUERAY₩M_ContentItem&mstr=/M_ContentItem/ZZZUHJP3KAC.html&soc+AAP&srch_typ=NAV_SERCH(2004년 9월 3일 검색).

Amour, S. 2005(November 6). Generation Y: They've arrived at work with a new attitude. *USA Today*. www.usatoday.com/money/workplace/2005-11-06-gen-y_x.htm

Annie E. Casey Foundation. 2007. *Kids count*. Baltimore, MD: Author.

Anti-Defamation League. 2004. What to tell your child about prejudice and discrimination. www.wadl.org/what_to_tell/whattotell_intro.asp(2004년 9월 3일 검색).

Barrett, B. and P. W. Browne. 2004(September 27). Gangs outnumber police. *San Gabriel Valley Tribune*, p. A1, A6.

Bartollas, C. and S. Miller. 2005. *Juvenile justice in America*. Upper Saddle River, NJ: Prentice Hall.

Beloit College Mindset List: Class of 2010. 2007. www.beloit.edu/~pubaff/mindset/2010.php(2007년 6월 2일 검색).

Bigler, R. and L. Liben. 1993. A cognitive development approach to racial stereotyping and reconstructive memory in Euro-American children. *Children Development*, 64, 1507-1519.

Burros, M. 2007(April 26). Panel suggests junk food ban in schools to help fight obesity. *The New York Times*, p. A22 (L).

Calhoun, T. C. and C. L. Chapple. 2003. *Readings in juvenile delinquency and juvenile justice.* Upper Saddle River, NJ: Prentice Hall.

Cannon, A., B. Streisand and D. McGraw. 1999(May 3). *Why? U.S. News and World Report*, 26(17), 16-19.

Cauthen, N. K. and S. Fass. 2007. *Measuring income and poverty in the United States.* New York: National Center for Children in Poverty, www.nccp.org/publications/show.php?id=707.

Centers for Disease Control and Prevention. 2000. *Facts about violence among youth and violence in schools.* www.cdc.gov/ncipc/factsheets/schoolvi.htm(2004년 9월 3일 검색).

Centers for Disease Control and Prevention. 2003a. *U.S. Pregnancy rate down from peak; births and abortion on the decline.* Atlanta, GA: Author.

Centers for Disease Control and Prevention. 2005. *HIV/AIDS among youth.* www.thebody.com/content/whatis/art17110.html

Centers for Disease Control and Prevention. 2006a. *Child maltreatment: Facts at a glance.* www.cdc.gov/ncipc/factsheets/cmfacts.htm

Centers for Disease Control and Prevention, National Center for Injury Prevention and Control. 2006b(February 8). Web-based Injury Statistics Query and Reporting System (WISQARS) [online]. http://www.cdc.gov/ncipc/wisqars.

Centers for Disease Control and Prevention. 2007a. *Child maltreatment: Fact sheet.* www.cdc.gov/ncipc/cmprfact.htm.

_____. 2007b. *Overweight and obesity introduction.* http://www.cdc.gov/nccdphp/dnpa/obesity/index.htm(2007년 5월 22일 검색).

_____. 2007c. *Sexual risk behaviors.* www.cdc.gov/HealthyYouth/sexualbehaviors/index.htm

_____. 2007d. *Healthy youth: Unintentional injuries, violence and the heath of young people.* www.cdc.gov/healthyyouth/injury.facts.htm(2007년 1월 3일 검색).

_____. 2007e(Winter). *Youth violence: Facts at a glance.* www.cdc.gov/ncip/dvp/dvp.htm

Champion, D. 2004. *Juvenile justice system: Delinquency, processing and the law*(4th ed.). Upper Saddle River, NJ: Prentice Hall.

Childhelp, Inc. 2003. *National child abuse statistics.* www.childhelpusa.org/pdf/stats2003.pdf(2004년 9월 3일 검색).

Department of Health and Human Services (DHHS) (US), Administration on Children, Youth and Families(ACF). 2005(April 5). *Child maltreatment 2003*[online]. Washington D.C.: U.S. Government Printing Office. http://www.acf.hhs.gov/programs/cb/pubs/cm03/index.htm

Dorsey, J., J. Jaffe, J. Slotnick, M. Smith and R. Segal. 2007. *Drug abuse and addiction: Signs, symptoms and effects.* HelpGuide.org. www.helpguide.org/mental/drug_substance_abuse_addiction_sin gs-effects_treatment.htm#signsymptoms

Douglas-Hall, A., M. Chau and H. Koball. 2006. *Basic facts about low-income children birth to age 18.* New York: National Center for Children in Poverty. www.nccp.org/publications/pub_678.html.

Doyle, A. B. and F. E. Aboud. 1995. A longitudinal study of white children racial prejudice as a social cognitive development. *Merrill-Palmer Quarterly*, 41, 210-220.

Drakeford, W. and L. F. Garfinkel. (n.d.). Differential treatment of African American youth. www.edjj.org/Publications/pub_06_13_00_2.html(National Center on Education, Disability and Juvenile Justice에서 2007년 5월 검색).

Eamon, M. K. 2001(July). The effects of poverty on children's socioemotional development: An ecological systems analysis. Social Work, 46(3), 256.

Eaton, D. 2006. *Youth risk behavior surveillance-United States, 2005.* Centers for Disease Control and Prevention. www.cdc.gov/mmwr/preview/mmwrhtml/ss5505a1.htm

The Federal Child Abuse and Treatment Act, 1972(1978, 1984, 1988, 1992, 1996, 2003년 수정) U.S. Code: Title 42, 5106g. definitions.

Free The Children. 2003. *Child Poverty in the U.S.* www.freethechildren.org/youthinaction/ child_poverty_usa.htm(2004년 9월 3일 검색).

Geck, C. 2006(February). The generation Z connection: Teaching information literacy to the newest net generation. *Teacher Librarian*, 33(3), 19(5).

Jekieleck, S. and B. Brown. 2005. *The transition to adulthood: characteristics of young adults ages 18 to 24 in America.* Baltimore: Annie E. Casey Foundation, Population Reference Bureau and Child Trends.

Journal of Physical Education, Recreation and Dance(JOPERD). 2007. Early childhood obesity deserves attention, 78(4), 3(1). Author.

Justice Policy Institute. 2005(October 3). Crime, race and juvenile justice policy in perspective. www.justicepolicy.org/FTC_Crime_race_juvenile05.doc

Kratcoski, P. C. and L. D. Kratcoski. 2004. *Juvenile delinquency*(5th ed.). Upper Saddle River, NJ: Prentice Hall.

Levine, M. 2004. Echo boomers. Interview on 60 Minutes [Television series episode]. October 3, 2004, CBS, Steve Kroft, narrator.

Lindberg, R. C. 2002. *Spotlight on Asian organized crime.* Schaumburg, IL: Search International. www.search-international.com/WhatsNew/WNasinangangs.htm(2004년 9월 3일 검색).

Los Angeles Times(Associated Press). 2004(June 11). Suicide Among Young Down 25%, P. A31.

Lotz, R. 2005. *Youth Crime in America: A modern synthesis.* Upper Saddle River, NJ: Prentice Hall.

Martin, C. A. and B. Tulgan. 2001. *Managing Generation Y.* Amherst, MA: HRD Press.

McGreevy, P. and R. Winton. 2007(January 10). L.A. shifts tactics against gangs. *Los Angeles Times*,

P. B1, B8.

National Clearinghouse on Child Abuse and Neglect Information. 2004. *Child maltreatment 2002: Summary of key findings*.

The Partnership for a Drug Free America. 2006. *Signs someone is using drugs or alcohol-physical signs*. www.drugfree.org/intervention/Articles/Signs_Someone-Is-Using

Petersen, R. D. 2004. *Understanding contemporary gangs in America: An interdisciplinary approach*. Upper Saddle River, NJ: Prentice Hall.

Prothrow-Stith, D. and H. R. Spivak. 2004. *Murder is no accident: Understanding and preventing youth violence in America*. San Francisco: Jossey-Bass.

Sixty(60) Minutes. 2004(October 3). Echo boomers[Television series episode]. 2004. CBS, Steve Kroft, narrator.

Sleek, S. 1997(October). People's racist attitudes can be unlearned. *APA Monitor*, 38.

Tatum, B. D. 1997. *Why are all the black kids sitting together in the cafeteria?* New York: Basic Books.

Twenge, J. M., S. Konrath, J. D. Foster, W. K. Campbell and B. J. Bushman. 2007. *Egos inflating over time: A corss-temporal analysis of the Narcissistic Personality Inventory*. Unpublished manuscript.

U.S. Census Bureau. 2006. *People in families by family structure, age and sex, iterated by income-to-poverty ratio and race: 2005-Below 100% of poverty-all races*. http://pubdb3.census.gov/macro/032006/pov/new02_100_01

U.S. Census Bureau. 2007. *Poverty thresholds 2006*. www.census.gov/hhes/www/poverty/threshld/thresh06.html.

U.S. Newswire. 2007(April 4). Robert Wood Johnson Foundation announces $500 million commitment to reverse childhood obesity in U.S., P. NA. Author.

Woodward, H. 2006(September 3). A lunchroom without junk food: South sound schools offering more nutritious options. *Olympian*(Olympia, WA), P. NA.

Youth Violence Prevention Resource Center. 2004. Youth Suicide fact sheet. http://www.safeyouth.org/scripts/facts/suicide.asp(2004년 9월 3일 검색).

제10장

다문화교육

   우리는 이 세상에서 가치 있는 변화,
그 자체가 되어야 한다.
Mahatma Gandhi

시나리오 scenario

나티샤 로프티스는 학기가 시작된 이후로 담임교사와 단 한마디도 나눈 기억이 없다. 그녀가 '성적이 나쁜' 학생이라는 의미가 아니다. 그녀는 B학점을 받고, 말썽을 일으키지도 않았다. 그래서 고등학교 상담교사인 윌리엄스는 그녀가 학교를 그만둔다는 말을 듣고 좀 놀랐다. 윌리엄스는 지난 2년 동안 나티샤의 지도교사였지만, 그녀를 기억하지 못했다. 그럼에도 이러저러한 이유로 학교를 그만두는 학생과 상담하는 것은 그의 일이었다.

나티샤는 윌리엄스에게 학교에 와서 공부하고, 집으로 돌아가는 경험을 설명했다. 학교는 따분했고, 그녀의 현실 생활과 관계가 없었다. 그녀는 다섯 자녀를 키우는 아버지를 도와야 할 책임이 있다. 그녀는 아버지가 일하는 청소회사에서 직장을 잡을 수도 있다. 그녀가 학교에서 배웠던 것은 어떠한 도움도 되지 않았다. 그녀는 10년 이상 학교에 다니면서 공부했지만, 뉴스앵커나 교사가 될 기회를 잡는 것이 마치 복권에 당첨되는 것만큼이나 어렵다고 느꼈다. 교사가 그녀의 가족에 대해 물었던 때는 6학년이었는데, 그때는 어머니가 집을 떠났던 때였다. 그녀에게 관심을 둔 곳은 교회가 유일했다.

학교는 나티샤를 침묵하게 만들었다. 수업은 그녀에게 어떤 의미 있는 경험을 제공하지 못했다. 교사에게는 수업내용이 중요했을지 모르지만, 나티샤는 그녀의 세계와 어떠한 연관성도 찾지 못했다.

생각해보기

- 나티샤는 학교를 왜 그만두기로 결심했는가?
- 교과과정은 중류층의 백인이 아닌 학생들에게 어떻게 더 의미 있게 만들어질 수 있는가?
- 교사는 나티샤와 같은 학생이 학습에 어떻게 흥미를 느끼게 할 수 있는가?

1. 다문화교육 시작하기

　지금까지 다문화교육의 기본 틀을 제공하는 사회정치적 측면에 대해 살펴보았다. 이제부터는 본격적으로 다문화교육을 제공하기 위해 그것들을 어떻게 조합할 것인지에 대해 살펴보기로 하자. 그러나 이 책은 다른 문화집단 출신의 학생들에게 어떻게 반응해야 하는지를 알려주는 설명서가 아니다. 사람에 따라서는 집단 내의 차이가 집단 간의 차이만큼 클 수 있다. 따라서 설명서는 일부 학생에게는 유용할 수 있겠지만, 모든 이에게 유용하리라는 보장은 없다. 마지막으로 이 장의 목적은 다문화교육을 어떤 식으로 시행하고, 학생의 다중적인 정체성을 수업과 어떻게 통합하며, 교사가 좀 더 다문화와 밀접한 관계를 맺는 데 도움이 되는 제언을 하는 것이다.

　수업을 통해 문화적 지식을 통합하는 것은 쉬운 일이 아니다. 당신은 처음부터 학생과 상호작용하고 수업과 과제를 계획할 때, 그것에 대해 의식적으로 생각해야 한다. 당신은 당신과 문화적 정체성이 다른 학생과 커뮤니티 구성원에게 많은 것을 배우는 열정적인 학습자로서 다문화적으로 수업을 진행해야 한다. 당신이 믿고, 생각하고, 행동하는 방식이 학생의 방식과 크게 다른 당신의 문화와 경험에서 진화했다는 것을 떠올려야 한다. 당신은 학생과 그들 가족의 역사와 경험을 경청하고, 그것들을 수업에 통합해야 한다. 당신이 학생의 문화에 가치를 둘 경우에 한해 믿어지는 학생의 가치는 학교 안팎의 현실에서 유효해야 한다.

　교육자는 학생이 거주하는 커뮤니티에 현재 살지 않거나 살아보지 않았기 때문에 불리한 상황에 놓인다. 흔히 그들이 유일하게 상호작용하는 학부모는 사친회나 예약된 회의에서 만날 수 있다. 많은 경우를 보면, 이런 학부모는 집에도 없고, 커뮤니티에 능동적으로 참여하지도 않는다. 우리는 어떻게 다른 사람의 문화를 배우기 시작하는가? 우리는 문화인류학자나 민속학자의 툴을 이용하여 교실과 운동장에서 아동들을 관찰할 수 있다. 우리는 학생과 그들의 부모가 그들의 생활을 이야기할 때 신중하게 경청할 수 있다. 우리는 다른 문화를 연구할 수 있다. 우리는 민족집단·인종집단·사회경제집단·종교집단이 다른 남성과 여성이 쓴 논문과 책을 읽고, 다른 사람의 시각에 대해 배울 수 있다. 커뮤니티, 종교, 민족활동에 참여하는 것은 학생의 문화에 대한 또 다른 시각을 제공할 수 있다.

교사가 학생의 문화에 대한 지식을 학생의 경험과 연관되게 하고, 학생의 예비지식에 기초하여 가르친다면, 수업의 학술적 내용을 학생에게 더 의미 있게 만들 수 있을 것이다. 학생이 학술적·직업적·사회적 잠재력에 도달하도록 교사가 학생의 문화에 대해 아는 것은 학생과 그들의 역사가 교과과정의 중심이 되도록 도움을 준다. 학생은 주류문화를 그들의 문화로 채택하지 않고서도 학업성취에 도달할 수 있어야 한다. 학생은 학교 안팎에서 그들의 문화적 정체성을 유지할 수 있어야 한다.

다문화 수업은 학습 과정에서 다양성을 통합해야 한다. 인종·민족성·계급·젠더가 교과과정에서 상호 연관되지 않는다면, 학생은 이것들이 전체 가운데 상호 연관된 부분이라는 것을 배우지 못한다. 이 책에서 이들 문화집단의 구성원을 별도로 소개했지만, 수업을 통해 그것들이 상호 연관되게 해야 한다. 예컨대, 우리가 수업에서 인종차별을 다루면서 성차별을 다루지 않는다면, 다문화교육을 하는 것이 아니다. 성차별의 영향과 다른 여성의 쟁점에 대해 토론하는 동시에, 유색인 여성과 가난한 여성의 경험도 통합해야 한다.

모든 수업은 다문화적이어야 하며, 모든 교실은 민주주의, 공평, 사회정의의 모델이 되어야 한다. 이렇게 하기 위해 모든 교육자는 다음을 따라야 한다.

- 수업과 학습 과정에서 학생이 중심이 되도록 하라.
- 인권과 문화 차이에 대한 존중을 장려하라.
- 모든 학생이 배울 수 있다고 믿어라.
- 학생 집단 구성원의 생애 역사와 경험을 인정하고, 이것에 기초하여 수업

을 진행하라.
- 인종차별·성차별·계급차별, 그리고 장애인·게이·레즈비언·아동·청소년·노인에 대한 차별을 이해하기 위해 억압과 권력관계를 비판적으로 분석하라.
- 사회정의와 평등을 위해 사회를 비판하라.
- 민주사회를 보장하기 위해 집단적 사회활동에 참여하라.

교사와 다른 학교 관계자는 중요한 영향력을 행사할 수 있다. 수업과 교실을 다문화적으로 만드는 것은 교사와 학생 모두의 역량강화(empowerment)[1]를 위한 기본 단계이다. 당신은 당신과 학생이 속한 다중집단에 관해 알게 된 상황에서 학생의 학습을 돕기 위해 그것들을 어떻게 통합할 수 있는가? 다문화교육은 이 책에서 기술한 교육 전략을 통합하는 것이지만, 모든 학생을 가르치고 그들의 미래에 매우 중요한 교육의 접근을 가로막는 장애물을 걷어내기 위해 전체론적인 접근 방식을 사용하는 것이다.

다문화교육은 모든 학생을 위한 것이지, 영어학습자나 유색인만을 위한 것이 아님을 기억하라. 또한 인종집단과 민족집단 양쪽에 모두 속하는 유럽계 미국인 학생은 학교에서 어떻게 특권을 누려왔는지를 이해해야 한다. 다문화교육의 강점은 우리가 모든 사람에게 공평한 기회를 제공하기 위해 노력하는 과정에서 우리의 유사점과 차이점을 배우는 데 있다. 격리된 교실에서 공부하거나 종교·언어·민족·인종의 다양성이 거의 없는 커뮤니티에서 사는 학생은 현재 살고 있는 다원적 세계, 커뮤니티, 더 넓은 세계에서 사회정의를 실현하는 데 기여할 수 있는 역할에 대해 배워야 한다.

---

1 개인 또는 가족·커뮤니티와 같은 집단이 정치적·사회적·경제적 환경의 차원에서 강점을 향상하고, 스스로 의사결정하고 선택하는 환경으로 재구성할 수 있도록 돕는 과정이다. _ 옮긴이

1) 학습에 초점 맞추기

다문화 교사는 학생의 사회적 자본을 제한하는 장애 또는 경제조건 때문에 그들이 직면하는 장애물과 상관없이 모든 학생이 배울 수 있도록 돌보아야 한다. 다문화 교사는 일부 학생이 언제 배우지 못하는지 인식하고, 그들에게 다가가서 그들이 배울 수 있는 다른 교육적 전략을 시도해야 한다. 교사는 학생이 학습활동에 적극적으로 참여하도록 독려해야 한다. 교사는 도피적이고, 우울하며, 교실활동에 반항하는 학생을 무시하지 않아야 한다. 교사는 학생이 스스로 학습자로 생각하고, 학습을 가치 있게 생각하도록 할 수 있는 모든 것을 다 할 수 있어야 한다.

교사는 학습의 초점을 모든 사람이 사회에서 효과적으로 기능하는 데 필요한 읽고 쓰기와 산술 등 기본 지식을 가르치는 것에 국한하지 않아야 한다. 다문화 교육자는 학생이 주제를 뒷받침하는 주요 개념(big idea)을 이해하도록 도와주어야 한다. 그들은 학생에게 교과서와 신문에 무슨 내용이 담겨 있는지, 텔레비전과 영화에서 무엇을 보는지를 질문하게 해야 한다. 그들은 학생을 지식을 쏟아 붓는 그릇으로 다루지 않아야 한다. 그들은 학생이 체험활동, 커뮤니티 프로젝트, 자료수집, 아이디어 테스트를 통해 배우도록 도와야 한다.

캘리포니아 주립대학교(산타크루즈)의 교육·다양성·수월성 연구센터(The Center for Research on Education, Diversity and Excellence: CREDE)는 다음 다섯 가지를 다양한 학생의 학습이 향상되게 하는 데 매우 중요한 기준으로 설정했다(Viadero, 2004).

- 교사와 학생의 공동작업: 학생과 교사가 프로젝트나 아이디어를 만들기 위해 함께 일하는 교육적 집단활동을 이용하라.
- 모든 교과과정에서 언어 및 읽고 쓰는 기술의 개발: 읽고 쓰기 전략을 적용하고 모든 교과목에서 언어능력을 개발하라.
- 수업과 학생생활의 연계: 수업 및 교과과정을 집, 커뮤니티, 학교에서 학생의 현

재 경험의 맥락과 연관지어라.
- 학생을 도전적인 수업에 참여하게 하기: 학생 성과의 도전적인 기준을 유지하라. 더 복잡한 수준의 이해를 위한 활동을 디자인하라.
- 수업에 대화를 강조: 특히, 학술적·목표지향적·소집단적 대화와 같이 교사—학생 간의 대화 방식으로 수업하라(CREDE, 2004: 1).

교육·다양성·수월성 연구센터 연구자들은 다양한 학생으로 구성된 많은 학교에서 이 기준들을 시험하고 개선했다. 이 다섯 가지 기준은 다음 절에서 논의할 문화적으로 반응하는 수업에서 핵심이 된다.

학생이 배울 수 있도록 돕는 것의 핵심은 교과과정을 그들의 문화와 현실 세계의 경험과 연계하는 것이다. 학생은 자신의 생활에 의미를 제공하는 교과과정에서 그들을 볼 수 있어야 한다. 그렇지 않으면, 그들은 그들의 문화를 폄하하는 주류문화의 방식으로 보이는 교과과정과 학습에 저항할 것이다. 이제 교육자가 다문화적인 교육을 시행하는 데 도움이 되는 교수법이나 수업 전략에 대해 다룰 것이다.

10-1 생각해보기

수업의 가장 중요한 목표는 학생이 배우도록 돕는 것이다. 문제는 일부 교사가 이런 도전을 수용하지 않고, 일부 학생에게는 높은 수준의 것을 배우도록 고무하면서, 다른 학생에게는 약간만 배우도록 한다는 것이다.

- 당신은 학생이 배우고 있다는 것을 어떻게 아는가?
- 당신은 모든 학생이 배울 수 있다고 믿는가? 왜 그런가? 왜 그렇지 않은가?
- 당신이 가르치는 주제와 학생의 삶을 어떻게 연계할 것인가?

2) 교육자의 기질을 지원하기

다문화교육은 배경이 다양한 학생의 학습을 지원할 교사와 다른 학교 관계자의 기질(disposition)을 요구한다. 기질이란 수업과 학생·가족·동료·커뮤니티의 상호작용에 영향을 미치는 가치, 헌신, 직업적 윤리이다. 어떤 교육자의 기질은 교육자 자신의 직업적 성장뿐만 아니라 학생의 학습, 동기부여, 발달에 영향을 미친다. 그것들은 돌봄, 공정성, 정직, 책임, 사회정의와 같은 가치와 관련되는 신념과 태도로 형성된다(National Council for the Accreditation of Teacher Education, 2002). 교사가 학생과 상호작용하면서 학생의 문화와 경험을 경멸하고 폄하한다면, 그 교사는 다문화교육을 실시할 수 없다. 제1장에서 요약한 기질을 가진 교육자는 학습을 지원하고 확장하기 위해, 다양한 학생의 문화와 경험에 기초하여 수업을 진행할 수 있을 것이다.

2. 문화적으로 반응하는 수업

'문화적으로 반응하는 수업'은 다문화교육의 기본 요소이다. 이 교수법은 학생의 문화를 확인하고, 학생의 문화와 경험을 장점으로 생각하며, 수업 과정에 학생의 문화를 반영하는 것이다. 이것은 문화가 학생의 학습방식에 영향을 준다는 가정에 기초한다(Darling-Hammond, French and García-López, 2002; Gay, 2000). 또한 이것은 지식의 지배적인 원칙과 앎의 방식을 뛰어넘는 것이다. "학생이 그들의 문화적 정체성과 문화적 배경을 변명하거나 부끄럽게 생각하는 대신, 그것들에 자긍심을 갖도록 가르쳐야 한다"(Gay, 2000: 34).

여기에서는 문화적으로 반응하는 교사가 되기 위해 고려되고 개발되어야 하는 교수-학습 과정의 요소를 탐색할 것이다. 여기에서 공부한 내용을 수업계획 및 교실활동에 통합하라. 학교에서 교사들을 관찰하고, 문화적으로 반응하는 수업을 지원하는 다른 사람들을 식별하면서 이런 관례의 증거를 찾아라.

> **10-2 생각해보기**
>
> 문화적으로 반응하는 수업 목표 중 하나는 수업을 할 때 학생의 문화를 인정하는 것이다. 학생은 교과과정에서 그들을 보아야 한다. 다음 쟁점들에 대해 생각해보시오.
>
> - 당신이 교과과정에서 당신 자신, 가족, 커뮤니티에 대한 부정적인 묘사 외에 다른 것을 보지 못한다면, 어떤 느낌이 들 것인가? 교과서에서 좀처럼 볼 수 없는 집단은?
> - 당신이 가르치는 학생의 문화를 당신이 계획하는 과목에 어떻게 통합할 수 있는가?
> - 당신이 가르칠 과목에 눈에 띄게 기여를 한 여성과 유색인은 누구인가?

1) 다문화 교과과정

교과과정에서는 학생이 어떤 과목이나 프로그램에서 학습하길 기대하는 지식과 기술을 정의해야 한다. 그것은 또한 정치적이다. 누구의 이야기, 누구의 문화, 누구의 가치를 교과과정에 반영하여 가르쳐야 하는가? 관련 교과서는 무엇인가? 그리고 읽어야 할 책은 무엇인가? 학생을 주류문화에 동화되게 할 것인가? 주류문화의 이야기를 학생의 것으로 만들게 할 것인가? 또는 교과과정은 학생의 문화에 가치를 두고, 주류문화의 역사 및 경험과 함께 그들의 역사와 경험을 가르칠 것인가? 다문화 교과과정은 가장 광범위한 시각에서 다양성을 지지하고 환영한다. 즉, 이것은 교실에서 공부하는 학생의 역사·경험·전통·문화를 포함한다. 다양성이 제한된 교실에서의 교과과정은 학생에게 미국의 주 또는 주요 문화집단을 소개하는 데 그친다.

학년이나 가르치는 과목에 상관없이 교과과정은 다문화적이어야 한다. 당신의 교실에서 학생이 그들과 그들의 경험을 교과과정에서 볼 수 있어야 한다. 더 다양한 환경에 놓인 학생이 미국과 세계의 다양성을 인정하고 이해하는 것이 중요하듯이, 동질적 환경의 학생도 그렇게 하는 것이 중요하다. 다양성이 제한된 학생은 다른 문화집단의 사람들과 상호작용할 기회가 없기 때문에, 그들은 다양성을 두려워하기보다 그것에 가치를 두는 것을 학습해야 한다. 학생은 다른 사람들이 다른 경험에 기초하여 세계와 사건에 대한 다른 시각이 있음을 알아야 한다. 인터넷을 통해 다른 문화집단의 사람들과 쉽게 상호작용하고, 그들에 대해 알 수 있다.

커뮤니티가 항상 민족적 다양성이 풍부한 것은 아니지만, 그곳에는 다양한 사람이 모여 산다. 교육자는 커뮤니티에 존재하는 문화집단을 결정해야 한다. 아메리칸인디언 보호구역이나 그 인근에 있는 학교는 비아메리칸인디언뿐만 아니라 그 지역의 부족 학생으로 구성된다. 전형적으로 도시 학교는 민족, 사회경제적 수준, 종교가 다른 학생으로 구성된다. 도시 학교에는 저소득층 학생과 이주민 학생이 매우 많다. 농촌 학교는 저소득층과 중류계급 학생으로 구성된다. 학생의 집단과 다른 교사는 다른 문화에 대해 배워야 한다. 그렇지 않으면, 학생과 교사 모두 고통을 받을 수 있다.

전통적인 현행 교과과정은 주류집단의 역사·경험·시각에 기초한다. 이 결과는 다른 집단의 경험을 주변인화(marginalization)한다. 다문화적 수업은 있는 그대로 그것들을 말해야 한다. 미국의 경우에는 유럽인이 도착하고 많은 시간이 지나면서 인구가 더 많아지자 다양성이 존재했다. 하나의 집단만 교과과정에 포함될 가치가 있는 것처럼 가르치는 것은 진실을 말하지 않는 것이다. 다른 집단에 관한 수업 자료와 정보는 학생과 교사에게 유용하다. 소집단의 구성원이나 미국에 새로 이주한 집단에 대한 자료를 찾기는 더 어려울 수 있지만, 불가능한 일은 아니다. 학생과 교사는 인터넷을 사용하여 개인적인 이야기, 예술, 음악, 가족 역사를 포함하여 다양한 정보를 파악할 수 있다. 교사가 미국에 존재하는 수백 개의 민족과 종교집단을 소개할 수는 없지만, 적어도 학교 커뮤니티에 존재하는 집단들을 포함하려는 노력을 해야 한다.

서펜실베이니아에 위치한 학교에서 가르치는 교사는 아미시파의 정보와 그 종교에 대한 사례를 포함해야 한다. 이 접근 방식은 학생이 사는 커뮤니티에서 다양성이 가치가 있음을 다른 학생들에게도 보여줄 것이다. 서남부에 위치한 학교의 교과과정은 멕시코계 미국인과 아메리칸인디언의 문화를 통합해야 한다. 미국의 다른 지역에 소재한 학교의 교과과정에서는 예수그리스도후기성도, 이슬람교, 베트남계 미국인, 아메리칸인디언, 자메이카계 미국인, 중국계 미국인, 푸에르토리코계, 그리고 타당하다고 생각되는 다른 집단의 역사·경험·시각을 반영해야 한다. 학생은 교과과정에서 그것들을 찾을 수 있어야 한다. 그렇지 않으면 그들은 주변인화되고, 그들을 학교 문화의 중요한 일부로 생각하지 않는다.

교육자는 집단에게 피상적인 관심을 주지 않도록 신중해야 한다. 다문화교육을 특정 집단의 음식·축제·흥미·영웅·기념일로 국한해서 생각하면 안 된다. 게다가 2월 내내 아프리카계 미국인의 역사만을 기념하거나, 3월 내내 여성의 역사를 기념하는 것은 다문화교육이라고 볼 수 없다. 다문화교육은 한 시간, 하나의 단위, 또는 한 달 단위로 구분하는 것이 아니며, 생각보다 훨씬 복합적이고 우리의 일상생활과 긴밀하게 연결되어 있다. 그것은 하나의 렌즈라고 볼 수 있는데, 그 렌즈를 통해 교과과정을 살펴보아야 한다.

다른 집단에 대해 구체적으로 얼마만큼 알아야 하는가는 교과목에 따라 다르겠지만, 국가의 다양성에 대한 자각과 인식은 모든 교실의 교과목에서 반영될 수 있다. 교실의 학생이 얼마나 동화될지는 모르겠지만, 그들이 다양성을 이해하고, 주류집단과 다른 집단 구성원의 기여를 알며, 대다수 학생과 문화적 배경이 다른 개인과 집단의 목소리를 듣게 하는 것은 교사의 책임이다.

다문화교육은 다른 집단을 주류집단처럼 만드는 보상적인 과정이 아니다. 교육자는 다양성을 교과과정으로 통합할 때, 집단 간의 차이점들이 극복해야 하는 결점이 되지 않게 해야 한다. 교사의 문화가 학생의 문화보다 우월하다고 믿는 교사는 모든 학생이 배울 수 있도록 돕는 데 필요한 신뢰를 쌓을 수 없을 것이다. 교사가 처음부터 다문화적으로 가르치기 시작할 때, 교과과정과 수업에서 다양성을 반영하는 방식을 찾는 데 추가적인 시간이 필요할 것이다. 그러나

이 과정은 경험으로 내면화되어야 할 것이다. 그러면 그 교사는 수업자료가 다문화적이 아니라는 것을 즉시 인식하기 시작할 것이고, 다양성과 다중 시각을 반영하는 표준 교과과정을 확대해나갈 수 있을 것이다.

(1) 교과 영역에 문화를 반영하기

교사가 학생의 문화에 대해 아는 것은 교과목을 가르칠 때 중요하다. 문화적으로 반응하는 수업은 교과목을 학생과 그들의 커뮤니티의 문화적 맥락과 경험에서 가르치기 때문에 학생의 학업 성취가 향상되게 한다. 이러한 접근 방식을 적용했을 때 교과목은 그들의 삶과 관련되고, 이미 알고 있는 것이기 때문에 의미를 가지기 시작한다. 이렇게 되면 교과목은 학생의 경험을 유용하게 만든다.

교사는 학생의 학습을 돕기 위해 교과목을 잘 알아야 한다. 그러나 교사가 교과목만 잘 안다고 하여 학생을 잘 가르칠 수 있는 것은 아니다. 학생의 문화에 대한 이해가 없다면, 교사는 학생의 생활 경험과 연관되는 수업 전략을 개발할 수 없다. 우리는 방언을 사용하는 흑인 학생에게 수학을 성공적으로 가르쳤던 아프리카계 미국인 교사와의 인터뷰를 통해, 문화적 맥락과 학생의 기존 경험을 이용하는 것이 학생의 학습에 기본이 된다는 것을 확인했다. 델피(Delpit, 2006)가 인터뷰한 교사는 다음과 같이 진술했다.

> 수업 중에 학생에게 질문을 할 때 '낯선 두 지역 간의 거리가 얼마인가?', '농부에게 필요한 우유는 몇 병인가?'처럼 추상적으로 물으면 당황해한다. 그러나 이 질문들을 '익숙한 두 지역 간의 거리는 얼마인가?', '가죽 점퍼를 하나 사는 데 필요한 돈은 얼마인가?'와 같이 구체적인 질문으로 대체한다면 문제는 쉽게 풀린다(Delpit, 2006: 65).[2]

---

[2] 이와 마찬가지로 다문화수업도 학생의 문화적 맥락과 그들의 생활 경험을 미리 알고 진행한다면 훨씬 더 성공적인 수업이 될 것이다. _ 옮긴이

(2) 다중 시각을 포함하기

학생이 민족집단·종교집단·사회경제집단마다 어떤 쟁점과 사건에 대해 그들과 다른 시각을 가진다는 것을 배우는 것은 중요하다. 대부분의 주류집단 구성원은 유색인이 학교·경찰·관공서·쇼핑센터에서 겪었던 부정적이고 차별적인 경험을 겪지 않는다. 주류집단은 그들이 경험하는 특권이 단지 그들의 피부색에 기초한다는 것을 이해하지 못한다. 집단의 이런 경험과 역사는 세계를 바라보는 렌즈 역할을 한다. 따라서 집단마다 갖는 시각은 여러 가지 이유로 다양하다. 그 이유를 이해하면, 다른 사람들의 시각도 자신의 시각만큼 유용하다는 것을 더 쉽게 수용할 수 있다. 동시에 특정 집단의 구성원을 폄하하고, 그들에게 불이익을 주는 시각과 행동은 수용할 수 없다.

문화적으로 반응하는 수업은 민감한 쟁점과 주제에 대한 검토를 요구한다. 이것은 유럽계 미국인, 아프리카계 미국인 여성, 푸에르토리코계, 일본계 미국인, 중앙아메리카 이주민, 유대계 미국인, 남부침례교인의 시각에서 역사적·동시대적 사건을 바라볼 것을 요구한다. 문화 배경이 다양한 저자들이 쓴 책·시·논문을 읽는 것은 학생이 다른 집단의 시각을 알게 하기 때문에 도움이 된다.

커뮤니티와 학생은 대안적인 시각을 수용할 수 없는 교사와 다른 사람들을 신뢰하지 않을 것이다. 하나의 사례를 든다면, 백인은 아프리카계 미국인의 인종차별 경험을 수용하지 못한다. 심지어 아프리카계 미국인 학생이 인종차별적 행동을 지적할 때조차도, 많은 백인 교사와 학생은 그것을 볼 수 없다. 이것은 부분적으로 그들이 인종차별을 알거나 느낄 수 있는 경험을 하지 못했기 때문이다. 인종차별을 인정하는 대신에, 그들은 보고자가 그 행동을 오해했다고 주장하거나, 그 행동이 인종차별을 의미하는 것이 아니라고 주장한다. 결과적으로 많은 아프리카계 미국인은 백인이 인종차별을 결코 인정하지 않거나 그것을 무시하려고 하기 때문에, 그들이 진정으로 인종차별을 제거하는 것에 관심이 없다는 것을 알게 된다(Tatum, 1997). 이주민 학생, 아프리카계 미국인 외의 유색인 학생, 장애학생, 여자아이, 젊은 여성들은 주류집단의 많은 구성원에 의해 거의 또는 아무런 인정을 받지 못한 비슷한 경험들이 있다.

 **추수감사절에 대해 가르치기**

미셸 존슨은 대학 3학년 가을학기를 이용하여 학교 인근에 위치한 초등학교 부설 유치원 수업을 관찰했다. 그녀는 다문화교육을 담당하면서 유색인 집단과 관련된 지식을 넓히고 있다. 추수감사절 행사가 있기 바로 전에, 그녀가 관찰하는 교사가 추수감사절의 의미에 대해 준비한 토론 자료(유색인 학생용)를 건네주었다. 존슨은 자료를 훑어보았는데, 유치원생들이 추수감사절에 머리띠를 만들어 장식을 하고, 일부는 필그림(Pilgrim)[3]에게 선물하기 위해 깃털이 달린 옷을 입을 계획이었다. 존슨은 교사가 최초의 미국인들(아메리칸인디언)과 유럽계 정착자들의 관계에 대한 고정관념을 영속화한다는 생각에 오싹한 느낌이 들었다. 존슨은 걱정을 했지만, 학생들은 이미 부정확한 문화집단에 대한 이야기를 배우고 있었다.

토론을 위한 질문

- 미셸은 추수감사절에 대해 가르치는 것이 왜 적절하지 않다고 생각하는가?
- 유치원에서는 추수감사절에 대해 어떻게 가르치는가? 당신은 최초의 미국인들과 필그림의 관계를 어떻게 설정할 것인가?
- 미셸은 나중에 그녀의 성과를 평가할 교사에게 어떤 것을 말해야 하는가? 왜 그런가? 왜 그렇지 않은가?

2) 높은 기대 갖기

일부 교사는 학생의 집단 정체성 때문에 학생마다 다르게 반응한다. 이러한 교사는 유색인 학생과 저소득층 학생의 학업 성취에 대해 기대하는 바가 낮다. 낮은 기대감은 종종 어떤 집단에 대한 부정적인 일반화에 기초한다. 이러한 일반화가 모든 또는 대부분의 유색인 학생과 저소득층 학생에게 적용될 때는 치

---

3 1620년 메이플라워호로 미국에 건너가 매사추세츠 플리머스에 정착한 102명의 영국 청교도단으로 순례시조(Pilgrim Fathers)로 불린다. _ 옮긴이

명적인 손상을 줄 수 있다. 학생이 교실에서 얼마나 잘할 것인지에 대한 자기충족예언은 종종 학년도 초에 설정되고, 교사와 학생 모두 무의식으로 이런 예언을 충족한다. 따라서 교육자는 특정 학생에게 보일 수 있는 부정적인 기대를 극복할 전략을 개발해야 하고, 교실에서 모든 학생의 성공을 보장하는 수업과 활동을 계획해야 한다.

학생이 특정 문화집단의 구성원이기 때문에 학업성적이 저조해도 괜찮다는 것은 말이 안 된다. 학생의 상황(예컨대, 노숙인이 되는 것)에 대해 공감하는 것은 적절하지만, 성취기대를 낮추지 않도록 해야 한다.

교사가 모든 집단에 대해 낮은 기대를 하는 것은 아니다. 교사는 아시아계 미국인에게 높은 기대를 가진다. 상위중류계급의 학생은 고급 학습 과정에 많이 배치된 반면, 저소득층 학생은 하급 학습 과정에 많이 배치된다. 심지어 학생의 능력에 차이가 없을 때조차도, 교육 단계는 인종·젠더·계급 차이를 반영한다. 학업성적이 하위권인 학생은 교육 이동에 제한을 받는다. 그들은 다음 교육 단계로 이동하는 데 필요한 높은 성적을 올리지 못할 것으로 지각된다(Weinstein, 1996). 수업에서 상위권 학생에 대한 교사의 행동과 하위권 학생에 대한 교사의 행동은 차이가 크다. 중위권 학생은 상위권 학생과 비슷한 대우를 받는다. 하위권 학생은 직업을 준비할 수밖에 없다. 상위권 학생은 지적 활동에 관심을 갖거나 그쪽으로 동기부여가 된다.

대부분의 학생은 그들에게 기대된 대로 행동한다. 교육자는 능력별 반편성을 통해 학생의 잠재력이 향상되게 하는 방향뿐만 아니라, 그 학생에 대한 초기 기대에 의해 그것을 결정하는 데도 큰 영향을 미친다. 슬픈 사실은 특히 능력별 반편성의 목표를 학습향상에 둔다면, 그것은 효과가 없다는 것이다.

이질 집단화는 저소득층 학생과 비주류집단 학생의 학업성적이 향상되게 하는 데 더 효과가 있다. 일반적인 믿음과 반대로 특히 학업성적이 우수한 학생에게 도전적인 환경을 조성하는 수업을 진행한다면, 이질 집단화가 그들의 성적을 떨어지게 하지 않는다. 능력별 반편성제도에서 가장 고통을 받는 학생은 하위권에 불균형적으로 배치된 학생이다. 고급 학습 과정에 배치된 학생과 비교했을 때, 이들 학생은 학업 잠재력과 미래의 포부에 대해 더 부정적인 감정을 느낀다. 교육적으로 공평하기 위해서는 다른 전략을 사용해야 한다. 그것은 모든 학생이 그들의 학습에 능동적으로 참여할 수 있는 수업을 요구한다.

3) 돌보기

학생의 불평불만 중 하나는 교사가 그들을 알지 못하고 그들을 돌보지 않는다는 것이다. 학생은 교사가 그들을 돌본다고 느낄 때 공부도 더 열심히 하려 하고 성적도 좋아진다고 한다(Cushman, 2003). 그러나 돌본다는 것은 교사가 학생을 살살 대하거나 허용적이 되고, 그들이 원하는 대로 하게 한다는 의미가 아니다. 학생을 돌보는 교사는 학생에 대해 높은 기대를 갖고, 그들이 그 기대를 충족하도록 자극한다.

돌봄은 학생과 그들 가족에 대한 존중을 요구한다. 돌보는 교사는 인종적 편견을 극복했다. 이들 교사는 학생의 아버지를 알지 못하고, 부모가 게이이며, 어머니가 마약 복용자이거나 학생이 매일 같은 옷을 입는다고 해서 고정관념을 갖고 보지 않는다. 이들 교사는 학생이 주류문화의 기대에 순응하지 않는다고 해서 처벌하지 않는다. 그들은 학생에게 불명예스러운 딱지를 붙이지 않는다. 그냥 그들이 교사와 집단이 다르기 때문에 문제가 좀 있고, 존중하거나 받아들이기 어렵다고 생각한다(Gay, 2000: 46).

돌보는 교사의 특성은 무엇인가? 그들은 인내심이 많고, 끈질기며, 학생을 도와준다. 그들은 학생의 말을 경청하고, 그들의 문화를 인정한다. 그들은 학생에게 교육에 참여하는 권한을 위임한다. 돌보는 교사는 학생을 포기하지 않는다. 그들은 학생이 어떤 날에 기분이 왜 좋지 않다거나, 학교 밖에서 왜 힘든 시간을 보내는지 이해한다. 그럼에도 이들 교사는 학생의 실패를 받아들이지 않는다. "학생을 돌보지 않는 교사의 특성은 참을성이 부족하고, 관대하지 않으며, 독재적이고, 통제한다"(Gay, 2000: 47). 시나리오에서 나티샤의 교사는 그녀가 왜 침묵했는지를 알려고 하지 않았다. 그 교사는 그녀에게 관심을 보이며 교육에 참여하도록 독려할 정도로 충분히 돌보지 않았다.

4) 학생의 목소리를 독려하기

수업은 교사의 생활 경험에서 시작하는 것이 아니라, 학생의 생활 경험에서 시작한다. 다문화 교사는 학생·가족·커뮤니티의 목소리를 들으려 하고, 경청하며, 통합한다. 학생은 교사가 듣고자 하는 대답을 반복하는 것이 아니라, 그들의 경험을 말하도록 고무되어야 한다. 학생의 목소리를 통합하는 수업은 학생이 그들의 생생한 경험이나 그들이 경험을 통해 알고 있는 현실에서 주제를 이해하도록 한다. 학생의 말을 경청하는 것은 교사의 미래 수업 전략에 참고가 되는 잘못된 정보(misinformation)나 부족한 정보를 포함하여 학생의 교과목에 대한 예비지식을 이해하는 데 도움을 준다. 또한 학생의 목소리는 그들의 문화에 대해 중요한 정보를 제공한다.

오늘날 대부분의 학교는 주류문화의 목소리만(표준 영어와 유럽계 미국인 중류계급의 세계관)을 정당화한다. 많은 학생, 특히 비주류집단의 학생은 침묵하거나 분열적이 되는 것을 배우고, 부분적으로는 그들의 목소리가 교실에서 정당하게 수용되지 않기 때문에 학교를 중도에 그만둔다. 문화적으로 반응하는 수업은 교육자가 학교의 목소리와 학생의 목소리 간에 불일치를 인식할 것을 요구한다. 성공적인 학교가 되려면, 학교의 목소리만이 아니라 학생의 목소리에도 귀를 기울여야 한다.

교사는 수업의 새로운 접근 방식으로서 앞에서 언급한 교육·다양성·수월성 연구센터가 제시한 다섯 번째 기준에 해당하는 교사와 학생의 대화 방식으로 수업을 진행할 수 있다. 교사는 교과서와 강의 형식에 의존하기보다는 학생의 말을 경청하고, 대화를 통해 그들을 교과학습에 참여하게 할 수 있다. 이것은 주류사회의 배경만이 아니라, 다양한 배경의 학생에 관한 내용을 통합하는 것이다. 이것은 교사와 학생이 모두 능동적인 참여자가 된다는 점에서, 전통적인 권위주의적 교실을 지양하고 민주적 교실을 만들 것을 요구한다.

학생의 목소리를 수업에서 소개하는 것은 특히, 교사와 학생의 문화적 배경이 다를 때는 어려울 수 있다. 교사는 관용·인내·경청할 의지로써 대화를 통해 곧 극복할 것이지만, 분노하거나 침묵해야 할 경우도 생길 것이다. 이 전략은 수업에 학생의 참여를 증대하지만, 일부 교사는 쟁점들을 다루는 데 익숙하지 못하다. 교사는 학생이 대화에 끼어들려는 시도를 너무나 빈번하게 무시하는데, 결과적으로 많은 학생이 학습을 포기하게 된다.

학생과 교사의 대화 외에 글과 예술적인 표현을 통한 학생의 목소리도 장려되어야 한다. 일부 교사는 수업시간에 벌어지는 일들에 대한 학생의 반응을 잡지에 쉽게 한다. 그런 잡지들은 시간이 흐르면서 일어나는 학습을 교사가 인식하도록 해준다. 이런 시도가 효과를 거두기 위해서는 학생이 교사의 보복에 대한 위협 없이 원하는 것은 무엇이나 쓸 수 있는 편안함을 느껴야 한다. 이런 접근 방식을 통해 전개된 대화들은 다른 문화에서 온 학생이 교실에 가져온 시각을 다른 학생이 이해하는 데 도움을 준다. 결과적으로 대화는 학생이 과목 주제를 그들의 현실 세계와 연계하도록 도울 수 있고, 그들이 그것을 연구하고 학습하는 것에 관심을 갖도록 고무한다.

5) 학생이 연계되게 하기

문화적으로 반응하는 수업은 학생의 참여, 비판적 분석, 행동을 고무한다. 과제는 학생과 그들이 사는 커뮤니티의 관심 지역에 초점을 맞춘다. 학생은 이런 활동들에 참여할 때, 그들이 배우는 수학·과학·사회·언어 과목을 적용하고 확대한다. 교실에서 교사와 학생은 더욱더 평등하고 정의로운 사회를 위한 비전을 개발해왔다. 교사는 과제를 통해 학생이 커뮤니티를 개선하기 위한 집단행동에 참여하게 해야 한다.

　연구를 수행하고 자료를 수집·분석한 후에, 학생은 그들의 지역 커뮤니티의 민주적 과정에 대한 의견 제안에 머물지 않고, 환경 개선을 위한 변화를 추구하게 된다. 네브래스카의 모 학교에서는 교사와 학생이 지역의 커뮤니티와 비즈니스에서 새로운 이주민에 대한 대우를 놓고 많은 고민을 했다. 그들은 주의 모든 학교의 사회 수업에서 인종에 대한 학습을 요구하는 입법안을 마련했다. 일부가 반대를 했지만, 그들은 법안 통과를 위해 주 의회에 로비를 하고, 결국 이것이 채택되는 데 성공했다. 사회 수업에서 학생은 행동을 통해 학교 교과과정에 영향을 주었을 뿐만 아니라, 체험을 통해 그들이 사는 주의 입법과정을 학습할 수 있었다.

　전국적으로 10대 연령집단은 *Fires in the Bathroom: Advice for Teachers from High School Students*(고등학교 교사를 위한 조언)라는 책에서 교사가 어떻게 학생을 참여하게 하고, 동기부여하며, 도전적으로 만들 수 있는가에 대한 시각을 공유했다. 교사가 다음을 실천에 옮기면, 다양한 집단에서 온 학생들에게 지속적으로 동기부여를 할 수 있다고 생각한다.

- 당신의 수업자료와 일에 열정을 가져라.
- 학생들이 학교 밖에서 관심을 두는 쟁점과 연계하라.
- 학생들에게 중요한 것들을 선택하게 하라.
- 학습을 사회적인 것이 되게 하라.
- 학생들이 확실히 이해하게 하라.
- 학생들이 관심을 보일 때 관심 있게 반응하라.
- 학생들과 그들의 진전에 관심을 가져라.
- 학생들이 학업량을 잘 소화할 수 있도록 도와주라.
- 학생들이 잘한 일에 대해 당신의 자긍심을 보여주라.
- 학생들에게 열정을 심어줄 역할모델이 되어주라(Cushman and the Students of

What kids Can Do, 2003: 122).

3. 사회정의를 위한 수업

교사와 학생은 다문화교육의 일환으로서 학교와 커뮤니티의 불평등에 맞서야 한다. 그런 다음 그들은 교실과 학교, 커뮤니티에서 현존하는 불평등을 제거하기 위한 조치를 취해야 한다. 사회정의를 위한 수업의 성격은 2005년 미국 교육연구협회(American Educational Research Association) 회장 메릴린 코크런-스미스(Cochran-Smith, 2004)가 "비위를 거슬리는 비판적 교육(teaching against the grain)"이라고 부른 것과 일맥상통한다. 그녀는 사회정의를 위해 가르치려고 시도하는 교사들의 딜레마를 쉽게 설명한다. 그녀는 "교과서에 나오는 규범적인 지식으로서의 문학·언어·역사뿐만 아니라 그들 자신의 역사·언어·문학에 대해 알고 있는 학생을 어떻게 가르칠 것인가? 시스템의 출입문을 통해 어떻게 지나갈 것인지에 대해서뿐만 아니라, 그 시스템의 불평등을 제거하기 위해 어떻게 할 것인가?"를 가르쳐야 한다고 주장한다(Cochran-Smith, 2004: 63).

사회정의를 위한 수업은 불리한 위치에 있는 사람들을 위해 돌봄과 사회적 책임을 지려는 기질을 요구한다. 사회적으로 정의로운 교육자는 미국의 자원이 어느 정도 공평하게 분배되어야 한다고 믿는다. 그들은 또한 모든 사람이 민족성, 인종, 사회경제적 지위, 성적 취향, 장애와 무관하게 적절한 주택, 건강보험, 교육, 적당한 음식과 영양을 향유할 권리가 있다고 믿는다. 그들은 사회의 억압을 비판적으로 분석하면서 불평등에 맞선다.

사회적으로 정의로운 교실은 민주적이고, 학습에 학생과 교사가 함께 참여한다. 교사와 학생의 권력관계는 교실에서 형성된다. 교사와 다른 학교 관계자는 그들의 권력을 이용하여 학생이 능동적으로 참여하는 민주적 환경을 만들거나, 성인에 의해 완전히 통제되는 독재적 환경을 만들 수 있다. 권력이 한 사람에게 집중되는 권위주의가 갖는 문제는 그것이 민주주의 교육을 잠식한다는 것이다 (Hooks, 2003). 민주주의 교실을 만드는 것은 존재하는 권력의 불평등을 극복하는 것이다. 이것은 교사의 권위주의에 도전하는 것이고, 교사와 학생의 권력관계를 해체하는 것이다. 학생은 교실을 운영하고, 공평과 사회정의와 관련된 학교와 사회의 관습을 비판적으로 분석할 때 능동적인 참여자가 된다.

10-3 생각해보기

많은 교사교육 프로그램에서는 사회정의를 개념적 구조(conceptual framework)의 관점에서 교육한다. 이러한 프로그램을 통해 결과적으로 예비교사가 사회정의에 대해 잘 알기를 기대한다.

- 개념적 구조란 무엇인가? 당신이 등록한 프로그램의 개념적 구조는 무엇인가?
- 당신이 등록한 프로그램의 개념적 구조에는 사회정의나 사회정의의 일부 영역을 포함하는가? 당신은 사회정의와 관련하여 무엇을 알기를 기대하고, 무엇을 할 수 있는가?
- 보수 성향의 비판가들은 왜 대학에서 사회정의 교육을 하지 않아야 한다고 생각하는가?
- 당신에게 사회정의는 무엇을 의미하는가?

---

1) 비판적 사고 개발하기

다문화적으로 교육받은 학생은 그들이 배우고 경험하는 것에 대해 비판적으로 사고하는 방법을 배운다. 비판적 사고는 현상유지에 도전하고, 지배적인 규범과 문화에 의문을 갖게 하며, 사회의 불평등한 구조에 대한 대안적인 시각을 고려한다. 학생이 교과서와 다른 자료에서 제시된 지식의 타당성에 의문을 제기할 때는 지지받아야 한다. 그들은 다른 시각을 탐색하도록 고무되어야 한다. 쟁점에 대해 비판적으로 사고하는 기술을 개발하는 것은 학생이 그들의 삶에 영향을 주는 사건과 조건을 이해하도록 돕는다.

다문화 수업은 학생이 인종차별·계급차별·성차별과 사회구조가 어떻게 차별적인 방식으로 다른 집단에 영향을 미치는지 조사하도록 요구한다. 우리가 편견을 극복하고 다른 문화집단 구성원에 대한 차별적 관행을 제거할지라도, 문제는 여전히 해결되지 않는다. 그것은 우리가 개인적으로 통제할 수 없는 것이다. 문제는 사회 속에 있으며, 학생이 이해하기 위해 도움을 받아야 하는 역사적·동시대적 맥락 속에 배어 있다.

대부분의 학생은 교과서에 실린 정보를 절대적인 진리로 받아들인다. 그러나 비판적 사고자들은 교과서의 내용을 자동적으로 진리로 받아들이지 않는다. 그들은 저자들이 편견을 가지고 글을 쓴다는 것을 이해한다. 대개 교과서 저자들이 사용하는 표현은 주류문화를 지지하는 사건과 관행 때문에 억압받아온 사람의 시각보다는 주류문화의 시각을 반영한다. 사회정의를 위한 수업은 학생에게 교과서 내용이나 멀티미디어 자료에 대해 의문을 갖게 한다. 학생은 교과서 내용을 부정하는 다른 사실과 시각을 제공하는 연구를 수행할 것으로 기대된다.

교육자는 학생이 다른 문화집단과 관련된 그들의 편견과 고정관념을 검토하도록 도울 수 있다. 이런 편견들은 수업에서 토론을 할 때나 교실 밖의 사건에서 표면화된다. 교사는 이 편견들을 무시하지 않아야 한다. 그것들은 대신 교실에서 채택·토론하는 쟁점 중 하나가 되어야 한다. 정확한 정보만이 많은 사람이 다른 사람에 대해 갖는 신화들을 대체할 수 있다.

2) 불평등과 권력의 소개

많은 교사는 교실에서 인종 쟁점을 소개할 때 어려움을 느낀다. 그러나 인종 쟁점은 학교의 일에 영향을 미친다. 대부분 유럽계 미국인 학생은 아마도 인종차별이 그들의 생활에서 변수가 된다는 것을 믿지 않을 것이다. 그들은 심지어 인종차별의 존재에 대해서도 믿지 않는다. 이와 대조적으로 대부분의 유색인 학생은 일상생활에서 인종차별의 압박을 받는다. 그들은 백인 또래 학생과 교사가 어떻게 이 문제를 놓칠 수 있는지 이해하지 못한다. 미국 사회와 일상생활에서 인종차별의 영향을 무시하는 것은 인종차별의 부정적 영향으로 고통을 받는 학생과 그 가족의 경험을 부인하는 것이다. 우리는 인종 문제가 복잡하고, 정서적인 문제이며, 일부 학생이 이해하거나 감당하기 어렵기 때문에 무시해야 하는가? 교사가 교과과정을 통해 다양성을 통합할 때, 미국에서 인종의 의미와 인종차별(그뿐만 아니라 성차별과 계급차별 등)이 미국과 세계의 많은 사람에게 미치는 부정적 영향에 대해서도 토론할 기회가 있어야 한다.

인종집단 및 민족집단이 두려움을 극복하고, 신화와 잘못된 지각을 바로잡기 위해 협력하여 일하는 것은 가치가 있다. 교육자가 인종에 대한 대화를 촉진하려 하지 않는다면, 이러한 효과는 일어나지 않는다. 인종에 대한 토론은 종종 이 주제에 대해 교사와 학생의 깊이 뿌리내린 신념에 도전하는 것이다. 일부 학생은 분노로 반응한다. 다른 학생들은 방어적이 되며, 죄의식을 느낀다. 토론 과정 초기에 많은 백인 학생은 그들의 세계관 재검토, 백인의 특권 인정, 차별의 존재 수용을 거부한다.

이런 변화들은 하룻밤 사이에 일어나지 않는다. 변화는 수개월, 경우에 따라서는 수년이 걸릴 수도 있다. 일부는 인종차별이 존재한다는 사실과 그것이 제거되어야 한다는 것을 받아들이지 않는다. 인종과 인종차별에 대한 대화는 다양한 문화집단으로 구성된 학교만이 아니라, 모든 학교에서 이루어져야 한다.

비판적으로 분석하기 어려운 또 다른 주제는 빈곤 문제, 특히 그것의 원인에 대한 것이다. 가족과 개인들은 흔히 그들의 빈곤 때문에 비난을 받는다. 많은 사람, 특히 현재 경제적 조건에서 유리한 사람들은 시스템이 백인과 유색인에게 모두 같은 기회를 제공하지 않는다는 것을 인정하기 어렵다.

교사는 학생이 부유하고 힘 있는 사람뿐만 아니라 노동자층의 기여를 탐색할 수 있도록 도와야 한다. 학생은 미국의 한 지역에서 직장을 잃고 미국이나 세계의 값싼 노동시장으로 이동한 것에 대해 다양한 시각을 검토할 수 있다. 학생은 미래의 직장에서 필요한 기술을 결정하기 위해 변화하는 고용시장을 검토할 수 있다. 그리고 기업들이 왜 육류가공회사와 농업과 같은 저임금의 직업뿐만 아니라 첨단 분야에서도 미국 밖에서 노동력을 찾는지에 대해서 토론할 수 있다. 또한 미국 학생이 왜 성장·발전하는 기술 분야에 필요한 기술을 갖기보다는 미국 밖에서 직장을 구하려고 하는가에 대한 다른 시각을 비판할 수 있다.

 **우리는 어떤 연령에게 전쟁에 대해 가르쳐야 하는가?**

교육구의 교육위원회는 중·고등학교에서 한 시간의 수업을 할애하여 방과 후에 이라크 전쟁에 대해 공부하게 하는 결의안을 통과시켰다. 결의안에 따르면, 교사는 연령에 적합한 자료를 사용하며 다양한 시각을 제시할 수 있다. 결의안이 채택되었을 당시, 교육구 내의 모 교사는 이미 그가 담당하는 4학년 학생들과 함께 이라크 전쟁에 대해 토론을 하고 있었다. 사회 수업의 일환으로서 이라크에 대해 공부하고 있었다. 예컨대, 현재의 갈등을 유발한 요인은 무엇인지 토론하고, 전 세계 사람에게서 목전의 전쟁에 대한 다양한 시각을 경청하는 것이었다. 그들은 토론 시간에 제한을 두지 않았다. 청소년과 정치 쟁점을 토론하는 것은 적절한가?

〈찬성〉
- 청소년도 그들 가족(본인과 반 친구에게 이라크에서 복무하는 가족이 있을 수 있다)의 삶에 영향을 주는 중요한 쟁점을 알아야 한다.
- 청소년은 그들이 텔레비전에서 보는 정치 쟁점에 대한 다른 시각을 이해하는 데 도움을 받아야 한다.
- 청소년과 전쟁에 대해 비판적으로 토론하지 않는다면, 그들은 전쟁을 갈등에 대한 수용할 만한 반응이라고 배운다.
- 전쟁에 대한 비판적 토론은 청소년이 왜 이라크인, 아랍인, 아랍계 미국인을 증오하지 않아야 하는지 이해하는 데 도움이 될 것이다.

〈반대〉
- 전쟁에 대해 이야기하는 것은 청소년을 무섭게 한다.
- 청소년은 전쟁의 복잡성과 다른 논란이 되는 정치 쟁점을 이해할 수 없다.
- 전쟁에 대해 토론하는 것은 극단적 애국심을 촉진하고, 다른 국가의 시민에 대한 증오심을 키울 것이다.
- 교사는 이라크 전쟁에 대한 학생의 시각에 영향을 주지 않아야 한다. 그들이 전쟁을 이해하도록 돕는 것은 부모의 역할이다.

〈질문〉
- 교사는 학생이 미국의 동맹국뿐만 아니라 이라크 국민과 지도자의 시각에서 이라크 전쟁을 볼 수 있도록 도와야 하는가?
- 학생이 정치 쟁점에 대한 비판적 연구를 시작하는 연령은 언제인가?
- 교사는 학생이 전쟁과 다른 정치 쟁점에 관해 왜 비판적으로 사고하도록 도와야 하는가?
- 쟁점에 관해 비판적으로 사고하는 것은 특성상 사회 영역이다. 교사는 학생이 수학·과학, 읽고 쓰기 등에 대해 어떻게 비판적으로 사고하도록 도울 수 있는가?

자료: Dawson, K. (2003, Summer). Learning from the past, talking about the present: A fourth-grade teacher reflects on her own schooling and poses hard questions to her students about the war. Rethinking Schools, 17(4), 17.

3) 학습 커뮤니티 조성

많은 연구 결과에 따르면, 인종집단 및 민족집단 학생이 교실 안팎에서 의미 있는 프로젝트(meaningful project)를 함께할 때 상호작용과 이해가 쉬어진다. 사회정의 교육의 일환으로 이루어지는 이런 의미 있는 프로젝트에서는 커뮤니티에서 공평, 민주적 관행, 비판적 사회쟁점이 소개된다.

교사는 학생이 협동집단과 집단의 일에 통합되도록 확실히 해야 한다. 협동학습은 학습 커뮤니티를 지원하기 위한 일반적인 전략이다. 이것은 집단화된 학생이 서로 지원하고 서로 배우려는 목적으로 프로젝트에서 함께 일하는 전략이다. 또한 학생 간의 경쟁을 최소화하고, 학습에 요구되는 과업을 공유하게 한다. 학생은 문화 간 커뮤니케이션(cross-cultural communication)과 쌍방의 학습 기회를 가질 수 있지만, 교사는 집단이 인종적으로 혼합되도록 확실히 해야 한다.

 재회

1960년대 남부에서 유럽계 미국인은 학교 통합에 반대했지만, 오하이오 세이커 하이츠의 아프리카계 미국인과 유럽계 미국인 부모들은 통합 커뮤니티를 만들기로 결정했다. 그들은 자

발적으로 인근 초등학교를 통합했다. 학생이 재회하던 날, 어렸을 적 학교 안팎에서 인종을 초월하여 가장 친한 친구가 된 것에 대해 이야기한다. 그러나 그들의 관계는 격리학교 출신 학생과 함께 중학교로 진학하면서 변했다. 그들은 민권운동이 고조된 시기에 민족집단의 정체성을 가지면서 스스로 격리하기 시작했다. 그들은 이웃 밖의 청소년과 상호작용할 때, 그들이 지속되지 못한 보호막에서 성장했다는 것을 알았다.

이제 세이커 하이츠 고등학교의 40년 후를 보자. 유럽계 미국인 학생과 아프리카계 미국인 학생은 학교에서 인종과 두 집단의 구성원이 어떻게 상호작용하는지에 대해 이야기를 나눈다. 이는 그동안 인종관계에서 진전된 사항을 탐색할 기회를 제공한다.

- 세이커 하이츠에서 지난 40년간 무엇이 바뀌었는가?
- 이 도회지에서 인종관계는 어떻게 개선되었는가? 어떻게 변했는지, 어떻게 변하지 않았는지에 대해 설명하라.
- 당신이 성장한 이웃과 학교는 어떻게 통합되었는가?
- 세이커 하이츠의 경험은 미국에서 인종관계에 대해 어떤 시사점을 제공하는가?

4. 학교 분위기

다문화교육의 성공에 영향을 미치는 또 다른 중요한 영역은 일반적인 학교 분위기이다. 학교를 방문하는 방문객은 대개 문화 간 커뮤니케이션이 열악할 때 존재하는 긴장을 느낄 수 있다. 그들은 방문한 학교에서 다양성이 긍정적이고 중요한 요소인지 관찰할 수 있다. 유색인이나 남성만이 훈육을 담당하는 교감이라면, 방문객은 그 학교가 모든 학생의 욕구를 충족하기 위해 효과적으로 노력하는지 의아해할 것이다. 교실의 게시판이 유럽계 미국인으로만 채워졌다면, 방문객은 학교에서 다양성을 인정하는지에 대해 의문을 가져야 한다. 풋볼팀이 주로 아프리카계 미국인으로 구성되고 체스 팀이 유럽계 미국인으로 채워진다면, 과외활동에서 다양성을 존중하는지에 대해 의구심을 가져야 한다. 학교 행정가는 주로 남성이고 대부분의 교사가 여성이거나, 교사는 유럽계 미국인이고 보조교사는 라틴계 미국인이라면, 방문객은 교직원의 고용과 승진에서 차별적인 관행을 생각할 수 있다. 이런 것들이 다문화교육의 특성을 반영하지 않은 학교 분위기의 사례들이다.

교직원의 구성과 유형은 미국의 다양성을 반영해야 한다. 최소한도로 그들은 지리적 지역의 다양성을 반영해야 한다. 남성뿐만 아니라 여성도 학교 행정가가 되어야 한다. 여성뿐만 아니라 남성도 유치원과 초등학교에서 가르쳐야 한다. 유색인도 수위직과 사무직만이 아니라 행정직과 교직에서 일해야 한다. 교사, 행정가, 다른 직원들은 자신을 문화적 다양성을 이해하고 확신하고 반영함으로써 발전하고 변화하는 학습자로 생각해야 한다. 교사와 행정가는 인종, 집단 간 관계, 논란이 되는 실제 문제를 객관적이고 솔직하며 직업적인 토대 위에서 다룰 수 있어야 한다.

학교가 다양성에 가치를 둘 때 학생회와 과외활동은 다른 문화집단의 학생을 포함한다. 학생은 특정 집단 구성원이라는 이유로 격리되지 않아야 한다. 다문화를 중요하게 생각하는 학교에서는 다양한 문화적 배경의 학생이 리더의 자리를 차지한다. 이런 학교에서는 주류집단의 학생이라고 해서 자동적으로 리더가 될 수 없다.

학교가 다문화적인 분위기라면, 다양성은 교육 프로그램의 모든 영역에서 반영된다. 이미 언급한 영역 외에도, 학생회는 의장 선출뿐만 아니라 의사진행 내용에서도 다문화를 반영한다. 게시판과 전시에는 커뮤니티가 다양성이 풍부하지 않다고 하더라도 국가의 다양성을 반영한다. 학생과 학생 사이, 교사와 학생 사이의 문화 간 커뮤니케이션은 긍정적이다. 학생이 사용하는 다른 언어와 방언은 존중되어야 한다. 남학생과 여학생이 기술 교육, 가족학, 수학, 부기, 물리, 직업 수업에 참가해야 한다. 다른 집단에서 온 학생도 학교에서 그들이 차지하는 비율에 맞게 대학준비반, AP 과정, 특수교육, 영재교육에 참여한다. 학업 성취도의 차이는 남녀 간, 주류집단과 비주류집단 구성원 간, 상위중류계급과 저소득층 학생 간에 사라진다. 학교 교과과정은 많은 문화집단의 기여를 통합하고, 그것을 통해 다중 시각을 통합한다. 수업자료에는 편견·삭제·고정관념이 없다.

학교 분위기가 다문화교육을 지원해야 한다. 문화적 차이에 대한 존중이 학생 교육 프로그램의 모든 영역에 반영될 때, 다문화교육의 목표는 달성될 수 있다. 교육자는 이러한 분위기를 만드는 데 핵심적인 역할을 담당한다.

> **10-4 생각해보기**
>
> 학교 분위기는 다양성과 평등이 학교에서 존중되고 촉진되는지를 알게 하는 지표이다. 다음 중에서 하나를 선택하여 질문에 답하시오.
>
> ① 당신이 관찰하는 학교
> ② 당신의 대학에서 교사를 준비시키는 대학원, 단과대학, 교육학과
> ③ 대학 자체
>
> - 교수의 다양성은 무엇인가? 학생 구성원의 다양성은 어떤가?
> - 행정가와 교수의 다양성이 어떻게 다른가?
> - 백인 학생과 유색인 학생은 어떤 활동에 참여하는가?
> - 벽과 선반의 전시에서 다양성이 어떻게 반영되는가?
> - 우등생 또는 표창장 명부에서 학생의 다양성은 어떤가?
> - 당신이 관찰한 긍정적 특성과 부정적 특성은 무엇인가?

1) 잠재적 교과과정

공식적 교과과정 외에도 학교에는 기술되지 않은 규범·가치, 학생에게 전수되는 학교와 교실생활의 사회적 관계에 대한 신념으로 구성된 잠재적 교과과정이 있다. 잠재적 교과과정은 공식적 교과과정을 지원하는 규범과 가치를 포함하기 때문에, 다문화교육을 시행하려면 여기에도 다양성을 반영해야 한다. 잠재적 교과과정은 직접 가르치거나 공식적 교과과정의 대상에 포함되지 않지만, 이것은 학생과 교사에게 모두 매우 중요한 영향을 미친다. 이것은 학생과 교사의 상호작용뿐만 아니라 교실과 학생의 조직구조를 포함한다.

학생은 순서를 지켜야 하고, 줄을 서야 하며, 말할 기회를 얻기 위해 기다려야 하고, 개인적인 도움을 받기 위해 교사를 기다려야 하고, 다른 사람의 방해에 부딪히고, 다른 사람의 요구로 계속 집중이 되지 않는다. 이처럼 학생은 학교 환경에서 성공하기 위해 인내심을 개발해야 한다. 또한 여러 사람 속에서 혼자 일하는 것을 배워야 한다. 학생은 다른 많은 학생과 교실을 공유하지만, 대개 교사가 허용하지 않으면 반 친구와 상호작용할 수 없다. 학생은 그들이 준비하는 직업 환경에서도 이와 같은 특성들과 마주칠 것이다. 이런 특성들은 공식적 교과과정의 부분이 아니지만, 대부분의 교실 운영에서 핵심이 된다.

2) 학생에게 보내는 메시지

교육자는 부지불식간에 학생에게 편견의 메시지를 전달한다. 대부분의 교육자는 의식적으로나 고의적으로라도 학생을 고정관념으로 대하지 않거나 차별하지 않는다. 대개 그들은 모든 학생을 공정하고 동등하게 대하려고 한다. 그러나 우리는 연령(노인)차별·장애인차별·성차별·동성애차별을 하는 사회에서 우리의 태도와 행동을 알게 되었다. 일부 편견은 그것들이 있다고 생각하지 못할 정도로 내재화되어 있다. 교육자가 그들의 행동에 미묘하고 비고의적인 편견이 있음을 인정할 때, 교실에서 긍정적인 변화가 만들어질 수 있다.

유색인 학생은 백인 학생과 상당히 다르게 대우된다. 많은 백인 학생은 교사와 같은 유럽계 중류계급의 문화를 공유하기 때문에, 교실에서도 성공을 촉진하는 같은 문화적 암시를 공유한다. 적절한 시간에 적절한 질문을 하거나 교사가 몸짓에 개방적일 때, 가끔 웃으며 교사의 관심을 끄는 학생은 교사에게 격려와 강화를 받을 가능성이 있다. 이와 대조적으로 수업이 중단되게 하거나 교사가 필요한 관심을 받을 마음의 준비가 되어 있지 않을 때, 교사의 관심을 끄는 학생은 필요한 강화를 받지 못한다.

교사가 문화적 암시를 잘못 파악하면, 민족적·인종적 경계가 교실에서 형성된다. 이 상황은 주류집단의 학생이 수업의 상호작용에 참여할 기회를 더 많이 갖고, 더 많은 칭찬과 격려를 받을 때 악화된다. 저소득층 학생과 유색인 학생은 참여할 기회가 훨씬 적으며, 대개 그 기회라는 것도 실질적으로 도움이 되지 않는다. 또한 규칙을 어기는 유럽계 미국인 학생보다 훨씬 빈번하게 비난을 받거나 처벌을 받는다.

교사가 교실에서 학생의 대우를 비판적으로 검토하지 않는다면, 문화적 차이 때문에 그들이 학생을 불평등하게 대우하는지 알지 못할 것이다. 그 단계를 한 번 밟고 나면, 교사 자신과 문화적 정체성이 다르다는 이유만으로 학생을 차별하지 않게 될 것이다. 교사가 상호작용을 시작하고, 자신과 문화적 집단이 다른 학생에게 격려·칭찬·강화를 제공할 때 좀 더 주도적이 될 필요가 있을 것이다.

교사는 대개 서술·구술시험을 통해 학생의 학업 성취를 평가하지만, 그 외에 더 많은 것을 평가한다. 학생의 비행은 교실의 규칙이 적절하게 지켜지지 않을 때 일어나며, 보통 벌을 받는다. 교사가 학생에게 주는 벌의 형태는 규칙 위반의 성격과 학생에 따라 다양하지만, 젠더·인종·계급에 영향을 받는다. 이와 유사하게, 성적이 하위권인 학생은 종종 그들이 학업적 과업을 달성하지 못해서가 아니라, 규칙을 따르지 않기 때문에 교사의 부정적 관심을 받는다.

학업성적과 제도적 규칙에 기초한 평가 외에도 교사는 개인적 자질에 기초하여 학생을 평가를 한다. 학생은 간혹 학업적 능력보다 그들의 복장, 가족 소득, 청결, 성격에 따라 나뉜다. 대부분의 능력별 반편성이 불평등을 영속화하기 때문에, 이런 관행은 특히 위험하다.

잠재적 교과과정의 또 다른 측면은 권력이 불평등하다는 점이다. 이것은 많은 경우에 아동기의 딜레마이다. 학생이 유치원에 들어갈 때쯤 그들은 권력이 어른의 손에 있다는 것을 안다. 교사와 다른 학교 관계자는 그들의 규칙이 준수되기를 요구한다. 제도적 규칙 외에도 교사는 학생이 학업적으로 성공하거나 교사의 승인을 받기 위해서 모국어나 방언을 포기하도록 요구한다. 이 대신에, 학생은 모국어와 주류문화의 언어 및 유형을 아는 이중문화적이 되도록 고무되어야 한다.

잠재적 교과과정이 다문화교육에 어떻게 반영될 수 있는가? 첫 단계는 그것이 존재한다는 것과 그것이 삶에서 가치 있는 교훈을 제공한다는 것을 인식하는 것이다. 그러나 주류집단의 구성원도 그 규칙을 잘 알고 있다. 그들은 그 규칙들에 대해 생각하지 않아도 된다. 교실에서 요구하는 조건은 너무나 빈번하게 학습보다는 규칙을 준수하는 것에 가치를 더 둔다. 교사와 학생의 상호작용은 교사가 학습을 방해하는 것이 아니라 실제로 지원하고 있음을 확인하는 차원에서 평가되어야 한다.

3) 학생과 교사의 관계

문화적으로 반응하는 자료와 교과과정의 개발과 이용이 다문화교육을 제공하는 데 중요하고 필요한 단계이지만, 그것만으로는 충분하지 않다. 교사와 학생의 상호작용은 교육의 질을 결정한다. 교사는 학생에게 잠재력이 있고, 배울 수 있다는 메시지를 보낸다. 교사가 학생과 그들의 학습에 커다란 영향을 줄 수 있는 것처럼, 교과내용을 잘 알고 있는 교사는 모든 학생이 배울 수 있다는 것을 믿으며 학생에게 관심을 가져야 한다. 10대 청소년은 교사가 다음과 같이 행동하면서 학생을 존중하고, 신뢰하며, 공정하게 대해주어야 한다고 주장한다.

- 학생이 당신에게서, 그리고 교실에서 무엇을 기대하는지를 알게 하라.
- 당신의 자료를 알게 하라.
- 학생이 최선을 다하도록 독려하라. 그들을 똑같이 독려하라.
- 당신의 역할을 하라.
- 모든 학생이 이해하도록 확실히 하라.
- 학생을 공정하게 평가하라.
- 학생이 실수한다는 것을 이해하라.

- 학생을 폄하하지 마라.
- 당신의 편견을 보이지 마라.
- 학생을 어린아이 다루는 듯이 하지 마라.
- 학생이 생각하는 것을 경청하라.
- 학생이 무엇을 하는가에 관심을 가져라.
- 학생의 비밀을 폭로하지 마라(Cushman, et al., 2003: 35).

문화적으로 반응하는 수업에 열정이 있는 교사는 다문화 자료를 사용하고, 학생이 평등한 시각을 개발하도록 독려할 가능성이 더 높다. 연구 결과에 따르면, 더 따뜻하고 더 열정적인 교사는 학업성적이 좋은 학생을 배출한다. 이들 교사는 학생에게 더 정서적인 반응을 요구함으로써 더 긍정적인 교실 분위기를 만들어간다. 저소득층 학생과 유색인 학생은 "그들과 따뜻하고 인간적인 상호작용을 하지만, 그들의 학업진전에 높은 기대를 갖고 그들에게 최상의 능력을 발휘하도록 요구하는 교사와 잘 지내며, 그들이 할 수 있는 한 멀리 빨리 발전한다는 것을 안다"(Brophy, 1998). 그러나 교사는 효과적인 수업 전략을 개발하기 위해 교실에서 신중하게 개별 학생의 욕구를 평가해야 한다.

교사는 학생의 학습에서 차이를 만든다. 그들은 학생이 매우 특별하거나 무능력하고 쓸모없다고 느끼게 만들 수 있다. 유색인 학생과 교사의 상호작용에 대한 연구를 검토한 후에, 게이(Gay, 2000)는 다음과 같이 결론을 내렸다.

유색인 학생, 특히 도시 지역에 사는 가난한 유색인 학생은 수업에서 교사의 관심을 적게 받는다. 호명되는 횟수도 적다. 지적 사고를 개발하도록 계속 독려를 받는 것도 적다. 비판을 더 많이 받고, 칭찬은 적게 받는다. 그들의 질문과 논평은 직접적인 반응을 덜 받는다. 비난을 더 자주 받고, 처벌을 더 심하게 받는다(Gay, 2000: 63).

이런 요인들은 학생의 학습에서 매우 중요하다. 이런 식으로 교사가 유색인 학생에게 반응할 때, 유색인 학생은 높은 성취에 대한 그들의 가능성을 제한한다.

교사는 모든 학생에게 최상의 지원을 제공하기 위해, 개별적인 욕구와 차이를 충족하기 위해 일해야 하기 때문에 개별 학생에 대해 똑같은 대우를 할 수 없다. 그러나 교사는 오로지 학생이 속한 집단에 기초하여 학생을 다르게 대우하지 않는다는 것을 확실히 보여주어야 한다. 수업에서 편견을 제거하고, 개별 학생의 욕구를 충족하기 위해 가장 효과적인 전략을 추구하는 주도적인 교사의 출현과 함께 교실은 학생의 문화적 정체성, 능력, 경험과 상관없이 대부분의 학생을 위한 고무적인 장소가 될 수 있다.

교사가 그들의 교실 상호작용과 수업양식을 어떻게 분석할 수 있을까? 장비를 활용할 수 있다면, 교사는 교실을 촬영하거나 녹음할 수 있고, 그런 다음 나중에 보거나 들을 때 상호작용을 체계적으로 기록할 수 있다. 외부 관찰자에게 교사와 학생의 상호작용이 어떤 성격인지 기록하도록 요구할 수도 있다. 자료를 분석해보면, 교사가 학생과 얼마나 많은 시간을 상호작용하는 데 사용하고, 어떤 성격의 상호작용을 하는지 보여준다. 이들 자료의 분석을 통해 교사가 젠더, 민족성, 그 외 다른 특성에 기초한 상호작용에서 어떤 차이가 있는지 알 수 있다. 이런 분석을 하는 것은 남학생이나 여학생, 다른 민족이나 사회경제 집단의 학생에 대해 차별하지 않는다는 것을 확실히 하길 원하는 교사에게 탁월한 출발점이 된다.

교사는 편견이 학생과의 상호작용에서 반영되지 않는다는 것을 확실히 하기 위해 모든 노력을 다해야 한다. 교사는 상호작용이 학생의 문화에 기초하여 다른 유형의 칭찬·비판·격려·강화를 제공하는지 결정하기 위해, 지속적으로 남학생과 여학생, 주류집단 학생과 비주류집단 학생의 상호작용을 평가해야 한다. 그런 다음에 동등한 대우를 위한 단계를 밟아야 한다.

4) 학생과 교사의 커뮤니케이션

학생과 교사 사이에 문화 간 커뮤니케이션의 기술 부족은 교실에서 학습을 방해할 수 있다. 이 문제는 대개 학생이 교사와 문화적 정체성이 다를 때 문화적 암시를 오해하는 결과에서 비롯된다.

마치 문화가 언어 구조에서 다른 것처럼, 문화 또한 구두 대화의 구조에서 다르다. 교수-학습 과정의 대화에서 이루어지는 동작, 즉 누가 그 동작을 하는지와 그 동작이 이루어지는 순서는 문화마다 다르게 나타난다. 이런 규칙이 행동을 지배한다는 의미는 아니다. 사실, 그런 규칙들은 자신의 문화집단 안의 상호작용에서 배운다. 그러나 이들 유형들이 교사의 문화에서 아동의 문화에 이르기까지 다르게 나타날 때는 마치 두 참가자가 다른 유형으로 공연을 마치고, 같은 행동에 다른 사회적 의미를 부여하는 것처럼 심각한 오해가 발생한다.

이들 차이는 비주류집단 학생이 많은 학교에서 두드러지게 나타난다. 오해는 같은 말과 행동이 관련된 개인에게 다르게 의미될 때 발생한다. 학생이 교실에서 적절하게 반응하지 않을 때, 교사는 그들의 커뮤니케이션 암시가 학생의 암시와 일치하지 않을 가능성을 고려해야 한다.

우리 자신의 것과 다른 문화에 직접적이고 지속적으로 참여하는 것은 다른 커뮤니케이션 시스템에서 우리의 능력을 향상할 수 있고, 익숙하지 않은 문화의 차이에 대해 더 민감하도록 도와준다. 이러한 차이를 아는 교사는 학생과 가장 효과적으로 작용할 수 있는 커뮤니케이션을 이용하여 그들의 수업을 재지정할 수 있다. 동시에 학생이 불편한 상황에서 어떻게 효과적으로 상호작용할 것인지 가르칠 수 있다. 이런 접근 방식은 상호작용에 의해 지배되는 학생이 익숙하지 않은 미래의 교실환경에서 적절하게 반응하도록 도움을 줄 수 있을 것이다.

5. 다문화 능력 개발

교육자는 다문화교육을 시행할 준비를 하기 위한 많은 활동을 감당해야 한다. 첫째, 문화적 정체성과 그들이 구성원인 다양한 집단과 구별되는 정도를 알아야 한다. 둘째, 교실에서 학생에게 반응하는 방식에 영향을 주는 편견이 그들에게 있다는 사실을 받아들여야 한다. 그들이 이러한 편견을 인식할 때 교실에서 편견을 극복하거나 보상할 전략을 개발할 수 있다.

1) 자신과 다른 사람을 알기

다문화적이 되는 첫 단계는 자신의 문화적 정체성을 아는 것이다. 많은 유럽계 미국인 학생은 그들을 민족적·인종적 집단으로 구별한 적이 없다(Weinstein, Tomlinson-Clarke and Curran, 2004). 그들은 사회에서 그들의 특권에 대해 생각하지 않았다. 유색인 학생은 인종이나 민족성이 정체성의 중심에 있기 때문에, 다중 정체성에 대해 거의 생각하지 않았다.

자신을 아는 것 외에 다른 집단에 대해서도 알아야 한다. 다른 집단에 대한 책을 읽고, 민족 영화나 연극을 보고, 민족 기념식에 참여하며, 다른 교회와 민족 커뮤니티 집단을 방문하고, 다양한 환경에서 다른 집단의 구성원과 상호작용할 수 있다. 제시된 시각은 당신의 시각과 크게 다를 수 있다. 소설은 다른 사람의 경험이 당신이 반응하는 방식과 다르게 환경에 반응한다는 것을 이해하는 데 도움이 된다. 당신의 편견이나 고정관념을 명확히 하고 맞서는 것은 새로운 경험에 대한 반응에 대해 다른 사람과 토론하는 데 장점이 된다.

당신은 문화적으로 다른 사람들과 상호작용하도록 노력해야 한다. 장기적인 문화적 경험은 아마도 다른 집단에 대한 두려움과 오해를 극복하는 가장 효과적인 수단일 것이다. 그러나 당신은 집단 안에도 많은 다양성이 존재한다는 것을 기억해야 한다. 당신은 일부의 특성에 기초하여 전체 집단을 일반화하지 않아야 한다. 당신이 직접적인 문화 간 접촉으로 생긴 경험을 통해 배우기 위해서는 다른 문화의 전통과 방식에 개방적이어야 한다는 것을 알 수 있다. 그렇지 않으면, 당신의 전통·습관·시각은 다르게 투사될 가능성이 있다. 당신이 낯선 문화를 이해하고 동감하고 거기에 참여한다면, 당신은 소중한 경험을 할 것이다. 당신이 다문화적으로 사는 것을 배운다면, 정말로 운이 좋은 사람이다.

또한 교사는 학생과 유색인 커뮤니티와의 상호작용을 비판적인 시각에서 보아야 한다. 많은 교사는 인종과 인종차별, 그리고 현상을 유지하는 그들의 역할의 의미를 비판적으로 검토하지 않았다. 교육자가 인종차별의 존재를 인정할 수 없고, 그것이 학생에게 미치는 결과를 이해할 수 없다면, 유색인 커뮤니티에 효과적으로 봉사하는 것은 어려울 것이며, 학교 또는 사회 어느 곳에서도 인종차별을 제거할 수 없을 것이다.

2) 관행 성찰

전문 교육자는 다문화교육을 제공하기 위해 지속적으로 자신의 습관에 대해 성찰해야 한다. 다문화교육자는 교과서와 전체 교육구에서 적용하는 교과과정의 내용이 다양성과 주류문화가 아닌 시각을 정확하게 묘사하고 있는지 관심을 가져야 한다. 또한 학교에서 정학당한 유색인 학생 수가 불균형하게 많고, 영재교육 프로그램에 아시아계 미국인 학생과 상위중류계급의 백인 학생이 불균형하게 많으며, 성적이 하위권인 저소득층 학생과 영어학습자가 불균형하게 많은 학교의 관행에 대해 질문을 해야 한다. 다문화교육자는 인종차별·성차별·동성애혐오·장애인차별을 인식하고, 다른 사람들을 정중하게 대우하지 않는 학생과 동료에 맞서야 한다. 그들은 자신에게 편견이 있음을 알게 될 때는 그것을 바로 잡아야 한다.

당신이 학교에서 학생과 전문교육자와 함께 일하기 시작할 때, 당신과 다른 사람들이 학생·부모, 문화가 다른 동료들과 어떻게 상호작용하는지 지속적으로 관찰하라. 당신은 가르치는 과목과 기술을 학생이 배우도록 학생의 문화를 이용할 수 있는 방법을 생각하라. 당신은 교실에서 어떤 방법이 효과가 있고 없는지 성찰함으로써 지속적으로 모든 학생을 위해 수업을 개선할 수 있다.

3) 정치활동으로서의 교육

수업을 다문화적으로 만든 교사는 인종차별·성차별, 그리고 학교와 사회의 다른 차별에 맞서 싸운다. 그들은 그들의 편견을 인식하고, 그것을 극복하기 위한 전략을 개발한다. 그들은 민주적이고 평등한 사회를 지원하기 위해 그들의 지식과 기술을 사용한다.

정치적으로 능동적인 교사는 사회에 의해 주변인화된 아동의 옹호자가 된다. 그들은 정치 캠페인에서 능동적이 되고, 최상의 욕구를 가진 아동과 성인을 위한 긍정적인 어젠다를 가진 후보를 지지한다. 그들은 커뮤니티의 조건을 개선하기 위해 지역의 정치적 행동에 참여한다. 그들은 공평·민주주의·사회정의를 위해 일하는 교사이다.

10-5 생각해보기 ···

좋은 교사는 학생과 함께 일할 때 그들의 관행을 성찰한다. 그들은 학생이 개념이나 기술을 왜 배우려 하지 않는지 궁금해한다. 좋은 교사는 주의를 기울이지 않는 학생을 기억해 두고, 그 학생을 참여하게 하는 새로운 방식을 실험한다. 이 밖에도 그들을 관찰하도록 다른 사람에게 요구하고, 그들의 수업과 학생의 학습이 향상되게 할 목표로 피드백을 제공받는다.

- 학생을 가르칠 때 학생과의 상호작용을 어떻게 분석할 계획인가?
- 수업을 촬영할 경우 장점과 단점은 무엇인가?
- 수업을 듣는 한 학생에게 수업을 관찰해달라고 했을 때 기분이 괜찮은가? 왜 그런가? 왜 그렇지 않은가?

6. 요약

다문화교육은 전체 학습 과정에서 다양성을 긍정적으로 이용하는 방식이다. 문화적으로 반응하는 교사는 학생의 문화와 경험에 민감하고, 관련되는 수업 접근 방식과 자료를 사용함으로써 모든 영역에서 학생의 학업 성취도가 향상되도록 돕는다. 학생과 커뮤니티의 목소리는 그 과정에서 중요하고 유용하다. 교사는 모든 학생을 알고, 그들의 장점에 기반을 두고, 그들의 약점이 극복되도록 노력해야 한다.

다문화 교과과정은 교실에서 커뮤니티와 학생의 문화를 통합한다. 학생은 비판적으로 사고하는 것을 배운다. 그들은 미국 사회의 사회적·역사적 실제를 공부하고, 인종차별과 성차별을 포함한 억압과 불평등의 원인을 더 잘 이해한다. 다문화교육은 사람들이 사는 곳에서 시작하고, 커뮤니티의 역사와 경험에 기반을 두고, 지역 커뮤니티의 다문화적 자원을 통합한다.

긍정적인 학생과 교사의 상호작용은 젠더, 민족성, 연령, 종교, 언어, 성적 취향, 특수성, 사는 장소와 무관하게 학업성적의 향상에 도움이 될 수 있다. 학생과 교사의 구두와 비언어적 커뮤니케이션 유형은 분석될 수 있으며, 학습 과정에서 학생의 참여를 높이기 위해 바뀔 수 있다. 그러나 교사는 단지 학생의 집단에 기초하여 그들을 다르게 대우하지 않도록 확실히 해야 한다. 교사는 모든 학생이 배우도록 돕는다는 것을 확실히 하기 위해 학생에 대한 그들의 학업적 기대와 그들의 편견을 정규적으로 평가해야 한다.

다문화교육자가 되고자 할 때 밟아야 할 첫 번째 단계는 자신의 문화적 정체성을 검토하고 명확하게 하는 것이다. 이 밖에도 교사는 다른 문화를 연구하고 거기에 참여함으로써 익숙해져야 한다. 교사가 다문화교육을 제공하기 위해서는 모든 학생이 배울 수 있도록 어떤 방식이 효과가 있고 무엇이 변화되어야 하는지를 결정하기 위해 자신의 수업에 대한 지속적인 성찰을 요구받을 것이다.

교육자를 위한 실무

1. 토론을 위한 질문

1. 다문화교육과 문화적으로 반응하는 수업의 관계는 무엇인가?
2. 학생의 문화는 수업을 하는 데 어떻게 이용될 수 있는가? 당신이 가르치려는 과목에 적용해보시오.
3. 당신이 사용하려는 교과서에 유럽계 미국인 외에 다른 집단에 대한 어떤 정보나 사례가 없다면, 당신은 학생들에게 균형 잡히고 현실적인 사회관을 제공하기 위해 무엇을 할 수 있는가?
4. 당신이 가르치려고 계획하는 과목에 학생의 목소리를 어떻게 통합할 수 있는가?
5. 다문화교육을 적극적으로 지원하는 데 어떤 행동과 기질이 필요한가?
6. 당신은 교실에서 집단 간(cross-group) 상호작용을 촉진하기 위해 집단과제를 조직할 것인가?
7. 사회적으로 정의로운 교실의 특성은 무엇인가? 그것은 대부분의 교실과 어떻게 다른가?
8. 사회정의를 위한 수업은 왜 일부 학교에서 논란이 되는가?
9. 학교가 다문화교육에 중점을 둔다고 생각할 수 있는 특성은 무엇인가?
10. 당신은 수업에서 학생의 문화를 이해하고 이용하기 위해서 무엇이 필요한가?

2. 포트폴리오 활동

1. 학교를 선택하여 다문화 성향의 사례연구를 작성하시오. 학생과 교사의 다양성을 기술하시오. 학교 안밖을 기술하시오. 학교가 선발된 교사와 학생의 인터뷰에 기초하여 다문화교육을 어떻게 소개하는지 기술하시오(INTASC 기준 3).
2. 커뮤니티에서 일어나는 실생활의 쟁점을 수업 주제와 연계하여 수업계획을 개발하시오(INTASC 기준 3, 7, 10).
3. 당신의 다중적 문화정체성과 그 정체성이 '당신이 누구인가?'에 대해 미친 영향을 기술하는 자신의 전기(傳記)를 작성하시오(INTA SC 기준 3).
4. 당신과 다른 집단에 대한 지식과 그 집단과의 경험을 향상하기 위한 개인적 계획을 세우시오. 당신이 문화적 차이를 더 잘 인식하는지에 대한 진척도를 어떻게 평가할 것인가?(INTASC 기준 3)

3. 교사 자격시험 준비

베케트 아동개발센터 교사들은 3~4세 아동이 강하고 긍정적인 자아개념을 개발하는 데 어떻게 도움을 줄 수 있을지 토의하고 있다. 카르멘 마르티네스는 교사가 굉장히 다양한 다문화 자료, 특히 다른 국가의 아동에 관한 책과 그림들을 제공해야 한다고 주장한다. 알렉스 모건은 교사가 아동이 다른 아동집단과 놀게 하고, 아동의 인종적·민족적 배경과 상관없이 서로에게 정중함을 배우도록 확실히 하는 방법을 고안해야 한다고 생각한다. 메리 톰슨은 마지막으로 근무한 학교에서 '다문화 축제(international night)' 행사를 개최하여 다양한 부모들이 가져온 전통음식을 공유할 수 있도록 그들을 초청한 것에 대해 이야기한다. 재닛 화이트호스는 이런 모든 활동이 도움이 될 수 있지만, 아동의 문화를 확인해주고, 교실 어딘가에 그들 가족의 문화를 볼 수 있도록 확실히 해야 한다고 말했다. 학생은 심지어 이주 가족의 토착 언어로 '안녕하세요'라고 말하는 것도 배울 수 있다.

단답형 질문
1) 영유아 교사들이 제시한 전략 중에서 어떤 부분이 문화적으로 반응하는 수업에서 매우 중요한 요소인가?
2) 당신이 선택한 전략은 다른 세 명의 교사가 선택한 전략보다 적절하다고 생각하는가?

권장도서

Christensen, L. 2000. *Reading, writing and rising up: Teaching about social justice and the power of the written word*. Milwaukee, WI: Rethinking Schools.
저자는 독서와 작문이 얼마나 정치적 행위인지 기술한다. 실제적이고 영감을 떠올리게 하는 이 책은 에세이, 수업계획, 수집된 학생 작문을 제공하며, 모든 것을 정의를 위한 언어 수업에 초점을 둔다.

Cushman, K. and the Students of What Kids Can Do, Inc. 2003. *Fires in the bathroom: Advice for teachers from high school students*. New York: New Press.
40명의 10대들이 교사들에게 상호 이해와 존중하기, 교실 행동, 집단학습, 언어의 어려움, 과제에 대해 조언을 한다.

Langer de Ramirez, L. 2006. *Voices of diversity: Stories, activities and resources for the multicultural classroom*. Columbus, OH: Merrill Prentice Hall.
교사를 위한 이 핸드북에는 여기에서 논의된 주제를 이해하는 데 도움을 주는 학생·교사·부모의 이야기가 들어 있다. 만화와 활동들은 독자들이 오늘날 학교가 직면한 중요한 쟁점과 조건에 대해 심도 있게 생각할 기회를 제공한다.

Multicultural Perspectives. (Published by the National Association for Multicultural Education), 733 15th Street, NW, Suite 430, Washington, D.C. 20005; nameorg@nameorg.org).
이 계간지에는 다문화교육 분야에서 일하는 학자들과 실무자들이 작성한 논문들이 게재된다. 또한 권장할 만한 관행, 다문화 자원, 도서와 필름의 검토를 포함한다.

Nieto, S. 2003. *What keeps teachers going?* New York: Teachers College Press.
도시 학교에서 문화적으로 다양한 학생을 성공적으로 가르쳐온 중견 교사들이 학생의 학습을 지원하면서 경험한 도전들을 소개한다. 이 책은 수업과 학습에서 무엇이 중요한지에 대한 대안적인 비전을 제공한다.

Rethinking Schools. (Published by Rethinking Schools, 1001 E. Keefe Ave., Milwaukee, WI 53212; www.rethinkingschools.org).
초·중등학교의 개혁을 지지하는 이 계간 뉴스레터는 교육의 공평을 촉진하고, 진보적 교육의 가치를 지원한다. 교사·부모·학생들이 정규적으로 기고를 한다.

Schniedewind, N. and Davidson, E. (2006). *Open minds to equality: A sourcebook of learning activities to affirm diversity and promote equity*(3rd ed.). Milwaukee, WI: Rethinking Schools.
교사에게 풍부한 교실활동과 자원을 제공하는 이 책은 다양성에 대한 사고와 다양한 학생과 함께 일하는 데 필요한 포괄적 틀을 제공한다. 또한 학생의 자각과 이해를 끌어내는 것에서 집단책임을 경험하는 것에 이르기까지 잘 정리되어 있다.

참고문헌

Brophy, J. E. 1998. *Motivating students to learn.* Boston: McGraw-Hill.

Center for Research on Education, Diversity and Excellence(CREDE). *Five standards.* www.crede.ucsc.edu/(2004년 11월 2일 검색).

Cochran-Smith, M. 2004. *Walking the road: Race, diversity and social justice in teacher education.* New York: Teachers College Press.

Cushman, K. and the Students of What Kids Can Do. 2003. *Fires in the bathroom: Advice for teachers from high school students.* New York: New Press.

Darling-Hammond, L., J. French and S. P. García-Lopez. 2002. *Learning to teach for social justice.* New York: Teachers College Press.

Delpit, L. 2006. *Other people's children: Cultural conflict in the classroom.* New York: New Press.

Gay, G. 2000. *Culturally responsive teaching: Theory, research and practice.* New York: Teachers College Press.

Hooks. b. 2003. *Teaching community: A pedagogy of hope.* New York: Routledge.

National Council for the Accreditation of Teacher Education. 2002. *Professional standards for the accreditation of schools, colleges and department of education.* Washington, D.C.: Author.

Tatum, B. D. 1997. *Why are all the black kids sitting together in the cafeteria? And other conversations about race.* New York: Basic Books.

Viadero, D. 2004(April 21). Keys to success: Researchers identify methods to help 'nonmainstream' pupils make academic gains. *Education Week*, 28-31.

Weinstein, C. S., S. Tomlinson-Clarke and M. Curran. 2004(January/February). Toward a conception of culturally responsive classroom management. *Journal of Teacher Education*, 55(1), 25-38.

Weinstein, R. S. 1996(November). High standards in a tracked system of schooling: For which students and with what educational supports? *Educational Researcher*, 25(8), 16-19.

찾아보기

ㄱ

가산적 이중언어 316
가치정화 423
감산적 이중언어 316
같음 119
개별화 교육 프로그램 264
개인주의 50
거듭 난 기독교 신자 373
거부 원천 121
걸라 451
「게이 민권법」 213
게이-스트레이트 연맹(Gay-Straight Alliances) 217
경도지적장애 254
경제민족주의 398
고부담 평가 28
골드보로 기독학교 대 연방정부 사건 96
공럼 대 라이스 사건 93
「공법 94-142」 264, 270
공적수사 61
과달루페 대 템피 초등학교 제3 교육구 사건 338
과도기적 프로그램 341
교육 수월성을 위한 시민모임(Citizen's for Excellence in Education) 383
교육·다양성·수월성 연구센터(The Center for Research on Education, Diversity and Excellence) 574, 585
교육평가원(Educational Testing Service) 32
구글 555
구아르디아, 피오렐로 라(Fiorello La Guardia) 310
구조적 동화 54
국가 표준학력검사 27
국가 후원 종교활동 420
국가빈곤아동센터(National Center for Children in Poverty) 515
국가평가원(National Eveluation System) 32
국립과학원(National Academy of Sciences) 529
귀속적 지위 146
「귀화법」 81
그라츠 대 볼린저 사건 96
그래놀라 529
그래피티 548
그랜트, 매디슨(Madison Grant) 103
그러터 대 볼린저 사건 96, 131
그레이, 윌리엄(William H. Gray) 372
그레이트스모키산맥국립공원 456
그리니치빌리지의 스톤월 인 212
그린 대 뉴 켄트 카운티 교육위원회 사건 95
그린 판결 96
근본적으로 95
근본주의자 376
기독교 근본주의자 376
기독교육을 위한 전국연합회(National Association for Christian Education) 383
기반시설 491
기본적인 대인 의사소통 기술 332
기치 451

ㄴ

나는 꿈이 있습니다 89
나바호족 78
나이키 493
낙태반대지원센터(crisis pregnancy centers) 378
남부빈민법센터(Southern Poverty Law Center) 113
남북전쟁 450
남침례회연맹(Southern Baptist Convention) 378
내집단 520
노우드 대 해리슨 사건 95

농축 활동　182
누진세　166
능력별 반편성 지지자　182
능력별 반편성 철폐　183
능력별 반편성　27
능력주의　59

ㄷ

다문화 수업　572
다문화교육　573
다윈, 찰스(Charles Darwin)　383
다윗파　410
다이애나 대 주교육위원회 사건　285
달리트　403
대륙횡단철도　468
대수학 프로젝트　129
대제일　391
대체학교　480
대통령 직속 애팔래치아지역위원회 보고서　456
더글러스, 프레더릭(Frederick Douglas)　219
델라웨어의 게바르트 대 벨튼　92
돕슨, 제임스(James Dobson)　382
「동등권수정안」　220
「동등임금법」　219
동족결혼　98
동화정책　44
뒤부아, 윌리엄(William E. B. Dubois)　22
듀이, 존(John Dewey)　58
드루, 티머시(Timothy Drew)　397
디바인 라이트 미션(Divine Light Mission)　410
딘, 폴라(Paula Deen)　317
딜레니, 마틴(Martin Delaney)　87
딜링햄위원회(Dillingham Commission)　81

ㄹ

라듀크, 위노나(Winona LaDuke)　496
라마야나(Ramayana)　402
라우 대 니콜스 사건　93, 96
라이트 대 엠포리아 시의회 사건　95
라틴 아메리카 원주민　78
래리 대 릴레스 사건　285
레이건, 로널드　382
레이블링　255, 284
레즈비언·게이·양성애·트랜스젠더　209
로드니 킹 사건　552
로런스 대 텍사스 사건　208
로메르 대 에번스 사건　213
로버츠(Roberts)　382
로버트슨, 팻(Pat Robertson)　372
로버트슨　380, 382
로빈슨, 제임스(James Robison)　380
로빈슨, 진(V. Gene Robinson)　414
로센, 루스(Ruth Rosen)　222
로웰, 제임스(James Russell Lowell)　405
로저스, 칼(Carl Rogers)　430
롤리, 에이미(Amy Rowley)　269
롯, 트렌트(Trent Lott)　317
롱펠로, 헨리 워즈워스(Henry Wadsworth Longfellow)　405
리 대 와이스맨　421
리딕 대 노퍽 시교육위원회 사건　96
리버먼, 조지프(Joseph Lieberman)　372
리틀, 맬컴(Malcolm Little)　398
리틀턴　540
리프킨, 아서(Arthur Lipkin)　211
린 대 컴포트 사건　96
릴리우오칼라니, 리디아(Lydia Liliuokalani)　78
릴리저스 라이트(Religious Right)　376

ㅁ

마누스므리티　402
마법 숭배　408
마이스페이스　553
마커스 가비 학교　129
마하바라다　402
마호메트　393
마호메트의 얼굴　396
매니페스트데스티니　491
매슬로, 에이브러햄(Abraham Maslow)　288
매슬로　430

「매키니-벤토 노숙인지원법」 159
맥도날드 492
머리 대 컬릿 421
메노파 신자 363
메러디스 대 제퍼슨카운티 교육위원회 사건 96
멘데즈 대 웨스트민스터 교육구 사건 93, 94
「모든 장애아를 위한 교육법」 340
모든 장애아를 위한 적절한 무상 공교육 264
모래폭풍 463
모럴머조리티(Moral Majority) 213
무상급식 146
무어, 로이(Roy Moore) 361
무하마드, 엘리자(Elijah Muhammad) 398
무하마드, 월리스 딘(Wallace Deen Muhammad) 398
문어 325
문화 간 커뮤니케이션 593
문화 34
문화경제 43
문화적으로 반응하는 교과과정 123
문화적으로 반응하는 교사 576, 606
문화적으로 반응하는 수업 399, 580~581, 585~586, 600
문화적으로 반응하는 자료와 교과과정의 개발과 이용 599
문화화 36
묻지도 말하지도 말라 214
미국 건강, 신체적 교육, 여가 및 댄스협회(American Alliance for Health, Physical Education, Recreation and Dance) 528
미국 교육연구협회(American Educational Research Association) 588
미국 이슬람교도의 사명 398
미국식 수화 326~327
미국연구원(American Institutes of Research) 346
미국유대인위원회(American Jewish Committee) 23
미소전략무기제한협정 381
미주리 대 젠킨스 사건 96
「민권법」 89, 95, 219

민권사무국(Office of Civil Rights) 280
민권운동 79
민족 정체성 98
민족집단 97
민족학 24~25, 133
『민주주의와 교육』 58
밀리켄 대 브래들리 사건 96

ㅂ

바가바드기타 402
바리오스 547
바우처 제안 반대자 426
바우처 프로그램 지지자 425
바이샤 402
바티칸II 이전 로마가톨릭 404
바하이교 407
바흐(Johann Sebastian Bach) 416
반인종주의동맹(Anti-Defamation League) 23
밥존스 대학교 대 연방정부 사건 96
백인 행세 108
백인·앵글로색슨·프로테스탄트 49
백인문화우월주의 103
백인에 대한 조기 선호 519
버거킹 492
버지니아의 데이비스 대 프린스 에드워드 카운티 교육위원회 92
버크홀더 394
베다 402
베리아 대학 458
베이비부머 552
보호구역 473
보호시설 영어 몰입 교육 335
복음주의 376
본디 불평등하다 94
본질적인 권리 95
볼링 대 샤프 사건 92
부시, 조지 H. 382
부시, 조지 W.(George W. Bush) 330, 382, 384
분리평등 57
「분리평등법」 94

불공평 145
불협화 유형 53
브라만 402
브라운 II 판결 94
브라운 대 교육위원회 사건 94
브라운, 린다(Linda Brown) 259
브라이언트, 애니타(Anita Bryant) 213
브라이언트, 윌리엄(William Cullen Bryant) 405
브랜다이스 대학교 391
브랜치 다비디안 552
브레이크댄스 549
블랙파워 89
블랙팬서 88
블루스 546
블루리지파크웨이 456
비네, 알프레드(Alfred Binet) 199
비언어적 커뮤니케이션 327
비표준 방언 325
빈곤과의 전쟁 177

ㅅ

사성체 401
사실상 인종분리 93
사우스캐롤라이나의 브리그스 대 엘리어트 92
사회경제적 지위 146
사회적 역할 설정 293
사회정의를 위한 수업 590
사회화 36
삼보 407
샌안토니오 독립교육구 대 로드리게스 사건 95
선택 유형 53
성 200, 202
성격낭독 421
성적 도착 211
성전염성 질환 534
세계무역센터 파괴 552
세속적 휴머니즘 366
세파라딤 390
센트럴 고등학교 95
셰넌도어 국립공원 456

「소도미법」 208
소문화 41
소수 교육구 95
소외 53
소울 푸드 49
소집단 41
속어 320
속제일 391
수니파 397
수드라 403
수신호 548
수이사이드 컬트 410
수족 78
수화언어 327
슈퍼맘 206
스눕 독(Snoop Doggy Dogg) 549
스미스, 알프레드(Alfred Smith) 388
스미스, 조지프(Joseph Smith) 404
스완 대 샬럿-맥클렌버그 교육위원회 사건 95
스키너(B. F. Skinner) 430
스킨헤드 65
스톤 대 그레이엄 421
시각장애인을 위한 아메리칸 프린팅하우스 276
시바 대학교 391
시아파 397
시트루크, 요세프(Joseph Sitruk) 396
신나치주의 65
신년제 391
신이교주의 408
신탁토지 473
심령술 408
십계명 기념비 361

ㅇ

아동권리에 대한 UN 협약 492
아미시파 56, 363, 422
아슈케나지 390
아이젠하워(Eisenhower) 212
아이팟 553
아프가니스탄과 이라크에서의 전쟁 552

찾아보기 **613**

아프리카계 미국인 단결기구(Organization of Afro-American Unity) 398
아프리카계 미국인 토착 영어 322
알렉산더 대 홈스 카운티 교육위원회 사건 95
알리, 노블 드루(Noble Drew Ali) 397
애니 케이시 재단 516
애덤스, 존 퀸시(John Quincy Adams) 405
애덤스, 존(John Adams) 405
애버내시, 랠프(Ralph Abernathy) 417
애빙턴 교육구 대 솀프 421
애틀랜타 올림픽 공원 폭탄 552
액트업(AIDS Coalition to Unleash Power) 213
앨스턴 대 노퍽 시교육위원회 사건 94
앵글로색슨 일치 348
야키족 인디언 338
약물 남용 561
얼리토 382
에드워드, 존(John Edwards) 317
에드워즈 대 아퀼라드 421
에보닉스 322
에이즈 535
에코부머 552
에퍼슨 대 아칸소 421
에피스코팔교회 373
엑스, 맬컴(Malcolm X) 398
엘리슨, 키스(Keith Ellison) 372
엥겔 대 비탈레 421
역량강화 573
역사 표준 26
연간 학력 향상 기준 127
연령 코호트 513
「연방 아동학대 방지 및 치료에 관한 법」 523
연방정부 대 스코틀랜드 넥 시교육위원회 사건 95
열반 400
영, 브리검(Brigham Young) 404
영, 앤드루(andrew Young) 417
영어학습자 330
예수교회 363
예시바 391

예일 대학교 461
오지브웨족 496
오코너, 샌드라(Sandra Day O'Connor) 131
오클라호마 시 폭탄 552
오클라호마 시교육위원회 대 도월 사건 96
오필드, 게리(Gary Orfield) 93
와칸 406
완전 통합 296
외부인 출입제한 주택단지 484
외상성 뇌손상 266
외집단 520
「요한 수난곡」 416
우드슨, 카터(Carter G. Woodson) 22
우생불임법 257
운즈, 로널드(Ronald K. Unz) 344
워런(Warren) 259
워런, 릭(Rick Warren) 379
워런, 얼(Earl Warren) 94
월리스 대 재프리 421
월리스, 짐(Jim Wallis) 379
웨스트, 카니예(Kanye West) 549
웨슬리, 찰스(Charles C. Wesley) 22
웰너, 케빈(Kevin G. Welner) 184
위키피디아 555
윌리엄 앤드 메리 대학 461
윌리엄스, 데이나(Dana Williams) 132
유럽 중심주의 308
유리천장 171
유월절 391
유투브 553
의학연구소(Institute of Medicine) 529
「이민 개혁 및 관리법」 81
이민 487
이바노프, 뱌체슬라프(Vyacheslav Ivanov) 314
이성애자 329
이슬람국가 398
「이종족 금혼법」 103
이주 487
이중언어교육 341
이중언어교육 및 소수자 언어국(Office of Bilingual

Education and Minority Language Affairs) 330
이중언어교육 반대자 348
「이중언어교육법」 339
이중위험 183
인간면역결핍 바이러스 239
인디고 449
인디언사무국(Bureau of Indian Affairs) 77
인민사원 409, 410
인종분리 93, 450
「인종분리차량법」 258
인종분리학교 93
인종통합 134
인종평등의회(The Congress of Racial Equality) 88
인지적인 학술 언어의 숙달 332
인텔 493
일치 유형 53
임금 불평등 168

ㅈ

자기충족예언 178
자발적 기도 424
자유의 기수(Freedom Riders) 88
자이나교 407
자폐증 266
잠재적 교과과정 235, 598~599
장기적 실업자 157
장로교 373
「장애인교육법」 296
「장애인교육법」2004 267
「장애인교육법수정안」 267
「장애인교육향상법」 267
「재활법」 93
잭슨, 마이클(Michael Jackson) 549
잭슨, 제시(Jesse Jackson) 417
적절한 교육 270~271
적절한 무상 공교육 269
전국장애아협회(National Association for Retarded Children) 261
전통적 가치 연맹(Traditional Values Coalition) 216
전화 릴레이 서비스 265
점심시간 함께하기 프로그램 132
정교분리 365
정교분리원칙 361, 421
정상화 293
정크 푸드 529
제2 언어로서의 영어 286
제너럴일렉트릭 493
제퍼슨, 토머스(Thomas Jefferson) 372, 405
제한적 영어숙달자 96, 330, 335, 340, 351
제한적 영어숙달자 학생을 위한 연방 영어 습득/향상/학업 성취 사무국(U. S. Office of English Language Acquisition, Language Enhancement, and Academic for Limited Proficient Students) 330
젠더 200
족내혼 327
존스, 바버라(Barbara Johns) 94
존스, 짐(Jim Jones) 409
존슨, 헨리(Henry 'Hank' Johnson) 372
「존슨-리드법」 81
종파 간 연합 399
주 간 신임교사 평가지원연합회(Interstate New Teacher Assessment and Support Consortium) 30
주 학력기준 29
주민발의 86
주민제안 227호 반대자 344
주민제안 13호 155
주민회의 459
주변도시 484
주변인화 53, 578
주의력 결핍 및 과잉행동 장애 255
중간소득 148
「중국인이민금지법」 81
즉각적인 통합 95
지식도시 484
지위상징 38
지적설계 383~384

「직업재활법」 262
진화론 383, 429
진화론 수업 421
질병통제예방센터(Centers for Disease Control and Prevention) 253, 523
질병통제예방센터 청소년 위험 감시 조사 532
「짐크로법」 88, 219, 450
집단별 비율 281

ㅊ

차별교육철폐 293
차별철폐정책 프로그램 219
창조과학 383
천국의 문 410
체로키족 78
체적 징후 560
초인지적 기능 556
초청근로자 프로그램 82
촉토족 78
최대한 신중한 속도 92, 94
치페와족 78

ㅋ

카르마 403
카바 394
카스트 102
카스트제도 402
카터, 지미(Jimmy Carter) 373
칼데론, 메리(Mary Calderone) 430
캔자스의 브라운 대 토피카 교육위원회 92
캘리포니아 산티 541
캘리포니아 주립대학교 데이비스 의과대학원 96
캘리포니아 주립대학교 이사회 대 배키 사건 96
커뮤니티 및 정의를 위한 전국협회(National Conference for Community and Justice) 110
커뮤니티 학교 소속 학부모 대 시애틀 교육구 사건 96
컬럼바인 고등학교와 버지니아텍 총기사건 552
컬럼바인 고등학교 540
컬트 409

케리, 존(John Kerry) 389
켄터키 스쿨 276
켄터키 인더스트리 276
켄터키프라이드치킨 492
코란 393
코르테스 416
코졸, 조너선(Jonathan Kozol) 481
코카콜라 493
쿠퍼 대 에런 사건 95
쿡, 로이드(LIOYD A. Cook) 23
크로스, 윌리엄(William E. Cross) 108
크립스 546
크샤트리아 402
클레멘트, 프랭크(Frank Clement) 94
클리블랜드, 스티븐(Stephen Cleveland) 78
키스 대 덴버교육구 No.1 사건 95
킨제이, 앨프리드(Alfred C. Kinsey) 211
킹, 마틴 루서(Martin Luther King, Jr.) 87~88, 417

ㅌ

타바, 힐다(Hilda Taba) 23
타이엑, 데이비드(David Tyack) 24
타이틀 IX 244~246
태프트, 윌리엄(William Howard Taft) 405
테네시벨리공사 455
테이텀, 비벌리(Beverly D. Tatum) 121
토착주의 81
통일교 4010
통일그리스도교회 373
통합 293
「투표권법」 89
특수아협의회(Council for Exceptional Children) 261
특정 경계지역 지정 483

ㅍ

『파수대』 372
파크스, 로자(Rosa Parks) 88
팔레비, 리자 샤(Reza Shah Pahlavi) 397

팔정도 401
패러칸, 루이스(Louis Farrakhan) 398
페이지, 로드(Rod Paige) 425
펜실베이니아 장애아협회(Pennsylvania Association for Retarded Children) 260
펜테코스트파 363
평화운동 23
포기각서 344
폴웰, 제리(Jerry Falwell) 380, 382
표준학력검사 127, 133
푸라나 402
풀, 엘리자(Elijah Poole) 398
풀뿌리 차터 스쿨 124
프랑켄버그, 에리카(Erica Frankenberg) 93
프랭클린, 벤저민(Benjamin Franklin) 80
프로그램별 비율 281
프로젝트 시드 129
프록터앤드갬블 493
프리만 대 피츠 사건 96
프린스턴 대학교 461
플라일러 대 도 84, 86
피사로 416
피진영어 307

ㅎ

하레 크리슈나 교단 410
하버드 대학교 461
하야카와, 새뮤얼(Samuel I. Hayakawa) 334
학교 통합 520
학교분리철폐를 위한 동맹휴업 94
학력검사 60
「학생낙오방지법」 28~29, 127, 267, 348~349
학생비폭력조정위원회(The Student Non-violent Coordinating Committee) 88
학습장애 254
할인급식 146
합법적 동성결혼 215
해머, 패니 루(Fannie Lou Hamer) 88
해밀턴 379
해밀턴, 애덤(Adam Hamilton) 379

해탈 403
헤드 스타트 177
헤일, 제니스(Janice Hale) 126
헨드리크 허드슨 교육구 대 롤리 사건 269
호메니, 아야톨라(Ayatollah Kohmeni) 397
호모포비아 25
홀로코스트 392
홉우드 대 텍사스 사건 96
후버, 에드거(J. Edgar Hoover) 211
후커, 에벌린(Evelyn Hooker) 211
후터파 56
흑인 민족주의 417
흑인민족주의운동 87
흑인영어 308
히로노, 메이지(Mazie Hirono) 372

A

Asian Boyz 547
Asian Crips 547
Asian Family/AR-Z 547
AT&T 493

B

〈Beverly Hillbillies(비벌리 힐빌리즈)〉 456
Blood Red Dragons 547

C

Christian Science Monitor 405

D

〈Dukes of Hazzard(해저드 마을의 듀크가족)〉 456
dyke(동성애 여성) 217

E

English Only 335

F

faggot 217
fairies 211

Fires in the Bathroom: Advice for Teachers from High School Students 587

G
G8(Group of Eight) 492
GATT 491
GED(General Education Development) 551

H
HIV 535, 559

I
IBM 493
INTASC 기준 31
IQ 검사 60

J
jihad 394
Job Corps 177

K
KKK(Ku Klux Klan) 65, 392

L
LA 폭동 552
LGBT 209, 213, 216, 240
〈Li'l Abner(릴 애브너)〉 456

N
Neighborhood Youth Corps 177

O
O. J. 심슨 재판 552
OELA 336
Official English 335
One Nation 344

one size fits all 345

P
Postsecondary Education Opportunity 227

R
Religion and Public Schools: The Path Between Too Much and Too Little 431

S
Save Our Children 213
sink or swim 349
〈Sixty Minutes〉 553
〈Snuffy Smith(스너피 스미스)〉 456

T
The Journal of Negro History 23
The Negro History Bulletin 23
The passing of the great race 103
Title I 177

U
U.S. English 334, 344
UNESCO 492
Upward Bound 177

X
X세대 552

Y
Y세대 552, 554

기타
100만인 행진 399
2006 American Jewish Yearbook 389
9·11사건 44, 342, 368, 395, 399

지은이

도나 골닉(Donna M. Gollnic)

미국 전국다문화교육협회(NAME) 회장을 역임했으며, 현재 미국 전국교사교육인증협회(NCATE)의 수석 부회장으로 활동하고 있다. 30년 가까이 다문화교육을 주제로 활발한 저술활동을 해온, 미국에서 손꼽히는 다문화교육 전문가이다.

필립 친(Philip C. Chinn)

캘리포니아 주립대학교(LA) 교수로 재직하다 2000년 은퇴했다. 주 관심사는 특수교육이며, 이와 관련된 많은 저서와 논문이 있다. 학문적 업적과 연계하여 캘리포니아 주 특수교육위원회에서도 활동한 바 있다.

옮긴이

염철현

고려대학교 대학원에서 교육행정과 교육법 전공으로 교육학 박사학위를 받았다. 학문적 관심은 '교육행정과 교육정책', '교사와 학교장의 리더십', '(미국)교육법'이며, 주로 교육의 사회통합 역할과 차별철폐 정책에 관해 논문과 저역서를 냈다. 대표적인 저서와 역서로는 『교사와 법』(2001), 『교사의 리더십』(2004), 『차별철폐정책의 발자취』(2006), 『세계의 차별철폐정책』(2008), 『교육논쟁 20』(2010) 등이 있다. 2010년 연구년을 이용하여 미국 캘리포니아 주립대(버클리) 동아시아연구소에서 Affirmative Action에 대해 연구를 수행했으며, 현재 고려사이버대학교(http://www.cyberkorea.ac.kr) 평생교육학과 부교수로 재직하고 있다.
e-mail: hyunkor@kdu.edu

한울아카데미 1408
다문화교육개론

ⓒ 염철현, 2012

지은이 | 도나 골닉·필립 친
옮긴이 | 염철현
펴낸이 | 김종수
펴낸곳 | 도서출판 한울

편집책임 | 이교혜
편 집 | 이가양

초판 1쇄 인쇄 | 2012년 2월 24일
초판 1쇄 발행 | 2012년 3월 9일

주소 | 413-756 파주시 문발동 535-7 302(본사)
       121-801 서울시 마포구 공덕동 105-90 서울빌딩 1층(서울 사무소)
전화 | 영업 02-326-0095, 편집 031-955-0606, 02-336-6183
팩스 | 02-333-7543
홈페이지 | www.hanulbooks.co.kr
등록번호 | 제406-2003-000051호

Printed in Korea.
ISBN 978-89-460-5408-0 93370 (양장)
     978-89-460-4547-7 93370 (학생판)

* 가격은 겉표지에 표시되어 있습니다.
* 이 도서는 강의를 위한 학생판 교재를 따로 준비했습니다. 강의 교재로 사용하실 때에는 본사로 연락해주
  십시오.